동유럽의 체제전환과 한반도 통일

이 책은
부천삼광교회 심원용 목사님과 성도들의 지원으로
출판되었습니다.

동유럽의 체제 전환과 한반도 통일

펴낸날 ‖ 2020년 12월 10일 초판 1쇄

엮은이 ‖ 강병오

기획 출판 ‖ 서울신학대학교 한국기독교통일연구소
경기도 부천시 소사구 호현로 489번길 52(소사본동)

필진 ‖ 강병오, 박영환, 유재덕, 이명권, 조은식, 홍석희, Lukasz Janulewicz, Stock, Bognár Zalán, Ajla Škrbić, Emilio Çika, Ilir Hebovija, Kriton Kuçi

펴낸이 ‖ 유영일
펴낸곳 ‖ **올리브나무** 제2002-000042호
경기도 고양시 일산동구 정발산로 82번길 10, 705-101
Tel. (070) 8274-1226, 010-7755-2261 Fax (031) 629-6983

ISBN 978-89-93620-90-0 93230

값 28,000원

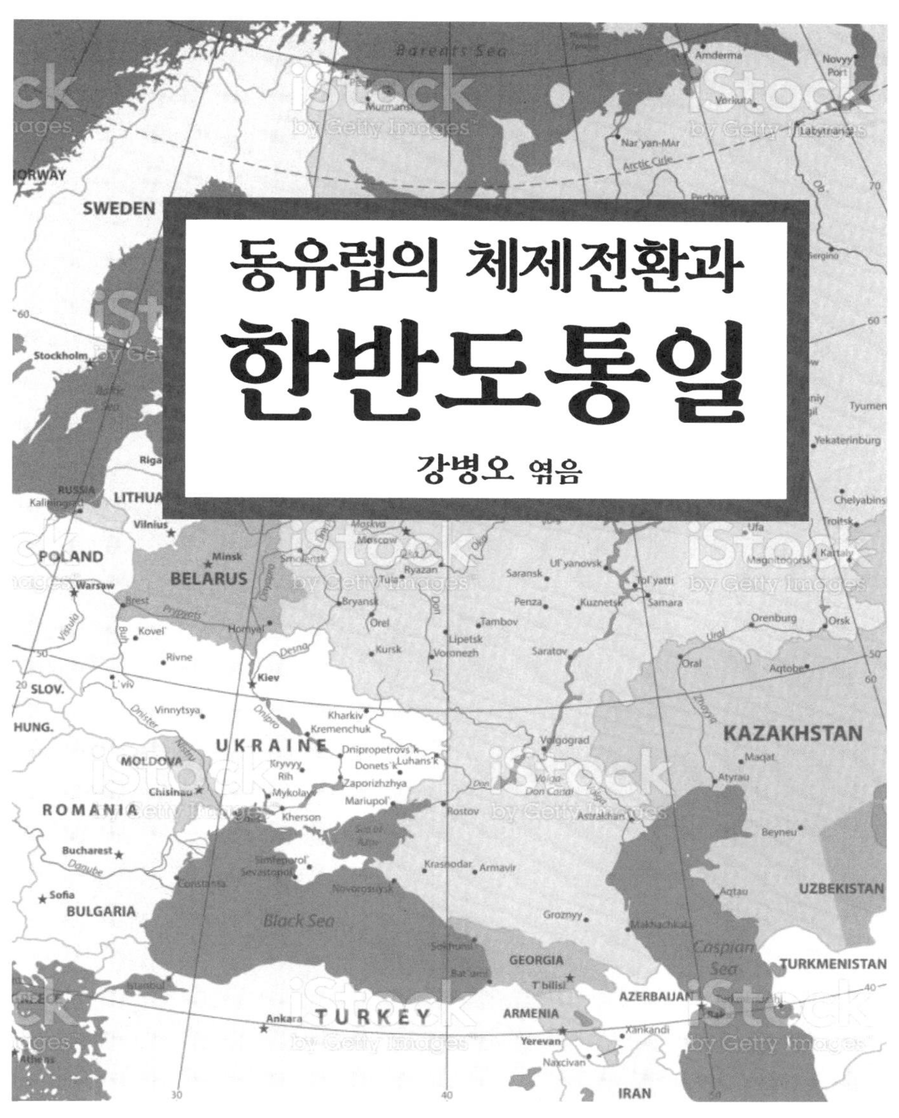

동유럽의 체제전환과
한반도통일

강병오 엮음

강병오, 박영환, 유재덕, 이명권, 조은식, 홍석희, Lukasz Janulewicz, Stock, Bognár Zalán, Ajla Škrbić, Emilio Çika, Ilir Hebovija, Kriton Kuçi

서울신학대학교 한국기독교통일연구소

머리말

그동안 서울신학대학교 한국기독교통일연구소를 이끌면서 많은 기획 사업을 펼쳤다. 그중 하나가 10여 년간 통일부와 기독교북한선교회의 후원으로 동유럽 체제전환의 현장을 찾고 그곳에서 국제학술대회 행사를 치른 일이었다. 현지 전문가들의 고견을 청취하고 공산주의 체제현장을 직접 목도했고, 특별히 강제 집단수용소 등을 돌아보면서 북한사람들의 삶의 현실을 깊이 공감했다.

한국기독교통일연구소는 2007년까지 북한 내지 금강산과 북한 접경 지역의 백두산을 방문하고 학생들과 북한 관련 토론회를 벌였다. 2011년부터 동유럽으로 방향을 틀어 현지를 탐방하고 체제전환을 연구하게 되었다. 이와 관련해 2018년까지 국제학술대회를 개최하고 연구논문들을 모았다. 현장 방문 중에 독일은 베를린 지역교회 디아코니아, 프랑크푸르트 한인교회와 한인회, 하이델베르크 대학과 협력을 얻어 탐방 기회를 얻었다. 헝가리와 폴란드는 한국 국회의 지원을 받아 탐방했다. 특히 한국 외국어대학 동유럽발칸연구소와 MOU를 체결, 협조를 얻었다. 한국 외국어대학교 김철민 교수의 특강을 통해 동유럽의 사전 정보를 얻었고, 김용덕, 김철민 교수들의 연구물들이 국제학술대회의 원자료가 되었다. 이런 자료들이 모여 한 권의 책으로 탄생하게 되었다.

이번에 출판된 책에 관여한 연구 프로젝트 참여자들은 한국기독교통일연구소 연구위원 겸 운영위원으로 함께 현장을 다녀왔던 탐방자들이기도 하다. 특히 동유럽 현지 발제자들을 발굴하는 일에 국제여행사 강재모 CEO의 역할이 매우 컸다. 이런 큰 프로젝트를 위해 여러 단체와 주요 인사들의 도움 역시 적지 않았다. 조선일보, MBC-TV의 통일전망대, 국민일보와 이승환 전 종교부장, 성결신문과 황승영 국장, 노인수 전 청와대 정책 비서관, 오일환 전 보훈교육원장, 조요셉 전 경찰대학교수, 신덕수 전 독일공사, 이수봉 기독교 북한연구소 사무총장, 박순옥 박사, 박혜림 교수, 손숙영 박사, 이은경 박사 등의 협력이 매우 컸다.

이번 출간된 책엔 현지 교수, 정부 책임자, 국회의원 등의 발제들도 포함되어 있다. 2020년 알바니아, 루마니아, 불가리아 체제전환의 현장을 방문하고 아랍에미리트의 연방제가 주는 한반도 통일 등을 연구하려는 계획을 세웠다. 그러나 코로나 19 사태로 말미암아 2021년 무기한으로 연기된 상태이다. 연구소는 늘 학술연구를 먼저 마치고, 자체적으로 세미나 발표 후, 현지에서 국제학술대회를 개최하였다.

이제 나는 연구소 소장의 20년 북한선교 사역을 내려놓고 조용히 은퇴하게 되었다. 정년 은퇴기념으로 그동안 모은 연구 자료를 묶어

“동유럽의 체제 전환과 한반도 통일”이라는 제목으로 책을 펴내게 되었다. 이 책이 한반도 통일을 위한 귀한 연구자료가 될 것이라 믿어 의심치 않고, 특히 동유럽 체제전환 과정과 과거사 청산 문제를 한국기독교 입장에서 정리한 최초의 자료로 독자들에게 인식될 것이라는 것에 큰 자부심을 갖는다.

헝가리 보그나르 잘란 박사님의 원고 일부가 (PDF 변환과정에서 생긴 문제 때문인지) 단어 사이에 띄어쓰기가 제대로 안 되어 있는 것은 추후 과제로 남겨놓고자 한다.

이 책이 출간되기까지 물심양면으로 도움과 지원을 아끼지 않으신 분들이 있다. 부천삼광교회 심원용 목사님과 박대훈 목사님, 진상선 박사님, 신경식 장로님, 나신종 권사님께 심심한 감사를 드린다. 또한 연구소 여정이 힘들지 않게 끝까지 함께 해주신 서울신대 강병오 교수, 이명권 교수, 유재덕 교수, 숭실대 조은식 교수 그리고 기독대학교 홍석희 교수에게도 감사를 전하고자 한다. 그 누구보다도 저를 사랑과 인내로 인도하신 예수 그리스도께 감사를 드린다.

2020년 12월 10일

한국기독교통일연구소장　박영환 교수

차 례

폴란드 체제전환에서 본 북한선교의 방향과 과제

박영환

(서울신학대학교 교수, 선교학)

I. 들어가는 글

폴란드는 동·서독의 통일과 직간접으로 연계되어 있으며, 동부와 중부 유럽[1]의 체제변화에 가장 핵심적 역할을 했다. 폴란드가 주변의 공산국가처럼 개방을 머뭇거리지 않고, 과감한 체제전환을 시작했기에, 오늘의 유럽 민주화는 가능했다. 물론 헝가리의 오스트리아 국경 개방은 결정적 요인 되었다. 폴란드는 동·중부유럽의 민주화 과정에서

---

1) 유럽을 동·서로만 분류한 것은, 자유 진영과 공산 진영의 대립 구도를 잘 말해주고 있다. 그러므로 프라하가 빈보다 훨씬 서쪽에 있으면서도 동유럽이고, 오스트리아의 빈은 프라하보다 훨씬 동쪽에 있음에도 서유럽으로 표현되었다. 사실상 세계역사는 동유럽의 존재 자체를 무시해 버렸다. 동유럽은 유럽이 아니었다. 서유럽만이 유럽이었다. 동유럽은 집시의 나라, 공산주의 국가들, 어둡고 낡은 가난한 사회주의 국가 등으로 고착된 이미지를 갖고 있다. 개방으로 20년이 지난 지금, 동유럽은 유럽의 중심으로, 폴란드, 체코, 슬로바키아, 헝가리는 스스로 '중부유럽'으로, 불가리아, 루마니아, 알바니아는 '발칸유럽'으로 부른다. 폴란드와 체코 그리고 헝가리의 경제는 그리스, 스페인 그리고 포르투갈의 경제를 넘어, 유럽의 중심부로 발돋움을 했다. : 이종헌, 『낭만의 길 야만의 길』(소울메이트, 2012), 238-241.

주변 국가들이 겪었던 체제의 통증을 가장 적게 겪으며, 민주화의 과정으로 넘어왔다. 사실 폴란드는 세계역사에서 1795년부터 1918년까지 123년 동안 사라졌다가, 1918년 1차 세계대전이 끝날 때인 11월 11일, 프랑스 콩피에뉴(Compie'gne)에서 독립이 결정되었다.2) 폴란드 체제전환은 동·중부유럽의 체제전환 사례 중의 우수한 사례다.

---

2) 폴란드에는 원래 게르만족들이 살고 있었다. 10세기경, 폴라니에족을 중심으로 나라가 형성되어 민족과 국토의 명칭이 생겨났다. 966년 가톨릭을 받아들이며 피아스트 왕조가 성립되었고 그니에즈노와 크라쿠프가 정치적 중심지로 발전했다. 200여 년의 공국 분할 시대를 거쳐 중앙집권 국가를 이루었다. 1385년, 피아스트 왕조에 이어 폴란드-리투아니아의 연합 왕조인 야기에오 왕조(14~16세기, 수도 크라코프)가 탄생하였다. 1410년 그룬발트 전투에서 독일군을 격파, 발트해로 통하는 길이 열렸다. 16세기에는 유럽의 곡창 지대로 최대 전성기를 맞았다. 1573년 야기에오 왕조가 끝나고, 귀족들이 국왕을 선출하는 일종의 귀족 공화정이 등장하였고, 1596년에 수도를 크라쿠프에서 바르샤바로 이전했다. 그러나 선거왕제(選擧王制)의 채용과 바르샤바로 천도한 후, 귀족계급의 강대화와 투르크, 스웨덴과 전쟁 등으로 국력이 쇠퇴하여 국운이 기울어졌다. 18세기 후반에 왕권의 강화와 국가개혁이 시도되었으나 프로이센, 러시아, 오스트리아 3국이 점진적으로 폴란드를 침입해 1795년 폴란드를 분할하여, 나폴레옹에 의한 바르샤바 공국 시대(1807-1815) 외에는 1795년부터 1918년까지 3국의 지배를 받게 되었다. 그에 맞서 1830년 독립을 위한 혁명 정부를 조직, 봉기로 이어졌으나 독립투쟁은 실패했다. 이후 1차 세계대전 중 윌슨 대통령이 제창한 민족자결주의 원칙에 따라 1918년 독립하였다. 19세기의 독립운동의 전통과 제1차 세계대전을 기회로 국가 재건을 수행한 것이다(글로벌세계대백과사전-폴란드 역사와 주민). 그 뒤 바르바니파르토 소장이 지휘하는 군인이 쿠데타를 일으킨다. 1939년 나치 독일과 소련의 침략을 받고 서부지역은 나치 독일에, 동부는 소련에 분할 점령되었다가 1945년 해방되었다. 해방 후 1947년 총선 결과 노동자당의 압승으로 공산당 정부가 수립되었고, 냉전을 거치며 소련의 강한 영향력하에 있었다. 그러나 경제 실정과 지도층의 부패로 노동자 파업이 일어났고, 1981년 바웬사가 이끄는 자유 노조가 전국적으로 확산되었다. 이후 민주화를 이루며 1990년 바웬사가 첫 민선 대통령이 되었다. 1999년에 NATO, 2004년에 EU에 각각 가입하였다. 폴란드와 러시아는 MD 문제로 인해 최악의 사태를 맞았으나, 11월 20일에 폴란드 총리는 러시아와의 관계 복원이 최우선 과제라고 발표했다. (https://ko.wikipedia.org/wiki/폴란드의_역사, 2017.6.6.09:32)

폴란드는 가장 안정적이고, 가장 혼란이 적었고, 가장 빠른 시간에 구조적으로 튼튼한 경제구조를 가진 비교적 성공한 사례다.[3] 폴란드의 이러한 체제변화의 현장을 확인하기 위한 첫 작업이 서울신학대학교 한국기독교통일연구소에서 2014년에 있었다.[4] 폴란드 삼성 법인 폴란드 노동자들과 면담, 그리고 노동자들의 가정 방문을 통한 공산주의 체제와 민주주의 체제전환의 차이점을 알아보았다. 특히 탈북민 출신 대학생들과 동행한 적이 있다.[5] 폴란드 삼성회사 폴란드 직원은 공산주의 이전과 이후 폴란드의 국민생활은 별반 차이가 없으며, 회사 일을 마치고 집에 와서 쉬고, 개인 일을 보았다고 하였다. 차이가 있다면 월급이 많아졌다고 하였다. 폴란드는 공산화 시절에도 삶의 자유가 어느 정도 보장되었다고 하였다. 이러한 사회, 문화, 경제적 상황의 보장성이 폴란드 체제전환의 중요한 바탕이 되었다. 공산주의 체제에서도 자유주의 체제를 느끼면 산다는 것은 이미 지금의 체제전환의 중간에 폴란드 공산주의가 와 있다는 것이다. 북한은 동유럽 공산주의, 심지어 러시아와 중국 공산주의 국가와 전혀 다른 독재국가다. 그 특징은 북한의 세습이다. 지금까지 공산주의 국가에서 세습하는 나라는 없다.

본 논문은 폴란드 체제변화의 기본적인 바탕과 체제전환을 안정적으로 정착시킨 근거가 무엇이며, 그 결과는 어떻게 드러났는가를 개론적

3) 황병덕 외, "중 · 동부 유럽 국가들의 사회주의 체제전환에 따른 발전상," 『사회주의 체제전환 이후 발전상과 한반도 통일』(늘품플러스, 2011), 205.

4) 한국기독교통일연구소와 사단법인 기독교북한선교회, "2014년 통일세대 프로젝트-동유럽의 변화를 체험한 사람들의 대화," 2014.06.23.-07.02, 폴란드, 체코, 오스트리아, 헝가리 방문자료(통일연습발자국).

5) 통일부의 지원정책으로 "제3차 2014년 통일세대 프로젝트 동유럽의 변화를 체험한 사람들의 대화"로 서울신학대학교 한국기독교통일연구소와 사단법인 기독교북한선교회 주관으로 2014.6.23.-7.2, 폴란드, 체코, 오스트리아, 헝가리에서 이루어졌다.

으로 살펴보고자 한다. 동시에 그 결과가 북한선교에 주는 의미와 과제를 찾아보려고 한다.

본 논문은[6] 1. 체제전환의 핵심적 동력인 민족주의, 2. 체제의 변화의 핵심적 동력인 자유 노조 운동, 3. 체제전환 후의 정책결정과 전략, 4. 체제전환이 준 북한선교의 기여도와 전략적 과제로 정리하고자 한다.

II. 폴란드 체제전환의 바탕이 된 역사적 배경

폴란드는 역사에서 독립을 추구하려는 지속성과 연속성 그리고 저항성이 폴란드 민족주의와 함께 체제전환의 중요 배경이 되었다.[7] 주변 국가들의 지배와 약탈 그리고 배신으로 얼룩진 폴란드 역사는 한반도의 역사, 즉 한민족의 굴곡진 역사와 같다. 민족의 생존을 바탕으로 한 폴란드의 애국가 "폴란드는 아직 죽지 않았다"(Poland is not yet lost)에서도 드러나고 있듯이, 민족적 슬로건으로 아직도 폴란드의 자유와 평등을 부르짖고 있다. 또 다른 하나는 폴란드 국민의 노동자그

---

6) 참고. 윤덕희, "폴란드와 헝가리 개혁의 의미와 사회주의 향방," 『동향과 전망』(한국사회과학연구회, 1989), 11, 70-83. 안성호, "폴란드, 헝가리 정치개혁 비교연구," 「사회과학연구 7(1)」(1990, 8), 269-313. 황병덕 외, "중·동부 유럽 국가들의 사회주의 체제전환에 따른 발전상," 『사회주의 체제전환 이후 발전상과 한반도 통일』(서울:늘품플러스, 2011), 205-361. 이종헌, 『낭만의 길 야만의 길-발칸 동유럽 역사기행』(서울: 소울메이트, 2012). 정병권, 『폴란드사』(서울: 교과서주식회사, 1997).

7) 폴란드는 1596년 수도를 크라코프에서 바르샤바로 이전 후 투르크와 스웨덴 전쟁 후 1918년까지 몰락과 저항 그리고 1830년 독립운동, 나아가 독일, 러시아, 오스트리아의 분할 지배 후, 1918년 독립하였으나, 1939년 동부는 소련에 서부는 독일의 지배를 1945년 받았고, 1947년 다시 러시아의 속국으로 전락됨. (각주 1을 요약정리함)

룹과 엘리트 그룹의 신뢰와 연합 그리고 통합을 이루어내게 한 폴란드의 가톨릭의 역할이다. 여기서 한국기독교의 방향과 과제를 살펴볼 수 있을 것이다.

II-1. 폴란드의 체제전환의 원동력은 민족주의다

폴란드는 독일과 러시아 사이의 샌드위치 역사로, 1683년 비엔나 전투(오스만 투르크족과 전투에서 승리)의 지도 격인 폴란드는 내부사정이 안정치 못하다는 이유로 독일, 오스트리아 그리고 러시아에 분할 점령했다. 1793년 코시치우스코(Kosciuszko)의 독립운동[8]은 러시아에 의해 물거품이 되면서 폴란드는 지도상에서 사라졌다. 폴란드는 1918년 독립하였으나, 독일이 1939년 9월 1일 150만 대군으로 폴란드의 베스테르플라테(Westerplatte)를 공격함으로써 제2차 세계대전의 발발로, 폴란드는 또다시 역사 속으로 사라졌다. 또 한 번의 타민족의 잔혹한 지배를 받았다. 1945년 5월 8일 독일에 조건 없는 항복으로 끝났다.

---

8) 안제이 타데우시 보나벤투라 코시치우스코(폴란드어로 Andrzej Tadeusz Bonawentura Kościuszko, 1746년 2월 12일-1817년 10월 15일)는 폴란드의 애국 정치인이다. 리투아니아(현재의 벨라루스 코사바)에서 출생하였다. 1777년 미국에 건너가 미국 독립전쟁에 참가하였다. 그의 복무를 대륙 회의에 제출하였고, 독립군의 대령 계급과 함께 공병대에 임명되었다. 새러토거 근처에 요새를 세웠고, 웨스트포인트를 포함한 허드슨강 유역에 위치한 독립군 방어선을 강화하였다. 전쟁이 끝나자, 미국 의회는 그를 준장으로 만들었다. 그 후 귀국하여 조국 분열을 통탄하고 러시아에 대항하여 독립운동을 일으켰다. 여러 차례 러시아군과 싸우는 등 민족해방 운동을 일으켰으나, 1794년 패하여 붙잡혔다. 이 패전은 폴란드가 러시아, 프로이센, 오스트리아에 의한 3차 폴란드 분할의 결과를 가지고 왔다. 2년 후에 풀려나와 영국 · 미국 등지로 망명하였으며 스위스에서 죽었다. 그의 시신은 크라코프 성당에 안장되었다.(https://ko.wikipedia.org/wiki/타데우시-코시치우슈코, 2017년 6월 10일 접속)

바르샤바[9] 봉기는 1944년 8월 1일 시작되었다. 당시 독일을 공격하던 러시아가 바르샤바 동부 외곽에 진을 쳤고, 그 시기에 폴란드의 국민군(Armia Krajowa)[10]은 독일 제3국군의 해방에서 벗어나기 위한 독립전쟁을 일으킨 것이었다. 그들은 열악한 무기로 10월 3일까지 63일 동안이나 독일 탱크에 맞섰다. 폴란드를 지원하기로 협정한 러시아는 강(Vistula) 건너 지켜보기만 했다. 바르샤바 봉기는 제2차 세계대전 저항 운동사에서 가장 최대 규모의 단일 군사행동으로, 폴란드인의 민족주의 정신을 온 세계에 알리는 기회였으며, 전 세계가 독일 점령하에 폴란드의 비극적인 운명을 기억하게 만들었다. 러시아는 이 일을 통해 폴란드의 민족주의자들의 세력이 멸망하기를 기다렸다.[11] 바르샤바 도시의 85%가 파괴되고, 바르샤바 인구의 20%가 사망했다.[12] 폴란드 망명정부는 잔인한 독일보다 러시아를 선택하고,

---

9) 고대 폴란드어로 바르샤바라는 이름은 Warszewa 또는 Warszowa라고 쓰이는데, "바르슈의 소유인"이라는 뜻이다. 민간 어원설에 의하면 어부 바르스(Wars)와 그의 아내 사바(Sawa)가 도시 이름에 영향을 주었다고 본다. 실제로, 바르슈는 오늘날 마리엔슈타트 구역에 위치한 마을을 소유했던 12-13세기 귀족이었다. 공식적인 도시 이름은 Miasto stołeczne Warszawa (수도 바르샤바)이다. 바르샤바에 거주하는 사람을 바르소비안 (Varsovian)이라고 한다. 바르샤바의 다른 이름은 영어: Warsaw, 프랑스어: Varsovie, 독일어: Warschau, 이탈리아어: Varsavia, 라틴어: Varsovia, 리투아니아어: Varšuva, 러시아어: Варшава, 세르비아어: Варшава, 스페인어: Varsovia, 이디시어:ווארשע (https://ko.wikipedia.org/wiki/%EB%B0%94%EB%AB4%EC%83%A4%EB%B0%94)

10) 국민군은 2,500명, 그 외 여성 4,000여 명, 총 20만-40만 명 정도였다. 봉기군 사령관은 타데우시 부르 코모로브스키(Tadeusz Bo'r Komorowski) 장군이었다.

11) 이종헌, 『낭만의 길 야만의 길: 발칸 동유럽 역사기행』(서울: 소울메이트, 2012). 정병권, 『폴란드사』(서울: 대한교과서주식회사, 1997), 340.

12) 위의 책, 20만 명이 사망했다. 340. 2017년 5차 동유럽 학술대회의 설명은 도시민 100만 중 60만은 강제이주, 20만은 도시탈출로, 남겨진 20만 명은 전멸한 것이다(06월 21일, 바르샤바 민중 봉기 기념관).

협상하여 바르샤바 민중봉기를 일으켰으나, 러시아는 바르샤바 봉기군이 죽어가는 장면을 보고만 있었고, 폴란드가 무너지는 마지막에 러시아의 개입으로 폴란드는 독일과 러시아로 동·서로 분할 점령당했다.[13)]

다음 문제는 1943년 4월 13일 독일군에 의해 러시아의 폴란드 민족주의자들을 집단 학살한 1939년의 현장이 발견되었다. 1940년 스몰레인스크(Smolensk) 인근 카틴(Katyn) 트베르(Twer) 인근의 미에드노예(Miesmoje)에서 폴란드 군인, 경찰의 엘리트층 1만 명을, 시민 지도자 1만 2천 명, 총 2만 2천 명(21,857명)을 "지식인 청소"[14)]명분으로 학살했다.[15)] 또 2010년 폴란드 대통령이 카틴 숲 대 학살

---

13) 바르샤바는 1939년 방어전, 1943년 게토 봉기, 1944년 바르샤바 봉기 등으로 전 도시의 85%가 완전히 파괴되었다. 유일하게 빌라누프 궁전만 무사했다. 그 궁전은 독일군 사령부로 쓰였기 때문이다. 1945년 1월 7일 소련군과 베링의 폴란드 1군이 바르샤바에 진입했다. 독일군은 이미 철수를 한 상태였다. 그후 봉기군은 내무인민위원회에 의해 사살되었다.

14) 이종헌, 위의 책, 339.

15) 카틴 학살(폴란드어: zbrodnia katyńska, 러시아어: Катынский расстрел)은 소비에트연방 스몰렌스크 근처 그네즈도보(Gnezdovo) 마을 부근의 숲에서 소련 내무인민위원회가 폴란드군 장교, 지식인, 예술가, 노동자, 성직자 등 2만2천 명에서 2만5천여 명을 재판 없이 살해하고 암매장한 사건이다. 카틴(Katyń) 숲은 이 사건이 있었던 장소에서 가까운 마을의 이름으로 당시 나치 독일이 대내외 선전용으로 붙인 이름이다. 1939년 9월 나치 독일과 소비에트연방의 양쪽에서 침공을 당한 폴란드는 패배하여 많은 폴란드인이 전쟁포로가 됐다. 1943년 4월 13일 독일 국방군은 러시아의 스몰렌스크 근교에 있는 카틴 근처의 숲에서 총살된 뒤 집단매장된 4,100여 구의 시신을 발견했다. 나치 독일은 조사를 시작해 총 22,000명 이상의 폴란드군 장교, 경찰관, 공무원, 지역유지 등의 매장된 유체를 발굴했다. 소련은 1941년 가을에 자행된 독일군의 만행이라고 우겼으나, 독일 측의 조사로 소련 측이 행한 대량학살임이 입증됐다. 1989년 소비에트연방의 학자들은 이오시프 스탈린이 대학살을 명령하고, 당시 내무인민위원장이었던 라브렌티 베리야 등이 명령서에 서명한 것을 밝혀냈다. 1990년 미하일 고르바초프 소련 대통령은 매장이 이루어진 것으로 보이는 메드노에(Mednoe)와 퍄치하키

70주년 추모식에 갔다가, 비행기 추락 사건으로 고위 각료와 함께 사망한 사건도 폴란드 민족주의자들의 독립을 향한 열정의 한이 되었다. 지금도 바르샤바광장에 꺼지지 않는 영원한 불이 타오르고 있다. 민족주의의 불길이 폴란드 국민들의 마음에 영원히 타오른다는 의미다.

근세 폴란드 역사(1572-1772)와 현대 폴란드 역사는 독일, 오스트리아, 러시아의 3국으로부터 독립하려는 민족 혁명의 역사다. 1596년 수도를 크라코프에서 바르샤바로 옮긴 지그문트 3세(Zygmunt III, 1566.6.20.~1632.4.19.)의 통치 기간 정도만 독립적 생활을 했지, 대부분의 역사는 배반과 어두움을 극복하려는 혁명운동으로, 결과적으로 폴란드 민족주의를 일으킨 동력이 되었다. 2차 세계대전 후 폴란드는 미국의 루즈벨트 대통령과 영국의 처칠, 소련의 스탈린 서기장이 얄타 회담(1945.2.4-11)과 포츠담회담(1945.7.26.)에서 소련은 친 소련파를 중심으로 폴란드를 사회주의 국가로 만들었다.

그 결과 폴란드는 "폴란드 민족은 집단적 희생자"라는 집단적 교육을 함으로써 강력한 민족주의를 정당화시켰다. 희생과 박해의 반복을 막기 위해 국가주의 논리가 득세했다. 나치가 말살하려던 민족이 유대인이 아니라 폴란드인이라는 역사 교과서도 등장했다.

(Pyatikhatki)를 합해, 내무인민위원회가 폴란드인을 살해한 것을 인정했다. 1992년 소비에트연방 붕괴 후 러시아 정부는 최고기밀문서의 제 1호를 공개했다. 그중에는 서쪽의 우크라이나와 벨라루스의 현지인 및 각 야영지에 있는 폴란드인 25,700명을 사살하라는 스탈린 및 베리야 등 소련 중요 권력자의 서명이 들어있는 계획서 및 소련 정치국이 제출한 1940년 3월 5일 사살 명령문과 21,857명의 폴란드인을 살해하라는 명령이 실행되었고 피해자의 개인 자료를 폐기하였다는 니키타 흐루쇼프의 문서도 포함되어 있다.

2007년 폴란드의 영화감독 안제이 바이다에 의하여, 이 사건을 제재로 한 영화 《카틴》이 제작됐다. 바이다 감독의 부친도 이 사건의 희생자였다. 2010년 4월 10일 레흐 카친스키 폴란드 대통령이 카틴 숲 대학살 70주년 추모식에 참석하려다가 사망했다. (https://ko.wikipedia.org/wiki/카틴_학살,2017.06.07.10.05.)

폴란드 민족주의 결성은 폴란드 국가 "폴란드는 아직 죽지 않았다"(Poland is not yet lost)에서도 찾아볼 수 있다. 국가는 "우리가 살아있는 한 폴란드는 무너지지 않으리, 외적이 우리의 어떤 것을 빼앗아도 손에 든 칼을 되찾으리"로 시작 된다[16]. 외국 전쟁 중에도 폴란드는 "성모 마리아여, 폴란드를 보호라소서"[17]라는 민족 단합과 결의로 침략군을 대항하여 싸웠다. 폴란드 민족주의는 1989년 바웬사 중심의 연대노조를 만들고, 정치세력으로 급성장한 노조는 비공식 연립정부를 수립하는 단계까지 이르게 된다.

이러한 민족주의는 폴란드 사회, 정치, 경제 그리고 종교의 전 영역에서 조직적인 힘을 발휘하여, 동·중부유럽의 체제전환 국가 중 가장 선두로 성장하는 국가로, EU국가 중에 성장 속도가 가장 빠르게 자리잡았다. 2010년 경제성장은 스위스, 벨기에, 스웨덴과 비슷했다.[18] 2014년 1인당 GDP가 14,378달러다. 중부유럽에서 러시아 다음으로 경제 강국이다. G20에 들어가는 것을 강력히 요청했다.

II-2. 체제전환의 틀: 민족주의의 연합운동형태

폴란드의 공산화는 1941년 폴란드 노동자당의 창당으로 시작되었다. 이들은 폴란드 내 공산주의 세력과 간격을 벌리며, 독자노선을 구축하는 과정에 1943년 코미테른 서기장인 게오르기 디미트로프는 "폴란드의 자유와 독립유지, 조속한 국가 재건, 폴란드 국민들에게 자유보장"의 내용을 선전하라고 하였다. 폴란드 내부세력의 협력을

16) 이종헌의 위의 책, 329.

17) 이종헌의 위의 책, 330.

18) 나무위키, 폴란드 경제, Poland: The Capital of Catchinh Up/ Growth of Polisch Economy(2014, 6.5.) https://namu.wikiw/폴란드경제, 2017.03.28. 16:52.

거부하고, 외부적으로 소련의 개입을 유도하는 정책이었다. 이어서 폴란드 노동자당은 색깔 변화를 "정치체제가 소련식이 아니다, 당이 주장하는 것이다."로 독립적 정당의 모습을 남겼다.[19] 이러한 전략은 소련이 스페인에서 했던 전략과 일치한다. 반 소련주의를 벗어나고, 민족주의 입장에서 국가를 재건한다는 개념이지만, 당 정강은 철저하게 소련의 입장을 열망했다. 1918년 이전 폴란드가 독립하고 재건할 때 가장 중추적인 정당은 '폴란드사회당'과 유제프 피우수트스키[20]였고, 1918년 이후는 로만 드모프스키가 이끌던 '민족 민주당'이다. 폴란드는 소련에 대한 두려움과 거부 그리고 독립이라는 열망이 있었으나, 폴란드 공사주의자들은 소련의 지시로 민족주의를 전면에 내세우며 "민주주의와 민족해방"을 선포했다.[21] 바로 폴란드의 가장 핵심적 동력이 민족주의였기에 공산당들도 이 점을 활용하였다. 1944년 폴란드 공산주의자들은 7월 "국가 국민위원회"를 구성하였고, 폴란드 전권을 장악했고, 그 구성은 폴란드 노동자당 중앙위원회 정치국(의결기관)의 결정을 국가국민위원회(의회 역할)와 폴란드 국민해방위원회(정부 역할)를 통해 정책들이 실행되었다. 1989년까지 폴란드에 자유스러운 민주주의 선거는 한 번도 없었다. 비록 1945년 2월 4일부터 11일까지 얄타회담에서 폴란드의 자유로운 선거를 결정했으나, 1945년 10월 30일 폴란드선거는 "폴란드 노동자당, 폴란드 사회당, 농민당, 민주당, 노동당, 폴란드 노동당"들이 참여했으나, 전부를 정리하고 폴란드 노동자당(일명 폴란드 공산당)만이 폴란드를 통제하게 되었다. 그러나

19) 김철민, 박정외 외 5명, 『동유럽 체제전환 과정과 통일한국에 주는 의미』(한국외국어대학교 지식출판원, 2014), 61.

20) 유제프 피우수트스키(1867-1935)는 폴란드 사회당 출신으로 독립전쟁을 이끌었던 건국 최고 공신이다. 국민의 절대적 신뢰를 받았던 인물이다.

21) 김 철민, 박정외 외 5명, 『동유럽 체제전환 과정과 통일 한국에 주는 의미』(한국외국어대학교 지식출판원, 2014), 64.

가톨릭교회는 폴란드 민족의 연속성과 정체성의 보장으로 살아남았다.[22]

결과적으로 폴란드의 공산체제나 가톨릭교회의 역할, 공산주의 체제가 자리를 잡아갈 때도 오직 '민족주의와 독립 그리고 해방'이라는 핵심정체성이 주된 요인이었다. 폴란드 공산당도 공산주의 슬로건 대신에 민족주의를 표방하였다.[23]

폴란드 체제전환의 배경의 가장 중요한 동력은 민족주의였으며, 이것은 폴란드의 사회연합운동의 틀을 통해 민족적 열망의 결과물로 독립을 축하였다.

II-3. 체제전환의 결과: 민족주의는 아래로부터의 저항과 지속성

중부·동유럽의 체제변화는 1985년 미하일 고르바초프(Mikhail Gorbachev)가 공산당 서기장에 임명되면서 폴란드 공산체제의 전환이 가시화되었다.[24] 그의 정책은 정치민주화, 사회적 평등, 반스탈린주의와 소수민족문제에 대중토론을 활발하게 불러일으켰다.[25] 이것은 아래로부터의 개혁(Perestroika), 사회적 압력을 완화(Glasnost), 그리고 소비에트 전체의 민주화(Demokratizatsiia)운동으로 사회, 정치, 경제 등의 분야에서 증폭되었다. 그 결과는 소련과 서유럽이 동유럽 국가의 개혁을 지지하였고, 그 흐름은 독일의 베를린 장벽을 붕괴시켰고, 냉전적 동·서 구분이 와해시켰다. 보수 강경국인 루마니아도

---

22) 위의 책, 78.

23) 위의 책, 64.

24) Karen Dawisha, *Eastern Europe, Gorbachev, and Reform* (Cambridge Uni: Press, 1988), 191-192.

25) Z. Brzezinski, *The Great Failure*(NY: Charles Scribners Sons, 1989), 1389.

개혁에 참여했다. 폴란드와 헝가리의 개혁에 동독의 호네커(Erich Honecker), 체코의 야케스(Milos Jakes), 불가리아의 치브코프(Todor Zhivkov), 루마니아의 차우세스코(Nicolae Ceausescu)는 소련의 개혁개방에 동요되지 않았다고, 오히려 폴란드를 비난했다.

폴란드는 노동자당(공산당) 밖에서, 또한 아래로부터 개혁의 바람이 일어났다. 폴란드는 헝가리가 공산당으로부터 개혁되었던 점과는 대조적이었다. 이것도 폴란드의 민족주의 정신에서 유래되었다. 민족주의는 폴란드의 자유민주주의를 향한 저항정신의 기본이었다. 폴란드는 소련이 장악한 폴란드 노동자당에 의해 전체 권력 시스템에 목표가 설정되어, 정책이 통제되고, 수행되었다. 당 지도력이 국가 권력 곳곳에 실현되었고, 당은 모든 것을 초월한 존재로 법의 제한을 받지 않았다. 그것은 1989년 사회주의 체제가 붕괴하기 전, 45년 동안 정치 시스템은 '저항의 연속성'과 '연합의 저항성'으로 드러났다.[26)]

1) 폴란드는 평원(Pole)이라는 이름에서 유래되었다. 표어는 "하나님, 명예, 조국"이다. 서슬라브족인 폴란드인이 98%며, 로마가톨릭이 95%, 인구는 2014년 3848만3957명(38,483,957명)이다.[27)] 이들은 1956년, 1970년, 1980년 등에 걸쳐 끝없는 민주화 투쟁을 했다. 노동운동을 중심으로 한 폴란드의 민주화 운동은 '자유노조(Solidarnosc)'가 정치, 민주화 개혁의 기수가 되었다. 그들의 관점은 질 높은 생활수준, 평등, 참여 인권 등의 요소들이 공산당 일당 체제와 대치하며 일어났다. 1980년 가을 그다니스크[28)]의 자유노조 위원장인 레흐 바웬사로부터

---

26) 김철민, 박정외 외 5명, 『동유럽 체제전환 과정과 통일 한국에 주는 의미』(한국외국어대학교 지식출판원, 2014), 91.

27) 나무위키, 폴란드 경제, Poland: The Capital of Catchinh Up/ Growth of Polisch Economy(2014, 6.5.) https://namu.wikiw/폴란드경제, 2017.03.28.16시 52분.

28) 그단스크는 Gdan'sk(폴), Danzig(독), Gedaum(라) 1919년까지 독일의 영토였으나, 1945년 폴란드령으로 바뀌고, 자유 노조 운동의 중심지다. 1999년 노벨문학상

시작된다. 8년간 야루젤스키의 강압 통치하에서 1988년 1천만 조직원으로 구성한 강력한 노조를 만들었다. 사실상 소련은 1956년 부다페스트 혁명, 1968년 프라하의 봄으로 이어지는 분위기는 아니었다. 폴란드의 민주화 투쟁은 1956년 6월 28일 포즈난시 기계공장의 식량 폭동으로 시작되었다.[29] 이것은 폴란드 민족의 독립심-민족주의를 불러일으켰고, 폴란드 공산당의 자주성을 만들어내는 계기가 되었다. 동시에 악화되는 폴란드 사회분위기, 공산주의 국가의 통제폐지, 폴란드만의 사유화 과정, 지유노조 연대와 가톨릭교회의 활동이 1981년 야루젤스키[30] 장군의 계엄령으로 인한 정권이 1986년 9월 사면으로 민주화 인물들을 국가고문위원회에 참여시킴으로써 폴란드 공산정권이 회복되는 듯 보였다.[31] 이러한 자유화 정책은 1987년 사회 분위기를 더 악화시켰다. 1985년 폴란드 경제에 대한 부정적인 답이 46%, 1986년 4월에 55%, 12월에 58.5%, 1987년 4월 69.1%로 증가했고, 정치적 부정성도 1987년 15%였으나, 1988년 6월 28.1%로 증가했다.[32] 그 결과 1989년 폴란드 사회주의 체제는 붕괴하였다.

2) 1989년 6월 4일 전반적인 폴란드 전체 분위기를 바꿔 보려는 야루젤스키의 국민투표[33]실시는 결과적으로 전체유효표의 46.29%로

의 권터 그라스(Guenter Grass: 1927-2015)의 『양철북』의 배경이 된 도시다.

29) https://ko.wikipedia.org/wiki/%ED%8F%B4%EB%9E%80%EB%93%9C%EC%9D%98_%EC%97%AD%EC%82%AC

30) 야루젤스키(Wojciech Witold Jaruzelski:1923-2014.5.25. 폐렴으로 사망). 1962년 국방부 부장관, 1968년 참모총장, 국방부 장관, 1981년 계엄령 선포, 폴란드 제1대 대통령(1989년 12월 21일-1990년 12월 22일).

31) 1569년 폴란드-리투니아 연방이 제1공화국, 1919-1939년 독일의 침략으로 제2공화국이 몰락함. 1990년은 바웬사 대통령의 취임으로 제3공화국이 되었다. 1952년부터 1989년까지는 폴란드인민공화국이었다.

32) 김철민, 박정오 외 5명, 『동유럽 체제전환 과정과 통일 한국에 주는 의미』(한국외국어대학교 지식출판원, 2014), 95.

실패하고 말았다.[34] 야루젤스키 진영은 민주인사들을 경제정책에 동참시키고, 그 실패의 결과를 뒤집어씌울 생각을 이미 1988년 도입했다. 당시 민주인사들은 공산주의 체제의 급격한 변화가 어렵다고 믿었고, 타협점을 찾아가려고 계획을 세웠다.[35] 여기서 체제전환의 분기점이 시작되었다. 바웬사는 미국의 대폴란드 경제 제재 조치를 해제할 것을 요청하고, 1987년 단일체이며 공개적인 자유노조 전국 실행위원회를 출범시켰다. 바웬사 측의 지속적인 대화 요구에 무응답이 공산정권에서 1988년 2월 월간 "대결"에 게레멕은 공산정권의 일정기간 독점을 유지하고, 복수노조(자유노조의 합법화), 다원적 사회(단체결성권 자유, 재야민주진영을 포함한 양원제 의회)를 단계적으로 도입할 조건을 제시하였다.[36] 이 시기가 야루젤스키 정권이 국민투표가 끝난 2주로, 즉 1987년 12월 15일 정치적 절망 상태로 "심리적 토양"[37]을 의미했다. 이어지는 민주화 투쟁형태의 노조 파업이 시작되었다. 이러한 저항은

33) 국민투표는 3월 2일 마그 달렌카 모임에서 크바시니에프카가 공산당과 연합세력들의 동의 없이 상원선거를 완전 자유선거로 치르자고 제안에서 나왔고, 그 결과 자유노조 연대가 의석 100석 중 99석을 차지하게 되었다. 폴란드의 민주화에 결정적 역할을 한 인물이다.

34) 대통령직에는 야루젤스키 후보와 100% 찬성이 예상되는 다음의 두 가지 질문에 찬성표를 유도하였다. 1) 2-3년간 과도기를 거쳐야 하는 생활수준을 급속히 향상시키는 과감한 경제 재생계획이 의회에 의해 상정되었는데 찬성하는가?
2) 지방자치제와 강화, 시민권 확대, 국민들의 국가 통치 참여 확대를 목적으로 하는 정치 민주 모델에 찬성하는가? : 김철민, 박정외 외 5명, 『동유럽 체제전환 과정과 통일 한국에 주는 의미』(한국외국어대학교 지식출판원, 2014), 97-98.

35) 구성원들은 아담 미흐닉, 얀 리티인스키, 야첵 쿠로인, 브로니와프 게레멕, 프랑스 망명자 발데마르 쿠치인스키 외 상당수 자유노조 운동가들이 같은 생각을 가졌다. 바웬사도 동일하다.

36) 김철민, 박정외 외 5명, 『동유럽 체제전환 과정과 통일 한국에 주는 의미』 (한국외국어대학교 지식출판원, 2014), 101.

37) 위의 책, 102.

정권 붕괴까지 이어졌다. 1988년 4월 25일 임금문제로 바드고쉬츠시 교통노동자들의 파업, 4월 29일 스탈로바 볼라의 제철소 노동자들의 자유노조활동 보장으로 파업, 5월 2일 그다인스크 조선소의 파업이 이어졌다. 야루젤스키가 파업이 중지되면 바웬사를 만난다는 제안 후 노동자들의 파업이 자발적으로 중지되기 전, 5월 4일 무장경찰이 레닌조선소를 진압했다. 크라코프도 강경 진압되었다. 그다인스크 조선소는 5월 10일 저녁 1000명이 거리행진을 하였다. 폴란드 치오섹은 가톨릭 교회주교단의 대변인이 알로이지 오르슐릭 신부와 가진 자리에서 재야민주세력과 연립정부구성을 약속하며, 대신 자유노조는 허용하지 않을 것을 당국에 요청하였다. 지속적으로 자유노조 인정문제는 중심 화제였다.

8월 17일, 7월 성명 탄광에서 파업으로 14개 탄광에서 파업이 일어났다. 8월 17일 쉬체친 항구의 파업, 8월 20일은 그다인스크 항구, 8월 22일은 레닌조선소로, 당일 스탈로바 볼라 제철소도 파업에 가담하였다. 9월 3일 전국공산당 주 위원회 보고서에 바웬사와 키쉬착의 만남으로 '즈비그니에프 메스네를 정권 퇴진과 자유노조 대표측의 양보로 합의가 되었으나, 9월 27일 미에치스와프 라코프스키 총리를 중심으로 새 정부를 구성하였다. 총리는 10월 11월 사이에 "여권신청 용이함, 농약 가격하락, 연료통제 완화, 브로츠와프와 피에카리 실롱스키에 있는 공해유발 제철소 폐쇄, 11월 11일을 국경일 제정" 등으로 국민들의 입장을 지원했으며, TV 정기출연으로 국정 홍보를 하던 중 10월 31일 레닌조선소가 이득을 내지 못한다고 폐쇄함으로써, 전국의 재야 민주세력이 공개적으로 활동을 시작했다.[38] 학생들의 군사훈련거부, 언론간행물과 출판물이 퍼져나갔으며, 관영신문들도 변화를 외치기 시작했다. 11월 11일 대도시에서 독립기념일 행사가 자발적으로 이루어졌고,

---

38) 위의 책, 111-114.

시위대가 경찰로부터 공격을 받았다.

3) 최대전환점은 관영 노조위원장인 알프레드 미오도비츠에가 자유노조 위원장 바웬사에게 11월 15일 TV토론을 제안했다. 11월 30일 전국 생중계되었는데, 결과는 자유노조 인정, 바웬사를 지도자로 결정해야만 하는 폴란드 분위기였다. 1988년 12월 20-21일과 1989년 1월 16-17일 2번에 걸친 폴란드 공산당 중앙위원회에서 “정치 다원화와 노조복수화”가 찬성 143, 반대 32, 기권 14표로 가결되었다.[39)]

1988년 12월 바르샤바에 있는 성당 지하에서 자유노조 위원장 바웬사를 중심으로 시민위원회가 탄생되었다. 그 주도권은 공산정권과 광범위한 대화를 하자는 측이 잡았다.[40)] 시민위원회는 여전히 공산정권 없이는 정권 교체가 불가능하다고 보았다. 그 이유는 에스토니아와 리투아니아에서 공산정권을 바탕으로 개혁하자는 성공사례를 보고, 공산정권에 5%의 애국심이 있다면 거기에 모든 것을 걸어야 할 것이라고 생각했다.[41)] 이런 분위기를 벗어나게 하는 것은 세부적인 조직선정이었다. 복수노조위원회(마조비에츠키), 정치개혁위원회(게레멕), 사법위원회(아담스트젤보쉬), 경제개혁정책위원회(비톨드 트쉐치악코프스키), 지방자치위원회(예쥐 레굴스키) 구성으로 민주진영 정권인수가 방향을 잡은 것이다. 그럼에도 불구하고 1989년 1월 27일 원탁회의가 키쉬착과 바웬사 사이에 이루어진다. 이전에 조직된 시민위원회의 조직은 원탁회의 구성원으로 흡수되었다. 공산정권, 기득권을 가진

---

39) 야루젤스키, 키쉬착, 라코프스키, 국방장관 플로리안시비츠키 장군 등의 4명이 적극 지지함. 공산당 대표당원들은 결사반대하였으나, 4명의 퇴진압력에 가결됨(참고:116-117).

40) 마조비에츠키, 비엘로비에이스키, 게레멕, 마르친 크롤, 스테판 브라트코프스키, 미흐닉 등이다(119).

41) 김철민, 박정외 외 5명, 『동유럽 체제전환 과정과 통일 한국에 주는 의미』(한국외국어대학교 지식출판원, 2014), 119.

정권 즉 정권 경험을 가진 세력에 자유노조 및 시민세력들은 잠식되는데 별 저항이 없었다.

4) 원탁회의는 폴란드 민주화 과정의 총선체제의 전환점 역할을 했다.

원탁회의는 1989년 2월 6일 바르샤바의 총독관저(현 대통령궁)에서 시작되었다. 원탁에서의 회의는 개회식과 폐회식 단 2회로 마쳤다. 나머지는 전문 영역자들 간의 회의가 이어졌다.[42] 회의는 425명이 참석했지만, 비공개회의가 중요한 요직자회의로 42명이 참석했다. 이 회의는 정부측 대통령 후보감인 야루젤스키는 뒤에서 전화로 조정하고, 자유노조는 바웬사는 제외한 즈비그니에프 부악, 프라시니욱, 게레멕, 쿠로인, 마조비에츠키, 마흐닉 등이며, 가톨릭에서는 타데우쉬 고츠워프스키 주교와 오르슐릭 신부다.[43]

주요한 회의 주제는 '정치개혁'이며, 선거법, 대통령 권한 그리고 상하원 관계설정이었다. 문제는 자유노조를 제외한 여권 인사들을 후보로 세우려고 했다. 이유는 '비충돌적인 총선'을 이룬다는 명분이지만, 의도는 자유노조를 배제하고자 하는 것이다. 그러나 3월 2일 크바시니에프스키가 상원선거를 자유선거로 할 것을 제안했다. 그 이유는 인지도가 있는 친여 후보들이 모두 당선될 것으로 보았기 때문이다. 야권의 자유노조 측은 하원구성을 65대 35로 제안했으며, 상원의 의사결정을 부결시 하원은 정부안으로 3/5으로, 자유노조 측은 2/3으

---

42) 사회정책-경제팀(정부-바카, 자유노조-트쉐치악코프스키), 정치개혁팀(정부-야누쉬 레이코프스키, 자유노조-게레멕), 노조 다원화팀(정부-알렉산데르 크바시니에프스키, 자유노조-마조비에츠키, 관영노조-소스노프스키) 등 3개 모임으로 구성되었다. 부속 팀으로 농업, 광업, 사법개혁, 조직단체, 지방자치, 청소년, 대중매체, 학문, 교육기술 발전, 위생 상태 분과 등이다(121).

43) 김철민, 박정외 외 5명, 『동유럽 체제전환 과정과 통일 한국에 주는 의미』 (한국외국어대학교 지식출판원, 2014), 121.

로 제안하다, 13/20 혹은 27/40으로 결정하였다. 이것이 첫 번째 난제였다. 두 번째 난제는 자유노조 합법화 안이다. 1990년 4월 17일 자유노조가 등록을, 3일 뒤에 다른 자유노조 분파인 '개인농지자유노조'가 탄생되었다. 세 번째 난제는 자유노조의 방송매체 활용이었다. 1주일에 30분 TV 출연과 1시간분의 라디오 방송과 전국에 발해할 수 있는 일간지 "선거일보"가 등장했다.[44]

네 번째 난제는 경제개혁 프로그램이었다. 물가연동제를 어떻게 설명하느냐에 마지막 서명에서 누락되었고, 4월 5일 원탁회의는 폐막되었다.원탁회의 결과를 보는 폴란드 국민들은 정부지지안 2.5%, 자유노조 58.7%, 양측이 다 잘했다는 18%, 모른다가 20.8%였다.[45]

5) 대학생들의 시위로 공산정권의 마지막-제3공화국의 출발.

1988년 2월 17일 크라코프 광장에서 전국대학동맹이 결성 8주년 기념행사에 교육부장관 야첼 피시악에게 호소문을 전달하려다 전투경찰의 진압을 받았다. 이어서 2월 21일 체코 민주인사 바츨라프 하벨의 석방을 위한 시위, 바르샤바에는 자유총선거를 위한 시위가 있었다. 2월 24일 크라코프광장에서 대규모 시위가 있었고, 그다인스크 성브리지다 성당은 일요일 미사후 정기적인 시우에 동참하였다. 4월 16일 그다인스크 공산당처사 포위시위, 포즈나인에서는 클렘피츠 부근의 원자력 발전서 건설 반대시위가 3월 21일에 평화적으로, 4월 2일은 강경진압으로 수백 명이 구타당했고, 병원으로 실려 갔다. 이 무렵 1989년 12월 루마니아의 유혈사테, 체코에서의 벨벳 혁명 등이 폴란드에서는 원탁회의였다고 자부했다.

여기서 폴란드 가톨릭은 순수하여 공산정권의 제안에 순응하며

---

44) 김철민, 박정외 외 5명, 『동유럽 체제전환 과정과 통일 한국에 주는 의미』(한국외국어대학교 지식출판원, 2014), 125-126.

45) 위의 책, 128.

도왔다는 견해도 있다. 종교적 명분은 공산정권과 자유노조를 오고가는 힘의 분산을 야기했다. 또 투쟁적인 자유노조와 시위를 폭력과 갈등으로 보려는 어리석음이 민주주의 과정을 가로막는 역할도 했다.

종교는 이데올로기가 아니기 때문에 본의 아니게 폴란드 가톨릭이 폴란드의 자유민주주의 체제를 거부하려는 태도도 보였다. 이런 점은 폴란드의 공산정권의 바탕에도 가톨릭의 신앙이 저변에 깔려 있었기 때문이다.

III. 폴란드 체제전환의 핵심적 주제와 과거청산의 결과

III-1. 폴란드 체제전환의 중심에 선 자유노조

폴란드 민주화 운동은 노동운동을 중심으로 한 자유노조(Solidarnos'c')의 구심점 역할이었다. 자유노조는 공산정권과 대치하면서 개혁을 8년간 연속적인 저항정신으로 추진해 나갔다. 자유노조는 국민들이 공산정권의 당 간부들의 생활수준을 요구했다. 지속적인 파업과 단체행동은 폴란드 공산정권을 서서히 침몰하게 만든 원인이 되었고, 또한 공산정권은 강력한 자유 노조 운동에 대항하여, 방어전략만 구사하다가 결국 도끼로 제 발을 찍어버리는 결정을 스스로 했으며, 좌충우돌하는 내분이 야루젤스키의 정권의 분열을 야기하였다. 사실상 폴란드 공산정권의 내부통제가 잘 이루어지지 않았다. 1988년 3월 2일 크바시니에프가 원탁회의에서 정부와 사전 조율없이 상원선거를 완전 자유선거로 치르자는 제안은 자유노조가 하원의 구성을 받아들임으로 결정적 전환이 이루어졌다. 두 번째 결과는 1989년 4월7일 폴란드 인민공화국 하원에 의해 대통령제와 권한을 결정함과 동시에 자유노조의 단체결성권도 통과되었다. 또한 TV토론은 자유노조의 지원에 국민의 78.7%가 압도적 지지를 하였다.

1980년 그다니스크에서 발족한 바웬사의 자유노조는 8년간 야루젤스키 정권의 강압 통치하에서 1천만의 조직체로 발전하였다. 야루젤스키 정권은 1989년 6월 총선에서 하원 161석 전패, 상원 100석 중 자유노조가 99석을 차지하는 결과를 만들었다. 특히 동유럽 주변 국가들의 유혈사태도 폴란드 공산정권에 두려움을 안겨주었다.

자유노조의 힘은 노동자, 지식인 집단(KOR)의 연합체로 연대하는 저력이 있었다.[46] 이것을 민족주의 연합운동으로 본다. 자유노조연대는 전형적인 노동조합차원을 넘어서서, 다원주의를 받아들이라는 정치, 제도적 개혁을 요구했다. 특히 1980년 이전에 발생한 1975/76년 헌법개정, 1976년 라둠(Radom)과 우르수스(Ursus)의 노동자 소요사건, 대외정치적으로 헬싱키 유럽안보협력회의(CSCE)[47]최조의정서 사건으로 지식인과 노동자 간의 협력관계를 만들었다. 정치적 통제능력이 약화되면서 경제위기가 고조되면서, 이 문제는 총선을 유도하는 동력이 되었다. 또한 자유노조연대는 파업과 대규모 투쟁으로, 지식인들은 조직과 지적 준비를 해주었다.

공산정권과 자유노조의 대립과 갈등의 중앙에 폴란드 가톨릭의 역할도 있었다. 그것은 폴란드 전체인구의 95%가 가톨릭이라는 입장에서 있으며, 이 일은 폴란드 출신의 교황 요한 바오로 2세의 조국방문에도 영향을 주었다. 요한 바오로 2세는 1979년, 1983년 방문시 자유와 평등을 위한 삶의 도전적 선포를 하기도 하였다.

---

46) Z. Brzezinski, 121.

47) 유럽안보협력기구(Organization for Security and Co-operation in Europe, OSCE)는 안보협력을 위하여 유럽과 중앙아시아, 북아메리카 등의 57개국이 가입된 세계에서 가장 큰 정부 간 협력 기구이다. 1975년 8월 1일 헬싱키에서는 유럽안보협력회의였으나, 1995년 1월 1일 명칭이 변경되었다.

폴란드 가톨릭은 2012년 기준 총 9명의 추기경이 있으며, 공산정권하에서도 가톨릭 사립학교가 운영되었고, 대표적인 학교는 루블린 대학교다. 폴란드 가톨릭은 공산화 50년 동안 국가의 절대적 권력을 제한했다. 국가를 비판하고, 국민들이 표출할 수 없는 문제를 고발하는 국가교회 수준이었다. 폴란드가 123년 지도상에서 사라졌을 때도 국가의 정체성을 유지하였으며, 유일한 반정부 조직체였다. 이 점에서 폴란드 공산정권은 종교정책에 관하여서는 국가와 교회를 분리하였다.[48]

1980년부터 1989년까지 연대노조가 독자적으로 폴란드 공산정권과 대치할 때에도 가톨릭이 노조와 국가 간 중재자 역할을 했다. 1989년 원탁회의 과정에서 가톨릭이 중재자 역할을 했지만, 경우에 따라서는 결과적으로 비폭력과 합법적이라는 설명에 폴란드 공산정권에 끌려가는 인상도 주었다. 폴란드 정부 자체가 가톨릭을 만만하게 보거나, 등한시한 면도 있다. 폴란드 공산당은 교황 선출 후에서야 소련으로부터 사태를 지시받았고, 그 결과를 과소평가하였다.

III-2. 체제전환의 틀로 본 자유선거와 복수정당제를 통한 체제개혁

폴란드는 1989년 원탁회를 통해 제한되지만, 자유 총선거를 실시하기로 합의한다. 바로 체제개혁의 출발점이다. 주요 내용은 1) 자유노조의 합법화, 2) 자유노조는 1989년 6월 총선에 참여, 3) 공산당과 제휴정당이 460석 중 65%을 보장받음, 4) 100석의 상원이 신설됨, 상원은 하원에 자문을 제공하며 의회법안의 거부권을 행사함, 6) 대통령은

48) 폴란드 헌법(1976년) 제82조 제2항 "교회는 국가로부터 분리된다. 국가와 교회 사이의 관계원칙과 종교단체들의 법적. 재산상 지위는 법률로 결정된다"; H. Schwarz, "Constitutional Developments in East Central Europe," *Joural of International Affairs, Vol. 45, No.1*(Summer 1991), 140.

1989년 상원과 하원에서 선출하며 임기는 6년이다. 7) 야당은 언론을 활용할 수 있다. 폴란드의 유일한 대통령 후보인 야루젤스키 장군은 대통령 권한에 관심이 있었고, 차후 공산당 진영이 지금까지의 선거결과를 보더라도 정권 장악은 틀림없다고 오판했다. 또한 폴란드 정부가 전체 의석의 65%를 보장받는다면 문제없다고 보았다. 특히 대통령 권한은 당시 폴란드 정권을 안심시키고도 넉넉했다. 대통령은 1) 법률거부권(하원의 2/3 다수결로 재 가결 가능, 그러나 공산당 관련 보장받는 의석수가 2/3에 가까운 65%가 보장되므로 문제 될 수 없음) 2) 의회해산권, 국군 통수권, 국방위원회 의장으로 권한, 국립은행 총재 임면제청권, 전쟁과 비상사태선포권, 전쟁과 비상사태 3개월 이내로 선포, 기간연장은 의회의 동의를 구하는 것이다.

이러한 개혁을 야루젤스키 폴란드국가평의의장은 "민주화 정체개혁 협상"의 필요한 조치로 보았다.[49] 선거결과는 지방자체단체 선거에서는 공산당 후보들만 나왔으며, 109석에 25만 명이 지원하여 모든 공산당 후보가 당선되었다. 자유노조는 후보를 낼 수가 없었다. 투표율인 56%로 저조했다. 그러나 자유경쟁인 총선거는 실질적인 하원 460석 중 65%인 299석은 공산당 몫으로 가져갔고,[50] 그것도 1차 투표(6월4일)에서 과반수가 안 되어, 2차 투표(6월18일)로 자신의 65% 몫을 확보하게 되었다. 상원의원 100석 중 자유노조 후보가 99명, 하원의원은 233명이 등장했으나 460석 중 65% 이후 남겨진 161석 중 161석이 자유노조 몫이 되었다.[51] 당시 수상 라코프스키, 내무상 키스차크도 낙선하였다. 당시 정부구성은 대통령은 공산당, 수상은 자유노조로

---

49) Daily Report: *East Europe*(FBIS), 6. April, 1989.

50) 공산당인 통일노동자당, 공산당과 제휴한 농민당, 민주당, PX당, 기독교사회당, 가톨릭사회당 등이 있다.

51) 김철민, 박정외 외 5명, 『동유럽 체제전환 과정과 통일 한국에 주는 의미』(한국외국어대학교 지식출판원, 2014), 131.

교통정리가 된 터라, 7월에 소집된 상・하원 합동회의에서 대통령은 야루젤스키가, 총리는 가톨릭 언론인이자 연대노조의 고문인 마조비에츠키를 수상으로 지명했다. 야루젤스키 대통령과 미조비에츠키 수상 그리고 공산당 잔류세력으로 인화여 개혁이 더디 되어지자 대통령은 사임하고 1990년 11월 12월에 대통령 선거에 마조비에스키, 캐나다 출신의 해외사업가 티민스키, 바웬사가 출마하여, 바웬사가 승리하였다. 폴란드는 의회민주주의 체제로 전환되었다. 의원내각제와 대통령 중심제를 병합하였다.

정리하면 원탁회의 결과대로 부분 총선이 있었으며, 폴란드 민주화 과정이 시작되었다. 1989년 6월 선거에 하원 460석 중 161석과 상원 100석 중 99석을 자유노조가 치지했다.

바웬사는 총리로 마조비에츠키를 선출하였다. 1989년 12월 29일 헌법전문에 당의 지도적 역할 문구가 사라지고, 폴란드 인민공화국에서 '인민'이 빠졌다. 폴란드 국가 문장인 독수리머리위에 왕관이 돌아왔다. 이것이 폴란드 제3공화국의 탄생이다.

폴란드는 결과적으로 동유럽에서 가장 먼저 다당제 의회민주주의를 채택했다. 그 방법은 자유노조의 양보와 협력, 지속적인 저항정신, 지식인과 노조의 연대 등의 결과다. 혁명을 통한 체제전환이 아니라, 회의를 통한 단계적 정권 이양이었으며, 야루젤스키의 사임과 공산당 내의 의견교환이 1990년 후반기 다시 폴란드 정권을 잡는 계기가 되기도 했다. 그러나 폴란드가 2004년 5월 1일 유럽연합(EU) 가입 이후, 공산당 정권의 교체는 없어지고, 안정적 체제전환이 자리를 잡았다.

III-3. 체제전환의 핵심 쟁점은 경제개혁

폴란드는 1947년 전후 복구사업과 중공업 우선정책으로, 중앙집권적 계획경제체제로 성장하다가, 북한과 똑같이, 아니 공산주의 국가 대부분이 그렇듯이, 1970년대에 경제가 무너지게 되었다. 어느 공산주의 국가나 동일한 문제점이 생산과 소비를 결정하는 정부 경제메카니즘의 왜곡, 자원분배의 불균형, 근로의욕이나 생산성 향상의 방향결여 등이다.[52] 특히 1976년 60-100% 물가인상은 결국 파업을 불러왔고, 이어지는 파업과 데모는 체제몰락의 도화선이 되었다. 이 사이에 자유노조의 세력이 급부상했다. 당신 자유노조 외에는 어떠한 세력 혹은 조직이 없었다. 그러므로 폴란드 체제전환은 경제개혁을 통해 시작되고, 계속되고, 종결되었다. 1989년 체제전환 이후 경제개혁은 인플레이션과 경기침체로 이어졌으나, 정부의 경제개혁이 흔들리지 않고 일관되게 지속한 것은 민족주의 정체성이 만들어 낸 결과다. 특히 정부의 강력한 경제개혁정책은 국가재산의 대대적인 매각, 부동산과 토지규제의 해제, 사유재산제도의 회복조치, 은행개혁, 개인소득세, 부가가치세, 통화자본, 주식시장 등을 초당적 지지를 받아 진행되었다. 문제와 갈등이 존재했지만, 시장경제의 유도로 인한 충격요법(shock therapy)[53]이라고 하면서 경제구조 개선에 폴란드 전체가 집중했다.

경제개혁의 배경에는 공산정부의 지속적인 경제실패, 소련에 대한 폴란드 국민들의 거부감, 정부의 중앙통제경제의 거부감에 불신을 주었다. 동시에 폴란드는 서방세계와 지속적인 교류와 문화적 유대감을 가톨릭이라는 바탕으로 가지고 있기에 체제전환의 문화-사회의 긍정적

---

52) 황병덕 외 8명, 『사회주의 체제전환 이후 발전상과 한반도 통일』(늘품플러스, 2011), 206.

53) 위의 책, 221.

인 요소가 있었다. 고르바초프의 개혁과 개방정책이 폴란드 정부의 불간섭과 독자적 개혁 추진원칙에 합의했고, 미국과 서유럽도 폴란드 경제 제재를 해제하고, 외채삭감 등의 지원을 약속했다. 또한 1990년부터 1991년의 극심한 경제침체는 국제경제기관들, 국제통화기금, 세계은행, 유럽연합 등이 폴란드 경제개혁의 설계와 이행에 직접 개입하기도 했다.[54]

충격요법은 1989년 10월 발체로비츠가 국제통화기금의 자문을 받아 만든 과감한 급진적 경제개혁안이었다.[55] 국제통화기금으로 7억2,500만 달러 지원을 받았다. 폴란드는 두 가지 경제정책을 입안했다. 안전화로 단기정책을, 제도개혁으로 장기정책을 말한다.

그것은 두 가지로 설명된다.[56] 단기정책으로 1) 긴축-신용-통화공급축소-환율정책-변동환율제-임금상승억제-가격 자유화였으며, 장기정책으로 2) 무역 자유화-일부제한(원자력과 무기)-사유화 추진-개방-시장경제구조 확립에 목표를 두었다.

폴란드는 1989년 경제개혁 초기 마이너스 성장이었으나, 1992년부터 2.6%, 1993년 3,8%이며 이후로 높은 성장률을 보였다.[57]

1991년 소비자 물가지수가 585.3% 폭발적 상승했으나, 완화되어가다가 1994년 30% 이상의 고물가 상승을 보였다.[58] 이러한 경제개혁은 체제전환의 시발점으로, 경제개혁을 위한 폴란드 장·단기 경제정책으로 폴란드 체제전환을 자리 잡게 하였다.

---

54) 위의 책, 209-210.

55) 위의 책, 221.

56) 위의 책, 222-223.

57) 위의 책, 223.

58) 위의 책, 223.

III-3. 체제전환이후의 폴란드의 과거청산[59)]

과거청산이란 탄압을 당한 피해자들의 복원과 보상, 가해자들의 심판, 정권의 정보부 요원과 협력자들의 제제에 관한 일, 보복 금지에 관한 일들, 공개하는 문제들을 어떻게 할 것인가가 과거청산의 숙제다. 3가지로 정리하는 목적이 있다. 1) 피해자들의 정의구형, 2) 협력자들의 권리 박탈, 3) 이념적 유산을 제거하는 시도다.

1) 폴란드 과거청산은 두 번 시도되었다. 1992년과 1997-2007년이다. 방법은 반체제 활동으로 탄압받는 사람들의 보상과 회복과 스탈린 시대 이후부터 1991년까지 저지른 범죄에 관하여 조사하기 시작했다. 과거청산의 중심에는 아키브정보자료-2000년 국가기억원의 역할과 자료공개였다. 절차는 1992년 5월 28일 과거청산을 위한 법률이 제정되었다.[60)] 법안은 1945-1990년에 정보부기관과 협력한 상하원 의원, 장관, 주지사, 판사, 검사의 이름을 공개하고, 정보 협력자들은 제외시켰다. 그러나 6월 4일 마치에레비츠 내무부 장관이 주지사, 판사, 검사 이름을 제외한 협력자들을 하원에 제출했다. 그 명단에는 바웬사 대통령, 하원의장, 모든 정당 출신의 상하원 의원, 총리자문단, 2명의 장관과 6명의 차관이 있었다. 저녁에 올쉐프스키 정부해임은 가결되었다.

---

59) 김철민, 박정외 외 5명, 『동유럽 체제전환 과정과 통일 한국에 주는 의미』 (한국외국어대학교 지식출판원, 2014), 134-151.

60) 5번에 걸쳐 법률초안이 작성되었다. 1994년-정부관직 임용조건, 1996년-공공신뢰위원회, 1944-1989년 사이에 정보기관직원과 비밀협력자에 관한 정보의 분류, 보관, 및 제공. 1996년 마지막으로 1944-190년 사이 정보기관과 협력한 사실의 공개에 관한 초안, 1996년 8월 23일 과거사청산 법률 초안을 심의 할 특별위원회 설립. 1997년 4월 11일 과거청산 법률이 하원에서 찬송 214, 반대 162, 기권16으로 가결되었으며 상원도 수정 없이 통과되었다.: 김철민, 박정외 외 5명, 『동유럽 체제전환 과정과 통일 한국에 주는 의미』(한국외국어대학교 지식출판원, 2014), 137.

2) 심사대상자는 정부 요직자들이며,61) 1944년 7월 22일부터 1990년 5월 10일까지 정보기관 근무자나 봉사한 경력, 또는 협력사실 근거를 공공 기능직에 임명되거나 후보자로 지명된 경력들을 제출해야 했다. 공개명령은 2006년 10월 18일자 법령으로 진행되고 있다.62) 문서제출은 본인이 해야 하며 제3자가 요구할 수 없었다. 본인의 허락 시 기관에서 신청서를 접수할 수 있다. 만일 미제출시 도덕적 자격을 평가하는 데 반영하도록 했다.

국가기억원의 공식 명칭은 "국가 기억원-폴란드 민족에 반하는 범죄 추적 위원회"로 국립연구기관이다.

3) 국가기억원의 범죄추적위원회가 2000년부터 2009년 말까지 9,218건을 조사하고, 6,457건을 공산범죄로 규정했다. 이외에 나치범죄 2,404건을, 인류평화에 반하는 범죄가 357건이다. 2012년 국가기억원 소속 검사는 391명을 고발하고, 239명에 판결을 내려지고, 128명에게 최종 선고가 되었다.63)

---

61) 대통령; 상하원 의원; 총리가 임명하는 지명하는 공공기관의 장; 각종 행정기관의 수장, 행정부와 주 정부의 총무처장; 판사, 검사, 변호사; 대학교 총장, 부총장, 국립-사립 단과대학장, 고등교육위원회 임원; 국립인증위원회 임원, 학위수여중앙위원회 임원; 폴란드 국영 텔레비전-라디오 방송국 감독 이사회, 임원, 이사 및 피디; 폴란드중앙언론사 사무총장, 국장, 편집장, 지역사무소 소장; 폴란드 통신사 회장, 부회장, 이사 및 편집장 등이다.: 김철민, 박정외 외 5명, 『동유럽 체제전환 과정과 통일 한국에 주는 의미』(한국외국어대학교 지식출판원, 2014), 138.

62) 법령의 내용은 다음과 같다. 공산주의 국가체제의 정보기관에서의 근무하거나 또는 인적 정보 출처를 통해 이들 기관에 도움을 주는 특히나 민주야권, 노동조합, 협회, 교회, 종교단체에 반대하여 표현과 집회의 자유 권리와 생명과 자유 그리고 시민 안전의 권리를 위반하는 행위는 공산주의 전제적인 체제를 위해 인권과 시민의 권리를 영구적으로 위반하는 것이었다. 법령은 국가기억원의 아키브가 소장하고 있는 정보기관의 서류들의 정보를 공개하는 원칙과 방식을 규정한다.: 김철민, 박정외 외 5명, 『동유럽 체제전환 과정과 통일 한국에 주는 의미』(한국외국어대학교 지식출판원, 2014), 139.

Ⅳ. 폴란드 체제변화가 준 북한선교와 통일의 과제[64]

폴란드 체제변화는 주변 국가와 상당한 차이가 있다. 루마니아는 차우체스쿠가의 몰락과 유혈혁명, 체코슬로바키아는 대중시위, 독일 베를린 장벽의 붕괴와 같은 극적인 사태 등이 있었다. 아주 색다른 특징은 헝가리에 나타났다. 헝가리는 1980년대 공산당 지도부의 강력한 개혁 공산주의자들에 의해 체제전환이 이루어졌다. 폴란드는 아래로부터의 혁명과 자유노조 운동의 결과로, 일부 자유총선의 결과가 만들어낸 합작품이다. 그런 가능성을 열어놓게 한 것이 폴란드 민족주의다. 이것에 불을 지핀 요인이 경제 침체였다. 폴란드가 체제전환의 혼란 2년을 넘어설 수 있었던 것도 경제자립과 자유경제 정착이라는 강력한 폴란드 정부의 정책 리드였다. 폴란드 정부를 신뢰하며 지원한 국민들과 서유럽국가들의 문화-사회적 유사성, 즉 95% 이상인 가톨릭 종교의 분위기도 빼놓을 수 없다. 도표로 그려보면 다음과 같다.

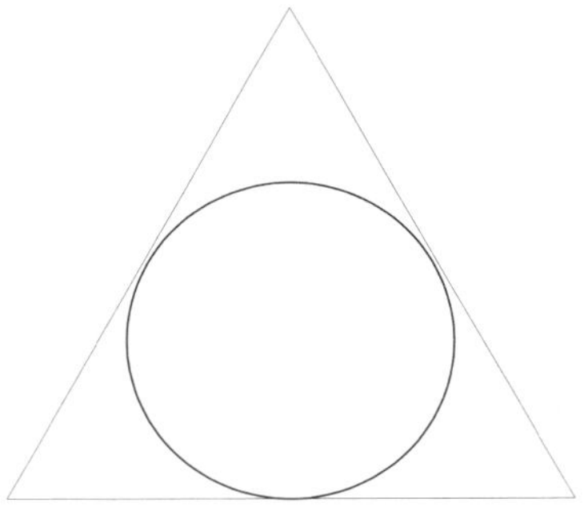

도표. 폴란드 체제변화의 과정과 구조적 변화

63) 김철민, 박정외 외 5명, 『동유럽 체제전환 과정과 통일 한국에 주는 의미』 (한국외국어대학교 지식출판원, 2014), 151.

64) 참고: 황병덕 외 8명, 『사회주의 체제전환 이후 발전상과 한반도 통일』(늘품플러스, 2011), 236-241.

1. 개혁의 쟁점과 방향: 맨 앞의 꼭지는 경제개혁
2. 체제전환의 핵심세력: 원의 내부는 가톨릭과 민족주의
3. 체제의 틀로 본 연합: 삼각형 내부는 자유노조연대와 지식인 그룹의 연대
4. 체제의 관계성으로 본 흐름: 삼각형과 원 사이의 공간은 공산당 정권이 움직이는 공간과 협상

폴란드의 체제전환의 사회, 경제상황은 북한체제전환의 모형과 가능성으로 정책과 전략에 유사점을 주었다.

1) 통일을 위해서는 북한 국민들의 삶의 질의 변화를 체험케 하며, 보장해 주는 신뢰정책을 세워야 한다.[65] 이것이 북한선교의 대북지원 사업이다. 폴란든 상황에서 자유노조는 공산정권으로부터 탄압을 받아가면서 국민들로부터 신뢰를 쌓아왔다. 그것이 일부 자유총선거에 자유노조를 향한 몰표의 결과다. 북한의 절대적 과제는 경제침체이며, 특히 경공업 부문으로 국민생활과 직결되었다. 이 부분과 경제개혁을 통해 향상된 북한 국민들의 삶의 질이 보장되는 로드맵과 그 결과물이 병렬적으로 북한국민들의 삶에 느껴져야 한다. 또한 남한과 차별화된 강력한 경제정책이 지속되고, 대외협력과 자본투자를 유치하여 다국적 기업, 국제경제기구들의 연합전선이 요구된다.

2) 남・북한식 민족주의 정신을 집중적으로 남・북한에서 모을 수 있도록 허락해야 한다.[66]

남과 북의 광의적 민족주의도 있지만, 협의적 북한만의 민족주의-공산주의 함께한 민족주의, 지역 민족주의를 북한식 민족주의라 하겠다.

---

65) 박영환, "통일, 남과 북, 기독교의 역할," 「선교신학」 제22집(고양:올리브나무, 2009), 124-128.

66) 조은식, "북한선교에 있어 민족개념연구," 「선교신학」 제22집(고양: 올리브나무, 2009), 153-158.

남한의 자본주의식 민족주의는 북한국민들로 거부 반응을 일으킬 수 있다. 강요할 때는 남한은 집단적 이기주의, 개인주의적 집단화 등으로 내몰릴 수 있다. 북한의 북한화, 북한식 방식을 인정하며, 남과 북이 하나 되도록 북한 중심의 체제전환을 시도해야 한다. 그럼에도 불구하고 한반도는 남한 중심의 민족주의로 전화되는 것은 자명한 일이다. 이 일을 단계적으로 유도해가는 과정의 필요성을 말한다.[67] 그러므로 북한 스스로 개혁과 개방을 열어갈 수 있도록 남한은 지원해야 한다. 성급한 흡수통일의 양상을 보일 경우, 북한의 경제-사회-정치적 위기는 통일 이전보다 더 악화될 수 있다. 또 다른 형태의 분단이 나타날 수 있다. 지금 대외적으로 지역주의자들이 국가로부터 독립하려는 운동을 보고 있다. 예를 들면 스페인의 세르비아, 영국의 스코틀랜드, 캐나다의 퀘백주, 구소련지역의 분립독립운동, 구소련지역의 왕족 중심으로 독립을 추구하려는 운동은 앞으로 주의 깊게 연구해야 할 대목이다.

3) 통일을 위해서는 남한 기독교의 역할이 윤리와 도덕적 관점에서만 남과 북의 통합을 중재해서는 안 된다. 성경적 입장에서 중재적 정의를 내려야 하겠지만 자유민주주의 체제에서의 기독교 입장에서 서야 한다.

폴란드 가톨릭은 비폭력과 합법적인 결과로 폴란드 사회의 중재를 간혹 공산당 편에 서서 일하는 인상을 남겼다는 것은 체제전환의 위기일 수 있다. 공산정권하에서 폭력과 불법, 탈법은 자유주의 체제를 중심으로 한 자들에게로부터 일어난다. 반정부적 활동자들을 법적, 윤리적 논지로 접근하여, 폭력을 일삼는 자들로 매도하여 회의에 배제하는 것은 기독교의 맹점이다. 바웬사 대통령이 정보기관 협력자로

---

67) 허성업, “통일관계에서 본 북한선교 정책과 전략:북한의 인권과 탈북민 문제를 중심으로,” 「선교신학」 제42집(부천:한국선교신학회, 2016), 343.

발표하는 것은 폴란드 당시 상황을 왜곡하게 볼 수 있게 했다. 폴란드 사회의 지도자들은 당시 공산당 정권 안에서 역할을 하다 보니, 당연한 공산정권과의 만남과 대화가 필요했던 것은 사실이다. 종교가 폭력적 문제를 제기하는 것은 상당히 위험하며, 이 점들은 정치적 반대파들에 의해 역이용 당할 수 있다. 폴란드 가톨릭이 직접 정권 창출의 위원으로 등장하기보다는 모든 위원들의 정신적 세력으로 폴란드 체제전환의 전반적인 틀을 만들어가는 데 일조했어야 했다. 이 부분에서 폴란드 가톨릭 참여의 한계를 드러낸 것이다. 한반도 통일시 남한의 일부 보수주의 기독교가 헌재판결 이후 박근혜 탄핵 반대운동을 지속하는 것과 같은 행태는 상당히 어려운 문제다. 또한 진보 기독교세력이 북한입장을 정의와 평화라는 입장에서 지지하는 입장피력은 상당히 조심스러워야 한다.

4) 통일을 위해서는 북한 정권의 실책과 잘잘못의 평가와 기준은 동유럽의 과거청산을 기준으로 보면 타당하다. 과거청산 문제는 기억을 지키는 수문장이며, 민주주의 체제를 지키는 원동력으로 보아야 하지, 심판과 파괴로 몰고 가는 것은 안 된다. 북한정권의 핵심부에 있는 자들은 책임과 재판의 자리에 세워야 하지만, 동유럽 체제전환의 결과는 이러한 접근이 상당히 어렵다는 것을 인지시켰다.

과거 동·중유럽은 공산 체제하에서 정권의 범죄자들을 구별해 내는 것에는 성공했지만, 그 명령을 내린 기관이나 위원회 나아가 조직체를 처벌하지 못했고, 할 수도 없었다. 특정한 사건을 저지른 사람, 인권유린의 현장에서 자행했던 사람들은 일부 찾을 수 있으나, 지시했던 고위 지도자들을 법정에 세웠지만, 결과적으로 모두 형벌을 면했다. 독일에서도 마찬가지 결과였다. 공산당원들이나 정보기관에 책임을 떠넘기기에는 문제가 있다. 왜냐하면 모든 결정은 공산당 정당이 행했기 때문이다. 정보기관이 권력의 핵심에 자리를 잡아 본 적도 없었다. 오직 공산정권만 존재하는 것이다. 이 점에서 독일은 베를린 장벽을 넘는 사람들을 향해 쏘라고 명령한 삶보다 직접 총을 쏜 사람의 책임을 중요하게 다루었다.

5) 통일 후 북한 체제전환에는 20-30년의 시간이 필요하다. 그 문제점들을 사전에 보완하는 정책을 시도해야 한다.

폴란드가 아직도 문제점으로 제시하는 '빈부격차, 소득분배와 정부부채문제 그리고 고급 노동력 유출' 등이 있다.[68] 동유럽과 구소련에서도 공산주의 체제에서 그런대로 안정적으로 살았던 국민들의 데모가 간간이 이어지며, 지방이나 중앙정부 투표 시 공산당 정권에 지지하는 흐름이 여전히 존재한다. 폴란드도 체제전환 시에 저항하는 세력들이 체제전환 후에도 여전히 남겨져 있다. 이 부문을 어떻게 흡수할 것인가가 관권이다. 새터민 중 남한체제에 적응하지 못해 힘들어하는 문제를 지금부터 연구하며 해결하는 준비작업을 하는 일이 북한선교와 통일을 준비하는 과제다.

VI. 나가는 글

폴란드 체제전환은 한반도 통일을 전망하게 하는 가장 좋은 사례다. 공산정권 40년간의 탄압과 억압에서도 폴란드 국민은 경제정책의 문제점을 지속적으로 제기한 결과다. 바로 모든 국민들이 공통적으로 느끼는 부문에서 저항이 시작되었다. 공산정권 물러가라가 아니고, 경제문제를 풀어가도록 요청한 파업이며, 데모였다. 폴란드 공산 정권은 강경진압으로도 이 문제가 해결되지 못함을 알고 협력과 타협,

---

68) 황병덕 외 8명, 『사회주의 체제전환 이후 발전상과 한반도 통일』(늘품플러스, 2011), 232-235.

개혁으로 정치-경제문제를 풀었다. 그런 과정에서 내부적 개혁들이 정부집권의 무능력에서 불거지기 시작하며, 반대세력들에 국민의 신뢰가 옮겨갔다.

북한도 북한정권의 위기보다 경제지표의 문제로 '장마당, 밀수, 배급제 등의 과제'가 발생한 것을 보면서 자유경쟁, 경제안정화, 사유화, 무역자유화 등으로 확대해 가는 안목을 가지고 있다. 남한정부는 공식적으로 북한 체제전환으로, 북한 국민들의 삶의 질에 관한 접근을 해야 한다. 북한도 중앙집권적 정부 경제체제를 벗어나려고 시도하고 있다. 북한 내 여러 형태의 시장경제가 기능적으로 도입되고 있으며, 북한정권도 묵인하고 있다.

이러한 변화는 폴란드 체제변화의 과정과 유사함으로 보아야 한다. 북한 체제변화 후 상당한 혼란이 저항과 체제 유지로 가려는 강력한 움직임이 일어날 것으로 본다. 그런 세력들로 하여금 북한개혁을 동역하도록 하는 것은 상당히 필요하다. 남한 사람이 북한개혁에 직접으로 참여하는 것에 북측의 반발이 거세질 것이다. 독일이 통일 후 동독지역의 거센 반발로 독일 내 사회적 갈등이 지금도 풀어지지 않고 있다. 그러므로 북한 내 체제 부적응자들의 대응방안과 협력을 적극적으로 공산정권 주도자들을 통해 만들어가야 한다.

남한 기독교의 역할은 북한의 부적응자, 또는 체제변화를 적응하지 못하는 공산주의자들, 의식적 부적응자들, 의료, 교육 등에 관한 기독교적 디아코니아 정책을 만들어가야 할 것이다. 교회를 개척하는 것도 중요하지만, 개척 교회와 더불어 북한 지역에 교회는 하나님의 사랑의 실천 장으로 보여주어야 할 것이다.[69]

아무리 북한의 기독교를 통일된 하나의 교단으로 북한교회개척을

---

69) 박영환, "통일과정에서 북한선교의 기능적 역할로 본 북한교회 재건, 「선교신학」 제15집(2007): 196-197.

논하지만, 불가능하다. 하나로 만들려는 정책노력도 하지만, 체제 부적응자를 위한 디아코니아 정책을 먼저 준비해야 될 과제가 있다.

한반도의 통일은 민족복음화의 과제이며, 예수 그리스도의 지상명령이다. 통일의 방법과 원리에는 예수 그리스도의 지혜와 능력이 필요하다. 남한교회는 중부, 동유럽 체제변화에서 기독교의 역할을 독립적으로 분석하며, 연구하여 무작정식 북한선교와 통일 선교를 향한 접근의 방향을 재조정할 필요가 있다. 통일기도회, 연합운동, 대북지원사업이 대부분 교파 혹은 교단 중심으로만 이루어지는 현실적 숙제를 직시해야 할 것이다. 조선일보의 통일나눔펀드모금사업이 남한 기독교에서는 왜 어려운 일인가를 생각하며, 풀어가야 할 과제다.

참고문헌

김신규. "2차 대전 이후 체코의 과거청산 연구." 「국제지역연구」 제10권 제4호. 2007.

김철민, 박정오 외 5명. 『동유럽 체제전환의 과정과 통일한국에 주는 의미』. 한국외국어대학교 지식출판원, 2014.

노명식. "폴란드의 분할과 통일. 독립." 『역사상의 분열과 재통일』 하권. 서울: 일조각, 1993.

박영환. 『북한선교의 이해와 사역』. 고양:올리브나무, 2011.

———. "통일, 남과 북, 기독교의 역할." 「선교신학」 제22집. 고양: 올리브나무, 2009.

———. "통일과정에서 북한선교의 기능적 역할로 본 북한교회 재건." 「선교신학」 제15집. 2007.

안성호. "폴란드 · 헝가리정치개혁 비교연구." 「사회과학연구 7(1)」. 1990. 8.

윤덕희. "폴란드와 헝가리 개혁의 의미와 사회주의 향방." 『동향과 전망』. 한국사회과학연구회, 1989.

윤덕희 역. 『오늘의 동유럽』. Jacques Rupnik, *The Other Europe*. 문학과 지성사, 1990.

이규영. "폴란드 탈 사회주의의 10년: 체제전환의 정치 · 경제." 한국사회민주주의연구회 논문 발표, 2002.8.30.

이상협. 『헝가리사』. 서울: 대한교과서주식회사, 1996.

이종헌. 『낭만의 길 야만의 길—발칸 동유럽 역사기행』. 서울: 소울메이트, 2012.

조은식. "북한선교에 있어 민족개념연구." 「선교신학」 제22집. 고양: 올리브나무, 2009.

정병권. 『폴란드사』. 서울: 대한교과서주식회사, 1997.

황병덕, 김국신, 김규륜, 박형중, 임강택, 김갑식, 김종욱, 김지영, 최명해. 『사회주의 체제전환 이후 발전상과 한반도 통일』. 늘품 플러스, 2011.

허성업. "통일관계에서 본 북한선교 정책과 전략: 북한의 인권과 탈북민 문제를 중심으로." 「선교신학」 제42집. 부천: 한국선교신학회, 2016.

나무위키. 폴란드 경제, Poland: The Capital of Catchinh Up/ Growth of Polisch Economy(2014. 6. 5.) https://namu.wikiw/폴란드경제, 2017.03.28.16

시 52분.
한국외국어대학교 폴란드어과, (1) 폴란드 역사, (2) 폴란드 경제, http://builder.hufs.ac.kr/user/indexSub.action?siteId=polski&linkUrl=2_3.html, 2017.04.05.

Daily Report: *East Europe* (FBIS). 6. April, 1989.

H. Schwarz. "Constitutional Developments in East Central Europe." *Joural of International Affairs, Vol. 45, No.1* (Summer 1991).

Karen Dawisha. *Eastern Europe, Gorbachev, and Reform*. Cambridge Uni: Press, 1988.

Lee, Kyu-Young. *Zivilgeseschaft als Ansatzpunkt fuer den Umbruch der sozialistischen Systeme in Osteuropa?* Frankfurt/M, Pater Lang, 1994.

Z. Brzezinski. *The Great Failure*. NY:Charles Scribners Sons, 1989.

주제어

폴란드, 공산당, 바웬사, 야루젤스키, 자유노조연대, 경제개혁, 체제전환

폴란드와 독일의 과거청산과 한반도 과거청산의 과제와 방향

—김용덕 교수의 폴란드 과거청산의 과정과 결과 분석을 중심으로

박영환

(서울신학대학교 교수, 선교학)

1. 들어가는 글

"과거를 기억하지 못하고 과거를 다루지 않는 자들은 그 역사를 반복하게 될 것이다."(조지 산타야나)

이런 유사한 문장은 독일 다카오 유대인 수용소에서 유대인들이 적어놓은 글 "우리는 용서한다. 그러나 우리는 기억한다."와 수용소 안쪽으로 이동한 후 건물 안에 "또한 역사를 기억하지 못하는 자들은 다시 이런 일을 저지를 수 있다."라는 경고성 글에서도 발견된다. 과거청산의 명분과 이유를 명확하게 밝혀주었다.

동유럽의 공산주의 체제가 붕괴되면서, 체제전환의 과정을 안정적으로 정착하기 위한 최우선의 과제가 사회통합이며, 그것은 "과거청산"으로 귀착되었다. 사회주의를 벗어나 자본주의로, 공산주의를 벗어나 민주주의 체제로 전환하는 것이다.

동유럽 민족들은 1945년 이후 소련의 등장으로, 지역의 민족주의, 때로는 종교적 갈등과 대립으로 자유와 진실을 억압받아왔다. 그 결과 정치 · 경제 · 사회적으로 생각할 수 없는 고통에서 살아온 이들이,

새로운 체제전환의 사회에서 통합과 연합 그리고 이해와 협력으로 살아갈 수 있는 선제조건이 '과거청산'이다. 이러한 접근의 세계적인 모범적인 사례가 1995년부터 3년간 활동한 남아공의 진실과 화해위원회다.

1989년 이후 동유럽의 체제전환 후 과거청산은 한국에서 북한과의 체제통합, 통일을 지향하는 미래에 풀어야 할 중요한 과제다. 동유럽의 선험적 경험들은 북한과 청산에 중요한 의미를 주고 있다. 과거청산은 한국의 일제식민지와 한반도 전쟁 후인 지금도 해결을 못보고, 진행 중인 사건들이 하나둘이 아니다. 이 문제 2017년 한국이 겪고 있는 적폐 청산을 어떻게 풀 것인가 하는 해답도 간접적으로 줄 것으로 기대된다.

본 논문은 폴란드의 과거청산를 통해 한반도 과거청산의 과제와 방향을 설정해 보고자 한다. 이 영역의 김용덕 교수의 연구물이 있다.[1] 본 논문은 각 나라별 사례의 특징을 간략하게 각론하고, 폴란드 주제를 논한 후, 한반도 과거청산의 역사를 정리하면서 통일의 과제를 살펴보려고 한다.

과거청산[2]의 목적은 사회통합으로 민족의 정체성을 정립하는 일이

---

1) 김용덕, 폴란드, 61-153, in: 김철민. 박정오외 5명, 동유럽 체제전환 과정과 통일한국에 주는 의미, 한국 외국어대학교지식출판원, 2014년, 김용덕, 폴란드 체제전환과 과거사청산연구, 60-85. in: 박정오 외 5명의 동유럽 공산주의 '해체', '청산', 그리고 새로운 사회로의 '통합'에 대한 연구, 도서출판 좋은 땅, 2016.

2) 티모시가든 에쉬((T. G. Ash)는 과거청산의 기준을 누가, 언제, 어떻게 종합적으로 고찰 또는 비판적으로 관찰할 것인가를 자문하는 것으로 4가지 안을 제안했다. 첫째 재판, 둘째 행정적 탈자격화, 셋째 공공의식적 해명화, 넷째는 공개화. (Timothy Garton Ash, "The Truth About Dictatorship," *The New York Review od Books, Vol.45, No.3*(February 19,1998), 2. 재인용, 정흥모, "독일 연방의회의 동독 사회주의 과거청산: 앙케트위원회의 활동을 중심으로," 박정오 외 5, 『동유럽 공산주의 '해체' · '청산' 그리고 새로운 사회로의 '통합'에 대한 연구』(좋은땅, 2016), 각주 6.

다. 그 일을 위해 사회구조를 개혁하는 것이다. 갑을의 구조가 뒤바뀌지 면서 새로운 사회구조의 틀을 만들어내는 것이다. 이런 일을 안정적으로 하기 위한 사회경제적 모순을 최소화하는 작업이다. 유럽에서의 과거청산은 나치에 협력했던 자들을 향한 과거청산이 있었다. 프랑스는 국민의 공분을 일으킨 나치 협력자들을 재판 없이 광장에서 수백 명을 총살하기도 했다.

동유럽의 과거청산은 한국에 중요한 선험적 경험의 제공자들이다. 아직도 한반도의 아픔이다. 이승만 정권이 마지막에 가서 반민특위 활동을 해체시킨 사건과 한반도 전쟁 이후 공산주의 과거청산 문제도 여전히 해결 안 된 사건들이다. 해결되지 않는 한반도의 아픔이기도 했다. 청산되고 통합되는 과정은 절대적으로 필요하다.

1. 과거청산의 배경 유형과 특징

세계사의 과거청산은 사회통합의 목적으로 계속되어왔다. 교회사에서는 죄지은 자를 용서하며 그 죄에서 놓임을 받아, 새사람으로 살기 위한 방법으로 면벌부와 연옥설이 등장했다. 세계사는 과거청산의 역사라고 할 수 있다. 각 대륙마다 과거청산은 종결될 수 없으며, 과도기적 정의 실현의 보편성 정도로 이해하면 된다.[3] 그 종결점은 미래 사회통합과 발전을 위한 보편적 수단이며 정책일 수밖에 없다. 그러므로 과거청산은 거의 50% 정도의 청산과업을 수행할 수밖에 없으며, 그 죄값을 지불해야 될 대상 또한 상당히 복잡하며 어려운 일이 될 것이다.

---

3) 참조: 김동석, 송영훈, "아프리카에서의 진실과 화해 추구 보편화에 관한 고찰," "Understanding the Increasing Practices of Seeking Truth and Reconciliation," *OUGHTOPIA, Vol.32, No.1*(2017), 235-269.

체제전환 후의 과거청산은 3단계로 정리된다. 1) 권력기관의 살인과 폭력 그리고 살해 행위 등에 관한 사실을 확인하는 것이며, 2) 그 자료들을 개방하고, 그 사실에 접근하는 개방적 연구를 통해 지속적인 탐색기회를 제공해야 하며, 3) 연계된 자들의 공적인 활동의 제한과 지속적인 청산을 열어놓고 있다. 사실 과거청산의 목적은 체제전환의 정체성을 확립함에 있다. 그러나 결과적으로 혹은 외연적으로 과거청산은 1) 비밀경찰 등의 활동 자료 조사 2) 체제붕괴의 당위성을 조사하는 수준이었다.[4] 그러나 지금은 과거청산이 체제전환 이전의 체제의 "사회주의 향수"(Red Nostalgie)[5]를 달래는 자리로까지 발전해 갔다. 이제 국가별 과거청산 과정을 살펴봄으로써 과거청산 유형과 특징을 살펴보고자 한다.

II. 독일의 과거청산: 앙케트위원회[6]

독일은 25년간 과거청산을 하였으며, 진리와 화해를 위한 과거사정리위원회가 4년 2개월의 조사를 마치고 2010년 6월 활동을 종료했다. 그럼에도 불구하고 2013년 국가안보부 문서처리 연방청(BStU)에 문서 열람건수가 64,246건이었고, 2014년에는 67,783건으로 매월 5천 건을 신청했다는 것은 과거가 아니라 지금도 과거청산이 진행 중임을 말하고

---

4) 정흥모, "독일 연방의회의 동독 사회주의 과거청산: 앙케트위원회의 활동을 중심으로," 박정오 외 5, 『동유럽 공산주의 '해체' · '청산' 그리고 새로운 사회로의 '통합'에 대한 연구』(좋은땅, 2016), 128, 참고:126-153.

5) 정흥모, 위의 책, 129.

6) 참고: 정흥모, "독일 연방의회의 동독 사회주의 과거청산: 앙케트위원회의 활동을 중심으로," 박정오 외 5, 『동유럽 공산주의 '해체' · '청산' 그리고 새로운 사회로의 '통합'에 대한 연구』(좋은땅, 2016), 126-153.

있다.[7] 지금 독일은 과거청산을 "사회주의 과거유산 기념화"와 "박물관"하는 사업으로 진행하고 있다.[8] 독일에서의 과거청산의 앙케트위원회(Enquetekommission)[9]는 학자와 언론인 중심의 공개를 목적으로 했다.

1. 앙케트위원회란?

앙케트위원회는 "Enquete"는 라틴어 "inquirere"로 '조사하다(pruefen), 연구하다(nachforschen), 심리하다(untersuchen)'라는 뜻이다. 1994년부터 1998년 13차례 회의를 가졌다.[10] 위원회의 목적은 학문적 연구가 아니라 사실적 사건을 설명하는 것으로 스캔들 혹은

---

7) 2015년 3월 17일 타게스슈피겔의 보도를 참고로 함. 2017년 11월 7일 접속했으나 찾을 수 없음으로 나옴. Ralph Jessen, "Alles schonerforcht? Beobachtungen zur zeithistorischen DDR-Forschung der letze 20Jahre," *Deutschland Archiv, Vol.43, No.6*(2010), 1053-1064, https://www.tagsspiege.de/politik/die-stasi-und-die%20akten-horch-und-guck-als-anschauungsmaterial/11517206 html (2005년 5월 30일 접속), 재인용, 정흥모, "독일 연방의회의 동독 사회주의 과거청산: 앙케트위원회의 활동을 중심으로," 126-151, 129 각주 1번.

8) 정흥모, "독일 연방의회의 동독 사회주의 과거청산: 앙케트위원회의 활동을 중심으로," 130.

9) 독일연방의회 내 특별위원회로 1992년-1994년 사회주의 통일당 독재의 귀결과 과거청산(Aufarbeitung der Geschichte und der Folgen der SED-Diktatur)에 보고서 작성지시를 받았고, "1995-1996년 독일 통일과정에서 동독사회주의 통일당의 유산 극복(Ueberwindung der Folgen der SED-Diktatur im Prozess der deutschen Einheit) in: Deutscher Bundestag(Hg.), Schlussbericht der Enquete-Kommission, Ueberwindung der Folgen der SED-Diktatur im Prozess der deutschen Einheit,"(Bonn 1998).

10) Christian Heyer, Stephan Liening, Deutscher Bundestag(Hg.), Enquete-Kommissionen des Deutscher Bundestags, Berlin, 2004, 2 Auf.1-56. 7.

소문들은 다루지 않는다.[11] 결과는 동독 독재 권력에 협력한 자는 조사하고, 통일독일에서의 기회를 주지 않으며, 그 결과를 재판받게 함으로써, 통일독일 시민들에게 경각심을 불러일으키고, 내적으로 독재 권력으로부터 고통받은 희생자들에게 역사적 정의와 죄의 값이 지불됨을 알리고, 위로하며 그 결과 통일독일의 사회적 단합을 이루는 것으로 미래를 열겠다는 것이다. 문제는 과거청산 작업을 지속하겠다는 것이다.

위원회보고서는 5부분으로 1) 역사적 근거, 2) 위원회의 근거, 3) 위원회의 구성과 조직 4) 위원회 진행과 내용, 5) 위원회의 결과로 구성되었다.[12] 본 위원회 1992년 5월 20일 43명의 회원으로 대표자들 16명, 대리자 16명 그리고 11명의 전문가들로 구성하였다.[13]

위원회 보고서는 2기로 작성되었다.[14] 1) 사회주의 통일당 독재의 귀결과 과거청산, 2) 독일 통일과정에서 동독사회주의 통일당의 유산극복.

2. 앙케트위원회 보고서 내용

간추린 최종보고서에는 앙케트위원회의 생성과 과제(7-8쪽), 연구

11) Christian Heyer, Stephan Liening, Deutscher Bundestag(Hg.), Enquete-Kommissionen des Deutscher Bundestags, Berlin, 2004, 2 Auf.1-56. 9.

12) Christian Heyer, Stephan Liening, Deutscher Bundestag(Hg.), Enquete-Kommissionen des Deutscher Bundestags, Berlin, 2004, 2 Auf.1-56. 5.

13) Christian Heyer, Stephan Liening, Deutscher Bundestag(Hg.), Enquete-Kommissionen des Deutscher Bundestags, Berlin, 2004, 2 Auf.1-56. 11-13. https://translate.google.co.kr/translate?hl=ko&sl=de&u=https://www.bundestag.de/dokumente/textarchiv/22090534_enquete3/199446&prev=search, 2017년 11월 7일 접속날짜.

14) https://translate.google.co.kr/translate?hl=ko&sl=de&u=http:/www. bundestag.de/dokumente/textarchiv/22090534_enquete3/199446&prev=search, 2017년 11월 7일 접속날짜.

영역(11-16쪽), 특별한 문제(17-20쪽), 디트마 켈러 박사(Dr.Dietmar Keller)의 최종보고서에 관한 의견(17-18쪽), 위원회의 경험, 인식 그리고 추천내용(21-23쪽)으로 되었다. 그러나 최종보고서는 15,378쪽으로 나모스(Namos Verlag) 출판사에서 18권으로, 주르 캄프(Suhrkamp)는 소책자와 8개 테이프로 만들었다.

내용의 기준점은 다음과 같다. (1) 국가권력 구조와 의사결정 구조의 책임소재, (2) 이데올로기의 역할과 의미, (3) 동독사회와 국가의 통합적 요인과 실천기제, (4) 국가의 법, 사법부, 경찰 그리고 내독관계와 국제적인 틀의 관계성, (5) 교회의 역할과 자기이해와 재야세력의 활동으로 구분된다. 특별히 소수자의 의견도 특별한 의견(Sondervotum)으로 언급되었다. 보고서의 문제는 흑백논리의 정점을 찍고 있다는 것이다. 즉 "적과 아군의 논리"[15] "동독을 불법국가…전제주의 독재정권"[16]으로 "탈독일 사회주의 통일당화"[17]하려는 의도로

15) Klaus Christoph, "Aufarbeitung von Geschichte und Folgen der SED-Diktatur"-heute so wie gestern? *Aus Poltik und zeitgeschichte*, Vol. 42-43, 2013. 재인용, 정흥모, 독일 연방의회의 동독 사회주의 과거청산:앙케트위원회의 활동을 중심으로, 박정오 외 5, 『동유럽 공산주의 '해체' · '청산' 그리고 새로운 사회로의 '통합'에 대한 연구』(좋은땅, 2016), 144, 각주 20.

16) Raiko Hannemann, "Bemerkungen zu herrschendnen DDR-Bildern, ihren Kontexten und wissenschaftlichen Asaetzen," Z(Zeitschrift Marxistische Ernererung), Nr.79,(September 2009), 5, 재인용. 정흥모, "독일 연방의회의 동독 사회주의 과거청산: 앙케트위원회의 활동을 중심으로," 박정오 외 5, 『동유럽 공산주의 '해체' · '청산' 그리고 새로운 사회로의 '통합'에 대한 연구』(좋은땅, 2016), 144, 각주 21.

17) Raiko Hannemann, "Bemerkungen zu herrschendnen DDR-Bildern, ihren Kontexten und wissenschaftlichen Asaetzen". Z(Zeitschrift Marxistische Ernererung), Nr.79,(September 2009), 5, 재인용. 정흥모, 독일 연방의회의 동독 사회주의 과거청산: 앙케트위원회의 활동을 중심으로, 박정오 외 5, 『동유럽 공산주의 '해체' · '청산' 그리고 새로운 사회로의 '통합'에 대한 연구』(좋은땅, 2016), 144, 각주 21.

비판받았다. 이런 내용은 1차 보고서 '사회주의 통일당 독재의 귀결과 과거청산'에서 드러난 결과이다. 2차 보고서 "독일 통일과정에서 동독 사회주의 통일당의 유산극복(1995-1998)"은 독재의 희생자와 공직자 엘리트의 교체작업를 구 동독지역의 모든 영역-경제, 사회, 환경, 문화, 교육, 과학 등의 관계자료의 교체와 새로운 문서 정리까지의 과정을 말한다.[18] 문제는 통일과정에서 활동한 재야세력에 관한 내용이 빠져 있다. 그래서 "도청과 엿봄(Horch und Guck; Zeitschrift zur kritischen Aufarbeitung der SED-Diktatur)"이란 잡지다. 베를린 슈타지(비밀경찰) 본부로 쳐들어갔던 1월 15일 기념한 "시민위원회 1월 15일(Buergerkomitee 15. Januar)"단체가 2013년까지 맡았다가 현재는 기념박물과 "둥그런 코너(Rounden Ecke)"와 라이프찌히 시민위원회(Buergerkomittee Leipzig e.V)가 책임 맡고 있다.[19]

3. 앙케트위원회 보고 결과

앙케트위원회활동을 종결하면서 독일 지속 가능한 사업으로 1998년 사회주의통일당독재청산연방재단(Bundesstiftung zur Aufarbei-tung der SED-Diktatur)[20]을 설립했다. 주요사업으로는 구독일에 관한 연구자들과 프로젝트에 관한 연구장학금 지원, 프로젝트, 음반, 강연, 전시 등으로 교육프로그램 사역과 문화사업 등이다.[21] 책 발간사

18) Deutscher Bundestag(Hg.), Schlussbericht der Enquete-Kommission, Ueberwindung der Folgen der SED-Diktatur im Prozess der deutschen Einheit,",(Bonn 1998)

19) http://www.horch-und-guckinfo/hug/ueber-uns/ueber-horch-und-guck/ 2015년 6월 5일 재인용, 정흥모, 146, 각주 24.

20) http://blog.naver.com/asan_frontier/220743847186(2017년 11월 7일 접속날짜).

21) http://blog.naver.com/asan_frontier/220743847186(2017년 11월 7일 접속날짜).

례는 그림과 같다.

또 하나의 사업은 과거 청산과 관련된 박물관 또는 역사기념관 운영이 있다. 2005년 크리스티나 바이스(Christina Weiss)가 2005년 '문화와 매체'라는 전문가위원회를 구성하고, 13개월 활동 후 '사회주의 통일당 독재의 과거청산에서 역사연구집단 발족을 위한 제언(Die Empfehlung der Expertenkommission zur Schaffung eines Geschichtsverbundes Aufarbeitung der SED-Diktatur)'을 발표했다.[22] 그 내용은 3가지 중심 방향을 제시했다. 1) 지배-사회-저항(Herrschaft-Gesellschaft-Widerstand), 2) 감시와 박해(Ueberwachung und Verfolgung), 3) 분단과 통일(Teilung und Grenze). 그 사례로 박물관, 기념사업 및 추모사업, 정치교육 사업이 있다.[23] 여기에 관여하는 두 단체의 다른 관점도 있다. 동독 과거청산 관련단체는 "저항과 항거(Widerstand und Opposition)"로 제안하고, 연방단체는 통일조약에 따라 국가안보부문서처리법(Das gesetz ueber die Unterlagen des Staatssicherheitsdienstes der ehemaligen Deutschen Demokratichen Republik, 일명 Stasi- Interlagen Gesetz=StUG)으로 정리해야 한다고 했다.[24] 이어

---

22) https://www.friedlicherevolution.de/index.php?id=home_bstuf10 (2015년 6월1일) 재인용, 정흥모, 149. 각주 26.(방화벽)

23) Martin Sabrow(eds.), *Wohin treibt die DDR-Erinnerung*(Goettingen: Vandenhoeck & Ruprecht, 2007), 17-41. 재인용, 정흥모, 150, 각주 27.

24) 정흥모, "독일 연방의회의 동독 사회주의 과거청산: 앙케트위원회의 활동을 중심으로," 박정오 외 5, 『동유럽 공산주의 '해체'·'청산' 그리고 새로운 사회로의 '통합'에 대한 연구』(좋은땅, 2016), 150.

국가안보부 문서처리 연방청(Bundesbeauftragete fuer die Unterlagen des Staatssicherheitsdienstes der ehemailgen Deutschen Demokratischen Republik=BStU)의 활동 여부와 연방문서보관소의 문제와도 아직 정리되지 않은 상태다.

정리하면 독일 통일은 한반도에서 일어날 수 있는 가장 가까운 사례다. 과거청산을 하려면 가장 먼저 목적과 방향설정이 중요하다. 그 다음에 청산이다. 독일의 앙케트위원회의 사례는 흑백논리로 갈 것인가? 또한 불법국가 체제로 청산할 것인가? 이렇게 가서는 안 된다. 한반도는 남과 북이 한반도전쟁을 통해 상처를 받았으므로, 가장 중요한 목적은 사회적 통합이 되어야 한다. 이념적 논쟁과 이데올로기적 대립은 삼가면 어떻게 소통과 화합이 될 것인가를 논하되, 희생자와 억울한 사건들을 정리하는 것은 또 다른 과거청산의 중요한 과제다. 독일 과거청산의 경우처럼 미래지향적으로 박물관과 역사기념관 등을 활용하여 지속적인 통일재단 운영자금을 만들어가야 한다. 예를 들면 김일성 항일 빨치산 유적지 등을 관광지로, 북한의 동상, 탑 등을 엮어 사회주의 관광지로 발전시킬 수 있다. 폴란드의 사회주의 계획도시인 노바후타(Nowa Huta)가 대표적 사례다. 지금도 서방국가에서 방문하고 있다. 북한의 어떤 도시 전체는 유네스코 등재도 가능할 것이다.

물론 남아공의 과거청산-진실과화해위원회[25])도 연구대상이지만, 지역 간의 대립-사회주의와 민주주의 통일 모델은 독일일 수밖에 없다.

II. 폴란드 과거청산과 결과

폴란드 역사와 한반도 역사는 동질성과 유사성을 가지고 있다. 식민

25) 김영수, "남아공의 진실과 화해위원회(TRC)와 개혁적 사회통합," 「국제지역연구」 제12권 제4호(2009): 67-88.

지배와 역사 속에 사라져간 일, 배신과 억울함의 한이 각각 구소련과 일본에 묻어 있다. 폴란드 자료를 찾아보기 어렵고, 폴란드어로 된 자료가 많으나, 번역이 안 되어 있는 관계로 연구의 한계가 있다. 그러므로 폴란드 과거청산의 전문가인 김용덕 교수의 두 편의 발제물을 중심으로 살펴보고자 한다.[26] 논지의 방향은 독일 과거청산의 목적과 방향을 연계하여 살펴보고자 한다.

1. 과거청산의 출발과 배경

폴란드 과거청산은 1991년 2월 폴란드 하원이 공산주의 체제의 반체제 활동의 판결을 모두 무효화시키고 보상을 결정함으로 시작되었다. 빠른 결정은 1945년 나치전범-히틀러범죄조사위원회를 개조한

26) 각주 1 참조. 김용덕 교수는 그 외 "폴란드, 체코, 슬로바키아 민족문제연구, 체제전환과 폴란드 외교정책연구, 폴란드, 체코, 슬로바키아 민족문제 연구," 「EU연구 제18호」(한국외국어대학교 EU연구소, 2006), 39-68 (30 pages); "체제전환과 폴란드의 외교정책 연구," 「동유럽 발칸연구 제33권」(아시아 · 중동부유럽학회, 2013), 203-229 (27 pages); "2차 대전 후 강제 추방된 독일인의 재산반환 요구에 대한 폴란드의 입장 연구," 「동유럽 발칸연구 제7권 제2호」(아시아 · 중동부유럽학회, 2005), 421-448 (28 pages); "The Transition of the Polish Political System upon the Roundtable Talk Agreement," 「동유럽 발칸연구 제38권 제6호」(한국외국어대학교: 동유럽발칸연구소, 2014), 129-160 (31 pages); "폴란드 ODA 현황과 특징," 「동유럽 발칸연구 제37권」(한국외국어대학교: 동유럽발칸연구소, 2013), 89-114 (25 pages); "체제전환과 폴란드의 외교정책 연구,"「동유럽 발칸연구 제33권」(한국외국어대학교: 동유럽발칸연구소, 2013), 203-229 (26 pages); "합스부르크제국과 폴란드의 문화적 자기 이해," 「동유럽 발칸연구 제25권 특집기획호」(한국외국어대학교: 동유럽발칸연구소, 2011), 91-125 (35 pages); "폴란드 제2공화국 하에서 농민당의 외교정책 연구," 「EU연구 제27호」(한국외국어대학교: EU연구소, 2010), 213-241 (29 pages); "발틱 삼국의 민족구성 고찰," 「동유럽 발칸연구 제11권 제1호」 (한국외국어대학교: 동유럽발칸연구소, 2002), 1-15 (15 pages).

결과다. 1991년부터 1999년 1월 18일까지 총 1,145건을 조사하고 794건을 완결시켰다.[27] 문제는 정부 기관만이 정보를 이용할 수 있었고, 1989년 이후 수개월간 정보사에 문서파기 작업이 진행되었고, 1992년 6월 내무부장관 안토니 마치에레비츠에 과거청산법안 도입도 실패했다. 사실 과거청산은 정치 밖의 문제였다. 1995년 대선후보 알렉산데로 크바시니에프스키는 "(과거는 잊고-김용덕) 미래를 선택합시다."를 슬로건으로 선택하였다.[28] 이유는 과거청산을 통해 사회를 분열시키지 말고, 힘을 합쳐 경제를 현대화하자는 것이다.

2. 과거사청산 과정

과거청산 시도는 두 번 있었다. 1992년과 1997년-2007년이다. 대상은 1944-1990년 사이에 정부기관에 근무하는 사람들과 앞으로 폴란드 정부에 근무할 사람들을 선택하는 데 맞추어졌다. 그 대상은 법률초안 5항 6조[29]에 1) 정부조직이나 군대를 포함하는 공공기관의 종사자, 2) 실질적으로 1)의 일을 수행한 자, 3) 이들 기관에 협력, 감독한 사람들을 확인하는 작업을 말한다.

이 초안은 거부되고 1992년 5월 28일 야누쉬 코르빈-미케의 법안이 통과되었다.[30]

---

27) Wassermann, Z.(2001), Penalizacja-pociagniecie do powiedzialnosci karnej sprawcow zbrodni komunistycznych 〔in〕 Od totalitaryzmu do demokracji. Pomiedzy "gruba kreska" a dekomunizacja o doswiadczenie Polski I Niemiec. Krakow, 154, 156.

28) 김용덕, "폴란드," 61-153, in: 김철민. 박정오 외 5명, 『동유럽 체제전환 과정과 통일한국에 주는 의미』(한국외국어대학교 지식출판원, 2014년), 134.

29) 1991년 12월 10일 폴란드 독립연합정당이 과거사로 인한 보상에 관한 법률 초안이다(김용덕, 박종오 외 5명, 134).

30) 특정 공공 직무를 수행하는 사람들을 대상으로 이들이 1945-1990년 사이에

1) 선언적 과거사청산 시작

이 내용은 1945-1990년 사이 정보부 기관과 협력한 상하원 의원, 장관, 주지사, 판사, 검사들의 이름을 공개하는 것으로 정보부와 군 협력자들은 제외되었으며, 아무런 처벌도 받지 않음을 사전에 알려주었다. 먼저 정보 관련자들의 조직적인 문서파괴와 정보부의 군부의 명단 제외 그리고 선언적 의미의 정관계자만 공개되었다. 1992년 6월 4일 마치에레비츠 내무부장관의 리스트 공개는 주지사, 판사, 검사 이름은 삭제되었고, 대통령 바웬사, 하원의장, 총리자문단, 장관 2명, 6명의 차관뿐이었다.

이후 5번의 법률초안이 상정되었다. 1994년, 1996년 세 번, 마지막으로 1996년 8월 23일 초안이 1997년 4월 11일 통과 되었다.[31]

2) 공식적 과거사청산 활동

과거청산심사대상자는 법률이 지정한 자로 공공기능직이나 후보자로 임명되거나 거론될 때 법정증명서류를 제출해야 하는 조건 이었다. 대상 외 대통령, 상하원, 총리가 임명하거나 선출직, 공공기관의 수장, 총장, 단과대 학장, 고등교육위원회, 폴란드 국영 언론사 간부 등이었다.

그러나 1972년 8월 1일 이후 출생자는 제외되었다. 이 판결은 바르샤바 항소법원장과 지방법원에서 파송된 3명의 판사가 심사를 했다. 2심판결은 대법원에서 파기할 수 있다.

정보부와 협력했는지 여부에 관한 정보를 내무부 장관이 의무적으로 발표하는데 있다.(재인용, 김용덕, 박종오 외 5명, 135, 각주 83, Uchwata Sejmu Rzeczypospolitej Polskiej z dnia 28maja 1992 r.(M.P. 1992,nr 16, poz.116)

31) 김용덕, 박종오 외 5명, 137.

3) 현재 과거사청산

이 법은 2006년 10월 18일 법령[32]에 따라 진행되는 것이다. 이 법령은 정보기관, 정보기관의 문서, 공공기능을 수행하는 사람들을 규정해 놓고 있다. 관련 파일을 확인하는 문서를 제출하도록 하였다. 공식인증서 형태로 발행된 확인서는 제3자의 정보는 수록하지 않도록 하였다.

3. 과거사청산 보관 및 관리 그리고 정산

폴란드 정부는 국가기억원에 관한 법령을 통과시켰고, 1년간의 보완작업을 통해 2000년 레온 키에레스 교수를 초대 국가기억원 원장으로 임명하고 활동을 시켰다. 이 기관은 독일 과거사청산 기관을 모방한 경우다. 핵심위원은 전문가 그룹으로 야누쉬 파우비츠키 장관, 비톨드 쿨레사 교수, 안드줴이 줴피인스키 교수다. 법안은 자유노조위원장 마리안 크샤클레프스키로 파우비츠키 장관이다. 이 법안의 재정지원을 맡은 이는 예쥐 부젝 총리다.[33] 그럼에도 불구하고 2001년 총선에서 공산당의 후신인 민주좌파동맹의 당수 레셉 밀레르가 국가기억원 폐지를 공약으로 내세워 당선되었다. 민주좌파동맹은 화원 법률 폐지안을 실현시킬 다수표를 가졌지만, 당신 폴란드 예드바브 지역의 유대인

---

32) 공산주의 국가체제의 정보기관에서 근무하거나, 또는 인적 정보출처를 통해 이들 기관에 도움을 주는 특히 민주야권, 노동조합, 협회, 교회, 종교단체에 반대하여 표현과 집회의 자유 권리와 생명과 자유 그리고 시민 안전의 권리를 위반하는 행위는 공산주의 전제적인 체제를 위해 인권과 시민의 권리를 영구적으로 위반하는 것이었다. (김용덕, 139)

33) Grajewski,A.(2011) Gdy byto tylko kolegium.Uwwagi o pierwszym roku dziatalnosci Kolegium IPN. Arcana, nr.5, 58-70. 재인용, 김용덕, 김철민, 142. 각주 91.

대량 학살에 폴란드인의 개입한 소설『이웃들』이 공개됨으로써 대외적으로 문제가 야기되어 국가기억원 폐지는 불가능해졌으며, 축소하는 것으로 변경되었다.

4. 국가기억원의 임무와 주요 활동

정식명칭은 "국가기억원-폴란드 민족에 반하는 범죄 추적 위원회"로, 조사권을 가진 국립연구기관이다. 명칭의 역사는 1945년 '폴란드에서 독일이 저지른 범죄조사위원회'로, 1949년에는 '폴란드에서 자행된 히틀러 범죄조사위원회'로, 1984년 이후 '폴란드에서 자행된 히틀러 범죄조사위원회-국가기억원'으로, 1991년 '폴란드 민족에 반하는 범죄 조사위원회-국가기억원'으로, 최종안은 1998년에 지금의 명칭을 사용하게 되었다. 1998년 12월 18일 법안에 의거하여 1999년 1월 19일 창설되었다. 본부는 바르샤바이며, 7개 도시에 대표부를 파견하였다.

임무와 주요 활동은 1) 1944년 7월 22일부터 1989년 12월 31일까지 정보기관의 문서를 수집, 정리함, 2) 나치와 공산주의의 범죄를 추적하는 일, 3) 교육활동 펼치기다.

대상은 주로 강제이송과 비밀경찰에 협력한 사실을 조사하는 것으로 다음 3가지로 분류된다.[34] 1) 나치의 민간 및 군사기관이 저지른 범죄-강제수용소로 이송, 2) 폴란드 망명정부의 명령을 따랐던 국내군과 기타 지하저항 단체소속 군인들의 강제이송과 소련이 점령한 폴란드 지역에 거주하던 주민들을 소련영토 깊숙한 곳으로 강제 이송한 사실, 3) 1944-1947년 사이 비스와 강과 부그 강 사이의 지역에서 소련의 비밀경찰이 펼친 진압작전에 관한 것이다.

국가기억원은 다음 4개의 부서로 구성 되었다. 1) 범죄추적위원회,

---

34) 김용덕, 박종오 외 5명, 143.

2) 보관문서의 아카이브 작업 및 열람부, 3) 공공교육부, 4) 과거사청산부.

각 부서는 다음과 같은 활동을 하였다. 1) 범죄 추적 위원회-폴란드 민족에 반하는 범죄를 추적 조사한다. 2) 보관문서의 아카이브 작업 및 열람부는 정보기관 수집하고 작성한 문서를 기록, 보관, 열람, 출간하는 업무를 한다. 3) 공공교육부는 1939-1989년 사이 폴란드 역사연구를 하여 출판, 대중화시키는 작업-전시회, 교사교육, 학술대회, 공개강의 등을 한다. 4) 과거사청산부는 정보기관의 문서와 그 내용을 공개하는 2006년 법안에 따라 제출된 서류의 확인 작업, 보관, 진술사실 확인, 명단공개, 과거사확인 활동하는 사람들이 누구인가 하는 명단자료집을 만든다.

5. 국가기억원의 조직과 방향

1) 국가기억원의 원장은 이사회에서 선출된 후 상원과 하원에 승인을 받아 5년 임기를 시작한다. 초대원장은 키에레스(200. 6. 30-2005. 6. 30.), 2대 카틴 비행기 추락사고로 사망한 야누쉬쿠르트카(2005. 7. 1.-2010. 4. 10.), 대행체제의 프란치쉡 그리치욱(2010. 4. 10-2011. 6. 28.) 그리고 3대 우카쉬 카미인스키(2011. 6. 28.-현재) 등이다.[35]

이사회는 11명으로 구성되나, 2010년 법안에 이사회 대신 자문회가 설립되어 하원 5명, 상원 2명, 대통령 추천 2명으로, 총 9명으로 구성되었다. 국가기억원의 활동에 관한 반응은 과거사청산 찬성과 반대자들로부터 비난을 받는다. 그 이유는 간단하다. 정보기관의 자료를 무비판적으로 활용한다는 점이다. 자료의 정확성이나 오류에 관한 평가작업 없이 무비판적 수용이 문제였다. 더 중요한 것은 국가기억원의 정보자료를 정치적으로 이용하여 자신의 유익을 구하는 것이다. 다른 하나는

35) 김용덕, 박종오 외 5명, 145-146.

정보자료를 인터넷에 공개하지 않는다는 것이다.[36]그 사례가 2005년 국가기억원 원장 후보 건으로 안드줴이 프쉐부즈니악이 정보부비밀요원으로 보도되어 탈락되었으나, 2005년 11월 29일 무혐의 처리되었다. 그 사이에 그를 고발한 즈비그니에프 피악이 정부정보요원이었다는 설이 되고, 그 자료를 크라코프 지부장인 쿠르트카가 피악의 자료를 열람하였다. 물론 원장후보가 되기 전에 열람동의권을 받아놓은 상태였지만, 시기에 맞게 열람이 되었다. 출세를 위한 물고 물리는 정보전이었다.[37] 2016년 2월 16일 레흐 바웬사도 '불렉'이라는 암호명으로 공산당 비밀 정보부원으로 밝혀졌다.[38] 2) 활동방향은 학문적, 법률적, 도덕적 관점이다.[39] 중심내용은 과거사청산 진술기록, 인적사항, 공산체제의 지도급 인사목록, 지금도 활동하는 사람들에 관한 명부를 작성한다. 이들의 활동은 다른 주변 국가들에 비해 엄청난 양의 업무를 복합적으로 정리하였다. 2006년 당시에 14만 명의 진술대기자가 있다는 것은 2000년부터 2009년까지 자료를 분석한 결과를 비추어보더라도 엄청난 양이다. 2000년부터 2009년까지 9,218건의 사건을 조사하고, 이 중 6.457건을 공산범죄로 규정하고, 이외 나치범죄 2,404건, 인류평화범죄 357건 중에 법정고발이 391명, 239명이 판결, 128명 최종선고가 이루어졌다.[40]

3) 활동의 근거는 모든 아키브를 근간으로 한다. 그것은 독일 게슈타

36) 김용덕, 박종오 외 5명, 147.

37) 김용덕, 박종오 외 5명, 147-148.

38) 김용덕, "폴란드 체제전환과 과거사청산연구," 『동유럽 공산주의 '해체' · '청산',그리고 새로운 사회로의 '통합'에 대한 연구』(좋은땅, 2016), 80-81.

39) 활동내용을 다음 저서로 정리했다. (D. Koczwanska-Kalita(2010) Kronika 10 lat IPN. Warszawa.) 이외에도 Dudek, A(2012) Instytut. Osobista historia IPN. Warszawa. 재인용, 김용덕, 박종오 외 5명, 148.

40) Kura, A.(2012), Trudna przesztosc-jaka przysztosc 9, (in) R. Ignatiew.(in) A. Kura(red), Zbrodnie przesztosc. Opracowania I materiaty prokuratorow IPN, t.4. Warszawa. (재인용, 김용덕, 김철민…, 151)

포와 소련 KGB 자료도 포함되었으나, 대부분은 폴란드 정보기관의 자료로 그 길이가 대략 90km 이상이며, 파일만도 300백만 개다.[41] 또한 공공교육부에서는 600권이 넘는 서적(앨범, 모노그래프, 사전, 회고록 등) 등이 출판되었다.[42] 또한 폴란드 민족 보존 수호를 위한 민족기억 학예상을 만들어 시상하며, 반공 민주인사에게 수여하는 자유 · 연대십자훈장제도도 마련했다. 동시에 잘못된 공산주의 지도자들 41,000여 명의 연금을 하향조정 했다.[43]

IV. 국가기억원의 기여와 미래 방향

1. 국가기억원 활동의 한계

국가기억원 활동에 자료 수집은 법적 효력이 없으나, 검사 앞에서의 진술은 폴란드 근현대사를 바꿔놓을 정도로 대단한 일이다. 국가기억원은 공산주의 체제에서 민주주의 체제를 유지하고 통합하는 데 절대적 자치와 정의를 세우는 중요한 좌표를 남겨준다. 결과적으로 수많은 고통의 결과를 만들어낸 공산주의 사회에서 어느 누구도 처벌받는 일이 거의 없다는 사실에 사람들은 격분한다. '공산주의법정'은 어느 곳에서도 열렸지만, 책임을 묻는 일이 누구에게도 거의 없다는 것이다. 그 이유는 수많은 공산당원들이 있었으며, 이들의 네트워크 사업은 그 책임의 지목을 정할 수 없으며, 하급직원, 즉 정책을 실현한 자는 있으나, 책임자는 없다는 것이다. 공산당 상급당원들에게 책임을 물을

---

41) Biuletyn Instytutu Pamieci Narodowej (2002) 4-21. 재인용, 김용덕, 박종오 외 5명, 149.

42) Katalog publikacji IPN 2000-2008(2009), 15. 재인용, 김용덕, 박종오 외 5명, 149.

43) 김용덕, 박종오 외 5명, 150.

수 없는 것이다. 정보기관 관계자도 이 분류에 속한다. 정보기관 스스로 한 번도 자치권을 가진 적이 없으며, 항상 공산당 체제의 종속기관으로 움직였기 때문이다. 그러나 특정한 사건의 경우는 옥석을 가려낼 수 있었다.

그럼에도 불구하고 2008년 10월 2일-6일 사이에 TNSOBOP여론조사기관의 결과, 공산당 고위당직자, 정권의 요구대로 판결한 판사 그리고 공산주의 선전활동을 펼친 기자, 계엄령을 선포한 장군 등을 체제전환 이후 어떻게 처리했는가의 질문에 거의 38-53% 이상이 온유하게 되었다고 응답했다.[44] 심하게 했다는 응답자는 3-11% 정도다. 정당하다와 모르겠다가 거의 같은 비율로 21-25%, 모르겠다가 22-32%였다. 너무 온화하게의 응답43%는 공산당 고위당직자, 53%는 정보부요원, 51%는 공산당이 요구하는 대로 판결을 내리던 판사, 38%는 공산주의 선전 활동을 펼친 기자, 41%는 계엄령을 선포한 장군 등이다. 과거 정보부 요원들의 연금수당을 감액하는 법안에 관한 응답에 대해서는 매우 좋다 34%, 좋다 36%, 나쁘다 10%, 매우 나쁘다 2%, 모르겠다가 18%였다. 72%이상이 연금 하향조정에 긍정적이었다.[45]

2. 국가기억원의 기여와 미래방향

국가기억원은 체제전환의 과정을 정리하는 중요한 여과지와 같은 활동을 하였다. 이 일은 공산주의 체제에서 고통과 한을 품고 살아온 자들을 위로하고, 그들의 고통을 재평가하여, 명예를 회복해주고, 보상해주는 일이다. 또한 잘못된 사례를 공개함으로써 관계자들의 공적인

44) 김용덕, "폴란드 체제전환과 과거사청산연구," 『동유럽 공산주의 '해체' · '청산',그리고 새로운 사회로의 '통합'에 대한 연구』(좋은땅, 2016), 69-70.

45) Ibid., 70.

활동을 제한하고, 그들의 죄악을 전국에 공포함으로 새로운 체제의 질서를 새롭게 만드는 일이다.

국가기억원은 국민들이 반인권적 일과 학살 그리고 말없는 공포를 겪으면서 살아왔던 자들을 치유하고, 사회통합을 만드는 동력이 되고, 민족정기를 새롭게 하는 계기를 만들어 주었다. 국가기억원의 지속적인 미래방향은 범죄사실을 끝까지 추적하여 밝혀냄으로써 국가적 도덕성을 정립하고, 공직자의 윤리와 도덕적 잣대로 삼고 있다. 여전히 폴란드 사회는 국가기억원의 존폐 여부를 놓고 갈등하고 있다. 사실 군부, 경찰 그리고 정보기관도 과거청산 이후 과거사청산 작업을 대부분 하지 않고 있다.[46] 여전히 그들은 그 직업에 종사하고 있다. 과거사청산도 거부하는 운동이 있다. 특히 1995년 대선후보 알렉산드로 크바시니에프스키의 홍보 슬로건은 "(과거는 잊고-김용덕)미래를 선택 합시다." 였다.[47]

그러므로 독일처럼 폴란드도 미래재단을 만들어 지속적으로 공개하며, 교육시키고, 사회통합과 정의를 만들어가는 과제를 남겨놓고 있다.

IV. 한반도 과거청산의 과제와 방향

1. 한반도의 과거청산은 현실과 숙제

구체적으로 등장한 것은 1945년 이후 친일세력 과거청산으로 시작되었다. 1948년 9월 "반민족 행위 처벌법"이 제정되었고, 그 내용은 "민족반역자, 부일 협력자, 간상배에 관한 특별법"으로 소급 적용할

---

46) Ibid., 80.

47) 김용덕, 박종오 외 5명, 134.

수 있게 하였다. 이승만 정권은 과거사청산보다 눈앞에 북한 공산주의와 싸워야만 했다. 그러므로 그는 경험있는 친일세력들이 필요했으며, 그들을 국가건국에 기여케 함으로 반민특위 활동에 제동을 걸었다. 친일세력은 당시 공산주의 세력과 민주주의 세력과의 대립에 반공주의자로 변신하여 한민당 창당으로까지 발전하여 한국사회에 기득권을 유지하며 자리를 잡았다. 한편 독립과 애국운동을 한 자들은 사회 변두리로 몰렸다. 이승만 정권의 각료 중 친일파가 30%가 넘었다. 특히 경찰과 군대는 거의 친일세력이었다. 한국전쟁 전후로 공산진영과 대립으로 나타난 양민 학살사건, 4.3항쟁, 지리산 빨치산 토벌과정에서 거창양민 학살사건, 보도 연맹원 학살사건, 등이 있다.

일부 정리된 사건들이 있다. 1995년 12월 "거창사건 등 관련자의 명예회복에 관한 특별조치법", 2000년 1월 "제주 4.3.사건 진상규명 및 희생자 명예회복에 관한 특별법"이 발효되었다.

2. 한국전쟁 이후 과거사청산사건

보도 연맹원 학살사건, 미군에 의해 자행된 노근 양민 학살사건 등이 미해결 과제로 남겨져 있다. 1960년대 독제체제에서 조작된 간첩사건, 학생운동 탄압, 노동운동, 12.12사태, 광주민주화 운동 등이 있다. 박정희 독재에 의한 사건, 전두환 사건, 2016년 촛불행진으로 인한 박근혜 정부 사건도 적폐 청산으로 어두운 한국의 현대사가 드러나고 있다. 기타 군 과거사진상규명위원회, 의문사진상조사위원회 또한 경찰에서 과거사진상규명위원회에서 민청련 사건, 남민전 사건 등이 남겨져 있다.

그럼에도 한국의 과거사청산은 해방시기와 거의 같은 분위기다. 친북, 종북 세력으로 몰고 가는 보수 세력과 한반도의 안보에 취약한 진보세력의 갈등과 대립은 또 하나의 과거사청산 이전의 과제다. 특별히 광주민주화운동은 과거사청산의 첫 번째 과제다. 여전히 암매장 현장의 시신발굴도 이제 시작이 되었고, 일본과의 위안부문제, 독도문제도 풀어야 할 과거사다.

3. 무엇보다 우선되어야 할 친일과거사청산과제

친일과거사청산은 시기도 많이 지났고, 증인들도 거의 없으며, 여전히 그 자손과 후손들이 기득권 세력임을 밝혀야 한다. 1980년 이후 친일세력에 관한 본격적인 논의가 다시 1991년 민족문제연구소에서 시작되었고, 이들의 노력으로 2001년 친일인명사전 편찬위원회가 구성되었다. 2005년 8월 친일인명사전 1차 자료가 마련되었고, 2009년 3권으로 출간되었다.[48]

중국과 연계된 항일투쟁의 역사가 사라져가고 있고, 정부가 2005년 5월 "친일반민족행위진사위원회"를 구성하였으나, 아직도 법안이 통과되지 못하고 있다.

친일 과거사청산 없는 한국의 과거사청산은 불가능하다. 북한은 친일청산을 남쪽보다는 정리된 것으로 본다. 북한 자체가 일제 잔재 소탕이기 때문이다. 여전히 남한은 친일논리보다 반공논리를 앞세워 가려는 경향성이 있다. 아직도 과거에 집착하지 말고 미래를 향해 가자는 논리와 명분이 그럴듯하지만, 과거사청산 없는 역사는 모래위에 짓는 성벽과 같다. 역사는 되풀이된다. 민족정기를 세우지 않으면

---

48) 4,389명 수록, 2012년 모바일 친일인명사전 등장함. 참고문헌 『친일인명사전』1-3 (민족문제연구소, 2009); 「지연된 정의: 두 개의 보고서」(김민철, 『황해문화』 (2010), 68.; 『친일인명사전편찬의 쟁점과 의의』 (조세열, 『역사비평』 (2010), 91.; http://encykorea.aks.ac.kr/[네이버 지식백과] 친일인명사전[親日人名辭典](한국민족문화대백과, 한국학중앙연구원).

한 걸음도 앞으로 갈 수 없음을 알아야 한다.

VI. 나가는 글: 통일 이후 과거청산의 방향과 과제

과거사청산은 자료의 공개와 자료수집 그리고 역사적 평가를 담고 있다. 계속하여 그 길을 갈 때 과거사청산의 의미와 기여가 있다. 과거사청산으로 사회통합과 사회정의가 형성되어 미래의 계획과 정책이 바로 수립되는 것이다. 2차 세계대전 후 프랑스는 레지스탕스에 의해 나치 협력자들을 즉각적으로 일만 여 명을 총살시켰다. 그 후 55만 명을 판결하였고 6,763명에 사형을 선고했다. 아직도 과거사청산을 국내외로 못한 한국정부의 통일 이후 과거사청산은 지금 준비해야 한다. 폴란드와 주변 동유럽 국가들이 하나같이 과거사청산에 실패했다. 같은 체제 안에서 다른 체제로 전환이기에 그럴 수 있다. 독일의 사례가 한반도 통일 이후의 사례로 적합하다. 폴란드 과거청산의 갈등과 대립의 구조는 통일 후 북한사회에서 발생될 수 있는 과제다. 과거사청산의 주체와 객체를 북한의 노동신문, 방송매체를 분석 평가하여, 지금 트럼프 정부가 북한 내 제재 대상을 개인적으로 지적한 자료들과 함께 자료 수집을 해야 한다. 그것을 지속적으로 북으로 공포하며, 통일 후에 얻어질 죄값에 관한 대중적 선포도 해야 한다. 그러기 위해서 지금부터 한국은 폴란드의 자료수집 내용을 분석하고, 과거사청신위원회를 구성하여 운영한다면 상당한 자료유출과 정보수집과 정확한 평가와 분석을 유출해낼 수 있을 것으로 본다. 또한 폴란드 과거사청산시 나타난 사회적 갈등의 대상과 요인 그리고 문제점들을 사전에 준비해놓는다면 사회통합도 성과 있게 진행되리라 본다. 특히 정당 간의 대립, 정보 활용하는 자들, 군부대와 경찰 그리고 정보기관들의 과거사청산은 철저하게 준비하지 않으면, 어려울 것으로 본다. 정보기관 관련자는 따로 분류하여 조사해야 한다.

통일 후 한국 내 유사한 국기기억원을 창설할 때, 원장과 이사 임명에 관한 건은 정부기관보다 중립적 기관에서 관장해야 한다. 폴란드는 지속적으로 정치에 휘둘리고, 중간에 업무진행이 어려워진 것도 있고, 정치적으로 이용당하는 것도 발견되었다. 국가기억원 업무는 투명과 공개의 원칙에서 이루어져야 할 것 같다. 또한 체제전환 이후 향수에 저는 자들이 등장하고, 도리어 지지하는 젊은 세력들에 관해서 지속적인 교육과 학습, 현장교육을 실시해야 한다. 언젠가는 공산주의 사상이 북한에서 되살아날 수 있다. 이 부문에 있어서는 체제전환 후 낙오되는 체제이탈자들의 지원 방안도 마련해야 하며, 북한 내 선전시설물을 다 파괴하지 말고 오히려 관광자원으로, 역사박물관 등으로 재활용하는 미래재단 사역도 마련해야 한다.

과거사청산 없이는 한반도의 미래도 없다. 동유럽의 실패를 거울삼아 체제전환 이전부터 과거사청산 준비를 해야 한다.

참고문헌

김동석, 송영훈. "아프리카에서의 진실과 화해 추구 보편화에 관한 고찰: Understanding the Increasing Practices of Seeking Truth and Reconciliation." *OUGHTOPIA Vol. 32 No.1.* 2017.

김민철. "지연된 정의: 두 개의 보고서."「황해문화」 통권 68호. 새얼문화재단, 2010.

———. "지연된 정의: 두 개의 보고서."「황해문화」 통권 68호. 새얼문화재단, 2010.

김영수. "남아공의 진실과 화해위원회(TRC)와 개혁적 사회통합."「국제지역연구」 제12권 제4호. 2009, 67-88.

김용덕. "폴란드 체제전환과 과거사청산연구." 김철민, 박정오 외 5명.『동유럽 체제전환 과정과 통일한국에 주는 의미』. 한국외국어대학교 지식출판원, 2014.

———. "폴란드 체제전환과 과거사청산연구." 박정오 외 5명의『동유럽 공산주의 '해체' · '청산', 그리고 새로운 사회로의 '통합'에 대한 연구』. 도서출판 좋은땅, 2016.

———. "폴란드 체제전환과 과거사청산 연구."「동유럽 발칸연구」 제40권 1호. 한국외국어대학교 동유럽발칸연구소, 2016.

———. "폴란드, 체코, 슬로바키아 민족문제연구, 체제전환과 폴란드 외교정책 연구, 폴란드, 체코, 슬로바키아 민족문제 연구."「EU연구」 제18호. 한국외국어대학교 EU연구소, 2006, 39-68.

———. "체제전환과 폴란드의 외교정책 연구."「동유럽 발칸연구」 제33권. 아시아 · 중동부유럽학회, 2013, 203-229.

———. "2차 대전 후 강제 추방된 독일인의 재산반환 요구에 대한 폴란드의 입장 연구."「동유럽 발칸학」 제7권 제2호. 아시아 · 중동부유럽학회, 2005, 421-448.

김철민. 박정오 외 5명.『동유럽 체제전환 과정과 통일한국에 주는 의미』. 한국외국어대학교 지식출판원, 2014.

민족문제연구소.『친일인명사전』 1-3. 민족문제연구소, 2009.

정흥모. "독일 연방의회의 동독 사회주의 과거청산: 앙케트위원회의 활동을 중심으로." 박정오 외 5.『동유럽 공산주의 '해체' · '청산' 그리고 새로운 사회로의 '통합'에 대한 연구』. 좋은땅, 2016, 각주 6.
조세열. "『친일인명사전』 편찬의 쟁점과 의의." 「역사비평」 91, 2010.
한국민족문화대백과 http://encykorea.aks.ac.kr/
[네이버 지식백과] 친일인명사전 [親日人名辭典] (한국민족문화대백과, 한국학중앙연구원)
한국외국어대학교 동유럽발칸연구소. "폴란드 ODA 현황과 특징." 「동유럽 발칸연구」 제37권. 2013, 89-114.
———. "체제전환과 폴란드의 외교 정책 연구." 「동유럽 발칸연구」 제33권, 2013, 203-229.
———. "합스부르크제국과 폴란드의 문화적 자기 이해." 「동유럽연구」 제25권 특집기획호. 2011, 91-125.
———. "폴란드 제2공화국 하에서 농민당의 외교정책 연구." 「EU연구」 제27호. 한국외국어대학교 EU연구소, 2010, 213-241.
———. "발틱 삼국의 민족구성 고찰." 「동유럽연구」 제11권 제1호. 한국외국어대학교 동유럽발칸연구소, 2002, 1-15.
———. "The Transition of the Polish Political System upon the Roundtable Talk Agreement." 「동유럽 발칸연구」 제38권 6호. 2014, 129-160.

Biuletyn Instytutu Pamieci Narodowej, 2002.
Christian Heyer, Stephan Liening, Deutscher Bundestag(Hg.). *Enquete-Kommissionen des Deutscher Bundestags*. Berlin, 2004, 2 Auf.
Deutscher Bundestag(Hg.), "Ueberwindung der Folgen der SED-Diktatur im Prozess der deutschen Einheit." in: *Schlussbericht der Enquete-Kommission, Ueberwindung der Folgen der SED-Diktatur im Prozess der deutschen Einheit*. Bonn, 1998.
D. Koczwanska-Kalita. *Kronika 10 lat IPN*. Warszawa, 2010. 이 외에도 Dudek, A. *Instytut. Osobista historia IPN*. Warszawa, 2012.
Grajewski, A. Gdy byto tylko kolegium. *Uwwagi o pierwszym roku dziatalnosci Kolegium IPN*. Arcana, nr.5. 2011.
Katalog publikacji IPN 2000-2008, 2009.
Klaus Christoph. "Aufarbeitung von Geschichte und Folgen der SED-Diktatur": heute so wie gestern?." *Aus Poltik und Zeitgeschichte* Vol. 42-43.

2013.

Kura, A. "Trudna przesztosc-jaka przysztosc 9." (in) R. Ignatiew. (in) A. Kura(red), *Zbrodnie przesztosc. Opracowania I materiaty prokuratorow IPN.* t.4. Warszawa, 2012.

Raiko Hannemann. "Bemerkungen zu herrschendnen DDR-Bildern, ihren Kontexten und wissenschaftlichen Asaetzen." *Z(Zeitschrift Marxistische Ernererung).* Nr.79, September 2009.

Ralph Jessen. "Alles schonerforcht? Beobachtungen zur zeithistorischen DDR-Forschung der letze 20Jahre." *Deutschland Archiv Vol. 43.* No.6. (2010): 1053-1064.

Timothy Garton Ash. "The Truth About Dictatorship." *The New York Review od Books Vol.45 No.3.*(February 19, 1998).

Uchwata Sejmu Rzeczypospolitej Polskiej z dnia 28maja 1992 r.(M.P. 1992, nr 16, poz.116).

Wassermann, Z. "Penalizacja-pociagniecie do odpowiedzialnosci karnej sprawcow zbrodni komunistycznych." in: *Od totalitaryzmu do demokracji. Pomiedzy "gruba kreska" a dekomunizacja o doswiadczenie Polski I Niemiec.* Krakow, 2001.

인터넷

https://translate.google.co.kr/translate?hl=ko&sl=de&u=https://www.bundestag.de/dokumente/textarchiv/22090534_enquete3/199446&prev=search. 2017년 11월 7일 접속날짜.

https://translate.google.co.kr/translate?hl=ko&sl=de&u=https://www.bundestag.de/dokumente/textarchiv/22090534_enquete3/199446&prev=search, 2017년 11월 7일 접속.

https://www.tagsspiegel.de/politik/die-stasi-und-die%20akten-horch-und-guck-als-anschauungsmaterial/11517206 html 2005년 5월 30일 접속,

http://www.horch-und-guckinfo/hug/ueber-uns/ueber-horch-und-guck/2015년 6월 5일 접속.

http://blog.naver.com/asan_frontier/220743847186, 2017년 11월 7일 접속.

http://blog.naver.com/asan_frontier/220743847186, 2017년 11월 7일 접속.
https://www.friedlicherevolution.de/index.php?id=home_bstu_f10 2015년 6월 1일 접속.
http://terms.naver.com/entry.nhn?docId=3431389&cid=46624&categoryId=46624 2017년 11월 9일 접속

The Problems and Directions of the Past Liquidation of the Korean Peninsula

—With the case of Poland and Germany

Young-Whan, Park

(Seoul Theological University, Prof.)

I. Introduction

After the period of the regime change in East Europe, the settlement of the past history was the top priority for the social stability and integration. Since 1945, the people in Eastern Europe have been oppressed their rights to know the truth and to have freedom by local nationalism, religious conflicts, and system enforcement.

As a result, they were greatly oppressed by politics, economy, and social aspects. The priority condition for their understanding and cooperation to lead the integrated society is the liquidation of the past. This study shows how to handle the liquidation of the past history in Korean conditions with the case of the liquidation of past history in Poland and Germany. Also, this study will suggest the directions and problems of the past liquidation after Korean reunification.

1. Main Subjects

1. The German Committee for the past history liquidation which is a questionnaire(enquete) committee has held the thirteen meetings from 1994 to 1998. The purpose was to investigate those who cooperated with East Germany and prohibit them to have opportunities after reunification, but to take a trial to raise awareness among the unified German citizens. It means to inform the victims who suffered from the dictatorship power that the sin has been punished. Therefore, German Committee will open the future by unified German society.

The final report contained the five categories: ① The national power structure and the liability of decision making. ② The role and meaning of Ideology. ③ Integrated problems and practices of East German Society and the Nation. ④ The relationship between the law of the state, the judiciary, the police, and the international perspectives. ⑤ The role of the churches.

The problems of this report were "the logic of the enemy and ally", "dictatorship and East German as an illegal country", and "De-German Socialist Unification". The main projects of the past liquidation:① dominant-social-resistance. ② surveillance and persecution. ③ division and unification. For instance; museums, memorial projects, memorial projects, and political education.

To sum up, South and North Korea spent difficult time after Korean War. In this respect, it is hard to consider with the logic of black and white or regard North Korea as an illegal country.

Therefore, the ideal goal is to achieve the social integration as national harmony. In the case of German, Korea should build the memorial museum to maintain the foundation for the unification.

2. The Results of the Past Liquidation in Poland

1) The Beginning and Background of the Past Liquidation

The Polish past liquidation began in February 1991 when the Polish House of Representatives nullified all the judgments of an anti-Establishment movement of the communist regime and decided to compensate. This is because the Polish made a quick decision to have a modification of the Nazi war crime commission in 1945.

2) The Process of the Past liquidation

There were two previous attempts to the past liquidation: 1992 and 1997-2007. The target was tailored to select people working for government agencies between 1994 and 1990, and those who will work for the Polish government in the future.

3) The organization of the past liquidation

National Memory Board which is a crime-seeking committee

against the Polish people and has the qualifications to investigate

4) The target is mainly to investigate the facts that people who cooperated with the secret police and forced transportation. This investigation classifies into three categories; ① Transportation to the Nazi concentration camp. ② Forced transfer of residents in Polish territory occupied to the part of the Soviet territory. ③ Soviet secret police operation.

The work of The Board of National Memory: ① Crime Tracking Committee - Tracking crimes against the Polish. ② The work of recording, storing, reading and publishing. ③Researching Polish history between 1939 and 1989 to popularize with the exhibitions, education, and conferences. ④ Made a list of the people for the Past liquidation

5) Organization and Direction of the National Memory Board

① After being elected by the board of the eleven directors, the president of the National Memory Board begins his five-year term with the approval of the Senate and the House of Representatives. The problems are to accept the data without substantiation

② The purpose of the activity is academic, legal, and moral. The central contents include a list of the past history statements, personal details, and list of leading communist leaders. Their activities combined an enormous amount of work compared to other neighboring countries.

③ The basis of the activity is mostly used as data for Polish government agencies.

6) The limitation of the National Memory Board

The National Memory Board leaves important standards for establishing absolute values and justice for maintaining and integrating a democratic system in the communist regime. People resent the fact that few people are punished in a communist society that has created a lot of pain as a result. The communist court was held in many places, but no one was responsible. The reason for this is that still have so many communists in the present position even the information agency officials, therefore no one could hold their superiors accountable.

7) Contribution and future direction of the National Memory Board

The National Memory Board performed an important filtering work to support the process of the new government system conversion. The achievement is to restore honor and reward those who have lived in the communist regime with pain and sorrow. It is also necessary to support officials' public activities by disclosing the wrong cases and to create a new system order with fear throughout the country.

The National Memory Board has been a driving force for the

people to heal, create social unity, and renew the national cycle. The future direction of the National Memory Board is to establish the national morality by revealing the truth of the crime and making moral standards of the public officials. Still, Polish society is in conflict over whether to keep the National Memory Board. Military, police, and intelligence agencies have not been doing most of the past settlement work since the past liquidation conducted. Therefore, like Germany, Poland has a task to build, open, educate, and create social integration and justice.

III. Issues and Directions of the Past Liquidation of the Korean Peninsula

1. The past liquidation of pro-Japanese forces began in 1945. In September 1948, the "Anti-National Punishment Act" was enacted, and the contents were retrospectively applied to the "Special Act on the Rebel of the Nation". However, the Lee Seung-man regime made the activities of the government committee difficult by contributing experienced pro-Japanese forces to the founding of the nation. More than thirty percent of the pro-Japanese collaborators were able to maintain their power as anti-communist in the confrontation between the communist forces and democratic forces and developed into the establishment of the Political Party. On the other hand, people who participate in the independence movement and patriots were forgotten in Korean society.

2. The Past Liquidation after the Korean War

The case of the citizen massacre by U.S. soldier was left as an unresolved problem. Also, spy cases manipulated in the 1960s and student movement. As a representative case of the past liquidation, the impeachment of president Park was carried out by the people through the candlelight vigils in 2016. Nevertheless, the liquidation of Korea's past history is almost the same as the period of liberation. The conflict between the conservatives party and progressive party against the pro-North Korea forces and the ongoing territorial claims over Dok-do Island should be decided as the past liquidation.

3. Above all, the task of the liquidating the pro-Japanese history should be given priority

There are few witnesses as time passed to complete the past liquidation but many descendants of pro-Japanese still have the privileges in the variety of the social classes. The history of the anti-Japanese is disappearing in China, and the law about the "Anti-Japanese Action Committee" has not been passed. It is impossible to liquidate Korea's past without the liquidation of pro-Japanese past.

VI. Conclusion

The Direction and the Task of the Pas liquidation after Unification.

To success, the past liquidation, the collected, data and historical evaluation should be disclosed. As the social integration and justice are formed by the settlement of the past history like the French Resistance executed Nazi collaborators after World War II. The Korean government should prepare for the past settlement because Poland and Eastern European countries failed to the past liquidation. This problem can happen in Korea after reunification. South Korea should collect and share the data with North Korea to organize and operate a past liquidation committee.

In addition, if we prepare the objects, factors, and problems of the social conflicts in Poland's past liquidation, the social integration will be successful. For the ideal past liquidation, the committee members should be elected in a neutral institution that does not have the influence of political power. The past liquidation of military units, police and intelligence agencies should be carried out thoroughly. Due to the political interference, Poland's past liquidation has been difficult. A constant education on past history and supporting those who fall behind in the process will be provided during the past liquidation.

공산주의 과거사 처리
—폴란드의 ‘정화’ 사례의 교훈에 대한 재검토

Łukasz Janulewicz
(Central European University)

I. 서론

1980년대 후반과 1990년대 전반에 걸쳐 중부유럽과 동유럽이 경험한 체제전환의 과정에서 새 정부는 수많은 심각한 도전에 직면해 있었다. 그 도전 중 하나가 이전 공산정권에서 활동한 인사들을 어떻게 대우해야 하는가와 관계된다. 옛 공산정권과 정부 관련자들의 불미한 과거에 대처하는 것은 중동부 유럽만의 고유한 문제가 아니다. 이들의 처리 과정에서 나타난 역사적 교훈은 잠재적으로 한반도 통일 이후를 비롯해 그 외의 세계에도 흥미로운 사례이다.

체제전환기를 이끄는 정치지도자들은 정책을 수립할 때 몇 가지 잠재적인 딜레마에 직면한다. 구체제(ancien régime) 시절의 인사들은 항상 논쟁을 불러일으켰고, 폴란드도 예외는 아니었다. 이런 맥락에서 본 연구는 공산주의 과거문제와 마주했던 폴란드의 정책가들이 직면했던 선택, 도전, 딜레마 및 역설 등을 강조하여 이 국가의 사례에서 드러나는 잠재적인 통찰력과 교훈을 제공하고자 한다. 특히 폴란드의 과거사 정리 개념인 '정화(lustration)'를 규정하는 한편, 관련 핵심이슈에 집중적으로 조명하고 한다. 그와 함께 과거사 정리에 반발했던 구공산 정권의 정치 엘리트들의 논의 및 법치주의/자유민주주의 체제 전환기에서의 과거사 문제를 다룰 것이며, 마지막으로 처벌과 결과에 대한 정책적 의미를 제공하고자 한다. 궁극적으로 이 글은 폴란드의 과거사 정리 사례가 갖는 함의를 결론에서 도출할 것이다.

II. '정화'의 의미와 그 유형

정화는 일반적으로 체제전환기에도 [여전히] 주요 정부 직책을 차지하고 있는 자들을 심사하는 것을 의미한다. 폴란드의 맥락에서 보다 좁은 의미로 볼 때, 정화는 '공산주의 정권 시절 정보기관에서 속해 있던 자들의 체계적으로 조사하는 것으로 이해된다. 이밖에 과거 공산주의 유산에 대한 정책은 구정부가 국유화했던 재산의 반환, 정치범 및 희생자에 대한 복권, 공산주의적 상징 사용 금지, 공산주의 정권 치하 공무원들에 대한 형사 처분 등을 포함한다.

그러나 중부 및 동유럽 전역에 걸쳐 나타난 과거사 대응방식은 천차만별이었는데, 네 가지 유형으로 구분할 수 있다. 첫째는 체코슬로바키아의 방식으로 배제(exclusion)이다. 둘째는 옛 공산정권에서 일했던 자들이 자리를 보존할 수는 있지만, 그 시절에 대한 함구를 조건으로 하여 은퇴하는 방식으로 헝가리에서 도입되었다. 그다음 유형은 화해(reconciliation)로 명명된 것으로 공적으로 참회할 수 있는 기회를 준다. 마지막으로는 전면적인 사면으로 곧 지난 일은 잊고 덮자는 것이다. 아울러 전환기의 새 정부는 네 가지의 또 다른 유형의 상징적인 정화 전략을 구사할 수 있는데, 응징(retribution), 폭로(revelation),

화해 및 사면이다. 이를 통해 볼 때, 상징적인 배제는 전정권의 부역자들을 공공의 영역에서의 축출함으로써 사회를 정화시킨다는 의미를 가지며, 폭로는 사회의 상징적인 정화이기는 하지만 궁극적으로 사회적으로 다시 받아들일 수 있다는 것을 의미한다. 화해는 스스로의 개선을 통해 정화할 수 있게 하여 사회로 다시 복귀할 수 있도록 하는 것이다. 폴란드의 화해 유형은 다른 국가들과 달리 독특한 통찰력을 주기 때문에 주목할 가치가 있다.

III. 깨끗한 종결(the Thick line): 과거사를 외면한 폴란드의 상징주의

본 연구의 이후 부분에서 알 수 있듯이 정화의 역사는 오래되면서도 복잡하다. 그 출발점은 깨끗한 종결이라는 개념과 돌이킬 수 없을 정도로 연결되는데, 그 어원은, 첫 비공산주의자 출신 총리인 타데우시 마조비에츠키(Tadeusz Mazowiecki)가 취임 연설에서 자신의 정부가 과거사를 어떻게 처리할 것인가에 대한 주장을 제기하면서 시작된다.

> "우리는 과거를 깨끗한 종결의 원칙을 통해 구분할 것입니다. 우리는 오늘날 붕괴 상태의 폴란드를 구하기 위해 우리가 한 일에 대해서만 책임을 질 것입니다."[1)]

본래 깨끗한 종결 개념은 전(前) 야권의 연대 운동의 중도파, 온건파

---

1) 과거사 문제로 인한 정치보복, 인민재판 또한 특별위원회의 설치와 같은 청산정책을 수행하지 않겠다는 선언으로, 소련 및 이전 폴란드 공산정권 체제에 대해 정치적이나 경제적으로 더 이상 종속되지 않는다는 것을 상징적으로 표현한 것이다.

및 자유주의자들이 새로운 폴란드에서 고취시키고자 한 상징적인 문구이다. 그들의 접근방식은 화해와 사회 변화를 북돋우며 '변화를 통한 탈공산화(decommunization of transformation)'였다. 그런데 폴란드에서의 공산정권의 종식은 반체제 운동과의 타협, 즉 '협상을 통한 혁명' 모델의 가장 전형적인 사례였다. 혁명 직후 새 체제 내에도 구공산당 엘리트들은 화해로 상징되는 이 같은 조치와 친혁명으로의 노선전환으로 살아남았기 때문에 정화는 불필요했다. 공산당이 개혁세력으로 끝까지 저항하고 억압했던 체코슬로바키아와는 전혀 달랐던 것이다. 결과적으로 폴란드의 새 정부는 체코슬로바키아의 경우처럼 이전 공산정권의 비합법화, 그리고 신속하고 가혹한 조치를 취할 필요성을 느끼지 못했다. 구공산당 지도층은 정화의 대상이 아니었을 뿐더러 단지 구정권 시절의 보안 부서와의 화해만 부르짖었다. 물론 이 같은 협상 결과에 보수적인 반체제 운동가들은 새롭게 출범한 정부의 민주주의적 토대를 훼손시키는 폴란드의 원죄로 인식했다.

협상을 통한 혁명으로 시작된 폴란드의 전환기는 즉각적인 과거사청산 절차를 부재하게 만들었다. 결국 구정부의 지도층은 여전히 국방과 내무, 그리고 보안부서 등의 요직에 그대로 남아 있었다. 새 총리인 마조비에츠키로서는 개혁과 정치적 안정유지를 위해 갈등의 요인이 될 수 있는 이들의 새 정부 내에의 영향력을 인정해야 했다. 국외 환경 또한 호의적이진 않았다. 전환기의 초기 2년 동안 소련군은 폴란드에 계속 주둔해 있었고 급속한 개혁 추진은 소련의 개입을 초래할 우려가 있었다. 따라서 소련을 향해 '반공산당 마녀 사냥'은 없을 것임을 확신시켜야 했다.

VI. 공산정권 출신 엘리트들과 정화의 정치학

정화 정책이 발전하기 위해서의 중요한 요인은 새 체제 내에 잔존해 있는 구체제 엘리트의 지위와 역할이다. 폴란드에서는 옛 구체제 인사들이 새 정부에도 유입되어 있었기 때문에 '소급법안(retroactive justice)'이 작동되기 어려웠고 정화정책 발전에 부정적인 영향을 끼쳤다. 특히 정권이양 협상과정에서 자리를 보존한 이들은 공식적으로나 비공식적으로 상당한 대중적 영향력을 발휘했다. 심지어 공산당 상무위원이었던 레셰크 밀레르(Leszek Miller)나 구정권의 장관이었던 일렉산데르 크바시니에프스키(Aleksander Kwasniewski)는 재빨리 자신 스스로를 친서방 진보주의자로 탈바꿈했고, 이러한 변신은 이들이 이후 새 민주정부에서 총리와 대통령이 되는 데 이바지했다. 크바시니에프스키는 스스로 공산당의 당원이었음에도 공산주의자는 아니었으며, 실제 1970년대 이래 당내에는 공산주의자 자체도 거의 없었을 뿐더러 그들 거의 모두 기술관료, 기회주의자, 개혁가 심지어 자유주의자라고 주장했다. 이들은 민주적 선거를 통해 손쉽게 권력을 회복할 수 있었고, 과거사에 대한 정화노력을 훼손하고 지연시킬 수 있는 기회를 얻을 수 있었다.

새 정부 출범에도 남아 있던 공산정권 출신 판사들 또한 정화법(lustration law)이 제정되는 데에 소극적이었다. 일부 구공산정권 출신 간부 및 보안요원들은 자신의 지위와 관계를 활용해 국유재산 민영화를 계기로 1990년대 후반에 이르면 경제계에서 두각을 나타내기 시작했다. 그들은 '상당히 모호한 법적 근거'에도 불구하고 새 정부 체계는 이들의 재산 취득을 인정했다. 구정권의 정치 및 사회적 자본이 경제자본으로 전환되었지만, 이 문제는 오랫동안 큰 이슈로 부상하지는 않았다. 그러나 지속적인 국내 경제침체로 이 문제는 정화와 탈공산주의는 중요한 공공의 의제로 떠올랐다. 1990년대 이래 정화정책을 지지해 왔던 자들의 후예인 법&정의당은 2005년에 정권을 잡은 이후, 경제문제에 대한 원흉으로 경제적으로 풍요로운 구공산체제의 간부들을 지목했다. 경제인으로 거듭한 이들을 압박하고 추징하기 위한 법안이 법&정의당에 의해 제출되었으나 통과되지는 못했다.

다만 전직 대통령이었던 레흐 바웬사가 전직 공산주의자 출신 총리인 주제프 올레스키(Józef Oleksy)를 러시아의 스파이로 비난하면서 시작된 이른바 올레스키(Oleksy) 스캔들로 인해, 지지부진하던 정화정책 추진은 겨우 탄력을 받을 수 있었다. 당시 대통령이었던 크바시니에프스키(Kwasniewski) 또한 자신에 대한 압력을 덜기 위해 매우 제한된 기능만을 포함한 정화법을 통과시켰다.

V. 강력한 정화와 과거사 정치학

주목해야 할 것은 정권의 성격에 관계없이 새 정부 탄생 이후 폴란드는 북대서양조약기구와 유럽연합으로의 편입, 그리고 경제 및 외교정책에서 일관성을 보여 왔다는 점이다. 그러나 강력한 정화와 화해를 표방했던 thick line 정책의 갈등은 곧 폴란드 정치에서 첨예한 이슈로 부상했고, 정화정책의 지지 정도가 정치 엘리트들과 정당 정체성을 판단 기준이 되었다. 즉, 공산주의 과거사 문제에 대한 사면 혹은 응징과 같은 정치적 태도와 인식이 정치 엘리트들의 우파와 좌파를 가리는 중요한 정치적 요인이었다.

비록 공산체제의 참여자들이 중심이 된 중도좌파의 경우에는 지속적으로 정화에 반대하거나 적어도 강력하게 비판하는 입장이었으나, 정화의 범위는 우파를 가르는 주요한 요인이 되었다. 따라서 정권의 부침에 따라 강력한 정화, 소극적 정화, 그리고 정화정책의 폐지 등이 반복되었다. 특히 과거 비밀 자료에 대한 권한 획득은 정치적 반대자나 라이벌을 공격하는 데에 쓰이기도 했다. 독일의 경우에는 과거 비밀 자료의 공개가 '공포를 끝내기 위한 수단'이었던 것에 반해 폴란드의 경우에는 '끝나지 않을 공포를 주기 위한 수단'이었고, 정쟁의 주요 소재였다.

2005년에 집권한 중도우파 정권은 보다 강력한 정화정책을 밀어붙였으나 2007년의 보궐선거에서 패함으로써 강력한 정화는 좌절되었다. 이러한 상황에서 전직 비밀요원 출신 안토니 마치에레비치(Antoni Macierewic)가 상원의원, 장관, 심지어 바웬사까지 포함된 약 100명의 구공산정권의 비밀협력자 명단을 공개해 큰 파장을 불러일으켰다. 이 스캔들은 정화를 놓고 갈등을 빚어온 우파진영의 분열을 더욱 촉진했다. 따라서 과거 정보 공개로 구공산권 출신 정치인보다 오히려 우파진영 정치계가 입은 정치적 타격이 훨씬 컸다.

VI. 정화 사례와 법치

한 국가가 권위주의적이거나 전체주의적 독재에서 자유민주주의체제로 전환할 때 법치와 적법한 절차의 수립은 중요하다. 그러나 이와 동시에 정화 체계를 도입할 때에는, 이러한 원칙이 오히려 정화의 입법을 근본적으로 저해하는 요인이 된다.

정화 체계의 실행 여부는 과거 범죄와 협력이 담겨 있는 증거의 신뢰성이다. 사법체계의 전환은 일반적으로 각양각색의 증거를 쏟아낸다. 국가기록, 비밀경찰 파일, 공산당 간부 인명부(nomenklatura)뿐 아니라 증언, 외국의 공문서, 인권 NGOs의 정보 등을 포함하는데,

이들의 증거로서의 신뢰도는 각각 다르며 출처 또한 고려해야 한다.

증거문제는 폴란드 국내정치에서 주요 쟁점이었다. 우선 정화 체계 구축과 가장 밀접한 증거가 되는 비밀경찰 파일이었다. 그러나 이 파일의 사용은 자유주의 탈연대(post-Solidarity) 진영에서 극렬하게 반대했는데, 이들은 이러한 파일의 활용이 앞서 언급한 화해라는 상징적인 목표를 저해하며 자유민주주의 정부는 결코 신뢰도가 높다고 할 수 없는 증거를 가지고 보복 정치를 해서는 안 된다는 태도였다. 실제로 비밀경찰 파일에는 정보원들이 만든 그릇된 정보 등도 상당수 포함되어 있었을뿐더러 할당량을 채워야 하는 하급 정보원에 의한 문서조작 사례도 상당했다. 비밀경찰 파일 공개가 금지된 이후에는 오히려 소문에 대응할 방법조차 막혔고 정치적인 이유로 명예훼손과 고소 고발이 이어졌다. 따라서 적당한 해결책이 제시되어야 했다.

자유민주주의적 원칙과 정의 구현의 충돌은 단지 자유주의자들에게 있어 이상과 현실의 충돌만을 의미하는 것은 아니었다. 중도좌파인 전 정권 출신들에게도 과거 체제에 대한 공개적인 지지 없이 그 법안을 막을 수 있는 손쉬운 수단이었다. 이를테면 2006년의 우파 보수정권이 제출한 보다 범위가 확대된 정화법안은 헌법재판소에 의해 회부되었고 절차 문제로 인해 기각되었다.

비록 헌법재판소는 초기의 정화법을 인정했지만, 사법부는 전반적으로 법제화에 소극적이었다. 다수당 내에서조차 나타나는 정화법 관련 복잡한 정치적 협상절차는 결국 껍데기만 남는 법을 제출하게 했다. 게다가 사법부의 독립성은 새 체제 속에서 더욱 강화되었지만, 과거 공산체제부터 재직했던 판사들은 사법적이라기보다 정치적 이슈인 정화법에 얽히고자 하지 않았다. 왜냐하면 유죄 판결이 피고의 정치적 지위에 의해 좌우되는 것으로 보일 수 있기 때문이다. 이런 맥락에서 짧은 민주주의 역사를 가진 폴란드에 있어, 과거의 가해자들의 그들의 과거 불법에 대한 책임을 막기 위해 법치주의를 내세우는 것은 상당히 어려운 문제이다.

VI. 곤경에서 벗어난 인물들의 명단: 정화의 범위 설정

이어지는 두 섹션에서는 두 가지의 기술적인 측면에서 폴란드의 정화법으로부터 얻을 수 있는 통찰력에 대해 논의할 것이다. 먼저 여기에서는 누가 이 법의 대상이 되었는지를 살펴볼 것이고, 그다음 섹션에서는 비밀경찰 협력자들에 대한 폴란드의 처리로부터 얻을 수 있는 의미를 검토할 것이다.

정화체계를 구축하는 데에 있어 중요한 질문 중 하나는 대상자 선정으로, 그 범위는 과거와 미래라는 두 차원이 감안된다. (1) 과거 공산정권에서 근무한 공무원들을 심사해야 하며, (2) 향후 새 정부에서 적용될 직위를 정의하는 것이다. 아울러 소급시킬 범위를 설정시킬 또 다른 두 방법은 (1) 과거 정권에서의 직위(level or position)를 설정하고 (2) 그 특정 행위를 정의하는 방법이다. 나아가 또 다른 방법은 비밀경찰과 같은 오용된 조직은 해체시키고 그 협력자들을 해산하는 방법이 있는데, 새 정부에서 각 개별적 심사를 하는 것은 이에 대한 대안이 될 수 있다.

정화법 시행 초기 폴란드에서는 약 2만 명에 달하는 입법부, 행정부, 고위 지방공무원, 판사, 검사와 언론인 등이 법률에 의거 심사 대상이 되었다. 그러다가 2005년부터 2007년 사이에는 1972년 이전에 태어난 교사, 학자, 언론, 국영기업 간부, 학교 교장, 외교관, 변호사 및 경찰로까지 약 15만 명까지 그 법 적용의 대상이 확대되었다. 당시 정부는 정화법을 정치적 무기로 사용했는데, 그 대상은 구정권 출신뿐 아니라 함께 반체제 활동을 했던 이들까지 대상이 되었다.

VII. 범죄의 규정과 처벌

누가 정화의 대상이 되는가와 함께, 중요한 점은 어떤 종류의 과거의 행위가 범죄인지, 그리고 어떤 종류의 결과가 아직 밝혀지지 않은 가해자에 의해 저질러졌는지를 규정하는 것이다. 폴란드의 화해를 바탕으로 한 정화체계(reconciliatory lustration)는 구정권에 복무한 자들의 고백에 달렸다. 이 고백 관련법은 단지 유죄를 밝히는 것뿐 아니라 가해자 그들 스스로가 밝힌다는 데에 의미가 있다. 이것은 과거사 해석과 관련하여, 명백하게 지난 정권의 비합법성을 명시한다.

정화법 심사대상자는 반드시 자신이 비밀경찰의 협력자인지의 여부를 밝힐 서류를 제출해야 한다. 만약 연관성이 발견되면 이들은 비밀경찰 협력에 관한 자세한 사항을 두 번째 서류를 통해 제출해야 한다. 부정적이든 긍정적인 결과에 관계없이 이러한 서류작업이 수정 및 완료되면 곧 인증을 받게 되고, 자동적으로 두 번째의 기회—[일반 시민으로서 평범한 일상으로 돌아갈 수 있는]—를 부여받는다.

이후 단계에서 위의 과거 협력 선언은 공적인 효력을 갖는다. 그러나 폴란드 정화체계의 구체적인 특징은 실제로 협력 사실만을 기술할 뿐, 협력의 구체적인 내용은 공개하지 않는다는 데에 있다. 결국 이러한 성격은 그 법률의 효력 범위를 축소시켜 버렸고, 각각의 협력 사례의 영향과 문제점 등은 단지 대중과 미디어의 몫으로 남게 되었다. 이러한 폴란드의 화해를 바탕으로 한 정화체계는 상징적인 문제점을 불러일으켰다. 이를테면, 처벌이 빠지게 됨으로써 과거 정권의 피해자들은 정의가 구현되지 않았다는 인식을 하게 되었다. 또 다른 중요한 상징적인 문제는 새 정부에서도 호의호식하는 구정권의 인물들이었다.

단 예외적으로 비밀경찰 출신은 두 번째 기회를 얻지 못하며, 구정권의 사법부 출신 중에서도 두 번째 기회를 박탈당하고 해고된 경우는 있었다.

VIII. 뒤늦은 정화의 효과

앞서 언급한 다양한 문제점들로 인해 폴란드의 과거사청산은 지연될 수밖에 없었다. 그 결과 상당히 역설적인 상황이 벌어졌다. 가장 먼저 체제전환에 성공했던 폴란드가 가장 늦게 과거 공산정권의 유산을 처리하게 된 것이다. 이런 이유로 학계에서 폴란드의 사례는 부정적인 교훈으로 인식되어 진다.

확고한 정화 정책의 부재는 강력한 정화의 실행을 놓고 상당한 정치적 불안정을 유발시켰고, 젊은 민주주의 체제에 큰 부정적 영향을 끼쳤다. 공식적으로 정화에 대한 논의가 착수되자 정치권의 담론 단계에서부터 이 법안은 이미 훼손되기 시작했고, 곧 그 신뢰도는 훼손되었다. 아직 과거 정권에 대한 기억이 뚜렷한 초기 전환기에 실시되었어야 했던 이 문제에 대한 뒤늦은 논의는 과거사 정리를 더욱 어렵게 만들었다. 비록 결국 정화법이 최종적으로 통과되었지만, 여전히 이 문제는 정치적 논쟁거리이자 정식재판과 관계없이 정치적 비판의 소재가 되고 있다. 이를테면 결국 무죄로 판결된 바웬사에 대한 판결문이 공개되었음에도 그에 대한 정치적 공격은 지속되고 있다. [우파] 보수주의자들은 여전히 오늘날의 정화법이 정화 자체를 할 수 없는 것이라고 보는 시각을 갖고 있으며, 훨씬 포괄적인 수단을 통해 국가를 도덕적으로 청소해야 한다고 한다.

그럼에도 불구하고 폴란드 사례에는 몇 가지 장점이 있다. 이를테면 폴란드는 체코슬로바키아 사례와 달리, 사법적으로 건전한 절차를 도입할 수 있었다. 다만 이것이 뒤늦은 열망에 비하면 낫다고 할 수 있을까? 역사적 불의를 현저히 해소하지 못했고, 과거사 문제를 정치적 논란으로부터 잠재우지 못한 것은 사실이다. 다만 칼훈(Calhoun)이 지적했듯이, 정화가 뒤늦은 도입은 아예 없는 것보다는 낫다.

IX. 결론

폴란드의 과거사 대응 사례에서 알 수 있는 교훈은 무엇일까? 폴란드는 과거사청산의 부정적인 사례로 다루어져야 한다. 앞서 언급한 바와 같이 폴란드는 유럽 내에서 과거와의 화해를 추구했던 국가였다. 그러나 자유민주주의 정부 수립 이후 폴란드의 역사는 폴란드가 과거와 화해했다고 할 수 없다. 하지만 차르노타(Czarnota)가 제시한 것과 같이 폴란드의 사례는 또 다른 통찰력을 주고 있다. 그는 체제전환기의 어느 곳이든 과거사 문제가 보편적인 문제로 보일 수도 있지만, 각각의 상황이 크게 다르기 때문에 적용하는 범위를 줄일 필요가 있음을 지적했다.

마지막으로 로만 데이빗(Roman David)의 경고로 글을 마무리하고자 한다.

> "법률에 의해 가해자(tainted officials)를 규정함으로써, 지도자는 사회의 나머지 사람들을 무죄임을 증명할 수 있다. …지도자는 과거정권과 현실과 타협하지 않음으로써 사회를 "우리"와 "그들" 그리고 "무죄인 자"와 "가해자"로 다시 정의하게 되었다."

Dealing with the Legacies of Communism

—A Review of Lesson from the Case of Polish Lustration

Łukasz Janulewicz

(Central European University)

Introduction

In a situation of systemic transition, as that experienced by the Central and Eastern European in the late 1980s and throughout the 1990s, the new government is faced with numerous significant challenges. One of the major ones is the is the question of how to treat the personnel that has been inherited from the previous regime.[1)] Political purges accompany most political transitions.[2)] Dealing with the unsavoury past of a former regime and its functionaries is by far not a uniquely Central and Eastern European

1) Roman David, *Lustration and Transitional Justice: Personnel Systems in the Czech Republic, Hungary and Poland* (Philadelphia: Philadelphia University Press, 2011), ix.

2) Noel Calhoun, "The Ideological Dilemma of Lustration in Poland," *East European Politics and Societies 16*, no. 2 (2002): 494.

issue,[3] thus making the lessons of this process potentially interesting for future cases around the globe, including a potential scenario of Korean reunification.

Political leaders guiding their country through systemic transition are faced with several potential dilemmas when deciding upon a policy !of lustration. The vetting of official of a toppled ancien régime almost always stirs up controversy and Poland has not been an exception. Thus, the Polish case can highlight the risks involved in developing a lustration system.[4] The following paper aims to provide a brief overview of the key questions discussed in the literature on transitional justice in the context of lustration in Poland. Furthermore, the paper seeks to highlight the key choices, challenges, dilemmas and paradoxes faces by Polish policy-makers faced with addressing the country's communist past, to offer potentially useful insights and lessons that the Polish case can offer to other countries. Due to the concise nature of this paper, its outline of Polish lustration policy and its genesis is inevitably restricted and cannot address the issue in its full complexity. Instead it seeks to focus on key issues. The paper first defines lustration and situates the Polish case within the academic typology of transitional justice systems. Second, the paper highlights the symbolic goals of the 'thick line' policy and its consequences. The third section outlines the role played by the status of the

---

3) Aleks Szczerbiak (2002), "Dealing with the Communist Past or the Politics of the Present? Lustration in Post-Communist Poland," *Europe-Asia Studies 54*, no. 4: 553.

4) David, *Lustration and Transitional Justice*, 21.

old elites in the new system, followed by a discussion of so-called 'wild lustration' and the politicisation of the past in section four. This is followed by three sections focussing on more technical aspects of lustration policy-making: the challenges of dealing with the past under the rule of law and in a liberal democracy, deciding on the scope of lustration and determining punishable offences as well as appropriate consequences. Finally, before ending with a few concluding remarks, the paper reviews the consequences of a delayed introduction of lustration as in the Polish case.

Lustration: Terminology, Definition and Types

To begin with, this section will define lustration as the key term, clarify the terminology used in throughout this paper, and lastly introduce the main types of lustration defined in the literature to locate the specifics of the Polish case within the broader context of lustration in Central and Eastern Europe. What, then, is meant when we talk about lustration? Lustration is not synonymous with de-communisation but is just one of several policy responses developed to deal with the legacy of communism. Lustration in general can be understood as the policy of screening the past of candidates to key political and administrative position in a transition society.[5] More specifically and narrowly in the context

5) Misztal, Barbara A., "How not to deal with the past: lustration in Poland," *European Journal of Sociology 40,* no. 1 (1999): 32.

of Poland, lustration is understood as 'the systematic vetting of public officials for links with the communist-era security services'.[6] Other policy responses of dealing with the legacy of communism can also contain the restitution of property nationalized by the old government, the rehabilitation of victims of political persecution,[7] outlawing the former ruling party and seizing its assets, banning communist symbols and criminal charges against former communist officials.[8]

However, national approaches to lustration have developed very differently across Central and Eastern Europe. This has prompted scholars of transitional justice to develop a categorization of lustration policies. Thus, lustration polices can be grouped in four categories. The first alternative is exclusion, meaning that access to certain positions in the new public administration is automatically blocked to officials from the old regime. Czechoslovakia used this type of system. Inclusion is another alternative, where tainted past officials can retain their post but face disclosure of their past or retire in exchange of their past being kept secret. This kind of system was introduced in Hungary. The third alternative is labelled reconciliation and offers a second chance in exchange to a full public confession. Lastly, there is also the option to announce a general amnesty

---

6) Szczerbiak, "Dealing with the Communist Past," 553.

7) Misztal, "How not to deal with the past," 31.

8) Adam Czarnota, "The Politics of the Lustration Law in Poland, 1989-2006," *In Justice as Prevention: Vetting Public Employees in Transitional Societies*, eds Alexander Mayer-Reickh and Pablo de Greiff (New York: Social Science Research Council, 2007), 224-225.

and let bygones be bygones.[9] These four types of lustration systems also represent four different symbolic strategies that a new government can pursue with regards to the crimes of the past: retribution, revelation, reconciliation or amnesia.[10] Thus, symbolically exclusion signifies the purification of society by removing tainted elements from public life. Inclusion, in turn, relies on shaming and exposure to generate a degree of purification but mainly signifies regeneration by offering individuals to eventually regain 'social acceptance'. Lastly, reconciliation signifies self-purification through confession by offering a way for reformation of the perpetrators and the reintegration into society.[11]

Poland is particularly noteworthy as it has been the only among the Central and Eastern European former Soviet satellite states that chose to pursue the reconciliatory strategy and thus offers unique insights into this kind of approach to dealing with the past.[12]

The 'thick line': the symbolism of Poland not dealing with its past

The history of lustration, as the rest of this paper will highlight, has been a complicated and longwinded one. It's starting-point is irrevocably linked to the term 'thick line'. This was the term

9) David, *Lustration and Transitional Justice*, 24-25.

10) Ibid., 25-26.

11) Ibid., 55-56.

12) David, *Lustration and Transitional Justice*, 36-37.

used by the first non-communist Prime Minister, Tadeusz Mazowiecki, in his inaugural address when raising the topic of how his government will seek to deal with the past[13]:

> "We will mark off the past with a thick line. We will be responsible only for what we have done to rescue Poland from the current state of collapse."[14].

The 'thick line' described the symbolism that the centrist, moderate and liberal wing of the former opposition Solidarity movement sought to promote in the new Poland. Their approach was one of 'decommunization through transformation',[15] which meant that to promote reconciliation, but also to foster the transformation of society, they offered all those many involved in the old system 'to forgive (if not necessarily forget)' the injustices of the past.[16] Another key aspect was the negotiated nature of the handover of power. The end of communist rule in Poland was the closest example of the archetype of the 'negotiated revolution' model in which a strong dissident movement can establish a compromise power-sharing model.[17] In addition to

13) Misztal, "How not to deal with the past," 34

14) Calhoun, "The Ideological Dilemma of Lustration in Poland," 498.

15) Misztal, "How not to deal with the past," 34-35.

16) Szczerbiak, "Dealing with the Communist Past," 556.

17) David Stark and Laszlo Bruszt, *Postsocialist Pathways: Transforming Politics and Property in East Central Europe* (Campbridge: Cambridge University Press, 1998), 19.

consequences for the strong role of old elites in the new system discussed below, this also contributed further to the symbolism of the process as reconciliatory. Centrist and liberal former dissidents tended towards the position that due to the negotiated handover of power and the pro-reform stance of leading former communists, lustration was not necessary, in contrast to the situation in Czechoslovakia where the communist leadership resisted reforms and repressed dissent till the very end and did not reconstruct itself during transition.[18] While they viewed the negotiated settlement of the round table as the key virtue of the new Poland, their conservative counterparts regarded it as the new Poland's original sin as it left the old regime off the hook and thus undermined the foundations of the new democracy.[19]

This highlights the importance of the perception of 'tainted' former officials, of their ability to transform themselves and of the severity of their guilt for the choice of lustration policy. The more former officials are viewed as unreformed, and thus a 'moral threat' to the public, the more likely the policy choice is tending towards exclusionary measures.[20] This was subsequently highlighted in the political differentiation within the post-Solidarity camp, as discussed below, as the rightist, radical and conservative wing of Solidarity had a significantly more negative view of the past and thus promoted far more drastic measures in dealing with

---

18) David, *Lustration and Transitional Justice*, 126.

19) Czarnota, "The Politics of the Lustration Law in Poland," 228.

20) David, *Lustration and Transitional Justice*, 57-58.

the past. An additional layer is the need of establishing legitimacy for the new system. Due to the widespread involvement of the public in the process of bringing down the old system, the new system on Poland had an evident and broadly based societal legitimacy, similarly like Hungary. Thus, both the new Polish and Hungarian governments did not see the necessity to impose fast and harsh de-communisation measures do de-legitimize the old regime as head to take place in the case of Czechoslovakia.[21] A very concrete consequence of this was that in Poland and Hungary, unlike in Czechoslovakia, the political leadership of the communist party was not subject to lustration, which only focussed on collaboration with the security services.[22]

Overall, however, the Polish case is a clear instance of a negotiated transition leads to an absence of immediate lustration procedures.[23] However, one cannot ascribe the choice of Mazowiecki and the Solidarity liberals solely to idealism and their symbolic goals for the new system. It was equally driven by pragmatism and the realities of domestic and international politics in the very early stages of transition. The negotiated nature of Poland's transition allowed communists to initially maintain control of key portfolios, including defence, interior affairs and the presidency, which put them in charge of virtually the complete security apparatus.[24] Thus, Mazowiecki needed to avoid conflict

---

21) Czarnota, "The Politics of the Lustration Law in Poland," 247-248.

22) David, *Lustration and Transitional Justice*, 89-90.

23) Calhoun, "The Ideological Dilemma of Lustration in Poland," 495.

with the communists who could have used their significant remaining influence undermined reform efforts and political stability.[25] But the international situation was equally not conducive to the introduction of lustration. For the first two years of the transition, the Soviet Union continued to exist, and the Polish government saw the necessity to assure the Soviets that there will be no 'anticommunist witch-hunts' as there were concerns about any interventions that could have undermined progress down the road of political transition.[26]

Old Elites and the Politics of Lustration

A key factor for the development of lustration policy is the role and status of the elites of the old regime in the new system. A good example is Russia and many of the other former Soviet republics, where new elites were almost exclusively the old ones in a new reformist guise. Thus, no attempts at 'retroactive justice' were pursued there.[27] Poland had a new elite consisting of the former dissidents, but the old elite was also allowed to exist, with detrimental effects for developing lustration policy. This section outlines the role played by former communist functionaries

---

24) David, *Lustration and Transitional Justice*, 32.

25) Misztal, "How not to deal with the past," 34-35.

26) Calhoun, "The Ideological Dilemma of Lustration in Poland," 494.

27) Misztal, "How not to deal with the past," 32.

in the new Poland and how their role enabled them to influence the trajectory of transitional justice subsequently.

The negotiated handover of power had further practical implications for the nature of political transition in Poland but also for the further development of a lustration policy. The round-table agreement not only handed the control of the security apparatus to the communists, but the 'thick line' more broadly meant that a large part of the old communist nomenklatura class maintained 'both formal and informal' influence on public affairs in Poland after 1989.[28] While the hope among former dissidents was that communists might subsequently be eased out from state and government in a similar fashion as happened in post-Francoist Spain, the now social democratic post-communists remained a major player in political and public life.[29] Leading former communists like ex-politburo member Leszek Miller or ex-government minister Aleksander Kwasniewski transformed themselves rapidly into pro-Western progressives, enabling them to become Prime Minster and President respectively in the new system and gloss over their past roles before 1989.[30]

Maintaining such a prominent public profile also enabled the old guard to normalise the past to an extent. A primary objective of lustration policies is the exposure of crimes of the past regime. In the absence of such a policy in the initial stages of transition

28) David, *Lustration and Transitional Justice*, 122.

29) Misztal, "How not to deal with the past," 33-34.

30) David, *Lustration and Transitional Justice*, 127.

and with the ongoing presence of prominent former communists in public life, their view of the past could influence public discourse. For example, Kwasniewski famously argued that while of course having been a member of the communist party, he was not a communist, of which there were very few anyway, according to his experience. Rather, since the 1970 there were mostly 'technocrats, opportunists, reformers, [and] liberals' in the party.[31]

The ability to compete in elections and regain power democratically also opened up the opportunity for the old guard to undermine and delay efforts to introduce a lustration policy after all.[32] An example of this were the attempts at 'counter-lustration' by the post-communists after winning back power in 1993, as their government passed legislation that demanded seven years of relevant work experience to hold or take up senior posts in public administration, a criterion only former communist officials could meet so shortly after the regime change.[33] They regained power once more in 2001. By that time a lustration system had been put in place, but to protect some of its prominent figures, the post-communists were now able to use power to water down the law.[34] Another factor negatively affecting lustration policy was the role of the judiciary. While there were many genuine legal concerns about provisions of the lustration law, parts of the judiciary

31) Ibid., 131.

32) Misztal, "How not to deal with the past," 40.

33) David, *Lustration and Transitional Justice*, 32.

34) Ibid., 85.

were reluctant to participate in the lustration process as the legal professions would become a target while the judiciary still contained many members from the old system.[35]

The prominence of old functionaries did not only extend to the public and political sphere. By the end of the 1990s, somewhat ironically, the old communist functionary class formed the core of the new capitalist business class.[36] Former communist officials and particularly secret service functionaries were able to use their positions and connections to profit substantially from the privatization of state property in the early phases of economic transformation and the new system safeguarded their new private property despite the often 'quite dubious legal grounds' on which they were acquired.[37] Despite this 'conversion' of political and social capital of many former communist functionaries into economic capital, lustration of the private sector was not an issue for a long time.[38] However, this prominent role of ex-communists in the economy ultimately backfired to some extent as with ongoing economic hardships for the general public ensured that lustration and decommunization remained on the public agenda.[39] It also opened up the possibility for politicians on the right to use economic problems to promote harsher lustration measures and to attack the post-communist centre-left politically. When coming to power

35) Misztal, "How not to deal with the past," 46.

36) David, *Lustration and Transitional Justice*, 122.

37) Czarnota, "The Politics of the Lustration Law in Poland," 228.

38) David, *Lustration and Transitional Justice*, 153.

39) Misztal, "How not to deal with the past," 41-42.

in 2005, the Law and Justice party, a successor of several conservative pro-lustration parties of the 1990s, pushed for harsher lustration regime and explicitly framing lustration also as an anti-corruption measure and response to economic inequalities resulting from transformation, by highlighting the economic success of former communist functionaries in the wake of early privatization. This included proposals for vetting company histories and nationalising those that would be found to having been created based on 'communist connections', even though such proposals ultimately did not come into effect.[40)]

The prominent position of former communists also undermined rather than helped their efforts to block or delay lustration. Despite attempts to 'normalize' the communist past after the 1993 elections, the issue did not fade away due to ongoing concerns about the potential risk to national security caused by the persistence of communist era secret service functionaries in high ranking government and public administration roles.[41)] The most prominent case, which ultimately lead to the adoption of the first lustration law was the 'Oleksy scandal'. Having lost re-election as president, former Solidarity leader Lech Walesa used the last days of his presidency to accuse the incumbent prime minister, Józef Oleksy, a prominent former communist functionary, of being a Russian spy.[42)] In this, Walesa was supported by the interior ministry,

---

40) Cynthia M. Horne, "Late lustration programmes in Romania and Poland: supporting or undermining democratic transitions?," *Democratization 16*, no. 2 (2009): 355-357.

41) Misztal, "How not to deal with the past," 40.

as the interior minister was nominated by the president, not the prime minister, at the time,[43] and even though the allegations against Oleksy could not be conclusively proven, the scandal led to his resignation and added decisive further momentum to the lustration debate.[44] As the incident highlighted the risk of people with ties to foreign powers, or people compromised by foreign powers, still holding leading functions within the state, national security concerns pushed centrist lustration sceptics towards supporting a moderate lustration law.[45] Even more than that, even the post-communists realized that after the Oleksy scandal they could no longer completely reject lustration and thus decided to 'escape forward'. After taking over from Walesa as President, Kwasniewski himself used the Presidents right to table legislative proposals to introduce a very limited lustration bill to reduce the mounting pressure on the matter while maintaining the centre-left's reluctance towards the issue.[46]

'Wild Lustrations' and the Politics of Dealing with the Past

One can doubt if the early introduction of lustration would

42) Calhoun, "The Ideological Dilemma of Lustration in Poland," 511.

43) Ibid.

44) Szczerbiak, "Dealing with the Communist Past," 561.

45) Czarnota, "The Politics of the Lustration Law in Poland," 237.

46) Misztal, "How not to deal with the past," 42-43.

have turned the matter into a more legal and academic rather than primarily political one. Yet, in the absence of any formal lustration and with rampant 'wild lustration', the 'thick line' policy lead to significant political and social conflict instead of the desired reconciliation.[47] The phenomenon of 'wild lustration' became a major component of political competition in Polish politics and the in the developing party system, the lustration issue began to form a major cleavage defining political identity. This high degree of politicisation consequently meant that with changing governments, the approach to lustration shifted significantly, delaying the process and undermining its effectiveness.

In the politics of transition societies, the past can easily become an element of inter-party competition. Parties originating in the former opposition have a strong incentive to use the tainted past of the parties originating from the old regime for political gain. And vice versa, successor parties to the old regime will seek to downplay any dark chapters of the past.[48] Indeed, in Poland lustration became a defining aspect of the political identity of elites and parties, with the attitude towards the communist past being 'the key-factor in determining left-right self-placement' on the political spectrum.[49] Thus, the post-communist centre-left opposed or at least significantly criticised lustration, while the post-Solidarity centre-right supported it including severe

47) Czarnota, "The Politics of the Lustration Law in Poland," 245.

48) Calhoun, "The Ideological Dilemma of Lustration in Poland," 496.

49) Szczerbiak, "Dealing with the Communist Past," 560.

exclusionary measures. However, the situation was complicated somewhat by the stance of the liberal and centrist part of the post-Solidarity camp. Their political and legal objections towards lustration have been outlined in previous sections and contributed to the absence of a clear majority for the introduction for lustration, even though the former opposition had a majority in the first years after transition began and once the structural constraints of the round-table compromise and of the international climate had evaporated.[50] The development of lustration as a major issue of party-political differentiation was further strengthened by the nature of politics under the conditions of transition. With the reform course firmly set towards integration with NATO and European Union, political competition on economic policy and foreign affairs was significantly curtailed by the conditionality targets set by these organisations to allow accession. Instead, lustration was an issue where politicians could position themselves freely along the spectrum of options between amnesia and retribution and thus distinguish themselves from political competitors.[51]

The politicization went beyond pure political identity and differentiation, but lustration entered party politics far more directly in the form of the so-called 'wild lustrations'. The control over secret police files became primarily an opportunity to disclose the past of political opponents or to hide the past of political allies.[52] Without regulated procedures, thorough academic analysis

50) Calhoun, "The Ideological Dilemma of Lustration in Poland," 497.

51) Misztal, "How not to deal with the past," 31, 52.

and access to the archives, this process was ultimately not more than political smear campaigns.[53] In contrast to Germany's early public access to files, which was described as an 'ending with horror', the Polish practice of 'wild lustrations' was dubbed 'horror without ending'.[54] The most prominent instance of 'wild lustration' was the publication of the so-called 'Macierewicz list', named after the interior minister of the conservative minority government of Prime Minister Jan Olszewski in 1992. With the dismissal of this government hanging in the air, the government capitalised on the motion by a fringe party to publish a list of senior officials that collaborated with the secret police. When interior minister Antoni Macierewicz published a list of about 100 potential collaborators, which included senior parliamentarians, government ministers and even President Walesa a major scandal erupted, as the publication came on the eve of a scheduled non-confidence vote against the government and the list was contained people about whom there was any information available in the archives of the interior ministry, not proven collaborators.[55]

Misztal argues that Olszewski's government missed an opportunity to introduce 'an acceptable bill' that would have created a formal lustration and decommunization policy, but instead resorted to 'wild lustration' against its political opponents to try

---

52) Ibid., 52.

53) David, *Lustration and Transitional Justice*, 85.

54) Ibid., 124.

55) Szczerbiak, "Dealing with the Communist Past," 558.

to prevent President Walesa from dismissing Olszewski's minority government and to strengthen Olszewski's political position within the Solidarity camp.[56] This blatant politicization of lustration not only strengthened the position of the post-communist parties in the subsequent 1993 parliamentary elections but also discredited attempts to develop a systematic lustration approach for years.[57]

Forming such a major political cleavage, it is not surprising that changes of government significantly affected the timing and design of the ultimately adopted and subsequently amended lustration law. As lustration was a major party-political topic, the Polish lustration system also suffered from constant tampering based on changing governments' political preferences, which repeatedly modified the scope of the law as well as other elements like the definition of collaboration.[58] The victory of the post-communists in 1993 and the disappearance of more radical conservative parties from parliament delayed the work on any official systematic lustration policy.[59] It was politics that contributed to the passing of the first lustration law, in addition to the Oleksy affair, as the law was passed against the governing centre-left in 1997 thanks to the defection of their agrarian coalition partners to join the opposition on this issue to increase its own chances before the upcoming parliamentary elections.[60] Additionally, the lustration

---

56) Misztal, "How not to deal with the past," 38.

57) Calhoun, "The Ideological Dilemma of Lustration in Poland," 503-504.

58) David, Lustration and Transitional Justice, 89.

59) Szczerbiak, "Dealing with the Communist Past," 558.

60) Misztal, "How not to deal with the past," 44.

sceptical liberals recognised the necessity of limiting wild lustration and continuous allegations, leaks and scandals.[61] When the centre-left was reduced to fringe party status and the pro-lustration centre-right came to dominate the political scene in 2005, an attempt was made to significantly expand the scope of lustration and toughen punishments.[62] However, this reform of the lustration law was declared partially unconstitutional and the conservatives lost 2007 snap elections shortly afterwards to the centrists, thus thwarting this far-reaching expansion of lustration in Poland.[63]

Due to the ongoing infighting in the former opposition camp, the issue of lustration caused more damage to the former dissidents than it did to the former communists, argued.[64] Additionally, he highlighted that dissident groups were far more at risk by lustration as they were the prime target of secret police secret infiltration and blackmail than the senior communist party echelons. Also, the disclosure of collaboration was far more politically damaging to a former dissident than for a former communist.[65]

The case of Lustration v. The Rule of Law

When a nation transitions from an authoritarian or even

61) Szczerbiak, "Dealing with the Communist Past," 567.

62) Czarnota, "The Politics of the Lustration Law in Poland," 254.

63) Horne, "Late lustration Programmes," 354.

64) Calhoun, "The Ideological Dilemma of Lustration in Poland," 512.

65) Ibid.

totalitarian dictatorship towards liberal democracy, the introduction of the rule of law and due process take a key role. However, when faced with introducing a lustration system at the same time, these principles can hinder progress and pose fundamental challenges to lustration legislation.

A central issue to the viability of any lustration system is the reliability of the evidence available to establish past crimes and collaboration. Transitional justice in general can draw on a multitude of sources. This includes diverse state archives, like secret police files themselves or nomenklatura personnel files, but also witness testimony, information obtained from foreign governments or information from human rights NGOs, all of which have different degrees of reliability and need to be considered from the viewpoint of due process.[66] The issue of evidence has been a central one in the Polish debate, and primarily circulated around the reliability of the secret police files, which were the key source of evidence in the Polish lustration system. This was the key objection of the liberal wing of the post-Solidarity camp, in addition to their symbolic goals of reconciliation described above, as they argued the new liberal democracy cannot be seen exacting revenge potentially stigmatise a large group within the population based on files that cannot be trusted.[67] The main issue with the secret police files were the known internal incentives that led to the false information within the secret police. Low-ranking

66) David, *Lustration and Transitional Justice*, 21.

67) Misztal, "How not to deal with the past," 34.

functionaries falsified records and fabricated documents to please their superiors and fulfil 'recruitment quotas'.[68][69] How these old archives could be abused was highlighted by the major 'wild lustration' scandal around the so called Macierewicz list. The interior minister at the time, after whom the list was named, compiled a list of people on whom there was information available in the interior ministries archives. However, in the politically charged climate at the time the list was not received in such a nuanced way and caused a major political scandal.[70] On the other hand, it was the same type of 'wild lustration' that ultimately convinced liberals and centrists that some form of 'civilized lustration' was necessary. With the secret police archives closed, there was also no defence against the rumours and politically motivated accusations of rampant 'wild lustration'. The only option open to people accused of collaboration were lengthy and costly private libel cases and the reputational damage of allegations almost impossible to reverse even if victorious in court. Thus, some moderate solution had to be developed.[71]

The many conflict with the principles of liberal democracy and the rule of law were not just employed out of conviction and idealism by liberals, but equally formed a convenient way for the former communists on the centre-left to criticise and obstruct

68) David, *Lustration and Transitional Justice*, 125.

69) Calhoun, "The Ideological Dilemma of Lustration in Poland," 500.

70) Czarnota, "The Politics of the Lustration Law in Poland," 227.

71) Calhoun, "The Ideological Dilemma of Lustration in Poland," 510.

the development of a lustration system, without having to openly defend the old regime.[72] Specifically, the post-communist government attempted to undermine the first lustration bill passed by the opposition together with the agrarian coalition partner of the post-communists, by referring it to the constitutional court, challenging several provisions based on rule of law concerns as they argued the bill introduced retroactive punishment and forced self-incrimination. The constitutional court rejected these claims, however.[73] A later reform proposed by a conservative government, with harsher consequences and a substantial expansion of the scope of lustration, has been struck down by the constitutional court due to due process concerns.[74] However, Horne argued that the proposed changes by the conservatives in 2006 also improved transparency in the lustration process, as the original system with secretive procedures and restricted publication of information was far more susceptible to politicization.[75]

Even though the constitutional court upheld the initial lustration law, the broader judiciary was reluctant towards the process of lustration. In addition to the previously mentioned ties of parts of the judiciary to the old system, there difficult political process in negotiating a lustration mechanism that would find a majority in parliament resulted in poor legal craftmanship. Additionally,

72) Ibid., 497.

73) Ibid., 515.

74) David, *Lustration and Transitional Justice*, 87.

75) Horne, "Late lustration Programmes," 355.

the independence of the judiciary had been substantially strengthened under the new Polish system and judges were very reluctant, independently of their personal history under communism, to get involved into an inevitably highly politicised process that would inevitably damage the independence of the judiciary as each verdict would be viewed with suspicion depending on the political affiliation of the accused.[76)77)]

These issues highlight the tension inherent in political transition, as the change from an authoritarian or totalitarian system to a liberal democracy and the rule of law can conflict with properly dealing with the past. It can be particularly difficult for a young democracy when past perpetrators use the new rule of law to prevent efforts to hold them accountable for the lawlessness of the past.

On the List of Off the Hook: setting the scope of lustration

In the following two sections, this paper seeks to discuss the insights from Poland's lustration law in two more technical aspects. First, this section discusses the selection of the scope of lustration, i.e. who is subject to the procedure. The subsequent section then discusses the lessons of how Poland decided to treat those disclose

76) David, *Lustration and Transitional Justice*, 87.

77) Szczerbiak, "Dealing with the Communist Past," 568.

as secret police collaborators.

One of the key questions in developing a lustration system is whom to include and whom not to include into group of people submitted to lustration.[78] The scope of lustration has two dimensions, the past and the future. What is meant by that is that the new government need to define (1) which past officials are to be vetted and (2) for which positions in the future positions vetting is to be applied. There are largely two ways of setting the retroactive scope: (1) by defining a certain level or position within the old system and (2) by defining specific actions committed under the old system.[79] Looking forward, one approach is to dissolve particularly tainted institutions like the secret police and dismiss all their functionaries wholesale. Alternatively, one can consider the individual vetting of officials in the government.[80] At the beginning of its implementation the Polish lustration bill affected approximately 20.000 officials, including legislative and executive positions down to the level of deputy provincial governors, but also judges, public prosecutors, as well as senior staff at public media outlets.[81] The abovementioned planned vast expansion of the scope of lustration under the conservative government between 2005 and 2007, included teachers, academics, journalists, state company executives, school principals, diplomats,

---

78) David, *Lustration and Transitional Justice*, 19.

79) Ibid., 20.

80) Ibid., 40.

81) Szczerbiak, "Dealing with the Communist Past," 568.

lawyers, police, and other broadly defined civil servants' born before 1972, thus expanding the scope to, according to different estimates, between 300.000 and 1.500.000 people.[82] Here, the technical also becomes political, as the government at the time had been accused to use lustration as a political instrument both against the former communists and the liberal part of the former Solidarity camp.[83] However, Horne argues that the significant expansion of the scope would have reduced politicisation, as lustration was no longer limited to a limited group of mostly political office holders but actually targeted a broader group of 'positions of public trust' and thus can be seen as part of a broader attempt to address transitional justice than before.[84]

Defining Crime and Punishment

In addition to determining who is subject to lustration, another decision must be made to determine what type of past behaviour is considered criminal and what type of consequences await any uncovered perpetrators.[85] The Polish reconciliatory lustration system rests on the confession of tainted officials. Reflecting the desired transformative effect, this act of confession is meant not

82) Horne, "Late lustration programmes," 353.

83) Ibid., 358.

84) Ibid., 354.

85) David, *Lustration and Transitional Justice*, 20.

only to disclose guilt but declared as such by the perpetrators themselves. This is meant to establish unequivocally the illegitimacy of the former regime in societies with a significant division regarding the interpretation of the past. Thus, if officials of the past regime discredit it themselves in their confessions this is a strong signal to their sympathizers and does not have such a strong taste of victor's justice as the simple exposure of past crimes by the new government.[86] The result of this approach is that collaboration itself is not criminalised, the only criminalised act under Polish lustration law is a so-called 'lustration lie'.[87] Thus, officials obliged to submit themselves to vetting must submit a document declaring whether they have been secret police collaborators. If this was the case, they must submit a second document specifying the details of their collaboration. The correctness and completeness of these declarations, negative or positive, are then verified.[88] If the declaration of collaboration is correct and complete, the Polish system, with some exceptions outlined below, grants an automatic second chance. This sets it apart from the German system, for example, which followed up the disclosure of collaboration with a review of actual misdeeds upon which a decision was made whether the official would be retained, demoted or dismissed.[89]

In another step, any declaration of collaboration is made public.

---

86) Ibid., 37.

87) Czarnota, "The Politics of the Lustration Law in Poland," 223.

88) Ibid., 233.

89) David, *Lustration and Transitional Justice*, 33-34.

However, a specific characteristic to the Polish approach is that the actual nature of collaboration is not disclosed, only the fact that it took place. This has proven to be a major downside in practice, as the exact scope, impact and damage of collaboration in each case was effectively left to public and media speculation,[90] giving this part of the procedure a similar character to the 'wild lustrations. A reconciliatory approach, such as the Polish one raises difficult symbolic issues. For example, the lack of punishment can be perceived as unjust by those who have been direct victims of repression by the old regime. Another complicated issue is the symbolism of beneficiaries of the old system being allowed to thrive under the new.[91] In contrast, while the exclusionary approach offers a clean cut from the past, instead of offering societal reconciliation it can deepen divisions by excluding and stigmatizing a large group of society based on collective guilt.[92] However, one should note that there were notable exceptions to the general rule of offering confessed secret police collaborators a second chance. Despite the 'thick line' policy, some verification of former communist personnel was taking place even under the Mazowiecki government and led to the verification of thousands of security service and judicial officials, resulting in the dismissal of officials in the minority of cases.[93] For example, it dismissed

---

90) Ibid., 87.

91) Ibid., 7-8.

92) Ibid., 9.

93) Misztal, "How not to deal with the past," 36.

10 per cent of public prosecutors and one third of staff at the General Prosecutor's office following the review of individual service records of the judiciary.[94] Additionally, policemen found guilty of direct involvement in repressing dissidents under communist rule were also fired.[95] Later, under the formal lustration system, there were instances of dismissal of judiciary personnel that confessed collaboration in contrast to the second chance rule.[96] These practices caused their own set of problems, as they undermined the fundamental principles of the 'thick line' and later of the reconciliatory lustration system, highlighting the difficulty to live up to its transformational ideal in practice.

Better late than never: the Effects of Late Lustration

With the substantial delay in developing a formal lustration policy, due to the factors outlined in previous sections, Poland found itself in the paradoxical situation of being the first to put an end to communist rule but one of the last to address the legacies of communist rule.[97] Thus, Poland constitutes a case of late lustration and the verdict on its experience in the literature tends to the Polish practice as mostly a negative lesson.

94) Szczerbiak, "Dealing with the Communist Past," 556.

95) Calhoun, "The Ideological Dilemma of Lustration in Poland," 499.

96) Czarnota, "The Politics of the Lustration Law in Poland," 242-243.

97) David, *Lustration and Transitional Justice*, 122.

The absence of a formal lustration policy caused significant political instability due to the political practice of 'wild lustration' and caused considerable damage to the young democracy.[98] By the time an official lustration policy was introduced, the political discourse on this issue had been poisoned and the practice of lustration had been discredited.[99] Under these circumstances it was highly problematic to deal with the past instead of engaging with it while the memories were still fresh in the early stages of transition.[100]

The damage done was illustrated by the situation after the lustration law had been finally passed, as this did not calm down the political climate and accusations continued irrespective of official verdicts. The most notable case is probably that of former president Walesa. The former leader of Solidarnosc was cleared of allegations that he was a collaborator after signing documents for the secret police in 1970. Even though the court cleared him and released the documents on which it had based its ruling, political attacks against Walesa continue.[101] But also in less prominent cases, an ongoing media campaign from both sides of the political spectrum accompanied most verdicts, spinning them according to the political allegiances of the accused and of the media outlet.[102] Conservatives continued to claim that the

---

98) Calhoun, "The Ideological Dilemma of Lustration in Poland," 514.

99) David, *Lustration and Transitional Justice*, 153-155.

100) Calhoun, "The Ideological Dilemma of Lustration in Poland," 519.

101) Ibid., 517

102) David, *Lustration and Transitional Justice*, 153-155.

existing lustration system is 'no lustration at all' and continued to advocate for stricter and broader lustration as part of a 'moral cleansing' of the nation.[103)]

However, there were also some advantages to a later introduction. For example, Poland was able to introduce more judicially sound procedures in contrast to the quickly adopted solution in Czechoslovakia, which only had few procedural checks. Yet, this does not outweigh the abovementioned downsides of late lustration better late than early. Despite failing to significantly settle historical injustices, despite not substantially de-politicise the past, and despite unresolved procedural and legal problems, Calhoun argues that it was necessary to introduce lustration better late than never. The 'thick line' policy had failed to achieve its lofty goals, as outlined in previous sections, and despite its imperfections the lustration system put in place provided for a more orderly process to deal with the inevitable accusations.[104)]

Conclusion

Not to repeat the individual issues discussed above, what are the broader lessons that one can draw from the Polish case of dealing with its communist past through the mechanism of lustration? For one, Poland is certainly a case that should be treated as a negative example, which is still a very useful source of

---

103) Horne, "Late lustration programmes," 353.

104) Calhoun, "The Ideological Dilemma of Lustration in Poland," 518-519.

information to highlight several pitfalls best avoided. As highlighted in the introduction to this paper, Poland stands out as the main representative of the reconciliatory model of lustration in Central and Eastern Europe. However, as David argues, '[i]t is certainly ironic to refer to the process as reconciliatory' since after many years 'Polish society is far from being reconciled with its past'.[105]

But there is also a more general insight put forward by Czarnota. He warned that while the issue of dealing with the past might appear like a universal issue in any given transitional setting, the local context matters significantly, making the individual national experiences with lustration somewhat specific to each individual case, and thus limiting the scope for lesson-drawing for others still facing this arduous task in the future.[106]

Finally, this paper will close with a more general observation about the problem of dealing with the past through lustration and the deceptive ease with which one might imagine it could be possible to root out perpetrators of a former dictatorial regime. As David warned:

> 'By defining "tainted officials" in the law they [decision-makers] exonerated the rest of society. Who was not on the list was off the hook. They redefined society into "we" and "they", "the innocent" and "the tainted", in a way that did not correspond with the reality of the past regime.'[107]

---

105) David, *Lustration and Transitional Justice*, 85.

106) Czarnota, "The Politics of the Lustration Law in Poland," 246.

References

Calhoun, Noel. "The Ideological Dilemma of Lustration in Poland." *East European Politics and Societies 16.* no. 2: 494-520.

Czarnota, Adam. "The Politics of the Lustration Law in Poland, 1989-2006." *In Justice as Prevention: Vetting Public Employees in Transitional Societies.* edited by Alexander Mayer-Reickh and Pablo de Greiff, New York: Social Science Research Council, 2007, 222-258.

David, Roman. *Lustration and Transitional Justice: Personnel System in the Czech Republic, Hungary and Poland.* Philadelphia: Philadelphia University Press, 2011.

Horne, Cynthia M. "Late lustration programmes in Romania and Poland: supporting or undermining democratic transitions?" *Democratization 16.* no. 2: 344-376

Misztal, Barbara A. "How not to deal with the past: lustration in Poland." *European Journal of Sociology 40.* no. 1 (1999): 31-55.

Stark, David and Laszlo Bruszt. *Postsocialist Pathways: Transforming Politics and Property in East Central Europe.* Cambridge: Cambridge University Press, 1998.

Szczerbiak, Aleks. "Dealing with the Communist Past of the Politics of the Present? Lustration in Post-Communist Poland." *Europe-Asia Studies 54.* no. 4 (2002): 553-572

---

107) David, *Lustration and Transitional Justice*, 91.

동·서독 통일에서 교회의 의미

스톡(Stock) 박사/목사
(라이프니츠 자연과학 & 의학지 편집장)

I. 동·서독 양국관계

한반도의 남북 분단은 제2차 세계대전과 냉전의 결과다. 동·서독 분단 역시 동일한 맥락에 서 있다. 연합군(미국, 영국, 소련)은 1945년 2월 얄타회담에서 독일을 여러 지역으로 분할하기로 결정했다. 세계대전 종식 이후, 서쪽 지역은 서유럽 연합군(미, 영, 프 3개국)에 의해 관할되었다. 연합국의 관할로써 의회민주주의와 강력한 사회 국가적 요소를 가진 사유재산에 기초한 시장경제가 자리 잡게 되었다. 그 반대로 소비에트 군대에 의해 점령된 지역은 중앙집권적 계획경제와 사회주의 정당에 의해 지배된 국가체제가 되었다. 이러한 발전은 한국의 결과와 상응한 것이다.

독일의 분할은 점진적으로 이루어졌다. 화폐개혁은 1948년 서쪽 3곳에서 실행되었다. 당시 동·서독 경제력의 차이는 크지 않았지만, 양국 교류는 힘들게 되었다. 1948년 6월부터 1949년 5월까지 진행된 베를린 봉쇄는 서독을 위협하지 않았다. 그러나 소비에트연방의 의지를 강압적으로 그들 세력권 안에 확장하도록 했다. 봉쇄 이후 1949년 동·서독이 각기 세워졌다. 사회 형태의 차이는 이제 돌이킬 수 없게 되었다. 서독은 1955년 서구 연합국으로부터 완전히 벗어나 지배권을 획득했다. 이로써 나토(북대서양조약기구)에 가입했고 자국 군대까지 창설하였다. 반면에 동독은 바르샤바 조약기구와 공산권경제협력회의(COMECON)에 편입되었다.

다양한 세력권으로 계속 분할, 편입되어서도 동·서독 간 교류는 중단되지 않았다. 이런 교류는 대부분 동독 사람들이 서독으로 이주할 수 있었다. 이주자의 숫자는 1949-1961년 사이 무려 2백10만 명에 달했다. 동독 인구는 1천8백79만 명(1949년)에서 1천7백19만 명(1963년)으로 감소했다. 이것은 동독 노동력 결핍으로 이어졌고, 경제발전을 위협했다. 이미 1952년에 독일 국경을 따라 철책이 설치되었지만, 베를린은 아직 그렇지 않았다. 이주는 계속 이어졌고, 이주자의 숫자는 증가했다. 소련과 동독 정부는 1961년 8월 13일부터 베를린 장벽을 설치함을 통해 서베를린을 완전히 차단했다. 장벽 설치는 분단의 정점이다. 이로써 동·서독 교류는 완전히 중단되었다.

아데나워 집권기에 고수된 할슈타인 원칙은 동독에 대한 서독정책의 지침이 되었다. 이 원칙은 동독을 한 국가의 독자적 지위로 허락하지 않았다. 서독이 독일국가의 유일한 대표자라는 것을 천명했다. 동독을 국가로 인정한다는 것은 서독에 대한 불쾌한 행위로 간주되었다.

1969년 서독은 정권교체가 되었다. 지금까지 기민당(CDU)이 독자적으로 혹은 연정으로 정부를 주도했었다. 1969년 사민당(SPD) 당수 아래 첫 연방정부가 출범했다. 이런 정권교체가 동독과의 관계 변화를 유도했다. 새로운 동방정책은 '접근을 통한 변화'(Wandel durch Annaehrung)라는 기치를 따랐다. 소련과 동독과의 관계는 일련의 협정 체결로 구체화되었다. 이 가운데 여행과 방문에 관한 교류협정(1971년), 기본협정(1973년)이 특별히 중요한 것이 된다. 첫 번째 협정은 서독시민의 동독 방문을 허가한 것이었고, 두 번째 협정은 동독을 국내법으로 인정했지만, 국제법상으로는 아직 독립국가로 인정하지 않은 것이었다.

이런 협정 이후 1989년까지 동·서독 관계는 보다 진전된 공식적인 변화가 없었다. 그러나 동독정권의 범죄적 성격은 장벽에서 사살된 희생자들을 통해 확실해졌다. 동독이 서독에게 차관을 수차례 요청한 것을 보면, 국민들을 더 이상 먹여 살리지 못하는 동독경제의 무능이 명백해졌다.

접근정책은 나토의 이중결정(Doppelbeschluss)으로 제한되었다. 바르샤바 조약에 따라 중거리 로켓(SS-20)이 설치된 이후, 나토 구성원들은 중거리 로켓을 설치하고 유럽에 상주시킬 뿐 아니라, 동시에 제네바 무기감축 협상을 계속하기로 결정했다. 이런 결정은 결국 서독에 1982년부터 퍼싱(Pershing) 로켓을 설치하기에 이르렀다. 이런 행위는 긴장완화를 추구하는(제네바 무기감축, 유럽안보협력회의 KSZE, 독일협약) 동안에 필요시엔 나토의 방어 능력을 발전시키는 것을 의미했다. 결과적으로 동유럽 블럭이 체제경쟁을 이길 수 없다는 것을 배우게 한 결정적인 단계가 되었다.

II. 동독에서 교회와 국가 관계

마르크스주의 혹은 공산주의는 교회를 신앙공동체가 아닌 노동자 계급을 억압하는 도구로서 간주한다. 그 때문에 교회를 사회주의 사회와 연합할 수 없는 것으로 여긴다. 동독교회는 스타시(Stasi, 국가안전부)의 끊임없는 핍박에 노출되었고 철저히 배제당했다. 스타시는 동독 주민을 거의 탈교회화하기에 이르렀다. 이런 일은 다양한 방식으로 이루어졌다. 교회 구성원들은 재화의 분배에 불이익을 당했다. 특히 거주공간은 1980년대까지 너무 적게 배당되었다. 가족들은 교회의 구성원이 되느냐 혹은 주택을 얻느냐 하는 선택의 압박을 받았다. 교회 청년은 교육권을 침해당했고, 대학 입학을 허락받지 못했다. 목사들과 그의 가족들은 위협받아 서독에 갈 권한마저 박탈당했다. 스타시 비밀요원들은 교회와 교회 그룹 구성원으로 스며들어왔다. 그들은 조직분열을 통해 교회 일을 방해했다. 혹은 내부 갈등을 통해 그룹 활동을 파괴했다. 폭력은 또한 스타시의 억압수단이었다. 내가 설교한 교회에서 스타시 협력자에 의해 학대당하고, 육체적으로 불구가 된, 고통당한 여러 구성원들이 있었다.

동독에서의 이러한 발전은 북한에서의 상황과 결과가 동일시된다. 그러나 동독에서의 폭력 규모는 보다 작았다. 동독은 1973년 '유럽안보협력회의(KSZE)'(공산정부 내 반정부 인권단체 허락)의 일원이 되었다. 이것은 동독을 독립국가로 사실상 인정한다는 것을 의미했다. 동독 정부는 이 회의의 회원자격을 필히 유지하고자 했다. 회원자격은 종교의 자유를 전제하는 것이었다. 그 때문에 동독 정권은 자유로운 종교 활동을 하도록 하는 법적 요구를 준수해야만 했다. 실행과정에서 교회를 축출하려는 무제한적 폭력을 가할 수 없었다.

스타시의 박해는 교회가 국가와 당과 다른 독립적인 조직이었기 때문에 가능했다. 동독교회는 매우 작았고, 소박한 여건 속에서 살았다. 그러나 동독교회는 당과 국가와는 독립된 별개의 조직이었다. 그 때문에 교회 안에서 활발한, 교회 밖에서는 가능하지 않은 그런 활동들이 생겨났다.

서독으로부터 온 청소년과의 교류는 그런 유에 속했다. 1971년 협정 이후, 동독 방문은 가능해졌다. 구체적인 방문은 선별적이었고, 분단가족의 고령자 대부분은 동독으로 재회차 여행하였다. 교회 간

접촉은 다수의 청소년을 초청하는 것으로 이루어졌다. 서독 청소년들이 동독을 방문함으로써 '독일사회주의 통일당'(SED)의 선전과 실재 사이의 비교가 가능해졌다. 인격적 만남을 통하여 계급의 적에서 지인이 되었다. 이렇게 알게 된 지인은 동일한 문제를 안게 되었다. 직업선택, 파트너 선택, 교회 출석 등.

동독 주민과 정권 사이의 갈등 원인은 특별히 두 가지 실재에 있었다. 점증하는 사회군사화와 제어할 수 없는 자연환경 오염이다. 동독의 공식 선전은 평화의 전달자로서 사회주의였다. 동독은 사실상 바르샤바 조약기구의 군대들과 협력하에 서유럽 침공을 준비하였다. 그에 상응한 특징이 사회의 군사화였다. 군복무를 거부할 가능성은 동독에선 애시당초 없었다. 덧붙여 군사학 교육이 가르쳐졌다. 9-10 학년(한국의 중학생 나이)에 이런 교육이 첫 번째 군사훈련으로 시행되었다.

동독의 산업화를 통한 환경오염은 생명을 심각하게 위협할 단계에까지 이르렀다. 1973년 기름가격의 지속적 상승 이후, 동독은 전기와 난방 공급을 갈탄 연소 쪽으로 돌렸다. 노천채굴을 통한 갈탄 획득은 전 지방을 황폐화시켰다. 갈탄은 소량의 연소 값을 냈고, 공기를 이산화황과 염기질소 가스로 오염시켰다. 독일 중부 작센안할트 주 동부 공업 도시이자 화학기업단지인 비터펠트(Bitterfeld) 일대는 동독 화학산업의 중심이었다. 동독의 기술은 매우 낙후되었다. 산업시설은 수리가 시급할 정도로 심각했다. 결과적으로 이 지역의 환경오염은 특별히 심각했다. 동독 주민은 에스펜하임의 가스아이들에 대해 혹은 늑대가 거주하는 은빛 바다에 대해 언급했다. 첫째 표현은 비터펠트 근방에 사는 에스펜하임 지역주민의 기대수명이 7년가량 더 적다는 것을 뜻했다. 둘째 표현은 인조섬유 생산품에서 나온 폐수가 걸러지지 않고 흘러 들어간, 아무도 살지 않는 노천채굴을 뜻했다. 중금속과 유기화합물로 오염된 바다의 근처는 생명을 크게 위협하였다.

이런 관계에서 비롯된 저항이 주민 사이에서 일어났다. 모든 공식적 공간은 국가기관에 의해 통제되었기 때문에, 이런 관계를 혁신하고자 하는 사람들은 오로지 교회 공간에서만 만날 수 있었다. 가장 잘 알려진 실례는 베를린 시온 교회 소속 생태 도서관과 비텐베르크의 연구소였다.

III. 교회와 통일

나는 1980년대에 라이프치히로 여러 차례 방문했다. 라이프치히 여행은 교회들을 방문하기 위해서였다. 이렇게 방문 기간에 한 활동이라곤 공동 예배를 드리는 일이었다. 예배는 대부분 예배순서의 격식을 따르지 않았다. 청년예배였다. 한국의 청소년부 예배와 비견할 만했다. 음악은 오르간이 아닌 기타로 연주된 노래로 나왔다. 대부분은 동·서독 양측 교회의 혼성 음악인 그룹에 속해 있었다. 방문 기간 계속된 여타 활동은 시내 관광과 시 주변을 소풍하는 일이었다. 프로그램은 서독교회 방문 시와 똑같았다. 다양한 사회시스템을 비교하고 토론하는 것은 방문 의도가 아니었다. 나는 그런 토론에 참여하지 않았다. 참가한 청소년 어느 누구도 현존 사회질서에 반하는 그런 행동을 하지 않았다. 감시자들은 이런 방문을 용납했고, 양국관계는 공고화되었다.

이런 식의 방문은 사실상 사회주의 정당과 국가의 권위를 완전히 전복시키는 것이었다. 왜냐하면 서독사회에서의 더 나은 삶의 실재를 깊이 경험하게 했다. 첫째로, 서독교회 구성원들은 동독으로 여행할 수 있었다. 동독에서 서독으로 가는 여행은 가능하지 않았다. 모든 방문은 당과 국가를 절망하게 했다. 둘째로, 서독 방문자는 동독 자동차와 모든 면에서 우월한 성능을 가진 자동차로 동독에 입국했다. 1980년대에 동독 자동차 트라비(Trabi) 한 대를 사려면, 10년을 기다렸다.

서독 자동차 구매자는 자기 차를 즉시 아니면 며칠 안 되어 인수했다. 트라비와 서독 자동차는 기술적으로 비교 자체가 되지 않았다. 트라비는 최고 20 PS, 2기통 엔진과 플라스틱 차체로 제조되었다. 1980년대 서독의 모든 엔진은 트라비 엔진의 4배인 4기통 엔진이었다. 차체와 설비 제품은 다양한 재질로 되었고, 목적성과 외관 모든 점에서 트라비 플라스틱보다 월등했다. 서독 자동차에서 펑크 시 들어 올릴 공구의 작은 품목은 동독에서 얻을 수 있는 대다수 공구보다 훨씬 질이 좋았다. 셋째로, 동독 방문 시 비교 불가한 질 좋은 수입제품의 공급을 경험했다. 양질의 커피는 동독 방문 때 대표적인 선물이 되었다.

이러한 차이는 동독 주민에게 알려졌다. 동독 주민은 서독 자동차가 트라비보다 더 낫다고 생각했다. 방문을 통해 불확실한 지식은 직접적이고 확실한 경험으로 대체되었다. 동독 방문하는 동안 우리가 여행해 도착한 자동차(폭스바겐, 포드) 보닛이 열려졌고, 엔진은 구석구석 살펴지고 토론거리가 되었다. 교회 방문은 동독 정권의 선전이 새빨간 거짓으로 드러난 결과가 되었다. 동독 체제의 권위는 무너졌다.

평화기원운동(Friedensdekade)은 1981년 11월 8-18일 10일간 서독과 동독교회 연합 행사로 열리게 되었다. 이어서 라이프치히 교회들은 월요일 오후 성 니콜라이 교회에서 주간 행사로 평화기도회를 지속적으로 열었다. 이 기도회에는 맨 처음 라이프치히 시 청년그룹만이 참가했다. 동독에서의 삶과 체류를 위한 모임이 1988년 2월에 개최되었다. 이날 이후 참여 인원은 5백 명 이상에 달했다. 다수의 참가자들은 사회 여러 그룹으로부터 나왔다. 그들 대다수는 신자가 아니었다. 교회와 제의 형식은 그들에겐 생소했다. 90% 비기독교인과 함께하는 예배는 목사와 교회에게 특별한 도전으로 다가왔다. 엄청난 숫자로 인해 스타시의 집중적인 억압조치가 시작되었다. 이것이 평화기도회를 더 널리 알리는 계기가 되었다. 참여 숫자가 점차 불어났다. 이어서 평화기도회는 시위로 변했다. 이 시위는 동독 정권이 더 이상 무시할 수 없는 규모가 되었다.

동독교회는 두 가지로 '독일사회주의 통일당'(SED) 정권의 종말에 기여했다. 서독교회 구성원들과의 만남을 통하여 '독일사회주의 통일당'의 권위가 허약하다는 것을 만천하에 폭로하였다. 그리고 교회는 '독일사회주의 통일당' 정권하에서 여러 반대세력들에게 정권을 무너뜨릴 시위 물결에 연합할 수 있도록 했다.

그러나 촉매제로서 교회의 기능은 '독일사회주의 통일당' 정권을 제거하거나 통일과정에서 지속적인 의미와 지속적인 관심을 보여주지 못했다. 이런 징후는 평화기도회에 참여한 숫자에서 명백해진다. 베를린 장벽의 붕괴, 동독에서의 유일한 자유총선거(1990년 4월 18일) 그리고 공식적 통일 이후에, 참여 숫자는 다시 소그룹 수준으로 떨어졌다. 소득세 수준으로 분담금을 부담하게 해서 교회 재정을 서독체계로 충당하려 할 때, 대규모 교회 탈퇴 물결이 일어났다. 종교개혁의 본산지인 비텐베르크 인구 8%만이 개신교 구성원이 되었다. 교회 활동 참여자는 단지 소수에 불과했고, 이런 경향은 계속 하락세였다.

Die Bedeutung der Kirchen in der Wiedervereinigung der beiden deutschen Staaten

Stock*

Ⅰ. Verhältnis der beiden deutschen Staaten

Die beiden Staaten auf der koreanischen Halbinsel sind ein Ergebnis des zweiten Weltkrieges und des darauf folgenden kalten Krieges. Das gilt auch für die beiden deutschen Staaten. In der sog. Konferenz auf Yalta im Februar 1945 hatten die Alliierten (USA, GB, UdSSR) die Aufteilung Deutschlands in mehrere Zonen vereinbart. Entsprechend wurden nach dem Ende des Krieges die drei westlichen Zonen von den westlichen Alliierten (Trizonesien) verwaltet. Diese Verwaltung führte zu der Etablierung einer parlamentarischen Demokratie und einer auf Privatbesistz

---

* 뮌스터에서 Paulinum고등학교를 다녔고, 뮌스터, 뮌헨, 에센에서 화학으로 박사학위를 받았다. 1994-2004년, 시카고, 뮌헨, 율리히, 베를린에서 연구 및 교육 활동, 1999-2005년, 시카고, 에어랑엔에서 신학을 공부하였다(목사). 2005-2006년, 아헨에서 의학윤리와 역사를 공부하였으며, 2006년부터 라이프니츠 자연과학 & 의학지 편집장을 맡고 있다.

basierten Marktwirtschaft mit starken sozial-staatlichen Elementen. Dagegen kam es in den von den sowjetischen Truppen besetzten Gebieten zu einer zentralen Planwirtschaft und von der sozialistischen Partei beherrschten staatlichen Institutionen. Diese Entwicklung entspricht den Ereignissen in Korea.

Die Trennung zwischen den Teilen Deutschlands wuchs schrittweise. 1948 wurde in den drei West-Zonen eine Währungsreform durchgeführt. Dadurch wurde nicht nur der Unterschied zwischen beiden Wirtschaften vergrößert, sondern auch der Austausch zwischen ihnen erschwert. Die Berlin-Blockade Juni 1948 bis Mai 1949 bedrohte nicht die Existenz der BRD, zeigte aber den Willen der Sowjetunion zur Ausdehnung ihres Machtbereiches auch mit Gewalt. Nach Abbruch der Blockade geschah 1949 die Gründung der beiden deutschen Staaten. Damit waren die Unterschiede der Gesellschaftsformen unumkehrbar. Im Jahr 1955 erhielt die BRD von den westllichen Aliierten die vollständige Souveranität. Damit einher ging der Beitritt zur NATO und der Aufbau der Bundeswehr. Die DDR dagegen trat dem Warschauer Pakt und dem COMECON bei.

Trotz der fortschreitenden Teilung und Eingliederung in die verschiedenen Machtblöcke war der Austausch zwischen den beiden deutschen Staaten nicht unterbrochen. Dieser Austausch bestand zum größten Teil darin, daß Menschen aus der DDR in die BRD abwanderten. Die Zahl der Übersiedler betrug zwischen 1949-1961 2,1 Mill Menschen. Dadurch verringerte sich die

Bevölkerung der DDR von 18.79 mill (1949) auf 17.19 mill (1963). Diese Entwicklung führte zu einem substantiellen Mangel an Arbeitskräften in der DDR und bedrohte die wirtschaftliche Entwicklung. Bereits ab 1952 wurden daher Sperranlagen entlang der innerdeutschen Grenze errichtet, jedoch nicht in Berlin. Die Abwanderung ging daher weiter und die Zahl der Abwanderer nahm zu. Deshalb beschlossen die Regierungen der UdSSR und der DDR die vollständige Abriegelung West-Berlins ab dem 13. Aug. 1961 durch den Bau der (Berliner) Mauer. Der Mauerbau ist der Höhepunkt der Teilung. Dadurch wurde der Austausch zwischen beiden deutschen Staaten vollständig unterbunden.

Während der Adenauer-Ära war die sog. Hallstein-Doktrin die Leitlinie der Politik der BRD gegenüber der DDR. Diese Doktrin sprach der DDR den Status eines selbständigen Staates ab, erklärte die BRD zum alleinigen Vertreter der deutschen Nation, und betrachtete die Anerkennung der DDR als Staat als einen unfreundlichen Akt gegenüber der BRD.

1969 kam es in der BRD zu einem Regierungswechsel. Bisher hatte die CDU allein oder in wechselnden Koalitionen regiert. 1969 kam es zu der ersten Bundesregierung unter einem SPD Kanzler. Dieser Wechsel führte auch zu einer Veränderung in dem Umgang mit der DDR. Die neue Ostpolitik folgte dem Leitfaden Wandel durch Annährung. Sie wurde konkret in einer Reihe von Verträgen mit der UdSSR und der DDR. Darunter sind besonders wichtig der Vertrag zu Reise- und Besuchsverkehr (1971) und der sog. Grundlagenvertrag (1973). Der erste Vertrag enthielt eine Besuchserlaubnis für BRD-Bürger in der DDR, der zweite Vertrag erkannte die DDR staatsrechtlich, aber nicht völkerrechtlich als eigenständigen Staat an.

Nach diesen Verträgen kam es zu keinen weiteren formalen Änderungen im Verhältnis der beiden deutschen Staaten bis 1989. Jedoch wurde durch Todesopfer an der Mauer der verbrecherische Charakter des Regimes der DDR deutlich. Durch mehrere Bitten der DDR an die BRD um Darlehen wurde auch die Unfähigkeit der DDR-Wirtschaft, die Bevölkerung zu versorgen, offen gelegt.

II. Verhältnis Kirche zu Staat in DDR

Der dialektische Materialismus betrachtet die Kirche nicht als Glaubensgemeinschaft, sondern als Instrument der Unterdrückung der Arbeiterklasse, und daher als unvereinbar mit einer sozialistischen Gesellschaft. Daher waren die Kirchengemeinden in der DDR beständiger Verfolgung durch die Staatssicherheit (Stasi) ausgesetzt. Tatsächlich gelang der Stasi eine fast vollständige Entkirchlichung der DDR-Bevölkerung. Dies gelang durch unterschiedliche Methoden. Kirchenmitglieder wurden benachteiligt bei der Zuteilung von Gütern. Insbesondere Wohnraum war in der DDR bis in die 1980er Jahre viel zu wenig vorhanden. Besonders Familien konnten daher mit der Wahl zwischen Wohnung oder Mitgliedschaft in der Kirche unter Druck gesetzt werden. Jüngere Kirchenmitglieder wurden bei der Ausbildung behindert, insbesondere wurden sie nicht zum Studium an einer Universität zugelassen. Pastoren und ihre Familien wurden bedroht, und in die BRD ausgebürgert. Verdeckte Mitarbeiter (IM) der Stasi traten als Mitglieder in Kirchengemeinden oder kirchliche Gruppen ein. Dort behinderten sie die Arbeit durch Desorganisation, oder zerstörten die Gruppen durch innere Konflikte. Zu den Mitteln der Stasi gehörte auch Gewalt. In der Kirchengemeinde, in der ich predige, gibt es mehrere Mitglieder, die von Stasi-Mitarbeitern mißhandelt wurden und dadurch bleibende körperliche Beschwerden erlitten haben.

Auch diese Entwicklung ist mit der Situation und den Ereignisse in Nord-Korea identisch. Jedoch war das Ausmaß der Gewalt in der DDR entscheidend geringer. Zudem wurde die DDR 1973 Mitglied in der Konferenz für Sicherheit und Zusammenarbeit in Europa (KSZE). Dies bedeutete für die DDR die faktische Anerkennung als souveräner Staat. Daher wollte die DDR-Regierung diese Mitgliedschaft unbedingt behalten. Diese Mitgliedschaft setzte jedoch Religionsfreiheit voraus. Daher mußte das Regime der DDR einen Rechtsanspruch auf freie Religionsausübung einführen, und konnte in der Praxis nicht mit unbegrenzter Gewalt gegen die Kirchen vorgehen.

Die Verfolgung durch die Stasi führte dazu, daß die Kirche von Staat und Partei unabhängige Strukturen entwickelte. Die Gemeinden in der DDR waren sehr klein und lebten unter sehr bescheidenen Umständen. Aber sie waren in der DDR die einzige von Partei und Staat unabhängige Organisation. Daher konnten in den Kirchengemeinden Aktivitäten stattfinden, die sonst in der DDR nicht möglich waren.

Dazu gehörten der Austausch mit Jugendlichen aus der BRD. Seit dem Vertrag 1971 waren Besuche in der DDR möglich. Die Details der Durchführung waren jedoch so gewählt, daß meistens ältere Angehörige getrennter Familien zu Wiedersehen in die DDR reisen konnten. Der Kontakt zwischen Kirchengemeinden führte zu Einladungen meist Jugendlicher. Durch die Besuche von Jugendlichen aus der BRD in der DDR wurde ein Vergleich zwischen Propaganda der SED und der Realität möglich. Durch die persönlichen Begegnungen wurde aus dem Klassenfeind ein Bekannter. Dieser Bekannte hatte oft die gleichen Probleme, meist Berufswahl, Partnerwahl, Kirchgang.

Anlaß zu Konflikten zwischen Bevölkerung und dem DDR-Regime waren besonders zwei Realitäten. Das waren die steigende Militarisierung der Gesellschaft und die hemmungslose Verschmutzung der natürlichen Umwelt.

Die offizielle Propaganda der DDR war der Sozialismus als Friednesbringer. Faktisch bereitete die DDR im Zusammenwirkung mit den anderen Armeen des Warschauer Paktes die Eroberung Westeuropas vor. Entsprechend ausgeprägt war die Militarisierung der Gesellschaft. Die Möglichkeit, den Wehrdienst zu verweigern, gab es in der DDR nicht. Zusätzlich wurde der sog. Wehrkundeunterricht eingeführt. Dieser Unterricht war eine erste militärische Ausbildung bereits im Schüleralter (9. und 10. Klasse, entspricht der jungyohakyo in Korea).

Die Umweltverschmutzung durch die Industrie in der DDR erreichte akut lebensbedrohende Ausmaße. Nach der dauerhaften Erhöhung des Ölpreises 1973 stellte die DDR die Versorgung mit Strom und Wärme auf das Verbrennen von Braunkohle um. Die Gewinnung der Braunkohle im Tagebau verwüstete ganze Landstriche. Braunkohle hat einen geringen Brennwert und verdreckt die Luft mit Schwefeldioxid und nitrosen Gasen. Die Gegend um die Stadt Bitterfeld mit dem ChemieKombinat war der Schwerpunkt der chemischen Industrie der DDR. Die Technologie in der DDR war veraltet, der Zustand der Anlagen stark reparaturbedürftig. In Folge war die Umweltverschmutzung in dieser Gegend besonders stark. Die DDR-Bevölkerung sprach von den Gaskindern in Espenhain, oder dem Silbersee bei Wolfen. Der erste Ausdruck bezeichnete die um 7 Jahre geringere Lebenserwartung von Bewohnern des Ortes Espenheim bei Bitterfeld. Der zweite Ausdruck bezeichnete einen verlassenen Tagebau, in den die Abwässer der Kunstfaserproduktion ungeklärt eingeleitet wurden. Der Verunreinigung mit Schwermetallen und organischen Substanzen war in der Umgebung des Sees akut lebensgefährlich.

Gegen diese Verhältnisse entstand in der Bevölkerung

Widerstand. Da aber alle öffentlichen Räume durch die staatlichen Behörden kontrolliert waren, konnten sich Leute, die diese Verhältnisse ändern wollten, nur in kirchlichen Räumen treffen. Tatsächlich begann die Umweltbewegung der DDR als Gruppenarbeit in kirchlichen Räumen. Die bekanntesten Beispiele sind die Öko-Bibliothek an der Zionskirche Berlin, und das Forschungsinstitut in Wittenberg.

III. Kirche und Wiedervereinigung

Im Verlauf der 80er Jahre war ich mehrmals in Leipzig. Alle diese Reisen nach Leipzig waren Besuche zwischen Kirchengemeinden. Die Tätigkeiten während dieser Treffen bestanden aus gemeinsamen Gottesdiensten. Diese Gottesdienste folgten meistens nicht dem Ritus der Agende. Sie waren Jugendgottesdienste, vergleichbar den Gottesdiensten für jeongsonyeonbu. Musik bestand aus neueren Liedern, die nicht auf der Orgel, sondern mit Gitarren begleitet wurde. Meist kam es dabei zu Musikergruppen, die aus beiden Gemeinden gemischt waren. Weitere Aktivitäten während dieser Besuche waren Stadtbesichtigungen und Ausflüge in die Umgebung. Das Programm war das gleiche wie bei Besuchen zwischen Kirchen-Gemeinden innerhalb der BRD. Vergleiche und Diskussionen der unterschiedlichen Gesellschaftssysteme waren nicht die Absicht dieser Besuche. Derartige Diskussionen habe ich auch nicht erlebt. Keiner der beteiligten Jugendlichen zeigte ein Verhalten, das gegen die bestehende Gesellschaftsordnung gerichtet war. Beobachtern erschienen diese Besuche als Zeichen der Akzeptanz und damit Stabilisierung der bestehenden Verhältnisse.

Tatsächlich untergruben diese Besuche die Autorität der Institutionen der sozialistischen Partei und Staates vollständig. Denn sie waren intensive Erfahrungen der besseren Realität der westdeutschen Gesellschaft. Zum Einen, die Gemeindeglieder aus der BRD konnten in die DDR reisen. Ausreisen aus der DDR in die BRD waren nicht möglich. Jeder Versuch dazu führte zu Repressionen durch Partei und Staat. Zum Anderen, die Besucher aus der BRD kamen in Autos, die den DDR Fahrzeugen in jeder Hinsicht weit überlegen waren. In den 80er Jahren dauerte die Wartezeit auf einen Trabi 10 Jahre. Dagegen konnte in der BRD jeder Autokäufer seinen Wagen sofort oder innerhalb weniger Tage übernehmen. Technologisch waren Trabi und West-Autos nicht vergleichbar. Der Trabi verfügte über einen Zwei-Takt-Motor mit maximal 26 PS und eine Karosserie aus Plastik. In den 1980er Jahren waren alle Motoren in der BRD Viertakter mit etwa der vierfachen Leistung der Trabi-Motoren. Karosserie und Ausstattung waren in unterschiedlichen Materialien ausgeführt, alle an Zweckmäßigkeit und Erscheinung dem Plastik des Trabi deutlich überlegen. Die kleine Auswahl an Werkzeugen, die in West-Autos zur Behebung einer Panne mitgeführt wurde, hatte bessere Qualität als die meisten in der DDR erhältlichen Werkzeuge. Zum Dritten wurde in diesen Besuchen die ungleich bessere Versorgung mit Importgütern erfahren. Kaffee guter Qualität war Standard-

Mitbringsel bei jedem Besuch.

Diese Unterschiede waren den DDR Bürgern bekannt. Jeder DDR-Bürger wußte, daß die Autos im Westen besser sind als der Trabi. Aber durch diese Besuche wurde ungenaues Wissen durch direkte und handgreifliche Erfahrung ersetzt. Während eines jeden Besuches in der DDR wurde die Motorhaube des Autos (VW, Ford), in dem wir angereist waren, aufgemacht, und der Motor ausführlich begutachtet und diskutiert. Daher waren diese Besuche zwischen Kirchengemeinden Ereignisse, die die Propaganda des DDR Regimes als Lüge entlarvten, und damit die Autorität des DDR-Regimes zunichte machten.

Zwischen dem 8-18. November 1981 wurde eine Friedensdekade (zehn Tage) durch Kirchengemeinden in West- und Ostdeutschland veranstaltet. Anschließend behielten Kirchengemeinden in Leipzig die Friedensgebete als wöchentliche Veranstaltung in St. Nikolai am Montag-Nachmittag bei. An diesen Gebeten nahmen zuerst nur die Jugendgruppen der Stadt Leipzig teil. Im Februar 1988 wurde eine Veranstaltung zum Leben und Bleiben in der DDR durchgeführt. Seit diesem Tag betrug die Teilnehmerzahl 500 oder mehr. Die vielen Teilnehmer kamen aus unterschiedlichen Gruppen der Gesellschaft. Die meisten von ihnen waren nicht Gläubige. Kirchliche und liturgische Formen waren ihnen fremd. Gottesdienste mit 90% Nicht-Christen stellten eine besondere Herausforderung für Pastor und Kichengemeinde dar. Wegen der großen Teilnehmerzahl begannen intensive Unterdrückungsversuche der Stasi. Das machte die Friedensgebete weiter bekannt. Daher wuchsen die Teinehmerzahlen weiter, und im Anschluß and die Friedengebete kam es zu Demonstrationen. Diese nahmen einen Umfang an, den das DDR-Regime nicht mehr ignorieren konnte.

Die Kirche hat daher auf zwei Arten zur Beendigung des SED-Regimes beigetragen. Sie hat durch die Begegnungen mit west-deutschen Gemeindegliedern die mangelnde Autorität der SED offen gelegt. Diekirchlichen Organisationen gaben den vielen unterschiedlichen Gegnern des SED-Regimes die Möglichkeit, sich zu der Protestwelle zu vereinigen, die das SED-Regime dann gestürzt hat.

Die Funktion der Kirche als Katalysator in dem Prozeß der Beseitigung des SED Regimes und der Wiedervereinigung hat nicht eine bleibende Bedeutung oder dauerndes Interesse an der Kirche bewirkt. Dies wird symptomaisch an den Teilnehmerzahlen der Friedensgebete deutlich. Nach dem Fall der Mauer, der einzigen freien Wahl in der DDR (18. März 1990) und der formalen Wiedervereinigung fiel die Zahl der Teilnehmer wieder auf eine Kleingruppe. Die Übernahme des west-deutschen Systemes der Finanzierung der Kirche durch feste Beiträge, deren Höhe sich nach der Lohnsteuer richtet, hat eine massive Austrittswelle bewirkt. In Wittenberg, der Mutterstadt der Reformation, sind derzeit 8% der Bevölkerung Mitglied in einer evangelischen Kirche, die Teilnehmer an kirchlichen Aktivitäten sind nur wenige, die Tendenz ist weiter fallend.

독일통일이 한반도에 주는 교훈

강병오
(서울신학대학교 교수, 기독교윤리학)

I. 들어가는 말

현재 지구상에서 유일하게 분단된 채 교류가 단절된 지역은 오로지 한반도뿐이다. 한반도는 외세에 의해 부당하게 남북으로 갈리고, 동족 간에 피비린내 나는 전쟁까지 치렀고, 72년 동안 서로 원수처럼 반목과 대립을 반복해 오면서 중차대한 민족적 통일과업 앞에 서 있다. 분단된 한반도는 재통일되어야 한다. 그러나 통일되더라도 베트남식 적화통일이 아니라 반드시 평화통일이어야 한다. 그동안 분단되었다가 통일한 국가들 중 평화통일의 모범을 보였고 우리에게 통일의 귀감이 될 만한 국가는 독일이다. 독일은 최근 역사에서 우리와 처해진 상황과 매우 유사하면서도 성공적으로 평화통일을 실현시킨 국가이다. 그러므로 독일 통일은 앞으로 있을 한반도 통일을 위한 많은 시사점과 교훈을 주고 있다. 한반도가 기나긴 72년 분단의 아픔을 극복하고 평화적으로 통일을 이루려고 한다면, 먼저 통일의 길을 걸어갔던 독일의 경험을 잘 배워야 한다. 독일인들이 기울였던 통일 노력은 한반도 통일에 직·간접적으로 도움을 줄 수 있고, 부정적이든 긍정적이든 좋은 길라

잡이가 될 수 있다.

II. 독일과 한반도의 통일 여건 비교

독일통일은 우연하게 일어난, 기적적인 사건이었다. 하지만 내적, 외적 여러 여건들이 함께 하다, 어느 한순간 획기적으로 이루어진 역사적 사건이다. 서독인과 동독인 모두 상이한 정치체제 속에 살았지만, 시간이 지나면서 통일에 대한 열망은 뜨거웠고, 통일 의지는 남달랐다. 그렇다고 독일통일은 독일인의 내적 의지만으로 가능했던 게 아니었다. 통일될 여러 여건들이 상당히 갖춰져 있었다. 만약 이런 여건들이 조성되지 않았다면, 독일통일은 그렇게 쉽게 오지 않았다. 독일통일 이전 여러 상황들은 한반도가 처한 통일 환경을 다시 되돌아보고 한반도 통일이 과연 실현될 수 있을지 여부를 가늠해 볼 바로미터가 된다. 독일이 분단에서 통일로 전환되는 1989년 당시 역사적 상황은 한반도가 처한 오늘의 상황과 비교할 때, 좋은 본보기가 된다. 통일 당시의 독일과 통일을 기대하는 한반도 사이엔 공통점과 차이점이 존재한다.

먼저 독일의 통일 여건과 한반도의 현재 상황에는 공통점이 있다. 첫째, 독일과 한반도는 강대국에 의해 인위적으로 분단 처리되었고, 결국 이념적 대결 구도로 인해 그렇게 형성되었다는 점이다. 독일은 공산독재 체제와 민주주의 체제의 첨예한 대결 상태로 수십 년간 지속되었지만, 소련의 체제 붕괴와 변화로 인해 이념체제의 대결 구조는 깨지기 시작했다. 한반도 역시 극단적 이념 대결의 장이었지만, 소련의 붕괴로 인해 북한은 러시아의 통제를 벗어나 있다. 그러나 북한은 여전히 공산주의 체제를 완고하게 고수하고, 이념적 한계에서 벗어나지 못한 실정이다. 둘째, 독일과 한반도는 모두 사회주의 중앙계획경제 체제와 시장경제체제의 대결하에 있었지만, 동독과 북한의 계획경제 모두 파탄 일보 직전까지 가게 되었다는 점이다. 셋째, 비록 독일과 한반도가 서로 이질적인 체제하에 있었지만, 각기 민족 동일성이라는 의식과 감정을 잃지 않고 내재적으로 유지했다. 넷째, 독일과 한반도는 인구구성 비율에서 비슷하다. 다섯째, 독일과 한반도는 종교인 비율에서 개신교인 수가 월등히 크다는 점이다.

첫 번째 공통점에서 독일과 한반도는 모두 공산 독재체제인 종주국 소련의 붕괴라는 비슷한 상황에 처했다는 점이다. 독일통일이 이루어질 수 있었던 가장 직접적이고 중요한 역사적 정황은 다름 아닌 공산주의의 종주국, 소련의 변화였다. 고르바초프는 1984년 공산당 서기장으로 취임한 후, 소련을 개혁(Perestroika)과 개방(Glasnost) 정책으로 변화시키려고 했다. 고르바초프는 이런 정책을 추진하면서 소련의 전통적 대외정책 기조였던 '브레즈네프 독트린(Brezhnev Doctrine)'[1)]을 전격적으로 폐기했다. 이것은 곧 소련이 공산연맹인 동유럽의 지배를 포기한다는 강력한 의사를 표명한 것이기도 했다. 이로써 동유럽 국가는 공산체제를 개혁하려는 열풍에 휩싸이게 되었고, 동독 평화혁명은 그 여파로 촉발되었다.

두 번째 공통점으로 사회주의 중앙계획경제 체제는 실패했고, 경제적 파탄에 이르게 되었다. 분단 시기의 동독은 사회주의권 중에서 최고의 선진 복지국가였다. 분단 이후 동독은 소련에 대해 전쟁배상금을 지불해야 했고, 동독 내 우수인력은 서독으로 빠져나갔다. 동독은

---

1) '브레즈네프 독트린'은 소련공산당 서기장이었던 브레즈네프가 968년 11월 폴란드 공산당 5차 대회에서 선언한 것이다. 내용의 골자는 공산 사회주의 진영에 속한 나라의 생존이 위협받게 될 때, 사회주의 전체에 대한 위협으로 간주, 다른 사회주의 국가들이 개입할 권리를 갖는다는 것이다. 이 독트린은 소련이 동유럽 국가를 사회주의로 지배하는 것을 정당화하는 근거가 된다.

사회주의 중앙계획경제가 가진 비효율성 때문에 경제성장을 꾀할 수 없었다. 결국 1989년 서독과 동독의 경제력 지표는 현격하게 벌어지게 되었다. 국민총생산(GNP)에서 서독은 12조2,452억 DM, 동독은 2,837억 DM, 양국 차이는 무려 43.2배나 벌어졌다. 1인당 GDP에서는 서독이 20, 558달러, 동독이 9,703 달러, 양국 차이는 2.1배였다. 무역규모 면에서 서독이 6,111억 달러, 동독이 470억 달러, 양국의 차이는 13.1배나 되었다. 북한의 사회주의 계획경제 역시 실패했고, 경제파탄에 빠져 있으며, 이제 개혁과 개방 없이는 돌파구를 찾을 수 없는 상황에 이르렀다.

세 번째 공통점으로 서독과 동독이 통일될 때, 두 체제는 이념보다 민족을 통일 기치로 앞세웠다는 점이다. 동독지도부가 1989년 10월 초 건국 40주년 기념행사를 치를 때, 동독 주민은 처음 라이프치히에 모여 민중항쟁을 벌이면서 정부에 저항했다. 이들이 세운 모토는 놀랍게도 "우리는 하나의 민족이다."였다.[2] 1990년 1월 15일 15만 명이나 되는 동독의 저항세력은 '조국, 통일독일'이라는 기치를 들고서 다시 라이프치히에 모였다. 독일은 1871년 비스마르크 통일 이후 불과 74년간의 통일 역사를 가졌지만, 무엇보다 민족을 강력하게 앞세웠다. 한민족은 676년 삼국 통일 이후 무려 1269년 동안 통일국가로 존속해 왔다. 그런 측면에서 일시적으로 분단되어 있는 한반도는 남북의 체제가 아무리 다를지라도 독일에 비해 민족의식이 훨씬 깊고 강하다 할 수 있다. 북한 주민 역시 심층에 민족적 감정이 뿌리 깊이 자리잡고 있다. 만일 북한이 동독이 마주했던 개혁적 상황에 처해진다면, 억눌려 있던 민족의식이 폭발할 수 있다. 한국 역시 한민족이란 의식 차원에서 한반도 통일을 민족의 숙원으로 간절히 원하고 있다.

---

2) 주한독일대사관, *Deutschland*, 『독일에 관한 모든 것』(왜관: 분도출판사, 2005), 33.

네 번째 공통점으로 독일과 한반도의 인구수가 비슷하다. 통독 당시 서독과 동독 간의 인구비율은 거의 4대1(6천2백만/1천6백만 명), 그리고 소득 격차는 3대 1 정도였다. 현재 독일의 인구는 2016년 기준으로 약 80,722,792명이다. 현재 남북한의 인구비율은 거의 2대1(5천1백만 명/2천5백만 명), 그리고 소득 격차는 거의 20대 1에 이른다.[3] 2015년 기준으로 남북한 인구수는 총 7천5백만 명이다. 남북한의 인구비율은 2:1이지만, 총인구수는 현재 독일 수준에 육박한다. 통일이 되었을 때, 인적자원 측면에서 인구수는 통일국가 역량에서 경쟁력 있는 역할을 할 것이다. 현재 남북한의 소득 격차는 매우 크지만, 통일시 오히려 값싼 노동력을 북한으로부터 확보할 수 있다는 긍정적인 측면을 엿볼 수 있다.

다섯째 공통점은 독일과 한반도는 타종교인보다 개신교인 수가 많다는 점이다. 동유럽 체제변화를 경험한 국가들, 예컨대 폴란드, 헝가리, 체코 국가들을 볼 때, 모두 가톨릭교회가 대다수를 차지한다. 가톨릭교인 수는 폴란드에서 전체 인구 중 95%를 차지하고, 헝가리에서는 67.5%, 체코에서는 39%이다. 반면 개신교인 수는 폴란드에서 기타 종교인 5% 안에 들어 있고, 헝가리에선 20%, 체코에선 4%에 불과하다. 현재 독일은 가톨릭교인 수가 32%, 개신교인 수가 31%에 달한다. 2014년 기준으로 한국 개신교인 수는 전체 인구 중 21%(불교 22%, 가톨릭 7%)를 차지한다. 한반도 통일을 위해서 독일통일을 거울삼을 때, 그만큼 한국 개신교의 역할이 큼을 알 수 있다.

그렇지만 독일의 통일 여건은 한반도가 처한 상황과 일치하지 않는, 한반도 통일을 가로막을 수 있는 여러 차이점도 없지 않다.

첫째, 서독의 통일정책은 일관성이 있었지만, 한국의 통일정책을

3) 사공일, "통일준비 해둬야," 「중앙일보」(2012.10.29.).

일관성이 없다는 점이다. 한국에선 정권이 바뀔 때마다 통일정책이 뒤바뀌었다. 보수정권은 북한과 적대정책을 폈고, 진보정권은 북한과 대화와 협력의 정책을 폈다. 한반도 분단 이후 한국은 오랜 기간 보수정권 집권으로 대부분 통일정책을 북한과 대결과 대립으로 일관했다.

둘째, 통독 당시 동독은 핵무기를 소유하지 못했지만, 현재 북한은 핵무기를 보유하고 있다. 독일통일에서 핵문제는 관건이 되지 않았다. 그러나 핵문제는 한반도 통일을 위해 가장 큰 걸림돌로 작용하고 있다. 핵무기는 국가 경쟁력과 군사력의 상징이다. 북한은 유엔의 강력한 제재조치에도 불구하고 핵무기 카드로 정권을 유지하려 하고 있다.

셋째, 동·서독에 비하여 남북한 간 국력 차이는 비할 바 없이 매우 크다. 동독과 북한은 모두 사회주의 계획경제 체제하에서 경제 파탄이란 위기의 상황에 직면했다. 그러나 격차가 크게 난 경제적 여건일지라도 경제대국 독일은 통일할 수 있는 계기를 만들었지만, 남북한 간에 생겨난 심한 경제적 불균형은 오히려 통일을 저해하는 요인이 될 수 있다. 앞서 보았듯이, 국민총생산(GNP)에서 동독과 서독의 차이는 43.2배, 1인당 GDP에서 양국 차이는 2.1배, 무역규모에서 양국 차이는 13.1배였다. 그러나 한국과 북한의 경제력 차이는 지나칠 만큼 크다. 국민총생산(GNP)에서 양국의 차이는 38배, 1인당 GDP에서 18배, 무역규모 면에서 무려 224배나 된다.[4] 남북한 간 국력 격차가 너무나 크다.

넷째, 동·서독에 비해 한반도는 통일시, 통일을 극단적으로 거부하는 북한 내 무장 세력의 강력한 저항을 제어할 수 없는 현실이다.[5] 동·서독 간에 통일 합의 후, 동독 내에서의 무력충돌은 전혀 찾을

4) 참고. 염돈재, 『올바른 통일준비를 위한 독일통일의 과정과 교훈』(서울: 평화문제연구소, 2011), 357.

5) 참고. 염돈재, 『올바른 통일준비를 위한 독일통일의 과정과 교훈』, 358.

수 없었다. 독일통일은 동독 주민이 먼저 원했고, 동독군은 소련군의 통제하에 있었기 때문에 동독인의 개혁 시위에 대해 무력진압을 할 수 없었다. 반면에 한반도의 경우 처한 정치적 사정은 매우 다르다. 남북은 서로 오랫동안 불신과 적대감으로 지내왔고, 한국전쟁까지 있었다. 구소련이 사라지고 홀로 남은 북한은 자체로 여전히 폐쇄된 사회주의 사회이고 강력한 주민통제 체제를 갖추고 있고, 외부의 간섭 없이 독자적으로 군사행동을 할 수 있기에, 그 어떤 반체제 활동은 원천적으로 차단되어 있다. 북한엔 김정은 독재 체제를 맹목적으로 추종하는 견고한 세력이 아직도 건재하다. 북한에선 반체제 세력이 생성되기 힘들다.

다섯째, 통독 당시 서독의 사회보장 체제는 세계 최고의 상태였다. 반면, 현시점의 한국의 사회보장제도는 서독에 비한다면 턱없이 열악한 편이다. 서독은 5개 분야의 사회복지보험(연금보험, 건강보험, 간병보험, 산재보험 실업보험) 외에 사회복지 네트워크가 규모 있게 갖추어진 사회보장제도가 원활하게 시행되고 있었고, 각종 사회보장 기금의 건전성도 탄탄하게 유지되고 있었다. 그 때문에 통일 비용 조달에는 그렇게 큰 어려움이 없었다. 그러나 남한의 사회보장제도는 선진국 수준으로 제도적 차원에서 잘 되어있으나, 질적인 면에선 선진국 수준에 아직 턱없이 부족한 상태다.

III. 통독 전 서독의 통일 노력

1. 정치적 측면

서독 정부의 통일정책은 독일통일을 실현하는 데 있어서 결정적인 역할을 했다. 서독의 통일정책은 대체적으로 소련, 동유럽 및 동독에 대한 대외정책인 동방정책(Ost-Politik)의 틀 아래서 엿볼 수 있다. 특별히 대동독과의 정책은 협의의 통일정책이 되는데, 통상 "내독정책"[6]으로 불린다.

서독의 동방정책 내지 내독정책은 초대 아데나워 정부로부터 헬무트 콜 통독정부까지 집권당의 정책에 따라서 변화를 거듭해 갔다.[7] 보수정당인 기민당(CDU)이 주도한 아데나워 초대 정부(1949. 9-63. 10)는 동방정책을 "'자석이론'(Magnet Theory)에 따라 '힘의 우위'에 바탕을 둔 통일정책"[8] 이란 관점에서 친서방 중심으로 추진했고, 서독만이 유일한 합법정부로 주장함과 동시에 "할슈타인 원칙"[9]을 견지하며 동독을 고립화하기 위한 강경 외교정책을 취했다.

기민당에 의해 계속 주도된 에르하르트 및 키징거 정부 시기(1963. 10-69. 10)의 통일정책은 약간의 변화를 모색했다. 아데나워의 후임인 에르하르트 총리는 아데나워 정부의 정책을 고수하면서 국제정세에 따라 대동독 관계 개선을 위해 노력했으나 성과를 거두지 못했다. 기민당과 사회당의 대연정으로 출발했던 키징거 정부는 할슈타인 원칙을 포기하며, 동독을 사실상 국가로 승인하는 등 일부 노선을 수정하기도 했지만, 서독 주도의 통일 기본원칙은 변함없이 고수했다.

서독 정부의 통일정책은 사민당 정권 빌리 브란트 총리의 집권 시기(1969. 9-1974. 5)에 들어서 크게 변화했다. 이른바 "신동방정책"[10]

---

6) 염돈재, 『올바른 통일준비를 위한 독일통일의 과정과 교훈』, 63.

7) 참조. 하정열 외, 『통일의 길』(서울: 도서출판 오래, 2014), 113-121.

8) 염돈재, 『올바른 통일준비를 위한 독일통일의 과정과 교훈』, 63.

9) 1955년 할슈타인 서독 외무차관이 발표한 외교 원칙이다. 소련 외에 동독과 수교하는 나라와 서독은 국교를 맺지 않는다는 내용이다. 참조. 염돈재, 『올바른 통일준비를 위한 독일통일의 과정과 교훈』, 65, 주 11.

10) 염돈재, 『올바른 통일준비를 위한 독일통일의 과정과 교훈』, 67.

(Neue Ost-Politik)으로 "접근을 통한 변화"[11](Wandel durch Annaeherung) 추진이다. 신동방정책은 1969년 빌리 브란트 총리가 처음 구상한 것으로 동독은 물론 소련, 동유럽과 적극적인 접촉을 통한 교류와 협력의 방안이다. 빌리 브란트는 신동방정책의 구체적 실현 차원에서 소련과 동독, 동유럽과 관계를 개선하는 데 주력했다. 그로 인해 성사된 외교적 성과로서 1970년 3월, 5월 2차에 걸쳐 동·서독 정상회담이 열렸고, 그해 8월 이후 소련, 폴란드, 체코와 관계 정상화를 위한 동방조약이 체결되었다. 1972년 12월엔 동·서독 간 교류와 협력 협정이 체결되고, 1973년엔 동·서독이 동시에 유엔에 가입하고, 정치, 경제, 사회 전반에 걸쳐 교류와 협력을 확대하였다. 브란트에 이어 집권한 사민당 슈미트 정부(1974. 5-1982. 10)는 전임자 브란트의 내독정책을 계승하면서도 서방과의 외교관계를 중요시하는 정책 방향을 취했다. 1979년을 전후로 동·서 간 데탕트 분위기가 퇴조하고, 냉전적 긴장이 고조되는 시점에서 슈미트 정부는 브란트의 신동방정책을 액면 그대로 계승하기 어렵게 되었다.

기민당이 다시 집권하면서 보수정당 헬무트 콜 정부 시대(1982. 8-1998. 10)가 도래했다. 콜 정부는 "서방과의 협력에 바탕을 둔 동방과의 협력"[12]을 동시에 추진했다. 일찍이 아데나워 정부가 시도한 '힘에 의한 변화'만이 아니라, 브란트와 슈미트 정부가 추진했던 '교류와 협력을 통한 변화'를 적절하게 섞어 추구했다. 1985년 집권한 소련 고르바초프 서기장이 개혁, 개방정책을 취하고, 동·서 화해 분위기가 다시 조성되면서, 동유럽은 자유화, 민주화 바람이 강하게 불기 시작했다. 콜 정부는 미국과의 동맹을 보다 확고히 하는 상태에서 북대서양조약기구(NATO)의 강력한 군사력을 등에 업고,[13] 그것과 더불어 소련과

11) 염돈재, 『올바른 통일준비를 위한 독일통일의 과정과 교훈』, 67.

12) 염돈재, 『올바른 통일준비를 위한 독일통일의 과정과 교훈』, 69.

동독과의 관계 개선 노력을 긴밀히 추진했다. 콜 정부는 1987년 동독 호네커 서기장을 서독에 초청, 동·서독 간에 화해, 협력을 공고히 했다. 콜 총리는 통일에 대한 강한 신념과 경륜적 전략으로 통일과정 중 산적한 제반조치를 원만히 해결하여 위대한 통일 업적을 쌓았다. 그는 1990년 12월, 통일독일 총선거에서 재선되어 통일독일의 첫 총리가 되었다.

2. 경제적 측면

통독 전 서독과 동독 간 경제교류는 1972년 12월 동·서독 간에 교류와 협력 협정이 체결되고 관계가 정상화되면서부터 본격화되었다. 서독 정부가 직접 준 재정지원뿐만 아니라 정부간 협정에 의한 이전지출, 민간 분야 지원 등을 통해 경제교류가 다양화되고 거래량도 점차 확대되었다. 이렇듯 경제교류는 동·서독 관계를 이어주는 중요한 연결고리라 할 수 있다. 앞으로 있을 통일에 대비한 서독의 투자라 할 수 있다.

1975년부터 1988년까지 14년간 매년 서독에서 동독으로 이전된 금액은 공식 거래로(정부 간 협정에 의한 '이전지출'14)과 재정 지원) 17억4,000만 DM(마르크, 유로화 이전 독일 화폐 단위), 비공식적으로 34억6,000만 DM, 총 52억 DM(23억 달러, 약 3조1,200억 원)이다. 서독 정부가 현금으로 직접 지원한 액수는 1983-84년 기간 중 단

13) 참조. 김태우, 『북핵을 넘어 통일로』(서울: 명인출판사, 2012), 326. 서독은 이미 1970년대 미국 핵미사일의 주둔을 허락했고, 서독이 중요한 NATO 전초기지로서 미국과의 동맹관계를 확고히 하고 있었다.

14) '이전 지출'은 물품이나 용역 거래 없이 서독이 일방적으로 동독에 지원하고 있는 항목이다. 예컨대 통과 이용료, 우편 전화 사용료, 기타 환경시설 개선비용 등을 말한다.

2회에 걸쳐 지원한 19억5,000 DM이었다.[15] 그리고 서독이 동독에 대한 경제교류에서 빼놓을 수 없는 사실은 서독이 동독에 대해 차관 보증을 선 것이었다. 동독이 대외 신용 악화로 차관 도입이 힘들게 되자, 1983년 3월 서독 정부는 서방은행의 동독에 대한 10억 DM 차관을 보증했다. 이듬해 9억5,000 DM의 2차 차관도 재차 보증을 섰다. 이 보증으로 인해서 서독 정부는 동독의 통행 제한 완화와 국경지대 탈출자 사살용 자동발사장치 제거(5만4,000개) 등을 반대급부로 얻었다.[16]

이처럼 동·서독 경제교류에 있어서 눈여겨 볼만큼 주목할 만한 특징이 있는데, 서독은 통일을 위한 포석을 깔고 경제교류에 임했다는 사실이다. 동·서독 간 교역은 분명히 1) 유럽공동체와 '관세와 무역에 관한 일반협정'(GATT)의 인정하에 내독무역으로 취급되었다는 점이다. 곧 동독은 외국이 아님을 말하는 것이다. 2) 동독에 대해 정치적 압력 행사가 아니었다는 점이고, 3) 경제지원 시에 동독이 먼저 요청하기 전에는 주지 않고, 대가를 받지 아니하면 주지 않고, 동독 주민이 인지할 수 없으면 주지 않는 원칙, 즉 '3불 원칙'을 고수했다는 것이다. 4) 민간거래 시엔 철저하게 정경분리 원칙을 채택했다는 점이다.[17]

이렇게 동·서독 산 교류가 이루어졌음에도 동·서독 각기 경제교류가 갖는 의미는 서로 다름을 알 수 있다.[18] 서독의 입장에 본 경제교류는 경제적 의미에서는 사소한 것이었고, 오히려 정치적 의미가 보다 컸다. 예컨대 상호 적대감 완화와 민족 동질성 유지기여, 교통, 통신, 왕래 등 촉진, 동독 주민 삶의 질 개선 효과, 베를린 정세 안정화, 서독체제

15) 참조. 염돈재, 『올바른 통일준비를 위한 독일통일의 과정과 교훈』, 136-137.

16) 참조. 평화문제연구소 연구실, 『독일통일 바로알기』(서울: 평화문제연구소, 2010), 13.

17) 참조. 염돈재, 『올바른 통일준비를 위한 독일통일의 과정과 교훈』, 137-138.

18) 참조. 염돈재, 『올바른 통일준비를 위한 독일통일의 과정과 교훈』, 139-140.

우월성 과시, 동독 주민의 호감 유발, 동유럽 경제권 의존도 최소화 등이 경제교류의 이유로 거론하고 있다. 반면에, 동독 입장에서 본 서독과의 경제교류는 서독의 의도와는 달리 정치적 의미보다 경제적 의미가 더 컸다. 서독과의 경제교류가 체제유지에 상당한 부담 요인이 되었다. 하지만, 동독경제 전체에서 서독교류는 대서방 교역의 36-50%나 차지하였고, 실제로 동독 경제에 크게 기여했고, 서방 기술 및 자금을 상당할 정도로 확보할 수 있었다.

3. 사회적 측면

동·서독은 서로 분단되었음에도 상호 적대감이 크지 않아 완전한 단절 관계가 아니었다. 분단 이후에도 다양한 사회 분야의 교류가 이어졌다. 특별히 1973년 양국 간 국교 정상화 이후에 양적, 질적 사회교류는 더욱 확대되었다.

먼저 동·서독 간 우편, 통신교류가 있었다. 1948년 베를린 봉쇄 시에 잠시 영향을 받았지만, 교류는 계속되었고, 동독의 제한 조치로 활성화되지는 못했다. 통신회선은 1969년까지 34개만 연결되었다. 그러나 1976년 3월 우편·통신 협정 체결 후, 연간 서신은 2억 통, 소포 3,600만 건이 교환되었고, 1529개 전화회선이 유지되었다.[19] 1972년부터 방송·언론 교류가 시작되었는데, 동독 정부는 동독에 서독 특파원이 상주하거나 단기 취재여행 하는 것을 허락했다. 1986년 5월 동·서독 간 문화협정이 체결된 후, 방송 프로그램 및 자료 교환, 프로그램 공동제작 등 협력이 이루어졌다. 학술, 과학기술 분야의 교류도 빼놓을 수 없다. 1949년 공식적 분단 이후에 학술, 과학 분야에 교류가 있었지만, 교류는 동독의 통제로 간헐적인 접촉이 가능했다.

19) 참조. 염돈재, 『올바른 통일준비를 위한 독일통일의 과정과 교훈』, 116.

1972년 교류와 협력 협정, 1986년 문화협정, 1987년 과학기술 협정이 체결됨으로써 학술과 과학기술 분야의 교류가 더욱 활성화되었다.[20]

동·서독 간 환경 및 보건 분야 교류도 이어졌다. 환경문제는 동·서독 간 협력이 꼭 필요한 분야였다. 1972년 기본 조약 체결 이전엔 국제기구를 통해 환경 교류가 이어졌고, 1980년 초반부터 개별 환경문제에 대한 협상이 타결되었고, 1987년 9월 환경협정 체결로 본격적인 협력이 이루어졌다. 보건 분야도 기본 조약 체결 이전엔 정보교환하며 상호 교류가 있었고, 1974년 4월 보건협정이 체결되면서 교류가 확대되었다. 타분야에 비해 가장 늦게 교류하게 된 문화 분야는 1986년 5월 문화협정이 체결되고 나서 시작되었다. 정치적 이데올로기 요소가 개입되기 때문에 그렇다. 문화 체결 후에 연극, 연주회, 전시회 교환 개최, 학자, 예술인 교환 방문, 문학과 서적 교류, 문화유산 정보교환 등 문화 활동이 활발해졌다.[21] 스포츠 교류도 정치적인 이유로 인해 1972년 12월 동·서독 관계 정상화 이전까지는 활발하게 이루어지지 못했다. 그 이후 스포츠 교류는 대폭 확대되었으며 또한 체계적으로 추진되었다.[22]

4. 종교적 측면

독일 통일 과정에서 동·서독 개신교 교회가 한 역할은 매우 컸다. 동·서독 교회는 함께 평화와 화해라는 기독교적 가치를 내세우고 독일 통일의 정신적 지주가 되었다. 교회들은 동독과 서독을 잇는 가교이자, 동독과 서독을 지키는 최후 보루였다. 특히 서독교회는

---

20) 참조. 염돈재, 『올바른 통일준비를 위한 독일통일의 과정과 교훈』, 117.

21) 참조. 염돈재, 『올바른 통일준비를 위한 독일통일의 과정과 교훈』, 118-119.

22) 참조. 염돈재, 『올바른 통일준비를 위한 독일통일의 과정과 교훈』, 120-121.

동독 지원과 교류의 최전선에 서서 일했다. 동·서독 교회는 조국의 분단 극복과 통일을 위해, 더 나아가 세계의 자유와 평화를 위해 폭력과 싸웠다.

제2차 세계대전 이후 독일은 동·서로 분단되었지만, 교회는 하나였다. 교회는 독일 전체 지역을 아우르는 독일교회협의회(EKD)를 창설했다. 그 뒤 1949년 동독과 서독 정부가 나란히 수립되었지만, 교회는 그때까지 분열하지 않았다. 동독 정부는 교회조직을 위축시키기 위해 교회세를 전격 폐지하면서 동독교회를 존폐 위기로 몰아넣었다. 이때 서독교회가 나서서 생필품과 의약품 등 물자지원을 통해 동독교회가 생존할 수 있도록 지원했다. 동독 정권은 동독교회를 부단히 회유하고 협박하다 결국 1969년 동독 개신교연맹(BEK)을 창설했다. 동독교회와 서독교회는 서로 갈라지게 되었다. 그러나 동·서독교회는 사회주의와 자본주의, 양쪽 이데올로기에 편들지 않고 평화와 화해의 자리에 서는 원칙을 고수했다.

서독교회는 1950년대부터 사회봉사 차원에서 동독지역의 교회를 꾸준히 지원했다. 동독교회에서 운영하는 유치원, 양로원, 요양원 등 사회봉사 기관들을 재정적으로 지원했다. 서독교회가 펼치는 이런 지원 사업은 유일하게 민간 차원에서 펼치는 인도주의적 사업이었다. 서독교회는 1957년부터 1990년까지 동독교회 및 부속시설에서 사용할 51억 상당의 물품을 지원하여 목회자 봉급, 교회 및 부속시설 유지에 쓰도록 했다.[23] 동독교회는 동독 정부로부터 자립하고 사회현안에 대한 발언권을 가지므로 변혁기에 리더 역할을 담당하게 되었다. 이러한 역할이 1989년 반체제 세력 발생과 민주화 시위가 일어나는 계기를 만들었다.

---

23) 참조. 염돈재, 『올바른 통일준비를 위한 독일통일의 과정과 교훈』, 123. 물론 서독교회의 지원비 절반은 서독정부가 담당하였다.

서독 정부는 동독에 대한 인도주의적 지원 차원에서 정치범 석방과 이산가족 교류 등을 적극적으로 추진해 나갔다. 특히 동독 정치범들을 현금과 현물을 지급하고 서독으로 송환하는 프로젝트인 "프라이카우프(Freikauf)"[24]를 실행했다. 그러나 서독은 이런 프로젝트를 직접 정부 차원에서 하지 않고, 서독교회를 통하여 프라이카우프의 역할을 하게 했다. 서독교회는 1963-1989년까지 28년 동안 무려 정치범 3만3,755명을 구출하고, 이산가족 25만 명을 상봉시키는 인도주의적 노력을 기울였다.[25]

서독교회의 지원을 받은 동독교회는 끝없이 반체제 인사들을 보호했고 저항세력을 키워냈다. 1989년 여름 동독인들이 헝가리 국경을 넘어 대량으로 탈출할 때, 또 다른 수백만의 동독 주민들은 라이프치히, 드레스덴 등 주요 도시에 있는 교회에 모여서 기도회를 가졌다. 그리고 거리에 나가 통일과 비폭력을 외치며 대규모 시위에 참여했다. 그 중 대표적인 교회가 바로 라이프치히 시에 소재한 성 니콜라이 교회였다. 교회에서 평화의 기도회가 열렸다.[26] 1989년 10월 9일 평화의 기도회에 참석했던 시민들이 일제히 거리로 나가 촛불을 들고 평화적 시위를 하게 된 것이 독일통일의 기폭제가 됐다. 이날 시위를 계기로 평화 시위는 전국으로 확산되었고, 한 달이 지난 후, 11월 9일 베를린 장벽은 무너져 내렸다. 그리고 1990년 10월에 통일이 될 때까지 1년 동안 동독 안에서 아무런 폭동이나 유혈사태가 없었다는 사실은 교회가

24) 국민일보 특별취재팀, 『독일리포트』(서울: 이지북, 2014), 311.

25) 참조. 위의 책, 312.

26) 성 니콜라이 교회에서 가졌던 평화의 기도회는 일시적인 집회가 아니라 1982년부터 시작된 집회였다. 1989년 당시의 평화 기도회는 아무런 방해나 어려움 없이 순조롭게 진행되지 않았다. 경찰은 기도회를 열지 못하도록 교회 지도부에 숱한 압력과 협박을 했고, 교회에 상주하며 기도회를 감시했다. 동독정부는 시민들이 교회에 오는 것까지 막았다. 그러나 시민들은 삼삼오오 곳곳에서 모여 기도회를 가졌다.

평화와 화해의 기독교적 가치를 실현하려고 삶의 현장에서 몸소 실천했기 때문이다.

IV. 나가는 말: 독일통일이 한반도 통일에 주는 교훈

염돈재는 독일통일이 한반도 통일에 주는 교훈을 9가지로 정리해서 간략하지만 명확하게 제시했다.[27]

1) 통일을 위해서는 먼저 안정되고 부강한 국가 사회건설이 우선되어야 한다. 동독 주민들이 서독과 통합을 원했는데, 그것은 그들이 동경하는 사회모델이 서독사회였기 때문이었다. 서독은 선진적 민주주의제도가 정착되고, 풍요로운 경제성장을 했고, 안정된 사회를 이룬 복지국가였다.

2) 통일을 위해서는 원칙 고수와 도덕성의 확보가 중요하다. 서독의 대내외 정책 원칙은 친미 · 친서방 노선지속, 동족으로서 동독 인식, 동독탈출자 전원 수용, 대가 없는 지원불가, 잘츠기터 중앙기록보존소 유지 등이다. 서독이 가진 '도덕적 힘'이란 과거 나치죄과를 철저히 반성하고 전쟁 재발방지를 위한 모든 노력을 다하므로 역사적 책임을 다하는 것이다. 서독은 주변 나라들에게 국제관계적 신뢰를 심어 주고 안심시켰다.

3) 통일정책은 화해정책과 함께 '힘의 우위'를 견지하는 것이다. 서독은 확고한 친서방 노선을 통한 힘의 우위를 유지하면서 소련과 동독과의 교섭을 진행하였다.

4) 통일에 대비한 대동독 지원은 공산정권 강화에 기여하지 않도록 한다. 서독은 대동독 경제 지원 시에 반드시 대가를 받아내면서 전략적

27) 참조. 염돈재, 『올바른 통일준비를 위한 독일통일의 과정과 교훈』, 361-379.

인 교류와 협력을 했다.

5) 통일 실현은 외교적 통일환경을 조성하는 것이다. 적극적인 외부 지원자가 필요하다. 서독은 친미 · 친서방 노선하에서 미국과 긴밀한 관계를 유지하고 활용했다.

6) 통일을 위한 국가 최고지도자의 의지가 확고해야 한다. 신동방정책을 추진한 총리 빌리 브란트, 통일 총리를 지낸 헬무트 콜 같은 지도자의 역량이 중요하다.

7) 통일의 기회는 예측불허이다. 갑자기 도래할 통일 가능성도 대비해야 한다.

8) 통일 이후 생긴 통일 후유증은 불가피한 것이고, 분단 후유증으로 인식하는 발상의 전환이 필요하다. 통일의 기회가 오면, 신속한 통일을 이루는 것이 바람직하다.

9) 통일 시 나눔과 고통 분담의 자세가 무엇보다 중요하다. 독일의 경우 세금 인상, 통일비용 부담 노력 등 고통 분담 노력에 국민적 합의로 진력했다.

독일통일이 남긴 이런 9가지 교훈을 발판으로 앞으로 있을 한반도 평화통일을 위해 한국사회가 네 분야, 즉 정치적, 경제적, 사회적, 종교적 측면에서 해야 할 당위적 과제가 무엇인지 살펴본다.

1. 정치적 과제

한반도 통일은 자연적 개별 인간들이 협의하고 결정해서 될 일이 아니라, 국가적 차원에서 대표성을 지닌 자들이 서로 만나 협상과 협의를 거쳐 조약을 맺고 성취될 정치적인 작업이다. 그런 의미에서 한반도 통일은 지난한 정치적 노력을 통하여 성취되는 것이라 할 수 있다. 한반도 통일을 실현하기 위해서 정치적 과제가 엄중하게 요청된다.

현시점에서 북핵문제가 한반도 통일을 실현하는 데 가장 큰 걸림돌이 되고 있다. 한때 불었던 연계론-비연계론 논쟁이 통일정책을 추진하는 데 얼마나 어려움을 주는지 보여준다.[28] 보수측 주장인 연계론은 북핵문제와 대북지원을 연계하자는 것이고, 진보측 주장인 비연계론은 북핵문제와 대북지원을 별개로 하자는 것이다. 여기서의 관건은 투명성 문제다. 투명성이 보장된다면, 대북지원은 핵문제와 관계없이 무조건 해야 한다. 그러나 북한에게 100% 투명성을 요구하면, 대북지원은 불가능하게 된다. 그러기 때문에 유연성 있는 통일정책이 필요하다. 융통성 있는 대북지원, 즉 정부만이 아닌 민간단체, 종교단체 등 다양한 채널을 이용해 대북지원을 하여 북한 내부의 변화까지 유도해야 한다.

통일론도 두 가지 통일론으로 나뉜다. 점진적 통일론[29]은 진보측 주장이고, 급변적 통일론[30] 혹은 흡수 통일론은 보수측 주장이다. 어느 한쪽의 주장만을 고집할 수 없다. 현재로선 점진적 통일론이 가장 합리적이고 바람직한 방안이다. 한국의 경제상황, 통일비용 문제를 고려할 때, 여건상 급변적 통일론은 문제가 매우 많다. 그러나 동독처럼 급변사태가 올 경우, 대비차원에서 원하지는 않지만 모든 가능성을 열어놓고 대비는 해야 할 것이다. 서독이 바로 그렇게 했다.

한국은 통일 외교정책 측면에서도 주변국과의 우호협력 관계를 유연성 있게 펴나가야 나가야 한다. 콜 총리는 통일을 위해서는 서방국

---

28) 참조. 김태우, 『북핵을 넘어 통일로』, 353.

29) 더 자세히 말하면, '점진적 상호동화에 의한 합의 통일'이다. 참조. 김태우, 『북핵을 넘어 통일로』, 357.

30) 급변사태로 인한 북한 붕괴론이다. 자연재해로 인한 혼란사태, 주민소요, 쿠데타, 정치변혁 등에 의한 정권 붕괴를 말한다. 참조. 김태우, 『북핵을 넘어 통일로』, 358.

과의 외교결속을 강화했고, 특히 미국 등 동맹국 관계를 돈독히 유지했다. 물론 독일은 통일을 위해선 2차 대전 전승 4대국의 동의를 받아내야 하고, 주변 국가의 지원을 받아야 했기에 그럴 수밖에 없었다. 그러나 한국은 주변국들의 동의 없이도 통일을 이룰 수 있는 여건이 조성되었다. 하지만, 통일을 위해 외부의 개입이나 방해가 없고, 주변국이 지원하면 통일이 더 용이해지고, 통일비용 조달 및 투자 유치에 수월해지기 때문에 주변국과의 긴밀한 우호, 협력관계는 매우 중요하다.

최대의 통일외교는 무엇보다도 "연미통중 또는 연미협중"[31] 정책이다. 미국과 중국이 한반도 통일에 진정한 협력자 또는 지지자가 되도록 양 대국을 관리하는 통일외교 정책이다. 서독이 통일을 위해 미국과 소련의 역할을 중시했듯이, 한국도 미국과 중국이 한반도 통일을 지지할 수 있도록 공생관계를 굳혀 나가야 한다. 미국 관계는 동맹관계로, 중국과는 비적대적 우호관계와 협력관계로 발전시켜나가야 한다. 일본과 러시아와도 우호관계를 유지, 협력해 나가야 한다. 그러나 오늘날처럼 동북아시아가 신냉전질서로 재편되는 상황일 때, "미들파워 외교"[32]도 중요하다. 외교역량으로 캐나다, 호주, 인도, 인도네시아 등 중·강국들을 통일 지지자로 만들어나갈 필요가 있다.

2. 경제적 과제

현재 남북한의 경제력은 통일 당시 동·서독의 경제력보다 훨씬 못하다. 서독과 동독의 경제력 차이는 2 대 1이었지만, 한국과 북한의 경제력 격차는 38 대 1에 달한다. 인구대비는 서독과 동독이 4 대 1, 즉 6200만 명 대 1800만 명이었지만, 남북한은 2009년 기준 2

---

31) 김태우, 『북핵을 넘어 통일로』, 354.

32) 김태우, 『북핵을 넘어 통일로』, 356.

대 1, 즉 4800만 명 대 2300만 명이다.[33] 통일 시에 우리 한국이 짊어져야 할 경제적 부담은 클 수밖에 없다.

이러한 엄연한 경제적 현실에서 한반도가 통일한다는 것은 한국이 통일 시 쏟아부어야 할 통일비용[34] 재원을 마련할 수 있느냐 하는 문제에 귀착된다. 서독은 통일 후 동독에다 실로 막대한 통일비용을 투입했지만, 20년이 지난 지금까지도 동·서독 지역 간 경제적 격차가 완전히 소멸되지 않았다는 점[35]에서 통일에 대한 부담감을 떨치지 못하는 게 당연하다. 한국이 통일비용 지출로 인해 한국경제가 수렁에 빠지고, 침체할 수 있다는 우려이다.

통일을 대비하는 한국은 경제적 측면의 과제를 안고 있다. 통일비용을 감당할 수 있도록 경제기반을 더욱 강화하고, 재정의 건전성과 탄력성을 높여 가도록 노력해야 할 것이고, 사회안전망을 보다 튼튼하게 구축해나가야 할 것이다. 그리고 통일을 대비하면서 통일비용을 어떻게 확충할 것인지 논의도 있어야 할 것이다. 국민적 합의에 의해 통일세 등 통일재원 마련 방법을 모색해야 할 것이다.[36]

3. 사회적 과제

통독 전 서독은 사회복지제도가 완벽하게 갖추어져 있었고, 사회보

---

33) 참조. 평화문제연구소 연구실, 『독일통일 바로알기』, 68.

34) 통일비용은 통일 후 북한주민 생활수준이 남한 수준과 동등하기까지 투입되어야 할 재원이다. 미국 랜드연구소는 북한주민 생활수준이 남한의 60% 수준에 이르는데, 쓰일 비용을 약 2천조로 예상했다. 참조. 김태우, 『북핵을 넘어 통일로』, 337.

35) 동독의 경제력이 서독의 80%에 도달했다. 참조. 김태우, 『북핵을 넘어 통일로』, 341.

36) 일례로 18대 국회에서 내놓은 통일항아리법안 같은 것이 있다. 56조 원가량의 통일대비 재원 마련하자는 안이다. 그러나 이 안건은 통과되지 못했다.

험 재정도 매우 건전한 상태였다. 서독 시민들은 최상의 복지 혜택을 누리고 있었다. 그러나 통독 후 동독 지역은 높은 실업률로 인해, 막대한 사회보장비용이 발생하게 되었다. 보험료를 납부하지 않은 동독 사람들이 통일이 되는 동시에 납부 실적 없이 대량으로 사회보험 혜택을 받았다. 이렇게 예상치 않은 보험 외적 비용이 발생되므로 독일 사회보험 재정은 적자로 돌아섰고, 이것이 사회보험 재정 적자 요인으로 크게 작용했다.

물론 독일정부는 동독경제의 시장경제체제로 전환 과정에서 발생하는 대량실업 사태를 막기 위해 단축조업, 조기 퇴직제도, 전직 훈련제도, 피고용자 임금을 75% 지원하는 정부 조치제도 등 고용정책을 진행했다. 그러나 동독과 경제 통합 이후 동독지역 기업의 대량 도산 및 근로자 해고 사태를 막을 수 없었다. 대량실업 사태는 고용유지 비용과 실업급여 등이 정부 부담으로 넘어오게 했다. 사회복지비용은 통일비용과 함께 국가재정 부담을 가중시키는 요인이 되었다.

우리나라의 경우 통일이 됐을 때, 서독이 치러야 했던 사회보장비용도 염두에 두어야 하고, 이 비용을 통일비용과 함께 고려해야 한다. 우리나라는 아직 사회보장제도가 내용상 완벽하게 갖추어져 있지 못하다. 사회안전망 체계나 복지행정 체계도 미약하고 복지 재정 역시 충분치 못하다.

4. 종교적 과제

분단체제 아래와 통일과정에서 동·서독교회의 역할은 지대했다. 독일교회는 '평화와 화해'의 기독교 가치를 앞세우고 독일을 통일하게 한 정신적 지주가 되었다. 사회주의와 자본주의, 그 어느 한쪽 이데올로기를 편들지 않고 평화와 화해의 원칙 아래 통일의 역군이 되었다.

서독교회는 1950년대부터 사회봉사 차원에서 동독지역의 교회를 꾸준하게 지원했다. 동독교회가 운영하는 유치원, 양로원, 요양원 등 사회봉사기관들을 재정적으로 지원했다. 그리고 서독교회가 동독에 대한 인도주의적 지원 차원에서 행한 정치범 석방과 이산가족 교류를 앞장서서 추진했다. 동독교회는 1989년 동독인들이 헝가리 국경을 넘어 대량으로 탈출할 때, 수백만의 동독 주민들과 함께 라이프치히, 드레스덴 등 주요 도시교회에 모여 평화의 기도회를 가졌다. 통일과 비폭력을 외치며 대규모 시위에 참여했다.

한국교회는 한반도 통일이란 시대사적 요청 앞에서 해야 할 과제가 있다. 통일의 절대 가치인 평화와 화해 정신으로 통일을 역사 속에서 구현해야 할 사명이다. 통일 노력의 일환으로 북한 주민의 인권 회복을 위한 인도주의적 차원의 나눔과 봉사에 진력을 해야 한다. 그와 함께 탈북자에 대한 돌봄과 지원도 병행해야 한다. 교파와 진보, 보수 장벽 없이 한마음 한뜻으로 평화기도회를 갖고 통일역량을 집중해야 할 것이다.

통일독일의 과거청산

강병오
(서울신학대학교 교수, 기독교윤리학)

I. 들어가는 말

독일은 1989년 11월 동·서독 분단의 상징인 베를린 장벽이 극적으로 붕괴됨으로써 40여년에 걸친 민족분단을 종식했다. 그 이듬해 10월 3일 역사적인 민족통일의 위업을 달성했다. 동·서 분단국이었던 독일은 동독 사회주의 체제가 사회 민주주의 체제인 서독으로 편입되는 정치통합의 과정을 거쳐 통일을 성취했다. 극히 짧은 기간 안에 정치적 통일이 이루어졌다 하더라도 두 체제 간 정치통합은 비교적 순탄한 진행과정을 거쳤다 할 수 있다.

독일의 정치적 통일과정은 익히 알려진 바대로 3단계로 진행되었다. 첫 단계는 우선 동·서냉전 구조가 와해되는 시점에서 오스트리아·헝가리 국경 통행 완화로부터 베를린 장벽의 개방에 이를 때까지 동독 사회주의 체제 자체의 몰락 과정의 시기이다. 이 단계에서 독일통일에 대한 논의는 전혀 없었다. 여기서의 주된 관심은 동독이 사회주의 체제의 내부를 개혁하는 것에 있었다. 둘째 단계는, 베를린 장벽이 무너진 이후, 동독 내 통일을 요구하는 시위로부터 시작하여 1990년

3월 동독인민회의에서 실시한 민주선거일까지의 시기이다. 마지막 단계는 동독의 민주선거로부터 독일통일을 완성한 1990년 10월 3일까지의 기간이다. 이 기간 동안 여러 조약들, 예컨대 양독 간의 화폐조약, 경제조약, 사회조약 그리고 선거협약 및 통일조약 등이 다수 체결되었다.

통일독일의 정치체제는 기존의 서독 기본법을 골격으로 해서 세워진 국가이념에 따라 형성되었다. 통일독일의 정신은 기본법 제20조에 의거한 공화국, 민주주의, 연방국가, 법치국가, 사회국가 원칙에 들어있다. 말하자면, 독일통일은 동·서독 간 체제 수렴 형태를 통해 이루어진 것이 아니라, 동독사회주의 법의 붕괴와 함께 동독지역에 서독의 법치국가적 질서가 수립되는 형태로 이루어졌다. 이렇게 구동독 지역이 자유민주적 법치국가의 질서로 구축되었다는 사실은 바야흐로 동독의 과거청산을 가늠하는 방향타로 결정짓게 되었다. 이에 따라 동독의 과거청산은 여타 동유럽 국가의 과거청산과는 다른 형태인 자유민주적 절차에 따른 전체주의 체제 청산이라는 독특한 방식으로 성공적으로 진행되었다.

동독지역이 자유민주주의 법치국가적 질서로 새롭게 구축됨에 따라 두 가지 측면의 과거청산이 가능했음을 엿볼 수 있다. 첫째, 실질적인 과거청산이다. 이로써 불법조치로 인한 피해자의 구제와 구동독 공산당 정권의 담당자 및 지지세력으로서 체제범죄 가해자에 대한 처벌 그리고 공산당의 몰수재산 처리 문제 등이 거론될 수 있다. 둘째로는 동독의 과거를 성찰하는 것이다. 동독 시절의 과거사 재조명을 통해 공산주의의 실체가 객관적으로 규명되고, 이를 통해 후세에 역사적 교훈을 삼고 동·서 간에 사회통합이 실현되는 로드맵을 갖게 된다.

이 논문은 통일독일이 동독 공산주의 과거청산을 어떤 방식으로 진행하였고 공산정권에 대한 청산의 대상을 무엇으로 잡고 구체적으로 어떻게 실행하였는지를 고찰하는 데 있다. 이를 위해 논문은 먼저 과거청산에 대한 개념을 정리하고, 그다음 과거청산의 목적, 과제 그리고 대상에 대해 살피며, 마지막으로 통일독일이 구체적으로 과거청산을 어떻게 수행했는지(구동독 독재정권 피해자에 대한 명예회복 및 보상 조치, 반법치국가적 가해자 처벌, 통일독일의 몰수재산 처리, 과거사 재조명 및 구동독 재건 등)를 고찰한다.

II. 통일독일의 과거청산 방식

1. 과거청산 개념

일반적으로 과거청산은 내용상 과거규명과 과거성찰을 내포하고 있다. 여기서 과거규명은 "사법적 · 정치적 측면의 과거청산으로 사건의 진상 · 책임의 규명, 가해자의 처벌, 피해자의 보상과 복권, 명예회복"[1]을 의미한다. 반면에 과거성찰은 "과거사에 대한 비판과 반성, 애도와 치유의 노력"[2]을 뜻하고 있다.

통일독일의 경우는 과거청산을 두 가지 개념으로써 수행하였다. 곧 "과거청산(Vergangenheitsbewaeltigung)"과 "역사정립(Geschichtsaufarbeitung)"[3]인 것이다. 전자는 과거를 극복하는 것인데, "주관성과 개입"[4]에서 역사를 대하자는 것이다. 후자는 "객관성과 중립"[5]에

1) 정흥모, 『동유럽국가 연구』(서울: 성균관대학교출판부, 2011), 287.

2) 위의 책, 287-288.

3) 위의 책, 288.

4) 위의 책.

5) 위의 책.

서 동독의 역사적 사실을 마주하자는 것이다. 통일독일에서 과거청산, 즉 과거를 극복한다는 것은 구체적으로 동독사회주의 통일당의 역사를 어떤 식이든 종결시키겠다는 의지를 뜻하고, 객관적으로 역사를 연구함은 동독사회주의 통일당의 역사를 비판적으로 검토하여 서독으로의 통합을 제대로 확보하기 위함이다.[6] 통일독일의 과거청산에서 과거에 유추할 만한 사례는 나치 과거청산이다.[7] 일찍이 베를린 자유대학 역사학 교수 유르겐 코카(Juergen Kocka)는 자유민주적 혹은 법치국가적 측면에서 나치역사와 동독역사는 동일한 차원임을 주장한 바가 있다.[8] 나치체제와 동독체제는 모두 인권 및 시민권에 대한 조직적인 침해와 국가권력의 무제한적 확대가 편만하게 했다. 양 체제는 사법권의 독립을 불허했고, 제한적인 집회 및 의사자유를 허용했고, 국가권력의 전횡 그리고 소수자에 대한 국가적 박해로까지 이르게 했다.

그러므로 나치정권과 동독정권 모두는 불법국가로 규정되기에 마땅하다. 결국에 전자는 자연법에 의해서 군사법정에 서게 되었고, 후자는 서독 실정법에 의해 연방법정에 소환될 수밖에 없었다. 동독이 불법국가로 간주된 것은 실제로 불법행위를 자행한 국가안보부와 그에 의해 기록된 슈타지 문서가 명백하게 존재했기 때문이다. 국가안보부는 인민을 보호해야 하는데 그렇게 하지 못했다. 오히려 국가와 인민을 일치시키기보다 국가와 통일당의 일치관계를 드러냈을 뿐이었다. 결과적으로 국가의 정부, 입법기관이 법치국가의 원칙을 무시하고 국가권력

---

6) 통일독일 연방의회는 동독 과거청산을 위해 연방의회 내 특별위원회인 '앙케트위원회'에 위촉하고 '사회주의 통일당 독재의 귀결과 과거청산에 대한 보고서를 작성하도록 지시했다. 앙케트위원회는 1차(1992-1994)와 2차(1995-1998)에 걸쳐 활동했다. 이 위원회는 연방의원, 전문가, 목격자 그리고 학자로 구성되었다. 박정오 외, 『동유럽 공산주의의 '해체'·'청산' 그리고 새로운 사회로의 '통합'에 대한 연구』(고양: 좋은땅, 2016), 137-138. 참조.

7) 정흥모, 『동유럽국가 연구』, 289. 참조.

8) 위의 책.

이 법적 절차에 따라 행사되지 않도록 했다. 동독은 독재정권을 유지하기 위해 슈타지에 91,000여 명 정규직원과 174,200명의 협조자를 고용하였고, 약 400만 명의 주민과 200만 명의 서독인, 총 600만 명을 감시하는 자료를 만들었다. 동독은 이처럼 거대한 "감시공화국"[9]으로 변모했다.

구정치체제가 붕괴하고 새 정치체제로 전환되면, 새 체제는 당연히 과거 체제를 부정하고 정통성을 확립하기 위해 과거에 자행된 불법성을 청산하기 마련이다. 통일독일의 실질적인 구동독 과거청산 작업은 그런 관점에서 이해되어야 한다. 한 마디로, 통일독일의 과거청산 유형은 "형집행 모델"[10]과 다르지 않다.

2. 과거청산의 목적, 과제 그리고 대상

1989년 이후 동독에 대한 과거청산의 전제는 나치에 대한 과거청산의 전제와는 사뭇 달랐다. 여러 정치적인 질문과 구체적인 결정이 요구되는 정치적인 의제를 부각했다. 독일 통일이 직면한 체제변화에 맞물린 과거청산은 자유민주주의 체제가 공산주의의 과거와 어떤 관계를 맺어야 할지, 슈타시의 자료를 공개해도 좋은지, 가해자의 공직임용권 자격을 제한하고 형사처벌은 관철되어야 하는지, 가해자를 관용해야 할지 말지 등을 결정해야 했다. 여기로부터 동독 과거청산은 그것이 가진 목적, 과제 그리고 대상을 결정해야만 했다.

---

9) 손선홍, 『분단과 통일의 독일현대사』(서울: 소나무, 2005), 374.

10) 정흥모, 『동유럽국가 연구』, 296. 이 모델의 특징은 법치국가가 불법국가를 기소하여서 처벌을 통하여 과거를 청산하는 데 있다. 곧 재판을 통하여 과거청산을 하는 것이다. 다른 두 모델은 종결 모델(절대적 종결모델- 러시아, 스페인, 브라질, 그루지야, 우루과이, 가나; 상대적 종결모델- 폴란드, 체코, 칠레, 불가리아, 헝가리, 한국)과 화해 모델(남아프리카, 과테말라)로 나뉜다.

과거청산의 목적은 과거의 재발을 불가능하게 만들고 바야흐로 실제적인 정치의 시작을 도모하고자 하는 데 있다. 과거의 작동방식과의 단호한 단절이 중요하다. 과거의 지속적인 영향하에 놓인 권력과 확실하게 종결하는 것이다.

이로써 과거청산의 과제는 보다 명백해진다. 새로운 정치가 시작부터 좌초되지 않기 위해서 동독 시절에서 파생된 5개 사항에 걸친 문제들은 즉각적으로 해결되어야만 한다.[11] 그것은 곧

1) 인권 혹은 정치적 자유를 탄압했던 기구를 금지시키는 것이고,
2) 가해자를 처벌하며,
3) 가해자의 공작임용권의 자격을 제한하고,
4) 피해자에 대한 보상과 더불어 명예를 회복해야 하며,
5) 과거를 공론화하는 것이다.

이러한 과거청산의 기제는 과거청산의 과제에서 구체화되고 있음을 볼 수 있다. 이로써 통일독일과 동유럽 국가의 과거청산 대상은 다음과 같은 것들로 거론될 수 있다.[12] 물론 이를 위해 독일은 법과 재판을 통해 과거청산을 했다.

1) 정치적 박해를 당한 피해자의 명예복권과 보상
2) 공산주의 시절에 박탈당한 재산권 되찾기
3) 권력기관 종사자에 대한 공직임용 때 차별대우
4) 공산주의 시절 자행된 불법행위에 대한 법적 책임 추궁
5) 공직(정무직 포함)을 담당할 자에 대한 신원조회
6) 피해자와 역사연구를 위해서 국가안전기획부의 문서와 그 밖의 비밀문서의 공개

11) 정흥모, 『체제전환기의 동유럽 국가연구』(서울: 도서출판 오름, 2001), 234.
12) 위의 책, 235.; 정흥모, 『동유럽국가 연구』, 295.

7) 공산주의 독재의 기능방식, 공산주의 독재와 관련된 연관성, 그리고 공산주의 독재 사실에 대한(의회의 조사위원회의 활동을 포함) 공적 해명

8) 지배 공산당과 그 위성기구의 재산처리

III. 통일독일의 과거청산 내용들

통일독일이 동독지역에 대해 과거청산한 내역은 다음과 같다. 여기서 다루어질 내용은 구동독 독재정권 피해자 명예회복 및 보상 조치, 반법치국가적 가해자에 대한 처벌, 공산당의 몰수재산 처리, 과거사 재조명 및 구동독 재건 등이다.

1. 통일독일의 구동독 독재정권 피해자 명예회복 및 보상 조치

구동독 공산정권의 불법행위를 청산하는 과거 문제 가운데 가장 중요하고 시급한 문제는 다름 아닌 정치적 피해자를 법적으로 구제하는 일이었다. 피해를 당한 사람들을 법적으로 구제하고 또 이들에게 보상을 실시하는 것은 가해자의 처벌보다 더 막중했다.

피해자의 유형은 다음과 같이 열거된다.[13] 첫째, 헌법상 정치적 기본권과 인권에 반해 처벌되었거나 형사상 유죄판결을 받은 자(형법적 복권의 대상), 둘째, 법률의 중대한 위반 이유로 유죄판결을 받은 자(파기 대상), 셋째, 동독 관청의 행정행위로 불이익을 받은 자(행정법적 복권의 대상), 넷째, 동독 기업의 잘못된 결정으로 직업에서 불이익을

13) 손선홍, 『분단과 통일의 독일현대사』, 370-371. 참조.

받은 자(직업적 복권 대상) 등이다. 이렇게 피해를 입은 자들에게는 형법적, 행정법적, 직업적으로 구분해 복권과 보상이 이루어졌다.

동독은 정치적 변혁기부터 통일까지 자체적으로 과거의 불법행위에 대해 개선조치를 내렸다. 1990년 6월 29일 확정된 형사판결을 취소할 수 있는 재판파기제도를 도입했다.[14] 재판파기 대상은 1990년 10월 3일 이전 판결이 확정된 사건으로 제한되었다. 파기 사유는 재판이 법률에 중대한 위반이 있고, 형량에 하자가 있으며, 재판이 법치국가의 원칙과 일치하지 않는 경우이다. 통일조약(제17조) 역시 공산정권에서 희생된 자들이 복권될 수 있는 법적 기초를 마련했다.

그러나 이 조약에 따른 재판파기 제도와 복권법은 통일협상 시간 제약으로 미비점이 있어 피해자 구제에 어려움을 겪었다. 미비점은 1992년 9월 25일 '동독 공산당 불법 청산을 위한 제1차 법률'이 제정, 보완되었다. 이 '제1차 구동독 불법행위 청산법'은 1992년 11월 발효되었다. 이 법을 통해 정치적 이유로 형사 처벌받은 희생자에 대하여 복권조치 및 신체적 고통에 대한 재정적 보상을 제공하는 등 형법적 복권을 시행하고자 했다. 또한 통일독일은 1993년 7월 '제2차 구동독 불법행위 청산법'을 제정하여 불법적인 행정행위 및 동·서독 간 국경 설정에 의하여 강제이주로 발생한 손실을 보상하는 등 행정법적 복권을 시행하였다.

한편, 1945년 5월 8일 이후 체제반대자들이 정치적 이유로 인해 구금, 행정 조치, 해고 조치, 연금 삭감 등 입은 직업상 피해를 보상하거나 복권(직업적 복권)을 시행하도록 했다. 확인된 경우, 연금을 통한 배상, 직업교육 비용 지급, 보상금 지급 등이 있게 되었다.[15] 2003년까지 사용된 보상 총액은 형법상 복권에는 6억4200백만 유로(Euro)에

14) 위의 책, 371.

15) 위의 책, 373.

달했고, 직업상 복권 등에는 1420만 유로에 상당하였다. 2003년 12월에 법률을 개정, 복권 신청기간을 2007년 12월까지 연장하기까지 했다.

2. 통일독일의 반법치국가적 가해자 처벌

과거청산을 위해서는 인간의 존엄성을 유린하고 정치적 폭력이나 불법행위를 행한 자들에 대한 처벌이 필요했다. 통일독일은 반법치국가적 가해자를 처벌하기 위한 준거법을 선택함에 있어 행위 당시 구동독법을 기준으로 삼았다. 구동독법 자체가 반법치국가적일 경우에는 국제인권규약 등을 원용하였다.

동독경찰은 통일 이전 1990년 1월 호네커 전 당서기장을 베를린 장벽 탈출자에게 사살명령을 내린 혐의로 구속했다. 호네커는 변호인 구속 취소 신청이 받아들여져 석방되어 동독 주둔 소련군 병원으로 이송되었다. 통일 이후 다시 베를린 장벽에서의 살인 혐의자로 구속영장이 발부되자, 1991년 소련으로 탈출, 칠레대사관으로 피신했다. 통일독일의 강력한 송환 요구로 1992년 7월 29일 강제 송환되어 베를린 교도소에 수감되었다. 호네커는 건강악화로 인해 재판이 중지, 1993년 1월 석방되었다. 그는 석방 즉시 칠레로 망명하고 거기서 지내다 1994년 숨을 거두었다.[16)]

1990년 10월 3일 동독이 서독에 흡수되면서 통일조약에 따라 검찰2국이 범죄행위에 대한 기소 건을 독점했다. 특히 동독정부 · 통일범죄 중안수사처가 베를린에 설치되어 동독정부 및 통일범죄처리를 맡았다.[17)] 과거 일부 불법행위에 대한 재판이 시효만료의 이유로 재판이 중단되자, 연방 하원은 1993년 1월 21일 '공산당 정권하의 불법행위에

16) 위의 책, 373.

17) 정흥모, 『동유럽국가 연구』, 299. 참조.

대한 시효정지에 대한 법'을 제정했다.[18] 공소시효 문제에 관해서는 공소시효 정지법과 시효연장법을 마련하여 시효문제를 원만하게 해결하였다. 과거를 청산하여 법치국가적 기틀을 마련하기 위해 제정된 '형법 시효연장에 관한 법'이 1993년 9월 27일 발효되어 불법행위에 대한 소멸시효가 연장되었다.[19]

베를린 제2지방검찰청은 1만9972건의 체제 관련 범죄사건을 접수하여 그중 1만4782건을 처리하였고, 그중 367건을 기소하였다. 대표적인 재판 사례로 구동독 서기장이었던 에리히 호네커(Erich Honecker), 전 총리 슈토프(Willi Stoph), 전 국방장관 하인츠 케슬러(Heinz Kessler), 공산당 서기장이었던 에곤 크렌츠(Egon Krenz), 전 국가안전부 장관 밀케(Erich Mielke)에 대한 재판이 있었다. 재판 결과로 크렌츠는 동독 탈출자에 대한 발포 명령을 내린 혐의로 기소, 6년 6월의 형을 선고받았다. 케슬러는 1993년 살인교사죄로 유죄를 선고받자 연방 대법원에 상고했지만, 기각되었다. 밀케는 경찰관 살해 혐의로 6년 형을 선고받았다.[20]

한편, 독일 연방의회는 슈타지 자료법(Stasi Unterlagen Gesetz)을 1991년 12월 29일 가결시켜 1992년 1월 1일부터 자료열람을 가능케 했다. 1997년 말까지 자료열람, 공직자에 대한 전력조사와 복권신청이 약 350만 건이 있었으나, 이 가운데 약 303만 건이 해결되었다.[21] 슈타시 자료법은 동독의 정치적 잔재 청산에 기여한 바가 매우 크다. 독일 연방의회는 사회주의통일당(SED) 독재잔재청산 특별위원회인 '앙케트위원회'를 설치하여 구동독 공산정권의 불법성을 규명하게

---

18) 손선홍, 『분단과 통일의 독일현대사』, 374. 참조.

19) 위의 책, 375.

20) 위의 책, 376.

21) 위의 책, 374.

하였다.[22] 이처럼 통일독일은 동독 공산정권에 의해 인권탄압이나 불법행위를 저지른 가해자들을 처벌함으로써 불행했던 과거를 청산하려고 노력했다. 과거 불법행위에 대한 원칙 없는 관용과 무차별적 용서는 피해자들에게 불신을 초래하여 진정한 통일의 의미와 사회통합과 사회정의 실현을 저해하도록 만든다. 동독 시절의 반법치국가적 행위에 대한 가해자의 처벌은 불가피한 일이다.

3. 통일독일의 몰수재산 처리

과거 동독에서 사유재산 몰수 조치가 두 차례 있었다. 몰수 조치는 크게 소련 점령시기(1945. 5. 8 - 1949. 10. 6)와 동독 시기로 나뉘어 이루어졌다.[23] 점령시기에 점령당국은 토지개혁 명목으로 100ha 이상 소유자, 나치주의자와 전쟁범죄자 소유 토지를 몰수해 국유화했다. 1948년 산업생산의 40%를 차지한 7천여 개의 기업체가 몰수되었고, 전쟁배상 조치로 50억 마르크에 달하는 공장이 해체되었으며, 213개 기업이 소련식 회사로 전환되었다.[24] 다른 한편, 동독시기에 동독정부에 의해 사유재산 역시 몰수되었다. 정부수립 직후 수백만 명의 동독주민이 서독으로 탈출, 동독정부는 이들 재산을 형사처벌 조치로 몰수했다. 서독 이주 허가자에게도 부동산을 매각하도록 강요했다.

통일과정에서 원소유자들은 몰수된 재산에 대한 소유권을 주장했다. 동독은 반환 불가의 입장을 고수했고, 서독은 재산권 문제로 통일이 어려워지자 반환을 허락하고자 했다. 이렇게 양국 입장이 첨예하게 대립하자 동·서독 정부는 1990년 6월 15일 공동선언을 통해 미해결

---

22) 각주 6 참조.

23) 손선홍, 『분단과 통일의 독일현대사』(서울: 소나무, 2005), 377.

24) 위의 책, 377. 참조.

재산 문제 처리를 위한 기본원칙을 정했다. 기본원칙은 곧 “1949년 10월 7일 동독 수립 이후 아무런 보상 없이 몰수된 재산은 원칙적으로 원소유자에게 반환하도록 하였으나, 소련 점령 기간에 점령 당국에 의해 몰수된 재산은 반환하지 않기로”[25] 한 것이다. 이 공동선언은 나중에 통일조약(41조)에 포함되어 법률적 효력을 갖게 되었고, 다시 후에 연방법에 도입되었다. 그러나 소련 점령기에 재산을 빼앗긴 원소유자들은 통일조약 규정이 기본법 제3조, 제14조, 그리고 제79조에 전면 위배된다고 연방헌법재판소에 재소했다. 연방헌법재판소는 몰수 조치가 점령국의 주권적 조치이기에 원상회복 배제 조치가 기본법 개정 불가사유에 해당되지 않는다고 판결을 내렸다.

재산법은 1949년 10월 7일 동독 수립 이후 몰수된 재산을 원소유자에게 반환하도록 규정했다. 미해결 재산 문제의 처리를 위한 마지막 입법조치인 ‘보상과 조정 급부법’이 1994년 12월 1일 발효되었다. 이 법은 보상 없이 몰수한 재산에 대해 보상액의 규모와 재정조달에 관해 규정하고 있다.

결론적으로 통일독일은 1945년에서 1949년 구소련이 점령한 상황에서 토지개혁에 의해 몰수된 재산은 통일조약에 의거해 반환하지 않고 보상하였다. 또한 1949년 이후 구동독 정권하에서 무보상으로 몰수된 재산은 원소유자가 반환신청을 할 경우, 원칙적으로 반환하고 보상 선택도 가능하도록 했다. 통일독일은 1996년 중반까지 기업 관련 재산반환 신청 17만 건 중 12만 건을 처리하였으며, 부동산 및 기타 재산반환 신청 240만 건 중 153만 건을 처리하여 평균 65%를 처리했다. 재산권과 소유권 문제는 동독인의 입장이 반영되지 않았다는 것이 해결의 어려움으로 지적된다.

---

25) 위의 책, 379.

4. 통일독일의 과거사 재조명 및 구동독 재건

통일독일은 한편으로 재판을 통한 과거청산에 그치지 않고 한 걸음 더 나아가 '구동독 독재정권 청산 재단'을 설립하여 과거 구동독 시대, 독일의 통일 과정과 결과를 재조명하여 기록을 남기고자 했다. 이런 노력은 앙케트위원회의 활동 결과에서 나타난다.

그리고 통일독일은 공산정권 시 유적들을 없애지 아니하고 후세 교육 차원에서 보존하고, 구동독 공산체제에 관한 박물관을 건립하였다.

다른 한편, 독일은 통일 이후 구동독 재건을 위해 힘썼다. 2005년까지 약 1조5000억 유로 규모의 재원을 구동독을 재건하는 데 지출한 것으로 추정되었다. 현재에도 계속 통일연대협약(Solidarpakt II)에 의거하여 2005년에서 2019년까지 총 1565억 유로의 막대한 금액을 구동독 재건을 위해 집행하고 있는 중이다. 이를 통해 동·서독 지역 간 경제 격차가 완화되는 등 상당한 성과를 거둔 것으로 보인다. 하지만, 양 지역 간 지역적 격차를 해소하고 동등화를 이루기 위해서는 아직도 상당한 시일이 소요될 것으로 전망된다.

1998년 동독 경제재건의 연구에 집중했던 할레 경제연구소 우도 루드비히(Udo Ludwig) 소장은 2003년경 양독 간 동등화가 이루어질 것으로 전망했다. 여러 다른 주장이 제기되었지만, 양 지역 격차는 여전히 존재하는 건 사실이다. 좌파당, 자유민주당, 녹색당 등 야당세력은 볼프강 티펜제(Wolfgang Tiefensee) 연방 건설교통부 장관이 구동독 지역의 경제성장을 과대평가하고 있다고 비판하며 2007년 이후 양 지역간 격차는 오히려 더 벌어졌다는 입장을 냈다.

최근 구동독 지역은 재생에너지, 광학, 바이오산업 등 신산업에 대한 집중 육성 정책을 통해 발전을 모색하고자 노력했다. 하지만, 인력유출, 주정부의 재정적자, 동구권 국가들의 유럽연합(EU,

European Union) 가입에 따른 투자유치의 어려움 등 구조적 문제를 안고 있는 게 사실이다. 그러므로 양 지역 간 격차 해소는 구동독 지역의 구조적 문제를 어떻게 효율적으로 해결하느냐에 달려 있다.

한편, 독일은 2008년도 통일백서에서 구동독 지역의 장기 실업문제 해결책으로 '장기 · 고령 · 비숙련' 등 목표 그룹별로 맞춤형 구직자 교육 지원을 강화하고, 바이오 · 광학 등 미래형 성장 동력 산업을 중점 육성하는 방안을 제시하였다. 티펜제 장관은 위의 백서를 발간하면서 구동독 주민들의 '2등 국민 의식' 상존을 큰 문제로 지적하고, 동독 주민들이 재건 성과에 대해 자부심을 갖도록 하는 것이 중요하다고 강조했다.

IV. 나가는 말

통일독일이 행한 과거청산은 '재판에 의거한 과거청산', 과거사 재조명 그리고 구동독 재건으로 집약될 수 있다. 이에 대해 사회 각층에서는 매우 엇갈린 반응과 평가를 내놓고 있다. 일부 민권운동가 출신들은 재판에 의거한 과거청산에서 가해자에 대한 형량이 너무 낮았다는 점을 꼬집어 비판했다. 가해자들이 동독 인민에 자행한 탄압은 형법으로 잴 수 없을 만큼 매우 크다는 점을 강력히 주장했다. 피해자 단체들은 전면 재조사를 요청하고 가해자에 대해 보다 강력한 처벌을 요구하기까지 했다. 하지만 대다수 동독 시민들 역시 이질적 체제로 인한 또 다른 피해자란 점에는 함께 공감하기도 했다. 또 다른 한편으로 일각에서는 형법상의 판결 자체가 동독 정권이 불법 정권임을 만천하에 드러낸 것으로 만족할 만큼 충분했다는 입장을 내놓기도 했다.

결론적으로 말해, 통일독일이 행한 재판에 의한 과거청산은 순전히 사법적 청산이 아닌 정치적 과거청산이었다는 점이 괄목할 만하다.

참고문헌

김동률 · 최성진. “체제불법의 형법적 과거청산의 당위성에 대한 연구—통일후 구동독 체제에 대한 청산과정에서의 논의를 중심으로.” 「동아법학」 제66집(2015.2), 449-481.

김동명. 『독일통일, 그리고 한반도의 선택』. 서울: 도서출판 한울, 2010.

김철민 · 박정오 외. 『동유럽 체제전환 과정과 통일한국에 주는 의미』. 서울: 한국외국어대학교 지식출판원, 2014.

박정오 외. 『동유럽 공산주의의 ‘해체’ · ‘청산’ 그리고 새로운 사회로의 ‘통합’에 대한 연구』. 고양: 좋은땅, 2016.

손선홍. 『분단과 통일의 독일현대사』. 서울: 소나무, 2005.

안병직. “과거청산과 역사서술.” 「역사학보」 제177집(2003), 225-246.

안영승. “통일이 좋은 것만이 아니다.” 「관훈저널」 제65집(1997.9), 223-233.

이종언. 『낭만의 길 야만의 길—발칸동유럽 역사기행』. 서울: 소울메이트, 2012.

임홍배 외. 『기초자료로 본 독일통일 20년』. 서울: 서울대학교 출판문화원, 2014.

정영화. “남북통일과 법통합의 소고.” 「동아법학」 제66집(2015.2), 281-314.

정현백. “실패한 새로운 시작—독일 역사학의 과거청산과 분단극복.” 「창작과 비평」 제24집(1996.9), 357-378.

정호기. “한국 과거청산의 성과와 전망—과거청산 관련 국가기구의 활동을 중심으로.” 「역사비평」(2004.11), 238-261.

정흥모. “통일독일의 동독역사 (재)정립.” 「국제정치논총」 제38집(1999), 291-308.

———. 『체제전환기의 동유럽 국가연구』. 서울: 도서출판 오름, 2001.

———. 『동유럽 국가연구』. 서울: 성균관대학교 출판부, 2011.

최승완. “독일의 또 하나의 과거청산—구동독 국가안전부 문서 처리작업.”「역사비평」(2006.2), 412-440.

황병덕. “동 · 서독 간 정치통합연구.” 「통일연구원 총서」(1996.10), 1-124.

황병덕 외. 『독일의 평화통일과 통일독일 20년 발전상』. 서울: 늘품플러스, 2011.

Gieseke, Jens. *Die Stasi 1945-1990*. Muenchen: Pantheon, 2011.

헝가리의 체제변화
—원인, 과정, 결과들

보그나르 잘란
(Bognár Zalán, 카롤리카스파대학교 교수)

존경하는 신사 숙녀 여러분! 친애하는 청중 여러분!

헝가리의 체제변화를 이해하기 위해, 우리는 적어도 몇 가지 중요한 헝가리 역사를 알아야 한다.

제2차 세계대전 후, 헝가리는 소련에 의해 점령당했다. 헝가리는 패전국이었기 때문에, 소련은 연합군 통제위원회(Allied Control Commissions, ACC) 대표 자격으로 헝가리 국내 정치에 계속 간섭하며 형성되어가는 헝가리 민주주의를 말살시켰다. 1947년 가을 연합군 통제위원회의 임무가 종료되자, 헝가리 공산당(Magyar Kommunista Párt)은 권력을 쟁취하고, 1949년 공산주의자들은 결국 스탈린식 절대 독재체제를 구축했다. 그들은 또한 1947년 평화조약 발효 이후에도 계속 헝가리에 소련군이 주둔하도록 했는데, 이는 오스트리아 영토에 있는 소련군의 공급 경로를 유지시키려는 이유 때문이었다.

1956년 동부 혹은 동·중부 유럽인 헝가리에서 무신론적이고 비인간적인 공산주의 체제와 소련제국에 첫 번째 구멍/균열이 생겼다. 사회주의 독재와 소련연방에 대항하여 1956년 혁명과 자유 항쟁이 다른 나라가 아닌 헝가리에서 폭발했다. 그 이유는 다른 사회주의 국가에서는 국가의 이익을 대표하는 정당 지도자들이 나라를 이끌었지만, 헝가리 정치지도자들이 국가에 단지 하나의 외국 사회 체제를 강요하는 것뿐만 아니라, 헝가리 민족의 뿌리를 말살하려 했기 때문이었다. 1956년 혁명과 자유 항쟁의 상징인 국기에 구멍을 냈다. 이는 민족말살을 의미하는 소련을 상징하는 붉은 별을 제거하려고 구멍을 낸 것이다.

소련은 탱크를 앞세워 혁명과 자유 항쟁운동을 진압한 후, 모스크바의 지원을 받은 카다르 야노스가 국가를 지배하는 당 대표이자 헝가리 사회주의 노동당 서기로 32년 동안 1988년까지 국가를 이끌었다. 따라서 이 기간을 카다르(Kádár) 시대라고 한다.

1. 원인

카다르(Kádár) 사회주의 독재의 몰락, 체제변화, 평화로운 민주화 수립은 네 가지 요소가 함께 어우러져 이루어졌다.

1) 헝가리 경제의 복합적인 위기(거대한 부채, 생활수준 하락)
2) 소련연방의 약화와 붕괴
3) 공산주의 리더십 교체를 위한 준비, 대안정치 엘리트의 형성
4) 여당인 헝가리 사회주의 노동당 내부의 세대 간 갈등과 이념 투쟁

1) 헝가리 경제의 복합적 위기

다른 사회주의 국가들처럼, 헝가리는 근본적으로 사회주의 경제

정책의 무능력에 있었다. 주의주의(voluntarism, 主意主義) 경제정책이 가지는 중요한 특징 중 하나는 경제 법칙을 무시한 것이다. 주의주의의 양적 접근방식은 품질 저하를 수반하고, 사람들은 생산 효율에 무관심하고, 비전문가를 등용하고, 혹은 지도자를 임명할 때에 전문기술의 적절성에 따르지 않고 사회당의 충성도를 기반으로 주로 임명했다. 모든 것이 이런 결과를 낳았는데, 특별히 1973년 석유파동 이후, 헝가리에서 생산되는 제품들의 가치 절하가 초래되어 헝가리인의 생활수준은 외국의 빚으로만 유지하게 되었다. 이것이 헝가리 공산당 지도부에게 매우 중요한 사안이었다. 그들은 1956년과 유사한 새로운 혁명을 반드시 피하고 싶었기 때문이다. 공산권 나라들 중 헝가리가 생활수준이 가장 높았기 때문에, 헝가리를 가장 유쾌한 임시막사라고 불렀다.

그러나 헝가리는 엄청난 대가를 지불했다. 나라 빚은 점점 늘어났다. 1970년과 1989년 사이 20배 이상 증가해서 20억 달러를 넘어 섰다. 이렇게 해서 모든 공산주의 국가 중, 헝가리가 일인당 부채가 가장 높은 나라가 되었다. 그럼에도 불구하고, 1980 년대 후반 더 빠른 속도로 물가는 치솟기 시작했고 생활수준이 급락했다. 당시 부다페스트에서는 다음과 같은 말이 퍼졌고, 나라 전체에 확산되었다 "현존하는 사회주의는 작동하지 않고, 작동하는 사회주의는 존재하지 않는다." 국가에 대한 사회적 불만은 점점 더 증가했다. 늘어난 국가 채무는 확실히 경제위기를 심화시켰고, 엄청난 부채를 정치적 변화 이후 국가와 정부에게 유산으로 남겼다. 이것은 많은 사람들이 카다르 체제에 대한 향수를 일으킨 주된 이유였다.

헝가리 경제는 1989년에 거의 파산에 이르렀다. 여당 인사들은 사회적 긴장으로 혁명이 발발하여 휩쓸기 전에, 이를 방지하기 위하여 여당 사람들과 협상을 시작했다. 그리고 평화로운 정권 이양을 위해 양보를 하고 야당 지도자들과 협상했다.

2) 소련연방의 약화와 붕괴

모든 것은 국제정세의 변화가 근본적으로 가능하게 했다. 1981년 로널드 레이건이 미국 대통령이 되어 소위 스타워즈 계획을 선포하여 소련을 경쟁에 뛰어들게 했는데, 경제가 이것을 감당할 수 없게 만들었다.

1982년 소련의 지도자 브레즈네프 (Leonyid Iljics Brezsnyev) 공산당 서기장이 사망하고, 1984년에는 안드로포프(Andropov)가 그리고 1985년에는 체르넨코(Csernyenko)가 후계자가 되었다. 그리고 마침내 상대적으로 젊은 54세의 미하일 고르바초프(Gorbacsov)가 공산당 서기장이 되어 소련 경제발전의 가속도(uszkorenyije), 구조 조정 (페레스트로이카)과 공공 장벽의 철폐(글라스노스트)를 발표하였다. 개혁조치들로 소련을 현대화하고 경쟁력을 키우려고 했다. 그것은 소련이나 동구권이 자발적으로 연합한 민족이나 국가들이 아니라, 오직 군사력에 의한 독재가 하나로 묶는다는 것을 고려하지 않았다.

1988년 12월 고르바초프는 유엔 총회 연설에서 말하기를 폴란드, 체코슬로바키아와 헝가리에 주둔하는 소련군의 수를 줄이겠다고 선언했다. 이것의 본질적 의미는 브레즈네프의 독트린을 철회하는 것이고, 연방체제에 속하는 국가에서 반체제 시위가 있더라도 소련이 군사개입의 필요를 느끼지 않는다는 것이었다. 그래서 1956년과 달리, 동유럽 공산주의 사회주의 정당은 더 이상 러시아의 군사력을 의지할 수 없게 되었다.

3) 공산주의 리더십 교체를 위한 준비, 대안정치 엘리트의 형성

다른 유럽 사회주의 국가와 마찬가지로, 헝가리에서는 커지는 내부 불만의 토대와 변화된 국제 상황을 활용하여 1980년대 말 권력이양을 준비하는 정치 엘리트 계급이 형성되었다. 경제력이 약화된 정치권력은 생활수준의 하락을 초래하여 권한을 좀 더 허락하는 관용정책을 통해 독재를 완화시켜 상쇄하려고 노력했다. 두 부류, 비마르크스주의에 기반한 이데올로기 측은 야당에 대항하는 운동을 조직하기 시작했다. 자유주의와 민족주의 혹은 국가 이익을 생각하는 사람들 주위에 모였다. 1987년부터 비정부 시민기구들이 설립하기 시작, 나중에는 정당으로 형태를 갖추었다. 1987년에 헝가리 민주 포럼(MDF), 1988년에 자유민주의 연립당(SZDSZ)과 젊은 민주 동맹(피데스)이 생겨났다.

4) 여당인 헝가리 사회주의 노동당 내부의 세대 간 갈등과 이념 투쟁

체제의 변화의 네 번째 요소는 사회당 내부에 있었다. 일부분은 세대 간 갈등, 일부분은 다양한 강령들 사이에서 강화된 사상적 권력투쟁이 있었다. 헝가리 사회주의 노동당의 최고 의사 결정기구인 정치평의회 회원들의 평균 연령이 1988년에 61세였는데, 당 서기였던 카다르 야노스는 76세였고 32년 동안 권좌에 있었다. 그 당시 최고의 자리를 차지한 기성세대 아래에서 내각을 이끄는, 헝가리 사회주의 노동당 비서국 지도자들은 젊고, 더 많이 배우고, 에너지가 넘치고, 시대의 흐름을 잘 이해하는 지도자들로 보좌관으로 있었지만, 사회주의자의 역 선택 때문에 등용되지 못하고, 단지 카다르의 뜻에 항상 동의하고 그를 비판하지 않는 사람들이 높은 지위에 오를 수 있었다.

2. 과정

1987년 당내 요구를 수용해, 카다르는 개혁공산주의자 그로스 카로리(Grósz Károly)를 총리에 임명했다. 그는 여러 가지 시장경제를 향한 단계적 조치를 내렸다. 예를 들면 소비자 물가에 대한 국가 지원을 완전한 없애고, 적자 기업에게 주는 보조금을 줄이고, 개인 소득세를 도입했다. 열린 외교 정책으로 이스라엘과 한국과도 1987년 외교관계를 수립했다. 서방으로 헝가리의 개방은 새로운 단계로 비약했는데, 소위 세계 여권의 도입으로 더 이상 특별한 허가를 받지 않고, 모든 시민은 사회주의 진영 이외의 모든 나라에 여행을 할 수 있는 귀중한 권리를 갖게 되었다.

경제위기와 헝가리 사회주의 노동당의 내적 위기의 심화는 1988년 5월 특별한 헝가리 사회주의 노동당의 소집을 강제해서 카로리(Grósz Károly)를 속이고 카다르 자신을 서기장으로 뽑았고, 완전히 당 지도부를 교체했다. 그러나 카다르는 실질적인 힘이 없는 당대표 자리만 차지하였다. 이로써 32년 동안의 카다르 시대는 끝났을 뿐 아니라, "프롤레타리아 독재", 즉 일당체제인 사회주의체제의 붕괴를 가속화시켰다.

카로리(Grósz Károly)는 1988년 11월에 젊은 경제인 미클로쉬(Németh Miklós)에게 내각 책임자 자리를 넘겨주었고, 그는 계속해서 급진정책으로 경제 침체와 금융파산을 모면했다. 예를 들어, 가격체계와 임금 관리 제도에서 기존의 제약들을 바꾸었고, 실업의 불가피성과 소유권의 변화에 대한 필요성을 인식하고, 공기업 경제적 작동을 위해 일부를 민영 기업화하는 필요성을 깨달았다. 소위 사유화법이 만들어지고, 점점 더 많은 공기업의 민영화가 이루어져 주식회사, 유한 책임회사 또는 합자회사가 되었다.(Ugyanakkor mindez az állam, illetve a társadalom ellenőrzésének a teljes kizárásával történt, amit joggal neveztek hatalom-, illetve vagyonátmenté -snek) 그러나 이 모든 일은 정부의 주도로, 사회적 감시는 철저하게 배제된 상태에서 'vagyonátmentésnek 법'이라는 명명된 권력을 이용하여 일어났다. 사회주의 당원들은 사회주의 체제의 붕괴를 감지하고, 정치적 영향력을 이용, 정치권력을 경제권력이나 재산 증식에 이용했다.

체제변화의 측면에서, 헝가리 사회주의 노동당의 지도자였던 임레(Pozsgay Imre)가 1989 년 1월 28일 라디오에서 1956년 "반혁명"을 민중봉기라고 인정하고, 또한 다당제도의 도입에 찬성한다고 말했다. 이것은 적절했다

이것에 의해 공식적으로 사회주의 체제의 정당성의 기초를 흔들었다. 그것은 1956년 혁명을 진압하면서 반혁명이라고 선언하고 권력을 잡은 카다르 야노스가 공산주의자라고 명명(nomenklatúra)했기 때문이다. 이 선언은 당 지도부 내에서 분열을 증가시켰다.

헝가리 사회주의 노동당의 통찰력 있는 정치인들은 평화로운 체제전환, 권력이양을 위한 권력의 공유를 여당 세력과 원탁회의 협상을 시작했다. 그 결과 많은 타협이 있었다. 1949년 소련 스타일의 헌법의 수정, 헌법을 감독하는 헌법재판소 설립, 정당의 운영 및 재정에 관한 법, 국회의원 선거법, 형법 개정에 대해 헝가리 사회주의 노동당의 대표들과 구두 약속을 받았고 당원들이 투표에서 반대하지 않기로 했다.

1956년 혁명의 자유항쟁을 존중하여 1989년 10월 23일에 새로운 10월 헌법을 선포하고, 같은 날 헝가리는 인민공화국에서 민주공화국이 되었다. 헌법재판소가 세워졌고, 9년 임기의 재판관을 선출했다. 헝가리 사회주의노동당은 헝가리 사회당으로 개명했고, 한때는 80만

명이던 당원의 수가 1989년 말에는 2만 명으로 줄었고 1990년 봄 단지 5만 명의 당원만을 가지게 되었다. 1956년 혁명 실패 이후 소련에 의해 설립되어 헝가리 사회주의 노동당의 수비대 역할을 하던 감시원들을 해산시켰다.

헝가리, 폴란드 및 이후의 체코슬로바키아와 동독 변화는 고르바초프와 부시의 1989년 12월 2일 말타조약을 통해 확정되었다. 고르바초프는 동부-중부, 혹은 동부 유럽 국가에 대해 내부 문제에 간섭하지 않는다는 것을 수용했다. 소련은 약속하기를, 독일정부에게 1990년 3월 9일에, 1990년 3월 12일과 1991년 1월 30일 사이에 소련군대를 헝가리에서 철수하기로 했다. 그것은 1990년 1월 헌법 4조를 채택함으로써 정부의 교회 정책을 새로운 기준에 따르게 되었다. 공산주의 정권하에서 교회에 강제로 맺었던 계약들을 무효화하여, 학교 및 기타 기관들에 대해 "자발적으로" 소유권을 취소하도록 하였다.

1990년 3월과 4월에 열린 2차에 걸친 자유 민주선거에서 민족적, 보수적 기독교 당인 헝가리 민주 포럼이 진보당 자유민주연합을 물리치고 승리했고, 공산주의 후계자 당인 헝가리사회당은 11%의 득표로 4위를 했다. 가을에 개최한 지방단체장 선거에서 헝가리사회당(MSZP)은 한때 헝가리 사회노동당(MSZMP)이었던 사람들이 무소속으로 출마하여 훨씬 더 선전하였지만, 감사하게도 나라가 점점 더 좋은 쪽으로 갔다.

1990년 가을에 열린 지방단체장 선거로 1988년에 시작하여 1989년에 속도를 내서 1990년의 봄과 여름에 최종적인 모양을 갖추어, 기본적으로 법적, 정치적 특성의 변환 과정을 통해 일당 독재가 다당제 민주주의로 바뀌었다. 이 변화는 의미와 내용에서 혁명적이라 할 수 있는데, 평화와 비폭력의 방법으로 이루어졌기 때문이다. 1990년 권력을 잡은 정치 엘리트는 체제의 변화가 삶의 다른 영역, 즉 경제, 문화, 외교

정책의 다른 영역에서도 이루어지도록 모든 노력을 다했다.

3. 결과

1997년, 경제 소유권이 완전히 바뀌었다. 1989년 GDP, 총 민간 소유 기업 20%, 국영기업이 80%였는데, 1997년에 비율이 바뀌어 민영회사 소유가 GDP 70%였다. 그러나 경제적 변화와 함께 엘리트의 변화는 발생하지 않아서, 전에 여당이었거나 또는 여당과 가까운 경제인 약 80%가 자신의 위치를 유지하고 있었다. 유감스럽게도 국가행정과 통치, 그리고 인쇄물이나 전자 미디어는 상위-중간급 지도자들이 혹은 이런 지위에도 이전의 독재체제에서 일하던 사람들과 수혜자들이 대부분 남아 있었다. 그래서 권력의 변화는 단지 정부의 상위 수준 급진적인 엘리트의 교체였다. 그래서 대중들은 체제변화를 방식의 변화라고 언급한다.

민영화 십년 동안 부정사건과 사취가 함께 진행되었다. 국가자산 대부분은 낮은 가격으로 판매하고 이익의 상당 부분은 외국인 투자자나 특정 정당이나 이들이 아는 가까운 사람들의 차지가 되었다. 이 모든 것은 다당제 신뢰성과 체제변화의 의미를 심하게 훼손시켰다. 파산 직전의 경제위기는 민주주의 발전을 위해 국가에 영향을 끼쳐 임금 근로자와 봉급생활자의 실질소득은 1989년과 1997년 사이에 거의 26% 감소했고, 소득격차는 더욱더 크게 늘어나게 했다. 생활수준의 급속한 악화 때문에, 많은 사람들이 카다르 시대를 다시 그리워하였고, 상대적 번영의 값이 국가의 엄청난 빚이었다는 것과 나라의 부채와 이자의 많은 부분을 체제변환 기간에 살고 있는 사람들이 갚아야 한다는 것을 모르고 있었다.

1991년에서 1992년 사이 -많은 논쟁 후, 언탈(Antall) 정부는 손해배상법을 만들었다. 이전에 공산주의자들이 빼앗아 국유화한 재산을 주인에게 되돌려주는 대신에 (토지, 주택, 주식으로) 바꿀 수 있는 유가 증권으로 지불하는 분할보상을 발표하였다. 이 보상법은 1939년 이후 정치적 또는 기타 사유로 박해를 받은 사람들에게도 적용하기로 추가했다. 그 후에 소련에서 3년 이상 강제 노동을 한 민간인들도 금전적 보상을 받거나, 자신의 연금으로 전환할 수 있었다.

재민영화는 유일하게 교회의 경우에만 허용하였다. 교회들의 자선활동 때문이었다. 교회들의 피해 배상은 20년에 걸쳐 실현되었다. 이 배상은 12개 교회들에서 총 7000개의 몰수한 부동산(학교, 유치원, 병원, 사회 복지 시설과 기타 건물)을 반환했다. 이 중 절반은 로마 천주교였다. 이들 중 1996년까지 1/3이하만 돌려받았다. 원래의 부동산을 돌려받을 수 없는 경우, 금전적 보상을 받았다. 돌려받은 시설들을 수리하는 필요비용은 유사한 국가 또는 지방 정부 기관과 동일한 수준에서 국가의 지원을 받는 원칙을 적용하는 것으로 결정되었다. 그 결과, 교회가 관리하는 학교 수가 늘었는데, 기독교 학교에서 공부하는 학생들의 비율이 2001년 4.9%에서 2014년에는 13.8%로 증가했다. 그러나 신자의 수는 동일한 비율로 증가하지 않았다. 심지어 일부 조사에 따르면, 무신론자의 비율이 1992년에는 25%였는데, 1996년에는 30%로 늘어났다. 그러나 우리는 이런 조사를 통해 신자의 대부분 피상적인 종교인 중에서 몇 명이 신자가 되었는지 알 수 없다. 어떤 경우에든 교회가 부유화되고 업무가 확대되어 기독교 기관에서 일하는 직원 수는 확실히 늘었지만, 믿음으로 살고 교회에서 신앙생활 하는 신자의 비율은 늘지 않은 것을 통해 안타깝게도 선교 활동이 강화되지도 효과적이지도 않았다는 것을 알 수 있다.

마지막으로, 하나 인용하자면, 강제수용소에서 지옥 같은 삶과 민주화의 과정도 겪은 개혁교회 굴라치 러요시(Gulácsy Lajos) 목사가 몇 년 전 들려주기를, 강제수용소 캠프를 지키는 간수들이 목사에게 '하나님은 없고 여기서 죽을 것이다'라고 계속해서 말했다고 했다. 그리고 90세에 말하기를 "하나님의 은혜로 나는 아직도 살아있지만, 소련은 지금 어디에 있습니까?"

Dr. Bognov Zalan의 헝가리 체제변화 과정과 결과

Rendszerváltoztatás Magyarországon

Előzmények, folyamat, következmények

Dr. Bognár Zalán
Associate Professor
Károli Gáspár University of the
Reformed Church in Hungary

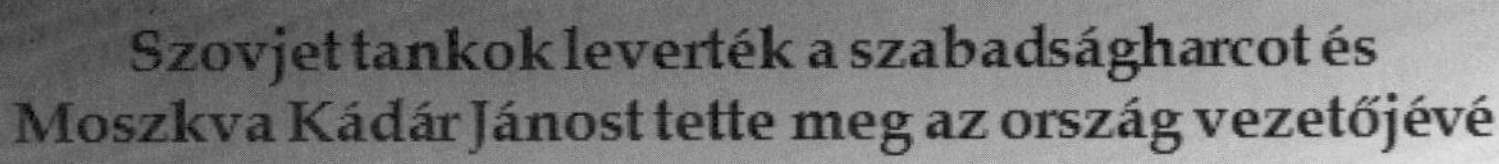

Szovjet tankok leverték a szabadságharcot és
Moszkva Kádár Jánost tette meg az ország vezetőjévé

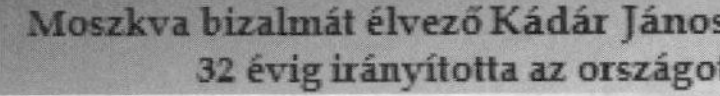

Moszkva bizalmát élvező Kádár János
32 évig irányította az országot

Szovjet tankok a Margit-hídon

Kádár János és Leonyid Iljics Brezsnyev
az 1970-es években

A Kádár-korszak szocialista diktatúrájának a bukásához, a rendszerváltozáshoz 4 tényező együttes kialakulása vezetett

1.) Magyarország gazdaságának komplex válsága (óriási mértékű eladósodás, életszínvonal-csökkenés stb.)

2.) a Szovjetunió meggyengülése, majd összeomlása

3.) a kommunista vezetés leváltására kész, alternatív politikai elit kialakulása

4.) az állampárton, a Magyar Szocialista Munkáspárton, belüli generációs és ideológiai harc

1.) Magyarország gazdaságának komplex válsága (óriási mértékű eladósodás, életszínvonal-csökkenés stb.)

- a szocialista gazdaságpolitika hosszú távú életképtelensége
- kontraszelekció, az 1973-as olajárrobbanás →

→ az ország egyre nagyobb mértékű eladósodása

„A létező szocializmus nem működik, működő szocializmus pedig nem létezik."

- az országban egyre nőtt a társadalmi elégedetlenség
- **Magyarország gazdasága 1989-re csőd közeli állapotba került.**

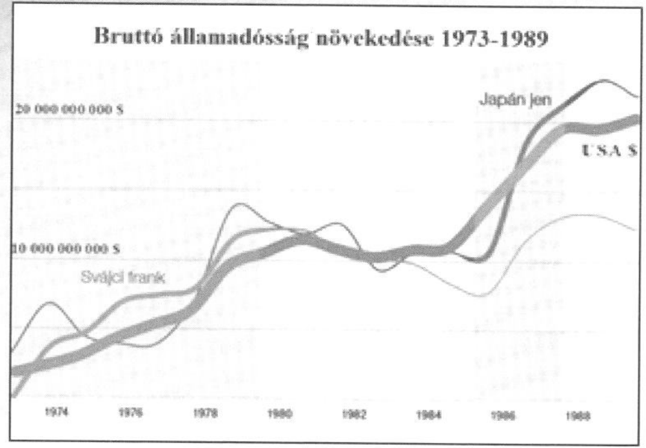

2.) a Szovjetunió meggyengülése, majd összeomlása
Csernyenko † 1985
Mihail Gorbacsov
1985-1991
- glasznoszty
- Brezsnyev-doktrina Ø
Ronald Reagan 1981-1989
- csillagháborús terv
Andropov † 1984
Leonyid Brezsnyev † 1982

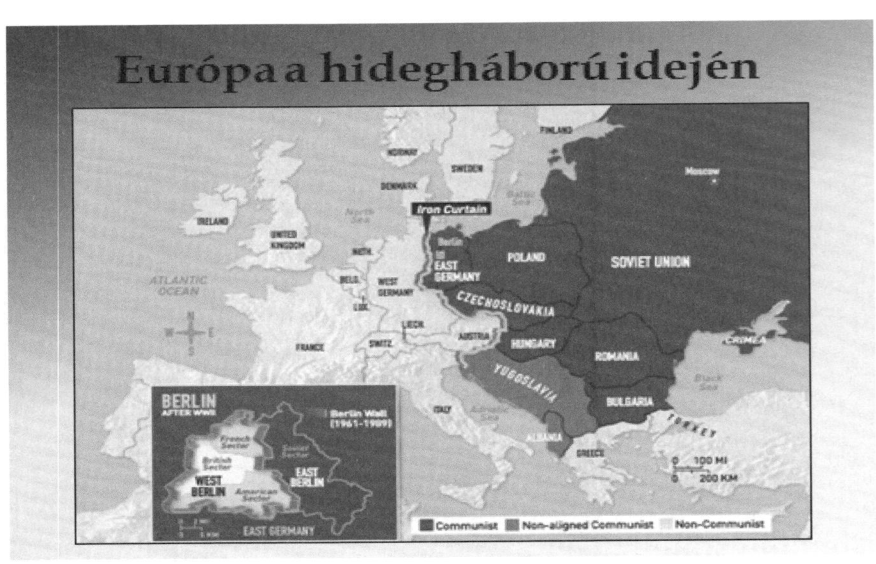
Európa a hidegháború idején
Iron Curtain
POLAND
SOVIET UNION
EAST GERMANY
CZECHOSLOVAKIA
HUNGARY
ROMANIA
YUGOSLAVIA
BULGARIA
ALBANIA
ATLANTIC OCEAN
BERLIN
WEST BERLIN
EAST BERLIN
EAST GERMANY
Communist
Non-aligned Communist
Non-Communist

1956-os forradalom és szabadságharc

4.) az állampárt, a Magyar Szocialista Munkáspárton (MSZMP) belüli generációs és ideológiai harc

Pozsgay Imre MSZMP PB tagjaként, s egyben államminiszterként bejelenti, hogy 1956 nem ellenforradalom, hanem népfelkelés **volt és a** többpártrendszer **mellett foglal állást.**

Kádár Jánostól Grósz Károly 1988 májusában átveszi a Párt, az MSZMP vezet**ését**

Németh Miklós lesz a kormányfő:

- elkezdi lebontani a szocialista gazdaságot → **privatizáció, ill. a vagyon- és hatalomátmentés kezdete**

Kerekasztal tárgyalások az ellenzéki erőkkel a hatalom megosztásáról

Ellenzéki erők | Pártállami oldal

Az 1956-os forradalom és szabadságharc előtt tisztelegve 1989. október 23-án hirdették ki az új alkotmányt és Szűrös Mátyás a parlament elnöke kikiáltotta a köztársaságot

1989. X. 23. a Köztársaság kikiáltása

Gorbacsov és Bush 1989. december 2-i máltai megállapodása lehetővé tette a kelet-közép- és a kelet-európai országokban elindult változások végbemenetelét

1990 március-áprilisban megtartott kétfordulós szabad, demokratikus választásokat a nemzeti-konzervatív-keresztény Magyar Demokrata Fórum (MDF) nyerte meg

Az egyházi intézmények tanulóinak száma 1992 és 2000 között

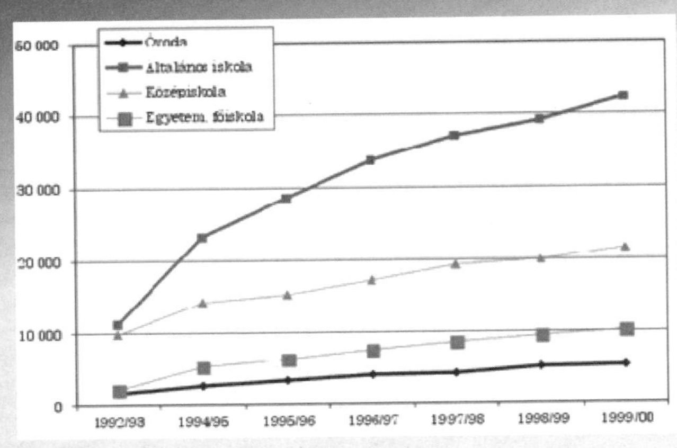

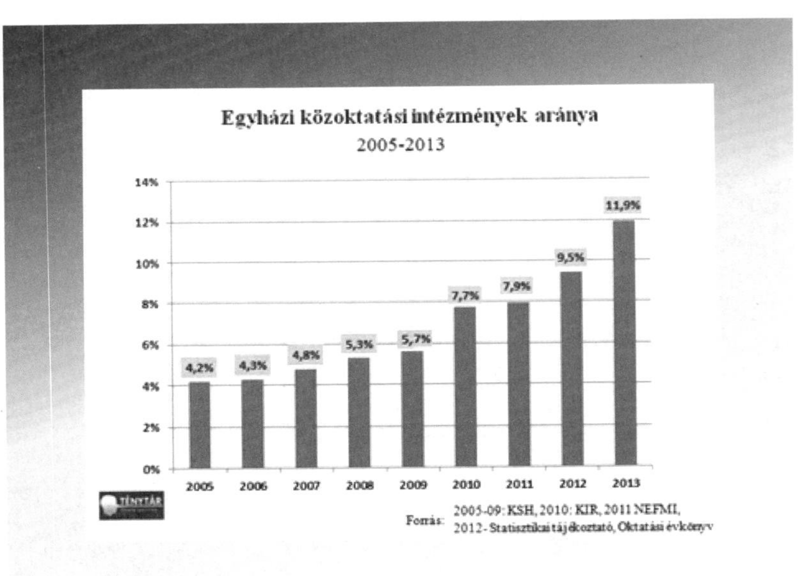

„Én Isten kegyelméből még mindig élek, de hol van már a Szovjetunió?" (Gulácsy Lajos)

A Gulág poklát megjárt és a demokratikus átalakulást is megélt 90 éves református lelkipásztor, Gulácsy Lajos.

귀하의 관심에 감사드립니다

Thank you for your attention

Dr. Bognár Zalán

Rendszerváltoztatás Magyarországon

—Előzmények, folyamat, következmények

Bognár Zalán
(Professzor, Károli Gáspár Református Egyetem)

Tisztelt Hölgyeim és Uraim! Kedves Hallgatóság! Ahhoz, hogy megérthessük a magyarországi rendszerváltoztatást, legalább néhány főbb momentumot ismernünk kell Magyarország történelméből.

A 2. világháború után Magyarország szovjet megszállás alá került. Vesztes államként a Szovjetunió, mint a Szövetséges Ellenőrző Bizottság, a SZEB vezetője a magyar belpolitikába való folyamatos beavatkozással megfojtotta a kialakulóban lévő demokráciát, s 1947 őszére – a SZEB mandátumának megszűnésére – elérte, hogy a Magyar Kommunista Párt megszerezze a hatalmat, amelyet a kommunisták 1949-re totális, sztálini típusú diktatúrává alakítottak. Ráadásul az 1947-es békeszerződés életbelépése után is maradhattak szovjet csapatok Magyarország területén azzal az indokkal, hogy az Ausztria területén lévő szovjet csapatokkal az utánpótlási útvonalat fenntarthassák.

A szovjetizált Kelet-, illetve Kelet-Közép-Európában Magyarország ütötte az első rést az Istentelen és embertelen kommunista rendszeren és a Szovjet Birodalmon 1956-ban. A szocialista diktatúra és a szovjet megszállás ellen 1956-ban kitört forradalom és szabadságharc azért Magyarországon tört ki és nem máshol, mert míg a többi szocialista országban a nemzeti érdekeket képviselő pártvezérek vezették az országot, addig a magyarországi pártvezetők nemcsak egy idegen társadalmi rendszert kényszerítettek az országra, hanem az országot nemzeti gyökereitől is meg akarták fosztani. Ezért lett az 1956-os forradalom és szabadságharcnak a jelképe a nemzetietlen szovjet típusú címertől megfosztott, kivágott, lyukas nemzeti zászló.

A szovjet tankokkal levert forradalom és szabadságharc után Moszkva támogatásával Kádár János lett az országot irányító állampárt, a Magyar Szocialista Munkáspárt főtitkára, s 32 évig, 1988-ig irányította az országot. Ezért nevezik ezt az időszakot Kádár-korszaknak.

A Kádár-korszak szocialista diktatúrájának a bukásához, a rendszerváltozáshoz, a békés demokratikus átalakuláshoz 4 tényező együttes kialakulása vezetett:

1) Magyarország gazdaságának komplex válsága (óriási mértékű eladósodás, életszínvonal-csökkenés stb.)

2) a Szovjetunió meggyengülése, majd összeomlása

3) a kommunista vezetés leváltására kész, alternatív politikai elit kialakulása

4) az állampárt, a Magyar Szocialista Munkáspárt, az MSZMP-n

belüli generációs és ideológiai harc

1) A magyar gazdaság komplex válságára-mint a hogy a többi szocialista országban is – alapvetően a szocialista gazdaságpolitika életképtelensége miatt került sor. E voluntarista gazdaságpolitikára többek között jellemző a közgazdasági törvények figyelmen kívül hagyása, a mennyiségi szemléletnek a minőség rovására való előtérbe helyezése, az embereknek a termelés hatékonyságában való érdektelensége, a kontraszelekció, vagyis, hogy a vezető pozíciókba nem a szakmai rátermettség alapján kerültek az emberek, hanem az egyeduralkodó szocialista párthoz való hűség alapján. Mindezek azt eredményezték – különösen az 1973-as olajárrobbanás után, amely a Magyarországon előállított termékek jelentős cserearány romlásához vezettek –, hogy a lakosság életszínvonalát csak külföldi kölcsönökkel tudták fenntartani. Ezt pedig nagyon fontosnak tartotta a magyar kommunista vezetés, mert mindenképp el akart kerülni egy újabb, 1956-oshoz hasonló forradalmat. Ezért nevezték Magyarországot a legvidámabb barakknak, hiszen a szocialista blokkon belül itt volt a legmagasabb életszínvonal.

Ennek azonban nagy ára volt. Az ország egyre nagyobb mértékben eladósodott. 1970 és 1989 között több mint 20-szorosára nőtt, s meghaladta a 20 milliárd dollárt. Ezzel az összes szocialista ország közül Magyarországnak volt az egy főre jutó legmagasabb adósságállománya. Ennek ellenére az 1980-as évek második felében egyre gyorsabb ütemben kezdett nőni az infláció és csökkenni az életszínvonal. Ekkoriban keletkezett Budapesten az a mondás és terjedt el az országban, hogy: „A létező szocializmus nem működik, működő szocializmus pedig nem létezik.” Az országban egyre nőtt a társadalmi elégedetlenség. A növekvő adósságállomány fokozta a kibontakozó gazdasági válságot és rendkívül súlyos örökséget hagyott a rendszerváltoztatás utáni kormányokra, s az országra. Ez volt a fő oka annak, hogy olyan sokan tekintettek nosztalgiával a Kádár-rendszerre.

Magyarországgazdasága1989-recsődközeliállapotbakerült.Eztelkerülendőkezdtekaállampártembereitárgyalásokba,mielőttmégatársadalmifeszültségforradalombantörtvolnaki,selsodortavolnaazállampártembereit.Abékésátmenetérdekébenengedményekettettekéstárgyalásokbakezdtekazellenzékipolitikaierőkkel.

2)Mindezeketazonbanalapvetőenanemzetközihelyzetmegváltozásatettelehetővé.1981-benazEgyesültÁllamokelnökelettRonaldReagan,akimeghirdetteazúgynevezettcsillagháborústervét,amellyelolyanversenyrekésztetteaSzovjetuniót,amelynekgazdaságaaztnembírtael.

1982-ben meghalt Leonyid Iljics Brezsnyev, az SZKP (Szovjet Kommunista Párt) főtitkára, a Szovjetunió vezetője, 1984-ben az őt követő Andropov, majd 1985-benCsernyenko. Mígvégreaviszonylagfiatal,54évesMihailGorbacsovlettazSZKPfőtitkára,akimeghirdetteaszovjetgazdaságfejlődésénekgyorsítását(uszkorenyije),illetveátalakítását(peresztrojka),majdanyilvánosságkorlátainaklebontását(glasznoszty). Újításaival megpróbálta modernizálni, versenyképesebbé tenni a Szovjetuniót. Figyelmen kívül hagyta, hogy sem a Szovjetunió, sem a szovjet blokk nem önként társult népek, országok összessége, hanem csak katonai erővel, diktatúrával egybentartott egységek.

1988 decemberében Gorbacsov az ENSZ közgyűlésen elmondott beszédében bejelentette, hogy a Szovjetunió csökkenti katonai jelenlétét Lengyelországban, Csehszlovákiában és Magyarországon. Mindez lényegében azt jelentette, hogy elveti a Brezsnyev-doktrínát, vagyis azt, hogy a Szovjetunió felhatalmazva érzi magát a katonai beavatkozásra, ha a szövetségi rendszerébe tartozó valamely országban rendszerellenes megmozdulások lennének. Tehát 1956-tól eltérően a kelet-európai kommunista-szocialista pártok már nem számíthatnak Moszkva fegyveres erejére.

3)Magyarországon–akárcsakatöbbieurópaiszocialistaországban–anövekvőbelsőelégedetlenségtalajánésamegváltozottnemzetközihelyzetetkihasználvaaz1980-asévekvégéreegy,ahatalomátvételrekészpolitikaielitalakultki.Agazdaságilaggyengülőhatalomazéletszínvonalcsökkenésétahatalomengedékenyebbéválásávaladiktatúrapuhulásávalpróbáltakompenzálni.Kétfő,nemamarxizmustalajánállóideológiakörékezdtekszerveződniazellenzékimozgalmak:aliberalizmusésanacionalizmus,vagyisanemzetiérdekekeszméjeköré.1987-tőlsorrakezdtekmegalakulniahatalomtólfüggetlencivilszervezetek,amelyekkésőbbpárttáalakultak,mintpéldául1987-benaMagyardemokrataFórum(MDF),1988-banaSzabadDemokratákSzövetsége(SZDSZ)ésaFiatalDemokratákSzövetsége(FIDESZ).

4.) A rendszerváltoztatás 4. összetevője

aszocialistapártonbelül–részbenagenerációkközött,részbenakülönbözőplatformokközött–kiéleződöttideológiai,hatalmiharcvolt.AzMSZMPlegfőbbirányítótestületének,aPolitikaiBizottságtagjainakátl agoséletkora1988-ban61évvolt,sapártfőtitkárKádárJánosé76évesvolt,akiekkormár32évevolthatalmon.Ugyanakkoracsúcsvezetéspozícióitelfoglalóidősgenerációalattaminisztériumokélén,azMSZMPTitkárságosztályvezetőipozícióibankialakultegyfiatal,tanultabb,energikusabb,azidőkszavátjobbanmegértővezetőigárda,amelyaszocialistakontraszelekciómiattnemtudottazélrejutni,hiszencsakaKádárralmindigegyetértő,őtbírálnisemmerőemberekkerülhettekafelsővezetésbe.

A folyamat: Azonban a párton belüli nyomásnak engedve 1987-ben Kádár hozzájárult egy reformkommunitsa, Grósz Károlynak a miniszterelnöki kinevezéséhez, aki számos a piacgazdaság irányába mutató lépést tett, például a fogyasztói árak állami támogatásának teljes leépítése, a veszteséges nagyvállalatok támogatásának csökkentése, a személyi jövedelemadó bevezetése. A külpolitikában nyitott Izrael, valamint Dél-Korea felé, amellyel 1987-ben diplomáciai kapcsolatot létesített. Magyarországnak a Nyugat felé történő nyitásának újabb lépcsőfoka volt, az úgynevezett világútlevél bevezetése, amellyel immár külön engedély nélkül, minden állampolgár alanyi jogon utazhatott a szocialista táboron kívüli országokba.

Az ország gazdasági válságának és az MSZMP-n belüli politikai válságnak a mélyülése

1988májusáraazMSZMPrendkívülipártértekezleténekazösszehívásátkényszerítetteki,amelyenGrószKárolykijátszvaKádártfőtitkárráválasztattamagát,segybenateljespártvezetéstmegújította.Kádárnak pedigazakkorlétesített,valódihatalomnélkülipártelnökiposztotadta

.Ezzelnemcsaka32évesKádár-korszakértvéget,hanemegyúttalfelgy orsulta„proletárdiktatúra”,vagyisapártállam,azállamszocialistarend szerösszeomlása.

Grósz Károly 1988 novemberében Németh Miklósnak, a fiatal közgazdásznak engedte át a kormányfői posztot, aki további radikális lépéseket tett a rendszer gazdasági lebontása irányában, az ország pénzügyi csődje elkerülése érdekében. Így például az árrendszer és a bérgazdálkodás még meglévő kötöttségeit leépítette, elismerte a munkanélküliség elkerülhetetlenségét, valamint a tulajdonváltás szükségességét, vagyis, hogy az állami vállalatok gazdaságos működése érdekében szükséges azok egy részének magántulajdonba adása. Az ún. társasági törvény létrehozásával egyre több állami vállalatot privatizáltak, és váltak betéti társasággá, korlátolt felelősségű társasággá vagy részvénytársasággá. Ugyanakkor mindez az állam, illetve a társadalom ellenőrzésének a teljes kizárásával történt, amit joggal neveztek hatalom-, illetve vagyonátmentésnek. A szocialista párttagok érzékelve a szocialista rendszer összeomlását, politikai befolyásukat kihasználva politikai hatalmukat gazdasági hatalomba, vagyis vagyonba helyezték át.

A rendszerváltoztatás szempontjából mérföldkő volt az MSZMP egyik vezetőjének, Pozsgay Imrének az 1989. január 28-i rádiónyilatkozata, amelyben az 1956-os „ellenforradalmat” népfelkelésnek minősítette, és egyúttal a többpártrendszer bevezetése mellett foglalt állást. Ezzel hivatalosan is alapjaiban rengette meg a szocialista rendszer legitimitását, hiszen az 1956-os forradalom leverésével, annak ellenforradalommá nyilvánításával került hatalomra a Kádár János vezette szocialista nomenklatúra. E kijelentés tovább növelte a pártvezetésén belüli megosztottságot.

Az MSZMP éleslátású politikusai a békés átmenet, illetve hatalomátmentésük érdekében kerekasztal tárgyalásokat kezdtek az ellenzéki erőkkel a hatalom megosztásáról. Ennek eredményeként többek közt megegyeztek az 1949-es, szovjet típusú alkotmány módosításában, az alkotmányosságra felügyelő Alkotmánybíróság felállításában, a pártok működésének és gazdálkodásának szabályozásában, az országgyűlési választások szabályozásában, a Büntető Törvénykönyv módosításában, valamint szóbeli ígéretet kaptak az MSZMP képviselői, hogy a párttagokkal szemben nem lesz leszámolás.

Az 1956-os forradalom és szabadságharc előtt tisztelegve 1989. október 23-án hirdették ki az új, úgynevezett októberi alkotmányt, és ugyanezen a napon Magyarország népköztársaságból köztársaság lett. Létrejött az Alkotmánybíróság, amelyet 9 évre választottak meg. Az MSZMP átalakult Magyar Szocialista Párttá, s az egykor 800 ezres pártból az év végéig 20 ezres, 1990 tavaszára is csak 50 ezres párt lett. Feloszlatták a Munkásőrséget, amelyet az 1956-os forradalom szovjetek általi leverése után hoztak létre az MSZMP párthadseregeként.

A magyarországi, lengyelországi és az időközben elindult csehszlovákiai és NDK-beli változásokat Gorbacsov és Bush 1989. december 2-i máltai megállapodása tette visszafordíthatatlanná, ugyanis Gorbacsov elfogadta a kelet-közép- és a kelet-európai országokra vonatkozóan is a belügyekbe való be nem avatkozás elvét.

A Németh-kormánynak 1990. március 9-én sikerült a Szovjetunióval megállapodnia abban, hogy a Szovjet Hadsereg 1990. március 12. és 1991. június 30. között kivonul Magyarországról.

1990. januárjában elfogadott IV. tc. új alapokra helyezte az állam egyházpolitikáját. Érvénytelenítették a kommunista diktatúra idején az egyházakra kényszerített megállapodásokat, amelyekben „önként" lemondtak iskoláikról és egyéb intézményeikről.

1990 március-áprilisban megtartott kétfordulós szabad, demokratikus választásokat a nemzeti-konzervatív-keresztény Magyar Demokrata Fórum nyerte meg a liberális Szabad Demokraták Szövetsége előtt, míg a kommunista utódpárt, az MSZP 11%-kal a 4. lett. Ősszel megtartották a helyhatósági választásokat, amelyen már az MSZP, illetve az immár függetlenként induló egykori MSZMP-sek sokkal jobban szerepeltek, köszönhetően az országot egyre jobban sújtó válságnak.

Az 1990-es őszi helyhatósági választásokkal befejeződött az 1988-ban kezdődött és 1989-ben felgyorsult, majd 1990 tavaszán-nyarán végleges kontúrokat kapott, alapvetően jogi-politikai jellegű átalakulási folyamat, amelynek során az egypárti diktatúrát felváltotta a többpárti demokrácia. Az átalakulás jelentőségét és tartalmát tekintve forradalmi volt, azonban módszereit tekintve békés, erőszakmentes volt. Az 1990-ben hatalomra került politikai elit arra törekedett, hogy a rendszerváltoztatást az élet egyéb területein, mindenekelőtt a gazdaságban, a kultúrában és a külpolitikában is teljessé tegye.

Eredmények, következmények: 1997-re a gazdaság tulajdonviszonyai teljesen megváltoztak. Míg 1989-ben a GDP-nek csak a 20%-át adták a magántulajdonú vállalatok és 80%-át az állami tulajdonban lévők, addig 1997-re megváltoztak az arányok, és a magántulajdonban lévő vállalatok immár a GDP 70%-át adták. Ugyanakkor a gazdasági átalakulással együtt nem történt meg az elitváltás, hanem a korábbi állampárti vagy ahhoz közel álló gazdasági vezetőrétegnek mintegy 80%-a megőrizte pozícióját. Sajnos ugyanez mondható el az államigazgatás, a közigazgatás és az írott és az elektronikus média felső- és középszintű vezetőiről is, vagyis, hogy ezekben a pozíciókban is a régi, diktatórikus rendszer kiszolgálói, haszonélvezői maradtak többségben. Tehát a hatalomváltás csak a kormányzat felső szintjén járt együtt radikális elitcserével.
Aköznyelvezértisemlegetiarendszerváltástmódszerváltásnak.

A magánosítás évtizedes folyamatát botrányok és panamák kísérték végig. Az állam vagyonának legnagyobb részét áron alul adták el, s a haszon jelentős része a külföldi befektetőkhöz, valamint egyes pártokhoz, illetve azokhoz közelálló emberekhez került. Mindez erősen rontotta több párt hitelét és a rendszerváltás értelmét. Ehhez járult, hogy a csőd szélén a demokratikus fejlődésnek átadott országban a bérből és fizetésből élők keresetének a reálértéke 1989 és 1997 között közel 26%-kal csökkent, míg a jövedelemkülönbségek erőteljesen nőttek. Az életszínvonal rohamos romlása miatt sokan visszakívánták a Kádár-korszakot, nem véve tudomást arról, hogy annak a viszonylagos jólétnek az ára az ország rendkívüli eladósodása volt, amely összegek és kamataik nagy részét a rendszerváltás időszakában élőknek kellett megfizetniük.

1991-1992-ben – sok vita után – hozta meg az Antall-kormány a kárpótlási törvényeket, amelyekben a korábban a kommunisták által elvett, államosított tulajdon visszaadása helyett a tulajdonra (földre, lakásra, részvényre) váltható értékpapírokkal történő, részleges kárpótlást mondták ki. A kárpótlásba bekapcsolták az 1939 után politikai vagy egyéb okból üldözötteket is. Később a Szovjetunióba 3 évnél hosszabb időre kényszermunkára hurcolt civilek is kaptak anyagi kárpótlást, amelyet életjáradékra is válthattak.

A reprivatizációt csak egyetlen esetben, az egyházakkal kapcsolatban fogadta el a parlament, az egyházak közhasznú tevékenysége miatt. Az egyházak kártalanítását 20 év alatt kellett végrehajtani. A kárpótlásban érintett 12 egyház összesen 7000 tőle elvett ingatlant (iskolát, óvodát, egészségügyi, szociális és egyéb épületet) igényelt vissza – több mint felét a katolikus egyház –, amelyek közül 1996-ig kevesebb, mint 1/3-át kapta vissza. Ahol az eredeti ingatlant nem tudták visszakapni, ott pénzbeli kárpótlásban részesültek. A visszakapott ingatlanokban működő intézmények finanszírozásával kapcsolatban általános alapelvként azt határozták meg, hogy ugyanolyan mértékű állami támogatásban részesülnek, mint a hasonló állami vagy önkormányzati intézmények. Mindezek következtében az egyházi kezelésben lévő iskolák száma megsokszorozódott, s az egyházi iskolákban tanulók aránya 2001-re 4,9%, 2014-re 13,8%-ra nőtt. Ugyanakkor a vallásos, illetve a hívő emberek aránya közel sem nőtt ilyen arányban, sőt egyes kutatások szerint az ateisták aránya 1992-ben még csak 25% volt, míg 1996-ban már 30%. Azonban olyan irányú kutatásokról nem tudunk, hogy a felszínes vallásosok közül hányan váltak hívőkké. Mindenesetre az egyházak vagyonosodásával és feladataik bővülésével együtt az egyházi intézményekben dolgozók között jelentősen megnőtt a nem hitben járók, a gyülekezeti életet nem élők aránya, s ezzel arányosan sajnos nem erősödött, nem lett hatékonyabb a missziói munka.

Végül hadd idézzek egy, a Gulág poklát megjárt és a demokratikus átalakulást is megélt református lelkipásztort, Gulácsy Lajost, aki néhány éve elmondta, hogy a Gulágon a láger őrei folyton azt mondták neki, hogy nincs Isten, s hogy ott fog elpusztulni. Majd így folytatta 90 évesen: „Én Isten kegyelméből még mindig élek, de hol van már a Szovjetunió?"

헝가리 체제전환이 한반도 통일에 주는 시사점

조은식
(숭실대학교 교수, 선교학)

1. 들어가는 말

과거 유럽은 동유럽, 서유럽, 남유럽, 북유럽으로 구분되어 있었다. 이것은 지리적으로 구분된 것이기는 하지만 실제로는 자본주의 진영의 서유럽과 사회주의 국가들로 구성된 동유럽을 구분하기 위해 정치적 관점에서 사용되었다고 보는 것이 일반적이다. 따라서 사회주의권의 동유럽만을 구분해서 불렀고, 나머지는 그냥 유럽으로 부르곤 했다. 동유럽에 속한 국가들은 폴란드, 체코, 슬로바키아, 헝가리, 루마니아, 불가리아, 크로아티아 등이다. 이들은 동유럽이라 부르는 것보다 '중유럽'이라고 부르는 것을 선호했다. 사회주의권이 몰락하면서 냉전이 종식된 1989년 이후, 정치적 의미의 동유럽은 사라지고 지리적 의미로만이 남아 있다고 본다.

우리에게 있어 과거 동유럽은 사회주의 국가들이었기 때문에 동유럽에 속한 국가들을 연구하는 일이 드물었다. 사회주의 국가에 대한 자료도 부족했지만, 우리나라와 특별한 관계가 없었기 때문에 연구에 흥미를 끌 만한 요소가 부족했던 것으로 보인다. 그러다가 동유럽의 사회주의 체제가 무너지고 동유럽이 개편되면서 동유럽의 변화가 관심을 끌기 시작했다. 동유럽과 외교관계가 수립되고 다양한 분야의 교류가 이루어지고 있는 반면, 아직도 학술적인 연구는 물론이거니와 상식적인 내용에 대한 소개조차 정확하고 체계적으로 이루어지지 않고 있는 것이 현실이다.[1]

이 연구의 한계는 자료의 제한으로 인해 연도 등 내용의 확실성을 위한 크로스체크를 하기 어려웠다는 점과, 어떤 사건이나 사람에 대한 구체적 서술이 충분하지 못한 점이다. 이 부분은 더 많은 자료의 발굴로 보완되리라 생각한다. 아울러 자료의 부족으로 인해 기존의 자료에 상당부분 의존할 수밖에 없었던 한계를 갖고 있음을 양해 바란다.

이 글에서는 헝가리 체제전환 과정과 그 이후에 대한 분석과 헝가리 기독교 상황에 대한 소개 그리고 헝가리의 체제전환이 통일을 준비하는 한국에 주는 시사점과 교훈이 무엇인지 찾아보도록 하겠다.

2. 헝가리의 특징

동유럽에 속했던 여러 국가들 가운데 헝가리는 아주 특이한 국가이다. 세 가지만 간추려 보면 다음과 같다.

첫째는 우리 생각에 유럽에 있는 국가들은 대체로 유럽지역에 거주하

---

1) 오죽하면 2014년에 발간된 한국외국어대학교의 『동유럽 체제전환 과정과 통일한국에 주는 의미』 머리말에서, "체제전환 이후, 경제 및 학술 교류 등 다양한 분야에서 동유럽과 한국과의 관계가 급속도로 증진되는 데 반해, 우리나라의 경우 일반인들은 물론 학술 연구자들에게도 동유럽에 대한 상식적이고도 보편적 내용조차 잘 알려지지 않은 게 현실이다."라고 기록하고 있을까 싶다. 김철민 외, 『동유럽 체제전환 과정과 통일한국에 주는 의미』 (서울: 한국외국어대학교 지식출판원, 2014), 5.

던 민족들로 구성되었다고 본다. 이렇게 보는 것에 근거는 없지만, 이것이 우리의 고정관념이라 하겠다. 헝가리는 유럽에 존재하는 국가이지만 헝가리 민족은 원래부터 유럽에 거주하던 민족이 아니었다. 헝가리 민족은 우랄산맥 근처의 시베리아 북부지역에서 유럽대륙으로 이주한 아시아계 기마유목민족으로 언어적으로는 핀-우랄어파에 속한다.[2] 다시 말해 아시아계 민족이 유럽지역으로 건너가 국가를 형성한 것이다. 우리의 고정관념을 깨는 역사적 사실이다.

둘째는 공산주의 국가라고 하면 독재와 폭력과 강압을 연상케 된다. 또 가난과 배급이 수반되기도 한다. 이것이 우리의 선입견이고 편견이다. 헝가리는 2차 세계대전 이후 공산주의를 받아들여 세계에서 두 번째로 공산혁명을 성공시킨 국가였고, 공산주의 국가 중 가장 평화롭고 물질적으로 풍요로운 공산주의를 지향한 특이한 국가였다. 이런 점 때문에 '발전사회주의 국가'라는 칭호를 얻기도 했다.[3] 공산주의라고 하면 북한만을 생각하는 우리의 선입견과 편견이 잘못되었음을 지적해 주는 부분이다.

셋째는 공산주의 국가 가운데 스스로 국가 개혁을 이룬 나라가 있을까? 그것도 유혈충돌이나 물리적 방법 없이 협상과 대화로 말이다. 상상이 안 되는 부분이다. 그러나 헝가리는 공산주의 국가이면서 공산주의의 문제점을 스스로 개혁한 나라이다.[4] 우리의 상상을 초월하는 엄청난 변화를 만들어낸 나라가 바로 헝가리이다.

여기서 이 세 가지 특이한 점 가운데 헝가리가 공산주의 국가에서 어떤 과정을 거쳐 자유민주주의로 체제전환이 이루어졌는지를 헝가리

---

2) 황병덕, 김지영 외, 『사회주의 체제전환 이후 발전상과 한반도 통일』 (서울: 늘품플러스, 2011), 241-243.

3) 위의 책, 242.

4) 위의 책.

의 개혁에 초점을 맞추어 살펴보기 전에 먼저 헝가리에서의 기독교가 어떻게 존재해 왔는지를 간략하게 알아보도록 하겠다.

3. 헝가리의 기독교

9세기 말 당시 헝가리인들이 현 지역으로 이주하던 때에 그들은 기독교를 알지 못했다. 10세기경 서쪽의 카파르타(Karparta) 지방에서 선교사들이 많이 들어왔고, 10세기 말 게자(Géza) 통치 시절 가톨릭으로 개종하였다. 그때 게자는 프라하의 추기경인 아달베르트(Adalbert)에게 세례를 받게 되는데, 헝가리 지도자들도 함께 세례를 받았다.[5] 게자의 아들 이슈트반 1세는 헝가리 내부 이교도 부족장과 싸워 이긴 후 가톨릭을 국교로 받아들였다.

1526년 러요시(루이스) 2세가 터키와의 전쟁 중 사망하고 나서 150년 동안 터키의 지배가 시작되었다. 터키 지배시기에 많은 교회지도자들이 죽임을 당했다. 그리고 헝가리는 세 지역으로 분할되었다.[6]

터키 지배가 끝난 후, 헝가리는 오스트리아의 지배를 받게 되었다. 이 시기에 반종교개혁으로 인해 헝가리 신교는 정치적 압력을 받게 되었다. 신교 신자들은 성모 마리아 숭배와 성인들에게 맹세한 후에야 종교 활동을 할 수 있도록 제한되었다. 그러다 보니 마리아 테레사 여왕 시절에는 신교 신자들 가운데 성모 마리아 숭배가 교리에는 어긋나지만 당연시 여기는 풍조가 만연하게 되었다.[7]

---

5) 고재성, "헝가리에서의 교회와 국가와의 관계," 『사회주의 체제전환과 기독교』 (파주: 한울, 2014), 220.

6) 서쪽은 합스부르크 왕가, 중앙은 터키, 동쪽 트란실비아 지방은 귀족들이 지배했다. 위의 글 220-221.

7) 위의 글, 221.

요셉 2세 시절 1781년 종교인내법이 통과되었다. 헝가리 의회는 1791년 26번 법을 통과시켰는데, 이 법은 1848년까지 종교정책의 기본 지침 역할을 했다. 이 법은 신교 내에서 개혁교단과 루터교를 인정하면서 내부 자율권을 허용했다. 그럼에도 국가종교는 가톨릭이었고, 가톨릭이 신교보다 더 위에 있음을 나타내는 것이었다. 1848년 혁명으로 입헌제에 기초한 인권평등선언의 영향으로, 20번 법은 가톨릭이나 신교의 권리가 동일하다고 규정했다. 아울러 교회의 십일조법을 폐지했다.[8] 1895년 제정된 법은 종교 활동의 자유를 보장함으로 각 종교들은 자율성을 갖게 되었다.[9]

18세기 말 헝가리 인구 중 가톨릭이 55%, 칼뱅파와 루터파는 22%, 그리스 정교는 20%, 유니테리언은 0.34%, 유대교는 0.9%였다. 1867년 헝가리제국은 영토의 통일을 이루어냈다. 1900년에는 가톨릭이 60%, 개혁교단이 14.5%, 그리스 정교가 13%, 루터교단이 7.5%, 유대교 5% 등이었다.[10] 제1차 세계대전에서 오스트리아가 패배하자, 패전국이 된 헝가리는 1920년 트리아농 조약으로 영토 1/4 축소와 인구 1/3 축소로 민족구성과 교파구성에 변화가 오게 되었다. 그 결과 가톨릭은 66%, 칼뱅파는 21%, 루터파는 6%, 그리스 정교는 0.6%, 유대교는 5.9%로 증감의 변화가 왔다. 특이한 것은 유대인의 6% 이상 증가를 허락하지 않았으나, 1928년에 이 제한이 철폐되었다.[11]

헝가리는 영토회복을 위해 독일 편에서 제2차 세계대전에 참전했으

8) 위의 글, 222.

9) 위의 글 223.

10) 위의 글, 221, 223.

11) 위의 글, 224. 여기서 불분명한 것은 18세기 말 자료에 칼뱅파와 루터파가 합쳐진 자료가 등장하지만, 1900년대 자료에는 개혁교단과 루터교단으로 구별되어 나온다. 이때 개혁교단은 어느 교단의 연합체인지 불분명하다. 아울러 1920년 자료에는 개혁교단에 대한 언급은 없고 칼뱅파와 루터파로 나온다.

나 패배하며 부다페스트의 70% 이상이 파괴될 정도로 피해를 입게 되었다. 1945년 소련에 의해 파시스트 정권에서 해방된 후 모스크바파 공산주의자가 중심이 되어 권력을 장악했다.[12] 이 시기에는 전쟁이 종식되고 일당독재체제가 확립되면서 공산당과 좌파들에 의해 반기독교적이고 반종교적인 정서가 지배적이었다. 그러면서 교회에 대한 제한과 핍박이 시작되었다. 이때 토지개혁을 통해 교회 소유를 박탈했기 때문에 교회의 경제기반이 무너지게 되었다. 경제기반의 붕괴로 교회가 자체적으로 할 수 있는 일이 없게 되고, 교회는 국가와 신자들의 재정지원에 의지하게 되었다.[13] 이 부분은 1948년에 북한 지역을 점령한 공산주의 정권이 종교인들과 종교기관의 모든 재산을 몰수한 것과 맥을 같이 한다.[14]

1946년 민주질서 유지와 국가방어를 위한 법이 제정되었는데, 이 법으로 인해 교회의 특권은 제거되었고, 종교집단은 국가가 인정하는 종파와 인정하지 않는 종파로 구분되었다. 1946년 헝가리 신문들은 가톨릭교회에서 총포류나 파시스트적인 전단을 발견했다고 보도하면서 가톨릭교회가 음모를 꾸미고 있다고 주장했다. 연합국인 소련의 총대표는 가톨릭교회의 해체를 주장했고, 내무부장관은 조직의 해체를 요구했고, 결과적으로 1,500개의 조직이 해체되었다. 1948년에는 국가가 모든 교육을 독점하면서 4,597개의 학교가 해체되었는데, 그 가운데 3,094개의 학교가 가톨릭 소유였다. 이렇게 교회교육기관도 해체되었다.[15]

---

12) 황병덕, 김지영 외, 『사회주의 체제전환 이후 발전상과 한반도 통일』 (서울: 늘품플러스, 2011), 244.

13) 고재성, "헝가리에서의 교회와 국가와의 관계," 224-225.

14) 조은식, "남북교회 교류를 통한 통일선교 과제" 「장신논단」 제21집 (2004): 334; "조선그리스도교연맹과 지하교인에 대한 고찰," 「신학과 선교」 제45집, (2014): 246.

국가가 교육을 독점하면서 유물론과 무신론을 중심으로 한 교육이 실시되었는데, 종교수업을 듣지 못하도록 학부모들에게 강한 압력이 가해졌다. 이런 압력 아래 종교수업을 받은 학생이 1955년에 10% 뿐이었고, 1974년과 1975년 사이에는 초등학생 중 7%였으며, 1983년에는 22만 명의 학생 가운데 117명만이 종교수업을 받았다.[16)]

한편 1945년 봄, 반동으로 간주된 교회 인사들에게 행정처분이 시작되었다. 1948년 가을 신교 지도자와 유대교 지도자들도 국가와의 계약에 강제로 조인해야 했고, 국가는 가톨릭교회를 정치적인 강제력으로 굴복시켰다.[17)]

4. 헝가리의 변화

1945년 공산주의자들이 권력을 장악했지만, 즉시 공산화가 이루어진 것이 아니라 점진적으로 공산주의가 성립하였다. 1945년부터 1948년까지는 한시적이지만 민주주의를 경험하는 기간이었다. 그 원인으로는 스탈린이 헝가리를 소련의 영역으로 귀속시킬 것인지 결정하지 않았기 때문이었다. 따라서 소련 군대의 감독 아래 민주 자유선거가 허용되어, 1945년 11월 4일 처음으로 자유총선이 치러졌다. 선거 결과 반공산주의 보수 세력이며 포괄정당(cath-all-party)의 성격을 갖고 있는 독립소지주당이 57%를 득표하여 승리했다. 그러나 헝가리 주둔 소련군 장군 클라이멘트 보로쉬로프(Kliment Voroshilov)의 압력으로 좌파정당들(사회민주당, 헝가리공산당, 농민당)과 연립정부를 구성하

15) 고재성, "헝가리에서의 교회와 국가와의 관계," 225.

16) 위의 글, 226.

17) 위의 글.

였다.[18] 결과적으로 내무부 장관과 같은 주요 직책을 공산당이 차지하게 되었다. 이것은 군대와 경찰을 동원한 공작정치를 가능하게 하였고, 공산당은 소련군의 지원 아래 '민주공화국에 대한 공모' 사건을 구실로 군대와 경찰을 통해 독립소지주당 지도부를 협박하고 체포하였고, 결국 정당 해산으로 이어졌다. 이것은 '통일전선전술' 전략과 유사한 양태를 보여준다. 이런 방식의 정적 제거가 1948년까지 점진적으로 진행되었고, 1949년 헝가리 공산법 제정과 헝가리 인민민주주의 인민공화국이 선포됨으로써 라코시 일당 공산주의 체제가 시작되었다.[19]

4.1. 라코시 체제의 강압정치 1

1949년 헝가리의 완전한 공산화가 이루어진 이후 1956년까지 라코시에 의한 전체주의적 통치가 이루어졌다.[20] 마챠시 라코시는 유대인으로 자신을 '스탈린 최고의 제자'로 칭하였다. 그는 헝가리의 정치, 경제, 사회 체제를 스탈린 방식의 공산주의로 탈바꿈시켰다. 라코시는 1948년부터 1956년까지 헝가리 일당 공산주의 독재자로 군림하였는데, 그는 헝가리인들에게 혐오의 대상이었고, 라코시 체제는 헝가리 역사의 암흑기로 평가된다.[21] 라코시는 정치적으로는 민주집중제라는 구실로 공산당 일당제를 정당화했고, 경제적으로는 사유재산의 강제적 국유화가 단계별로 집행된 계획경제 체제를 추구했으며, 사회체제로는 시민의 자유가 극히 제한된 감시체제를 구성하였고, 언론 검열과 여행,

---

18) 김철민, 박정오 외, 『동유럽 체제전환 과정과 통일 한국에 주는 의미』 (서울: 한국외국어대학교 지식출판원, 2014), 157.

19) 위의 책, 158, 159.

20) 황병덕, 김지영 외, 『사회주의 체제전환 이후 발전상과 한반도 통일』, 244.

21) 김철민, 박정오 외, 『동유럽 체제전환 과정과 통일 한국에 주는 의미』, 160, 156.

결사, 집회, 종교의 자유를 제한하였다.[22)]

라코시는 교회 말살정책을 실시했는데, 먼저 가톨릭 교인을 줄이고 국제관계를 단절시켰다. 이것은 1950년 8월 30일 평화사제들의 저항운동의 도화선이 되었으나, 가톨릭교회 안의 순응적인 사제들과 반동적인 사제들 사이의 싸움으로 내적 분열이 일어나게 되었다. 교회분열은 결국 수도원 해체로 이어졌고, 2,500명의 수사와 9,000명의 수녀들이 흩어짐으로써 교회의 힘의 약화를 가져왔다.[23)]

국가의 총체적인 교회통제 방침에 따라 국가의 모임에 교회 안의 정치적 인물을 선택했고, 주교회의 때는 공무원이 파견되었으며, 정보원이 파견되어 설교를 감시했고, 심지어 고해하는 내용까지 엿듣고 보고하는 일도 있었다. 국가교회청이 1951년 법에 의해 설립되어 교회의 일을 맡아서 처리했다.[24)] 이렇게 다방면으로 교회를 통제하고 감시하였다.

반면 국가에 협력하는 사제들도 있었다. 평화사제운동의 주도세력과 몇몇 헝가리 사제들이 1950년 8월1일 회의를 소집했는데, 약 300명의 사제와 수사가 참석했다. 리하르트 호르바트(Richart Horváth)는 하나님 덕분에 사회주의 시대가 열렸다는 친정부적 발언을 했다. 또 사제들은 좋은 자리와 좋은 교구를 맡기 위해 정부에 협력했다. 카다르 정권의 복수정치로 많은 교회 지도자들이 감금당하고 자리를 박탈당했으며, 약 300명의 지도자가 체포되어 재판을 받았다.[25)] 1956년 지식인들과 학생들의 정신적 지주였던 민센티 요제프(Mindszenty József) 추기경 구속, 감금으로 헝가리교회와 공산정권의 관계가 급속히 나빠지게

---

22) 위의 책, 160.

23) 고재성, "헝가리에서의 교회와 국가와의 관계," 226.

24) 위의 글. 국가종교청은 1989년부터 교회를 감시하거나 통제할 수 없게 되었다. 위의 글, 232.

25) 위의 글, 227.

되었다.

4.2. 카다르 체제의 유화정책

1953년 3월 스탈린 사망 이후, 후르시초프는 1956년 2월 소련공산당 전당대회에서 스탈린이 추구했던 우상숭배와 스탈린 체제를 비판하며, 전임자와 다른 개혁정책을 시도할 것처럼 연설했다. 이 연설이 동유럽 위성국가에 전달되었고, 동유럽 지도자들은 자신들의 국가에 맞는 공산주의를 추구할 수도 있을 것이라고 해석하였다. 그 결과 강경파 공산당 권력층이 동요하기 시작했고, 개혁파 공산주의자가 추후 집권하는 계기가 되었다. 비스탈린화 과정이 동유럽 위성국가에 전달되면서 1956년 10월 23일 헝가리 민중혁명이 발발했다고 본다.[26]

헝가리 개혁 공산주의자들과 지성인들은 "헝가리도 헝가리 방식의 사회주의가 필요하다."라고 주장했다. 특히 부다페스트 공과대학 학생들이 구체적으로 어떤 개혁이 필요한지 16개 조항을 작성했다. 그 내용은 강경파 공산당이 수락하기 어려운 것으로 소련군의 즉각 철수 등이 있었다. 대학생과 시민들의 시가행진 도중, 부다페스트 라디오 방송국 진입을 시도하다 경비병이 시민을 상대로 총격을 가함으로써 평화적인 시위가 무장봉기로 전환되었다. 소련 지도부는 헝가리 시민의 요구 가운데 헝가리 온건 민족주의자이며 개혁 공산주의자인 너지 임레(Nagy Imre)의 복귀를 승인했고, 너지는 10월 28일 시민봉기를 '국가민주혁명'으로 인정하였다. 그는 국내적으로는 다당제를 재도입했으며 국제적으로는 바르샤바 조약기구 탈퇴를 선언 (11월 1일) 하는 등 체제 내 개혁을 추구했다.[27]

---

26) 김철민, 박정오 외, 『동유럽 체제전환 과정과 통일 한국에 주는 의미』, 161.
27) 위의 책, 162-163, 181. 진승권, 『동유럽 탈사회주의 체제개혁의 정치경제학

그러나 10월 31일 이집트의 '수에즈 위기'를 계기로 소련 지도부는 강경노선으로 선회하여, 11월 4일 소련군 개입을 지시하여 헝가리 시민군이 유혈 진압되고, 혁명은 미완의 혁명, 실패한 혁명이 되고 말았다. 이 혁명은 헝가리 공산당의 입장에서는 강압정치의 한계성을 드러낸 체제붕괴 사건이었고, 헝가리 시민들에게는 그들이 무엇을 갈망하였는지를 대내외에 표출한 민족단결의 순간이었다. 이 혁명은 비록 2주일 만에 종결되었지만, "지배 계층에게 있어서 혁명은 비지배 계층의 인내가 한계점에 도달하였을 때 어떠한 결과가 발생할 수 있는지 교훈을 제시하였다."[28]

집권 공산당은 유사시 이런 민중봉기가 재연될 수 있다는 개연성에 두려움을 갖게 되었고, 기존의 정치노선을 수정하도록 하였다. 너지에서 카다르로 교체되었고, 공산당의 공식명칭이 헝가리노동당에서 헝가리 사회주의 노동자당으로 바뀌었다. 카다르 체제는 혁명에 직·간접적으로 참여했던 사람들을 숙청하며 공산체제의 안정을 꾀했으나, 국민들은 카다르 정부에 냉소적 태도를 취하며 비협조를 하였다. 그러자 카다르 정부는 1-2년 동안의 과도기를 거쳐 유연한 형태로 국정을 운영하게 되었다. 1959-1960년 부분적 사면으로 수백 명의 정치범이 석방되었고, 1961년부터 인민재판소가 폐지되었다.[29]

헝가리는 주변 동유럽 국가들과 비교했을 때 상대적으로 풍요로운 소비재 경제를 누릴 수 있었다.[30] 이런 혜택에 대해 시민들의 '정치에

1989-2000』(서울대학교출판부, 2003), 194.

28) 김철민, 박정오 외, 『동유럽 체제전환 과정과 통일 한국에 주는 의미』, 163-164.

29) 위의 책, 164, 황병덕, 김지영 외, 『사회주의 체제전환 이후 발전상과 한반도 통일』, 244, 진승권, 『동유럽 탈사회주의 체제개혁의 정치경제학 1989-2000』, 194-195.

30) 이것을 '구야시 공산주의(’Goluash Communism)라고 한다. 김철민, 박정오 외, 『동유럽 체제전환 과정과 통일 한국에 주는 의미』, 165.

대한 침묵'을 요구하게 되었는데, 이런 '암묵적인 사회계약'이 카다르와 시민들 간에 체결되었다. 이것은 암묵적인 비정치화를 의미하였다. 1951년 헝가리 공산당 전당대회에서 카다르는 "우리에게 저항하지 않는 자는 모두 우리 편이다"라는 연설을 했다.[31] 이때 취해진 정책이 '카다르 독트린'으로 공산주의 정치체제에 대해 반대만 하지 않는다면 무엇을 해도 좋다는 것이었다.[32]

카다르 체제는 1968년 신경제정책(New Economic Mechanism)을 경제개혁안으로 제시했는데, 중앙부서에서의 통제와 지시를 지양하고, 효과적인 목표 달성을 위한 자율성이 주어진 것이다. 이것은 스탈린식 사회주의 계획경제에서 상당히 일탈한 것으로, 통제경제 구조에서 시장경제로의 전환은 아니지만, 공산주의 경제구조에 경제활동의 목표를 이익 추구로 전환하고, 기업의 경제적 생산성 향상을 위해 중앙통제를 완화시켜 자율성을 확대하며 시장경제 요소를 가미하여 어느 정도의 인센티브와 경쟁체제, 개인의 소유와 자본주의적 시장 시스템 일부를 수용하는 것이었다. 사회주의 경제운용의 비효율성을 줄이고 경제전반의 효율성을 향상시키려는 시도였다. 이 정책은 개혁초기에는 몇 년 동안 국민소득의 증가를 가져왔으나 1970년대 들어와 점차적으로 후퇴하기 시작해 기대만큼의 경제적 성과를 내지는 못했다. 그 당시 석유파동은 헝가리 경제에도 큰 타격을 주었다. 공산당 정부는 1980년대 들어서면서 더 큰 폭으로 경제개혁을 추진했으나, 이런 노력에도 불구하고 물가상승과 경제 불안이 가중되었다. 그럼에도 이 경제개혁은 사회주의 계획경제 아래 시장원리가 자랄 수 있는 토양을 제공해 주었다는 데 의의가 있다.[33]

---

31) 위의 책, 165.

32) 황병덕, 김지영 외, 『사회주의 체제전환 이후 발전상과 한반도 통일』, 245.

33) 위의 책, 245; 김철민, 박정오 외, 『동유럽 체제전환 과정과 통일 한국에 주는

한편, 사회적으로 표현의 자유가 일부 허용되면서 언론 및 출판과 관련하여 관용성이 일부 허용되었다. 어첼 괴르기(Aczél György)가 고안한 'Three Ts' 체제가 사회통제 수단으로 활용되었는데, 이것은 지원(Támogartás), 허용(Türés), 금지(Tiltás)를 의미한다. 지원은 "비정치적이거나 친정부적인 내용을 담은 작품의 지원"을 의미한다. 금지는 "체제 비판 및 저항의 목소리가 담긴 작품의 표현 금지"를 의미한다. 허용은 "애매모호한 자기검열"을 지칭하는데, "본인 스스로 판단하여 집권 세력에 노골적인 도전만 하지 않았다면 일부 표현이 허용되었음을 의미한다." 아울러 1980년대 초를 기점으로 여행의 자유가 부여되었다.[34]

4.3. 카다르 체제의 붕괴

32년 동안 지배세력이었던 카다르 체제의 붕괴 요인은 거대한 부채와 생활수준 하락으로 인한 경제위기, 공산주의 리더십 교체를 위한 엘리트 형성, 헝가리 사회주의 노동당 내부의 이념투쟁, 그리고 소련연방의 약화와 붕괴를 들 수 있다. 이런 요인 가운데 헝가리만의 특징은 공산당 지도부에서 자신들만의 정치적 진로를 모색하기 시작했다는 점이다. 당내 개혁파 중심세력이 강경파 세력과 대치함으로써 비롯되었는데, 이것은 1956년 혁명과 관련된 평가에 영향을 끼치게 되었던 것이다.[35]

4.3.1. 상대적으로 풍요로운 소비재 경제를 누렸던 카다르 방식의

의미』, 166, 204, 진승권, 『동유럽 탈사회주의 체제개혁의 정치경제학 1989-2000』, 195, 196-204.

34) 김철민, 박정오 외, 『동유럽 체제전환 과정과 통일 한국에 주는 의미』, 167.

35) 위의 책, 169.

공산주의가 1970년대 말부터 한계점을 드러내기 시작했다. 석유파동으로 인한 원유가 상승이 타격을 주면서 생필품 가격의 동반상승하게 되었고, 이것은 생활수준의 하락을 가져왔다. 카다르 지도부는 하락하는 경제수준을 끌어올리기 위해 차관을 들여오기 시작했다. 1974년 국제통화기금(IMF)으로부터 융자를 받기 시작해 1980년대 초에도 다시 융자를 받게 되었다. 그러나 1980년대 중반에 헝가리는 더 이상 융자를 요청할 수 없는 국가부도 상황에 직면했다. 거대한 부채로 인해 경제적 위기에 봉착하게 되었다. 이때부터 카다르 지도부에 대한 지지도와 신뢰가 급격히 하락하였다.[36]

이런 상황에서 카다르의 반대파들이 1985년부터 정치개혁을 요구하기 시작하였다. "공산당 일당체제에 대한 국민적 비판이 고조되어 억압적인 공산당 체제의 정당성에 대한 이견이 제시되기 시작하였다."[37] 이에 공산당 내부에서도 경제개혁의 성공을 위해 정치개혁이 필요하다는 발상의 전환이 등장하기 시작했다.[38]

4.3.2. 헝가리의 야권 세력은 1970년대 말부터 서서히 등장하기 시작했는데, 대표적인 집단으로는 농촌지역에서 성장한 작가 중심의 민족주의자 집단과, 주로 대도시 지역에서 성장한 사회, 경제학자, 그리고 철학자 중심의 도시성향의 지성인 집단을 들 수 있다. 1920년 제1차 세계대전 패전 후, 오스트리아-헝가리 제국 내에 거주하던 헝가리 민족은 트리아농 조약에 따라 소수민족으로 전락하였다. 이 문제에 대하여 카다르는 '사회주의자 동지애(socialist brotherhood)'를 강조하며 소수민족으로 전락한 동족문제를 경시하였다. "이에 도덕적 분노

---

36) 위의 책, 169-170.

37) 황병덕, 김지영 외, 『사회주의 체제전환 이후 발전상과 한반도 통일』, 245.

38) 위의 책.

를 느낀 민족주의 성향의 작가들이 1987년 가을 부다페스트 외곽 러키텔렉(Lakitelek)에 모여 카다르 체제의 부도덕성과 비합법성을 논의하였다." 이들은 개혁공산주의자인 포즈거이 임레(Pozsgay Imre)의 참석 아래 '헝가리 민주포럼'을 창설했다.[39]

도시성향의 지성인 집단은 대부분 "헝가리 막시스트의 거장 괴르기 루카치(György Lukács) 학파의 제자들로 구성되었는데, 공산당의 폭력과 인권 탄압을 규탄하며 언론의 자유와 보편적 인권 보장을 주장했다." 이들은 개혁공산주의자의 협력을 모색하지 않았고, 급진적이고 과감한 정치 · 경제개혁을 요구했다. 이들은 공산당의 일당 독점 권력에서 벗어나 권력을 분산하기 위해 의회와 사법부의 권한을 강화해야 한다고 주장했다. 이들은 1988년 5월 1일 '자유구상네트워크'를 창설했고, 11월 13일 '자유민주연합'으로 개칭했다.[40]

4.3.3. 경제위기와 더불어 야권 세력이 등장하며 공산당 내 이념투쟁이 표면화되었다. 헝가리 사회주의 노동자(공산당) 전국협의회가 1988년 5월 개최되면서 정치개혁이 본격화되었다.[41] 이 회의에서 공산당 지도부 내에서 지지 기반을 잃은 카다르는 당 서기장 직에서 물러나며 당 명예 의장직을 맡게 되었고, 당 정치국도 카다르 측 인물들이 퇴진하고 개혁공산주의 인사들이 기용되었다. 그로스 카로이(Grosz Karoly)가 당 서기장 직을 맡게 되었는데, 그는 경제적으로는 과감한 개혁을 추진하는 경향을 보였으나, 정치적으로는 막시즘-레닌이즘을 고수하던 강경파 공산당 리더였다. 그는 당의 이념 쇄신으로 정권을 유지할 수 있을 것이라 생각했다.[42]

---

39) 김철민, 박정오 외, 『동유럽 체제전환 과정과 통일 한국에 주는 의미』, 172-173.

40) 위의 책, 173-174.

41) 황병덕, 김지영 외, 『사회주의 체제전환 이후 발전상과 한반도 통일』, 245.

당내 개혁파 공산주의자들은 카다르와 그로스 체제가 본질적으로 다르지 않다고 보고, 포즈거이 임레를 중심으로 개혁동아리와 민주 헝가리를 위한 운동을 조직하였다. 포즈거이는 168시간이라는 라디오 방송 인터뷰에서 1956년 사건을 '반혁명이 아닌 민중봉기'로 재평가하였다. 그로스 체제의 정치이념으로 보면, 이 사건은 "사회주의를 부정하고 자본주의를 성립시키려고 시도했던 반혁명 사건"이었다. 그런데 포즈거이의 재평가로 인해 공산당 내 강경파와 개혁파의 분열을 초래했다. 포즈거이는 대중 지지를 기반으로 다당제를 지지하며 다당제 도입을 성사시켰다. 이것은 정치적 체제전환이 이루어지기 전 이미 다당제를 갖추었다는 특이성을 갖는다.43)

4.3.4. 내부적 요인 외에 외부적 요인으로 소련 지도부의 변화를 들 수 있다. 브레즈네프 이후 안드로포프와 체르넨코를 거쳐, 1985년 미하일 고르바초프가 등장하며 브레즈네프 독트린 포기 선언으로 그 실효성이 상실되었다. 브레즈네프 독트린은 "한 국가에서 발생한 개혁의 움직임이 다른 사회주의 국가의 이해관계에 상충될 때 해당 국가의 주권은 제한될 수 있다."라는 내용이었다. 고르바초프는 개혁과 개방을 내세우며 위성국가에 대해 군사적인 개입을 하지 않겠다고 표명했다. 1989년 4월 25일 소련군은 헝가리로부터 부분 철수하기 시작했다.44)

실제로 1989년 6월 외무부 장관이었던 호른 줄로(Horm Gyula)는 헝가리와 맞닿은 오스트리아 국경의 개방 가능성을 소련 외무상에 타진하였다. 소련 외무부 장관은 "해당 문제는 소련과 관련이 없다."라

42) 김철민, 박정오 외, 『동유럽 체제전환 과정과 통일 한국에 주는 의미』, 175.

43) 위의 책, 176, 177.

44) 위의 책 177-178.

고 응답했고, 6월 27일 오스트리아 외무부 장관 알리오스 먹(Alois Mock)과 헝가리 외무부 장관 호른 줄로는 국경지대 철조망을 함께 제거하였다. 이 철조망 제거가 동독 주민의 서독으로의 망명을 돕는 길이 되었다. 당시 동독 시민들은 국경이 인접하고 상대적으로 물가가 저렴한 헝가리에서 여름휴가를 즐기곤 했다. 그런데 오스트리아 국경 철폐는 동독 시민들로 하여금 동독으로 돌아가지 않고 오스트리아를 통해 서독으로 망명하는 데 큰 도움이 되었다. 결국 같은 해 12월 베를린 장벽이 무너지며 독일은 통일을 이루었다.[45]

4.4. 총선과 체제전환

1988년 6월 5일 역사진상규명위원회(The Committee for Historical Justice)가 구성되며, 1958년 6월 비밀리에 처형된 너지 임레를 비롯한 희생자들의 무덤 발굴과 재매장, 그리고 혁명에 대한 진상규명을 요구

---

45) 위의 책 178-181. 헝가리-오스트리아 국경 철조망 제거는 동독의 서독 여행 자유화 발표와 유사하다. 1989년 11월 9일 오후 동독의 에곤 크렌츠는 SED 중앙위원회에 임시 여행규정안을 만들었음을 통보했다. 이 규정에 의하면 동독 주민들의 출국과 외국여행 신청에 대해 당국은 신속히 여권을 발급하며, 이 규정은 '즉각' 효력을 발생한다고 되어 있었다. 이날 18시 무렵 SED 대변인이자 정치국원인 권터 샤보브스키는 국제프레스센터에서 기자회견 중 임시 여행규정안 관련된 두 쪽짜리 문건을 건네받았다. 그 문건은 정부의 안으로 아직 결정되지 않은 것인데, 그 사실을 모르는 샤보브스키는 동독이 국경을 개방한다고 발표하게 되었다. "그 말은 이제 동독 시민이 자유롭게 서독으로 여행할 수 있음을 뜻하는가" 라는 기자들의 질문에 문건의 용어를 인용하여 '즉각'이라고 답했다. 생중계 중이던 이 기자회견으로 수천 명의 동독 주민들이 즉각 국경으로 몰려들었고, 구체적 지시를 받지 못한 국경수비대가 머뭇거리다 국경을 열기 시작했다. 21시경 이 소식을 보고받은 크렌츠도 군중들이 국경을 통과하게 하라고 명령하였다. 국경개방을 통해 베를린 장벽이 무너지고 독일은 통일을 이루게 되었다. 임종대 외, 『시인과 사상가의 나라 독일 이야기 ② 통일독일의 사회와 현실』(서울: 거름, 2010), 296-297.

하였다. 1989년 6월 16일 너지의 재매장식이 치러졌는데, 이는 “주어진 체제에 대한 거부를 대외적으로 표명한 정치적 시위”였고, 동시에 “카다르 체제를 비합법화시키는 역사적인 날”로 평가된다.[46)]

이런 과정에서 정치개혁 문제가 활발하게 논의되며 헝가리 공산당 정부는 1989년 6월 주요 재야단체, 시민단체들과 임시로 ‘원탁회의’를 구성했다. 야권연대는 민주계열 정당의 한시적 집합체였는데, 헝가리 민주포럼, 자유민주연합, 청년민주연합, 기독교민주시민당, 독립소지주당, 사회민주당, 헝가리시민당, 언드레버이취질리스키 우정사회, 독립노동조합민주연맹으로 구성되었다.[47)]

정당 구도는 이념적으로 기독-보수 진영, 자유주의 진영, 그리고 사회주의 진영으로 크게 셋으로 구분할 수 있다. 대표적인 기독-보수 진영의 정당으로는 헝가리민주포럼과 기독교민주시민당, 그리고 독립소지주당을 들 수 있는데, 세 정당 모두 공통적으로 농촌지역에서 큰 지지를 확보하였다. 자유주의 진영의 정당으로는 자유민주연합과 청년민주연합으로 도시 젊은이들의 지지를 얻고 있었다. 사회주의 진영의 정당으로는 헝가리사회당과 헝가리사회민주당을 들 수 있다.[48)]

원탁협상의 안건은 일곱 가지가 제시되었는데,[49)] 집권 공산당과 야권연대는 다섯 가지 안건에 대해서는 원칙적 동의를 하였으나, 나머지 두 가지 안건에 대해서는 불일치하였다. 특히 대통령 선출방식과

---

46) 김철민, 박정오 외, 『동유럽 체제전환 과정과 통일 한국에 주는 의미』, 181, 182.

47) 위의 책, 184-185.

48) 진승권, 『동유럽 탈사회주의 체제개혁의 정치경제학 1989-2000』, 217-218.

49) 1. 새 선거법을 위한 법안, 2. 형법과 절차개정안을 위한 법안, 3. 신 미디어법과 홍보를 위한 법안, 4. 개헌을 위한 법안, 5. 헌법재판소와 대통령직 창설을 위한 법안, 6. 정당과 정당재원에 관한 법안, 7. 평화적 체제전환을 위한 보장(공산당의 준 군사기구 및 민병대 해체). 김철민, 박정오 외, 『동유럽 체제전환 과정과 통일 한국에 주는 의미』, 185.

대선시기에 대한 이견을 좁히지 못했다. 집권 공산당은 대통령 직선제를 주장했고, 야권연대는 자유총선 이후 선출된 첫 민주의회에서 대통령을 간선으로 선출해야 한다고 주장했다.[50] 야권연대는 직선제를 공산당은 간선제를 선호할 것이라는 일반적인 생각과 다르게 나타났다.

야권연대에서 급진적 성향의 자유민주연합과 청년민주연합은 대통령 간선제를 주장하며, 1989년 9월 18일 집권 공산당과 야권연대 사이의 최종 협상안 서명식에서 거부권 행사는 하지 않았으나, 그렇다고 서명에 참여하지도 않았다. 대신 이들은 대통령직 문제와 양자합의에 실패한 안건을 국민투표에 부칠 것을 선언했다. 그리하여 헝가리 시민들은 11월 26일 다음 네 가지 사항을 결정해야 했다.[51]

1. 작업장에서 공산당의 정당 활동은 금지되어야 합니까?
2. 공산당의 준 군사기구 사병조직은 해체되어야 합니까?
3. 공산당이 소유한 재산은 청산되어야 합니까?
4. 대선은 총선 이후에 치러져야 합니까?

국민투표 결과 0.2% 차이로 두 연합의 입장이 관철되었고, 대선은 첫 자유 총선 이후로 결정되었다.[52]

헝가리 공산당은 1989년 10월 7일 헝가리사회주의노동당(MSZMP)이라는 명칭을 헝가리사회당(MSZP)로 개편하여 새로이 창당하였다. 동년 10월 23일 국회의장이 민주공화국을 선포하였다. 이어 동년 12월 2일 동·중부 유럽의 변화를 이루려는 말차조약 실행을 논의하였다. 1990년 4월 첫 번째 총선이 실시되었다. 이 총선은 20세기

50) 위의 책 186.

51) 위의 책, 186-187.

52) 위의 책, 187.

후반 헝가리 최초의 완전 자유선거라는 점에서 정치사적 큰 의미를 갖는다.[53] 이 총선에서 헝가리민주포럼(MDF)이 역사적 헝가리 영역의 회복, 유럽연합회원국으로의 가입, 공산주의 정권 시절의 잔재 청산 등을 내세우며 164석을 얻어 제1당이 되었다. 자유민주연합(SzDSz, 사회자유주의) 92석, 독립소지주당(FKgP) 44석, 헝가리사회당(MSzP, 사회민주주의, 중도좌파) 33석, 기독교민주시민당(KDNP) 21석, 청년민주연합(Fidesz) 21석을 얻었다. 헝가리민주포럼(MDF)은 독립소지주당(FKgP)과 기독교국민민주당(KDNP)과 함께 중도-우파 연립정부를 구성하여 5월 23일 헝가리민주포럼(MDF, 보수주의, 중도우파)의 당수인 언떨 요제프(Antal Jozesf)를 수상으로 선출했다. 개혁노선을 표방했으나 공산당의 이미지가 남아있는 헝가리사회주의노동당(MSzMP)과 8개 노동조합의 지지를 받았던 헝가리사회민주당(MSzDP)은 원내교섭단체를 구성하지 못했다.[54]

여기에서 특이한 것은 다른 공산주의 국가와 달리, 1956년 소련의 유혈진압 이후부터는 소련의 내정간섭이 보이지 않았다는 점이다. 또 라코시는 강압통치를 했으나 카다르는 국민을 폭력적으로 지배하지 않고 유연한 통치를 했다. 국민들은 공산주의 개혁을 생각하고 요구할 정도로 민도가 높고 결집된 힘이 있었다. 이런 상황에서 공산당 정부가 무력으로 진압하지 않고, 정부와 재야단체와 시민단체들의 원탁회의를 했다는 것 자체가 공산주의 국가에서 가능한지, 마치 제도만 공산주의 같다는 생각이 들었다. 또 공산당의 일당통치 종식에 합의했다는 것은 통치자들이 합리적이며 이성적으로 사고를 했기 때문에, 항거와 무력진압, 갈등과 폭력 없이 협상과 회의에 의해 체제전환을 이룩할 수 있었다

53) 진승권, 『동유럽 탈사회주의 체제개혁의 정치경제학 1989-2000』, 216.

54) 위의 책, 218-220, 김철민, 박정오 외, 『동유럽 체제전환 과정과 통일 한국에 주는 의미』, 189; 황병덕, 김지영 외, 『사회주의 체제전환 이후 발전상과 한반도 통일』, 246.

는 점은 매우 특이한 점이라 하겠다.

5. 체제전환 이후의 변화

'동유럽'이라는 지역의 의미가 공산 체제하의 낙후된 지역이라는 의미가 내포되어 있어 헝가리 국민들은 '중부유럽'이라는 단어를 선호한다. 무엇보다 EU의 정회원이 된 후 공산주의 시대에 느꼈던 '동유럽콤플렉스'에서 벗어난 것으로 보인다.[55)]

체제전환 이후 언떨 행정부는 해결해야 할 다수의 현안에 직면했다. 정치적으로 의원내각제를 수용했으나, 의원내각제가 헝가리에서 무엇을 의미하는지 잘 알지 못했다. 경제적으로는 국가 부채의 증가로 기존의 사회, 복지 정책을 지속하기 어려웠다. 외교적으로 "북대서양조약기구와 유럽연합 가입을 기조 외교정책 노선으로 설정하였다." 북대서양조약기구 가입은 정치, 군사적인 면이기도 했으며 민주주의를 공고히 하려는 목적이기도 했다. 또한 유럽연합 가입은 기능적 시장경제체제를 이루기 위한 목적을 갖고 있었다. 그리하여 1996년 OECD에, 1999년 NATO에, 그리고 2004년 5월 1일 EU에 가입했다. 아울러 트리아농 조약 체결 이후 경시되었던 소수민족 권리 향상과 주변국과의 관계 개선을 주요 외교정책으로 추진하였다. 이 외에도 공산주의 시절 발생했던 범죄자에 대한 처벌과 피해자에 대한 배상문제를 다루어야 했다.[56)]

---

55) 황병덕, 김지영 외, 『사회주의 체제전환 이후 발전상과 한반도 통일』, 249.

56) 김철민, 박정오 외, 『동유럽 체제전환 과정과 통일 한국에 주는 의미』, 191, 203.

5.1. 체제변화와 문제점

체제전환 이후 나타난 정치적 변화는 정부구조의 개편과 개혁이 이루어진 것이다. 체제전환 이후 과도기적으로 존재하던 정부 부처를 축소하여 EU가 요구하는 수준으로 그 기능을 조정하였다. 경제적으로는 경제구조가 서유럽 경제권에 편입되었으나, 재정적자, 물가인상, 경쟁력 약한 중소기업들의 존폐위기 등의 문제점이 드러났다. 사회적으로는 독일과 스웨덴 모델에 의존해 교육, 노동, 사회복지 등이 수정되었고, '사회구조의 유럽화'가 추진되었다.57)

헝가리는 주변 나라들과는 달리 점진적인 방식으로 경제개혁이 이루어졌다. 헝가리는 공산주의가 붕괴한 후에도 사회주의 개념이 완전히 사라진 것은 아니었다. 1968년에 도입된 신경제정책으로 어느 정도 자율성이 부여되어 있었고, 시장가격이 도입되는 등 경제체제변화에 큰 어려움이 없었다. 언떨 행정부는 사회적 시장경제를 추구했고, 그래서 개혁 초기에는 사회적 시장경제와 시장경제가 같은 개념으로 혼용되었다.58)

헝가리의 경제는 공산주의 시대와 비교했을 때 내외적으로 성장했다고 볼 수 있다. 1인당 국내총생산(GDP)이 상승했고, 삶의 질을 나타내는 교통, 통신 분야의 발전을 보였다. 그럼에도, 임금이 상승되었으나 상승된 임금이 물가상승률을 따라가지 못해 실질소득이 준 것이나 마찬가지가 되었다. 거시 경제적 발전이, 실제적인 생활환경의 개선과 구매력 상승 등이 뒤따라 주지 못함으로써, 소비생활의 향상에 직접적인 영향을 주지 못했다. 그러다 보니 소비자가 느끼는 실물경제가 나빠진 것으로 보게 되는 것이다. 1989년도에서 2004년까지를 비교했

---

57) 황병덕, 김지영 외, 『사회주의 체제전환 이후 발전상과 한반도 통일』, 249-250.
58) 진승권, 『동유럽 탈사회주의 체제개혁의 정치경제학 1989-2000』, 223-225.

을 때 소득불평등도를 나타내는 지니 계수가 높아졌는데, 이것은 소득 불평등도가 심화된 것을 의미한다. 결국 계층간 격차가 확대되면서 저소득 계층의 박탈감이 높아지게 되었고, 이런 빈부격차가 사회적 불만 요인으로 나타나게 되었다.[59)]

사회주의 계획경제체제에서 시장경제체제로 전환하면서 생산 감소에 따른 고용감소가 발생하였고, 대규모 국영기업의 민영화 과정에서 집단해고로 인한 실업자가 발생하였다. 실업률 감소는 1998년 들어 나타났으나 그것이 고용증가를 의미하는 것은 아니었다. 실업률 감소는 실업자 등록수가 감소한 것과 상급학교 진학자의 증가일 뿐, 장기실업자 수는 증가하고 있다.[60)]

물가상승으로 인해 실질임금은 하락되고 이에 따라 소득수준의 감소가 실업문제와 더불어 심각한 경제문제로 대두되었다. 실질임금이 조금씩 회복되고 있어도, 산업간 임금격차가 심화되고 있다. "즉 임금수준이 높은 부문의 임금은 더욱 인상되는 반면, 임금수준이 낮은 부문의 임금은 더욱 하락하고 있는 것이다." 이것이 빈익빈 부익부 현상을 악화시키며 빈곤인구 증가로 나타나고 있다.[61)] 경제전환에 따른 편익이 일부 계층에 집중되는 자본주의의 병폐가 나타나는 것이 아닌가 싶다.

5.2. 체제변화와 종교관계

헝가리공화국이 탄생하며 헌법상 사상, 양심, 종교의 자유가 선포되

59) 황병덕, 김지영 외, 『사회주의 체제전환 이후 발전상과 한반도 통일』, 251-258.

60) 위의 책, 259-260. 국가기업 사유화 문제는 진승권, 『동유럽 탈사회주의 체제개혁의 정치경제학 1989-2000』, 238-247 참조.

61) 황병덕, 김지영 외, 『사회주의 체제전환 이후 발전상과 한반도 통일』, 261-263.

었다. 1990년 1월 4일 의회에 의해 "교회의 종교적인 자유권과 중립권이 법적으로 보장"되었다. 교황청과 맺은 협약이 1990년 초 취소되면서, 국가가 교회의 인사권에 관여할 수 없게 되었다. 수도원의 설립이 다시 허용되었고, 종교교육이 허용되었다. 교구학교가 문을 열었고, 개혁교단도 학교를 다시 운영하게 되었다. 1993년에는 개혁교단의 대학이 부다페스트에서 개교하였고, 유대인 대학도 개교하였다. 아울러 학교에서 종교수업을 할 수 있게 허용되었다.62)

교회의 가장 큰 어려움은 재정문제였다. 땅은 토지개혁으로 몰수되어 찾을 길이 없었고, 배상도 받지 못했다. 교회는 신자들의 헌금과 국가의 재정에 의존할 수밖에 없는 상황이었다. 1997년 국민들이 "세금의 1%를 교회나 종교단체에 지불할 수 있도록 법제화"함으로 가톨릭교회, 개혁교단, 루터교단, 유대교 등은 재정적 어려움을 극복할 수 있었다.63)

5.3. 과거사 정리문제

체제전환 이후 언떨 행정부가 직면한 가장 난해한 문제가 바로 과거사 정리였다. 구공산주의 정권에서 억울하게 피해를 본 사람들에 대한 적절한 배상과 가해자 처벌이라는 정의실현의 문제가 중요한 문제로 대두되었다. 과거사를 정리하는 데는 다섯 가지 영역이 있다고 본다. 그것은 "물질적 배상, 정치・법률상의 복귀, 가해자 명단 공개, 형사재판 공소, 진실과 화해를 위한 위원회 구성"이다. 여기에서 처음 두 가지 영역을 피해자를 위한 방편이라고 한다면, 나머지 세 가지 영역은 가해자를 대상으로 정의실현을 모색하기 위한 방안이라 하겠다.64)

---

62) 고재성, "헝가리에서의 교회와 국가와의 관계," 228-229.

63) 위의 글, 229.

언떌 행정부는 "국가는 피해자에 대한 배상의 도덕적 책무가 있다는 판단" 아래, 1949년 6월 8일 이후 국가가 강제적으로 집행했던 농업의 집산화와 산업화 과정으로 인해 재산을 상실한 피해자가 국가로부터 부분적인 물질적 배상을 받는 법안을 준비했다. 그런데 자유민주연합은 배상 날짜 기준을 1949년 6월 8일 이후가 아닌 제2차 세계대전 종결 이후로 변경해 피해자 배상 범위를 확대해야 한다고 주장했다. 아울러 모든 피해자에게 미화 백 달러에 해당하는 금액을 국고에서 동등하게 지원해야 한다고 주장했다. 반면에 청년민주연합은 물질적 배상 자체를 거부하고, "구세대에서 발생한 문제를 해결하기 위하여 신세대에게 재정적 부담을 지우는 행위는 시대착오적인 발상이라고 주장"했다.[65] 이 부분은 통일을 준비하는 과정에서 나타난 세대갈등과 유사한 면이 있다. 현재 잘살고 있는데 굳이 통일해야 하는 이유가 무엇인가 하면서 통일의 당위성에 의문을 제시하며, 통일비용을 왜 부담해야 하느냐고 묻는 젊은 세대들의 의식을 심각하게 고려해야 할 것이라 본다.

한편 독립소지주당은 부분배상이 아닌 전면적인 배상, 즉 재사유화를 주장했다. 이 요구는 현실적으로 실현 불가능한 주장이었다. 헝가리는 1948년 이후 지속된 공산화 과정으로 인해 농업 위주의 경제 · 사회 구조가 중공업 위주의 산업구조로 변모하게 되었다. 이것은 농업의 강제적 집산화와 도시화가 집행된 결과였다. 언떌 행정부는 이런 상황에서 독립소지구당이 주장하는 농업구조의 재사유화는 불가능하다고 판단했다. 대신 부분 배상 안의 지지를 호소했다. 이 주장으로 인해 독립소지주당 내 균열이 일어나 당이 분리되는 결과를 초래했다.[66]

언떌 행정부가 제출한 입법안이 의회를 통과하여 시행되었는데,

---

64) 김철민, 박정오 외, 『동유럽 체제전환 과정과 통일 한국에 주는 의미』, 193.

65) 위의 책, 194.

66) 위의 책, 194-195, 205.

국가 채권을 활용하여 구 전제정치 피해자들은 과거에 상실했던 토지와 재산의 일부를 되찾을 수 있었다. 그러나 이 배상법은 법적인 문제점을 지니고 있었다. 첫째는 배상의 척도가 자의적이라는 점이다. 왜냐하면 지난 40년 동안 변동된 물가상승률이 전혀 고려되지 않은 채 배상의 기준이 정해졌기 때문이었다. 따라서 피해자가 납득할 만한 적절한 배상을 받았다고 하기 어려웠다. 두 번째는 언떨 행정부가 발행한 배상 관련 채권이 평가 절하되어 증권시장에서 투기용으로 사용되었다는 점이다. 세 번째는 중복소유권의 문제가 있었다. 40년이라는 기간 동안 토지와 건물 그리고 동산은 소유자가 바뀌고 용도가 바뀌는 등 변화가 있었다. 그런데 최종 소유자뿐만이 아니라 기존의 소유자도 본래의 동산과 부동산을 찾을 수 있는 기회가 제공됨으로써 중복소유권 문제를 야기했다. 여기에 문서의 진위 또한 논란이 되어 해결하기 어려웠다.[67] 결국 언떨 행정부의 배상법은 "당시 국가가 처한 한계적인 재정상황에서 구체제의 피해자를 대상으로 상징적 차원의 물질적 배상을 시도하였던 과거사 정리"라고 할 수 있지만, 결과적으로는 실패한 것으로 본다.[68] 그럼에도 공산체제와의 단절을 위해 언떨 행정부가 취한 이러한 정책은 대외적으로는 소련의 위성국이었던 이미지와 더불어 전체주의 공산국가로서의 부정적 이미지를 불식시키는 데 일조를 했던 것으로 평가된다.[69]

5.5. 정의실현 문제

체제전환 이전 역사진상규명위원회가 구성되어 과거 숨겨진 사실의

---

67) 위의 책, 196-198.

68) 위의 책, 198.

69) 진승권, 『동유럽 탈사회주의 체제개혁의 정치경제학 1989-2000』, 222.

발굴과 진실을 추구했었다. 언떨 행정부는 제테니-터카취(the Zétényi-Takács) 법안을 준비하였다. 이 법안에 의하며, 당시 형법에 따라 공소시효가 만료된 범죄의 경우 1990년 5월 2일 기점으로 그 시효일을 재가동시켜 처벌을 가능하게 했다. 이 법안을 제출한 제테니와 터카취는 "구체제의 특성상 정의실현을 공정하게 집행할 수 없는 특별한 상황에 놓여있었으므로 법의 소급적용은 가능하다."라고 주장했다.[70)]

반면, 야당이었던 자유민주연합과 청년민주연합은 이 법안이 사회 내 불안감, 두려움 그리고 증오감을 증폭시킴으로 일종의 마녀사냥과 같은 부정적 효과를 초래할 것이라며 반대했다. 그럼에도 언떨 행정부는 1991년 11월 4일 이 법안을 통과시켰다. 그러나 11월 18일 대통령 괸츠 아르파트(Göncz Árpád)는 이 법안의 합법성에 우려를 표명하여 이 법안을 헌법재판소로 송부하였다. 1992년 3월 3일 헌법재판소는 제테니-터카취 법안이 법적 안정성의 원칙(the principle of legal security)을 침해했다고 지적했다. "공소시효가 만료된 상황에서 범죄자의 처벌은 그 범죄가 중대하더라도 소급효과를 적용하여 범죄자를 처벌할 수 없다."라는 평결로 이 법안은 위헌이라고 판결하였다.[71)]

언떨 행정부는 1993년 2월 1973년 형법 자체를 개정하여 법안을 제출했으나, 대통령 괸츠는 이것도 헌법재판소로 송부하였고, 헌법재판소는 이 법안도 위헌으로 판결하였다. 이에 언떨 행정부는 이 법안을 폐기하고, 1956년 혁명과 관련된 특별법을 도입하여 "혁명 당시와 진압 후 발생했던 대량학살 범죄자에 대한 처벌을 주목적"으로 하는 법안을 제출했다. 그러나 대통령 괸츠는 이 법안도 헌법재판소에 회부하였고, 헌법재판소는 이것 역시 위헌으로 판결했다.[72)]

---

70) 김철민, 박정오 외, 『동유럽 체제전환 과정과 통일 한국에 주는 의미』, 199.

71) 위의 책, 199-200.

72) 위의 책, 200.

단, 혁명 전개 당시 발생했던 범죄는 제네바 협약과 뉴욕 의정서 기준으로 볼 때, 반인류 범죄에 해당한다고 평결하여 관련자들을 공소하여 재판이 진행되었으나 실효를 거두지는 못했다. 그것은 범죄를 입증할 수 있는 물리적 증거가 부족한 것이 원인이었다. 체제전환 시 공산당 간부들이 그들의 활동과 관련된 기밀서류와 문서들을 대량으로 파기했기 때문이었다. 또한 범죄자의 다수가 고령이었고 지병이 있어 복역 도중 가석방되는 빌미를 제공하기도 했다. 결국 언떨 행정부가 시도했던 정의법도 성공하지는 못했다.[73]

대통령 괸츠는 나름대로 과거사 정리를 위한 방안을 모색했다. 그는 지금까지 숨겨왔던 기밀서류를 공개하면 진실추구가 가능할 것으로 보았다. "불투명한 과거사 때문에 사회 내 불안정한 요소가 잔재해 있다면, 이러한 요소는 헝가리 시민 스스로 돌아보고 판단할 수 있는 기회를 제공함으로써 사회적 화해를 이룰 수 있다고 판단"했다. 그러나 의회의 지지를 얻지 못했고, 결국 그가 제안한 과거사 정리방안도 실패하고 말았다.[74]

6. 시사점과 교훈

헝가리의 공산주의가 붕괴되고 민주주의로의 체제전환이 발생했지만, 아직 많은 영역에 있어서 안정적 정착은 이루어지지 않았다. 체제전환 과정에서 발생한 막대한 사회적 비용 처리와 저조한 시민 삶의 만족도 향상 문제 등이 해결해야 할 과제로 남아있다. "저조한 경제성장, 긴축재정의 집행, 외국인 투자 저해 환경, 행정부의 공영 미디어 통제 시도, 그리고 유럽연합 통합 자체에 대한 회의론" 등이 복합적으로

---

73) 위의 책, 201.

74) 위의 책, 202.

작용하며 부정적인 영향을 끼치고 있다.[75]그렇다면 헝가리의 "체제전환은 현재진행형"이라고 보는 것이 옳을 것이다.

체제전환 과정에서 나타난 중요한 사안은 과거사 정리이다. 우리나라의 경우 일본제국주의에서 해방되고 남한에서는 반민법으로 친일파를 처벌하려고 했으나 제대로 되지를 못했고, 오히려 친일파가 반공주의자로 변신하거나 정부에 등용되는 일도 있었다. 이렇게 친일파 청산이 제대로 이루어지지 못해 현재까지 내적 갈등을 유발하고 있음은 주지의 사실이다.

언뗼 행정부의 경우 과거사 정리를 위한 피해자 배상법은 진정한 의미에서 피해자에게 배상하기 위한 것이라기보다 상징적 차원에서 부분적 배상에 머무는 한계를 보여주었고, 가해자를 대상으로 한 사법처리 입법안은 공소시효가 만료된 범죄에 대한 소급적용을 시도했으나 위헌 판결을 받게 되었다. 이것은 사전 여론조사 부족과 사회적으로 충분한 공감대가 형성되지 않은 상태에서 진행되었기 때문이었다. 배상을 받은 사람은 더 많은 배상을 요구했고, 배상을 받지 못한 사람은 배상받지 못한 사실에 불만을 제기하였다.[76]

가해자 사법처리 법안 실패를 통해 얻게 되는 시사점은 다음과 같다.[77] 첫째, "체제전환의 정치적 정통성이 어디에 있는지 규명"하는 일이다. 사람들은 공산주의 독재에서 벗어났어도 현재의 생활이 만족스럽지 못하면 지난 과거에 대해 향수를 갖는 경향이 있다. 헝가리 시민들도 마찬가지였다. 헝가리 시민들 가운데 카다르 체제에 대한 긍정적 평가와 더불어 그 시절 공산주의에 대한 향수가 잔재해 있다는 점이다.

---

75) 위의 책, 203-204.

76) 위의 책, 205.

77) 이 부분은 김철민, 박정오 외, 『동유럽 체제전환 과정과 통일 한국에 주는 의미』, 206-211 요약.

카다르 체제에서 살던 시민들 대부분은 주어진 체제에 만족했고, 그들 나름대로 체제와 타협했다는 공동의 죄의식이 존재했던 것이다. 이런 관점에서 제테니-터카취 법안이나 1956년 혁명과 관련된 특별법은 법안 제정 당시부터 구 권력층 공산당을 처벌하기 어려운 한계성을 갖고 있었다고 보는 것이 옳다. 따라서 "헝가리 체제전환의 정통성은 기존 공산주의 체제와의 연속성이 존재한다."라고 볼 수 있다.[78)]

이런 점을 통해 남북이 통일되더라도 북한 주민들의 사상 속에서 공산주의 이념을 제거하는 일은 쉽지 않을 것으로 보인다. 현재 남한에 거주하는 탈북민의 경우도 적응하기 어려울 때는 북한에서의 생활을 그리워하기도 하고, 심지어 탈남하여 북한으로 재입북하는 경우가 발생하는 것을 심각하게 바라보아야 한다. 이런 상황에서 과거사 정리 작업이나 가해자 사법처리 방안이 남북 주민들의 공감대를 얻어 발의가 되고 얼마나 효율적으로 실천될 수 있을지는 미지수이다. 아울러 북한 주민들이 새로운 정치 · 경제체제에 얼마나 잘 적응하며 살 수 있을지도

---

78) 위의 책, 206-207. 이런 점이 1994년 총선에서 나타났다. 개혁에 불만을 가진 국민들이 과거 공산체제에 대한 향수, 스트레스가 적었던 국가사회주의적 사회체제에 대한 향수 등으로 헝가리사회당을 지지하여 1994년 총선에서 33% 득표율로 209석을 차지해 정권교체가 이루어지며 집권에 성공하게 되었다. 헝가리민주포럼은 내부분열과 선거전에서의 무능으로 표심을 잃어 11.7% 득표율에 37석을 차지하였다. 반면 헝가리사회당은 상당한 규모의 당원과 지방 당조직을 유지하며 비교적 든든한 조직력으로 설득력 있는 선거공약 개발과 참신한 인물 발탁 등으로 국민의 지지를 얻게 되었다. 헝가리사회당은 자유민주연합과 연립정부를 구성하여 사회주의-자유주의 연립정부를 만들었다. 진승권, 『동유럽 탈사회주의 체제개혁의 정치경제학 1989-2000』, 253-260.

반면, 느린 경제회복과 증가하는 범죄율, 정부의 부패 등으로 헝가리 국민들은 사회당에 대해 등을 돌리게 되었다. 그 결과 1998년 5월 선거에서 청년민주연합이 다수의석을 차지하여 연립정부를 구성하였다. 그러나 2002년 4월 총선에서는 헝가리사회당과 자유민주연합이 연립정부를 구성하게 되었다. 이런 과정을 통해 헝가리의 민주화 토대가 마련되었다고 본다. 이상환, 김웅진 외, 『동유럽의 민주화』 (서울: 한국외국어대학교출판부, 2004), 42.

심각하게 고민해야 할 문제이다.

둘째, 정부의 공식, 비공식 문서들을 보존하기 위한 제도적 장치가 마련되어야 하며, 필요시 연구 및 참조할 수 있도록 해야 한다. 체제전환 시 공산당 간부들은 그들의 활동과 관련된 비밀서류와 문서들을 대량으로 파기하여 물리적 증거를 소멸시켰다. 물리적 증거가 없는 상태에서 가해자 사법처리와 기소는 불가능하였다.[79] 따라서 북한에 소장되어 있는 당내 기밀문서가 의도적으로 파기되지 않도록 하는 제도적 방안이 강구되어야 할 것이다. 현실적으로 가능하지는 않으나, 보복 차원이 아닌 진실추구의 일환으로 문서보존의 필요성에 대한 인식이 필요하다. 남한에서도 대통령이 바뀔 때마다 대통령 관련 기록이 삭제되거나 파기되는 일이 간혹 있어 왔다. 이런 일을 방지하는 작업을 남한 정부에서 먼저 엄격한 문서보존을 시행하여야 할 것이다.

셋째, 과거사 진상규명 위원회의 필요성과 활용도를 신중하게 살펴보아야 한다. 과거사 진상규명은 과도한 보복에 있는 것이 아니라, 숨겨졌던 기밀문서를 공개하고 연구하여 진실을 규명하는 데 일차적인 목적이 있음을 분명히 해야 한다. 과거사 진상규명 없이 과거사를 극복하기는 어렵다. 따라서 주관적이고 감정적이며 개인적인 차원을 벗어나 시민 스스로 자신의 과거를 판단하고 평결할 수 있는 기회를 제공하는 일이 필요하다. 불투명한 과거사로 인해 사회 통합을 방해하고, 시민들 사이에 불화를 초래할 수 있다는 점을 인식하여 객관적이며 사실적인 규명이 이루어질 수 있도록 해야 한다.[80]

헝가리 체제전환을 통해 얻게 되는 교훈은 개혁과 개방을 유도할 수 있는 방안의 필요성을 신중히 고려해야 한다는 점이다. 카다르

---

79) 김철민, 박정오 외, 『동유럽 체제전환 과정과 통일 한국에 주는 의미』, 208.

80) 위의 책, 209-211.

체제가 제공했던 관용정책을 통해 헝가리 시민들은 자유유럽 라디오 방송(Radio Free Europe)과 미국의 소리(Voice of America) 프로그램을 통해 주변 국가 소식을 접할 수 있었다. 이런 접촉은 공산정권의 정책과 지침을 비교, 판단할 수 있는 기회가 되면서, 외부 사조 유입을 초래했다. 아울러 1980년부터 허용된 여행의 자유는 소련연방 국가만이 아니라 서구 자본진영 국가로의 여행도 할 수 있게 하였다. 헝가리 시민들은 여행을 통해 물질적으로 풍요로운 서구진영 국가와 헝가리를 비교하면서 서구를 동경하기 시작했다.[81]

북한은 아직 외부 미디어 접촉이나 여행의 자유가 주어지지 않고 있지만, 북한 주민들은 다양한 경로를 통해 남한 드라마를 시청하거나 남한 가요를 청취하기도 한다. 북한 당국은 채널을 조선중앙 TV에 고정시키고 봉인지를 붙인다. 그런데 북한 주민들은 봉인지를 떼었다 붙였다 하면서 남한방송을 시청하기도 하고, 아니면 아예 별도의 소형 텔레비전을 숨겨놓고 남한방송을 시청하기도 한다.[82] 북·중접경지역에서는 중국방송이 수신되는데, 중국 채널에서 방영하는 한국 프로그램을 시청하기도 한다.[83] 중국산 EVD 플레이어인 노트텔을 이용해 알판이라 불리는 DVD를 통해 영상을 시청하였고 요즘에는 USB에 담긴 남한영화를 보기도 한다. 노트텔은 TV 전파의 직접수신이 가능해 중국방송 시청이 가능하다. 충전하면 4시간 가량 영상시청이 가능하다.[84] 이런 과정을 통해 알게 모르게 한류가 북한에도 영향을 미치고 있다. 북한에서의 한류 현상은 북한 주민들에게 외부세계를 보는 또 하나의 창으로의 역할을 하고 있다.[85]

---

81) 위의 책, 211.

82) 강동완, 『북한에서의 한류 현상: 그 의미와 영향』(통일부 통일교육원, 2015), 17.

83) 위의 책, 18.

84) 위의 책, 19.

북한 주민들은 중국 이동통신망에 가입된 휴대전화를 몰래 가입해 한국과 국제전화를 하는 방식으로 연계를 가진다. 이 휴대전화는 국경 일대에서만 한국과의 통화가 가능하다.[86] 고려링크는 북한 체신청과 이집트 통신회사 오라스콤이 만든 합작회사로 북한 이동통신 서비스 이름으로, 가입자 수는 2014년 기준 280만 명으로 추정된다.[87]

배급제를 통해 평준화되었던 북한주민의 의식주가 고난의 행군을 거치며 1990년대 중후반 식량난으로 인해 배급제도가 붕괴되었고, 대신 장마당을 통한 경제활동의 장이 마련되었다. 중국 물품은 물론이거니와 남한 물품과 일본 물품까지 거래가 되고 있다. 의복에 있어 상류층은 중고라도 일본산과 한국산을 주로 구입한다. 중류층은 중국산 새 옷을 주고 구입하지만 간혹 중고 일본산과 한국산을 구매하기도 한다. 하류층은 중고 옷을 사 입는다.[88] 원산지가 표시된 상표를 제거하기도 하지만, 상표가 붙은 그대로 거래되기도 한다. 이런 일들을 통해 간접적으로 남한의 경제수준을 짐작할 수 있는 계기가 될 수도 있다.

북한 주민들이 외부와 접촉할 수 있는 직·간접적인 기회가 제공된다면 폐쇄적인 북한체제에 균열이 올 것으로 예상한다. 그렇다면 그것은 북한체제 붕괴와 연결될 개연성이 있다. 이것을 염두에 두고 다각도로 북한이 개방에 참여할 수 있는 방안을 신중하게 제시할 필요가 있다. 동구권의 붕괴와 체제전환은 북한이 앞으로 어떻게 체제전환을 이루어야 하는지를 제시하고 있다는 점을 명심해야 한다. 아울러 동구권의 체제전환은 한반도가 앞으로 어떻게 통일을 이루어갈 수 있는지 암시하고 있다는 점을 잘 파악하여야 할 것이다.

---

85) 위의 책, 12.

86) 주성하, 『서울에서 쓰는 평양이야기』(기파랑, 2012), 162, 163.

87) 강동완, 『북한에서의 한류 현상: 그 의미와 영향』, 43.

88) 김수암, 김국신, 김영윤, 임순희, 박영자, 정은미, 『북한주민의 삶의 질: 실태와 인식』(통일연구원, 2011), 85-86.

7. 나가는 말

헝가리는 1945년 공산주의자들이 권력을 장악한 이후 소련연방이라는 외부세력에 의해 1949년 헝가리 인민민주주의 인민공화국이 선포되고 라코시 일당독재가 시작되었다. 라코시의 강압정치에 반발한 헝가리 시민들이 1956년 10월 23일 민주혁명을 일으켰고, 소련 지도부는 온건 민족주의자이며 개혁공산주의자인 너지 임레의 복귀를 승인했다. 그러나 며칠 후 소련군에 의한 유혈진압으로 혁명은 미완의 혁명으로 끝나게 되었다. 그 후 카다르는 유화정책을 통해 32년간 집권하였다. 그러나 계속되는 경제위기와, 카다르 체제에 반발하는 야권세력의 등장, 집권 공산당 내부의 권력투쟁에 소련 고르바초프의 등장이 헝가리 체제전환에 결정적인 요인이었다고 볼 수 있다.

이처럼 체제전환은 외부세력에 의해 진행된 것이 아니라 집권 공산당 내부에서 시작되었다고 볼 수 있다. 특히 원탁회의를 통한 정치적인 변화는 획기적인 '협상혁명'이었고, 위로부터 진행된 평화적 혁명이었다는 평가를 받는다.[89] 한반도 통일도 남과 북의 합의에 의한 평화적인 통일이어야 한다.

1989년 자유총선을 통해 집권한 헝가리민주포럼의 경우 급진적 자유주의자들이 아닌 공산당 내부의 개혁주의자들과 밀접한 연관을 갖고 결성되었다. 앞에서 언급했듯이 헝가리민주포럼의 창설 멤버였던 포즈거이 임레는 개혁공산주의자였다. 헝가리에는 체제전환이 이루어진 후에도 급격한 정치변화가 나타나지 않았다. 구집권세력이 지위에 큰 변화 없이 체제전환 과정과 그 이후에 일정한 역할을 수행하였다. 그것은 정치지도자들과 집권층이 개혁에 앞장서며 국민들의 자유를 신장하고 경제향상을 통해 생활환경이 나아질 때 정치적 정당성을

89) 진승권, 『동유럽 탈사회주의 체제개혁의 정치경제학 1989-2000』, 216.

확보했기 때문이었다. 중국의 경우도 개방정책을 통해 사회주의체제의 근간은 유지하며 정치체제의 변화없이 경제적 발전이 지속되고 있다.[90] 이런 점은 북한 지배층에게 시사하는 점이 크다고 본다. 통일이 되었다고 무조건적으로 북한 지배층의 단죄가 이루어지는 것은 아니라는 점을 염두에 두고 그들의 역할을 살펴봐야 할 것이다.

남북통일을 위한 북한체제변화는 동유럽의 체제전환이나 체제붕괴와는 다른 양상이 될 것으로 예상한다. 동유럽의 경우 소련의 통제가 느슨해졌을 때 체제전환이 이루어졌다. 북한의 경우 중국과 러시아의 지원이 계속되는 한 체제변화를 기대하기가 어려운 것이 현실이다. 북한에서의 체제변화는 김일성-김정일-김정은 지배체제와 조선노동당 독재체제의 몰락을 의미한다. 북한 지배층의 개혁의지나 사회구성원들의 의식이나 환경이 동유럽과 다르기는 하지만, 그럼에도 북한 내부의 노력에 의해 체제변화를 이끌어낼 수 있다는 가능성은 남아있다. 북한 내부는 동유럽보다 취약한 시민사회이지만, 대외적으로 주변의 압력을 통해 북한 시민사회가 형성되도록 환경을 조성하고, 내적으로는 남한이 버팀목이 되어 주어 북한주민들이 아래로부터 변화의 구심점이 될 수 있도록 지원하는 일이 필요하다.[91] 따라서 다양한 경로와 방법을 통한 교류와 협력으로 남북통일의 가능성을 만들어나가야 할 것이다.

---

90) 황병덕, 김지영 외, 『사회주의 체제전환 이후 발전상과 한반도 통일』, 342-343.

91) 박정오, 우평균 외, 『동유럽 공산주의의 '해체', '청산' 그리고 새로운 사회로의 '통합'에 대한 연구』(좋은 땅, 2016), 212-217.

참고문헌

강동완. 『북한에서의 한류 현상: 그 의미와 영향』. 통일부 통일교육원, 2015.

고재성. "헝가리에서의 교회와 국가와의 관계." 『사회주의 체제전환과 기독교』. 한울, 2014, 219-256.

김수암, 김국신, 김영윤, 임순희, 박영자, 정은미. 『북한주민의 삶의 질: 실태와 인식』. 통일연구원, 2011.

김철민 외. 『동유럽 체제전환 과정과 통일한국에 주는 의미』. 한국외국어대학교 지식출판원, 2014.

박정오, 우평균 외. 『동유럽 공산주의의 '해체'·'청산' 그리고 새로운 사회로의 '통합'에 대한 연구』. 좋은 땅, 2016.

이상환, 김웅진 외. 『동유럽의 민주화』. 한국외국어대학교 출판부, 2004.

임종대 외. 『시인과 사상가의 나라 독일 이야기 ② 통일독일의 사회와 현실』. 거름, 2010.

조은식. "남북교회 교류를 통한 통일선교 과제." 「장신논단」 제21집 (2004): 331-354.

주성하. 『서울에서 쓰는 평양이야기』. 기파랑, 2012.

진승권. 『동유럽 탈사회주의 체제개혁의 정치경제학 1989-2000』. 서울대학교출판부, 2003.

황병덕, 김지영 외. 『사회주의 체제전환 이후 발전상과 한반도 통일』. 늘품플러스, 2011.

——. "조선그리스도교연맹과 지하교인에 대한 고찰." 「신학과 선교」 제45집 (2014): 243-276.

헝가리의 정치적 가해자 처벌 문제

조은식

(숭실대학교 교수, 선교학)

헝가리는 폴란드, 체코, 크로아티아, 슬로베니아 등과 더불어 지리적으로 중유럽에 속하는 국가이다. 그러나 2차 세계대전 이후 유럽이 동과 서로 나누어지면서 이념에 의해 동유럽에 속하게 되었다. 그러나 헝가리는 사회주의였지만 유혈투쟁이나 격렬한 시위에 의해서가 아니라 협상에 의해 체제전환을 이루어낸 국가이다. 이것을 '협상에 의한 혁명'(Negotiated Revolution)이라고 부르기도 하고 가장 성공한 민주화 사례로 꼽기도 한다.[1)]

유고슬라비아와 알바니아를 제외한 동유럽에 속했던 대부분의 국가들은 소련의 무력에 의해 강제로 공산화가 되었다. 그러다 보니 소련의 위성국가로서 소련의 통제를 받아왔다. 정치적으로는 브레즈네프 독트린(Brezhnev Doctrine)[2)], 경제적으로는 코메콘(COMECON:

---

1) 김성건, "중 · 동유럽의 민주화: 헝가리 체제전환 사례," ㅊㅊ1 (1999): 254.

2) 소련공산당 서기장 브레즈네프가 1968년 8월 소련이 체코슬로바키아의 '프라하의 봄'을 막기 위해 군사개입 한 것을 정당화하는 주장으로, 소련은 특정 사회주의 국가의 체제변화를 위해 군사개입을 할 수 있다는 의미를 함축하고 있으며 소련의 이런 행위를 비사회주의 국가는 묵인하라는 요구이기도 하다.

Council for Mutual Economic Assistance),[3] 군사적으로는 바르샤바 조약기구(WTO: Warsaw Treaty Organization)[4]에 속해 있어 소련의 간섭과 통제에서 벗어날 수 없었다.

그러나 이런 제도들은 동유럽 국가들의 민족주의를 부정한 것으로 민족 정체성뿐만이 아니라 민족의 정서와 이익마저 부정하는 것이었다. 이러한 민족주의의 부정은 시민계층뿐만이 아니라 공산당 내 권력 엘리트들에게도 심각한 불만요인으로 작용했고, 체제위기를 유발하는 잠재적 요인으로 존재해 있었으며, 실제로 체제전환의 결정적 계기 가운데 하나로 작용했다.[5]

라코시 체제

공산주의자들이 헝가리에서 권력을 장악한 이후 라코시(Matyas Rakosi) 체제의 강압정치가 1956년까지 지속되었다. 1956년 2월 소련 후르시초프(Khrushchyov)의 스탈린 격하 연설에 영향을 받은 동유럽권은 동요하게 되었고, 지식인들과 학생들 중심의 반체제운동이 민중봉기로 전환되었다. 사태 수습의 일환으로 소련 지도부는 시민들의 요구에 따라 온건 민족주의자이며 개혁공산주의자인 너지 임레(Nagy Imre)의 복귀를 승인하였다. 너지는 10월 28일 시민봉기를 '국가민주혁명'으로 명명했고, 국내적으로는 다당제를 재도입했으며 국제적으로는 바르샤바 조약기구 탈퇴를 선언(11월 1일) 하는 등 체제 내 개혁을 추구했다.[6] 다당제 도입은 대안적 정치세력이 형성되는 기반이 되었고, 재야

---

3) 공산권의 경제상호원조회의를 말한다.

4) 소련과 위성국가들 사이에 체결된 상호방위 기구를 말한다.

5) 위의 글, 256.

단체와 시민단체들은 1989년 6월 원탁회의에 참여하게 되었다. 또한 바르샤바 조약기구 탈퇴는 소련의 군사적 개입으로부터 벗어난다는 상징적 의미를 갖고 있다. 그러나 11월 4일 소련 군대의 무력진압으로 헝가리 혁명은 미완의 혁명으로 끝나게 되었다.

카다르 체제

소련 지도부는 카다르(Janos Kadar)를 사회노동당 지도자로 지명하였다. 카다르는 권력의 정통성을 확보하기 위해 유화정책을 실시하였다.[7] 정치적으로는 정치범을 석방하였고 1961년 인민재판소를 폐지하였다. 경제적으로는 상당한 자율성을 용인하였다. 이것은 경제적 양보를 통해 국민의 동의를 얻으려는 의도였다. 주변 동유럽 국가들과 비교했을 때 상대적으로 풍요로운 경제를 누림으로 '정치에 대한 침묵'을 요구하는 '암묵적인 사회계약'이 카다르와 시민들 간에 체결된 것으로 본다. 사회적으로는 대화해 전략으로 "우리에게 저항하지 않는 자는 모두 우리 편이다."라는 연설을 했다.[8] 표현의 자유가 일부 허용되면서 언론 및 출판에 있어 관용성이 일부 허용되었다. 비정치적이거나 친정부적 작품은 지원하고, 자기검열을 통해 집권 세력에 노골적인 도전이 아니라면 일부 표현이 허용되지만, 체제 비판과 저항의 내용이 담긴 작품은 금지한다는 어칠 괴르기(Aczél György)의 '지원, 허용,

---

6) 진승권, 『동유럽 탈사회주의 체제개혁의 정치경제학 1989-2000』(서울대학교출판부, 2003), 194.

7) 유화된 형태의 공산주의를 '구야시 공산주의'(Goluash Communism)라고 한다. 김철민, 박정오 외, 『동유럽 체제전환 과정과 통일 한국에 주는 의미』 (서울: 한국외국어대학교 지식출판원, 2014), 164-165

8) 위의 책, 165.

금지' 체제를 활용하였다. 아울러 1980년대 초부터 여행의 자유가 허용되었다.[9] 권력의 정통성 확보를 위한 대사회 타협 정책과 제한적 개혁정책이 공산당 내 개혁파와 대안적 정치세력을 만들어주는 토양이 되었다.[10]

카다르 체제는 1968년 신경제정책(New Economic Mechanism)을 경제개혁안으로 제시했다. 이것은 중앙통제와 지시를 완화하여 자율성을 허용하여 개인의 이익을 추구하게 하였다. 1970년대 제2경제를 통해 노동자 계층은 사적 이익을 추구하였다. 이것을 '룸펜프롤레타리아화'(lumpenproletarianization)라고 부른다. 이것은 사회적 연대나 집단정신 표출 가능성이 희박한 것으로, 경제적 여유를 통해 양적으로 팽창한 중간계층도 높은 개인주의 성향과 순응주의적 태도를 보인 것으로 나타났다. 문제는 이것이 정치적 무관심으로 나타난다는 점이다.[11] 1980년대 초에 제2의 경제 합법화가 이루어졌고, 1980년대 중반 기업관리개혁이 도입되었으며, 1980년대 말 사적 자본소유의 합법화가 도입되었다.[12] 이런 경제개혁은 사회주의 경제구조 아래 시장 경제 요소를 가미하여 경쟁체제와 개인의 소유 등 자본주의 시장원리가 자랄 수 있는 토양을 제공해 주었다.[13]

---

9) 위의 책, 167.

10) 김성건, "중·동유럽의 민주화: 헝가리 체제전환 사례," 「동유럽 발칸학」1 (1999): 275.

11) 이충무, "체제이행의 정치: 헝가리 사례연구," 『국제·지역연구』 9권 4호 (2000, 가을): 86.

12) 박정원, "체제변혁기 동유럽의 정치균열과 인정의 정치: 헝가리 사례," 『현대정치연구』 10권 3호 (2017): 53.

13) 황병덕, 김지영 외, 『사회주의 체제전환 이후 발전상과 한반도 통일』(서울: 늘품플러스, 2011), 245; 김철민, 박정오 외, 『동유럽 체제전환 과정과 통일 한국에 주는 의미』, 166, 204; 진승권, 『동유럽 탈사회주의 체제개혁의 정치경제학 1989-2000』, 195, 196-204.

그러나 카다르 정권은 외채를 효율적으로 사용하지 못했다. 제2경제는 농업부문과 서비스업에 집중되어 있었고, 소득의 대부분은 소비에 쓰여졌다. 제2경제의 확산은 국가부문에서의 노동생산성을 감소시키는 역기능을 초래했다. 개혁파 경제학자들은 원칙이 결여된 경제개혁이 경제악화를 가져오게 되었다고 진단하였다.[14]

카로이 체제

카다르가 물러나고 강경파 공산당 리더였던 그로스 카로이(Grosz Karoly)가 당 서기장 직을 맡게 되었다. 그는 시장원리 도입 등 경제개혁을 추진하였고, 당의 이념쇄신만으로 정권 유지를 기대하였다.[15] 그러나 개혁파 공산주의자들은 포즈거이 임레(Pozsgay Imre)를 중심으로 세력을 조직화하였다. 포즈거이는 라디오 방송 인터뷰에서 1956년 사건을 '반혁명이 아닌 민중봉기'로 재평가하였고, 이것은 공산당 내 강경파와 개혁파의 분열을 초래했다. 이런 상황에서 포즈거이는 다당제 도입을 성사시켰다.[16]

누가 의도적으로 계획한 것도 아닌데 시기적으로 헝가리 개혁파의 입지를 강화한 사건은 1985년 소련 미하일 고르바초프의 브레즈네프 독트린 포기선언이었다. 이 선언으로 국제적으로 사회주의 체제가 느슨해지면서 공산당 내 개혁세력이 전면에 나설 수 있는 계기가 되었다.[17] 고르바초프의 브레즈네프 독트린 포기선언으로 소련군은

14) 이충무, "체제이행의 정치: 헝가리 사례연구," 89.

15) 김철민, 박정오 외, 『동유럽 체제전환 과정과 통일 한국에 주는 의미』, 175.

16) 위의 책, 176-177.

17) 김성건, "중 · 동유럽의 민주화: 헝가리 체제전환 사례," 275.

1989년 4월 25일 헝가리로부터 부분 철수하기 시작했다.[18] 국내적으로 공산당의 민족주의 부정에 대한 잠재적 불만과 경제위기라는 현실적 불만이 맞물린 가운데 외적으로 고르바초프의 등장은 헝가리의 체제변화에 결정적 요인이 되었다.

총선과 체제전환

그로스가 1989년 2월 '특별중앙위원회' 기조연설에서 다당제의 원칙을 수용한다고 발표한 후, 3월 22일 주요 독립단체들은 반대세력 원탁회의 수립을 선언하여 8개 단체가 참여했다.[19] 공산당 정부는 그해 6월 주요 재야단체, 시민단체들과 임시로 '원탁회의'를 구성했다. 1990년 4월 첫 번째 총선이 실시되었는데, 이 총선은 20세기 후반 헝가리 최초의 완전 자유선거라는 점에서 정치사적 큰 의미를 갖는다.[20] 이 총선에서 헝가리민주포럼(MDF)이 164석을 얻어 제1당이 되었다. 자유민주연합(SzDSz) 92석, 독립소지주당(FKgP) 44석, 헝가리사회당(MSzP) 33석, 기독교민주시민당(KDNP) 21석, 청년민주연합(Fidesz) 21석을 얻었다. 헝가리민주포럼(MDF)은 독립소지주당(FKgP)과 기독교민주시민당(KDNP)과 함께 중도-우파 연립정부를 구성하여 5월 23일 헝가리민주포럼(MDF)의 당수인 언떨 요제프(Antal Jozesf)를 수상으로 선출했다.[21]

---

18) 김철민, 박정오 외, 『동유럽 체제전환 과정과 통일 한국에 주는 의미』, 177-178.

19) 이충무, "체제이행의 정치: 헝가리 사례연구," 97.

20) 진승권, 『동유럽 탈사회주의 체제개혁의 정치경제학 1989-2000』, 216.

21) 위의 책, 218-220; 김철민, 박정오 외, 『동유럽 체제전환 과정과 통일 한국에 주는 의미』, 189; 황병덕, 김지영 외, 『사회주의 체제전환 이후 발전상과 한반도 통일』, 246.

이처럼 헝가리는 총선으로 체제전환에 들어가게 되었다. 이 과정에서 공산당 정부의 무력진압이나 소련군의 진압도 없었다. 소련군은 이미 철수하기 시작했고, 헝가리 군부도 무력으로 진압할 여력이 없었다. 오히려 집권 공산당 중심이 되어 공산당 자체 내의 개혁세력에 의해 위에서부터 아래로의 개혁이 이루어짐으로 체제전환에 돌입하게 되었다.

1990년 총선이 헝가리민주포럼(MDF) 중심의 중도우파가 승리한 선거라면, 1994년 선거는 헝가리사회당(MSzP)과 자유민주연합(SzDSz)의 중도좌파가 승리한 선거이고, 1998년 선거는 청년민주연합(Fidesz)의 우파 정권이 승리한 선거라고 볼 수 있다. 2002년과 2006년 선거는 헝가리사회당(MSzP)의 중도좌파가 승리한 선거였다. 2010년 선거에서 오르반 빅토르가 1998년 총선 이후 총리로 재당선되었고, 2014년 청년민주연합(Fidesz)이 다시 승리하여 오르반은 세 번이나 총리를 역임하였다. 최근 2018년 4월 8일 선거에서 청년민주연합(Fidesz)이 다시 승리하여 오르반은 다시 총리가 되었다. 그러나 2010년 이후 오르반 정부에 의해 민주주의가 후퇴한 것으로 평가되고 있다. 오르반 정부는 2010년 선거법을 개정했고, 반이민, 반무슬림, 반서방정책을 주장하고 있으며, 선심정치와 헝가리 특유의 포퓰리즘으로 정권을 이어가고 있다.

과거사 정리문제

다른 동유럽 국가와 마찬가지로 체제전환 이후 언떨 행정부가 직면한 가장 난해한 문제는 구사회주의 체제에서 발생했던 범죄의 재조사와 과거사에 관한 정리였다. 탈사회주의 과도기 민주정부는 구공산주의 체제 아래에서 정치적인 이유로 다루어지지 않았던 범죄에 대한 조사를 단행하였다. 이것은 과도기의 민주정부가 구체제에서 발생했던 과거사의 투명하고 공정한 정리 없이는 국민통합을 이루기 어려울 것이라는 인식에서 비롯되었다.[22)]

피해자 배상문제

공산주의 시절 발생했던 범죄자에 대한 처벌과 피해자에 대한 배상문제가 중요한 정의실현의 문제로 대두되었다. 과거사 정리는 다섯 가지 영역으로 구분할 수 있다. 가해자를 대상으로 하는 방안에는 가해자 명단 공개, 형사재판 공소, 진실과 화해를 위한 위원회 구성이 있다. 피해자를 위한 방편으로는 물질적 배상과 정치 · 법률상의 복귀가 제시되었다.[23)]

언떨 행정부는 "국가는 피해자에 대한 배상의 도덕적 책무가 있다."라고 판단하여 1949년 헝가리 공산법 제정과 헝가리 인민민주주의 인민공화국이 선포된 이후, 국가가 강제적으로 집행한 농업의 집산화와 산업화 과정에서 재산을 상실한 피해자들에게 부분적으로나마 물질적 배상을 하는 법안을 준비했다. 그런데 자유민주연합은 배상 날짜 기준을 1949년 6월 8일 이후가 아닌 제2차 세계대전 종결 이후로 변경해 피해자 배상 범위를 확대해야 하며, 모든 피해자에게 미화 백 달러에 해당하는 금액을 국고에서 동등하게 지원해야 한다고 주장했다. 반면에 청년민주연합은 물질적 배상 자체를 거부하고, 구세대에 발생한 문제를

---

22) 김대순, "체제전환기 동유럽 공산주의의 과거사 정리문제: 헝가리 사례를 중심으로,"『서양사학연구』 제35집(2015.6.): 164.

23) 김철민, 박정오 외,『동유럽 체제전환 과정과 통일 한국에 주는 의미』, 193.

해결하기 위해 신세대에게 재정적 부담을 지우는 행위는 옳지 않다고 주장했다. 언떌 행정부 내의 독립소지주당은 전면적인 배상을 주장했다. 이 요구는 1945년 토지혁 실시 이후 공산화되기 이전인 1947년 토지소유 구조를 재현하자는 것으로 현실성이 없는 주장이었다.[24)]

언떌 행정부는 부분적 배상안을 제출하여 의회를 통과하였고, 여러 차례 개정안을 거쳐 시행되었다. 정부가 발행한 채권을 활용하여 피해자들이 과거에 상실했던 토지와 재산의 일부를 되찾을 수 있었다. 그러나 이 배상법은 법적인 문제점을 지니고 있었다. 첫째는 40여 년 전 발생한 일을 배상하기 위한 기준의 척도가 자의적이라는 점이다. 왜냐하면 그동안 변동된 물가상승률이 고려되지 않은 채 배상의 기준이 정해졌기 때문에 배상을 받았어도 적절한 배상이라고 하기 어려웠다. 두 번째는 언떌 행정부가 발행한 배상 관련 유가증권의 가치가 평가절하되었다. 세 번째는 중복소유권의 문제가 있었다. 40년 동안 토지와 건물 그리고 동산의 소유자가 바뀌고 용도가 바뀌는 등 변화가 있었다. 그런데 최종 소유자만이 아니라 기존의 소유자도 본래의 동산과 부동산을 찾을 수 있게 됨으로써 중복소유권 문제가 발생했다. 더구나 문서의 진위 또한 논란이 되어 해결하기 어려웠다.[25)] 결국 언떌 행정부의 배상법은 상징적 차원의 물질적 배상을 시도하였던 과거사 정리로, 결과적으로는 실패한 것으로 본다.[26)] 그럼에도 공산체제와의 단절을 위해 취한 이러한 정책은 대외적으로는 소련의 위성국이었던 이미지에서 탈피하고 전체주의 공산국가로서의 부정적 이미지를 불식시키는 데 일조를 했던 것으로 평가된다.[27)]

---

24) 위의 책, 194.

25) 위의 책, 196-198.

26) 위의 책, 198.

27) 진승권, 『동유럽 탈사회주의 체제개혁의 정치경제학 1989-2000』, 222.

정의실현 문제: 정치적 가해자 처벌 문제

체제전환이 되면서 과거사 정리 문제에 있어 헝가리 시민사회는 큰 관심이 없어 보였다. 오히려 정치 엘리트들이 과거사 정리를 거론하였는데, 이것 또한 정당 간의 복잡한 이해관계에 얽혀 헝가리민주포럼과 자유민주연합의 갈등으로 표출되었다. 이에 헝가리 대통령이 과거사 정리 문제에 직접 관여하였고, 정치 엘리트는 정당 간의 타협 또는 합의를 이끌어내기 위해 법적 소송을 강구하였다.[28]

과거사 정리 문제 해결을 위한 첫 번째 법안은 '도나우게이트'(Donau-Gate) 사건 발생 이후 본격화되었다. 도나우게이트 사건은 비밀경찰이 전화도청으로 야권세력의 활동을 감시했던 것을 말한다. 헝가리의 체제전환 이후에도 이런 불법사찰이 계속되었고, 그것이 1989년 12월 말 자유민주연합에 의해 발각되었다. 이후 1990년 1월 25일 의회는 불법사찰 권한 제한 결의안을 통과시켰다. 그해 9월 자유민주연합 국회의원인 뎀스키 가보르(Demszky Gábor)와 헉 피테르(Hack Péter)는 과거사 문제를 다루는 과정에서 공직자의 청렴성이 중요하다고 판단해 공직자의 배경조사가 가능한 입법안을 국회에 제출했으나 여당의 반대로 부결되었다.[29]

이런 과정 가운데 제테니 졸트(Zétényi Zsolt)와 터카취 피테르(Takács Péter)는 소련이 헝가리에 정부를 수립한 1944년 12월 21일부터 괸츠 대통령이 선출되었던 1990년 5월 2일 사이에 발생한 범죄의 전면 재조사와 가해자의 사법처리를 주장했다. 이 법안은 당시 형법에

---

28) 김대순, "체제전환기 동유럽 공산주의의 과거사 정리문제: 헝가리 사례를 중심으로,"166.

29) 위의 글, 166-167.

따라 공소시효가 만료된 범죄에 대하여 1990년 5월 2일 기점으로 그 시효일을 재가동시켜 소급적용하여 처벌을 가능하게 했다. 이것이 제테니-터카취(the Zétényi-Takács) 법안이다.

그러나 야당이었던 자유민주연합과 청년민주연합은 이 법안이 사회 내 불안감, 두려움 그리고 증오감을 증폭시킴으로써 일종의 마녀사냥과 같은 부정적 효과를 초래할 것이라며 반대했다. 논란과 이견 가운데 언떨 행정부는 1991년 11월 4일 이 법안을 통과시켰으나, 대통령 괸츠 아르파트(Göncz Árpád)는 이 법안의 합법성에 우려를 표명하여 11월 18일 이 법안을 헌법재판소로 송부하였다. 이듬해인 1992년 3월 3일 헌법재판소는 제테니-터카취 법안이 법적 안정성의 원칙(the principle of legal security)에 위배된다고 지적했다. 법적 안정성의 원칙은 모든 시민이 법 앞에 평등하고 법의 테두리 안에서 동등하게 보호받을 권리가 있다는 것이다. 그러나 제테니-터카취 법안은 이 원칙을 침해했다는 것이다. 공소시효가 이미 만료된 상황에서 중대범죄라 하더라도 소급하여 범죄자를 처벌할 수 없다는 것이다.[30]

이 판결을 수용할 수 없었던 언떨 행정부는 1973년 형법 자체를 개정하여 1993년 2월 법안을 제출했다. 개정 내용은 특정범죄에 대한 선별적 부분개정이었다. 그러나 대통령 괸츠는 이것도 헌법재판소로 송부하였고, 헌법재판소는 이 법안도 위헌으로 판결하였다. 이에 언떨 행정부는 이 법안을 폐기하고, 1956년 10월 혁명과 관련된 특별법을 도입하였다. 이 법안은 혁명 당시 무고한 시민들을 대량학살한 범죄자와 무차별 발포명령을 한 범죄자를 사법처리하기 위한 것이었다. 그러나 대통령 괸츠는 1993년 3월 8일 이 법안도 헌법재판소에 회부하였고, 헌법재판소는 10월 12일 이것 역시 위헌으로 판결했다. 헌법재판소는

---

30) 위의 글, 169; 김철민, 박정오 외, 『동유럽 체제전환 과정과 통일 한국에 주는 의미』, 199-200.

혁명 당시 발생한 범죄는 전쟁범죄에 해당하지 않는다고 판단했다.[31]

단, 혁명 전개 당시 발생했던 범죄는 1949년 헝가리가 서명한 제네바 협약(Geneva Convention)과 1968년 뉴욕 의정서(New York Convention) 기준으로 볼 때 반인류 범죄(crimes against humanity)에 해당한다고 평결하여, 범죄자에 대한 공소가 가능하게 되었다. 그러나 관련자들을 공소하여 재판이 진행되었으나 범죄 연루를 입증할 수 있는 객관적인 증거와 증인 부족으로 실효를 거두지는 못했다. 체제전환 시 공산당 간부들은 그들의 활동과 관련된 주요 기밀서류와 문서들을 대량으로 파기했고, 일부 문서는 윤리적인 이유로 전면 공개되지 못함으로 증거확보에 한계가 있었다. 또한 범죄자의 다수가 고령이었고 지병이 있어 복역 도중 가석방되는 빌미를 제공하기도 했다. 결국 언떨 행정부가 시도했던 정의법도 성공하지는 못했다.[32]

대통령 괸츠는 나름대로 과거사 정리를 위한 방안을 모색했다. 남아프리카 모델을 기준으로 대통령 산하 역사진상규명위원회(The Committee for Historical Justice)를 통해 지금까지 감추어왔던 기밀서류를 공개하면 진실추구가 가능할 것으로 여겼다. 위원회가 조사하여 공개하는 자료를 보고 시민들 스스로 판단할 수 있도록 하는 것이 낫겠다고 판단했다. 대통령 괸츠는 혁명 진압 후 종신형을 선고받아 복역했던 이력이 있음에도, 공소시효가 만료된 법을 임의로 소급하여 적용하는 행위는 복수심이 작용한 것으로 보았다. 따라서 그는 헝가리 시민들 스스로 과거를 돌아보고 판단할 수 있는 기회를 제공함으로써

31) 김대순, "체제전환기 동유럽 공산주의의 과거사 정리문제: 헝가리 사례를 중심으로," 170; 김철민, 박정오 외, 『동유럽 체제전환 과정과 통일 한국에 주는 의미』, 200.

32) 김대순, "체제전환기 동유럽 공산주의의 과거사 정리문제: 헝가리 사례를 중심으로," 171; 김철민, 박정오외, 『동유럽 체제전환 과정과 통일 한국에 주는 의미』, 201.

사회 내 불안 요소를 일소하고 화해를 이룰 수 있을 것으로 생각했던 것이다. 그러나 의회의 지지를 얻지 못해, 결국 그가 제안한 과거사 정리방안도 성공하지 못하고 말았다.[33]

언떨 행정부 임기 마지막 해인 1994년 봄 고위공직자의 배경과 청렴도를 측정할 수 있는 적격심사법을 국회에 제출했다. 이 법안은 과거 공산주의 정권하에서 발생했던 형사-정치적 범죄에 연루되지 않은 지원자만이 공직에 진출할 수 있는 자격을 부여받는다는 내용을 담고 있었다. 이 법안은 국내첩보활동 관련기구와의 협력 여부, 1956년 헝가리 혁명 진압에 주도적인 역할을 했던 진압팀 관련 여부, 제2차 세계대전 당시 친나치정당으로 활약했던 십자활당과의 연루 여부 등 세 가지 범주를 정했다. 심의 대상은 대통령에서부터 판사, 검사를 비롯해 대학총장과 학과장까지 포함되었다. 현 공직자나 후보자는 스스로 국민 앞에서 이 세 가지 범주와 관련 없음을 스스로 국민 앞에서 선언해야 했다. 만일 그 선언이 거짓으로 판명되면 그 이름은 주요 언론사에 공개하도록 규정했다. 1994년 총선에서 승리하여 집권한 헝가리사회당은 언떨 행정부 시기에 통과시킨 적격심사법 대상을 10,000-12,000에서 500-1000개로 축소한 개정안을 통과시켰다. 그것은 적격심사법이 시행될 경우 가장 타격이 큰 대상이 구헝가리 공산당을 계승한 헝가리사회당이기 때문이었다. 1998년 총선에서 다시 중도우파로 정권교체가 이루어지면서 적용 범위를 다시 확대하였고, 배경조사 만료 기간도 2000년에서 2004년으로 연장하였다. 이 입법안 시행으로 2003년까지 126건의 공직자가 적격심사법이 제시한 범주에 연루된 사실이 판명되었고, 이 가운데 24명만이 공직에서 사퇴를 했다. 그런데

---

33) 김대순, "체제전환기 동유럽 공산주의의 과거사 정리문제: 헝가리 사례를 중심으로," 171-172; 김철민, 박정오 외, 『동유럽 체제전환 과정과 통일 한국에 주는 의미』, 202.

세 가지 범주에 연루된 공직자의 이름이 공개되었어도 대중의 비난을 받은 경우가 거의 없었다. 또한 이들의 연루 사실을 증명할 수 있는 문서들은 비공개 기밀문서로 분류되어 있다. 단지 허가받은 연구자나 관련자에 한해 열람할 수 있을 뿐이다. 이런 폐쇄적인 방안이 오히려 정치적으로 악용될 소지가 있고 실제로 헝가리사회당 출신 메제시 피테르(Medgyessy Péter) 수상이 과거에 첩보활동을 했던 과거가 발각되어 2004년 8월 19일 수상직을 사임했다. 공직자의 투명성과 과거사 정리라는 두 가지 목적을 갖고 있었던 적격심사법은 자기결정권을 최대한 배려한 법안이었지만, 과거사 정리에는 그 효력성에 한계가 있었다. 결국 헝가리 과거사청산은 실패하였다고 본다.[34]

34) 이 부분은 전적으로 김대순, "체제전환기 동유럽 공산주의의 과거사 정리문제: 헝가리 사례를 중심으로," 172-177 참조.

Political Offender Punishment Issue in Hungary

Eunsik Cho
(Soongsil University, Prof.)

Hungary, along with Poland, Czech Republic, Croatia and Slovenia, is a country geographically part of Central Europe. However, after World War II, Europe became divided into East and West by ideology. Hungary was a socialist state, but not a bloodbath or a violent demonstration, but it was a country that was transformed by negotiation. This is called the Negotiated Revolution and is considered the most successful example of democracy.

Most countries belonging to Eastern Europe, except Yugoslavia and Albania, were forcibly communized by the Soviet forces. As a satellite state of the Soviet Union, it has been under Soviet control. It belonged to Brezhnev Doctrine politically, the Council for Mutual Economic Assistance (COMECON) economically, and the Warsaw Treaty Organization (WTO) militarily, so could not escape the Soviet interference and control.

However, these institutions denied the nationalism of the Eastern

European countries and denied the nation's emotions and interests as well as the national identity. This denial of nationalism has become a serious complaint not only to the civil class but also to the power elites in the Communist Party. It has been a potential cause of the crisis of the regime and has been one of the decisive factors in the transition.

Rakoshi Regime

Since the Communists took power in Hungary, the coercion of Matyas Rakosi continued until 1956. In February 1956, Eastern Europe, influenced by Soviet Khrushchyov's Stalin downgrade, became unsettled, and intellectuals and student-centered dissident movements turned into popular uprisings. As part of the crisis, the Soviet leadership endorsed the return of the moderate nationalist and reformist communist Nagy Imre at the request of the citizens. Nagy named the civil uprising on October 28 as the "National Democratic Revolution," reintroduced the multi-party system, and declared the withdrawal of the WTO (November 1).The introduction of the multi-party system became the basis for the formation of alternative political powers, and the non-government powers and civic groups participated in the round table meeting in June 1989. The withdrawal of the WTO also has the symbolic meaning of escaping the Soviet military intervention. However, on November 4, the Soviet army's suppression of power resulted in the Hungarian Revolution ending with an incomplete revolution.

Kadar Regime

The Soviet leadership has named Janos Kadar as leader of the Socialist Workers Party. Kadar has implemented an emotional policy to ensure the legitimacy of power. Politically, he released political prisoners and abolished the People's Court in 1961. Economically, he tolerated considerable autonomy. This was intended to gain the consent of the people through economic concessions. Compared to eastern European countries, it is considered that the 'tacitly social contract' which calls for 'silence on politics' by enjoying a relatively rich economy was concluded between Kadar and citizens. He gave a speech in the strategy: "Everyone who does not resist us is on our side." Some of the freedom of expression was allowed, and some tolerance in the press and publishing was allowed. Aczél György's "support, acceptance, and prohibition" system, which supports non-political or pro-govenmental works, and prohibits works that contain some criticism and resistance, although self-censorship permits some expressions if not explicitly challenged by the ruling forces. In addition, since the early 1980s, freedom of travel was permitted. The great social compromise policy and the limited reform policy for securing the legitimacy of power became the soil that created reformist and alternative political power in the Communist Party.

The Kardar regime proposed the New Economic Mechanism in 1968 as an economic reform proposal. This alleviated central control and direction, allowing autonomy to pursue personal interests. Through the second economy of the 1970s, the working class pursued private interests. This is called 'lumpenproletarianization.' This indicates that social solidarity and group spirit manifestation is scarce, and the middle class, which expanded quantitatively through economic leeway, showed high individualist tendency and conformist attitude. The problem is that this appears as political indifference. In the early 1980s, the second economic legalization was introduced, corporate management reform was introduced in the mid 1980s, and the legalization of private capital ownership was introduced in the late 1980s. These economic reforms provided the market economy elements under the socialist economic structure, providing the soil where the principles of the capitalist market, such as competition system and individual ownership, could grow.

However, the Kardar regime failed to use foreign debt effectively. The second economy was concentrated in the agricultural sector and the service sector, and most of the income was spent on consumption. The proliferation of the second economy has resulted in the dysfunction of reducing labor productivity in the national sector. Reformed economists diagnosed that economic reforms that lacked principles led to economic deterioration.

Karoly Regime

Kardar stepped down and Grosz Karoly, a hardline Communist Party leader, was appointed to serve as party secretary. He pursued economic reforms, including the introduction of market principles, and hoped to maintain the regime by merely reforming the ideology of the party. But the Reformed Communists organized their forces around Pozsgay Imre. In a radio broadcast interview, Pozgeri reevaluated the 1956 incident as a "non-revolutionary popular uprising," which resulted in the division of hard-liners and reformers within the Communist Party. In this situation, Pozsgay achieved multiparty introduction.

No one deliberately planned the event, which strengthened the position of the Hungarian Reformers in time, in 1985 by Mikhail Gorbachev of the Soviet Union in a declaration to give up the Brezhnev doctrine. With this declaration, the socialist system was loosened internationally, and the revolutionary forces in the Communist Party were able to come to the front. With the declaration of Gorbachev's abandonment of the Brezhnev doctrine, the Soviet military began to withdraw from Hungary on April 25, 1989. Gorbachev's appearance became a decisive factor in Hungary's transformation, with the actual complaints of the Communist Party's negativity against nationalism and the economic crisis.

General Elections and System Transition

After Grosz announced that he would accept the principle of

multiparty in his February 1989 Special Central Committee keynote, on March 22, major independent groups declared the establishment of a roundtable of opposition forces and eight groups participated. The communist government temporarily organized a roundtable meeting with major non-governmental organizations and civic groups in June of that year. The first general election was held in April 1990, and this election was of great political significance in that it was the first complete free election in Hungary in the late 20th century. MDF won 164 seats in this general election and became the first party. 92 for SzDSz, 44 for FKgP, 33 for MSzP, 21 for KDNP and 21 for Fidesz. The MDF, together with FKgP and KDNP, formed a middle-right coalition government and elected MDF's party leader Antal Jozesf as prime minister on May 23rd.

In this way, Hungary entered the system transition through the general election. During this process, neither the Communist Party government nor the Soviet army suppressed the forces. The Soviet army had already begun to withdraw, and the Hungarian army had no power to suppress it. Rather, it became the center of the ruling Communist Party and reformed from the top down by the reformist forces within the Communist Party itself, and entered the system transition.

If the general election in 1990 was a victory for the middle right wing of MDF, the 1994 election was the victory of the middle left of MSzP and SzDSz, and the 1998 election was the victory of the right wing regime of Fidesz. The elections in 2002 and

2006 were elections in which the middle left of MSzP won. In the 2010 elections, Orvan Viktor was re-elected as prime minister after the 1998 general election, and in 2014 Fidesz won again and Orban served three times as prime minister. However, since 2010, democracy has been regarded as a retreat by the Orban government. The Orban government has amended the Election Act in 2010, insisting on anti-immigration, anti-Muslim and anti-Western policies and continuing its regime with pork barrel politics and Hungarian populism.

Problems of Reordering Past History

As with other Eastern European countries, the most difficult problem faced by the administration after the transition was the re-examination of the crimes that took place in the old socialist system and the reordering the past history. The democratic government of the post-socialist transition conducted an investigation into crimes that were not covered for political reasons under the old communist regime. This came about from the perception that the democratic government of the transition would not be able to achieve national integration without a transparent and fair reordering of the past history.

Victim Compensation Issue

The punishment for the criminals and the compensation for

the victims that occurred during the communist period became a problem of realizing important definitions. The reordering of past history can be divided into five areas. Measures against the perpetrators include a list of offenders, a criminal trial, and a committee for truth and reconciliation. For the victims, material remedies and political and legal returns were suggested.

The Antal administration decided that "the state had a moral obligation to remedy the victims" and prepared a bill to partially compensate the victims of the loss of property during the compulsory agricultural enforcement and industrialization process, which was enforced by the state after the declaration of Hungarian communist law in 1949 and the declaration of the People's Democratic People's Republic of Hungary.

However, the SzDSz argued that the date of compensation should be changed after the end of World War II rather than after June 8, 1949 to extend victims' compensation, and all the victims should be equally supported in the Treasury for the equivalent of US $ 100. On the other hand, the Fidesz rejected material remedies and argued that it is not right to put a financial burden on the younger generation to solve problems in the old generation. The FKgP within the Antal administration claimed total compensation. This demand was not realistic in that it attempted to recreate the land ownership structure in 1947, which had been communized since the land reform in 1945.

The Antal administration passed the partial remedy, passed the parliament, and went through several revisions. Using bonds issued by the government, victims could recover some of the land and property they had lost in the past. However, this compensation law had legal problems. The first is that the criterion for compensating the incident that occurred more than 40 years ago is arbitrary. This is because it is difficult to say proper compensation even if compensation is made because the standard of compensation is set without consideration of the fluctuated inflation rate. Second, the value of the securities related to compensation issued by the Antal administration was depreciated. The third was a problem of duplicate ownership. For 40 years the owners of land, buildings and garden have changed and their uses have changed. However, not only the ultimate owner but also the existing owner can find the original property and real estate, resulting in duplicate ownership problems. Moreover, the authenticity of the document was also controversial and difficult to resolve. The Antal administration's compensation law is seen as a result of reordering past history that tried to compensate the symbolic level of materiality, and as a result, it seems to have failed. Nevertheless, these policies taken to break the Communist regime seem to have helped to break away from the external image of the Soviet satellite and to erode the negative image of the totalitarian communist state.

Problem of Realizing Justice

As the system has changed, Hungarian civil society seemed

to be less interested in the problem of the past. Rather, the political elites referred to reorder of past history, which was also expressed in the conflict between the MDF and the SzDSz, entangled in the complex interests of political parties. The Hungarian President was directly involved in the issue of the past history, and the political elite sought legal action to bring about compromise or agreement between political parties.

The first bill to solve the past history problem was brought into full swing after the Donau-Gate incident. The Donau-Gate incident refers to the fact that the secret police monitored the activities of the opposition forces by telephone tapping. After the transition to Hungary, these illegal inspections continued and it was discovered by the SzDSz at the end of December 1989. Then on January 25, 1990, Congress passed a resolution to restrain illegal inspections. Demszky Gábor and Hack Péter, who were members of the SzDSz in September of that year, submitted legislation to the National Assembly, which was able to conduct a background check of public officials, judging that the integrity of public officials is important in the course of dealing with the issue of past history, but has been rejected by the ruling party.

Among these processes, Zétényi Zsolt and Takács Péter argued for a thorough review of the crime and the judicial process of the perpetrator between December 21, 1944, when the Hungarian government was established by the Soviet, on May 2, 1990, when President Göncz was elected. The bill made it possible to punish crimes for which the statute of limitations expired under the Criminal

Act at that time, by retroactively applying the statute of limitation on May 2, 1990, retroactively. This is the Zétényi-Takács bill.

But opposition the SzDSz and the Fidesz have opposed the bill, saying it would have a negative effect by boosting anxiety, fear and hatred in society. Among the controversies and disagreements, the Antal administration passed the bill on 4 November 1991, but President Göncz Árpád expressed concern about the legality of the bill and sent it to the Constitutional Court on November 18. The following year, on March 3, 1992, the Constitutional Court pointed out that the Zétényi-Takács bill violates the principle of legal security. The principle of legal stability is that every citizen has the right to be equal before the law and equally protected within the boundaries of law. But the Zétényi-Takács bill violates this principle. Even if it is a serious crime in the situation that the statute of limitations has already expired, the criminal can not be punished retrospectively.

The Antal administration, which was unable to accept the ruling, revised the criminal law of 1973 and submitted the bill in February 1993. The amendment was a selective partial amendment to a specific offense. However, the President Göncz sent this to the Constitutional Court, which also ruled it unconstitutional. The administration abandoned the bill and introduced special laws related to the revolution in October 1956. The bill was to prosecute criminals who massacred innocent civilians at the time of the revolution and criminals who ordered indiscriminate firing.

However, on March 8, 1993, President Göncz also submitted this bill to the Constitutional Court, which on October 12 ruled it was also unconstitutional. The Constitutional Court ruled that crimes committed at the time of the revolution were not war crimes.

However, the crime that occurred at the time of the revolution was verified as crimes against humanity by the 1949 Geneva Convention signed by Hungary and the New York Convention of 1968, and it became possible to prosecute criminals. However, the trial proceeded by publicizing the related persons, but it failed to achieve its objective due to the lack of objective evidence and witnesses to prove the crime. During the system transition, Communist Party executives massively destroyed major confidential documents and documents related to their activities, and some documents were limited in terms of evidence because they could not be fully disclosed for ethical reasons. In addition, many of the criminals were old and had a chronic illness. Eventually, the justice law that the Antal administration attempted did not succeed.

President Göncz sought a way to organize the past. Based on the South African model, it was believed that it would be possible to pursue the truth by disclosing confidential documents that had been concealed up to now through the Presidential Committee for Historical Justice. It was better to have the committee investigate and disclose the material so that citizens could judge for themselves. Even though President Göncz had a history of serving a life sentence after the suppression of the revolution, he saw that the act of applying arbitrarily retrospectively the law with the expiration of the statute of limitations had a function of vengeance. Therefore, he believed that Hungarian citizens themselves thought that it would be possible to eliminate the elements of social instability and reconciliation by providing an opportunity to look back and judge the past. However, he failed to obtain the support of the Parliament, and eventually he failed to succeed in his proposed plan.

In the spring of 1994, the last year of the Antal administration, it submitted to the National Assembly the Qualifying Review Act that could measure the background and integrity of senior officials. The bill contained that only applicants who were not involved in criminal-political crimes under the communist regime in the past would be eligible to enter public office. This legislation sets three categories, including the cooperation with domestic intelligence agencies, the involvement of the squad that played a major role in the suppression of the Hungarian Revolution in 1956, and the involvement of the ---- Party, which was active as a pro-Nazi party during World War II. The subjects of the deliberation included the presidents, the judges, the prosecutors, the university president and the head of the department. Current public officials and candidates have to declare unrelated themselves to the three categories in front of the people. If the declaration was found to be false, the name was to be disclosed to major media companies. The MSzP, which won the general election in 1994, has passed an amendment that reduced the number of eligible judges passed during the administration period from

10,000-12,000 to 500-1000. This is because the MSzP, which succeeded the former Communist Party of Hungary, was the most striking subject when the Qualifying Review Act was enacted. In 1998, the ruling party was re-elected by the middle-class right-wing regime, and the scope of coverage was extended again. By the enactment of this legislation, 126 public officials were found to be involved in the category proposed by the Qualifying Review Act, of which only 24 resigned from public office. Even though the names of public officials involved in the three categories were disclosed, there was little public condemnation. In addition, documents that prove their involvement are classified as confidential. It can only be viewed by authorized researchers or related persons. This closed-mindedness is rather politically abusive, and in fact the Prime Minister Medgyessy Péter, formerly MSzP, has found out about the past spying activity and resigned on August 19, 2004. The Qualifying Review Act, which had two purposes, transparency of the public official and reorder of the past history, was a bill which gave maximum consideration to self-determination, but there was a limit to the validity of the past history. In the end, the reordering of theHungarian history has failed.

공산주의 체제 이후 보스니아 헤르체고비나의 사법체계 전환에 관하여

Doc. Dr. Sci. Ajla Škrbić*

"신사 숙녀 여러분, 안녕하십니까? 오늘 이 자리에 초대되어 기쁩니다. 이 회의의 주제와 주최자의 명성이 저로 하여금 바쁜 일정에도 불구하고 이 초청을 수락하게끔 했습니다.

남북한 화해의 전망이 가장 확실한 오늘날, 우리는 과거의 문제를 어떻게 극복하고 어떻게 법치를 확립할 것인가에 대한 질문에 대한 답을 찾는 것이 중요합니다. 저는 남북 간 화해의 길을 모색하는 과정에서 기독교통일연구소가 북한을 위한 선교 활동에 대해 알고 있습니다. 나는 올바른 해결책을 찾기 위한 한반도를 가로지르는 연구소의 노력을 알게 되어 매우 기쁩니다.

저의 오늘 발표는 보스니아와 헤르체고비나(이하 B&H)가 과거 경험했던 공산주의 체제로부터의 벗어나 현재까지의 이행에 초점을 맞출 것입니다. 여러분 모두가 알다시피, 1990년대 사회주의 연방 공화국 유고슬라비아의 해체는 다른 B&H를 비롯한 새로운 국가들을 탄생시켰습니다. 이들 국가들은 한때 공유했던 유고슬라비아의 독재

---

* Assistant Professor and the Vice-Dean for Scientific Research and Development, University of Travnik Faculty of Law, Bosnia and Herzegovina

공산주의적 법률 전통에서 탈피하기 시작했습니다. 이들 중 일부는 이미 유럽 연합(크로아티아, 슬로베니아) 또는 북대서양조약기구(크로아티아, 몬테네그로, 슬로베니아)에 가입해 있는 반면, 다른 일부는 두 기구의 예비후보이거나 잠재적인 가입 대상국가입니다.

이런 점에서 B&H는 특히 흥미롭습니다. 왜냐하면 이 나라의 사법제도는 유럽국가와 특히 미국의 개입에 의해 상당한 영향을 받았기 때문이다. 따라서 오늘 발표에서 저는 B&H의 현행 사법제도 형성에 대한 국제사회의 영향력을 다루고자 하는데, 특히 형사 소송에서 외국인 판사들의 역할을 평가할 것입니다. 아울러 이러한 외국인 판사는 내전 이후 보스니아의 법적 절차를 감독하는 데 특히 중요한 역할을 했기 때문에, 고위대표사무소(OHR: Office of the High Representative) 역할도 검토해, 보스니아가 앞으로 나아가고 법치를 확립하는 데 도움이 되었는지 살펴보고자 합니다. 나아가 저는 대량학살 문제를 처리하기 위해 법률지원을 제공하는 특별 기관들과 그 역할에 대해서도 설명할 것입니다. 달리 말해, 이와 같은 기관들이 제공하는 교육과 외국인 판사들과의 협력이 얼마나 국내 판사들의 법률 인식을 바꾸게 되었는지를 살펴보는 것 또한 흥미로운 일입니다.

몇 가지 질문을 제기할 수 있을 것입니다. 우선, [구(舊)유고의] 권위주의적 사법 전통의 유산이 B&H 법치의 장애물이었는지의 여부입니다. 그리고 보스니아의 혼합된 사법체계가 가져오는 결과에 대한 질문 또한 제기될 수 있습니다. 이런 점에서 제가 제기하고 싶은 주요 질문은 보스니아 법률이 가진 혼종적 성격이 B&H 사법체계 확립에 기여 혹은 좌절시켰는가에 대한 여부입니다. 또한 이 글에서 저는 이 신생국가 국민의 유럽통합 열망이 법치주의의 발전에 어느 정도 긍정적인 영향을 끼치게 되었는가를 알아보고자 합니다.

위와 같은 질문에 답하기 위해 저는 국가 관련 기관의 보고서, 사법 기관의 통계 보고서, 국제기구와 NGO 등의 보고서, 언론 보도와 같은 다양한 자료를 사용했습니다. 저는 이와 같이 중요한 질문에 대한 적절한 답을 본 주제 관련 과학 문헌 역시 연구했습니다.

제가 세운 가설은 국내 법률체계에서의 국제법 수용은 한 국가의 사법체계의 확립 및 강화로 이어진다는 것입니다. 따라서 제 발표의 결론은 남북한의 관계 개선에 있어서 국제법을 사용할 수도 있다는 것과 동시에, 남북에 새로운 사법체계를 확립할 수도 있다는 함의를 갖고 있습니다.

*

저는 1990년대의 내전 이전 B&H의 사법체계를 간단하게 스케치하는 것으로 시작하겠습니다. B&H는 1839년에서 1918년 사이에 두 가지 법적 근대화 과정을 거쳤습니다. 하나는 오스만 제국 통치 기간이며, 다른 하나는 오스트리아-헝가리 지배 기간에 이루어졌습니다. 이 두 통치 기간에 보스니아의 경제, 사회, 문화, 정치는 상당히 변했고, 사법체계의 변화 역시 수반되었습니다. 따라서 기존 법률의 관련 조항에 새로운 내용이 명문화되었습니다.

오스만 제국의 마지막 수십 년 동안, B&H의 사법체계는 법적 다원주의 원칙에 입각해 있었는데, 즉 한 국가 내에 둘 이상의 법적 제도가 있었던 것입니다. 샤리아(Sharia) 법은 B&H의 무슬림들에게, 카눈(Kanoon) 법은 오스만 제국 전체에 적용되었습니다. 반면 기독교인과 유대인과 같은 비무슬림 공동체는 밀레(Millet)라고 불리는 제도에 의해 법적 자율성을 누렸습니다. 1978년, 이 지역을 병합한 오스트리아-헝가리제국 황제는 이러한 법률체계를 발견한 후, B&H의 이슬람 법률 문화를 유럽의 대륙법 문화로 변경시켰습니다.

[제1차 세계대전이 종식된] 1918년과 1921년 사이, B&H는 세르비아/크로아티아/슬로베니아(SCS) 왕국의 일부였습니다. 이때 제정된 비도브단(Vidovdan) 헌법이라고 불리는 첫 번째 헌법은 의회와 군주제를 선언하는 내용을 담고 있습니다. 이에 의하면 언론, 집회, 결사 및 언론의 자유뿐 아니라 법 앞에 모든 사람이 평등하다는 것을 선언했습니다. 그러나 헌법 127조에 의하면 국왕은 시민의 정치적 권리와 자유를 언제든 정지시킬 수 있었습니다.

SCS왕국의 법적 기원은 매우 다양했으며, 부분적으로는 오스트리아-헝가리 제국, 부분적으로는 이탈리아와 사리아 법이 포함되어 있었습니다. 법률의 최초 성문화는 민사소송법(the Code of Civil Procedure)으로 1929년에 제정되었습니다.

1929년 1월 6일, 알렉산다르 카라도르데비치 왕은 비도브던 헌법과 의회를 폐지하고 독재 정권을 선언했고, 곧 국내 전역을 장악했습니다. 게다가, 1929년 10월, 행정 조직을 완전히 바꾸게 될 법률이 통과되었습니다. 그것은 왕국의 행정 구역 명칭과 분할에 관한 법률이었습니다. 제1조에 따라, SCS는 유고슬라비아 왕국이라는 새로운 공식 이름이 제정되었습니다. 또한 33개의 지방으로 나뉘어져 있던 예전과 달리, 국내 지방은 9개의 바노비나(banovina)로 구분되었습니다. 그 결과 B&H는 정치적으로나 행정적으로도 단일 지방 단위가 되었고, 이후 1941년까지 유고슬라비아 왕국의 필수불가결한 지역이 되었습니다. 1941년과 1945년 사이의 2차 세계대전 시기 동안에는, B&H는 독립된 크로아티아 국가의 일부였으며, 종전 이후 1992년까지 사회주의 유고슬라비아의 구성원이었습니다.

따라서, 발칸 반도의 국가들이 소련의 영향권에 들어갔을 때, 완전히 제도화된 사법제도는 아직 존재하지 않았습니다. 사실, 많은 사법

기관들이 소비에트 사회적 경험을 통해 만들어졌습니다. 따라서 유고슬라비아 사법 기관은 소비에트연방과 많은 공통점을 가지고 있었습니다. 사법부는 '권력 집중 원칙'으로부터 가장 영향을 받았습니다. 판사는 임시 대표권을 갖고 선출되었고, 이에 따라 판사를 선출한 기관은 그 책임을 지게 되었습니다. 또한, 규범적 행위의 합헌성에 대한 사법적 통제는 행사되지 않았습니다.

동유럽의 공산정권이 붕괴하기 시작하면서 세르비아는 B&H를 포함한 다른 구(舊)유고슬라비아 공화국들에 대한 정치적 우위를 추구하기 시작했습니다. 먼저 슬로베니아와 크로아티아는 독립을 선언했고(1991년), 보스니아(1992년)가 뒤를 따랐습니다. 달리 말해, B&H에서 독립에 대한 국민투표가 시행되었던 것입니다. 보스니아계와 보스니아 내 크로아티아계 유권자들의 강력한 지지를 받았지만, 보스니아 내 세르비아인들은 이를 거부했고, B&H가 독립을 선언한 지 한 달 후에 내전이 발발했습니다. 1945년 이후 유럽이 겪은 최악의 폭력 사태는 4년 만인 1995년 데이턴 평화협정으로 종식되었다. B&H의 현재 헌법은 이 협정의 부속 문서(Annex) 4입니다.

**

이제는 저는 B&H의 오늘날 헌법을 감안하여 몇 가지 주제를 검토할 것을 제안합니다.

현재 단독 국가로서 B&H는 두 개의 다른 민족적인 바탕으로 구성되어 있는데, 바로 B&H 연방과 스르프스카 공화국(Republic of Srpska)입니다. 이 두 주요 민족에 더하여, 브르치코(Brčko) 마을은 국제적인 중재에 의해 독립지구(Independent district)가 되었습니다. B&H 연방은 10개의 강한 권한과 능력을 갖춘 주(canton)로 구성되어 있습니다.

그러므로 B&H에는 하나 이상의 헌법이 있다고 할 수 있습니다. 즉, B&H의 헌법, B&H의 두 민족에 대한 헌법 및 그리고 각 10개 주의 헌법이 존재합니다.

또한 B&H의 사법체계의 특수성은 유럽인권조약에 의해 권리와 자유가 B&H의 헌법에 포함되었다는 데에 있습니다. 이 조약은 B&H의 모든 법률에 우선하여 직접적으로 적용됩니다.

***

이제 저는 법치 국가인 B&H의 형성에 영향을 준 유럽연합의 역할에 대해 검토할 것입니다.

2006년 유럽연합은 유럽의 지도를 통째로 바뀌게 되는 과거 공산권이었던 8개국의 가입을 인정했습니다. 그러나 여전히 B&H의 유럽연합 가입 여부는 불투명합니다. 보다 구체적으로 말하면, 서(西)발칸 국가들의 유럽통합은 그 국가들의 공산주의 유산 관련 독특한 정책 과제를 안겨주었습니다. 유럽연합은 발칸지역에 대한 전략적 확대와 특수한 안보 개념을 발전시켜왔습니다. 이른바 협력 조약(association agreements)을 마련한 것입니다. 나아가 유럽연합은 향상된 조건 및 지역 협력 정책을 바탕으로 중부 및 동유럽에 대한 가입 조건을 적용해 왔습니다. 유럽연합의 모든 국가들은 반드시 어느 정도 [유럽연합 헌법의 규범적 모체가 되는] Acquis communautaire의 31개 장(chapters)를 충족시키는지 증명해야 합니다. 구공산권 국가들은 따라서 이와 관련해 상당히 불리함을 안고 있으면서 이를 받아들어야 하며 결코 회피할 수 없습니다.

연방제로부터 개별 국가로 분리된 구(舊)유고슬라비아 국가들의 경우에는 경제, 사회 및 정치적으로 각각의 독립국가로 나아가면서 이전의 공통적으로 속해 있었던 경험으로부터 벗어나기 쉽지 않았다. 그러면 여기서 왜 유럽연합이 구공산권 국가들을 흥미롭게 여기는지에 대한 질문을 제기할 수 있습니다. 캠브리지 대학의 데이빗 레인(David Lane)은 여기에 여섯 가지 주요 이유를 들었습니다. 첫째, "유럽인의 품(European Home)"으로의 귀환이라는 발칸이 가진 상징적인 매력과 소비에트 과거와의 단절입니다. 둘째, 러시아의 영향력 강화를 차단해 안보를 제공해야 한다는 필요성 때문입니다. 셋째와 넷째는 유럽연합 국가로서의 경제적 혜택과 시장과 사유재산을 위한 법적 장치의 제공입니다. 다섯째, 중부 및 동유럽 국가들의 약한 경제력과 정치력이 서구를 통한 경제적이고 정치적인 안전보장을 꾀하게 했다는 것입니다. 마지막은 [당분간] 유럽연합의 비회원국으로 머무는 것이 회원국으로 지게 되는 부담을 덜 수 있다는 판단입니다. 그리고 구(舊)유고슬라비아 국민들은 번영하고 평등한 국가에서 살기를 갈망합니다. [이 지역의] 부패는 뿌리가 깊습니다.

구(舊)유고슬라비아에서 시작된 국가들의 친(親)유럽 노선이 착수된 이래, 이들 국가들은 향상된 민주적 절차를 바탕으로 전반적으로 정치와 경제 분야의 개혁을 달성했다. 다만 B&H를 포함한 모든 서부 발칸 국가들은 더욱 노력을 기울여 정치, 경제 및 사회적 변화를 완료해야 하는 동시에 모든 이해당사자를 정치권 및 시민사회로 끌어들여야 합니다. 유럽연합의 가입은 다음 세대를 위한 선택으로서, B&H는 보다 열정적으로 대외 및 지역 정책으로부터 어린이들이 학교에서 배우는 내용까지 근본적인 가치를 수용해야 합니다.

물론 이와 같은 B&H의 수용 그 자체는 B&H의 손에 달려 있습니다. 그러나 유럽연합은 B&H 정부에 이와 같은 정책을 수용하도록 압력을 가해야 합니다. 특별한 [유럽연합의] 노력을 통해 B&H 정부가 법치를 통한 개혁이 이루어질 수 있도록 지속되어야 합니다. 또한 유럽위원회가 2018년 2월에 명시한 것과 같이, 이러한 노력에는 법률과 실무 분석을 포함되어야 하며, 이를 통해 주요 문제의 우선순위를 정하는 계획을 수립하고, 그 적용 여부를 면밀히 관찰함과 동시에 그 구체적인 결과를 전달해야 합니다.

B&H에는 유럽연합의 기준에 충족되어야 할 수많은 과제가 놓여있습니다. B&H 정부는 이 역사적인 기회를 현실화하는 것이 책임이기 때문에 의심의 여지 없이 이러한 놓치지 않아야 합니다.

****

저는 강의의 마지막 부분을 결론으로 할애하고 싶습니다.

중부유럽과 동유럽이 공산주의에서 민주주의 및 시장경제로의 역사적인 전환을 시작한 지 거의 30년이 지났습니다. 국제통화기금의 한 보고서에서 밝힌 바와 같이, 종종 이미 [벌어진] 사건들을 어쩔 수 없었고 심지어 불가피했던 것으로서 성급하게 결론 지으려는 유혹이 있습니다. 이들 국가들이 성취한 규모와 범위 또한 폄하하려는 유혹 또한 만만치 않습니다.

지금까지의 논의에서 지적했듯이, 지난 27년간 B&H의 보스니아 사법체계는 극적으로 변화했습니다. 효과적인 사법체계를 구축하는 일은 어렵고 오랫동안 이어졌으며 여전히 진행 중입니다. 제도 개혁은 종종 기득권으로부터의 반대에 직면했습니다. 그런데도 국제사회와 국제법은 이 변화에 큰 역할을 했습니다. 저는 오늘날 B&H가 과거 공산주의 국가들보다 서유럽의 사법체계와 더 많은 공통점을 갖고 있다고 말하고 싶습니다. 하지만 B&H의 법치주의를 확립하기 위해서는 더 큰 노력과 정부의 높은 헌신이 필요합니다. [그러기 위해서는]

두 분야의 우선순위를 시행해야 합니다. 첫째, 현존하는 법률의 시행입니다. 둘째, 유럽 [연합 국가들]의 법률과 원칙에 맞지 않는 법을 개정해야 합니다. 그러기 위해서는 용기 있는 정치인들과 개혁가들이 나서서 개혁을 기획하고, 그 결과를 신중하게 대중에게 설명할 수 있어야 합니다.

긍정적인 부분은 국제사회가 여전히 다민족국가를 B&H의 해결책으로 선호한다는 것입니다. 민족적 이해관계 및 지역 지도자들의 방해행위에 의한 보스니아의 내부 분열로 국제사회는 B&H의 정부 기관을 재건하는 데 어려움을 겪고 있습니다. 국제법은 법적, 정치적, 경제적 개혁 과정을 도울 수 있으며, 그 결과 약했던 공산주의 국가를 강한 국가로 변모시키는 데 도움이 될 수 있습니다.

제가 조사하는 동안 저는 흥미로운 질문을 하나 했습니다. 법치주의가 국가 발전으로 이어지는가, 아니면 국가 발전이 법치로 이어지는가? 하나 없이 다른 하나는 불가능하다고 생각합니다. 그리고 이 둘은 서로 깊게 얽혀 있어서 하나가 다른 하나를 이끌고, 그 반대도 마찬가지입니다. 예를 들어, B&H가 인권 보호를 위한 기관을 가지고 있지만, 문제를 해결할 충분한 재정 자원과 인력이 없다면, 현대 인권 기준에는 충족되지 않습니다. 이 과정에서 확실한 도움을 줄 수 있는 것이 B&H의 유럽연합 가입입니다. 유럽연합과의 통합 과정을 사법체계의 개선을 위한 수단으로 활용해야 합니다. 하지만, B&H의 유럽연합 가입은 보스니아인들의 민주주의 성취와 함께 수반되어야 합니다. 유럽연합에 가입하기 전부터 과거의 유산으로 파생된 문제들을 화해하고 해결하는 데 말과 행동으로 헌신해야 합니다. B&H의 유럽연합 가입은 탈공산주의 체제로의 전환의 종료와 현대적인 유럽의 사법 환경의 시작됨을 의미합니다. B&H는 여전히 필요한 변화 조건을 충족시키기 위해 고군분투하는 한 유럽연합에 가입해서는 안 됩니다.

그럼에도 불구하고, B&H의 상황은 개선되고 있습니다. 세계 정의 프로젝트(the World Justice Project)의 연구에 따르면, 2014년 B&H는 조사 대상 99개국 중 39위를 차지했고, 다음 해에는 102개국 중 40위에 올랐습니다. 2016년 기준으로는 113개 국가 중 50위였고, 지난해인 2017년에는 113개국 중 56위였습니다.

그래서 오늘 저는 보스니아의 사법체계를 바꾸는 데 국제사회와 국제법의 역할을 강조했습니다. 또한, 저는 B&H의 구조적, 법적, 제도적 변화를 주도하는 주된 원동력으로 유럽통합을 꼽았습니다. 따라서, 저는 국제법이 이 지역의 평화와 법치를 달성하는 데 도움이 될 수 있다고 결론지음으로써 저의 발표를 마무리하고자 합니다. 즉, 우ㄴ리는 국제사회와 국제법을 최대한 활용해야 합니다.

The Case of the Juridical Transition in Bosnia and Herzegovina in the Post-communist Regime

Doc. Dr. Sci. Ajla Škrbić *

Good morning, ladies and gentlemen! I am delighted to be invited here today. The significance of the topic of this conference and reputation of the organizer convinced me to accept this invitation despite my busy schedule.

Right now, when the prospects for reconciliation between the two Koreas are the most certain, it is important to try to find answers to questions regarding what is the best way to overcome problems from the past and how to establish rule of law. I am informed about the work of the Institute for Mission Mobilization for North Korea in finding ways of reconciliation between two Koreas. I am very glad that their efforts in finding the right solution go beyond the borders of South and North Korea. I am also glad they seek help from the academia, which is often not the case, even though it should be the rule.

Today I shall focus on the juridical transition in Bosnia and

* Assistant Professor and the Vice-Dean for Scientific Research and Development, University of Travnik Faculty of Law, Bosnia and Herzegovina.

Herzegovina (B&H) in the post–communist regime. As you all know, the dissolution of the Socialist Federal Republic of Yugoslavia (SFRY) in the 1990s has created new states, among others Bosnia and Herzegovina as well. Coming from common legal tradition the successor states have begun to distance their legal systems from the authoritarian, communist dominated legacy and *acquis* of SFRY. Some of them have already joined the European Union (i.e. Croatia and Slovenia) or NATO (i.e. Croatia, Montenegro and Slovenia), while others are candidates or potential candidates in one or both of these organizations.

B&H is particularly interesting in this regard, because its legal system was significantly influenced by the involvement of both the European states and, importantly, the United States of America, therefore representing a combination of the Continental and Anglo-Saxon legal thoughts and influences. Therefore, in my today's presentation I will mostly look at the influence of the international community on the formation of the current legal system in B&H. Accordingly, I will assess the role of foreign judges in criminal proceedings since they certainly fostered easier introduction of international legal solutions into domestic legal framework and institutions. Also, the role of the Office of the High Representative (OHR) will be examined as well, since it played a particularly important role in directing legal processes in postwar Bosnia. I want to see whether it helped Bosnia to move forward and to establish rule of law. Further, I will briefly explain the role of special institutions founded to provide legal support to those dealing with cases of mass atrocities. Namely, it is interesting to see how much training provided by such institutions, or work with foreign judges, changed the perception of law within domestic judges.

Several questions will be asked. At first, whether the legacy of authoritarian legal tradition was an obstacle to the rule of law. Then, what results Bosnian mixed legal system brings. The main question in this regard is whether this mixed nature of Bosnian judicial system contributed or deterred establishment of the rule of law. Furthermore, the goal of my presentation is also to see how much aspire to European integration has positively influenced the development of the rule of law in B&H.

To answer these questions I used variety of sources of data, such as reports by relevant institutions at the state level and entity levels, statistical reports from judiciary bodies, international organizations' reports, NGO's reports and media reports. I also studied scientific literature on these topics to get valid answers to these important questions.

My general hypothesis is that the acceptance of international law in domestic adjudication system leads to an increase and strengthening of the rule of law in that state. Hence, the conclusions of my presentation can be applied to two Koreas, meaning to use international law in order to improve relations between them, as well as to create rule of law on their territories.

*

I shall start by briefly sketching the juridical system in B&H before the war in the 1990s. Namely, between 1839 and 1918

B&H went through two modernization projects: one during the rule of the Ottoman Empire in Bosnia, and other during the rule of the Austro-Hungarian Monarchy. Both these administrations have introduced significant changes in Bosnian economy, society, culture and politics. Also, in both cases, the changes included a certain transformation of a legal system. It was attempted for this transformation to be achieved, inter alia, through codification of certain branches of the legal system.

During the last decades of the Ottoman rule, the legal system of B&H was founded on the principle of legal pluralism. There were more than one legal systems on a single territory. The Sharia law was applied to the Muslims in B&H, while the Kanoon law was applied to the entire Ottoman population. On the other side, non-Muslim communities of Christians and Jews enjoyed certain internal legal autonomy protected by the system called Millet. So, this was the legal system that Austro-Hungarian Monarchy found in the summer of 1878 in B&H. Consequently, Austro-Hungarian Monarchy was the one who transferred B&H from Islamic legal culture to European continental legal culture.

Between 1918 and 1921 B&H was a part of the Kingdom of Serbs of Croats and Slovenes (Kingdom of SCS). Its first constitution was the Vidovdan Constitution which proclaimed the Kingdom as constitutional parliamentary and hereditary monarchy. Vidovdan Constitution also proclaimed the equality of all before the law, as well as the freedom of speech, assembly, association and the press. But, according to Article 127, the King could at any time suspend the political rights and freedoms of the citizens. The legal organization of the Kingdom of SCS was very diverse, partially ranged from Austrian and Hungarian sources, and partially from Italian law and the Sharia law. The first common codified legislation was enacted only in 1929, and it was the Code of Civil Procedure.

By proclamation of 6 January 1929, King Aleksandar Karađorđević abolished the Vidovdan constitution and parliament, and introduced a dictatorship. The King took over the entire government in the country. Further, in October 1929, a law was passed that completely changed the administrative structure of the country. It was the Law on the Name and Division of the Kingdom in Administrative Areas. Under its Article 1, the Kingdom of SCS received a new official name of the Kingdom of Yugoslavia. Also, instead of the previous division in 33 areas, the state is divided into nine banovina. Hence, B&H was until that Law a politically and administratively single territorial unit.

All along until 1941, B&H was an integral part of the Kingdom of Yugoslavia.

In the Second World War, or more specifically between 1941 and 1945, B&H was part of the Independent State of Croatia. Then, until 1992, it was constituent part of the Socialist Yugoslavia.

Hence, when Balkan states entered the Soviet sphere of influence, a fully institutionalized judiciary system did not yet exist. In fact, many judicial institutions (such as Constitutional Court, High courts and tribunals) were created during the soviet experience. Therefore, the organization of justice in the Yugoslavian model had many features in common with the soviet one. Judicial organization found most inspiration from the principle of the "unity of power". Judges were selected with temporary representative powers, thus making them responsible for the body that elected them. Also, no judicial control was exercised over the constitutionality of normative acts.

As communist regimes started to collapse in Eastern Europe, Serbia began to pursue political dominance over other Yugoslav republics, including B&H. Firstly Slovenia and Croatia proclaimed their independence (in 1991) then Bosnia (in 1992). Namely, in B&H was held a referendum on independence. It was strongly favored by Bosniak and Bosnian Croat voters, while Bosnian Serbs boycotted it. A month after B&H proclaimed independence, the war started. After four years of the worst violence Europe had seen since 1945, the war was brought to an end in 1995 by the Dayton Peace Agreement. The current Constitution of B&H is the Annex 4 of it.

**

Now I propose to examine some topical themes in the light of the current legal system in B&H, which is based on this Constitution.

Currently, B&H functions as one state divided into two separate ethnic entities: the Federation of B&H and the Republic of Srpska. In addition to these two entities, the town of Brčko became an independent district, following an international arbitration in 1999.

Furthermore, the Federation of B&H is composed of ten cantons with great powers and competencies. Therefore, in B&H there are, in fact, more than one constitutions. First, there is the Constitution of B&H; then two Constitutions of two entities of B&H, and then ten cantonal constitutions.

Also, the specificity of the juridical system of B&H is that the rights and freedoms set forth in the European Convention for the Protection of Human Rights and Fundamental Freedoms and its Protocols are an integral part of the Constitution. They shall apply directly in Bosnia and Herzegovina and shall have priority over all other law.

***

I will now turn to the role of the European Union (EU) in a creation of B&H as a state governed by the rule of law.

The 2004 Eastern enlargement of the EU, in which eight post-Communist states became members of this organization, changed the map of Europe profoundly. However, the European future of B&H as its Member State is still uncertain.

To be specific, the European integration of the whole Western Balkans has posed a unique policy challenge to the EU in regards to their legacy of Communism. The EU has developed a strategic enlargement and special security concept for the Balkans. It sets up the so-called association agreements. Further, the EU has built on the accession approach applied to Central and Eastern Europe with a policy of enhanced conditionality and regional cooperation.

The states from these parts of Europe have to show the extent to which they had met the conditions of the 31 chapters of the acquis communautaire. It is clear that the post-socialist states are at a great disadvantage in bargaining, and they had to accept the conditions of the acquis in their entirety. They had no opportunity to back out of crucial chapters.

As regards to the states of former Yugoslavia, having transformed themselves from federal units of one state into separate legal entities, they have found it difficult to extricate their economic, social and political being from the experience of belonging to a common state. The question arises why the EU is so interesting for these former communist countries? Mr. David Lane from the University of Cambridge argued that there are 6 main reasons. First, the symbolic attraction of a return to the "European home" and a sharp break with the soviet past. Second, a perceived need for security provision against a possible revival of Russian power. Third, economic benefits from the EU membership. Fourth, the EU membership would secure a legal framework for private property and the market. Fifth, the economic and political weaknesses of the Central and East European states forced them to look to the West for economic and political security. Finally, the costs of staying out of the EU might be greater than the costs of going in. And, I will add, citizens of former Yugoslav-states yearn to live in countries that are prosperous and equal, where the rule of law is strong and corruption is rooted out.

Since the European paths of the former Yugoslav-states started, these countries achieved overall political and economic reforms with improved democratic processes. However, all the Western Balkan countries, including B&H, must now urgently redouble their efforts, address vital reforms and complete their political, economic and social transformation, bringing all stakeholders on board from across the political spectrum and from civil society. Joining the EU is a generational choice, based on fundamental values, which B&H must embrace more actively, from its foreign and regional policies right down to what children are taught at school.

Of course, the enlargement perspective of B&H is first and foremost in the hands of B&H itself. However, the EU must help with its pressure on the Bosnian government to do the right things. Its support is more than needed. Special efforts should be put to guide rule of law-related reforms in B&H. Also, as the European Commission stated in February, it should include analysis of legislation and practice in this field, leading to the establishment of detailed action plans prioritizing key issues, and close monitoring of implementation and delivery of concrete results.[1)]

Much work lies ahead for B&H concerned to be in a position to meet the EU criteria. Government of B&H must leave no doubt as to their strategic orientation and commitment because it is its responsibility for making this historical opportunity a reality.

---

1) Izvj Ev Kom.

****

I should like to devote the last part of my lecture to the conclusion remarks.

Almost 30 years has passed since Central and Eastern Europe embarked on its historic transition from communism to capitalism and democracy. As the International Monetary Fund stated in one of its reports, there is often a temptation to conclude that what happened was natural, even inevitable, and there is often a temptation to diminish the scope and scale of these accomplishments.[2)]

As seen from my presentation, the past 27 years in B&H have seen a dramatic transformation in Bosnian legal system. The task of building effective legal system has been difficult and protracted, and it is still ongoing. Institutional reforms often faced opposition from vested interests. Nevertheless, as presented today, international community and international law played a huge role in this transformation. I would say that currently we have more in common with Western European legal systems than we do with some other former communist countries. But to boost the rule of law in my country more needs to be done and stronger commitment of authorities is needed. Two broad priorities stand out. First, to implement laws that currently exist. Second, to revise laws that are incompatible with European laws and principles. To do so, we need courageous politicians and reformers to step forward and take on the challenge of designing reforms and

2) 25 years.

explaining their consequences to a wary public.[3)]

The good thing is that the international community still favors a multiethnic state as the solution for B&H. With Bosnia's internal division along ethnic lines and the frequently obstructive behavior of the local leaders, the international community has hence faced difficulties in rebuilding Bosnia's state institutions. International law can help legal, political and economic reform processes, and, accordingly, help the transformation of a weak post-Communist state into a strong state.

During my research I came also to an interesting question: does the rule of law lead to the development of the state, or the development of the state leads to the rule of law? I think that one without the other is impossible, and that these two categories are so intertwined that one leads to the other, and vice versa. For example, if B&H has institutions for the protection of human rights, but they however have no adequate financial resources and therefore no adequate personnel to address the issues they are working on, modern human rights standards can not be achieved. What can certainly help in this process is integration of B&H to the EU. It is necessary to use the process of EU integration as a means of targeted advocacy for the improvement of the rule of law. However, the accession of B&H to the EU must occur due to the Bosnian accomplishments regards democracy. B&H must unequivocally commit, in both word and deed, to overcoming the legacy of the past, by achieving reconciliation and solving

---

3) 25 years.

open issues well before its accession to the EU.[4] Joining the EU should mean an end to the period of post communist transition, and the beginning of modern European legal environment. B&H must not enter into the EU still struggling to achieve the required changes.

Nevertheless, the situation in B&H is improving. According to the World Justice Project's research, in 2014 B&H ranks 39th out of 99 countries that were the subject of the survey, while in the following year it was in the 40th place out of a total of 102 countries surveyed by the World Justice Project. In the 50th place B&H was in 2016 from a total of 113 countries whose rule of law was measured by the World Justice Project. Last year, in 2017, B&H was in the 56th place out of a total of 113 countries.

So, today I highlighted the role of the international community and international law in the transformation of Bosnian legal system. Also, I pointed out the European integration as a main driver of structural, legal and institutional change in B&H. Therefore, I will conclude my presentation by claiming that international law can help achieving peace and rule of law in the state. Hence, we have to use it to a full extent.

---

4) Izvj Evr Kom.

유럽통합으로의 여정 속 알바니아의 정치 및 사회적 통합 과제 (요약문)

에밀리오 치카(Emilio Çika, PhDc, Mediterranean University of Albania)
일리르 헤보비자(Ilir Hebovija, MSC, Mediterranean University of Albania)
크리톤 쿠치(Kriton Kuçi, PhDc, Mediterranean University of Albania)

I. 들어가는 글

오늘날 동유럽, 특히 발칸 반도의 국민 및 지도자들은 역사적인 비극의 땅이었던 이곳이 빠르게 발전해야 할 필요성을 충분히 인식하고 있으며, 이를 위해서 전쟁으로 점철된 과거사를 극복하고 유럽연합의 기준에 충족함으로써 민주화, 발전 및 번영을 이루고자 노력하고 있다. 이런 맥락에서 본 연구는 지난 20세기 두 번의 세계대전의 경험, 그리고 그 이후 공산주의로 인해 닫혀있던 알바니아가 어떻게 오늘날 유럽통합 과정의 여정을 밟고 있으며, 그 와중에 나타난 정치 및 경제적 전화기에 겪었던 주요 사건과 과제—과거 공산주의 체제에 대한 인식, 사회변화, 국제협약 체결 등을 분석함으로써—알바니아의 향후 전망 등을 탐구하고자 한다.

사실 발칸은 오랫동안 지속된 전쟁으로 민족적 적대감이 상당한 지역임과 동시에 상당히 비슷한 궤적을 겪어왔다. 따라서 이 지역

연구는 오늘날 경제발전과 지역 협력의 장애가 되는 과거 유산의 정리라는 공통적인 특성을 갖고 있다. 이 지역 국가들은 또한 1989년 공산주의 붕괴 이후 민주주의 및 자본주의사회로의 “장기간의 이행” 과정을 통해 다양한 정치 · 경제적 전환—이를테면 민영화, 가격자유화, 인플레이션 및 국제무역 등—을 경험했다. 알바니아를 포함한 발칸지역의 개별 국가연구는 이러한 지역적 맥락에 의해 연구해야 할 이유이다. 물론 민주주의는 동유럽과 발칸의 모든 구공산권 국가들에게 동일한 가치로 받아들여진 것은 아니었지만, 지속적인 시장경제의 수용은 경제발전에 있어 적합한 중요 요소이다.

유럽대륙의 남동부에 위치한 알바니아는 거의 반세기 동안 유럽 속에서도 마지막까지 고립되어 있던 공산주의 국가였다. 유럽대륙의 변방이라는 지역적 불리함과 시장경제에 대한 낮은 의식, 시민사회의 부재 등은 여전히 민주사회로 진입을 저해하는 요인이 된다. 1992년 유럽연합과의 무역협정을 체결한 이래, 알바니아 정부는 유럽연합 기준에 충족시키고자 지속적이고 전방위적인 개혁을 추진해 왔고, 경제뿐만 아니라 안보 측면에서도 유럽 국가들과의 관계를 증진 및 유지하고 있다. 이를 바탕으로 민주사회 구축을 통한 유럽연합과의 통합에 매진하고 있다.

II. 알바니아와 발칸의 정치변동과 민주화

1989년 이후 동유럽과 발칸 반도의 공산정권 붕괴는 극적이고 희망적인 사건이자 각국의 정치적, 이념적, 경제적, 문화적, 행정적인 측면에 즉각적인 영향을 주었고, 민주주의는 대부분 구공산권 국가들이 선택한 모델이었다. 변화의 첫 단계에서 옛 사회주의 법률, 경제 및 사회체제는 붕괴했고, 새로운 정치경제 모델이 채택되었다. 이를테면 민주주의와 시장경제 정착을 위한 다당제의 출현과 지방 및 중앙정부에서의 보통선거 실시 및 정부체계 개편 등 개혁이 착수되었다.

체제변환의 첫 단계인 1990년대 알바니아에서 정치적 다원주의 개념은 수용되기 매우 어려웠다. 공산당 마지막 지도자이자 1985년 엔베르 호스카 사망 이후, 정권을 잡은 라미즈 알리는 다당제가 알바니아에 부적합한 것이라고 보았다. 다만 그는 알바니아에 정치 및 경제적 변화가 시작될 거라는 희망을 불러일으켰다. 그는 알바니아의 사회주의 체제를 변화시키려는 인상을 심어주려 했지만, 제도 자체를 바꾸지 않았다. 그러나 그 역시 외부세계와의 접촉 없이 심각한 경제난을 타개할 수 없다는 것을 깨달았다. 하지만, 알바니아의 제한된 외화보유고와 해외대출 금지라는 헌법적 제한은 걸림돌이었다. 그는 전임자들에 비해 이념보다는 정치적으로나 경제적으로 훨씬 유연했다. 1989년 이후 유고와의 정치 및 무역관계 개선이 그 일례다.

그러나 이 체제변환기에 구공산권 국가들이 독자적으로 처리할 일이 없었다. 유럽위원회(the Council of Europe)는 공산권 붕괴 이후, 동유럽과 중부유럽 국가들의 민주제 수립을 지원하는 중요한 기관이었다. 이 지역의 민주화를 위해 인권, 자유, 언론 및 선거제도 등의 정착을 위해 다양하고 체계적인 프로그램을 지원했다. 구공산권 국가들의 유럽위원회 가입은 이들 프로그램의 정착 여부에 의해 차근차근 진행되었고, 알바니아의 가입은 1995년에 성취됐다.

III. 탈공산주의 이후 10년: 알바니아 최초의 다원적 선거와 의회제도 도입

알바니아의 변화는 다른 국가들과 비교해 볼 때, 뚜렷하고 흥미로운 사례가 될 수 있는 많은 특성이 있다. 45년간 공산주의 체제 속에서 고립과 자급자족(self-restraint)의 극단적인 정책을 수립해 온 알바니아는 루마니아가 개방의 길로 나선 1년 후 이 지역에서 마지막으로 바깥 세계에 문호를 열었다. 알바니아의 변화가 시작되면서 나타났던 혼란, 낙관 및 행복(euphoria)은 곧 경제에 대한 이해부족으로 인해 환멸로 바뀌었다. 폐쇄되었던 국경은 곧 밀수업자들의 천국이 되었고, 무신론 국가였던 곳에서 종교적 신념이 넘쳐날 만큼 알바니아는 변화했다. 이러한 급격한 사회변동은 알바니아가 불안정한 사회라는 이미지를 만들었다. 이런 상황에서 가장 시급한 과제는 마비된 경제국면에 대해 식량과 긴급원조를 바탕으로 한 개혁 프로그램의 실행이었다.

알바니아의 의회중심제 모델을 선택했는데, 지향점이 서로 다른 복수의 정당을 인정하는 것이었다. 1991년 반공운동으로 등장한 학생들과 지식인들은 새로운 사회와 국가건설의 책임이 있었다. 이들은 새로운 정치체제를 통해 통치할 수 없었던 구정치인들과 타협 —민주화 세력과 구공산당 집권세력 사이의 비공식적 타협—을 통해 진행되었다. 즉, 알바니아의 자유민주주의 사회로의 변화에 대한 이해는 이들의 타협과정에서 나타난 문제와 현상을 분석하는 데에서 시작되며, 오랜 권위주의 과거에 머물러 있었던 체제가 새로운 체제로 전환하는 과정을 이해하는 데 큰 의미를 지닌다고 할 수 있다.

민주화로의 변화를 이해하는 세 가지 관점이 있다. 알바니아의 체제 전환 또한 이러한 유형 속에서 이해하는 것이 중요하다. 첫째, 결정론적 접근으로, 전통적 정치문화와 경제적 발전 및 민주화 사이의 긍정적인 상관관계가 있다고 보는 것이다. 그러나 알바니아의 과거는 경제의 현대화와 민주주의 발전에 유리하지 않았다. 이 나라는 오랫동안 외국에 의해 지배받아 왔으며, 직전의 공산주의 통치기간으로 민주주의에 대한 경험이 없었다. 둘째, 민주화에 있어 자발적 참여자들의 역할을 강조하는 관점으로, 정치발전 과정에서 타협, 대화, 합의 및 새로운 환경에 대한 적응 등과 같이 정치 엘리트들의 민주주의적 역할이 중요하다. 사실 초기 알바니아의 정치 엘리트들의 태도와 행동은 변화에 대한 희망을 불러일으키기도 했지만, 지난 20년 동안 이들의 행태는 협치가 아닌 정적 제거 등과 같은 정치보복을 일삼았다. 서구의 강한 우려에도 이러한 점들은 고쳐지지 않았다. 물론 1998년의 사례처럼 예외가 없는 것이 아니지만, 알바니아의 정치적 성숙도는 여전히 매우 낮은 것이 현실이다. 마지막으로, 제도적인 관점은 체제전환을 경험하고 있는 사회에서 민주주의의 가능성을 형성하는 규범, 제도 및 경제정책 등의 평가에 기초한다. 이런 관점에서 볼 때, 알바니아는 구공산권 국가 중에서도 극단적인 경우이다. 알바니아는 개혁을 단행하기 이전부터 경제, 정치, 사회 및 문화적인 면에서도 민주주의나 시장경제의 지표가 전무했기 때문이다.

알바니아는 45년의 중앙집권적인 공산독재정권 치하에서 모든 자산의 국유화와 극단적인 공동화가 이식되어 정착되었던 사회였다. 따라서 전환기 알바니아의 과제는 사법 권력의 독립, 인권과 자유 존중, 경제개혁, 부동산 관련 문제 해결, 대외 정책의 보존과 지역 안정화 등이 산적했으며, 이러한 문제들은 권력투쟁으로 특징지어지는 알바니아의 정치적 분위기와 밀접하게 연결되어 있다. 정파에 관계없이 정당의 체계는 여전히 편협하거나 권위주의적이며 정파 사이의 투쟁과 갈등이 지속적으로 반복되었다. 그럼에도 불구하고 이 전환기 초기에 소수의 주요 정치 엘리트 협상가들은 특별한 역할을 했다. 그 결과, 1993, 94, 96년 기간 동안 알바니아는 거시경제 지표에서 다소 안정적인 성과를 나타낼 수 있었다. 2000년에는 7.7%의 경제성장이 동반되었다. 다만 급격하게 증가하는 자금흐름과 신용팽창은 일련의 금융 안정성의 위기를 초래하기도 했다.

알바니아의 사례를 통해 볼 때, 본 연구는 이와 같은 체제 변환기에서 가장 유용하다고 여겨지는 복합 모델(헌팅턴 모델)은 여야 모두에 의해 참여되는 정권교체라고 판단한다. 알바니아의 사례를, 이 모델을 통해 살펴보면, 알바니아의 자유화는 집권당이었던 알바니아 노동당에 의해 주도되었기 때문에 '전환(transformation)'이라고 볼 수 있지만, 여야—영어로 여당(the position)과 야당(the opposition)의— 가 협력을 했기 때문에 '[정치적] 교환(transposition)'이라고도 볼 수 있다. 아울러 이 초기 전환기에서 필요한 것은 중요한 협상가(players)이다. 이들의 헌신, 의지, 능력 및 성향이 민주주의의 성공을 실행 가능하고 올바른 선택의 결과로 이끌어낼 수 있다. 구체적이고 장기적인 대안 없이 초기 집권세력에 의해 구체제의 모든 법과 제도를 전면적으로 깨뜨려 알바니아인들에게 엄청난 혼란을 유발시킨 체제변화 초기의 알바니아의 사례는 참조해야 한다.

VI. 정치인들의 직면한 옛 공산주의 과거사 문제

지난 20년 동안, 알바니아의 의회에서 과거사 처리 관련 많은 법률과 조치가 시행되거나 폐지되었다. 중요한 논의는 인신공격, 모욕으로 변질되곤 했다. 개별 정당 단독으로 입안이 통과되기도 했지만 곧 반대 정당에 의해 폐지되곤 했다. 한때 '범죄자'라는 낙인이 찍혔던 정치범들은 민주화로 인해 1990년대 말까지 정치범들은 석방되었지만, 이들은 이 문제에 어떻게 대응해야 할지 몰랐다는 데에 있다. 반면에 과거 공산정권에 의해 혜택을 받던 계층은 구체제를 여전히 '존경받던 사회주의 국가'로서 향수를 느끼고 있었다.

유럽연합(EU)의 유럽위원회는 공산 독재정권의 과거사 문제를 정책적으로 지원하기 위해 일련의 결의문을 채택해 왔다. 이를테면 "공산 전체주의 체제 해제를 위한 조치(1996)", "공산주의에 대한 유럽인의 양심선언(프라하 선언, 2008)", "범죄에 의해 자행된 전체주의 정권(2008)", "공산 전체주의 정권에 대한 국제적 처벌의 필요성(2006)" 등을 꼽을 수 있다. 이러한 외부로부터의 압력으로 알바니아 의회는 2006년에 결의안 11호—"공산주의 정권에 의해 자행된 범죄에 대한 처벌"—를 채택했다. 여기에는 제2차 세계대전 이후 알바니아를 통치했던 엔버 호그사와 그의 일파들이 자행했던 강제수용소에서의 사망, 기아로 인한 사망, 고문, 퇴거, 노예화, 신체적 및 정신적 공포, 정치적인 이유로 기인한 대량학살 및 위반 등에 대한 책임을 묻고 있는 동시에, 구공산정권이 독재체제였음을 인정했다. 문제는 위와 같은 문제들의 책임을 엔버 호스카와 그 정권으로 단순화시켜버려 국내 모든 분야에 전방위적으로 영향력을 행사하며 폭력을 집행한 공산당에 대한 책임을 약화시켜 버렸다는 데에 있다. 모든 과거사 문제가 문서로 기록이 되었음에도 실제 현실정책으로는 거의 반영되지 않았다.

또 다른 논란거리는 결의안 11호의 14항에는 독재정권에 저항한 희생자와 그 가족에 대한 감사와 존중에 대한 내용은 있지만, 이들의 희생에 대한 실제 "배상"은 아직 완료되지 않았다. 따라서 이들의 희생과 노고에 대한 기념물이나 추모일도 없으며 국가의 공식적인 사과조차 없는 실정이다. 다만 과거 지속적으로 실패했던 문서 공개가 일부 주제로 한정—민주적 가치와 기본적 인권과 자유 수호를 위해 공산주의 정권과 싸우다 희생된 성직자의 역할과 활동—하여 2016년 채택되었을 뿐이다. 결국 과거 문서 공개에 나타난 지난 공산정권의 범죄에 얼마나 많은 사람들이 유죄판결을 받았는지 고려해야 한다. 희생자는 존재하지만 박해자는 없는 이러한 현실은 과거사청산이 실패임을 나타내는 것이다. 희생자들이 살아있는 한, 이들의 기억을 보존하는 일은 의회의 책임이다.

V. 알바니아 대중의 공산주의 과거에 대한 지식과 인식 및 그 전망

유럽안보협력기구(OSCE)의 프로젝트 일환으로 알바니아의 국가발전연구소(IDRA)가 2015년에 실시한 설문조사는 현재 알바니아인들의 과거사와 현재 국내 문제점 대한 인식을 담고 있다. 대부분의 응답에서 교육, 건강, 부패, 경제 및 환경오염 등과 같은 큰 문제를 언급했으며, 테러리즘과 극단적 종교문제는 덜 중요한 것으로 인식되고 있다. 이것은 공산주의가 알바니아인들의 주요 관심사가 아니라는 것을 보여준다.

과거사 관련, 이 조사에서 주목할 내용은 청년층은 공산주의에 대한 지식이 노년층에 비해 적지만, 일반적으로 공산주의 시대의 삶의 주요 성격에 대해서는 잘 알고 있는 것으로 나타났다. 다만 과거 공산주의 체제에 대해 단일한 인식은 나타나지 않고 있는데, 응답자의 절반은 공산주의가 "나쁘게 구현된 좋은 이념"이라고 보고 있다. 또한 독재자 엔버 호스카에 대해 긍정적으로 평가하는 알바니아인들 역시 응답자의 절반이었다. 심지어 대부분의 응답자는 치안, 교육 및 고용 등에 대해 과거 공산정권 시절이 오히려 좋았다고 했다. 아울러 흥미로운 결과는 과거 공산주의에 대한 시민들의 학습이 학교교육이 아닌 텔레비전에 의해 압도적으로 이루어지고 있다는 데에 있다.

결국 알바니아인들의 과거사에 대한 인식은 성별, 연령, 교육수준 및 지역에 따라, 특히 과거 정권으로부터의 피해 유무에 의해 상당히 갈리고 있다는 것을 알 수 있다. 알바니아의 공산주의 과거사청산에 대한 노력이 다각적이고 포괄적으로 이루어질 필요가 있음을 강하게 반증하는 것이다.

A Political Story of Post Communism in Albania

—The challenges of the political and Social Transition in Albania towards the European Integration

Emilio Çika (PhDc, Mediterranean University of Albania)
Ilir Hebovija (MSC, Mediterranean University of Albania)
Kriton Kuçi (PhDc, Mediterranean University of Albania)

Abstract: Today Eastern Europe, the Balkans, the people and their leaders are well aware of the necessity of the fastest development of this region that has long been stuck in its historical fates. From this necessity comes the will to reach the standards that will enable the only path through which these regions should move, that of European integration, integration into the structures of a Union that is challenging the old history of wartime conflicts.

The aim of this study is to reflect Albania's fuller recognition in the post-communist decades, the transformation of society into a new political-social system, the first steps of signing international agreements, and the progress of the country's development through processes which were built to facilitate this road, at the same time will enable a deeper search, an analysis that facilitates the understanding of the future of this process. The ideological dialectic that shaped the international system, the war before 1945 between communism, capitalism and fascism, degraded after 1945 in a competition between communism and capitalism. Albania's transition has shown a number of characteristics that make it a distinct and interesting case to be studied compared to other countries. Following a 45-year rule of communist laws that had built an extreme policy of isolation and self-restraint, Albania was opened to the world a year after the last country in the region, Romania. Albania due to the specific social, political, cultural and economic conditions had the most difficult transition from communism to democracy compared with the other Eastern European and Balkan countries. The beginning of the transition process in Albania was chaotic, optimism and euphoria were soon replaced by disillusion, caused by the lack of appreciation of the economic situation and the lack of experience of the new political elite.

Albania has made a lot of efforts and progress towards economic development, stabilization of democracy and European integration. However, even after 28 years the Albanian democracy itself faces a series of challenges, including independence of judicial power, respect for human rights and freedoms, economic reforms and the development of an effective foreign policy in order to contribute in the regional stability.

Key words: Post Communism, Political Transition, Democracy stabilization, Political Pluralism.

Today Eastern Europe, the Balkans, the people and their leaders are well aware of the necessity of the fastest development of this region that has long been stuck in its historical fates. From this necessity comes the will to reach the standards that will enable the only path through which these regions should move, that of European integration, integration into the structures of a Union that is challenging the old history of wartime conflicts. European integration means democratization, development and prosperity. In addition to the wishes and wills already expressed by the Western Balkan countries, there is still a need to understand how this process has progressed, in parallel with the challenge of these countries to leave in the past centuries of old history of warfare. The 20th century was the century of great ups and downs in the history of mankind. It begins with the First World War, followed by the October Revolution, which divided the world into two diametrically opposing socio-economic systems, continued with the Fascism and Nazism and the Second World War and ended with the collapse of the Soviet Empire. This study aims at describing the main moments and challenges that Albania has experienced during political and economic transition, given that the European integration process for Albania and a part of the Western Balkans is knocking on the doors of this great union.

The aim of this study is to reflect Albania's fuller recognition in the post-communist decades, the transformation of society into a new political-social system, the first steps of signing international agreements, and the progress of the country's development through processes which were built to facilitate this road, at the same time will enable a deeper search, an analysis that facilitates the understanding of the future of this process.

The Balkans is still one of the world's hinterland geographic areas, with regard to interest in studying. A number of post-World War II communist leaders such as Nikolae Ceausescu, Josip Broz Tito, Enver Hoxha and others left their undisputable marks the history of this region. Even later political figures like Franjo Tudjman, Slobodan Milosevic, shaped the history of Balkans etc[1]. With the fall of the iron curtain, the geopolitical scene of Europe dramatically changed, and particularly that of Central and Eastern Europe and Balkans.

In Europe, after 1945, three organizations that have played an important role in political and economic protagonism at the regional and global level of European countries have developed in parallel. 1. Euro Atlantic Organization and Organization for European Economic Cooperation (OEEC) 2. Council of Europe and OSCE and 3. European Union. EU has overcome the extent of which it was created, being quite complex and ambitious, at the same time constituting the greatest challenge of the old continent. The

---

1) Eva Hyskaj Tafili, "The political transition of the Central East Europe," *Tiranë,publishedby Libri Universitar*, 2008, pg 11.

awakening of the "other" part of Europe in 1989 led to the emergence of hopes for a different Europe. Paradoxically, this change began exactly when Central and Eastern Europe lost its dimension.

However, since progress on stability issues has been achieved, Western Balkan countries have increased their attention and focused on the reforms needed to achieve European standards. Its headline is the economic and social agenda, because of the ineffective economies, there are quite a few serious problems such as high unemployment or inadequate social cohesion. The EU's policies for the region are more focused on fair and uninterrupted economic development and also on expanding the benefits of economic growth for the poorer sections, combating unemployment, social exclusion and discrimination, and improving social dialogue at the same time.[2)]

The history of the Balkans offers variation on its trajectory, offering us the complexity of this region with incredible features. It was said that hostilities in the Balkans were so long-standing and powerful that they had taken roots in the genetics of the inhabitants of this region. Analyzes and studies on these sites reveal common heritage inherited or acquired peoples efforts to challenge the same obstacles in the name of development, but also typical features and distinctions. In their unique historical circumstances, the countries of the former communist bloc

---

2) "The Western Balkans on the road to the EU: consolidating stability and raisingprosperity," *Communication from the Commission*, 27 January(2006) final.

underwent a general transformation of their societies. Often it is said about the effects of a "prolonged transition"[3] in a certain society, the reasons why the society is involved in this kind of transition and the efforts for economic, political and social transformations. In the effort to set up market economies, great attention was paid to technical measures such as. macrostabilization, inflation, privatization, price liberalization and trade. Social cost of transition as well as the credibility and acceptability of continuous economic transformation are considered fundamental to determining the appropriate environment.

The need to advance regional co-operation, to integrate into the European economy, was expressed with the progress of economic reform. The Cold War launched new driving forces on the Balkan scene, but it could not turn into anything the problems, traditions and rivalries that originated from the early past[4]. Typical characteristics and typical features of the region were preserved during communism, proof for this reasoning were the events that took place after 1989. Thus, the periods of political life in the Balkans before, during and after the Cold War are links of the same chain. The Balkan analysis in this context should be based not on overall assessments, but based on events within the region itself, its history, etc. Francis Fukuyama was the first to suggest

3) Eva Hyskaj Tafili, "The political transition of the Central East Europe," *Tiranë,publishedby Libri Universitar*, 2008, pg 114.

4) O'Donnell, "Guillermov and Philippe Schmitter (1996)," *Conclusions about Uncertain Demokracies*, vol. 4.

that 1989 represented the triumph of the capitalist market and the liberal democratic ideology over all potential alternatives[5]. The ideological dialectic that shaped the international system, the war before 1945 between communism, capitalism and fascism, degraded after 1945 in a competition between communism and capitalism. Democracy for all countries has the same value, the principles of democracy do not take their meaning from the size of the country where they are implemented. In this respect, democracy in Albania, Bulgaria, Macedonia or Croatia has no less or more significance than democracy in Russia or Serbia, but what is worth saying is strongly related to the bases that democracy, building and evolving institutions will put in place, which for the countries with consolidated democracy had been the product of gradual and long-term political, economic and social developments.

Albania was the last isolated communist state in Southeastern Europe for almost half a century from the rest of the European continent. The twentieth century put Albania in front of great economic, political and social challenges. The relations with the European Union were first established in 1992 through the signing of a Trade Agreement. In the years that followed, the Albanian governments worked to implement various reforms in the country to get closer to the EU structures and aiming at integrating the country into the European family. Albania, is one of the countries

5) Francis Fukuyama. 1992. *The End of History and The Last Man*(New York: Free Press).

of the former communist bloc, with a difficult history regarding the lack of establishment and development of democratic institutions. Albania has tried to build a multiparty democracy that would successfully enable strong ties with Western economies and security organizations and dissociated itself from a political history formed by chronic isolation, limited knowledge of the market economy, and the lack of an active civil society.

Political transformation and democratization in Albania and the Balkans

The over through of the communist regimes in Eastern Europe and the Balkans since 1989 was a dramatic and hopeful event whose immediate effect was the challenge of political, ideological, economic, cultural and administrative models. Democracy was the model chosen by most of the former socialist countries. During the first phase of transformation, the old legal, social and economic socialist rule was broken and new structures were formed. The transition period included features such as the emergence of multiparty systems, regular elections at local and central levels, efforts to recreate central and local government infrastructure and developments towards democratization and market economy. Each of the world wars dramatically changed the contours of the states on the map, the population movements and, especially, the political institutions of Eastern Europe and the Balkans.

Going back in time, the most significant consequence of World

War II was the spread of communist control in all the countries of the region after 1944. The borders of communist states completely changed compared to the pre-war period. There are two kinds of comparisons for the events in the Balkans compared to those in the north of Europe and those in Hungary. First, only in the Balkans, the former communists were able to hold political power in the immediate post-revolution period. In these countries, former communists remained the main players in politics as well as being nationalist. During the revolutions in Romania and Yugoslavia, extreme violence was observed. In the Balkans, tolerance and pluralism were fragile, leading to violence against opponents and ethnic conflicts. These two phenomena appeared more like echoes of the Balkan past than signs of progress towards a hopeful future[6). What happened in the region in the period between the two wars took on even greater importance after the collapse of communist regimes, which began in 1989. There are two reasons for this: Firstly, in many cases several forms were observed, though incomplete, property restitution to former owners. This means that property rights claims, which are the result of developments between the two wars and institutional processes, need to be re-evaluated. Secondly, in an expanded sense, the period between the two wars was the last, if not the only one, that peoples outside the Soviet Union had an opportunity to demonstrate free and rely on their forces to economic and social development and

6) Charles G. "Mirazhi i demokracisë," *Tranzicioni*, 22 March 1996, pg. 11.

state building. From this period, valuable lessons can be drawn that can easily be implemented today. Despite the destruction of the political structures of the communist system, these countries, beside the establishment of new political structures, did not notice a kind of parallelism between destructive processes from one hand and constructive on the other.

The main problems associated with the need for change were not just the system itself, but also the economic crisis that was showing strong signs. In this context apart from the form of governance, Eastern European countries had to build a system of democracy-capable political parties.

In Albania in the 1990s, the concept of political pluralism was very difficult to accept, and according to Ramiz Alia (last communist leader), the multiparty system was inadequate for Albania, which was neither "East nor West". Often, the ability of a regime to consolidate remains a key factor for its own survival, but an important step is also the establishment of new democratic institutions able to stay in time. Ramiz Alia coming to power after Enver Hoxha death in 1985 sparked hopes that the political and economic changes that were indispensable for the country would begin in Albania. Although Ramiz Alia tried to create the impression that he was modernizing Albania's socialist system, he excluded altering the system as an alternative.

Alia realized that it would be impossible to improve the difficult Albanian economic situation without expanding contacts with the outside world. The country needed replacing the old technology, but at the same time this was virtually impossible due to limited foreign currency reserves and especially because of constraints on constitutional restrictions forbidding foreign lending. In Alia's speeches, he was clearly feeling that his attitudes to outward politics would be more resilient than those of his predecessor, and that his main concern was political and economic, more than ideological. Another clear sign of the flexibility of the Albanian foreign policy was the participation in the Balkan Conference of Foreign Ministers, held in Belgrade in 1988, compared to the politics of the 1960s and 1970s, when Albania refused to participate and was isolated from any other foreign contacts. In the 1980s there was also a significant improvement in relations with Yugoslavia, which was strengthened when the Albanian foreign minister stated that the issue of Kosovo's status was a domestic Yugoslav issue. However, political and trade relations between the two countries would mark another turnaround as a result of the February-March 1989 events.

During this transition from one system to another, ie democratic and market economy, the regional governments faced tasks that they could not solve at all. The Council of Europe, after the overthrow of communism, became the most appropriate institution for assisting in the building of democratic institutions in the countries of Eastern and Central Europe[7]. The admission of these countries

---

7) Borçard, Diter -Klaus. 2010. "ABC - ja e të Drejtës të Bashkimit Evropian," *European Union.*

and of all others with the communist past became an inexpensive democratic exercise. The Council of Europe drafted and implemented a large number of specific programs to foster democratic and Europeanizing developments in these countries in the areas of human rights, freedom, the press, in drafting electoral legislation etc. The entry of former communist countries into the Council of Europe gradually took place in accordance with the achievement of established standards and conditions and served as a certificate of their democratic maturity. Albania joined the Council of Europe in 1995.

The First Post-communist Decade: the first pluralistic elections, the parliamentary system in Albania.

Albania's transition has shown a number of characteristics that make it a distinct and interesting case to be studied compared to other countries. Following a 45-year rule of communist laws that had built an extreme policy of isolation and self-restraint, Albania was opened to the world a year after the last country in the region, Romania. Albania due to the specific social, political, cultural and economic conditions had the most difficult transition from communism to democracy compared with the other Eastern European and Balkan countries. The beginning of the transition process in Albania was chaotic, optimism and euphoria were soon replaced by disillusion, caused by the lack of appreciation of the economic situation[8). Albania made a rapid change by transforming itself from a country with closed boundaries into the dream of smugglers, from the only atheistic state in the world to a rival place for religious beliefs. The ups and downs of the Albanian transition created the image of an unstable society that generated problems not only for the Albanian society, but also for the region and beyond. The major challenge was the transition from the phase of a completely paralyzed economy based on food and emergency aid to the programming and implementation of concrete and complex reforms[9)].

The function of the parliamentary system in the Republic of Albania since the beginning of the transition, has manifested specific features which are a reflection of social relations in this country. Parliamentarianism as a challenge of democracy in its pervasive function has demonstrated these characteristics: Since the collapse of communism, Albania has so far chosen the parliamentary model of governance. Parliamentarianism in Albania is characterized by a multiparty system, ie by the creation of a large number of political parties with different programming orientations, but the system actually functions bilaterally where, within each pole (or coalition), a major party (Socialist Party/Democratic Party) dominates completely. The system has failed to reflect a parliamentary culture that recognizes the electoral results and the people's verdict. It is clear that in the case of Albania, it was the 1991 movement

---

8) Biberaj Elez, "Albania in Transition," *Tiranë, published by "Ora"* 2000.

9) Milo, Paskal, *European Union: idea, integration, identity, future*, published by Albpaper, 2002.

that shacked the pillars of the totalitarian communist regime. It was a movement mainly of Albanian students and intellectuals, whose vision regarding the future of Albanian society included the democratization of the political system and the omission of totalitarian isolation to move towards Euro-Atlantic integration. Originally emerging as an anti-communist movement, the challenge ahead was facing transition problems and the responsibility of building a new society and state. Analyzing the problems and phenomena of this period is very important to understand the causes and consequences of the transformation process towards a free democratic society.

The democratic process in Albania began as a compromise between the representatives of the old political class who were no longer able to rule the country and on the other hand, the representatives of the anticommunist movement declaring that they struggled for the progress and development of the country. This informal compromise between communist leaders and potential Democratic winners came as a result of internal and external factors. The internal factors that led to the demand for radical change were some, which can be mentioned as below: - The extreme political and economic isolation of the country and the inability to circulate and exchange people, ideas and cultures; - The overwhelming opposition to the "class struggle" which was prolonged and stood on the basis of the communist political system; Among the external factors of the difference, we can mention: -Pressure of democratic forces in all popular movements of Central-Eastern Europe; - The revival of the nationalism which increased the pressure to change the political system; - The active role of Albanian diaspora in democratic countries. The transformation that was happening in post-communist Albania had a great significance for the country that was immersed in a long authoritarian past and was experimenting with a new system, democracy and democratic governance.

Looking at the approaches of democratic transition nowadays, we can group them into three types: deterministic, voluntarist and institutional. It is important here to break down the Albanian model within the context of these approaches. Within the deterministic approach, there is a positive correlation between socio-economic modernization and democratization of a society, where it is possible to distinguish socio-economic estimates and traditional political cultures as contributing factors for a successful and complete transition, including Albania. Authors such as Lipset, Moore, Gibson, Di Palma and many others have created such a school of political thought, based on traditional politics. In this context, the situation of Albanian democracy is determined by the way that the Albanian society has been following from the earliest days to the present. Albania's history is presented as a central variable that can explain the type and level of democracy. Its past is very influential in the promotion of democratic elements and efforts to consolidate democracy. Consequently, referring to such treatment, it seems that the opportunities for democratization of Albanian society are limited, because the socio-economic development and democratic history of this country have not been favorable in this regard. The country until recently was mainly dominated by foreigners, while the period of long communist rule was the most anti-democratic experience of Albanian society. Before the Second World War, mainly during Zogistic governance, Albanian society has proved democratic elements and practices but they have not been such in the sense of liberal democracy.

Although the patterns and paths of democratic progress are diverse and the preconditions of democratic processes can go hand in hand with one another, it should be underlined that the economic development and the history of the democratic development of the Albanian post communist society have been far behind the norms of a normal society in transition. The voluntarist approach of democratization highlights primarily the role of the political elite, which is involved in a comprehensive process of recognition of political developments and possession of democratic habits such as compromise, dialogue, consensus, adaptation to new situations. The democratic transition seeks to be characterized by a high degree of dialogue and compromise. In addition, the personality, talents, culture and political nuisance of political actors remain very important. O'Donnell, Schmitter, Verba, Almond, Powell and many scholars and other politicians strongly defend this argument. However, in this regard, the Albanian democratic reality is unique with its characteristic difficulties. It can be said without hesitation that the Albanian experience has offered over the past two decades a reckless political behavior of its elite and lack of accountability. This elite proved to be more conflicting than creative, uncertain in solving difficult situations and, above all, was characterized by a kind of retaliation, which in some cases passed to the physical elimination of political opponents. Despite the noises of Euro-Atlantic orientation, in fact, attitudes and behaviors in this regard are not properly adapted.

Being a pro-Western policy means, first and foremost, seriousness in understanding and applying the internal and external norms of the philosophy of this democratic hemisphere. Generally, the Albanian political elite attitudes and behaviors set off the hopes for a transition with positive and rapid effects for the Albanian society. Different factions and issues were determined, on the basis of the shock-enemy distinction, which dominated the Albanian political system. Time indicated that extreme factionalism did not bring any benefit to Albanian political life. There was therefore a somewhat obscure picture of the political attitudes and behavior of the Albanian political elite, with some sporadic, more conjuncture exceptions, of reaching political compromises that began in late 1998, including the war period in Kosovo, some positive changes in the government-opposition relationship. In addition, some of the election campaigns within the main political forces, regardless of any clan tendencies, narrow-minded interests, or abuses with the institution of freedom and free elections, appeared at least part initially, an initial embryonic level of emancipation and political maturity.

Furthermore, the support from the international partners and institutions, which is often considered decisive for the fate of political leadership, shows that political competition is no longer formal and predictable. Overall, it can be concluded that there is a tendency toward loyalty to democratic rules and institutionalized leadership, which constitute a major evolution in the Albanian political system. Institutional approach deserves special attention, assessing that the institutions, economic conditions and policies that shape prospects for democracy in transitional societies. Historical experience shows that democracy as a process always requires improvements, regardless of its status-quo. In this long way are identified those who Freeman R. Butts calls "enemies of democracy"[10] such as corruption, despair, lack of effective governance, but also indifference of citizens to their civic rights and responsibilities, and not actively participating in the country's political life. Consolidation of democracy cannot be a safe a priori. Respect for or violation of democratic principles, values and attitudes will determine the fate of Albanian democracy.

If we review the 1989 Eastern Europe revolutions from the standpoint of the presence or absence of alternatives to communism in different countries, Albania represents an extreme case. Albania in the pre-transitional period was considered as the poorest country in Europe. Located in a very favorable geographic position with rich underground resources and an adaptable climate for the development of agriculture and forestry and with a long history

10) R. Freeman Butts, "The morality of democratic citizenship: goals for civic education in the republic's third century," 1988. pg. 37.

of foreign invasion, it is the last European country that gained independence at the beginning of the century 20th. For bad luck, after World War II, Albania, as it is known, and as it experienced, entered the bloc and communist developmental path. From this point of view, the beginning of transition found Albania a place with similar features to the eastern bloc countries led by the Soviet Union and, in particular, to the communist countries today recognized as the countries of Southeast Europe. However, Albania also exhibited features that distinguish it from other ex-communist countries as the country less prepared from the economic, political, social, and cultural point of view to undertake root-and-root reforms to the real economy. That was because we were the only European communist bloc that had not undergone any economic and political reforms to breathe democracy, the economy and decentralization of the country.

The model Albania has implemented over the last 45 years relied on rigorous application of Stalinist ideology and centralizing practices by applying state political order and economic policy to the most vicious communist dictatorship. In the political aspect, the Albanian model was characterized by an almost complete lack of democratic tradition and the extreme application of the class struggle principle, with serious consequences even in the transition years. In the economic aspect, the Albanian model was characterized by the elimination of all forms of private property through the full nationalization of the majority and minority industries and the extreme collectivization of agriculture, from the full support to centralized planning, according to the principle of full support to the forces of own.

Thus, Albania was regarded as a courageous country in undertaking reforms, while many other former communist countries for a number of factors seemed somewhat more conservative than the rapid implementation of reforms. As a result of these reforms, Albania achieved some important indicators from 1995 to 1996. But unlike these countries, Albania closed the first five years of transition with the 1997 crisis, which was rocked not only by all these economic, political, democratic, institutional, social, and other economic achievements. As a result of measures taken for macroeconomic stabilization and structural reforms, Albania during the period 93-95-96 managed to ensure a stable performance of macroeconomic indicators, with an average annual economic growth of about 9% per annum and by 7.7% in the period 1998-2000, accompanied by a 36% decrease in inflation from 1992 to 4.2% in 2000. In addition to macroeconomic challenges, capital flows and rapid credit growth have led to a series of risks for financial stability.

The problems faced by the Albanian state, despite varying in intensity or duration, are the same as the problems faced by other former communist countries of Central and Eastern Europe. It is clear that these democratization processes are irreversible and that the various features observed in these countries generally demonstrate the degree of emancipation of society itself. Albanian democracy itself faces a series of challenges, including independence of judicial power, respect for human rights and freedoms, economic reforms and the resolution of problems related to immovable property, the development of an external policy in order to preserve and regional stability. All these challenges are closely dependent on the Albanian political atmosphere, which is mostly characterized by tension and the struggle for power. Relationships between the ruling political party and the opposition are characterized by high levels of conflict. Within the political parties, even the smaller ones, the authoritarianism of the leader (or governing group) and the pyramid decision-making prevails. This political tension typically causes damage to independent relations between the authorities and consequently the interference and conflict between the powers. The fierce struggle of the initial phase or the transition process as a process is repeated periodically in Albanian politics and society and is not overcome with the start of the reform stage (with the achievement of the political agreement for democratic elections). The reform phase in Albania was dominated by a very narrow political elite and consequently played an extraordinary role at this stage of the prominent individualities of the main negotiators.

The transition mode of this phase has been the one that is considered to be the most convenient: a transition government with both the opposition and the opposition. According to the Huntington model, we are dealing with a transition that combines two models: the Albanian transition is a "transformation" since the first stages of liberalization were led by the ruling party (Labour

Party of Albania), but it is also a "transposition" as the position and the opposition have cooperated in reforming the system. The most symbolic moment of this transposition is the resignation of Prime Minister Nano in June 1991 and the coalition government's vote of confidence: although the socialist government had the 2/3 support of the Albanian parliament, it could not rule out logical cooperation with the opposition. The third phase, that of democratic consolidation, is the current phase of Albanian politics and social life. It is recurring but essential to re-emphasize the difficulty and the unpredictability of this phase. Nowadays, few important players are insufficient in the first stages: all the dedication, will, ability and inclinations of a whole society to make democracy the only game in town - the only viable and desirable option. During the period of transition to democracy, the overwhelming speed and almost complete overthrow of values and beliefs embedded and consolidated by the state left the Albanian people deeply disoriented. The new system broke out any law and social code that was attributed to the communist regime without giving any long-term alternative to solving the socio-economic problems created by this regime change.

Facing the communist past from the political class.

In the Parliament of Albania over the last two decades, many initiatives have been taken and were left in abandoned, important debates that have degenerated into personal attacks and insults, draft laws or draft resolutions were presented and approved only by one party or another. But no substantial debate over our relationship with the dictatorship is remembered, what attitude we have to keep to this period of history, to that regime, which from individuals and families who suffered on the back of persecution by most people, is labeled as "Criminal", but from the families that benefited from it, is considered nostalgically as a "respected socialist state. The popular revolt, following the fall of the Iron Curtain from East Germany, the Czech Republic, Poland, and Romania to 1989-1990, was still fresh and the international opinion had condemned communist regimes as totalitarian regimes that had held power by violence and terror under the auspices of the "dictatorship of the proletariat" and the construction of socialism.

On the other hand, democratic changes brought the release of former political prisoners and their families, many of whom lived in exile until the end of 1990, and still did not know how they would react to the regained freedom of those who had been raped, typed and persecuted by the regime. Two decades later, one can only say that a profound analysis of the regime on all of its plans should have been the imperative of the times. To support the memory policies in the countries and societies that emerged from the communist dictatorships, the Council of Europe, and later the European Union, undertook a series of initiatives and resolutions to assist in the process of analysis and separation with communist totalitarianism. These documents were also known to the Parliament of the Republic of Albania, such as the Resolution of the Parliamentary Assembly of the Council of Europe (EC) on "Measures to Disappear the Consciousness of Communist Totalitarian Systems" (1996); Prague Declaration "On European Conscience and Communism" (2008), which stipulated the commitment to condemn communism crimes, as per the practice of the Trial of Nuremberg, as crimes against humanity; European Public Hearing on "Totalitarian Regimes committed by Crimes" (2008) and the Parliamentary Assembly of the EC on "The necessity for the international punishment of communist totalitarian regimes" (2006). Through these resolutions, Europe sought post-communist governments to distance themselves clearly from the crimes of totalitarian communist regimes and condemn them without any ambiguity. Moreover, on 2 April 2009, the European Parliament went further by appealing to a new resolution "On European Consciousness and Totalitarianism" and the importance of keeping alive memories of the past because "there can be no reconciliation without the truth and the remembrance". In the wake of this pressure, the Albanian Parliament reflected with the adoption of Resolution No. 11, "On the Punishment of Crimes Committed by the Communist Regime in Albania".

The resolution marked the de jure division of the regime in the political, historical and moral terms when it stated that the communist totalitarian regime of Enver Hoxha and his clique, which governed Albania after the Second World War until 1990, was characterized by massive violation of human rights, murders and individual and collective executions, with and without trial, deaths in concentration camps, deaths from hunger, torture, evictions, enslavement work, physical and psychological terror, genocide due to political origin or inheritance of property as well as violations of the freedom of conscience, thought, expression, freedom of the press, freedom of religion and freedom of political pluralism "(Article 2, Resolution 11, 2006). The paragraph summarizes the largely undemocratic essence of the former regime, and the adopted resolution recognizes that the regime installed by the People's Republic of Albania was a dictatorship, although it does not clarify the premise: that this dictatorship did not come as a result of a misguided political course and power misuse, but that the violence and terror against any opposition thought has turned it into a system to strengthen the power of a small caste of people. Likewise, the 2006 resolution simplifies more than its responsibilities when it mentions only (and sometimes) as the main culprit for Enver Hoxha and his "regime", depreciating the role of the party as a force exercising power over the whole capillaries state, justice, economy, education, culture, science and society as a whole. All violence, injustice to individuals, human rights violations, have been directly linked to the political line of the party, its governing forums, and the mass organizations involved in political action. (But on the other hand, the skeptical reader of today can also analyze this as a "successful" attempt to delegitimize personal abuse, ie, individual responsibility, and to blame the repressive policy: under the command of State!) De facto, issues remain on paper and little is reflected in practice.

On the other hand, although paragraph 14, the Resolution estimated that "victims and their families deserve respect and understanding of the suffering and gratitude for their resistance to dictatorship", despite the efforts made, the "indemnity" has not yet been completed. While the moral one has not even started. No nationwide memorial in the capital to recall resistance and persecution. No memorial date for dozens, thousands of innocent Albanians, victims of the regime! No museum erected in a place of memory, imprisonment, and forced labor! No public forgiveness for former politically persecuted and their family members! All of these have been widely anticipated in the Resolution, as it is envisaged to revise the curriculum, but that has not yet taken place.

All initiatives undertaken in this area have been supported by one party and blocked by the other side. Recall here, the failed attempts to pass the law on filing files (1996, 2008, and the Bezhani Commission, 1998-2000) at the initiative of the majority of the time, but without consensus of the other, as well as adoption at the end, on April 30 2015 of the Law on the Right to Information on Former State Security Files. Also, their co-operation on the adoption of the recent Resolution "On punishing communist crimes against the clergy and special recognition for the role and activity of clerics in the protection of democratic values and fundamental human rights and freedoms", on 27th of October 2016 , was minimal, most likely an act influenced by the signing of the Pope Francis' decree of martyrdom a few months ago. The 2006 resolution should mark our separation with the past, guaranteeing the generations that come to never recognize dictatorial regimes. This would indicate that we have learned from the close history. And to learn from history does not mean to politically judge the Albanian people, who for nearly half a century were forced to live under terrible and savage rule.

Totalitarian regimes produce persecutors, people who adapt to the system of survival, and innocent victims. These categories should be clearly distinguished from each other by making public the relevant documents, as it rightly advises Resolution 10, 11. But how many people have been convicted of responsible for the system crimes based on the files presented?! Since we know the victims, but not the persecutors, this is and remains the failure of our confrontation with the past. It is up to the Parliament to support the development of a memory culture on dictatorship and its consequences as long as victims and persecutors are still alive.

Knowledge and perceptions of the public about the communist past in Albania and their expectation to come forward[11)]

---

11) The "Knowledge and perceptions of the public for the Communist past in Albania and their expectations for the future" survey, which was conducted in September 2015 by the Institute for Development Research and Alternatives (IDRA), is part of the OSCE Presence Project in Albania "The Platform of the National Dialogue on Human Rights Violence During the Former Communist Regime in Albania", implemented with the support of the Federal Republic of Germany. https://www.osce.org/sq/albania/286831?download=true. All rights are reserved form OSCE Albania.

Based on a survey made by OSCE 2015, a target group were selected and asked to list different issues based on the issues they face, to compare comparatively the problems of the communist past as opposed to other problems faced by Albanian citizens. Most of the answeres mentioned the following issues as "big problems": education, health, corruption / mismanagement, impunity, economy and environmental pollution. Order / security was generally seen as less problematic, but more problematic than the legacy of the communist past. The issue that was seen as less problematic is terrorism / religious radicalism. In general, this shows that the communist past ranks far behind the other concerns of the Albanians. The "Knowledge and perceptions of the public for the Communist past in Albania and their expectations for the future" survey, which was conducted in September 2015 by the Institute for Development Research and Alternatives (IDRA), is part of the OSCE Presence Project in Albania "The Platform of the National Dialogue on Human Rights Violence During the Former Communist Regime in Albania", implemented with the support of the Federal Republic of Germany.

The presentation of the main findings is divided into four parts. The first section presents the outcomes of perceptions of the legacy of communism as a current problem and is followed by the second part that contains findings about expectations and concerns about the various ways to deal with the communist past. The third section provides the results of knowledge about the previous regime and the fourth contains information about perceptions of Albania's communist regime and lifestyle during that period. In general, citizens do not see the legacy of the communist past in Albania as a major problem for the country today, especially compared to issues such as economy, corruption and mismanagement. However, the results show that citizens support the opening of former security files and are very interested in the lustration process. Regarding the knowledge of the previous regime, young people know less about the features of communism in Albania compared to the older ones. It also appears that citizens living in the north Albania generally have less information about the previous regime. However, in general, they have good knowledge of the main features of life during the communist era. An interesting element to consider is the overwhelming role of television in the learning of citizens for the communist past, while schools seem to have had a very limited role.

Regarding perceptions, the data show that there is no single perception of the communist regime and it would be wrong to assume that all Albanians see communism as something negative. Nearly half of the respondents think that communism in Albania was "a good idea that was badly implemented" but there are different opinions, and there is not a single perception about life during the communist era. Most respondents think that at least some aspects of life were better in the regime such as security, education and employment. The life aspects that respondents think are worse during the regime are economic development, lack of freedom and human rights violations. There is a noticeable gap between the respondents regarding the perception of Enver Hoxha's role in Albania's history, seen as positive by nearly half of the respondents and as negative by the other half. Opinions were also divided around other prominent figures of communism like Nexhmije Hoxha and Ramiz Alia. The outlook from the data is complicated and it is important to carefully examine the variations that exist between the populations and not simply to use the baseline findings as distinct from the categories. True, there are obvious differences of knowledge, perception, and expectation among persons belonging to the sexes, ages, educational levels and different settlements as well as between those who have suffered persecution and those who have not suffered it. This further underscores the need for a multi-faceted and inclusive approach to efforts to address the communist past in Albania.

Bibliography

Abertazi, D. & McDonell, D. *Teenty-First Century Populism.* London: Palgrave Macmillan, 2008.

Adam, F. *An Essayon the History of Civil Society.* Oxford University, 2004.

Angjeli, A. *Tranzicioni dhe liria ekonomike ne Shqiperi.* Tiranë: GEER, 2007.

Antony, D. *An Economic Theory of Democracy.* New York: Harper, 1957.

Arblaster, A. *Democracy.* Buckingham: Open University Press, 2002.

Biberaj, Elez. Shqipëria në tranzicion, Rruga e vështirë drejtë demokracisë 1990-2010. AIIS. Tiranë, 2011.

Bogdani Mirela, Loughlin John. *Shqipëria dhe BE, Integrimi Europian dhe Prespektiva e Pranimit.* Dajti, Tiranë, 2004.

Borçard, Diter -Klaus. *ABC—ja e të Drejtës të Bashkimit Evropian.* Bashkimi Evropian, 2010.

Braudel, Fernand. Gramatikë e qytetërimeve. SHL & K. Tiranë: Bravo, 2005.

Gian Mario & Malandrino, Corrado. *Il pensiero politico del novecento.* PIEMME, 1994.

Brzhezhinski, Zbigniev. *Jashtë Kontrollit, trazira që përfshiu botën në prag të shekullit XXI.* Tiranë, 1995.

Civici, Adrian. *Kriza financiare apo globale.* Tirane: UET Press, 2010.

Crossley. N, *Making Sense of Social Movements.* Buckingham-Philadelphia: Open University Press, 2002.

Dahl. R. A. *Democracy and It's Critics.* Yale University Press, 1989.

Dahrendorf, Ralf. *Konflikti shoqëror modern, ese për politikën e lirisë.* Tiranë: Dituria. 1997.

Giddens, Antony, *Sociologjia.* Tiranë: Shtëpia Botuese e Librit Shkollor, 2006.

Grahame G, *Democracy and Post-Communism, Political change in Post-communism World.* Routledge Taylor and Fancis Group,

2002.
Klingelmann. H. D, Fuchs. D, Zinolka. J. *Democracy and Political Culture in Eastern Europe*. Routledge Taylor and Fancis Group, 2006.
Laker, Wollter. *Evropa në kohën tonë 1945-1992*. Tiranë: Shtëpia Botuese Dituria, 1996.
Sartori, Giovani. *Çështë Demokracia*. Tiranë: Dituria, 1998.
Sartori, Giovani. Edhe njëherë për teorinë e demokracisë. Tiranë: Dituria, 1998.
Thomson. M. R. *Democratic Revoluton Asian and Easten Europe*. Routledge Taylor and Fancis Group, 2004.
Zajmi, Iva. *E drejta Europiane*. Tiranë, 2010.

아르메니아의 기독교와 과거청산, 그리고 미래

박영환
(서울신학대학교 교수, 선교학)

I. 들어가는 글

아르메니아 기독교는 2세기 속사도 시대와 3세기에 전해졌다. 3세기 기독교는 그리이스-로마의 이방인의 종교로 자리 잡는 시기였다. 로마의 기독교는 313년 공인되기 전 서쪽보다 동쪽으로 빠르게 옮겨갔다. 전도 여행자, 여행객, 상인들, 군인, 사제 그리고 변증가들이 선교의 도구였다. 때로는 종, 하인 그리고 팔려가는 노예들에 의해 주인에게 그리고 그의 자녀들에게 기독교가 전파되었다. 기독교는 로마를 넘어 인도와 중국까지 전해졌다.

아르메니아는 주변 국가의 침략으로 완전하게 독립하기 어려웠다. 아르메니아는 300년간 로마와 페르시아와의 전쟁에 휩쓸렸지만, 페르시아의 종교 관용정책으로 기독교신앙을 유지할 수 있었다. 아르메니아로 기독교를 전했던 자는 상인이다.[1)] 자료에 의하면 갑바도기아 교회에 영향을 준 그레고리(Gregory the Illiminator)가 아르메니아의 왕 티리

1) 스티브 베반스, 로저 R 슈레더 /김영동 역, 예언자적 대화의 선교, Constants in Context, 서울: 크리스천 헤럴드, 2007, 190.

데트 1세에게 세례를 베풀었고, 301년 공식적으로 아르메니아 국교로 선포하게 했다.[2] 2세기 말 이전에 인도에 교회가 세워졌다. 전파자는 도마였다.

기독교는 서아시아를 지나 페르시아제국의 파르티안[3] 왕조의 새 보호령인 오쉬로엔, 아디아벤, 아르메니아에서 받아들여졌다.

지도 1. 페르시아제국의 파르티안 왕조: 새보호령[4]

2) Ibid., 190.

3) 파르티아왕조는 B.C. 247년 셀레우코스 왕조시대에 독립된 총독 령의 국가였으며, 그 전신은 박트리아(B.C. 247-209)을 점령하고 세워진 국가다. 파르티아는 224년 사산조 페르시아에 점령당했다. 페르시아에서는 조로아스터교가 국교로 정해졌다.(230년경) 마니교가 215년 페르시아에서 시작되었다. (백제의 개루왕 즉위:128, 고구려 진대법:194, 신라: 아달라 즉위:154) 파르티아의 후예는 B.C. 559-B.C.331의 페르시아(331년 알렉산더어에게 무너짐)-아케메네스(B.C.550-330)-메디아(B.C.728-550)

4) 본 논문에 사용된 모든 지도는 다음의 자료에서 발취한 것이다. https://www.google.co.kr/search?q=%EC%84%B8%EA%B3%84EC%97%AD%EC%82%AC%EC%A7%80%EB%8F%84&tbm=isch&source=hp&sa=X&ved=2ahUKEwje74fR3NjhAhVVxIsBHZRcAzIQsAR6BAgIEAE&biw=1366&bih=616(2019년 4월 16일 접속)

224년 사산조 페르시아(이하 페르시아)는 조로아스터교를 강조하며 제국 내 동질성을 주장했다. 페르시아 제국은 광대하여 타종교 포용정책을 펼치고 있어서, 아르메니아의 기독교가 생존하기에 별 어려움이 없었다. 더구나 아르메니아는 로마와 페르시아 간 완충 국가였기에 인종적-민족적 통일공동체로서 신앙을 유지할 조건이 되었다.

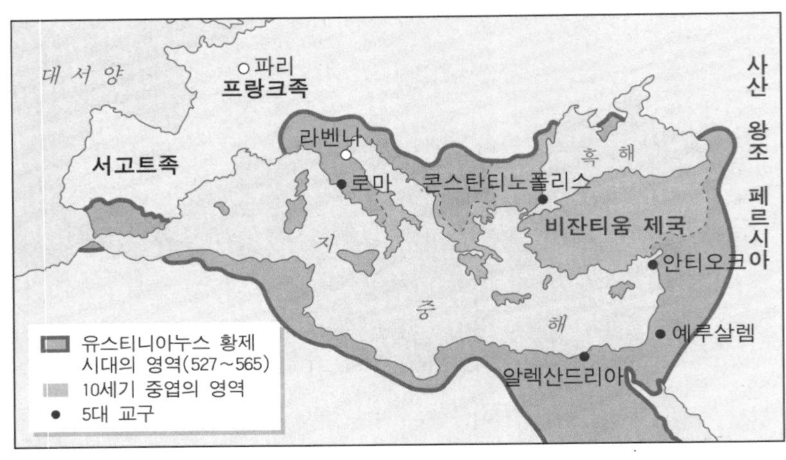

지도 2. 사산왕조 페르시아

아르메니아의 기독교 신앙은 독립에 관한 소망을 표현한다. 지리적으로 아르메니아는 두 강대국 사이에서 살아남기 위해 강력한 집단화, 조직화 그리고 제도화되었다. 아르메니아는 이미 340년경에 에데사[5]와 인도 사이를 연결하는 “선교적 수도원”[6]들과 연락망을 형성했다. 유럽과 아시아를 연결하는 지리적 특성 때문에 오랜 기간 외세의 침략을 지속적으로 받았기에 아르메니아는 정체성 확립과 정치적

5) 에데사는그리이스에도 있다.

6) 스티브 베반스, 로저 R 슈레더 /김영동 역, 예언자적 대화의 선교, Constants in Context, 서울: 크리스천 헤럴드, 2007, 193.

독립에 집중할 수밖에 없었다. 그러므로 아르메니아의 기독교 국교화는 당연한 결과다. 왜냐하면 종교는 사회통합 기능과 역할을 하기 때문이다.

아르메니아는 AD 301년에 세계 최초로 기독교를 국교로 받아들였다. 그 후 다시 비잔틴과 페르시아의 지배를 받았고, 653년 아랍의 지배하에 들어갔지만, 아르메니아는 자치지역으로 유지되어 기독교 신앙을 계속 보존해 갈 수 있었다. 비잔틴의 지배하의 아르메니아는 강요된 정교회를 거부하였다. 사실 아르메니아는 451년 칼케돈 회의에서 예수 그리스도의 인성과 신성의 결합을 단성론으로 거부한 이후, 비잔틴의 신앙 노선을 거부하고, 독자적 신앙형태를 고집하였다.

11세기 말에 셀주크 투르크, 13세기에는 몽골, 15세기에 오스만 투르크와 티무르 제국의 지배를 받았다.

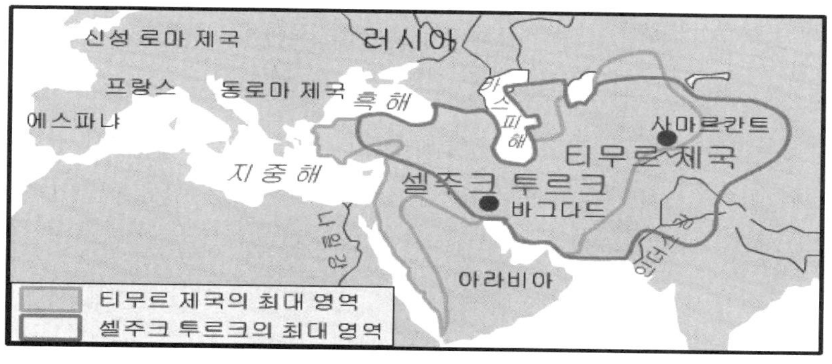

지도 3. 셀주크 투르크 제국

그럼에도 아르메니아는 균형적인 외교를 펼쳐서 지배 국가들로부터 자치권을 인정받았다. 인정받는 방법은 지배 국가들이 전쟁 중일 때, 전쟁참여 및 용병지원정책이었다. 아르메니아의 영토분쟁은 동 · 서양의 교역로 상에 위치한 지리적 여건 때문에 일어났고, 16~18세기

사이에 와서 아르메니아는 오스만 투르크와 페르시아 제국 간 이권 다툼의 각축장이 되었고, 특히 1639년에는 터키·이란 간 영토분쟁으로 국토가 양분되었다.

1828년 터키의 점령으로 다수의 아르메니아인은 제정러시아로 이주하였다. 20세기 초 제1차 세계대전까지 많은 아르메니아인이 국외로 망명, 이주하였다. 1917년 제정러시아가 붕괴한 후, 아르메니아는 조지아(전 그루지야) 및 아제르바이잔과 함께 반(反)볼셰비키 트랜스코카서스 동맹에 참여하였으나 터키군의 공격으로 붕괴하였다. 아르메니아는 1918년 5월 독립을 선포하였으나 일부 영토를 터키에 양도하였다. 오스만 투르크의 패배 이후, 1920년 세르브 조약에 의해 독립이 인정되었다. 1922년 12월 조지아, 아제르바이잔과 함께 강제로 트랜스코카서스 소비에트연방사회주의공화국의 일원이 되었고, 1936년 12월 소련연방공화국의 하나가 되었다.

아르메니아는 1980년대 후반 구소련의 개혁과 개방 정책으로 생태환경, 역사 및 정치에 대한 불만이 고조되었으며, 1988년 2월 아제르바이잔과 민족문제로 대립하였다. 1988년 12월 북부지방에 대지진이 발생해 2만5천 명이 사망하였다. 1990년 8월 주권 선언에 이어서 1991년 9월 23일 독립을 선언하였다. 1995년 7월부터는 신헌법을 제정해 대통령중심제가 되었으며, 의회선거를 실시, 여당이 압도적인 승리를 거두었다. 하지만 이때 부정선거 시비로 한동안 정국이 불안했다. 1999년 5월 총선 실시 후 야당인 인민당-공화당 연합블록이 승리하였다. 본 논문은 한국기독교통일연구소가 코카서스 3국의 과거사청산을 위한 기초연구자료로 쓰기 위해서 작성된 것이다. 단행본인 연구 자료가 많지 않아서 20여 편 정도의 논문들을 중심으로 아르메니아 역사와 배경사 그리고 교회의 정체성과 교리적 특성이 현대에 미치는 결과와 특징을 살펴보고자 했다.

II. 아르메니아 역사와 기독교

1. 아르메니아 역사와 기독교 배경사[7)]

아라라트산(Mt. Ararat) 인근에서 B.C. 4000년경 제작된 것으로 추정되는 가죽신, 의류, 와인 생산설비 등이 발굴되어 문명의 흔적을 볼 수 있다.[8)] 아르메니아 고원에 나타난 가장 오래된 국가로 알려진 것은 히타이트(Hittite) 점토판에 언급된 하야사(Hayasa)이다. 하야사는 B.C. 1500년경부터 B.C. 1200년경까지 존재한 것으로 추정된다. 아르메니아인들은 자신의 국가를 하야스탄(Hayastan)으로 부르기도 하는데, '하야사'라는 이름에서 유래한다. 하야스탄은 성경 속 노아의 직속 후손 하이크(Hayq)라고 했다.[9)] 이후 아시리아인들(Assyrians)은 고대 아르메니아인들을 '강들의 땅'이라는 의미의 '나이리(Nairi)'라고 지칭하였다. B.C. 9세기-B.C. 6세기에 우라르투(Urartu) 왕국이 출현하였다. 현재 아르메니아의 수도인 예레반(Yerevan)은 바로 우라르투 왕국에 의해 건설되었다. B.C. 782년 지금의 예레반에 요새 건설하므로 도시 형성의 시작이었다. 2018년은 예레반 창도 2800주년이다.

---

7) 참고: 김정훈, "아르메니아 민족 정체성의 중추, 아르메니아 교회: 문제점과 미래에 대한 모색."「한국 시베리아 연구」 제20집 1호, 2016, 199-222.

8) https://terms.naver.com/entry.nhn?docId=2272510&cid=51278&categoryId=51278(2019년 4월 16일 접속)

9) 아르메니아의 민족 영웅 나하페트의 후손임을 자처하여 하이크의 이름에서 하이크, 하이(Hay)라고 한다. 여기서 땅을 의미하는 아스탄(Astan)이 붙어 하야스탄이 된 것이다. 영어 이름인 아르메니아는고대 그리이스식 이름이다. 그리이스 사람들도 페르시아 인들이 '아르미나'라고 한 것에서 불리워졌다. 아카드, 바빌로니아 등 페르시아 이전의 고대문명에서도 '아르미나'와 비슷한 이름들이 발견되는데 이는 아마도 하이크 후손 중 한명인 '아람(Aram)'에서 유래한 것으로 추측된다. 김정훈, "아르메니아 민족 정체성의 중추, 아르메니아 교회:문제점과 미래에 대한 모색,"「한국 시베리아 연구」, 20권 1호, 2016, 206. 각주 1.

아르메니아(Armenia)의 기원이 되는 '아르미나(Armina)' 이름은 B.C. 521년 페르시아의 왕 다리우스 1세(Darius I, B.C. 550년-B.C. 486년)의 묘비문에서 발견되었다.[10] 예르반두니(Yervanduni) 왕조가 다스렸던 아르메니아 왕국은 B.C. 6세기부터 B.C. 2세기까지 존속하였다. B.C. 3세기 말 아르메니아 왕국은 시리아 왕국(B.C. 312년-B.C. 63년)의 셀레우코스(Seleukos) 왕조의 침략을 받았다. 그러나 B.C. 189년 시리아가 로마에 의해 패퇴하여 아르타시아스(Artashes) 1세가 아르타샤(Artasha)가 수도인 '대(大)아르메니아(Great Armenia)'를 건국하였다. 대(大)아르메니아 서쪽에 '소(小)아르메니아(Minor Armenia)'가 세워졌다.

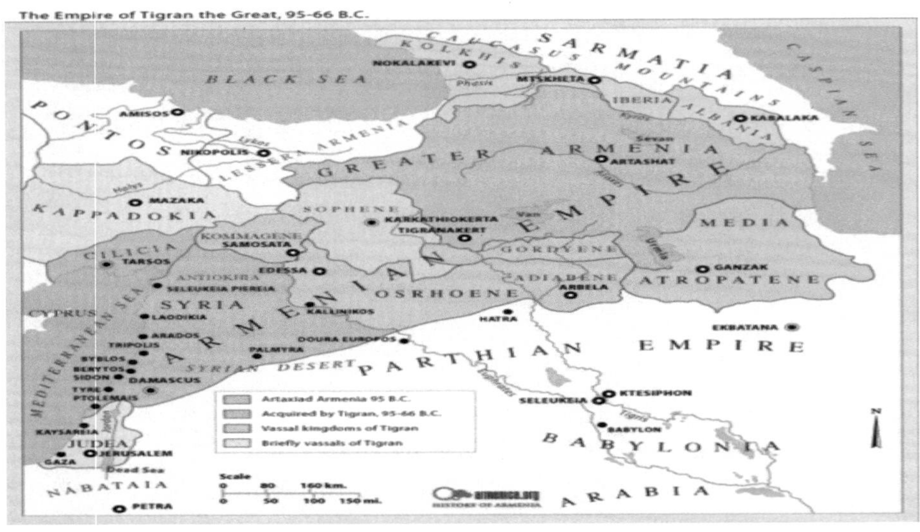

10) https://terms.naver.com/entry.nhn?docId=2272510&cid=51278&categoryId=51278(2019년 4월 16일 접속).

지도 4. 대아르메니아-소아르메니아

대(大)아르메니아는 아르타시아스 1세의 손자인 티그란 대제(Tigrnes the Great, 재위 BC 95년-BC 66년 또는 BC 55년)의 치리 때에 전성기를 이루었다. 대(大)아르메니아의 영토는 한때 동쪽 카스피해(Caspian Sea), 서쪽 지중해(Mediterranean Sea)에 이르렀다. 그러나 동쪽으로 파르티아(Parthia)와 서쪽으로 로마의 침공을 받으면서 점차 국력이 쇠퇴하였다. 대(大)아르메니아는 AD 387년에 멸망했다.

그러나 7-13세기 동안 아르메니아인이 동로마제국의 황제가 되었다. 7세기에 '헤라클리우스'와 9세기에 '바실리오스 1세'가 등극했다. 이때 동로마는 "아르메니아계 마케도니아 왕조"로 최고의 전성기를 이뤘다.

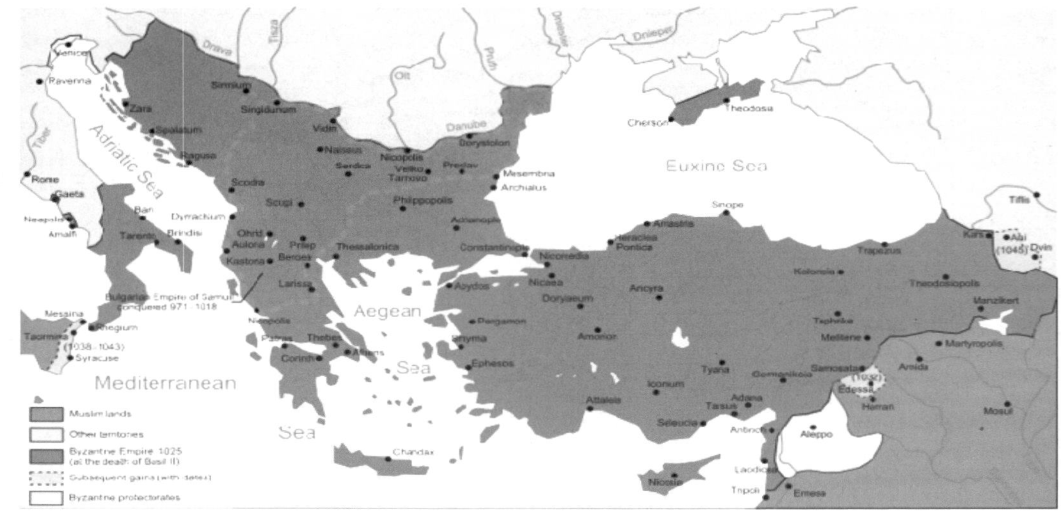

지도 5. 마케도니아 왕조

2. 아르메니아교회의 정체성과 주변 국가들 종교적 박해 및 개종

누가 아르메니아를 다스리느냐에 따라 아르메니아 교회의 정체성이 변했다. 그럼에도 불구하고 여전히 저변에는 아르메니아 정교회 신앙의 틀이 남아 있었다.

1) 428년에는 사산조 페르시아(Sassanian Persia)의 침략으로 아르메니아 왕국이 붕괴되고, 국토 대부분이 페르시아에 편입되었다. 그러나 451년 아르메니아인들이 사산조 페르시아에 대항하여 대규모 봉기를 일으켰다. 이는 여전히 아르메니아가 페르시아에 흡수되지 않은 결과로 페르시아 내 기독교신앙의 자유와 민족적 정체성을 어느 정도 유지시켰다.

아르메니아는 591년에 대부분을 비잔틴 제국에 빼앗겼다. 이 시기에 정교회와 단성론 사제장 간의 다툼이 일어났으나, 아르메니아 국민의 마음속엔 정교회 입장(591-689)이었다. 그러나 726년 마나즈케르트 종교회의에서 아르메니아는 정교회와 결별하고 독자적 아르메니아 교회로 단성론[11]을 표방했다. 아르메니아의 신앙의 정체성은 수많은 외세의 침략을 거부하는 항거의 핵심동력이 되었다. 이후 아랍세계의 침략에 아르메니아인들의 저항은 반복되었다. 9세기 말경에는 아랍의 칼리프(Caliph)로부터 독립을 얻어 바그라투니 왕조(Bagratuni Dynasty) 아래 아르메니아 왕국이 성립되었다. 아르메니아 왕국은 10세기에 들어와 극심한 내분을 겪다가 1045년 비잔틴 제국(Byzantine Empire)의 침입으로 붕괴되었다.

2) 비잔틴의 황제가 잠시 아르메니아를 통치했다. 1071년 비잔틴 제국이 셀주크 투르크(Seljuk Turk)와의 전쟁에서 패하면서 아르메니아는 투르크 제국의 지배하에 들어갔다. 이때 셀주크 투르크의 박해를 피해 피신한 아르메니아인들이 소아시아 남부 지중해 연안에 실리시아

---

11) 그리스도론을 둘러싼 논쟁은 3세기의 교회를 매우 동요시켰다. 그리스도는 누구인가? 그리스도는 단지 하느님의 창조물에 지나지 않은가?(Arianismus) 그리스도는 한 분이신 하느님의 현현에 지나지 않은가?(Modalismus) 325년에 개최되었던 제1차 니케아 공의회는 아리우스주의를 이단으로 단죄하였고, "그리스도는 천주로부터 나신 천주이시고, 빛으로부터 나신 빛이시며, 성부와 일체를 이루신다"고 가르쳤다. 431년의 에베소 공의회는 하느님께서는 마치 성전 안에 거처하시듯이 예수 안에 거처하신다고 주장하는 네스토리우스의 주장을 반박하였다. 이로써 그리스도 안에 내재하는 신성과 인성의 관계에 대한 정확한 규정이 종결된 것은 아니었다. 콘스탄티노폴리스 근처에 위치하던 수도원의 원장이었던 에우티케스(Eutyches)는 네스토리우스의 주장을 반박하면서, 그리스도 안에 내재하는 신성과 인성은 서로 밀접하게 결합되어 있어 실제로는 신성 하나만이 있다고 주장하였다. 그 결과 예수의 인성이 의문시되었고, 동시에 예수의 구원 업적과 교회의 구원 신비도 의문시되었다. 그래서 에우티케스의 주장은 단성론—그리스도 안에 내재하는 하나의 본성—이라는 이름을 가지게 되었다.

(Cilicia) 왕국[12]을 건설하였다. 실리시아 왕국은 유럽 십자군의 예루살렘 진격을 후원하기도 하였다. 13세기-17세기 아르메니아에게 외침은 강력했던 국가들이었다. 13세기-14세기 동안 이집트 맘루크 왕조(Mamluk dynasty)가 침략했고, 계속하여 13세기-14세기 중반까지 몽골이 침략했고, 15세기에 중앙아시아 민족들의 침략이 계속되었다. 그러나 아르메니아인들은 아르메니아 교회를 중심으로 민족적 · 문화적 정체성을 보존하며 견디어 왔다.

3) 16세기와 이슬람제국의 오스만 투르크의 점령

1453년 비잔티움(Byzantium)을 함락했던 오스만 투르크(Osman Turk)와 페르시아 제국이 아르메니아를 가운데 두고 각축을 벌였다. 오스만 제국과 페르시아 제국이 전쟁을 한 결과, 1639년 아르메니아 대부분 지역이 두 나라에 의해 분할 통치되었다. 분할 통치는 19세기 초까지 지속되었다.

4) 17세기와 제정러시아의 협력은 소련의 지원의 기초가 되었다.

아르메니아 사절단이 러시아의 표트르 1세(Pyotr I, 피터 대제, 1672년 6월 9일-1725년 2월 8일)를 예방해 지원 요청하는 등 아르메니아와 러시아 간에 밀접한 관계가 시작되었다. 제정러시아(Imperial Russia)는 17세기부터 남 코카서스 지방에 진출하였다. 19세기 초에는 제정러시아와 페르시아 간 무력 충돌이 발생하였다. 1812년에는 러시아와

---

12) 아르메니아는 1045년 비잔틴 제국의 침입으로 붕괴된다. 비잔틴제국이 1071년 셀주크투르크와의 전쟁에서 패하자 아르메니안 인들이 투르크족의 박해를 피해 소아사아 남부 지중해연안 실리시아(Cilicia)왕국을 건설하였다. 이들은 십자군의 예루살렘 전쟁을 지원했다. https://blog.naver.com/free_less/220753120776(2019년 4월 16일 접속).

아르메니아 연합군이 페르시아군을 격퇴시켰다. 결국, 1828년 페르시아군은 동부 아르메니아 지역에서 축출당하였다. 이러한 결과는 후에 소련이 친 아르메니아로 흘러가는 계기가 된다.

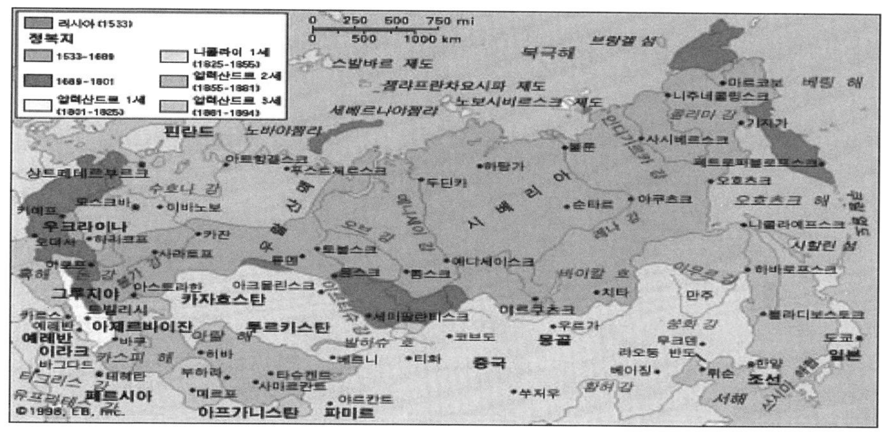

지도 6. 18세기말부터 19세기의 제정러시아

3. 아르메니아 독립과 터키 그리고 소련과의 전쟁

오스만 제국의 치하에 있던 서부 아르메니아는 아르메니아인들의 종교적 자유를 추구하면서 19세기 말부터 20세기 초에 걸쳐 오스만 황제의 박해를 받았다.

1914년 제1차 세계대전이 발발하면서 코카서스(Caucasus) 지역에서는 터키와 러시아 간 각축전이 벌어졌다. 아르메니아인들이 러시아군에 참여하자 오스만 터키(오스만 제국)는 1915년 4월 아나톨리아(Anatolia) 지방에 살고 있던 수많은 아르메니아인들을 탄압하기 시작하였다. 이때 1915년-1917년간 많은 아르메니아인들이 터키에 의해 처형되었는데(희생자 수는 60만 명에서 150만 명에 이르기까지 자료에 따라 다양하다), 이를 아르메니아 집단학살(Genocide)[13]이라 부른다. 아르메니아는 4월 24일을 집단학살의 희생자를 기리는 국경일로 정했다. 반면 터키 정부는 당시 아르메니아인들의 사망이 내전과 기아, 질병에서 기인한 것으로 아르메니아인들뿐만 아니라 터키인들도 다수 사망했다면서 집단학살을 인정하지 않고 있다. 아르메니아와 터키 간 분쟁(터키에 의한 아르메니아인 집단 학살 문제)은 현재도 아르메니아와 터키 간의 관계 발전에 걸림돌이 되고 있다.

1) 1917년 10월에 발생한 볼셰비키 혁명으로 인해 러시아 제국은 코카서스 전선에서 물러났다. 1918년 터키는 동부 아르메니아에 대한 공격을 개시하여 예레반 인근까지 진격하였다. 그러나 아르메니아 정규군과 의용군에 의해 저지한 후, 1918년 5월 28일에 '아르메니아 민주공화국(Democratic Republic of Armenia)' 수립을 선포하였다.

제1차 세계대전이 끝난 후 1920년 8월 10일, 오스만 터키와 열강 간에 세브르(Sevres) 조약(아르메니아 공화국의 과거 영토를 회복시켜줌)이 체결되었다. 그러나 세브르 조약은 결국 이행되지 않았다.

---

13) 김영술, "아르메니아인 대학살을 어떻게 볼 것인가?," 「국제분쟁과 역사」, 2016, 220-232. "아르메니아인 제노사이드 인정문제와 국제관계," 「민주주의와 인권」 10권 2호, 2010, 417-456. 220-232.

집단학살의 배경은 러시아와 오스만의 전쟁 중, 러시아 빼앗은 오스만 지역에 사는 아르메니아인을 지원한 것이 동기가 되어 오스만 제국 내 아르메니아인들이 러시아군대와 협력하여 무슬림을 몰아낼 것이라는 소문이 돌았고, 이일에 터키동부에 아르메니아인과 함께 살고 있었는데 쿠르드족사이에 아르메니아인을 추방해야하고, 이들이 적국과 내통하여 테러를 벌리는 위험 분자로 보는 적개심이 높아지고 있었다. 이때 오스만 제국과 교체된 청년 투르크 정부에 의해 연속적인 학살이 자행되었다.

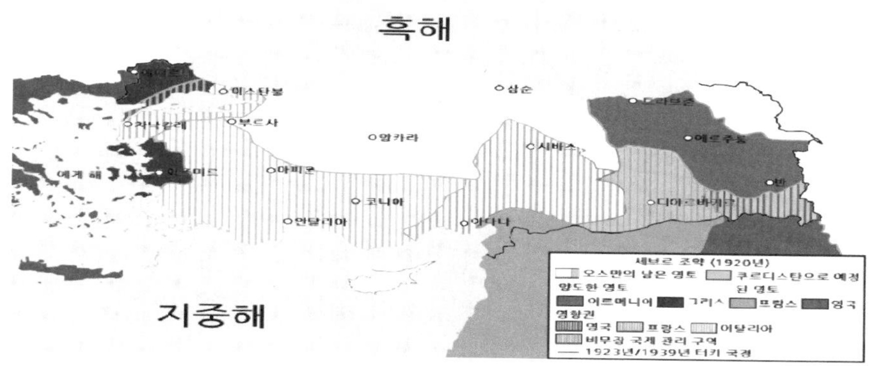

지도 7. 세브로 조약

1920년 터키군이 아르메니아 공화국을 침입하여 터키-아르메니아 전쟁이 발발하였다. 이 전쟁의 결과로 1920년 12월 2일, 알렉산드로폴(Alexandropol) 조약이 체결되었다. 알렉산드로폴 조약에 따라 아르메니아 군은 무장해제를 당하였으며, 전쟁이 발발하기 전 영토의 50% 이상을 터키에 할양하였다. 아울러 세브르 조약에 의해 아르메니아 측이 터키로부터 받기로 했던 지역을 포기할 수밖에 없었다.

1920년 11월 29일에는 소련군이 아르메니아를 침공하였다. 그 해 12월 4일 예레반이 함락되면서 2년간 존속되었던 아르메니아공화국은 결국 터키와 제정러시아에 의해 지도상에서 사라졌다.

2) 소비에트연방 편입된 아르메니아

1922년 3월 4일, 아제르바이잔과 조지아 공화국은 '트랜스코카서스 소비에트 사회주의 공화국(TSFSR)'을 구성, 소비에트연방에 편입되었다. 또한 소비에트 정부는 1923년 아르메니아인들 주민 다수의 나고르노-카라바흐(Nagorno-Karabakh) 지역이 아제르바이잔 행정구역에 편입됐다. 이일은 코카서스 3국이 소련연방에 소속됨으로써 아르메니아인의 아제르바이잔 이주 및 정착에 문제가 없었다. 이는 오늘날 아르메니아와 아제르바이잔 양국 간 나고르노-카라바흐 분쟁의 원인이 되었다. 1936년에는 아르메니아 소비에트 공화국, 아제르바이잔 소비에트 공화국, 조지아 소비에트 공화국이 각각 세워졌다. 제2차 세계대전 중에 다수의 아르메니아인이 소련군으로 참전했다. 당시 1,400만 명 아르메니아 인구 중 50만 명이 소련군에 동원되었다. 이 중 12만5천 명이 전사자로 추산된다. 아르메니아는 제정러시아에 이어 소비에트연방으로, 전쟁 참여국으로 긴밀한 협력관계가 이루어졌다. 이 일은 후에 아제르바이잔 문제에 러시아가 아르메니아를 지지하는 동인이 되었다.

3) 소비에트연방 해체 이후 독립한 아르메니아

아르메니아는 1991년 8월 완전한 독립선언을 했고, 9월 21일 주민투표(Referendum)를 실시해 소비에트연방으로부터 독립했다. 9월 21일은 아르메니아의 독립기념일이다. 10월에는 아르메니아공화국이 탄생했다. 테르-페트로시안(Ter-Petrossian) 대통령이 5년 임기의 초대 대통령으로 선출되었다(1996년 연임).

아르메니아의 독립을 지켜본 아제르바이잔의 나고르노-카라바흐 지역이 아르메니아 편입을 요구하였다. 이러한 요구조건에서 1992년 3월에 아르메니아와 아제르바이잔 간 나고르노-카라바흐 지역에서 전쟁이 발발하여 많은 사상자와 난민이 발생했다. 1994년 5월 휴전 이후 유럽안보협력기구(OSCE) 민스크 그룹의 중재로 협상이 진행됐다. 1998년에는 명확한 아르메니아의 입장을 보여주지 못한 테르-페트로시안 초대 대통령이 하야하고, 로베르트 코차리안(Robert

Kocharian) 3대 대통령이 선출됐다(2003년 연임). 2008년 세르지 사르키샨(Serzh Sargsyan) 5대 대통령이 선출, 코차리안 전(前) 정부의 대내외정책 '아르메니아 단결'을 계승하였다.

III. 아르메니아 교회와 정체성

아르메니아의 기독교 전래는 공식적으로 사도시대에서 시작되었으나, 연속된 순교가 있었다. 예수의 부활 이후 사도 파테이가 에데사[14]에서 통치자 아브가르의 한센병을 치료해주고, 아데아를 주교로 임명하고 아르메니아로 갔다. 사나트루크 29년 사도 바돌로매가 왕의 딸 산두흐트와 누이 보구이와 많은 공직자들을 개종시켰으나, 정치적 반대파들에 의해서 반과 우르미아 호수 사이에 있는 아레바노스 도시 사바르산에서 순교를 당했다.[15] 두 번째 순교역사는 아르타세스 통치 시절, 사도들이 궁전에 전도를 하였다. 왕은 동방에 원정 중이었다. 왕이 없는 동안 보스케안 사람들이 알란 국가들로부터 기독교 신하를 왕비에게 전도하러 보냈다가 왕자들에게 살해당했다. 기독교로 개종한 알란 공후들은 궁전을 버리고 드즈라바쉬흐 산비탈에 정착 후, 44년을 보낸 뒤에 인도자 수키아스를 시작으로 알란 왕의 명령에 따라 순교했다.

1. AD 40년경부터 아르메니아에 기독교가 전래되기 시작하였다. 301년에 티리다테스 3세(Tiridates III, AD 238년-314년)에 의해 국교로 공인되었다. 이는 로마 데오도시우스 황제가 기독교를 국교화 한 380년보다 79년 앞선 시기이다. 아르메니아는 세계 최초로 기독교를 국교화 한 국가였다.

---

14) https://ko.wikipedia.org/wiki/%EC%97%90%EB%8D%B0%EC%82%AC_%EB%B0%B1%EA%B5%AD(2019년 4월 21일 접속).

15) 박영환, 『네트워크 선교역사』, 서울:성광문화사, 2019, 45.

예수의 12사도 중 바르톨로메오(Bartholomaeus)와 유다(Judas)가 아르메니아에 기독교를 전파했다고 알려진다. 지금도 아르메니아 교회의 정식명칭은 '아르메니아 사도 교회(Armenian Apostolic Church)'이다. 아르메니아 초기 교회사는 아주 미약하다. 왜냐하면 언어가 5세기 초에 만들어졌기 때문이다.[16] 이후 잦은 외침을 받으면서 역사를 기록하기보다, 외침으로부터 신앙을 지키기 위한 아르메니아 교회의 역할은 국가적 · 민족적 정체성을 유지하는 근간이 되었다.

2. 아르메니아의 주변 국가들(갑바도기아, 오쇠로엔, 아디아베네 등)이 기독교적 배경을 가졌고, 아르메니아는 이들과 무역, 정치, 문화적 교류가 활발했다. 특히 소(小)아르메니아(오스만 제국령이 남서쪽 지역)는 로마의 지배지였던 갑바도기아 소속이었다. 또한 1세기에 유대인 공동체가 아르메니아에 자리 잡고 있었다. 주변의 기독교 분위기는 자연스럽게 아르메니아의 기독교 신앙을 지키고 유지하는 데 많은 도움이 되었다.

2세기 말부터 3세기 초 아르메니아 기독교인들은 바가르쉬 2세(186-196), 호스로프 1세(196-216)와 후손들에 의해 집중적인 박해를 받았지만, 주변의 기독교 국가들부터 지속적인 신앙적인 삶과 공동체의 지원을 받은 아르메니아는 301년 기독교를 국교로 하고 그레고리가 책임자(302-326)가 되었다. 303년 예례반 근처 에츠미아드진에 수도원을 세웠고, 이곳이 아르메니아 인들의 국가, 민족 그리고 종교적 중심지가 되었다.

---

16) 405년 성 메스로프 마시토츠(Saint Mesrop Mashtots)에 의해 아르메니아 36개의 문자가 만들어졌고, 중세 시기에 두 글자 o (o), ֆ (f)가 새롭게 추가되었다. 그 이후 민족어로 예배서, 성경, 성자전들이 번역되었다. https://ko.wikipedia.org/wiki/%EC%95%84%EB%A5%B4%EB%A9%94%EB%8B%88%EC%95%84_%EB%AC%B8%EC%9E%90(2019년 4월 5일 접속).

325년 니케아회의와 상관없이 독자적으로 354년 1차 아르메니아 교회회의에서 아리우스파를 비판하고 정교회 신앙을 소유하게 되었다.[17] 교회 대표는 사제장으로 불렀다. 366년 아르메니아교회 주변 교단으로부터 독립하였다. 그러나 387년대 아르메니아는 분열되어 서쪽은 비잔틴에, 동쪽은 사산조 페르시아에 병합되었고, 페르시아는 조로아스터교를 심으려고 여러 차례 시도하였다. 이러한 요인으로 아르메니아 기독교는 400년 이상 각각 다른 지역 기독교 형태를 가지고 발전했다.

메스로프의 아르메니아 문자의 창제는 주변 국가들 -그루지야, 라지카, 알바니아 등에 복음을 전파하였다. 그러나 칼케돈 회의 결과가 네스토리우스의 복권으로 오해를 전달받았고, '본성'이 아르메니아에

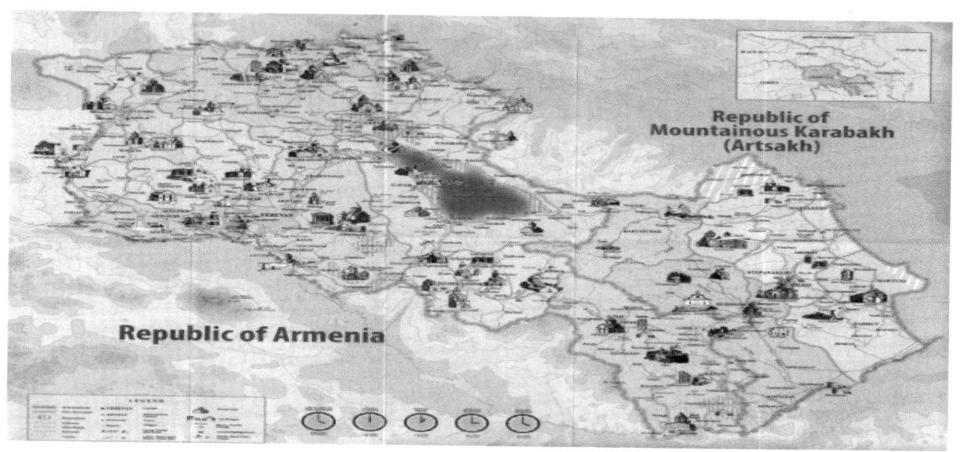

지도 8. 아르메니아 기독교와 교회

17) 알렉산드리아의 감독 알렉산더와 장로 아리우스 사이의 논쟁이다. 아리우스의 주장: 예수그리스도는 완벽한 신도 인간도 아니다. 제3의 존재다. 그리스도는 하나님보다 열등하지만 인간보다는 뛰어난 존재다. 그리스도는 무로부터 창조된 피조물이다. 유사본질(Homoiousis) 알렉산더 감독: 성자는 영원하다. 성부와 동일본질이다. 창조된 일이 없는 존재다. 동일본질(Homoousios): 그리스도는 완전한 인간이며 하나님이시다. 325년 니케아회의에서 아리우스를 추방-니케아 신조 작성.

'얼굴'이라는 단어로 전달되었다. 두 얼굴을 가진 예수라는 오해로 아르메니아교회는 칼케돈 회의를 거부하고 일반적으로 단성론자들에게 포함되었다. 이것은 아르메니아 기독교가 주변 국가들과의 관계 단절을 만들었다. 그러나 결과적으로 아르메니아 교회가 스스로 정체성을 세우는 계기가 되었다. 단절과 고립이 국가의 정체성으로 발전한 것이다.

AD 4세기에 들어서면서 아르메니아에 동로마제국(비잔틴 제국)과 페르시아의 침략이 빈번해졌다. 아르메니아인들은 빈번한 외침 속에서 민족적 정체성을 보존하기 위해 문화와 교육의 발전에 힘을 기울였다. 5세기에 성행한 역사기록(Historiography)은 아르메니아 고전문화에서 중요한 부분을 차지하고 있다.

3. 아르메니아 교회는 451년 칼케돈 공의회에서 그리스도의 양성론에 반기를 들고, 비잔틴으로부터 독립을 함으로써 비잔틴 제국의 압박을 계속 받아왔다. 아르메니아 교회를 '사도 교회(Armenian Apostolic Church)'라고 하였다.[18] 제정러시아, 터키와 비잔틴 등의 지배 가운데서도 아르메니아 교회는 신앙을 독립적으로 유지해왔다. 수많은 주변 국가들의 공격과 정교회와 무슬림 사이의 투쟁 역사에서도 아르메니아 교회의 조직은 제도적인 구조로써 아르메니아 사람들의 삶을 지탱해 온 근거가 되었다. 이것이 오늘날 아르메니아 교회가 민족교회로 자리

---

18) 아르메니아 교회는 네르세스 슈노랄 리가 1166년 비잔틴 황제 마누일 콤닌에게 보낸 "아르메니아 교회의 신앙진술" 속에 담겨져 있다. 19세기말 러시아 신학자 I. 트로츠키는 다음과 같이 분석했다.①그리스도의 신성과 인성의 결합을 인정함. ② 예수그리스도의 육체를 성모마리아의 몸과 동일체임을 인정. 그리스도의 육체가 인간의 육체와 다르다는 예브티히 망상에서 탈피함. ③정교회와 마찬가지로 양성이 번성으로 존재하며 완전히 결합되었다. 신성속으로 인성이 소멸되었다는 것은 아니다. ④ 정교회처럼 본성이 교류하며, 예브티히와 단성론자들을 비난한다.

잡고, 아르메니아 사회의 정체성으로 인정받는 이유다.[19] 2012년 현재 아르메니아 국민 약 93% 이상이 아르메니아 교회 신자이다. 이것이 아르메니아의 정체성이며, 교회 정체성이다. 이것을 유지하려고 소비에트연방과 1930년부터 투쟁을 해 왔고, 1700년 동안 아르메니아 교회는 이슬람국가-터키-페르시아-이란-오스만과 동로마제국의 비잔틴으로부터 지속적인 탄압을 번갈아가며 받았지만, 끝까지 항거한 결과 아르메니아 모든 사회 · 정치 · 경제 · 문화 그리고 중요한 제도권 조직의 결정에 핵심적 역할을 해왔다.

IV. 아르메니아의 문제와 갈등 그리고 해법

아르메니아의 문제는 다음 4가지로 집약될 수 있다.

① 러시아 지배 아래서 아르메니아 영토는 대(大)아르메니아 영토에 비해 상당히 축소되었다. 국제적으로 아르메니아 영토는 과거의 영토를 회복시켜주어야 한다는 주장이 있다.

② 아르메니아 원 영토는 대부분이 현재 터키 내에 있다. 일부가 아제르바이잔에도 있다.

③ 1915년 터키에 의한 100만 명 아르메니아인 학살에 관한 것이다.

④ 아르메니아인 학살 문제는 터키에 의해 자행된 결과이며, 국제사회를 통해 아르메니아 주권과 국가건설을 하고자 한 것이다.

이 중 핵심 쟁점은 터키와 아제르바이잔과의 관계, 대학살과 영토문제다. 아르메니아는 주변국들과의 투쟁, 갈등 그리고 속국의 역사이지만 여전히 아르메니아가 정체성을 가지고 발전해 온 것은 상당히

19) Charanis, P., 1961, 196-224: Hovannisian, R.G. ed., 1997: Garsoian, N.G. 1997, 143-185. Whooley, J., 2004. 416-434.

중요하다. 모든 박해와 중심에는 저항하는 유일한 조직과 제도권인 아르메니아 교회가 있었다.

아르메니아는 5-6세기에는 조르아스터교 사산조 페르시아 정부의 박해를, 7-9세기는 이슬람교의 아랍세력의 정복과 탄압을 이겨냈다. 10-11세기는 비잔틴의 영향력과 오스만 투르크 사이에서 종교의 선택을 강요당했다. 아르메니아가 정교회, 가톨릭과는 별도로 독자적인 신앙을 가진 교회가 된 이유는 민족적으로 독립국가로 존재할 수 없었던 역사의 산물이다. 또한 민족의식을 갖지 못한 아르메니아 귀족들은 왕국 구성도 독립을 추구하지 못한 이유다. 이 왕국들은 주변국가들의 도움을 받아 세력을 유지하는 데만 집중했다. 주변 강대국들이 아르메니아를 점령할 때마다 아르메니아인들의 강제 이주와 박해 그리고 종교적 탄압들이 이어졌다. 그럼에도 불구하고 아르메니아의 정체성은 아르메니아 교회를 통해 끊임없이 이어져 왔고, 이주와 박해를 통해 아르메니아인의 결속과 영역확대의 초석이 되었다.

1. 아르메니아 영토문제—터키와 아제르바이잔과 나고르노/카라바흐 지역문제[20]

1) 1920년 소련이 아르메니아를 점령할 때, 아제르바이잔은 이 지역을 지배하게 되었다. 이 지역의 아르메니아인은 1921년 소련 스탈린이 터키의 의견을 들어 터키 형제 국이라는 아제르바이잔의 주장을 수용하여 '나그르노-카라바흐 자치주(Nagorno- Karabkh Autonomous Region: 이하 NKAO)'로 남게 만들었다. 이때 자치주 지도자들은 아르메니아로의 편입을 수차례 요구하게 된다. 1967-68년

20) 김윤규, ""아르메니아 문제"와 아르메니아 "균형외교"의 한계," 「중소연구」, 200, 159, 155-237.

지도 9. 아르메니아와 아제르바이잔의 무력 충돌

아제르바이잔 정부와 NKAO 아르메니아인들의 충돌이 있었다. 이 무렵 대학가에서 잃어버린 아르메니아 영토회복을 위한 운동이 있었다. 이 지역 95% 이상이 아르메니아인이었다. 1991년 NKAO는 자치주에서 나고르노/카라바흐 공화국으로 독립했다. 지금도 아르메니아는 지속적으로 자신의 영토 90%를 터키가 점령했음을 밝히고, 영토회복과 터키에 의해 저지른 아르메니아인 학살사건의 사죄를 요구하고 있다.

1915년 터키는 오토만 제국령의 동부 아나톨리아 지역의 아르메니아인을 65-150만을 학살했다.[21] 1918년 러시아혁명으로 터키-독일 연합군이 코카서스로 진격할 때, 나고르노/카라바흐에서 2만 명을 학살했다. 1988년 재발된 아르메니아와 아제르바이잔 사이의 분쟁은 바쿠에서 1991년 아르메니아인 학살로, 1992년 아제르바이잔의 호드잘리(Khodzhaly)에서 소련군에 의해 아르메니아인이 학살당했다.[22] NKAO는 작은 전쟁과 분쟁으로 자치주로, 독립국가로 향하고, NKAO

---

21) Ibid., 161

22) Ibid., 284.

주변의 아르메니아인 지역을 포함시켜 거점을 확보해 갔다. 아르메니아의 남 아제르바이잔 지역-나히체반도 아르메니아는 봉쇄하기 시작했다. 아제르바이잔은 전 국토의 14%를 2006년 아르메니아에게 빼앗겼다. 나로르노/카라바흐 분쟁은 자치주 국민투표를 통해 독립국가로 세워졌다. 문제는 1992년 하잘리(Khajali) 대학살사건이다.

지도 10. 아르메니아에 의해 아제르바이잔인들이 학살당함: 호잘리 학살

2) 아르메니아의 영원한 적대적 터기와 영토 분쟁23)

1915년 터키의 아르메니아인 학살과 아르메니아의 카라바흐 국경점령은 양 국간가의 국경봉쇄로 대치중이다. 아르메니아는 1870년부터 1915년까지 터키에 의해서 약 150만 명이 학살당했다.

---

23) Ibid., 170-175.

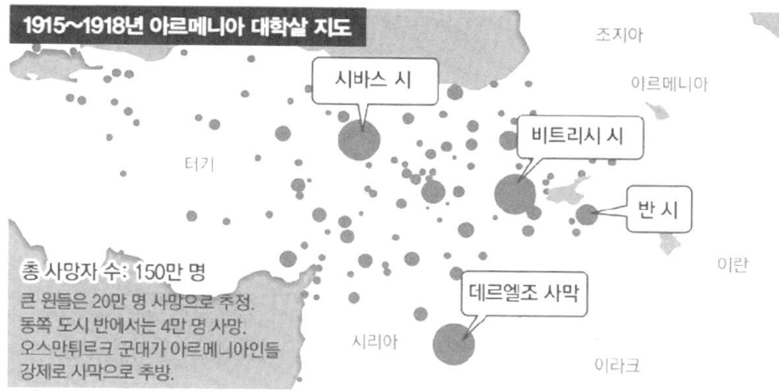

지도 11. 아르메니아 대학살

터키가 이를 인정하고, 사죄하는 순간 터키-아르메니아 국경분쟁이 시작되며, 아르메니아의 주장처럼 터키는 북동부 카스(Kars) 지역을 내놓아야 할 입장이다.

터키의 카스 카로스는 963년 중세 아르메니아의 과거 수도였다. 1920년 아르메니아가 점령했다가, 1921년 터키가 다시 합병했다. 양국가 간의 학살관계는 국제사회정의위원회에서 인정하나, 영토분쟁으로의 확대는 거부하였다. 특히 터키의 범 유라시아연대는 아르메니아로 하여금 불안을 만들어 준다. 터키는 역사적으로 코카서스에서 아제르바이잔을 핵심적 전략 파트너로 보았다. 역사 · 인종 · 문화 그리고 언어가 유사하다. 아제르바이잔 언어는 터키 언어와 유사하다. 아제르바이잔 지식인들이 러시아로부터 위기를 겪을 때는 터키가 도피처로 제공되기도 했다. 터키는 소련 붕괴 후 아제르바이잔이 독립했을 때도 지원을 아끼지 않았다. 아제르바이잔 대통령도 경제발전 모델을 터키로 삼기도 했다. 아제르바이잔의 가스와 기름이 조지아(전 그루지야)를 통해 흑해 항구로 서유럽에 공급되었다. 터키는 조지아와 1997년 군사동맹을 맺고 무역대상으로 2번째 큰 교역국이 되었다. 그러므로 아르메니아는 코카서스에서 터키로부터 따돌림을 받고 있는 상황이다. 따돌리는 주체는 터키다.

2. 아르메니아의 지역갈등에 우호적으로 접근하는 러시아[24)]

1) 러시아는 아르메니아와 군사적 연대를 갖고 있다. 그 이유는 터키가 주변 이슬람 국가들, 아제르바이잔 등과 연대하여 세력 확장을 하기 때문이다. 지도로 보면 러시아는 터키가 코카서스 지역 국가들을 결속시키고, 주변 이슬람 민족주의 세력으로 확장하여, 러시아를 사방으로 포위하게 만든 꼴이 된다. 미래의 터키가 나토 회원국이 되면, 더욱 러시아는 세력싸움에 감당하기 어려운 지경이 이르게 될 것이다.

1988년서 1991년 NKAO 분쟁 때 러시아는 아제르바이잔을 지지하고 아르메니아와 카라바흐 봉기를 탄압했다. 1992년 러시아는 1988년의 반대 입장이 되었다. 아제르바이잔은 자신들이 민주화 세력이라고 하면서 자국 내에 러시아의 세력 구축을 반대함으로써, 친 서방국가가 되었다. 더 심각한 것은 조지아(전 그루지야)가 서방국가들과 관계구축을 하였고, 두 나라(조지아와 아제르바이잔)는 독립국가연합(CIS)가입을 거부했다. 그러나 아르메니아는 1992년 5월 CIS에 가입했다. 동시에 러시아군이 아르메니아에 주둔했다. 그 후 아제르바이잔도 CIS에 가입은 했으나, 러시아군 주둔을 거부하고, 또한 러시아 석유회사와 석유개발을 더 이상 하지 않고, 서방국가와 계약을 맺었다.

2) 아르메니아는 역사적으로 러시아와 좋은 관계를 유지하고 있다. 약 200년 전부터 아제르바이잔과 터키로부터 자신들을 지켜주는 나라

---

24) Ibid., 179-189.

가 러시아라고 보았다. 그러므로 아르메니아 사람들은 러시아로 유학을 가기 원하며, 러시아 TV를 즐겨보고 있다.

아르메니아 인구는 총 300만 명 정도다. 800만 명은 해외에 거주하고 있다. 러시아에 200만 명, 미국에 80만 명, 조지아 40만 명, 프랑스에 25만 명, 우크라이나에 15만, 이란에 10만 명, 시리아에 7만 명, 아르헨티나에 6만 명, 터키에 6만 명, 캐나다에 4만 명, 호주에 3만 명 등이다.[25] 러시아는 아르메니아인들의 러시아 정착을 자유롭게 보장했다. 그러나 러시아는 2000년 12월 5일 비쉬켁 조약(Treaty of Bishkek)[26]을 조지아에만 적용하지 않았다.

아르메니아 경제는 러시아 의존도가 상당히 높다. 소련 붕괴 후, 국내 총생산이 60%로 떨어졌고, 구리개발 독점권은 프랑스가 갖고 있었다. 1988년 대지진(Spitak Earthquake) 때 2만5천 명이 죽었고, 터키와 아제르바이잔의 육로봉쇄로 인해 이란과 조지아 통로만 있다.

IMF 이후 경제프로그램은 순탄하게 진행되었으나 여전히 빈부격차, 높은 실업률, 부정부패, 사회보장제도의 열악함이 있다. 국민소득은 2,878$(2010년)으로 아제르바이잔의 60% 수준이다. 그 요인은 터키와 아제르바이잔의 경제봉쇄다. 러시아는 아르메니아의 원자력 발전소, 철도회사, 정유시설 등을 다 점유하고 있다. 아르메니아 수출 40%를 차지하는 알루미늄 회사도 러시아가 지배주주다. 2005년 아르메니아의 미국관계를 이유로 러시아에 외면당하고, 조지아와 아제르바이잔으로부터 고립을 겪고 있다. 아르메니아 경제는 철저하게 외교로 결과를 보여주고 있다. 미국과 러시아 사이의 갈등과 대립은 경제위기를 몰고 왔다.

---

25) Ibid., 182-183.

26) 모든 CIS국가에 적용되던 자유로운 여행객과 노동자에 대한 자유로운 러시아 입국을 보장하는 것이다.

3. 자국 이익을 위해 코카서스 3국을 활용하는 미국과 이란[27]

1) 미국은 터키를 중심으로 남 코카서스지역을 움직이다보니, 아르메니아와 직접 상대할 일이 없었다. 1990년 중반 이후 미국에 거주하는 아르메니아인은 150만 명으로 늘어났다. 미국의 첫 번째 관심은 아르메니아와 아제르바이잔 사이의 정치개입이었다. 아르메니아는 9.11. 사태 이후 미국 전투기의 영공 통과를 허용함으로써 균형외교를 시작하였다. 특히 터키의 아르메니아 대학살사건은 미국 대통령의 규탄 성명까지 하게 하였고, 1988년 아르메니아 지진 때에는 가장 적극적으로 아르메니아를 지원했다. 미국은 1991년 12월 25일 아르메니아를 아제르바이잔(1992년 2월)보다 앞서 독립국가로 승인했다.[28] 특히 미국은 아제르바이잔보다 아르메니아를 위한 자유지원법으로 무상지원을 했으나, 아제르바이잔 사람들은 미국으로 오는 것조차 허락하지 않았다. 그러나 1995-1996년 아제르바이잔의 석유는 미국 석유회사들의 관심을 갖게 만들었고, 미국은 1997년부터 아제르바이잔과 협력하기 시작하였다. 동시에 미국은 코카서스 지역의 평화와 안정을 위해 봉쇄당하는 아르메니아를 국제사회에 관계할 수 있도록 지원했다. 아르메니아의 보석 수출의 40%는 미국이었다.[29] 아르메니아의 경제는 자유시장경제로 한국, 폴란드, 헝가리보다 우위다. 지금의 아르메니아의 경제문제는 터키와 아제르바이잔은 육로 봉쇄정책을 해결해야 하는 것이다. 이것은 아르메니아 국민 총생산의 20-30%의 손실을 만들어 내고 있다.

2) 이란은 주변 국가에 비해 아르메니아와 상대적으로 좋은 관계를

27) Ibid., 189-193.

28) Ibid., 191.

29) Ibid., 192.

가지고 있다. 그 이유는 역사적으로 우호관계가 지속된 결과다. 아르메니아는 터키로부터 가장 혹독한 고난을 겪었고, 터키와 친근하며 협력하는 아제르바이잔에게도 나쁜 기억들이 남아 있다. 이란은 아르메니아인들이 학살당할 때 피난처였으며, 이란은 차별 없이 아르메니아 피난민들을 잘 살펴 주었다. 이란은 아제르바이잔과 종교와 인종적으로 같지만. 특히 북부 이란에 살고 있는 아제르인 1,700만 명은 아제르바이잔 전체인구의 두 배의 숫자다. 그런 이유로 아제르바이잔은 북부 이란을 아제르바이잔으로 편입시키려 한다. 특별히 이란은 자국 경비로 만든 가스관 140Km을 통해 아르메니아에 안정적인 가스를 공급해 주고 있다. 이란은 친 아르메니아 계통이다.

V. 아르메니아 교회의 특성과 현대적 과제30)

아르메니아 교회는 아르메니아다. 곧 아르메니아의 정체성은 아르메니아 교회다. 역사의 변곡점마다 아르메니아 교회가 정치적 · 종교적 그리고 사회적 리더로 자리를 잡았다. 그 이유는 아르메니아가 국가로 자리를 잡으려고 해도 주변 국가들(터키, 러시아, 이란, 페르시아, 오스만, 몽골, 비잔틴)로부터 점령당했다. 1375년에는 몽골에 의해 수도가 함락당했다. 주변 이슬람 국가들로 둘러싸여서 종교적으로 위기를 겪어도, 아르메니아 교회가 자신들의 방법으로 기독교적 신앙을 유지해왔다. 사실 아르메니아 교회는 투쟁의 역사였다. 451년 칼케돈 회의 이후 조지아와 비잔틴으로부터 압박, 5-6세기는 페르시아의 조로

30) 참고: 박태성, "아르메니아 교회의 정체성 규명," 「동유럽 발칸학」, 12권 1호, 2007, 385-412: 김정훈, "아르메니아 민족 정체성의 중추, 아르메니아 교회:문제점과 미래에 대한 모색," 「한국 시베리아 연구」, 20권 1호, 2016, 199-222.

아스터교와 이슬람교로부터 개종을, 7-9세기는 무슬림들의 아랍 정복으로 10-11세기는 비잔틴의 영향력과 터키 사이에서의 종교선택을 강요받았다. 13세기 이후 제정러시아와 소비에트 정부로부터 지속적인 박해를 받아왔지만, 아르메니아 교회는 독자적으로 발전했다.

1. 아르메니아의 구심점인 아르메니아 교회

1) 아르메니아 교회는 국민과 사회의 구심점이다.[31]

정치적으로 교회를 이용하고, 비판도 하며, 교회를 업고 활용하기도 했지만, 아르메니아 교회는 정체성을 유지하며 확보하기 위한 처절한 투쟁을 해왔다. 이에 대한 자료가 상당히 부족하다.[32] 아르메니아가 외부로부터 침략과 정복의 역사 속에서 사라지지 않고 다시 독립국가로 자리 잡아가는 과정에서 유일하게 전국적으로 조직과 제도를 갖춘 것이 아르메니아 교회뿐이었다. 교회의 조직과 제도의 흔적은 로마가톨릭이 전 유럽체제의 기틀이 되고 있음에서 찾아볼 수 있다. 아르메니아가 적들에게 정복당했을 때도 루시와 노브고로드로 이주하거나 조지아 정교회 총본 산하로 이주하기도 했다. 또한 1178년 종교회의, 1198년 십자군과 킬리키야의 아르메니아 왕 사이에 교회통합도 어려워졌고 교회 분열을 자초하기도 했다. 마침내 1198년에 아르메니아 교회가 독자적이 되었다. 13세기에는 러시아정교회 성인 보리스와 글렙 공후의 생애가 아르메니아어로 번역되었다. 16세기 아르메니아는 오스만과 페르시아로 분리되자, 그 지역 아르메니아교회도 다양한 교단이 생겼고, 서로 인정하지 않고 분열되었다.[33] 17-18세기 일부 아르메니아

---

31) 박태성, "아르메니아 교회의 정체성 규명," 「동유럽 발칸학」, 12권 1호, 2007, 388-394.

32) Ibid., 387.

공동체와 사제들이 로마가톨릭으로 개종하기도 했다(1740년). 18세기 말에는 동 아르메니아 지역은 러시아로 편재되어 러시아정교회가 되었다.

2) 아르메니아 교회는 소비에트 정부의 외교적 인정을 받았다.

아르메니아 교회는 1930년대 소비에트 정부산하 기관으로, 소위 문화혁명으로 종교의식과 제의가 아르메니아 교회와 국민들 사이에서 완전히 단절되어 소비에트화 되어 갔다. 1938년 이후 아르메니아 교구 사제장인 케보르크가 독일에 저항하자는 공개 선언으로 소비에트 정부에 가까워졌고, 1944년 탱크를 만드는 데 헌금을 모아 스탈린에게 보냄으로써 아르메니아의 교회잡지 “애츠미아드진”이 출판 허가를 받았다. 10개 교회와 4개의 수도원이 허가를 받았다.[34] 아르메니아 교회가 소비에트에 충성 서약 후 아르메니아 종교학교, 교구복구, 고대교회 재산 환원(집단농장은 제외)하였고, 해외 아르메니아인들의 자유로운 고국 방문과 아르메니아 교회에 재정을 지원할 수 있도록 허락을 받았다. 케보르크는 다시 독일에 침묵한 바티칸을 소비에트 대신 공격했다. 이 일에 기독교들의 단합을 전 세계적으로 호소함으로써 스탈린의 마음을 샀다. 특히 터키의 아르메니아 땅을 소비에트에 귀속시키는 일에 발 벗고 나섰다. 그 결과 소비에트 정부에 그에게 “카프카스 방어” 훈장을 수여했다. 이 틈에 그는 아르메니아 내에 교회들을 더욱 강력하게 복원해 나가기 시작했다. 신학교를 부흥시켜 사제를 양성하였고, 그들을 유학 보내는 것까지 허락을 받아냈다. 아르메니아 교회 뒤에는 소비에트 정부가 있었고, 강력해져 가는 아르메니아 교회를 모스크바에서 일일이 간섭하기는 거리가 멀다 보니,

---

33) Ibid., 393-394.

34) Ibid., 396.

아르메니아 정부와 직접 논의하도록 허락했다. 비록 아르메니아 정부의 간섭과 어려움이 있었지만, 소비에트 정부가 종교의 자유가 자국 안에 존재함과 지배하는 국가, 아르메니아에서도 그 종교의 자유를 서방 여행객들에게 보여주는 종교 관용정책을 실시하였다. 이 무렵 아르메니아 교회는 세계교회협의회에 회원이 된다. 1966년 소비에트 정부의 "종교의식에 관한 법령"에 따라 아르메니아 교회는 결혼이나 장례의식을 주관하는 정도의 기관으로 전락하였으나, 바즈간 사제장은 신학교육의 수준을 높이고, 교회잡지를 출판하여 사상적 자유와 교육을 시킴으로써 국민들에게 아르메니아 정체성을 세우는 데 주력했다. 1987년 소비에트 정부는 아르메니아 교회에게 어린이 종교교육을 하도록 자유를 주었고, 아르메니아 교회의 역할을 점점 더 넓혀 주었다.

3) 아르메니아 교회는 분쟁조정과 지진피해 복구를 통해 사회통합을 이끌어냈다.

로마가톨릭이 로마 시민으로부터 "아버지(papa)"라고 인정받은 계기가 452년 훈족 아달랴가 쳐들어왔을 때, 로마에서는 중재할 사람이 없었다. 이때 교황이 적장과 담판을 짓고 로마시를 구한 사건이었다.[35] 동일한 역할을 아르메니아 교회가 아제르바이잔 지역의 NAKO 에서 아르메니아인들이 당하는 박해와 학살을 막기 위하여 인도적 지원방법으로 해결방안을 이끌어 갔으며, 세계 이목을 집중시키는 결과를 만들어 냈다.

1988년 12월 7일 아르메니아의 대지진이 일어나 사상자가 4만5천명이라고도 하고 9만 명이라고도 한다. 이때도 아르메니아 교회는 정부지원 사역을 넘어 디아스포라를 이용하여 적극적으로 전 세계 구호활동을 펼쳤다. 세계적 구호 활동에 바즈간 사제장은 1989년

35) 박영환, 『네트워크 선교역사』, 서울: 성광문화사, 2019, 100.

2월 9일 백악관에서 부시 대통령에게 감사인사를 전했다.

2. 아르메니아 교회의 교리적 특성으로 결합된 아르메니아

아르메니아 교회는 451년 칼케돈 회의를 기점으로 비잔틴에서 분리가 되었다. 예수 그리스도의 인성과 신성의 결합 문제다. 즉 그리스도의 속성을 단성적으로 파악하였다. 칼케돈 회의에서는 "한 그리스도, 성자, 주, 독생자는 두 성 신성과 인성이 한 인격 안에 혼동되지 않고, 변하지 않으며, 분할과 분리됨이 없이 연합되었다."[36]라고 한 것을 거부한 것이다. 아르메니아 신앙고백은 1166년 네르세스 슈노리가 비잔틴 황제 마누일 콤닌에게 보낸 "아르메니아 교회 신앙진술"에서 완성되었다. 이것을 19세기 말 러시아 신학자 I. 트로츠키는 네르세스의 "신앙진술"을 다음과 같이 밝혔다.

① 양성이 결합되었다. ② 예수 그리스도의 육체를 성모 마리아와 동일시하고, 그리스도의 육체는 인간의 육체와 같다(칼케돈 회의에서는 평범한 인간으로 태어나신 그리스도를 거부). ③ 양성이 결합되었다. 없어지거나 신성을 합쳐진 것은 아니다. ④ 양성의 교류를 인정하나, 단성론은 아니다.

아르메니아 교회는 정교회와 교리적으로 같으나, 여전히 아르메니아 교회는 정교회를 양성론자로, 정교회는 아르메니아를 단성론자로 비판하고 있다. 1964년 정교회와 아르메니아 교회는 미래를 바라보고 서로의 오해를 풀고, 연합하기로 하였다. 아르메니아 교회는 고대교회의 풍부한 역사적 자료, 교부학, 성인전, 의식서, 특별히 찬송가집과 주석집이 있다. 그러나 과거 전통에 머무르는 신학을 현대 신학의

36) 정병식, 『한눈에 보는 세계교회사』, 서울: 신앙과 지성사, 2011,고대교회사 8.

현장으로 가져와 창조적 작업을 하는 것이 필히 요구된다.

3. 아르메니아의 현대적 과제37)

아르메니아 교회는 사건과 현장을 수습하기 위해서 시간이 부족했고, 유일한 아르메니아를 위한 제도와 조직기관으로 국민들을 섬기고 교육하며 현실 문제를 풀어간 점에서 아르메니아의 정체성으로 불리기에 부족함이 없다. 문제는 앞으로 아르메니아의 미래 사역과 도전에 어떻게 변화와 응전을 줄 것인가에 집중되어 있다.

1) 균형 잡힌 외교와 국제정세의 방향을 예견한 아르메니아 교회

아르메니아 교회는 소비에트와 터키 그리고 아제르바이잔 사이에서 균형 잡힌 외교전을 펼쳤다. 터키와 아제르바이잔이 한 팀이 되어 아르메니아를 공략할 때, 소비에트의 입장을 공개 선언(독일 히틀러를 공격함-비티칸을 공격함) 함으로써, 소비에트를 우회적으로 지원하였다. 또한 아르메니아 정부는 러시아의 남방정책에 미국 편에 서서 미국 전투기의 영공 통과 등을 허용함으로 친서방정책도 후원하였다. 그럼에도 여전히 터키와 아제르바이잔과의 관계 정립은 미래에 있어서 중요한 과제다. 미국도 터키를 배경을 하는 친중동정책을 펴고 있어, 아르메니아는 조지아와 이란 정도로 관계를 맺고 있다. 세계교회협의회와 국제적 연합운동과 회의 유치 등을 통해 평화와 안정 정의를 추구하는 아르메니아를 지속적으로 세계에 보여주어야 한다.

2) 소비에트에 종속된 국가경제를 서방국가체제의 경제정책으로

---

37) 김정훈, "아르메니아 민족 정체성의 중추, 아르메니아 교회:문제점과 미래에 대한 모색,"「한국 시베리아 연구」, 20권 1호, 2016, 199-222.

전환이 무리 없이 연계되도록 아르메니아 사람들의 사회적 책임성과 역동적인 사회인식이 필요하다. 여전히 국제정세에 필요한 인식이 상당히 뒤쳐져 있어서, 세계에 흩어진 아르메니아 800만 명을 최대한 활용한다면 가능하다. 해외 우수한 기술자와 전문가들이 일할 수 있는 아르메니아 내의 공간 확보와 이 일을 이루기 위한 사회 저변의 인식과 책임성에 관한 교육이 병행되어야 한다.

디아스포라 아르메니아의 우수한 인재가 세계 곳곳에 있다. 국가경제발전 계획들을 세워 아르메니아의 수많은 광물 자원들을 활용하는 정책이 미래로 가는 좌표다. 이 일을 위해 아르메니아 교회 사제들을 재교육시키고, 역동적 세계변화에 적극 참여하도록 기회를 줘야 한다.

3) 주변 국가들과 사회주의 체제와 박해 그리고 학살이라는 원한 관계 속에서 형성된 부정적인 시민의식을 넘어, 이웃을 섬김이 더욱 강조되어야 하며, 아르메니아 교회만의 책임지는 사역을 넘어 아르메니아 국민을 의식화하는 책임성이 더 요구된다.

사회주의 국가 체제로 전환한 이웃나라들의 변화를 사례로 삼고, 터키와 이란 그리고 아제르바이잔에 갇혀 있는 것을 위기로 보고, 영적 능력으로 교회로 하여금 사회지도자들을 복음적 지도자로 만들어야 한다. 체제전환 현장의 문제는 동일한 부패사회였다. 체제 이전의 의식구조가 체제 이후에도 여전히 존속되고 유지되는 현장의 경험들은 새로운 지도자의 모습을 만들어 내야 한다. 그 중심에 아르메니아의 신앙이 핵으로 존재해야 한다. 그러기 위하여 교회공동체가 사회공동체로 전환하는 과정으로 만들어 내는 것이 아르메니아 교회의 직면한 과제다.

4) 아르메니아 교회는 국가교회의 장점과 단점을 어떻게 파악하느냐

에 미래가 달려 있다. 안주하느냐, 함께 세속화될 것인가? 아니면 개혁과 미래를 향한 도전이 무엇인가를 찾아 떠날 것인가? 방향설정이 필요하다. 또한 교회와 국가는 다르며, 공동체와 사회는 다름을 인식해야 한다. 잘못되면 사회는 이분화되고, 교회는 사회로부터 추방당할 수 있다. 그러므로 국가가 할 일과 사회가 할 일을 구분하여, 교회의 역할을 만들어 가야 한다. 사회 · 정치 · 경제 그리고 문화 전반에 걸친 교회의 사명도 있지만, 국가가 풀어가야 할 일이 더 많다.

VI. 나가는 글

아르메니아는 한반도처럼 역경과 주변 국가들로부터 몸서리치도록 박해와 고난을 이겨내 왔다. 아르메니아는 그 중심에 교회가 있었고, 한반도는 기독교가 있었다. 아르메니아는 인종-민족-종교 체제로 자리를 잡았으나, 한반도는 민족-종교-사회주의가 자리를 잡았다.

아르메니아는 싸워야 할 대상이 외부의 한 방향이었다면, 한반도는 사회주의-공산주의-민주주의의 이데올로기의 현장으로 전락한 점이다. 이때 한반도의 기독교는 이념적 대립의 현장으로 진보와 보수세력으로 이분화되었다. 한국기독교는 모든 이념의 실천적 패거리로 나타났고, 이념은 기독교 신앙이 아니라 이데올로기가 되었다. 아르메니아지도를 다시 볼 필요가 있다.

아르메니아는 주변 국가들 중 터키로부터 지속적 박해와 학살을 당했다. 그러나 외교를 통한 러시아의 지원을 직 · 간접적으로 터키와 아제르바이잔의 육로 봉쇄를 앞으로 풀어가야 한다. 물론 이란은 이슬람 국가임에도 불구하고 과거 페르시아의 보장된 종교 자유법의 전통에

지도 12. 아르메니아 주변 국가들과 아르메니아

따라 여전히 아르메니아에게 우호적이다. 같은 기독교 국가인 조지아를 통해 흑해로 가는 육로를 유지하고 있다. 한반도 주변의 모습과 유사하다. 터키 같은 중국, 아제르바이잔 같은 일본 그리고 이란과 같은 미국과 러시아 등이 한반도의 현실을 조명해 준다. 한반도가 배워야 할 점은 아르메니아의 균형 잡힌 외교다. 미국 일변도 외교는 위험해질 수도 있다. 미국에 중심을 두되, 중국과 러시아의 역할을 조심해서 살펴볼 이유가 있다.

아르메니아의 정체성으로 교회와 기독교는 한국에서의 역할과 기능이 사라져가고 있는 실정이다. 갈수록 한국은 잃어버린 기독교의 자리는 회복되지 못하고 있다. 지도자의 위기와 능력 손실이다. 그러나 아르메니아는 여전히 아르메니아 교회가 중앙에 있으나, 사제들과 국가 지도자들이 헌신적인 지도자로 거듭나야 한다.

아르메니아에는 변함없이 기독교와 교회를 믿어준 국민들이 있었다. 국가위기 때마다 교회의 역할과 임무를 분명히 알고 실천한 교회지도자들의 안목은 한반도와 전혀 다르다. 한반도의 통일을 향한 염원은 어떻게 아르메니아와 이렇게 다룰 수 있을까? 하나 되지 못한 남쪽 사회의 북한 이해는 사실상 힘들다. 20년 이상 남한에서 북한선교 사역을 살펴본 결과, 다들 자기 마음대로다. 성경의 사사기가 따로 없다. 어른도 없고, 기득권도 없고, 차라리 제 갈 길로 간 잃어버린 99마리의 양들이다. 한국은 아르메니아가 정치와 사회적으로 주변 국가들로부터 겪었던 박해와 어려움 속에서도 국민들을 하나로 묶어 낼 수 있었던 교훈과 지혜를 배워야 한다. 지속적인 압박과 고통 그리고 학살과 추방, 국가 존재가 있다가 사라지고, 다시 독립을 회복하는 저력을 아르메니아 교회로부터 배워야 한다. 한반도의 통일에 아르메니아의 숨겨진 보물, 민족이 하나 되는 역사를 돌아볼 필요가 있다.

아르메니아 교회에는 아직도 새로운 미래 사회의 청사진을 펼쳐 볼 수 있는 기회가 남아있다. 아르메니아 백성들은 여전히 교회와 기독교를 신뢰하며 따르고 있다. 기독교 복음화율이 95% 이상이다. 한국기독교가 민족과 통일 그리고 북한선교를 위하여 무엇을 해야 할 것인가 다시 아르메니아 교회를 재조명해 본다.

러시아의 과거청산 노력

강병오
(서울신학대학교 교수, 기독교윤리학)

1. 들어가는 말

러시아[1]는 20세기 동안 급격한 정치체제변화를 세 차례나 겪었다. 세기 초반 제정러시아에서 소비에트 공산주의 체제로 전환되었다가, 다시 해체되어 러시아공화국으로 체제전환이 이루어졌다. 1917년 사회주의 혁명을 통해 차르 전제정은 종식되고, 1924년 공산당 중앙집권적 통제체제인 소비에트사회주의공화국연방(USSR)이 수립, 유지되다가 1991년에 붕괴와 동시에 자유민주주의 러시아공화국 체제로 급격히 전환되었다. 체제전환에서 크게 문제 삼을 역사적 유산은 구소련 체제하 "냉혹한 독재자"[2] 스탈린에 의해 지시되고 장기간에 걸쳐 강제된

1) 러시아는 연방국가(Russian Federation)로 인구 1억 4천만 명(세계 9위), 면적 17억 1위, 미국 2.5배, 지구 표면적 7분의 1)이며 동 · 서 간 거리가 약 9,600km, 시차는 11시간대에 달한다. 공화국 21개, 주 49개, 변경 지역 6개, 자치주 1개, 자치구 10개, 수도인 모스크바와 상트페테르부르크의 특별시 2개 등 총 89개의 연방으로 구성되어 있다. 예일 리치먼드, 『러시아, 러시아인』, 이윤선 역, (서울: 일조각, 2004), 35. 참조.

2) 미란다 트위스,『세상을 움직인 악』, 한정석 역, (서울: 이가서, 2003), 263.

가공할 만한 국가폭력이다. 그런 국가폭력으로 인해 적게 잡아서 수천만의 인명이 살상되는 최대의 비극이 일어났다.

소련 해체 후 러시아는 5차례에 걸친 대통령 선거를 통해 평화적으로 정권이 이양되고 절차적 민주주의 제도가 점차 완성되는 듯이 보인다. 하지만 러시아가 과연 굴곡지고 은폐된 구체제 폭력의 역사를 제대로 극복, 청산하고 새 체제로 환골 탈퇴했는지의 여부는 여전히 의문점으로 남아 있다. 그렇다고 해도 그 여부를 따지는 연구작업은 매우 중요한 관심사가 아닐 수 없다. 공산주의 종주국이었던 러시아가 새로운 자본주의와 민주주의 정치체제를 채택했다는 사실은 구체제의 부정을 의미한다. 구체제 부정은 분명히 독재 체제하에서 일어났던 역사적 과오와 문제점이 심각하였음을 보여주는 것이고, 러시아가 그 점을 반성하고 극복하려 했던 노력이 있음을 시사한다.

러시아가 소련식 구체제를 벗어나는 세기적 사건과 관련하여서 그 어간에 소련제국의 위성국가로 소련의 영향권에 있었던 동독, 폴란드, 헝가리, 체코슬로바키아 같은 동유럽 국가들 역시 1989년 반공산주의 혁명을 통해 소련의 지배로부터 벗어났다.[3] 그와 동시에 소련으로부터 독립하면서 새로운 정치체제로 전환했다. 그들 국가는 사회주의 공산당 독재체제를 과감히 버리고 자유 민주체제로 전환한 것이다.

과거 공산권 동유럽 국가들 역시 체제전환 후 과거청산[4]이란 통상적 일련의 과정을 거쳤다. 그들의 과거청산 노력은 어떤 형태든 있었던

---

3) 데이비드 파커 외, 『혁명의 탄생』, 박윤덕 역, (서울: 이가서, 2003), 439.

4) 과거청산은 두 가지 측면을 고려한다. 곧, 과거규명과 과거성찰이다. 과거규명은 사법적, 정치적 측면의 과거청산으로 사건의 진상, 책임의 규명, 가해자 처벌과 피해자 보상과 복권 그리고 명예회복을 하는 것을 다룬다. 반면에, 과거성찰은 과거사에 대한 비판과 반성, 애도와 치유의 노력을 말한다. 강병오, "통일독일의 과거청산 사례 분석과 그것이 한반도에 주는 교훈," 「신학과선교」53집, (부천: 서울신학대학교 기독교신학연구소, 2018), 13.

것이 사실이고, 성공적이었든 실패였든 간에 분명히 존재했다. 그런 노력의 결과를 분석하고 고찰한다는 것은 매우 흥미 있는 일이다. 특히 북한이 러시아나 다른 동유럽 국가들처럼 사회주의 체제에서 벗어나 자유민주주의 체제로 이양할 경우나 그렇지 않을 경우를 모두 상정할 수 있는데, 어떤 경우이든 과거청산의 노력은 필요하다. 그것은 북한에게 반면교사의 교훈을 줄 수 있다.

이 글의 목적은 소련 구체제와 체제 붕괴 후 러시아가 과거청산을 위해 어떠한 노력을 경주했는지를 고찰하고, 그것으로부터 역사적 교훈을 얻는 것에 있다. 이 글은 다음과 같이 전개된다. 우선, 소련의 과거 유산으로 스탈린 시대에 저질렀던 각종 테러와 악행이 과거청산의 일차 대상이 되기에 그것의 실상이 어떠했는가를 시기별로 구체적으로 규명한다. 그다음 소련 구체제 하에서 진척된 자체적인 과거청산 노력, 즉 흐루시초프와 고르바초프의 노력을 살펴보고, 이어서 옐친과 푸틴의 노력 여부를 살핀다. 마지막으로 러시아에서의 과거청산 노력에 대해 평가를 내린다. 결론에 가서는 러시아에서의 과거청산 노력이 앞으로 체제전환 가능성이 예상되는 북한에게 어떤 교훈을 줄 것인지 고찰한다.

2. 스탈린 체제하의 극단적 국가폭력

구소련 체제하에서 대대적으로 일어났던 국가폭력은 레닌 시기보다 국가권력이 급격히 팽창한 스탈린 시기에 대부분 일어난 것으로 알려졌다. 레닌은 1918년부터 혁명을 위한 권력유지 차원에서 테러를 자행했고 혁명 반대자를[5] 억압하는 수단으로 강제수용소를 대거 설치하기도

5) 이들은 제정러시아의 쿨락(부농), 성직자, 백군 및 기타 수상쩍은 사람들을 말한다. 안병직 외10인,『세계의 과거사청산』(서울: 푸른역사, 2015), 333. 참조.

했다. 그러나 레닌 시기엔 세계적 지탄을 받을 극단적 폭력에 의한 피해는 그리 심각하지 않았다. 레닌의 후계자 스탈린(1879-1953)이 집권한 1920년대 후반 이후, 25년간 진행된 소련국가체제의 폭력은 노골화됐고 철저하고 강력했다. 이때 '제노사이드'[6]라 부를 만한 동족 학살, 강제노역과 소수민족의 강제이주 등이 자행되었다. 이 시기 가공할 테러에 의해 죽은 희생자만도 줄잡아 약 2천만 명에서 2천오백 만 명으로 추산된다.[7]

스탈린 치하의 거대한 국가폭력은 대체적으로 세 시기에 걸쳐 진행됐다. 1차 시기는 1930-1937년까지, 2차 시기는 1937-1938년까지, 3차 시기는 1941년 나치 독일의 침공부터 1946년까지이다.[8]

농장 집단화에 따른 제1기 국가폭력은 스탈린이 농업 중심 국가인 소련을 단시일 내에 서방 자본주의 국가 수준으로 끌어올리기 위해 농업에서 공업 위주의 경제체제로 급속하게 그리고 강압적으로 산업화를 추진시키는 과정에서 발생했다.[9] 스탈린은 1928년부터 시작한 1차 경제개발 5개년 계획에 따라 중공업 분야의 급속 성장을 위해 현대적 생산수단인 기계를 해외에서 대량 수입해야만 했다. 모든 공장과 사업은 정부가 떠안았고, 5년 내내 매년 도달할 목표가 주어졌다. 사업 목표 수립은 모스크바의 "고스플란(Gosplan)"[10]이 담당했다.

스탈린은 공업화에 필요한 재원을 농업분야에서 충족시키게 했다.

---

6) 제노사이드(genocide)는 인종을 뜻하는 그리스어 genos와 살인을 뜻하는 라틴어 cide의 합성어이다. 렘킨은 이 용어를 "한 국민이나 한 민족 집단에 대한 파괴"로 정의했다. 최호근, 『제노사이드』(서울: 책세상, 2005), 22.

7) 최호근, 『제노사이드』, 242. 참조.

8) 위의 책, 243. 참조.

9) 미란다 트위스,『세상을 움직인 악』, 269. 참조.

10) 위의 책, 271. 구소련의 국가계획위원회이다. 이 조직은 노동자 50만 명에 의해 움직였는데, 각 공장을 통제하고 관리, 감독한다. 목표를 달성하지 못한 공장 감독을 처벌할 권한까지 가졌다.

기계설비 수입을 위해 수출할 엄청난 곡물과 목재는 모든 농민들이 담당할 몫으로 주어졌다. 그들 모두는 "집단농장(콜호스)나 국영농장(소프호스)"11)에 소속되어야 했고 또 강제노역까지 해야 했다. 수확한 농산물을 정부에 건네주고 적은 임금을 받거나 남은 식량으로 살아야만 했다. 또한 농지나 가축 등 재산을 집단농장에 모두 이양하고 수탈당해야만 했다. 게다가 비농업전문가인 집단화 지도자에 의한 농업정책에 따라 농업생산량이 크게 줄고 기아사태까지 벌어지게 되었다.12) 1931년에 61퍼센트의 농민이 집단이든 국영이든 농장에 소속되었고, 1937년엔 농민 전체가 농장의 일원이 되었다.13) 농사에 무지했던 카자흐 유목민 같은 경우, 밀 경작의 명령을 받아 농장 노역을 감당해야 했다. 노역을 거부하다 처형당하기까지 했다. 희생자의 수효는 거의 200만 명에 달했다.

집단농장을 거부한 사람들은 그들의 집과 소유물을 몰수당했다. 모두 900여만 명의 남녀 그리고 아이들이 집을 잃고 기아와 죽음에 내몰렸다. 희생자 대부분은 우크라이나인이었다. 특히 남부 우크라이나 지역이 보다 심했는데, 무려 3천만 명이 기아에 허덕였고 죽음에 내몰렸다. 이 기근은 인재로서 1932-1933년 사이에 정부가 대규모로 곡물을 징발한 결과로 생겨났던 대기근이다. 이를 "우크라이나 대기근"14)이라 부른다.

"쿨락"15)이라 불리는 부농층 농민과 가족 상당수는 시베리아, 우랄,

---

11) 최호근, 『제노사이드』, 249.

12) 정여천 · 김석환, 『현대 러시아 정치 · 경제의 이해』, (서울: 대외경제정책연구원, 2004), 250.

13) 최호근,『제노사이드』, 249. 참조.

14) 위의 책, 251. 이때 최소 500만 명에서 최대 700만 명의 농민들이 굶어서 죽었다.

15) 위의 책, 248. 쿨락(Gulag)은 원래 '노동착취와 고리대금업으로 부를 축적한 악독한 농촌상인'을 지칭했다. 1917년 러시아 혁명이후 쿨락은 '노동자를 고용하

카자흐스탄 지역에 이주 명목으로 강제적으로 추방되었다. 추방된 숫자는 무려 1,500만 명 이상이나 되었다.[16] 추방된 지역은 "타이가와 툰드라 기후지대"[17]로 사람이 살 수 없는 지역이다. 여기로 추방된 사람들은 가혹한 생존조건을 견디지 못한 채 서서히 죽어갔다. 그들은 또한 강제 추방 단계에서 붉은 군대에 의해 대량학살을 당하는 참극까지 겪었다.[18] 이런 만행에 각급 정부 관료들까지 깊이 개입되었다.

제2기에 공포정치 과정에서 야기됐던 국가폭력은 1937년부터 착수한 "'인민의 적들'에 대한 대대적인 숙청작업"[19]의 일환으로 일어났다. 인민의 적들은 일반 인민이 아닌 "지식인과 구(舊) 볼셰비키, 공산당 고위간부, 군부 지도자, 정부 관료들"[20]이다. 이 기간에 발생한 대규모 폭력은 "스탈린이 추진한 정적(政敵)과 불신세력에 대한 제거작업을 (시행한) '대숙청' 또는 '대공포'"[21]와 다르지 않은 것이다. 이때의 숙청 대상 규모는 상상을 초월했고, 숙청방식 또한 잔혹하기 이를 데 없었다. 인민의 적들 중에 가장 큰 피해를 입은 자들은 공산당 고위간부였고[22], 그다음이 군부 지도자였다.[23] 이 시기에 살해당한

는 농민'으로 지칭됐다가 부농, 중농까지를 일컫게 되었다. 가혹한 숙청과정에서 집단농장 반대자까지 클락에 포함되었다. 스탈린 치하에서 클락은 매우 위험한 계급으로서 악의 상징이었고 1차 숙청대상에 해당되었다.

16) 위의 책, 249. 참조.

17) 위의 책, 249. 툰드라 기후는 단적으로 동토기후로 수목이 없는 평야지대에 분포한다. 여름은 짧고 혹한의 겨울은 긴 것이 특징이다.

18) 미란다 트위스, 『세상을 움직인 악』, 270. 참조. 무려 300만 명 이상이나 살해당했다.

19) 최호근,『제노사이드』, 255.

20) 위의 책, 255.

21) 위의 책, 256.

22) 위의 책, 256. 참조. 제17차 전당대회에 선출된 당 중앙위원회 위원과 후보위원 198명 중 98명이 총살당하고, 대의원 1,966명 중 1,108명이 반혁명 범죄 혐의자로 체포되었다.

고위직 인사만 해도 무려 50만 명을 크게 상회하였다.[24] 스탈린은 후일 숙청 역풍을 생각해서 모든 숙청 기록을 파기할 것을 지시했고 그렇게 시행되었다.[25]

숙청 대상자들 중 무참하게 살해당한 사람들의 수는 적지 않았다. 1937년에서 1938년 사이에 입은 숙청 피해자는 "적게는 800만 명에서 많게는 1,200만 명(으로) 전국 각지의 '수용소 군도'에 수감되거나 시베리아 강제수용소로 보내져 강제노역에 동원되었다."[26] 이런 숙청 사실을 접하면 그 피해자의 규모가 얼마나 큰지 경악을 금치 못하게 된다. 당시 피해 규모를 잠정 추정한다면, 1936년까지 체포된 500만 명과 1937-1938년 사이 체포된 700만 명을 합한 1,200만 명 수감자들이 존재했다. 그중 100만 명의 처형자와 200만 명의 수감자 가운데 사망자가 발생한 것으로 드러났다.[27] 무엇보다도 소련의 강제수용소는 "절멸수용소"[28]라고 불릴 만큼 악명이 매우 높았다. 상당수의 수감자들은 영하 50도의 혹한 속에서 강제노역에 시달려야 했고, 제대로 먹지 못하고 목숨을 잃었다. 이러한 숙청의 광풍은 러시아인에게만 한정되지 않았다. 소수민족, 즉 블라디보스토크 일대에 정주한 조선인, 레닌그라드의 에스토니아인, 라트비아인에게까지 미쳤다.[29]

제3기 대학살 국가폭력은 독소전쟁 직후에 소수민족을 강제 이주시

23) 위의 책, 257. 참조. 5명 원수 중 3명, 15명 군사령관 중 13명, 8명 해군제독 중 8명, 57명 군단장 중 50명, 186명 사단장 중 154명이 숙청되었다.

24) 위의 책, 258. 참조.

25) 위의 책.

26) 위의 책, 257. 1933년 당시 356만 명에 달했던 공산당 당원의 수가 1938년엔 192만 명으로 급격하게 줄었다.

27) 위의 책, 257. 참조.

28) 위의 책, 258.

29) 위의 책, 259. 참조

키는 과정에서 일어났다.[30] 1939년 스탈린 공포정치는 다소 누그러졌으나 대학살은 끊이지 않고 진행되고 있었다. 그러던 중에 독소전쟁이 터졌다. 1941년 6월에 독일은 독소불가침조약을 깡그리 무시하고 정복 야욕으로 소련을 침공했다. 독일이 소련국경을 넘어 진격해오자, 당황한 스탈린은 그해 8월에 이적행위가 의심되는 소수민족들을 거주지에서 먼 곳으로 강제 이주시키는 계획을 수립했다.[31] 1941년에서 1948년 사이에 약 330만 명의 소수민족들이 고향에서 강제로 쫓겨났다.[32]

일차 이주 대상은 볼가강, 크림반도, 카프카스 지역에 정주해 있던 독일계 민족이었다. 이들이 이적행위 했다는 증거도 없고 아무런 혐의를 제시하지 않은 채, 소련 정부는 이들을 무고하게 중앙아시아와 시베리아로 강제 이주시켰다.[33] 독일계 40만 명이 전쟁 개시 직후 강제적으로 추방된 것으로 볼 수 있다.

이차 이주 대상은 7개 소수민족들이었다. 그들은 발카르인, 체첸인, 크림반도의 타타르인, 잉구슈인, 카라차이인, 칼미크인, 메스케티인들이다. 소련 정부가 몇몇 사람에게 해당된 반역죄 혐의를 확대 적용하여 1943년에 그들을 강제 이주시켰다.[34] 강제 이주민들은 갑자기 들이닥친 붉은 군대의 위협 아래, 최소한의 짐만 꾸리고 가축용 트럭이나 화차에 타고 "카자흐스탄, 시베리아, 중앙아시아, 우랄산맥 북부, 북유럽 등 한결같이 생활 조건이 열악한 곳"[35], 정치범을 수감하는 굴라크(강제수용소) 같은 인권 사각지대로 보내졌다. 그들은 수용소 수감자처

30) 위의 책.

31) 위의 책.

32) 안병직 외 10인, 『세계의 과거사청산』, 339. 참조

33) 최호근, 『제노사이드』, 259. 참조.

34) 위의 책, 260. 참조

35) 위의 책, 261.

럼 혹한 속 강제노역에 시달려야 했고, 여자와 아이들의 인권은 크게 유린당했다. 이로써 수백만 명의 사람들이 추위와 기아로 죽어나갔다. 정확한 통계는 나와 있지 않지만, 크림반도의 타타르인의 사망률은 46퍼센트, 다른 민족들의 사망률은 평균 20퍼센트에 육박했던 것으로 알려졌다.[36]

3. 과거청산 노력들

1953년 스탈린이 사망한 후, 소련체제 안에서 스탈린 시기의 국가폭력에 대한 과거사청산 노력들이 있었다. 대부분의 과거청산 노력들이 소련 붕괴 이후에 진행된 것이 아니라 소련체제 안에서 이루어졌다. 예컨대 스탈린의 후계자 흐루시초프에 의해서 그리고 소련체제 말기에 집권한 고르바초프에 의해서 진행되었다. 소련 붕괴 이후에는 소련체제 안에서의 과거청산 정책이나 방향이 그대로 유지되었고 새로운 자유체제 아래에서는 특이할 만한 과거청산 노력들을 찾기 어려웠다.

우선, 흐루시초프(1894-1971)가 전임자 스탈린이 저지른 범죄에 대한 과거청산을 어떻게 했는지 역사적으로 시행한 정치적, 사법적 조치들을 중심으로 살펴본다. 흐루시초프는 스탈린 사망 후, 즉시 열린 중앙위원회 총회에서 제1서기로 선출, 실권을 거머쥐었다. 그는 처음 3년간 스탈린의 억압정책을 바로잡는 여러 조치들을 내렸다. 그렇지만 그 조치는 전면적이나 공개적이 아닌 매우 "조용한 탈스탈린화"[37] 차원에서 조심스럽게 그리고 비밀리에 진행되었다. 흐루시초프는 스탈린 시기의 국가테러 범죄를 전면으로 들추어내거나 공개하지도

---

36) 위의 책.

37) 안병직 외10인, 『세계의 과거사청산』, 343.

않았다. 테러 희생자들, 특히 매우 경미하거나 극히 일부 희생자들에 대해 사면을 하거나 일부 불법 기관을 개선하는 정도로만 그쳤다.

스탈린 사망 후, 3주일이 지난 1953년 3월 27일에 소련 정부는 120만 명의 죄수들을 사면하였다. 사면 대상자들은 정치범들이 아닌 5년 이하의 징역형을 받은 일반 범죄자들, 여성복역자들, 노인들, 불치병 환자들이었다.[38] 그해 4월에는 모종의 음모사건에 연루되었던 의사들이 복권되었으며, 그루지야 민족주의 조직의 민그렐리아 사건 심리는 전격 취소되었다. 9월에는 내무부 한 조직으로 초법적 숙청기관이었던 트로이카는 폐지되었다.[39]

1954년 5월에는 반혁명 범죄 기소자의 석방을 허용하는 법령이 공포되었다. 이로써 정치범들이 사면받을 길이 열렸다.[40] 법령이 제정됨으로써 1956년에 유력 당원과 정부 관리들을 포함하는 수만 명의 정치범들이 수용소에서 석방되었다. 공산당은 제정 법령을 근거로 이유 없이 출당된 5천여 명의 당원을 복당시켰다.

흐루시초프는 1956년 2월 제20차 당 대회에서 처음 공개적으로 스탈린을 비판하고 스탈린의 폭압정치를 공격했다.[41] 테러 희생자들을 복권할 것을 제한적으로나마 언급하기도 했다. 당 대회 폐막 시에 행한 "개인숭배와 그 결과"라는 비밀연설에서 스탈린의 일부 죄악상을 폭로했다. 그는 스탈린이 고위급 당원이나 관료 등 지지자들을 불법적으로 숙청했고 2차 세계대전 시 소수민족들을 부당하게 강제 이주시켰다는 사실을 언급하였다.[42] 그러나 그는 강제적 농장집단화로 인해 발생한 대학살이나 우크라이나 대기근에 대해선 일체 침묵했다. 또

38) 위의 책, 342. 참조.

39) 위의 책, 343. 참조.

40) 위의 책.

41) 위의 책, 347. 참조.

42) 위의 책.

그가 폭로한 테러 사실에는 구체적 확증이나 현황이 결여되었고, 오히려 더 많은 의문점만을 남겨 놓았다. 흐루시초프는 그의 비밀연설에서 스탈린의 악행을 단지 우상숭배 차원에서 나온 스탈린 개인의 판단 오류와 인격적 결함 탓으로 돌렸다.[43)]

흐루시초프는 비밀 연설 직후 1956-1957년 사이에 정치범을 비롯해서 굴라크(강제수용소)에 남아있던 수백만 명의 죄수들을 석방하는 조치를 내렸다. 사후복권을 포함해서 61만 명이 사법적으로 복권되었다.[44)] 그는 또한 숙청당한 후 생존해 있는 자들이나 사후 복권자의 가족들에게 소액이나마 재정지원을 해주었다.[45)] 흐루시초프의 과거청산 방식은 소련 정부 중심으로 그리고 철저한 언론 보도 통제하에 이루어진 것으로 사회적 공론 없이 위에서부터 시작했고 그것도 매우 제한적으로 진행되었다. 아래로부터 하는 사회단체의 사건진상 규명 노력은 원천 봉쇄되었다.

소련 권력의 판도는 흐루시초프에 이어서 1964년 브레즈네프가 실권을 잡고, 뒤이은 서기장 안드로포프와 체르넨코 시대를 거쳐 미하일 고르바초프(1931-)로 흘러갔다. 고르바초프는 1985년 3월 공산당 서기장으로 공식 취임하였다. 흐루시초프 이후 21년이 지나서 최고 권좌에 오른 고르바초프는 스탈린 시기에 있었던 과거사 문제가 흐루시초프 이후 주춤했던 것을 다시금 세우고 청산 불씨를 지폈다. 비록 철저한 과거청산은 아니었지만, 소련 사회에 과거사청산 문제를 공론화하여 본격적으로 논의하게 한 장본인이 고르바초프이다.

고르바초프는 집권 초기부터 "역사개방 · 공개정책"[46)]인 글라스노

---

43) 위의 책.

44) 위의 책, 349. 참조.

45) 위의 책. 참조.

46) 정여천 · 김석환, 『현대 러시아 정치 · 경제의 이해』(서울: 대외경제정책연구원, 2004), 16.

스트를 구호로 내세우고 과거청산 문제를 제기한 것은 아니었다. 물론 페레스트로이카(개혁)와 글라스노스트(개방)의 기치를 함께 내세워 시작했으나 그가 소련의 경제개혁이나 정치개혁에 집중하다 보니 글라스노스트에 관한 노력은 뒷전일 수밖에 없었다. 그렇지만 심혈을 기울였던 경제개혁이나 정치개혁의 성과가 집권 2년 동안 매우 지지부진했다. 중간 관리자 이상 고위인사들과 내부 관료조직으로 기득권세력인 노멘클라투라의 강한 반발로 고르바초프의 개혁은 더 이상 추진력을 갖지 못했던 것이다. 그는 강경파, 기득권 세력으로부터 개혁정책에 대한 반발을 잠재우고 아래로부터의 개혁 동력을 얻기 위해서 공개성의 원칙을 강화하는 과거사에 대한 진상규명 정책을 글라스노스트 명분으로 실행에 옮기게 된 것이다.[47]

고르바초프는 1987년부터 선거 민주화 선상에 선 정치개혁을 꾀하면서 과거사 논의를 진전시키고 심화시켜 나갔다. 같은 해 2월에는 과거사 진상규명에 대한 공식 입장을 천명했다.[48] 그는 11월 초에 10월 혁명 70주년을 맞이해 연설문을 낭독했다. 그 연설문에는 과거사에 대한 언급이 들어 있었다. 스탈린 시기에 탄압받은 수천 명의 당원을 조사하는 조사위원회가 구성되어 활동하고 있다는 중요한 내용을 밝혔다. 이는 소련 지도자가 국가폭력을 처음으로 공개하고 공식 인정한 것이었다. 또한 그 연설문에는 숙청 외에 농장 집단화 과정에서 나온 오류를 시인하기도 했지만, 반면에 급속한 산업화에 대한 불가피성을 역설한 내용도 들어 있었다.[49] 고르바초프 연설의 파장은 컸다. 과거사청산문제가 고르바초프 자신에서가 아닌 소련사회가 담당할 몫으로 내비쳤다. 이를 계기로 소련사회에 반체제 운동을 비롯한 비공식적 운동이 일어나

47) 위의 책.

48) 안병직 외10인, 『세계의 과거사청산』, 352.

49) 위의 책.

고 활발한 움직임이 있기 시작했다. 과거청산 동력은 이제 위로부터 나온 개혁세력에 의해서가 아닌 사회단체 세력으로부터 나오게 된 것이다.[50)]

그렇게 생겨난 단체가 바로 1987년 8월에 11명으로 결성된 "메모리알"[51)]이다. 메모리알 조직체는 스탈린 테러 희생자를 기리는 추모비 건립을 위한 서명운동을 벌였다. 계속해서 "테러 희생자들에 관한 자료를 비치할 문서고와 박물관 그리고 회의실 및 도서관을 포함한 연구센터를 건립"[52)]하는 계획까지 세웠다. 고르바초프 정부는 이 사회단체의 성장을 달가워하지 않았다. 그래서 그들 단체의 활동을 방해하기까지 했다. 메모리알 단체는 정부의 갖은 방해에도 불구하고 악명 높은 한 수용소에서 가져온 바위를 제르진스키 광장에 옮겨와 추모비를 세웠다. 계획한 대로 박물관, 도서관과 인권센터가 들어서는 정보센터를 모스크바에 건립했다. 메모리알은 또한 희생자 가족들이 희생자의 사진을 걸 수 있도록 "양심의 벽"[53)]을 설치하였다. 지금까지 메모리알은 발견된 테러 희생자의 무덤을 보존하고, 테러와 관련한 각종 문서를 수집하는 등 과거사 진상규명을 위해 많은 노력을 기울이고 있다.

대대적인 국가폭력에 관한 진상이 계속 폭로되고 수만 명의 테러 희생자 묘지가 발굴되자, 복권을 요구하는 목소리가 더 커졌다. 서류를 갖춘 복권요구가 쇄도하자 개별 조사와 함께 복권조치가 지체되었고 복권신청자의 불만은 커졌다. 이에 소련 정부는 1988년과 1989년에 복권절차에 변화를 줄 새 법령들을 제정, 공포했다.[54)] 희생자에 대한

---

50) 위의 책, 353. 참조.

51) 위의 책. 메모리알은 고르바초프의 페레스트로이카 과정에서 결성된 단체로 반체제운동의 대중조직이다. 강혜련, 『러시아 국가와 시민사회』, (서울: 도서출판 오름, 2003), 111. 참조.

52) 위의 책.

53) 위의 책, 354.

대규모 복권의 길이 열렸다. 1988년 법령에 따라 지역 KGB와 검찰관은 1930년대부터 1950년 중반까지 발생한 모든 테러 사건을 재심해야 했고, 1989년 법령에 따라서는 트로이카 등 초법적 기관에서 내린 판결이 무효가 되고 그 판결 받은 자들은 무조건 복권되는 것이었다. 이로써 많은 복권조치가 일시에 이루어지게 되었다. 1990년 8월에 고르바초프는 강제 집단화의 결과로 체포, 추방된 농민의 권리도 회복되어야 할 것을 지시했다.[55] 또한 그는 1989년과 1990년에 새로운 법령을 제정케 해, 2차 세계대전 중 이적행위의 혐의로 추방된 개인과 소수민족들을 위한 복권을 위한 길이 열리게 했다.[56] 그리고 1990년 "양심과 종교집회의 자유에 관련한 법"[57]이 제정되었다. 소련에서 종교인들의 생활은 이미 1988년부터 고르바초프 지도하에 개선되었지만, 이 법 제정으로 말미암아 종교적, 비종교적 신념을 자유롭게 선택, 보유, 전파할 수 있는 기본권이 보호받게 되었다.

고르바초프는 1991년 12월 쿠데타로 실각할 때까지 과거청산을 위한 사법적 복권조치를 마련하였다.[58] 그 결과 많은 국가폭력 피해자들이 실제로 상당수 복권되었다. 고르바초프는 러시아 과거사청산에 있어서 여전히 제한적이었지만 큰 역할을 담당하였고, 가해자 처벌 빼고는 많은 성과를 거두었다.

"소연방 지도자로서 군림하나 통치할 국민과 영토가 없는 허울뿐인 지도자"[59] 고르바초프의 실각은 곧 소연방의 붕괴였다. 자유민주 체제

---

54) 위의 책, 354. 참조.

55) 위의 책, 356. 참조.

56) 위의 책. 356.

57) 에드윈 베컨, 『현대러시아의 이해』, 김진영 외 5인 역, (서울: 명인문화사, 2015), 227.

58) 안병직 외 10인, 『세계의 과거사청산』, 356. 참조.

59) 정여천 · 김석환, 『현대 러시아 정치 · 경제의 이해』, 19.

인 러시아공화국의 옐친(1931-2007)은 1991년 6월 러시아 최초의 직선 대통령이 되었다. 그는 1999년 말 사임할 때까지 9년여 간 집권하면서 러시아의 정치적 안정을 꾀하려고 노력했다. 그러나 러시아는 내분과 위기로 안정을 찾지 못하였다. 러시아는 1993년에는 정부와 의회의 갈등으로, 1994년엔 분리주의 체츠니아와의 갈등으로 내란 바로 직전까지 갔다.[60]

옐친 정부하에서 정치 불안정이 일상화되면서 과거청산 논의는 급속히 사그러들었다. 그나마 다행인 것은 옐친 정부 출범 시에 과거사 청산을 위해 1991년 10월 "정치적 억압 희생자들의 복권에 관한 법률"[61]이 제정된 것이다. 옐친 집권 초기라 그의 인기도가 높았고 개혁 드라이브를 걸 만큼 여건이 좋았기 때문에 그와 같은 법 제정이 가능했다. 그러나 집권 기간이 더 해 가면서 국내정세가 혼란과 위기로 치닫자, 사람들은 희생자들의 사면과 복권, 약간의 재정적 지원에 만족하고 확대된 과거사 규명이나 가해자 처벌에 대해서는 별반 관심을 보이지 않았다.[62] 푸틴 시대에도 상황은 크게 변하지 않았다. 푸틴의 강력한 리더십으로 인해 불안했던 국내정세는 정치적 안정을 찾았지만, 과거사 청산 노력은 거의 없다시피 했다.

4. 과거청산 노력에 대한 평가

러시아 과거청산 노력은 소련연방체제 내에서 논의되고 시행되었다.

60) 정한구, 『러시아 국가와 사회』(파주: 한울, 2005), 228. 참조.

61) 안병직 외10인, 『세계의 과거사청산』, 356.

62) 정흥모, 『동유럽 국가연구』(서울: 성균관대학교출판부, 2012), 297. 참조. 그런 의미에서 러시아의 과거청산 모델은 '형 집행에 의한 과거청산'이 가능하지 않음을 보여준다. 가해자 처벌이 어려워 아예 형 집행을 포기하는 것이다.

2장에서 연도별로 언급된 법적 조치들을 본 바와 같이, 과거청산 노력은 소련 최고 권력자 2인에 의해서 주로 이루어졌다. 스탈린의 후계자였지만 그의 전체주의적 독재체제를 벗어나려고 했던 흐루시초프와 소련의 해체와 더불어 공산주의 몰락을 재촉시킨 개혁주의 노선의 고르바초프이다. 이 두 사람을 중심으로 러시아 과거청산 노력이 어떤 성격을 띠고 진행되었는지를 평가한다.

흐루시초프의 과거사청산방식은 스탈린 격하 운동과 맞물려 조용한 탈스탈린화의 움직임에서 이루어졌다. 그것은 전적으로 흐루시초프의 자발적 판단과 의지에 의한 것이 아니다. 그보다 다른 실제적 이유가 있었다. 두 가지다. 첫째는 밑으로부터의 압력이다. 스탈린 사후 수백만 명의 정치범들이 석방과 처우개선을 요구했고, 수용소에서의 소요사태 위협이 더욱 증대했기 때문이었다.[63] 둘째는 실용적 필요성이다. 1950년대 중반 이후 수용소에서의 강제노동은 더 이상 소련 경제발전에 기여하지 못했다. 수용소 유지를 통한 경제적 이익보다 시설 유지비용이 더 컸다. 그런 차원에서 스탈린식 테러를 부정해야만 했고, 어떤 방식으로든 과거를 청산해야만 했다.

흐루시초프의 과거청산은 위와 같은 이유로 위로부터 시작한 것이기도 하지만, 엄밀히 말하면, 아래로부터의 압력이나 실용적 필요에 의해서 시행되었다고 할 수 있다. 그렇지만, 흐루시초프 시기의 과거청산은 소련 정부 중심으로, 철저한 언론 통제하에서 그리고 사회적 공론 없이 위에서부터 지시되어 진행되었다. 그는 국가테러의 사실을 은폐하면서 비공개로 진행하는 방식을 취했다. 이것이 글라스노스트(역사개방과 공개정책) 없는 과거청산 방식이다.[64] 흐루시초프는, 과거청산을 하도록 지시할 때, 오로지 테러 희생자 중심으로 추진했다.

63) 안병직 외10인, 『세계의 과거사청산』, 345.

64) 정여천 · 김석환, 『현대 러시아 정치 · 경제의 이해』, 16. 참조.

가해자 처벌은 아예 엄두도 내지 못했다. 왜냐하면, 흐루시초프를 비롯한 소련 지도자 어느 누구도 스탈린 시대에 자행된 테러의 책임에서 자유롭지 못했고 그것을 또 다들 범죄로 인정하지 않으려 했기 때문이다.65)

고르바초프가 1985년 서기장에 선출된 후 내걸었던 구호는 페레스트로이카(재건)와 글라스노스트(개방)였다. 전자는 "인간의 얼굴을 한 사회주의로 돌아가자는 개혁"66)으로 정치 · 경제 개혁정책을 추진하는 일이었다. 하지만, 페레스트로이카 정책은 소련의 해체, 동유럽 공산주의 몰락, 냉전 종식의 결과를 초래했다. 후자는 소련을 서방세계에 개방하겠다는 의미가 아니라 소련의 숨겨진 과거사에 대한 개방과 공개를 의미하는 것이다. 소련의 과거청산 방식을 지칭한 것이다. 고르바초프는 흐루시초프보다 과거사를 더 많이 들추어내고, 그것에 대한 공개성 원칙을 강화하였다. 과거사 개방과 공개는 개혁의 걸림돌이 되는 강경 보수파의 사기를 꺾고 어느 정도 언론의 자유를 허락하므로 반체제 운동을 가능하게 하는 요인이 되었다. 그의 과거청산 논의는 분명히 체제개혁을 위한 지렛대였다.67)

고르바초프의 청산방식은 흐루시초프의 방식보다는 좀 더 진전되고 포괄적인 형태로 이루어졌다. 상부 개혁세력과 하부 사회단체 간의 상호 노력이 서로 합해져 진행되었다.68) 고르바초프는 그의 개혁정책에 대하여 반발하고 저항하는 기득권 세력인 "노멘클라투라"69)를

---

65) 안병직 외10인, 『세계의 과거사청산』, 344. 참조. 보로쉴로프는 군 숙청에 협조했고, 미코얀은 부하체포에 관여했고, 말렌코프 역시 아르메니아에서 숙청에 가담했다. 카가노비치는 강제집단화정책에 의거한 숙청을 직접 지휘했다. 또 그런 숙청들은 스탈린의 지시에 의한 것이었다.

66) 정여천 · 김석환,『현대 러시아 정치 · 경제의 이해』, 14.

67) 안병직 외10인, 『세계의 과거사청산』, 360. 참조.

68) 정여천 · 김석환, 『현대 러시아 정치 · 경제의 이해』, 16. 참조.

무마하거나 약화시키기 위한 일환으로 이전보다 더 철저하게 탈스탈린화와 은폐된 과거사를 공개하려고 했다. 그런 의미에서 고르바초프의 과거청산 노력은 글라스노스트(역사개방, 공개정책)가 있는 방식이다.

자유 민주체제 아래서 선출된 러시아 대통령 옐친과 푸틴은 흐루시초프와 후고르바초프의 과거청산을 더 발전시키고 완성하였다기보다는 그들이 이룩한 성과 수준으로 마무리 짓거나 그대로 멈추었다고 할 수 있다. 아니면 그들은 더 이상의 과거청산 의지가 없다고 해도 지나치지 않다. 오늘날 러시아는 여전히 형식상 자유 민주체제이다. 하지만, 러시아 의회엔 구 공산당 세력이 아직도 건재하고 굳건하다. 러시아 국민 역시 구소련 체제에 대한 그리움과 향수, 심지어 폭압적 지도자 스탈린에 대한 신뢰가 아직 남아있다.

러시아의 과거청산은 여전히 미완의 과제이고 불충분한 상태로 남아 있다. 과거청산에 있어서 피해자 보상은 매우 중요한 과제이지만 가해자 처벌도 그에 못지않게 중요한 일이다. 러시아에 보수 수구세력이 존재하는 한, 가해자 처벌은 매우 요원하고 난망한 일이 될 것이다.

5. 나가는 말

러시아 과거청산의 특징은 다섯 가지로 정리될 수 있다. 첫 번째 특징으로는, 이미 전 장에서 살펴본 것처럼, 과거청산이 자유 민주체제로의 전환 이후가 아닌 소련연방체제 내에서 이루어졌다는 점이다. 러시아의 과거청산이 애초에 불가능했다거나, 아예 없었다거나 혹은

69) 데이비드 파커 외, 『혁명의 탄생』, 438. 노멘클라투라(nomenklatura)는 스탈린 집권 이후에 이전에 권력층이었던 직업적 혁명가 집단을 대신해 체제를 유지한 특권적 지배계층이다.

있더라도 실패작이라고 보는 단정은 매우 정당하지 않은 해석이다.

두 번째 특징은 러시아의 과거청산이 정치지도층이 주도한 위로부터의 과거청산이었다는 것이다. 이러한 과거청산은, 그렇게 만족스럽지 않았지만, 제한적이나마 있었고 나름 어느 정도의 성과가 있었던 것은 명백하다. 공산주의 종주국인 소련 자체 안에서 스탈린 시기에 자행되었던 극단적 국가테러에 대한 자기성찰과 자기반성이 가능했다는 것은 그것이 아무리 정치적인 의도가 깔린 조치라 할지라도 기적 같은 일이었음에 틀림없다. 일반적으로 그런 일은 통제사회에서 거의 불가능한 일이다.

러시아 과거청산의 세 번째 특징은 국가적 테러 사실을 인정하고 공개적으로 승인했다는 것이 매우 독특한 점이라 할 수 있다. 물론 흐루시초프는 과거청산을 비밀리에 진행했지만, 고르바초프는 지도층 차원에서 국가테러 사실을 인정하고 공개하였다. 네 번째 특징은 러시아의 과거청산이 가해자 처벌이 없이 테러 희생자를 위주로 사법적 복권조치를 했다는 것이다. 처벌자 중심의 과거청산이 아니라 피해자 중심의 과거청산이었다. 가해자 처벌 기준을 잡기 어려워 형 집행 자체를 포기하는 것이다. 다섯째 특징은 러시아의 과거청산이 소련체제의 해체와 함께 자유민주체제로의 전환을 가능케 했다는 것이다.

북한 지배층이 공산주의 종주국이었던 러시아의 과거청산 사례를 목도했다면, 과거청산은 남의 문제가 아니라 북한 지배층이 반드시 고려해야 하고 타개해야 할 과제이다. 물론 북한 체제의 특징은 "수령의 유일적 영도 아래 통치되는 전체주의적인 독재체제"[70]이다. 북한식 수령체제는 소련의 스탈린식 독재체제보다 더 교조적이고 절대주의적이다. 북한은 스탈린 사망 이후 소련과 갈등하고 내부 권력 투쟁과정에서 주체사상이 수립되었고, 주체사상은 1인 절대 지배체제를 정당화하

70) 통일교육원, 『2019 북한이해』(서울: 통일부 통일교육원, 2019), 11.

는 이데올로기로 변화했다. 그런 측면에서 현재의 북한은 삼부자 권력세습의 영속화가 깨지는 권력 교체가 이루어지지 않는 이상, 러시아식 과거청산은 아직 요원한 일이 될 것이다. 그러나 인류역사 속에서 권력세습은 영원하지 않다. 언젠가는 북한 같은 절대 지배체제는 무너지기 마련이다.[71]

러시아의 과거청산이 현재 북한에게 주는 시사점 혹은 교훈이 있다. 연구결과로서 네 가지 시사점을 줄 수 있다. 첫째, 북한체제 안에서도 얼마든지 과거청산은 가능하다는 것이다. 만일 북한 내 권력교체가 이루어지면 과거청산은 자체에서, 즉 북한 지배층이나 북한 주민으로부터 요청된다. 둘째, 과거청산이 있다면, 정치 지도자층이 주도한 위로부터의 과거청산일 수 있다는 것이다. 셋째, 공산주의 사회에서도 과거성찰로서 국가폭력에 대한 폭로를 비밀리에 하든, 공개적으로 하든 얼마든지 가능한 일이다. 넷째, 가해자 처벌이 아닌 피해자 중심의 과거청산이 우선적으로 있을 것이고, 북한주민에게 피해보상이 가고 그들에 대한 복권 또한 이루어질 것이다. 다섯째, 북한 내부에서 권력교체로 인한 과거청산이 실현된다면, 러시아처럼 북한사회 역시 자유민주체제로 전환할 가능성이 크다. 통일한국이 그런 연장선상에서 이루어진다면, 가장 바람직한 평화적 통일이 한반도에 실현될 것이다.

---

71) 박정오 외, 『동유럽 공산주의의 해체, 청산 그리고 새로운 사회로의 통합에 대한 연구』(고양: 좋은 땅, 2016), 217. 참조. 우평균은 북한체제의 변혁이 공산당 내부의 인식변화와 엘리트 분파 형성과 갈등의 요인 같은 '위로부터의 변화' 속에서 가능함을 제시한다. 실제로 소련의 붕괴는 지배 엘리트 분열 때문이었다. (양운철 · 정한구, 『러시아 · 동유럽의 정치발전과 경제성장과의 상관관계』(성남: 세종연구소, 1999), 40. 참조)

참고문헌

강병오. “통일독일의 과거청산 사례 분석과 그것이 한반도에 주는 교훈.” 「신학과 선교」 53집. 부천: 서울신학대학교 기독교신학연구소, 2018.

강혜련. 『러시아 국가와 시민사회』. 서울: 도서출판 오름, 2003.

까갈리쯔끼, 보리스. 『소련 단일체제의 와해』. 김남섭 역. 서울: 창작과비평사, 1993.

기연수 외 3인. 『현대 러시아 연구』. 서울: 집문당, 1993.

김규륜 외. 『한반도 통일의 미래와 주변 4국의 기대』. 서울: 통일연구원, 2013.

리치먼드, 예일. 『러시아, 러시아인』. 이윤선 역. 서울: 일조각, 2004.

레밍턴, 토머스. 『러시아의 정치의 이해』. 장덕준 역. 파주: 한울, 2014.

박정오 외. 『동유럽 공산주의의 ‘해체’ · ‘청산’ 그리고 새로운 사회로의 ‘통합’에 대한 연구』. 고양: 좋은 땅, 2016.

베컨, 에드윈. 『현대러시아의 이해』. 김진영 외 5인 역. 서울: 명인문화사, 2015.

안병직 외 10인. 『세계의 과거사청산』. 서울: 푸른역사, 2015.

양운철 · 정한구. 『러시아 · 동유럽의 정치발전과 경제성장과의 상관관계』. 성남: 세종연구소, 1999.

정여천 · 김석환. 『현대 러시아 정치 · 경제의 이해』. 서울: 대외경제정책연구원, 2004.

정한구. 『러시아 국가와 사회』. 파주: 한울, 2005.

———. 『러시아의 지배 엘리트: 구엘리트의 변신과 체제전환』. 성남: 세종연구소, 1999.

정흥모. 『동유럽 국가연구』. 서울: 성균관대학교출판부, 2012.

조상현. 『구소련의 민족과 종교』. 인천: 명인문화사, 1993.

최호근. 『제노사이드』. 서울: 책세상, 2005.

카, E. H. 『러시아 혁명』. 신계륜 역. 서울: 나남출판, 1997.

통일교육원. 『2019 북한이해』. 서울: 통일부 통일교육원, 2019.

트위스, 미란다. 『세상을 움직인 악』. 한정석 역. 서울: 이가서, 2003.

파커, 데이비드 외. 『혁명의 탄생』. 박윤덕 역. 서울: 이가서, 2003.

조지아의 체제전환 과정 연구

조은식
(숭실대학교 교수, 선교학)

1. 들어가는 말

우리에게 조지아라는 국가는 낯선 국가이다. 어디에 있는지도 모르고 국가명이 미국의 조지아주와 비슷하여 혼동이 되기도 한다. 조지아의 원래 명칭은 그루지야다. 그루지야는 제정 러시아의 지배를 받았고 소비에트에 병합되어 소비에트연방국가 가운데 하나였다. 그루지야는 우리나라만큼이나 내적 혼란과 갈등 그리고 분쟁, 뿐만 아니라 주변국과의 영토전쟁과 식민지화 등이 끊이지 않았던 국가이다. 갈등과 분쟁으로 인한 아픔과 상처가 아직도 치유가 되지 않은, 여전히 치유중인 안타까운 국가이기도 하다. 소련이 붕괴하면서 독립한 그루지야는 친서방 정책을 표방하면서 영토문제와 경제적 지원을 받기 위해 러시아와도 교류하는 이중적인 외교관계를 하기도 했으나 그것은 생존 차원에서 불가피하게 이루어진 실리적 외교로 보아야 할 것이다. 국가 명칭은 러시아에 대한 반감을 갖고 있던 샤카쉬빌리 대통령이 2009년 그루지야를 조지아로 호칭해줄 것을 국제사회에 공식 요청하였다. 그 후 그루지야를 조지아로 부른다고 보면 되겠다.

이 연구에서는 조지아가 어떤 과정을 겪으며 러시아의 지배를 받게 되었는지와 소비에트연방의 하나로 되었는지, 그리고 소비에트연방 해체 이후 독립하여 체제를 다듬어 가는 과정에서 발생한 여러 가지 상황들을 간략하게 소개하면서 조지아의 체제전환 과정을 살펴보겠다.

2. 지정학적 위치

조지아는 지리적으로 동쪽으로는 카스피해와 서쪽으로는 흑해 중간에 위치한 나라이다. 과거 비단길이 통과하는 지역으로 동·서 문물교류의 요충지였다. 동시에 기독교, 이슬람교, 그리고 불교를 접할 수 있는 지리적 위치로 인해, 그리스 로마의 영향은 물론이지만 기독교를 수용하였고 이로 인해 친서방적 경향을 갖게 되었으며, 중세이후부터는 페르시아와 터키의 영향을 받았다.[1]

조지아의 지리적 위치를 보면 서쪽은 흑해와 연결되어 있고, 북쪽은 러시아와 경계를 하고 있으며, 남서쪽은 터키와, 남쪽은 아르메니아와 그리고 남동쪽은 아제르바이잔과 경계를 하고 있다. 조지아의 서북쪽에는 압하지야가 있고 북쪽 정 가운데 러시아 국경 사이에 남오세티야 공화국이 자리 잡고 있다. 조지아의 지정학적 위치는 흑해로 진출하려는 강대국의 전략지역이 될 가능성이 크고 주변 강대국과의 영토분쟁을 일으키기에 충분한 위치로 보인다. 마치 한반도가 러시아, 중국, 일본의 각축장이 되었던 것과 유사하다. 더구나 조지아 영토로 보이는 곳에 압하지야와 남오세티야 공화국이 자리 잡고 있는 형국은 두 민족과 민족갈등뿐만 아니라 지속적인 영토분쟁을 야기할 수밖에 없는 상황으

1) 정세진, "그루지야 역사의 공간과 접변 연구— 동과 서, 북방의 경계를 중심으로," 『국제지역연구』 제12권 제1호 (2008): 330, 331.

로 보인다.

3. 그루지야의 시작과 러시아 지배

조지아는 그루지야 종족이 이주해와 정착한 것으로 알려졌다. 고대에는 동쪽의 카르틀리 공국과 서쪽의 이베리아 공국이 있었다. BC 4세기에 그루지야 국가가 형성되었다. 그러나 그루지야는 BC 1세기부터 로마의 지배를 받게 되었고, AD 330년경 마리안 3세 국왕이 기독교를 수용하였다. 그 후 중세시대에 페르시아와 투르크 민족의 압력을 받으면서도 기독교 유산과 전통을 유지했다. 1236년 몽골의 침략으로 그루지야는 몽골의 지배를 받게 되었고, 이로 인해 친서방 정책은 종식되고 유럽 중심의 문화 정체성은 퇴색하게 되었다. 카르틀리 공국의 게오르기 5세가 몽골을 격퇴하면서 그루지야 땅이 통일되었다. 그러나 1386년 티무르제국이 트빌리시를 파괴함으로써 그루지야의 국력은 약화되었다. 1453년 오스만 투르크가 비잔틴 제국의 수도인 콘스탄티노플을 점령함으로써 비잔틴 제국이 멸망했다. 이에 그루지야는 오스만 투르크와 대치하게 되었고 동방의 이슬람 세력에 포위된 형국이 되었다. 결국 동그루지야는 페르시아에게 서그루지야는 오스만 투르크에게 지배당했다.[2)]

1762년 헤르켈러 2세는 당시 동 그루지야에서 형식적인 지배권을 갖고 있던 페르시아 세력을 몰아내고, 1773년에는 서그루지야를 점령하고 있던 오스만 투르크 세력을 몰아내기 위해 러시아의 보호를 요청하였다. 이에 러시아 군대가 그루지야 일부 지역을 장악하여

---

2) 정세진, "그루지야 역사의 공간과 접변 연구," 330-336.

오스만 투르크와 거의 30년 동안 그루지야의 지배권을 놓고 다투었다.[3)]

1783년 카르틀리 공국의 이라클리 2세는 러시아와 게오르기예프스크 조약(Treaty of Georgievsk)을 체결했다. 이 조약으로 그루지야 왕은 국내 문제에 관한 자치권만 행사하고, 외교권과 국방권을 러시아에 넘기게 되었다. 이것은 그루지야가 러시아로 병합되는 시작이었다. 제정러시아는 그루지야 일부 지역을 점령하였다. 1795년 페르시아가 동그루지야의 트빌리시를 공격하자, 동그루지야는 러시아에 다시 보호 요청을 하였다. 그 후 1801년 제정러시아의 알렉산드르 1세는 동그루지야에 속한 카르틀리 공국과 카헤티야 공국을 공시적으로 폐위했다. 그루지야의 바그라티드 왕조는 러시아와 합병됨으로 끝이 났다. 1804년 서그루지야도 러시아와 병합되었다. 이렇게 러시아는 서서히 그루지야 영토를 복속시켰다. 이후 그루지야는 1901년 독립 공화국이 될 때까지 러시아의 지배를 받았다.[4)]

러시아의 지배를 받으며 러시아화되는 과정에서 그루지야의 계급제

3) 정세진, "그루지야 역사의 공간과 접변 연구," 336-337.

4) 정세진, "그루지야 역사의 공간과 접변 연구," 337-338.

도에 변화가 왔다. 귀족계급의 사회적 · 정치적 신분이 급격히 저하되면서 새로운 노동자 그룹이 형성되었다. 이런 과정에서 그루지아에 있던 아르메니아 상인계급이 경제적 영향력을 행사하며 부상하였다. 이런 현상이 그루지야인들의 민족의식을 일깨우는 계기가 되었다. 지식인 계급은 19세기 러시아의 사상과 유럽의 정치사상 및 철학을 민족주의의 이론적 토대로 사용했다. 20세기 초반에는 그루지야 혁명 막스주의자들이 러시아 사회당의 지도 아래 급속하게 성장하였다. 1900년경 농촌 인구가 급속히 도시로 이주했고, 노동자 계급이 지식인 계급에 의해 형성되기 시작했다. 이들은 아르메니아 부르주아와 제정러시아 관료주의의 붕괴를 위한 투쟁을 벌였다. 제정러시아 식민주의 통치의 붕괴가 이들의 중요한 목표였다.[5)]

러시아에서 볼셰비키 혁명이 성공한 1917년까지 그루지야에서는 러시아로부터의 독립을 꾀하는 어떤 정치운동도 없었다.[6)] 그러다 1918년 그루지야의 멘셰비키 중심의 사회민주당원들은 그루지야 공화국을 공식 선포하였다. 그러나 소비에트 정부는 1921년 그루지야를 강제적으로 병합하여 소비에트 체제의 연방국가의 하나로 간주하였다. 비록 형식적으로는 주권국가로 간주되었고 자체 외무성까지 갖추고 있었지만, 소비에트 체제의 일부일 뿐이었다.[7)] 1924년 그루지야의 독립을 요구하는 민족주의자들의 반볼셰비키 봉기가 실패한 후, 1991년 소련으로부터 독립하기 전까지 어떤 반소 운동도 없었다.[8)]

---

5) 정세진, “그루지야 역사의 공간과 접변 연구,” 338-339.

6) 현승수, “조지아(그루지야) 민족주의의 딜레마,”『e-Eurasia』, vol. 33 (2011): 4.

7) 정세진, “그루지야 역사의 공간과 접변 연구,” 339.

8) 현승수, “조지아(그루지야) 민족주의의 딜레마,” 5.

4. 그루지야의 독립과 장미혁명

1989년 4월 9일 트빌리시에서 소비에트 정권에 대한 항의집회 도중 소련군의 발포로 시민 19명이 사망하는 사건이 발생했고, 7월 15일에는 압하지야 공화국 수도 수후미(Sukhumi)에서 압하지야인과 그루지야인 사이의 유혈 충돌이 있었다. 1990년 10월 종족 민족주의를 주창한 영문학자 감사후르디아(Zviad Gamsakhurdia)가 최고 소비에트 선거에서 의장으로 선출되었다. 그리고 1991년 4월 9일 그는 그루지야의 독립을 선언했고, 5월 26일 높은 지지율로 대통령에 선출되었다.[9] 그러나 그해 말 그를 민주주의를 파괴하고 민족분규와 내란을 이끈 독재자로 폄하하는 반대파들의 군사 쿠데타로 대통령직에서 밀려났다. 1992년 3월 쿠데타 세력은 자신들의 행위를 정당화하기 위해 1990년 12월 소련의 외무장관에서 물러나나 있던 세바르드나제(Eduard Shevardnadze)를 모스크바에서 데리고 와 국가평의회(State council) 의장으로 앉혔고 그해 8월 직접선거로 그는 국회의장과 대통령에 선출되었다. 그는 공산주의자 이미지 탈피를 위해 세례를 받았다.[10] 그러나 그는 민족주의와 별 관계가 없는 사람이었다.[11]

세바르드나제는 그루지야를 소비에트연방 해체 이후 독립한 11개 공화국이 참여한 독립국가연합(CIS=Commonwealth of Independent States)에 가입시키고 러시아와의 협력노선을 취해 자국내 러시아 군대 주둔을 연장했다. 그는 감사후르디아 세력이 일으킨 무장봉기를 진압하고, 1995년 11월 대통령에 재선되었고 쥬바니아가 국회의장을

9) 현승수, "조지아(그루지야) 민족주의의 딜레마," 5, 허승철, 『조지아의 역사』 (파주: 문예림, 2016), 186.

10) 허승철, 『조지아의 역사』, 188-189.

11) 현승수, "그루지야 장미혁명의 재평가," 『e-Eurasia』, vol. 30 (2011): 13

맡았다. 세바르드나제는 헌법을 개정해 대통령의 권한을 강화했고 그러다 보니 권력간 견제기능이 약화되었다.[12] 외교적으로 현실주의자인 세바르드나제는 서방의 원조를 끌어들이고 동시에 러시아와의 관계 정상화에도 주력했다. 1997년에는 그루지야는 우크라이나, 아제르바이잔 그리고 몰도바와 함께 '민주주의와 경제발전을 위한 기구(Organization for Democracy and Economic Development)인 GUAM(Georgia, Ukraine, Azerbaijan, Moldova)'를 결성했다. 1998년에는 유럽평의회에 가입하였고, 다음 해에는 CIS 안보조약에서 탈퇴하였다. 마침내 1999년 유럽안보협력기구(OSCE=Organization for Security and Co-operation in Europe) 정상회담에서 러시아군 기지 철수가 결정되었다. 이것은 그루지야의 외교적 승리로 평가되며 세바르드나제의 지도력이 인정받는 계기가 되었다. 조지아는 이스라엘에 접근하여 무기를 제공받았고, 이란과 관계 개선을 하여 이란과 서방을 연결하는 중개자가 되었다. 터키와도 관계를 개선하여 터키가 조지아를 통해 아제르바이잔과 카스피해에 접근할 수 있게 되었다. 그러나 체첸 2차 전쟁에 애매한 태도를 취하며 러시아와의 관계가 악화되었고, NATO의 코소보 공격을 지지함으로 자국의 영토통합에 부정적 영향을 끼쳤다. 결과적으로 그루지야는 미국과 러시아와 유럽으로부터 외면되었고, 세바르드나제는 기회주의자라는 악평을 받게 되었다.[13]

2000년 10월 법무장관을 맡았던 샤카쉬빌리(Mikheil Saakashvili)가 일년 만인 2001년 9월 사임하였고 신진 정치인들도 대통령과 결별하며 여당은 사실상 해체되었다. 샤카쉬빌리는 <통일민족운동(UNM=United National Movement)>을 창당하고 2002년 6월에 실시

12) 이상준, "조지아의 체제전환과 경제발전: 개혁의 성공 조건," 『슬라브학보』 제26권 3호 (2011): 39, 허승철, 『조지아의 역사』, 199-200.

13) 현승수, "그루지야 장미혁명의 재평가," 13.

된 통일선거에서 트리빌리 시의회 의장으로 당선되었다. 2003년 11월 2일에 실시된 총선 개표 결과에 강한 의혹을 가진 샤카쉬빌리는 항의 행진을 시민들에게 호소했다. 대통령 하야와 재선거를 요구하는 대규모 시위가 계속되다가 11월 23일 세바르드나제를 축출하는 장미혁명(Rose Revolution)이 되었다. 혁명의 주역은 샤카쉬빌리와 <부르자나제 민주주의당> 지도자인 슬라브 쥬바니아와 같은 당 국회의장 출신인 니노 부르자나제였다.[14)]

2004년 1월 24일 샤카쉬빌리는 대통령에 취임했다. 그리고 협력자 쥬바니아는 총리가 되었고 부르자나제는 국회의장이 되었다. 현승수는 샤카쉬빌리를 "탁월한 이미지 연출 전술과 군사를 이용하는 수사학"적 특징을 갖고 있는 인물로 묘사한다.[15)] 샤카쉬빌리는 친서방 정책을 표방했고 시민 민족주의에 입각한 국가 건설을 약속했다.[16)] 한편, 샤카쉬빌리는 자신의 측근을 치안 관계 요직에 배치하고 대통령의 권한을 강화했다. 샤카쉬빌리와 권력분담을 한 쥬바니아 총리는 러시아의 과두재벌이었던 벤투키제를 영입해 민영화 정책을 적극 추진하며 경제발전에 주력했다.[17)] 세바르드나제와 마찬가지로 샤카쉬빌리도 대통령이 되자 대통령의 권한을 강화했다. 혁명을 하고 개혁을 한다고 하면서 대통령이 되면 권한을 강화하는 이유는 무엇일까?

집권 후 샤카쉬빌리는 친서방 외교노선을 취하기 시작하여 NATO와 EU 가입을 적극 추진했다. 2004년 8월 조지아는 NATO에 '개별회원국 행동계획(Individual Partnership Action Plan)'을 제출하여 10월 상인을 받았다. 2005년 3월에는 NATO와 '평화를 위한 동반자(Partnership

14) 현승수, "그루지야 장미혁명의 재평가," 14, 허승철, 『조지아의 역사』, 204-206.

15) 현승수, "그루지야 장미혁명의 재평가," 15.

16) 현승수, "조지아(그루지야) 민족주의의 딜레마," 6.

17) 현승수, "그루지야 장미혁명의 재평가," 15.

for Peace)' 협정에 서명했다. 뿐만 아니라 2006년 5월 우크라이나 수도 키예프에서 열린 GUAM 정상회의에서 '유럽-아시아 트랜스코카서스 통로(Europe-Asian Trans-Caucasus Transport Corridor)' 확대와 '통합과 안보를 위한 공동구역(Common Space of Integration and Security)' 설치를 위해 노력하기로 결의했다. 이 일은 러시아에 대항하는 연합성격이 강해 러시아의 신경을 자극했다. 또 2006년 10월에 '조지아-EU 행동계획(Georgia-EU Action Plan)'이 EU에 제출되어 11월 승인되었다. 이런 친서방 정책으로 러시아와의 관계는 악화되었다. 더구나 압하지야와 남오세티야와의 갈등과 긴장으로 러시아와의 관계는 더 악화되었다[18]

샤카쉬빌리는 부패청산을 위해 트빌리시의 모든 교통경찰을 해고하고 시민들이 교통정리를 하게 한 후, 반부패 서약을 받고 새로운 경찰을 뽑았다. 부패혐의가 있는 수사경찰과 세관원 그 외 다른 공무원들도 대규모로 해고했다. 공무원의 숫자는 줄었지만 높은 급여가 제공됐다. 독립 15년 만에 처음으로 임금과 연금이 제대로 지급되었다. 교육 분야에서도 대학입시와 관련된 부정이 척결되었고, 전국 단일시험에 의한 대학입시제도가 확정되었다. 또한 과감한 민영화 정책이 추진되어 재정 수입을 확대시켰다.[19]

샤카쉬빌리 정부의 개혁은 세 가지로 요약된다. 첫째는 "최소정부를 지향하며 재정준칙을 수립하는 것"이었다. 둘째는 "부패와 관료주의를 타파하고 비공식 경제를 줄이는 것"이었다. 셋째는 민간부분의 발전을 어렵게 했던 조치를 수정하기 위해 기존의 규제를 단순화 하고 기업경영에 관한 새로운 법규를 제정하였다.[20] 이런 노력으로 경제지표가

---

18) 허승철, 『조지아의 역사』, 208-209.

19) 허승철, 『조지아의 역사』, 207-208.

20) 이상준, "조지아의 체제전환과 경제발전: 개혁의 성공 조건," 40.

크게 개선되었다. GDP가 증가했고, 금융시장이 작동하기 시작했으며, 투자환경이 개선되어 외국인 투자 유입이 늘었고, 대외무역이 증가하였다. 재정수입 증가로 부채를 상황하고 생긴 여유분으로 임금과 연금도 인상할 수 있었으나, 경제적 불평등과 빈곤 퇴치는 해결되지 못했다.[21] 장미혁명 이후 민주화는 혁명을 가져왔지만, 혁명이 민주화의 진전을 가져오지는 못했다.[22]

샤카쉬빌리 대통령은 자신과 정치적으로 갈등을 빚어온 오크루아슈빌리(Okruashvili) 전 국방장관을 국가의 사법권을 남용하여 국외로 추방하였다. 또한 트빌리시에서 반정부 시위가 발생했다. 이런 상황에서 샤카쉬빌리 대통령은 2007년 11월 사임하며 조기 대선을 요구했다. 2008년 1월 샤카쉬빌리는 대통령에 복귀했다. 재선에 성공했지만 개혁에는 큰 진전이 없었다. 빈곤층은 확대되었고 글로벌 금융위기로 경제성장은 낮아졌다. 외국인 투자는 감소했고, 무역수지 적자는 늘어났고, 외국원조는 줄어들었다. 실업률과 빈곤상태는 개선되지 못했다.[23]

개혁 가운데 사유화가 가장 눈에 띄는 개혁이었고, 국가 간섭의 최소화 정책이 경제운영에 도움이 되었다. 기업 활동에 필요한 각종 인허가 절차와 서류를 간소화했고, 노동자의 권리를 제한하는 동시에 고용주에게 유리하게 적용되는 새로운 노동법을 통해 기업 활동의 활성화를 가져왔다. 대통령의 권력 강화와 사정기관의 권력 강화로 부패한 관료들이 국가로부터 훔친 재산을 몰수하거나 재국유화하는 일들이 진행되었다. 국가권력의 행사는 선별적으로 진행되었다.[24]

---

21) 이상준, “조지아의 체제전환과 경제발전: 개혁의 성공 조건,” 40-42.

22) 현승수, “그루지야 장미혁명의 재평가,” 15.

23) 이상준, “조지아의 체제전환과 경제발전: 개혁의 성공 조건,” 42-43

24) 이상준, “조지아의 체제전환과 경제발전: 개혁의 성공 조건,” 45-46.

2008년 남오세티야를 둘러싸고 러시아와 분쟁을 겪은 샤카쉬빌리 대통령은 그루지야를 조지아로 호칭해줄 것을 국제사회에 공식 요청하였다. 그것은 그가 갖고 있던 러시아에 대한 반감과 관련이 있다. 2008년 남오세티야 전쟁에서 패하면서 조지아는 CIS를 탈퇴했고, 2009년 통상적으로 그루지야란 호칭을 사용하던 국가들에게 조지아로 통일해서 호칭할 것을 요청했다. 우리나라가 유일하게 2011년 이 요구를 공식적으로 받아들였다.[25)]

5. 국내 정치의 변화

2012년 총선에서 집권당인 <통일민족운동>의 백만장자인 미하일 샤카쉬빌리 대통령의 정책에 반대하던 비드쥐나 이바니쉬빌리(Bidzina Ivanishivili)가 이끄는 정당인 <조지아의 꿈(Georgian Dream)>이 승리하며 이바니쉬빌리는 총리로 취임했다. 2003년 발생한 장미혁명을 통해 구소련의 정치적 유산에서 벗어나려는 움직임이 있었다. 이에 샤카쉬빌리 대통령은 EU와 NATO 가입을 국가정책의 최우선으로 삼았다. 그러나 이바니쉬빌리 총리는 친러시아 입장을 가진 인물이었다. 이런 대립적 정치성향은 갈등을 일으키기는 요인이 되었다. 2013년에 대통령과 조지아 의회의 잦은 충돌 여파로 조지아 의회는 3월 대통령의 권한을 대폭 축소하고 의회의 권한을 강화하는 헌법수정안을 가결했다. 이 수정안은 대통령이 의회의 동의 없이 총리와 내각을 임명하거나 경질할 수 없게 제한하는 내용이 포함되어

---

25) 유재현, 『동유럽-CIS 역사기행: 코카서스에서 동베를린까지』 (서울: 그린비, 2015), 25, 27. 조지아는 대한민국과 1992년 12월14일 국교를 수립했고, 북한과는 1994년 국교를 수립했다.

있다. 대통령과 총리의 갈등은 <통일민족운동>과 <조지아의 꿈>의 권력투쟁으로 비화되었고, 이것은 정치적 불안감을 양산했다. 대통령 측근과 대통령 지지자들이 범법행위로 조사를 받거나 체포되는 일이 발생했다. 이바네 메라쉬빌리 전총리가 횡령 및 직위 남용으로 전격 체포되었고, 치아벨라쉬빌리 전 보건부 장관도 같이 체포되었다. 우굴라바 전 트리빌리 시장은 국가재정 낭비와 돈세탁 혐의로 고발되었고, 케제라쉬빌리 전 국방장관은 프랑스에서 불법무기 혐의로 체포되었다.[26)]

2013년 10월 개최된 대선에서 <조지아의 꿈> 후보인 철학자이며 대학 총장을 역임한 기오르기 마르그벨라쉬빌리(Giorgi Margvelashvili) 제1부총리가 대통령에 선출되었다. 마르그벨라쉬빌리 대통령은 이라클리 가리바쉬빌리(Irakli Garibashvili) 내무장관을 총리로 임명했다. 따라서 이바니쉬빌리 총리는 1년 남짓 총리직을 수행하고 물러났다. 마르그벨라쉬빌리 대통령은 이바니쉬빌리 전 총리와 같은 정치적 입장을 가지고 있었다. 그는 러시아와의 관계개선이 가장 중요한 국가 현안임을 강조했다. 영토문제에 있어 조지아는 압하지야와 남오세티야 공화국이 조지아 영토에 통합되어야 한다는 입장을 갖고 있었다. 마르그벨라쉬빌리 대통령도 이 입장을 견지했다.[27)]

2015년 12월말 기오르기 크비리카쉬빌리 전 외무장관이 신임 총리에 임명되었다. 크비리카쉬빌리 총리는 러시아가 조지아의 주권과 영토통합을 승인하는 노력을 보인다면 러시아와 건설적인 관계를 유지해 나가겠다는 친러시아적 입장을 표명했다. 이것은 조지아가 주권문제와 영토문제를 양보하면서까지 러시아와의 외교관계를 회복하지는 않을 것임을 암시한다[28)] 2016년 10월 8일 총선에서 여당인

---

26) 정세진, “카프카 지역: 조지아,” 『e-Eurasia』, vol. 50(2014): 19.

27) 정세진, “카프카 지역: 조지아,” 20.

<조지아의 꿈>이 승리했다. 이에 조지아는 EU와 NATO 가입을 꾸준히 추진하게 되었다. 조지아는 친서방 정책을 유지하며 영토문제와 경제적 이유로 인해 친러시아 정책을 실시할 수밖에 없는 상황이 되었다. 실리적 외교를 추구하는 모습이라 하겠다.

6. 국제관계의 변화

조지아는 러시아제국과 소비에트 체제의 영향을 크게 받은 나라였다. 1783년 러시아와 게오르기예프스크 조약 이후 조지아는 러시아와 소련제국주의의 통치적 범주에 200년 이상 포함되었었다.[29] 소련 해체 이후 소련식 시회주의와 결별을 하며 조지아의 정치적 향방이 중요한 이슈였다. 2003년 장미혁명은 포스트소비에트 시대를 열며 조지아가 어떤 정치노선을 선택하느냐 하는 것이 세계의 관심사였다.

조지아는 1991년 4월 독립을 선언하고 8월 독립되었다. 친러 성향의 남오세아티야 자치공화국은 1991년에 압하지야 공화국은 1992년에 독립을 선언했다. 그리고는 조지아와의 영토분쟁이 시작되면 1994년까지 내전을 겪었다.[30] 조지아로부터 분리 독립한 압하지야와 남오세티야 문제는 조지아의 국내문제인 동시에 국제문제이기도 하다. 조지아는 2008년 두 자치공화국을 공격하면서 러시아와도 전쟁을 하였다. 그러나 이 전쟁은 압하지야와 남오세티야가 러시아(8월 26일)와 일부 국가들에 의해 자치공화국으로 인정되는 결과를 가져왔다. 물론 대부분의 국가들은 이들의 독립을 공식적으로 인정하지는 않았지만 말이다.

---

28) 정세진, "조지아," 『e-Eurasia』, vol. 56(2017): 22, 24.

29) 정세진, "그루지야 역사의 공간과 접변 연구," 329.

30) 이상준, "조지아의 체제전환과 경제발전," 33.

이때부터 조지아는 러시아와 국교가 단절상태였다. 샤카쉬빌리 대통령에 이어 마르그벨라쉬빌리 대통령 시기에도 조지아와 러시아 사이의 외교관계가 회복되기 위해서는 러시아가 이 두 공화국이 조지아의 영토에 속한다는 입장을 표명하는 것이었다.[31] 그러나 러시아가 조지아의 주장에 동의할 리가 없다는 점이 외교적 문제로 남아있다.

러시아는 2014년 11월에 압하지야 공화국과는 동맹 및 전략적 파트너십 협정을 체결했고, 2015년 3월에 남오세티야 공화국과는 동맹과 통합 조약을 체결하였다.[32] 그럼에도 조지아는 이 두 자치 공화국이 조지아의 영토임을 주장하고 있다. 반면 압하지야와 남오세티야는 조지아에서 독립된 국가로 자인한다. 동시에 러시아는 이 두 공화국을 독립된 국가로 인정하고 있다. 심지어 압하지야는 2013년 3월에 러시아와의 국가연합 방안 모색에 합의했다. 이것은 조지아의 영토 통합성 입장에 배치되는 것이었다. 이런 이유로 인해 러시아가 국제적으로 조지아의 중요한 국가 파트너이지만 냉각상태를 유지할 수밖에 없는 요인으로 작용하고 있다.[33] 이처럼 러시아는 압하지야와 남오세티야와 동맹 관계를 이용해 조지아를 견제하거나 압력을 행사하는 구실로 삼고 있다.

영토문제는 조지아의 경제발전에 부정적인 요인으로 작용하였다. 따라서 영토문제에도 불구하고 친러시아 입장을 가진 이바니쉬빌리 총리는 경제분야에서 러시아와의 관계개선을 시도했다. 2006년 러시아가 조지아의 포도주와 생수의 품질을 문제삼아 수입을 공식적으로 금지한 이후 7년만인 2013년 상반기에 조지아산 포도주와 생수의 러시아 수출이 재개되었다.[34] 그러나 그해 10월 러시아는 조지아에

31) 정세진, “카프카 지역: 조지아,” 20.

32) 정세진, “조지아,” (2017): 25; “조지아,” 『e-Eurasia』, vol. 54(2016): 76.

33) 정세진, “카프카 지역: 조지아,” 20.

대한 정치적 · 경제적 압박을 가하기 위해 조지아산 주류 수입을 금지했다.[35]

정세진은 조지아가 가까운 북쪽 경계의 러시아가 아닌 친서방 정책을 추진한 이유를 세 가지로 지적하고 있다. 첫째는 민주주의에 대한 추구이다. 2003년 장미혁명으로 셰바르드나제가 권좌에서 물러나고, 친미성향의 샤카쉬빌리가 대통령이 되었다. 그는 친서방 입장을 표명했다.[36] 둘째는 조지아는 EU와 NATO 가입을 원하고 있다는 점이다. NATO 가입은 유럽 국가의 일원이 된다는 의미를 갖고 있다. 유럽과 아시아의 중간지대에 위치한 그루지야는 유럽에 속하길 원한다는 것이다. 이것은 조지아의 역사의 아픔에 기인한다고 볼 수 있다. 거의 이백 년을 러시아에 치우쳐 있던 국가 전략의 방향이 서방으로 선회되었다는 것을 의미한다.[37] 셋째는 조지아는 과거 러시아로부터의 지배와 그 잔재로부터 벗어나려는 경향이 있다.[38] 반면 러시아는 경제지원 여부로 조지아의 친서방 정책을 방해하고 있다. 이런 현상이 상황에 따라 반복적으로 나타나고 있다.

7. 나가는 말

조지아는 소비에트연방에서 독립한 국가 가운데 비교적 잘 통치되고 있는 국가라는 평이다. 정부 관료들과 공무원들의 부패를 포함한 사회

---

34) 정세진, "카프카 지역: 조지아," 21.

35) 정세진, "카프카 지역: 조지아," 22.

36) 정세진, "그루지야 역사의 공간과 접변 연구," 341-342.

37) 정세진, "그루지야 역사의 공간과 접변 연구," 342.

38) 정세진, "그루지야 역사의 공간과 접변 연구," 343.

전반의 부패가 줄었고, 공공 서비스가 개선되었으며, 기업 활동에 장애가 되는 부분들이 과감히 개혁되어 경제적으로 안정을 꾀하고 있다. 민주적 발전을 위한 제도적 · 입법적 기반은 어느 정도 조성이 되었으나, 민주주의가 제대로 작동하는가 하는 것에는 아직은 아니라는 지적이다. 그 이유로는 조지아 국민들이 민주주의에 대한 경험이 부족하고, 자신의 권리에 대한 인식이 부족한 점 등이 지적되고 있다. 또 실업과 빈곤의 문제가 아직 해결되지 않은 과제로 남아있고, 공직자들에 대한 감시와 견제기능이 약하다는 점도 지적되고 있다.[39]

경제적으로는 아직도 러시아에 의존적이라 러시아의 반응에 따라 경제가 위축되기도 하고 활성화되기도 하는 약점이 있다. 또한 러시아 이외의 국가에 대한 수출을 확대하려는 노력이 필요하다. 영토문제 또한 아직도 해결되지 않은 조지아의 과제이다. 이미 독립국인 압하지야와 남오세티야의 영토문제도 러시아의 입김이 많은 작용을 하고 있어 해결이 수월하지는 않다.

그럼에도 조지아는 200년간의 러시아와 소비에트의 지배에서 독립하여 시행착오를 겪으며 순탄하지 않은 과정을 거쳐 나름 민주주의를 향해 가고 있다고 평가된다.

39) 허승철, 『조지아의 역사』, 216.

참고문헌

유재현. 『동유럽-CIS 역사기행: 코카서스에서 동베를린까지』. 서울: 그린비, 2015.

허승철. 『조지아의 역사』. 파주: 문예림, 2016.

이상준. "조지아의 체제전환과 경제발전: 개혁의 성공 조건." 「슬라브학보」 제26권 3호 (2011): 31-65.

정세진. "그루지야 역사의 공간과 접변 연구— 동과 서, 북방의 경계를 중심으로." 「국제지역연구」 제12권 제1호 (2008): 327-348.

———. "카프카 지역: 조지아." *e-Eurasia. vol. 50* (2014): 16-23.

———. "조지아." *e-Eurasia vol. 54* (2016): 75-80.

———. "조지아." *e-Eurasia vol. 56* (2017): 22-26.

현승수. "그루지야 장미혁명의 재평가." *e-Eurasia vol. 30* (2011): 13-16.

———. "조지아(그루지야) 민족주의의 딜레마." *e-Eurasia vol. 33* (2011): 4-7.

아제르바이잔의 역사와 종교적 배경

홍석희
(서울기독대학교 겸임교수)

Ⅰ. 들어가는 말

유럽 동남쪽 중동과 유럽이 만나는 '불'의 나라 아제르바이잔은 정식명칭이 아제르바이잔공화국(Republic of Azerbaijan)이다. 800㎞에 달하는 해안선을 따라 동쪽으로 카스피해, 북쪽으로는 러시아 남부, 북서쪽으로는 조지아, 서쪽으로 아르메니아, 아래 남쪽으로는 이란과 맞닿아 있는 유라시아의 전략적 요충지로 지리적으로 서구권과 동구권 문화가 만나는 곳이기도 하다. 북과 남을 이어주는 교차로의 위치에 놓여있어 외세의 침략을 많이 받는 접경지이며 다양한 문화와 종교가 공존하는 곳이다. 지형의 대부분이 카프카스(kavkaz. caucasus)산맥을 따라 형성되었으며 국토의 절반가량이 1000m가 넘는 산악지대에 마을이 자리 잡고 있다. 국토면적은 86,600㎢이며 한반도의 약 40%에 해당한다. 이곳에 제주도 2배가 넘는 면적의 아르차흐 공화국(구: 나고르노-카라바흐)이 포함되며 아르메니아측 영토 안에 고립된 채 위치해 있는 나히체반 자치공화국이 아제르바이잔 영토로 포함된다. 수도는 서쪽 연안의 항구도시 바쿠이다. 이곳은 막대한 원유가 매장된

산지로 세계에서 가장 먼저 유전 개발이 있었던 곳이다. 카프카스 일대에서 가장 큰 도시이며 아제르바이잔 인구 1/3이 집중된 정치경제의 중심도시다. 소련을 구성했던 15개의 공화국 중 하나였던 아제르바이잔의 민족구성은 대다수가 아제르인(Azeris)[1]이며 이란, 러시아, 아르메니아, 카자흐스탄, 우크라이나, 터키인 등이다. 종교인의 80% 이상이 이슬람교도들이나 국교는 아니며 나머지는 러시아정교 2.5%, 아르메니아정교 2.3%, 로마가톨릭 순으로 자유로운 종교생활이 보장된다.

먼저 아제르바이잔 지도를 통해 본 논문의 전체배경과 흐름을 시각적으로 정리하고자 한다.

지도 1. 아제르바이잔 배경[2]

---

1) 아르제바이잔 튀르크 유목민(Türk halklar)을 가리키며 언어적으로 위그르, 키르키즈, 오우즈, 튀르크멘 계로 나뉜다. 몽골고원과 트란속사니아(힌두쿠시산맥일대의 중앙아시아지역)일대에서 거주하다 무슬림과의 접촉을 통해 대다수가 이슬람교를 받아들이고 나머지는 개종한 부족이다. 오우즈족은 서쪽으로 이동하며 셀주크 튀르크와 오스만제국을 건국하고 오늘날 터키공화국을 세우게 된다.

2) 본 논문의 모든 지도는 아래 주소에서 인용한 것임을 밝힙니다.
https://www.google.com/search?q=%EC%95%84%EC%A0%9C%B%A5%B4%EB%B0%94%EC%9D%B4%EC%9E%94&tbm=isch&tbs=rimg:CTGN0kt3HY3eIjgFWsnibCGgLHw9qGJUmyzt7ujH5ttCu9Cl6YkuBVpucijuqBF

아제르바이잔은 이슬람 문화를 배경으로 한 이란, 터키와 가까운 관계를 맺고 있으며, 이웃하고 있는 아르메니아와 조지아가 기독교 유형인 정교회를 신봉하기에 종교적 갈등과 대립의 감정이 영토분쟁과 맞물려 지금까지 이어져 내려오고 있다. 특히 아르메니아와의 관계는 초기 제정러시아의 지원과 터키의 협력으로 강력한 반 아르메니아 정책을 실시하였다. 하지만 러시아가 아르메니아를 지원하는 입장으로 전환되며 힘의 균형을 잃어버렸고 카프카스 지역의 주도권은 아르메니아가 장악하게 되었다. 이러한 국제정세를 살펴볼 수 있는 단적 사례가 아제르바이잔의 영토 내에서 발생되는 '나고르노-카라바흐' 분쟁이다.

따라서 본 논문은 아제르바이잔의 역사와 종교적인 배경 그리고 현재적 상황을 살펴보는 데 초점을 두고자 한다.

Ⅱ. 아제르바이잔(Azerbaijan)의 역사

1. 아제르바이잔의 기독교와 이슬람의 역사적 배경

복잡한 역사 속에서 뛰어난 세속적 문화를 지니고 있는 아제르바이잔은 기원전 35-45만 년 구석기시대의 초기 인류가 존재한 장소로서 구석기 인류의 턱뼈 및 잔재물이 발견된 곳이다. 또한 신석기 및 청동기 시대 거주지도 발견되어 유구한 역사를 입증해주고 있다.[3] 아제르바이

GwuJBZxRX41Op7GxcMxhK_1nYImCoSCQVayeJsIaAsEXvQoNp6FmQSKhIJfD2oYlSbLO0Rd5f-k7jZlAgqEgnu6Mfm20K70BFxeOK_1MLLOJioSCaXpiS4FWm5yEaRsU3eQaUGfKhIJKO6oEUbC4kERDLfoUTKO_1ZcqEglnFFfjU6nsbBEsGeLwWrhVUioSCVwzGEr-dgiYERx5AhbnUGHu&tbo=u&sa=X&ved=2ahUKEwiTysG59tjhAhVqKqYKHVO8CRwQ9C96BAgBEBs&biw=1366&bih=616&dpr=1#imgrc=MY3SS3cdjd4YBM:(2019년 4월16일 접속).

잔 이름은 Andirpatian, Antropatena, Adiirbican 및 Azerbaijan에서 유래되었다.[4)]

국가형성 배경은 B.C. 1000년에 마나 왕조가 성립되었으며 B.C. 9세기에는 불을 숭배하는 조로아스터교[5)]를 신봉하는 메대(Medes)[6)] 인들이 거주하기도 하였다. B.C. 7세기에 미디아 왕조가 성립되었고 B.C 4세기로 진입하여 알렉산더대왕 동반원정을 도왔던 아제르바이잔 출신의 장군 아트로파테스(Atropates)의 통치가 이루어지며 알렉산더의 침략을 받지 않기도 하였다. A.D 1세기는 '카프카스 알바니아'로 편입되며 로마 속국이 되었고 3세기에 페르시아의 지배를 받게 되었다. 3-4세기 무렵 파르티아 제국(B.C. 250-A.D 226) 시대에 로마제국으로 인해 기독교를 수용하게 되었다.

---

3) https://terms.naver.com/entry.nhn?docId=1693274&cid=43896&categoryId=43897 (2019년 4월 11일 접속)

4) http://www.azerbaijan.az/portal/History/General/generalInfo_a.html(2019년 4월 11일 접속)

5) 사산조 페루시아(A.D. 224-651)는 A.D.230년 조로아스터교를 국교로 공포했다. 조로아스터교(Zoroastrianism), 마즈다교(Mazdaism) 혹은 배화교(拜火教)가 창시된 시기는 기원전 1800년에서 기원전 640년경으로 다양하다. 이 종교는 중동의 박트리아 지방에서 짜라투스트라(Zarathustra)가 세웠으며 그리스어로는 조로아스터이다. 기원전 600년경 페르시아의 왕 다리우스 1세 때 오늘날 이란 전역에 퍼졌으며, 기원전 5세기 이미 그리스 지방까지 전해진 것으로 보인다. 조로아스터교는 창조신 아후라 마즈다(Ahura Masda)를 중심으로 선과 악 이분법으로 세계를 구분한 게 특징이다. 록벤드 '퀸'의 보컬인 프레디머큐리가 조로아스터교를 신봉하기도 한다. https://ko.wikipedia.org/wiki/%EC%A1%B0%EB%A1%9C%EC%95%84%EC%8A%A4%ED%84%B0%EA%B5%90 (2019년 4월 15일 접속)

6) 메디아 혹은 메대는 B.C.728년 바벨론과 손을 잡고 최강인 앗수르를 정복하고, B.C. 550년에 아케메네스에 종복되었다. B.C.330은 알렉산더 대왕을 거처, B.C. 209년 박트리아, B.C.247년 파르티아(스키타이, 다한, 사카족)를 거쳐 A.D. 224년 사산조 페르시아에 정복을 당한다.

파르티아 왕조 때 기독교의 전래는 사도행전 2장의 성령 체험 후 바대(파르티아)[7]와 메대(하메단 인근 지역)[8] 그리고 엘람(후제스탄 지역)은 도마에 의해, 페르시아 선교는 시몬, 다대오 그리고 바돌로매에 의해 전해졌다. 당시 페르시아지역에는 여러 종교가 함께 공존하며 융성했다. 특정 종교를 지지하지도 않았고 자신들의 신념에 따라 종교를 전파하였기에 교회가 350여 개가 있었다. 그 배경에는 로마에서 핍박을 당했던 수많은 그리스도인들의 페르시아 지역으로의 이주가 있었기 때문이었다. 자유로운 종교생활을 허용했기에 페르시아에는 많은 기독교 사제가 있었다. 최초로 중국의 기독교 전래(625년)자는

---

7) 파르티아[1](페르시아어: اشکانیان Ashkâniân)는 오늘날의 이란 북동부에 해당하는 고대의 지역이다.
https://ko.wikipedia.org/wiki/%ED%8C%8C%EB%A5%B4%ED%8B%B0%EC%95%84(2019년4월15일 접속)
파르티아 제국의 전성기때에는 이란을 아울러 오늘날의 아르메니아를 비롯한 이라크, 조지아, 터키 동부, 시리아 동부, 투르크메니스탄, 아프가니스탄, 타지키스탄, 파키스탄, 쿠웨이트, 사우디 아라비아의 페르시아 만 해안 지역, 바레인, 카타르, 아랍 에미리트 연방까지 파르티아의 세력권에 있었다.

8) 메디아는 현재의 이란 북서부에 있었던 고대 국가와 고대 이란인을 부르는 이름이다. 대체로 오늘날 케르만샤 일부와 아제르바이잔, 하메단, 테헤란, 쿠르디스탄 지방에 해당한다. '메디아'라는 이름은 고대 그리스 인들이 이 지역이 메디아 또는 메데아(*Μηδία*) 로 알려졌기 때문에 붙여졌다. 구약성서의 다니엘서에는 메대로 불린다. 아시리아가 멸망한 후 기원전 11세기 전반 무렵 메디아족속이 세웠다. 아시리아의 살만에세르 3세(B.C. 858-824)의 문헌에는 '마다' 지역 사람들이라는 기록이 있다. 바로 이들이 뒤에 메디아인으로 알려졌다. 수도는 엑바타나(지금의 하마단)였다. 그 기원과 민족에 대해서는 분명하지 않지만, 이란민족의 파(派)인 마다 또는 마타이 족으로 우르미아호(湖) 남쪽에서 말을 사육한 유목민이다. 이들은 엑바타나를 중심으로 강성해져 데이오케스 때에 왕국으로 건립되었으며, 그의 아들 프라오르테스 때는 이란의 대부분을 영유하게 되었다. 기원전 6세기까지 메디아는 흑해의 남부 연안과 아란지방(오늘날의 아제르바이잔 공화국)에서 페르시아를 포함한 중앙아시아와 아프가니스탄에 이르는 대제국을 건설하였다. 메디아는 키루스 대왕에 의해 페르시아 제국과 병합되기 전까지 이란의 첫 번째 국가를 형성하였다.

페르시아의 사제 알로폰이기도 하다.[9] 7세기 '카프카스 알바니아'[10]가 아랍 칼리프[11]에 의해 지배를 받게 되며 아제르바이잔은 이슬람교로 모든 국민들이 개종하게 되었다. 11세기 셀주크투르크[12]에게 정복되며

---

9) 박영환, 『네트워크선교역사』, 서울: 성광문화사, 2019, 217.

10) 알바니아(라틴어:Albānia, 그리스어:Ἀλβανία, 옛 아르메니아어: Աղուանք, 아루안크, 파르티아어: 아르드한, 중세 페르시아어: 아르란, 오늘날 발칸 반도에 있는 국가 알바니아와 구분하기 위해서 일반적으로 카프카스 알바니아라고 한다. 그 나라 이름의 근원은 밝혀지지 않았다.) 는 오늘날 아제르바이잔과 부분적으로 남부 다게스탄으로 영토를 확장했던 동캅카스의 나라에 대한 역사적인 이름이다. https://ko.wikipedia.org/wiki/%EC%BA%85%EC%B9%B4%EC%8A%A4_%EC%95%8C%EB%B0%94%EB%8B%88%EC%95%84(2019년 4월 15일 접속).

11) 아랍어 칼리파(khalifa)는 대리인 혹은 계승자를 뜻하는 것이며, 이 말은 예언자 무함마드(마호메트)가 죽은 후 그를 계승하여 무슬림 공동체를 다스리는 수장(首長)을 지칭한다. 이슬람 역사에서 632년(이슬람력 11년) 무함마드가 사망하자 '칼리파 라술 알라'(신의 사자의 후계자)는 아부 바크르 아스시디크가 계승하게 되고 그의 뒤를 이은 3명의 후계자들이 정통 칼리프로 알려져 있다. 첫 번째 칼리파는 무함마드의 직접적인 후계자로서 632년부터 661년까지 아랍 세계를 지배했다. 정통 칼리파국이란 무함마드의 정통성을 이어받은 정치 지도자가 다스리는 나라이며 4명의 칼리파(정통 칼리파)가 제국을 통치한 시대를 맞게 된다. 이슬람교를 국교로 삼은 이슬람 문화는 4명의 후계자가 다스린 중동 지역의 가장 강력한 세력 중 하나로 성장하게 되었다. 최전성기에 아라비아 반도에서 레반트를 거쳐 북으로는 코카서스, 서쪽으로는 이집트와 북아프리카를 거쳐 오늘날의 튀니지, 동으로는 이란 고원을 거쳐 중앙아시아에 이르는 광대한 제국을 다스렸다. 마지막 칼리프인 알리 이븐 아비탈리브가 수니파인 무아위야 1세에게 암살당하며 막을 내리게 된다. 시아파는 마지막 칼리프 알리 이븐 아비탈리브를 제외한 아부 바크르 아스시디크, 우마르 이븐 알카타브, 우스만 이븐 아판은 칼리파로 인정하지 않는 계파이다.

12) 셀주크 제국(터키어: Büyük Selçuklu İmparatorluğu 뷔위크 셀추클루 임파라토를루우[*], 투르크멘어: Beỳik Seljuk döwleti, 아제르바이잔어: Böyük Səlcuq İmperiyası 뵈유크 샐주크 임페리야스, 페르시아어: آل سلجوق 알레 살주크)은 1040년부터 1157년까지 중앙아시아, 이란, 이라크, 시리아를 지배한 제국이다. 셀주크 시대에는 사회, 종교, 문화적으로 수많은 변화가 일어났

터키계 유목민이 이동해오며 아제르바이잔 민족 주류를 이루게 되었고 자연스럽게 아제르바이잔은 이슬람 문화로 자리 잡게 되었다.[13)]

지도 2. 몽골제국 점령시대(1219-1478)

다. 셀주크 제국의 아래에서 튀르크계 인구는 처음으로 중동으로 이주하여, 현대 터키의 토대를 구성했다. 또한 오늘날 이란, 이라크, 캅카스에 존재하는 튀르크 소수주민들 역시 셀주크 시대에 형성되었다. 이슬람은 마드라사를 통해 더욱 체계화되었고, 일종의 신비주의 운동인 수피즘이 출연하여 이슬람은 더욱 대중화 되었다. 뿐만 아니라 이 시대는 우마르 하이얌, 니자미, 루미 등 유명한 페르시아 시인이 여럿 출연했는데, 이들은 대게 튀르크인 군주의 후원을 받았다. 또한 12세기부터는 지방 군주부터 중산층까지 사회의 많은 구성원들이 예술 작품을 소비하여 미술과 건축계에서 대혁신의 시대를 야기하였다. 셀주크 제국과 그 후계국가들은 이슬람 세계의 정치, 인구, 문화적 그림을 다시 그렸다. https://ko.wikipedia.org/wiki/%EC%85%80%EC%A3%B.C.%ED%81%AC_%EC%A0%9C%EA%B5%AD(2019년 4월 15일 접속).

13) 아제르바이잔 지역에 교회는 알바니아교회로 The Church of Kish, Church of Elishe 또는 Holy Mot her of God Church 로 불린다. 과거에는 코카서스 알바니아 교회, 조지아 정교회의 칼케돈 교회, 아르메니아 사독교회 등이다. 카스피 해 편으로,쿠라강 오른편 지역을 말한다. 아르메니아 기독교 지역이라고 보면 된다. 그 당시에 아르메니아가 다스리고 있었다. https://ko.wikipedia.org/wiki/%EC%BA%85%EC%B9%B4%EC%8A%A4_%EC%95%8C%EB%B0%94%EB%8B%88%EC%95%84 (2019년 4월 11일 접속).

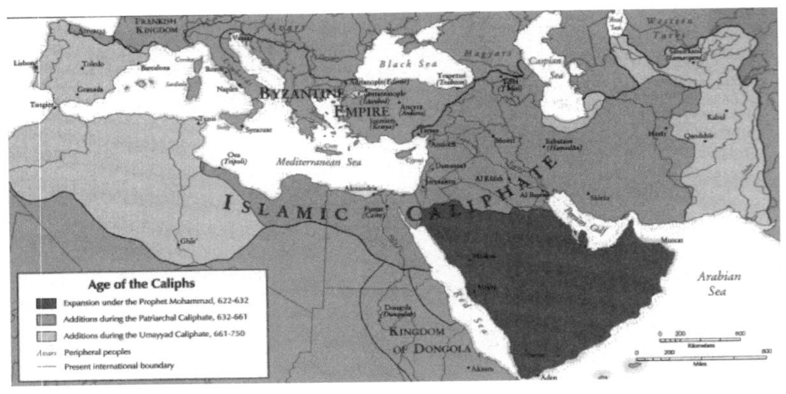

지도 3. 셀주크투르크 제국(1037-1194)

13세기 몽골침입과 더불어 16세기 페르시아(이란) 사파비 왕조의지배하에 있을 때에도 터키와 연결된 이슬람 문화권이었다.

사파비 왕조가 멸망한 후 아제르바이잔 지역은 제정러시아가 등장하며 북부지역을 중심으로 수십 개의 공화국으로 분열되기 시작했다. 1723년 러시아의 바쿠 침략을 계기로 아제르바이잔 영토 대부분을 터키가 차지하게 되었고 1724년 이스탄불조약(Treaty of Istanbul)에 의해 페르시아가 통치하던 아제르바이잔, 즉 바쿠를 포함한 카스피해 연안지역 대부분이 러시아의 예속상태에 놓이게 되었고 나머지는 터키로 편입되어졌다.

페르시아의 카자르 왕조는 러시아의 남진(南進)정책에 대항하고자 군대를 파병하여 전쟁을 벌였지만 러시아군에 패하게 된다. 페르시아와 러시아가 충돌한 1804-1813년까지의 전쟁으로 인해 1813년 굴리스탄 조약[14]이 체결되었고, 이로 인해 현재의 아제르바이잔 지역, 즉 카라바

14) 1813년 페르시아의 카자르 왕조가 카프카스 지역의 영유권을 둘러싸고 1804-1812년까지 전쟁을 벌인 러시아제국에게 패배한 후 아제르바이잔 굴리스탄에서 전후처리를 위해 체결한 강화조약을 말한다. 그 결과 조지아와 아제르바이잔 등을

흐, 바쿠, 섀키, 쉬르반, 구바, 더반트 등 북부지역이 러시아에 귀속되었다. 1826년 페르시아는 2차 전쟁을 일으켜 러시아에 연패를 당하며 1828년 휴전협정을 맺고 투르크만차이 조약[15]을 체결하게 되었다. 그로 인해 아제르바이잔은 아라즈강을 사이에 두고 북부지역은 러시아가 남부지역은 페르시아로 국경 분할이 항구적으로 이루어지고 추가로 예레반과 나히체반 지역마저 러시아에 양도되었다. 또한 투르크만차이 조약으로 인해 페르시아, 러시아, 오스만 튀르크(Osman Türk)[16] 등 주변국에 흩어져 살던 아르메니아인들이 예레반과 나고나르-카라바흐 지역으로 이주해오며 아르메니아와 아제르바이잔의 영토분쟁 촉발점이 되었다.

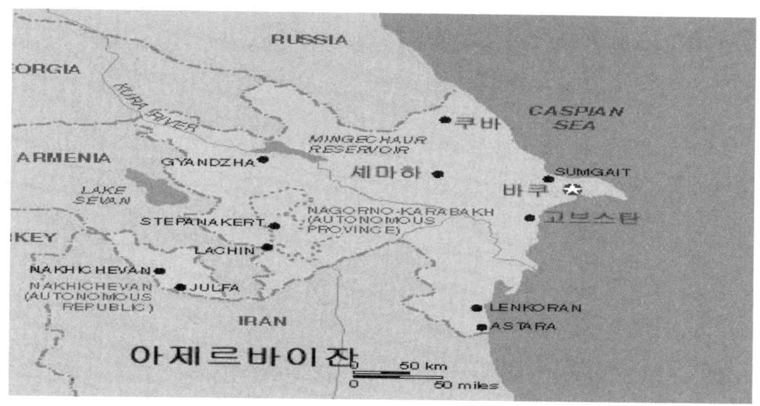

지도 4. 아라즈강 북은 러시아 남쪽은 터키

러시아에 양도하였다.

15) 1826년 페르시아는 러시아제국과 2차 전쟁을 일으킨 후 패배한다. 투르크만차이 조약은 1828년 이란과 러시아간에 체결된 강화조약이다. 이 조약으로 페르시아는 배상금 지불과 카프카스의 많은 영토를 러시아에 양도하게 된다.

16) 오스만 튀르크 제국의 역사는 1299년 오스만 1세가 셀주크 제국을 무너뜨리고 소아시아에 세운 이슬람 제국이다. 1453년 비잔틴 제국을 멸망시키고 수도를 이스탄불로 옮겨 번성하게 되었지만 1922년 1차 세계대전이후 국민혁명으로 인해 멸망하게 된다.

2. 아제르바이잔의 민족주의 탄생과 물거품의 배경[17)]

레닌의 소연방의 연합과 소비에트 인간 육성을 통하여 연방정부와 구성된 공화국 간의 균형과 협력에 집중하였으나, 이오시프 스탈린(Joseph Stalin:1879-1953)은 비러시아계 공화국들의 자치권을 모두 회수하고 중앙집권화된 경제, 사회, 문화, 교육 제도와 정치 체제를 구축했다. 스탈린은 민족주의 성향의 토착 공산주의자들을 숙청하거나 제거하였다. 즉 과거 러시아제국의 정책이 부활되었다. 소비에트 사회의 전면적인 러시아 정책은 소비에트 문화와 소비에트 언어 사용이었다. 소비에트 중앙정부는 각 소수민족들의 정체성을 소멸시키고 소련영외 동일민족과의 교류 차단에 주력하였고, 큰 규모의 민족 집단들은 소비에트 정부에 의해 작은 규모의 민족 집단으로 나뉘어 재구성되었다. 예를 들면 중앙아시아의 투르키스탄(Türkistan)지역 전역에 거주하는 튀르크 부족들은 소비에트 중앙정부의 정책으로 부족 단위 집단이 단일 민족으로 탈바꿈되었다. 즉, 당시 투루키스탄 지역의 퀴르크인들을 지칭하는 '튀르크(Turkic Nation)'라는 공통의 대단위 민족 개념은 소멸시키고, 카자흐, 튀르크멘, 우즈벡, 아제리 등과 같은 지역 부족 명칭을 민족 단위의 개념으로 발전시켜 튀르크 민족의 분열을 유도했고 종교적으로도 해체를 조장하였다. 소비에트는 기존의 동질성을 바탕으로 한 무슬림-튀르크 부족들의 차이를 최대한 부각한 후 분열시키고, 미약한 이들의 새로운 정체성을 이용하여 좀 더 쉽게 러시아화를 추진하려 했다.

1) 카프카스 지역의 아제르바이잔도 동일한 형태로 분열된다. 소비

17) 참고: 오종진, "아제르바이잔 민족 정체성 형성과정과 소비에트 대외정책," 「중동연구」 27권 8호, 2008, 67-98.

에트 중앙정부는 아제르바이잔 튀르크(Azeri Tüe가, Azerbaijan Türk) 집단을 터키인(Türkisch)과 분리시켜 다른 무슬림-튀르크계 민족과의 교류나 관계를 단절시키는 정책을 전개하였다. 특히 아제르바이잔 튀르크인과 터키 관계를 엄격히 통제하였다. 통상적으로 '아제르바이잔 튀르크(Azeri Tuerk, Azerbaiijan Türk)'를 '터키인(Tuerk Turkish)'이라고 불렀고, 그 외 튀르크인들은 '아제르바이잔(Azerbay -canli, Azerbailani)'이라고 부르게 했다.[18] 동시에 튀르크(Türk)라는 민족명칭은 사용을 금하였는데, 이러한 부분에서 아제르바이잔 민족주의가 태동하게 된 것이다.

2) 소비에트화된 아제르바이잔인들은 자신들의 정체성인 아제르바이잔 민족주의를 강조하기 시작했고, 이로 인해 범-튀르크주의 아제르바이잔 사람들만 튀르크주의(Turkism)나 터키 민족주의(Turkish Nationalism)를 주장하게 된다. 이슬람-튀르크적인 모든 아제르바이잔 사람들은 이름을 러시아식으로 바꾸고 러시아교육을 필수로 지정하여 교육하기 시작했다. 이는 소수민족들의 민족의식이나 정체성을 약화시켜 사전에 반 소비에트 움직임을 막아내고 러시아중심의 통합된 소비에트 정체성을 함양하기 위함이었다. 이들은 이처럼 소비에트연방 내에서 소수 민족주의들의 토착 민족주의를 탄압하고 박해를 가하였다. 하지만 대외적으로는 이를 감추기 위해 소수민족의 토착 민족주의를 선전하기까지 하였다. 그러한 대표적 사례가 카프카스 지역의 아제르바이잔이다.

3) 카프카스 지역은 러시아의 남진정책의 거점이었으나, 터키와 이란을 사이에 두고 영토분쟁으로 대립과 경쟁관계에 처해있는 지역이기도 하다. 그러므로 코카서스는 화약고였다. 19세기 아르메니아를 이용하여 러시아제국은 이란과 터키를 견제했다. 소비에트 정권 수립

---

18) Nasib Nesibli, "Azerbaycan in Milli Kimlik Sorunu," Avrasya Dosyas 1, Vol. 7, No.1, Spring, 2001, 142.

후 아타튀르크에 의해 새로 출범한 터키공화국과 우호적인 관계였으나, 제2차 세계대전을 시작으로 러시아는 독일을 막아낸다는 이유로 아제르바이잔과 남아제르바이잔(북부 이란 통치)을 점령하기도 했다. 그러나 서구의 반발로 철수를 해야만 했지만, 공산주의를 이란과 터키에 심으려는 시도들도 하였다.

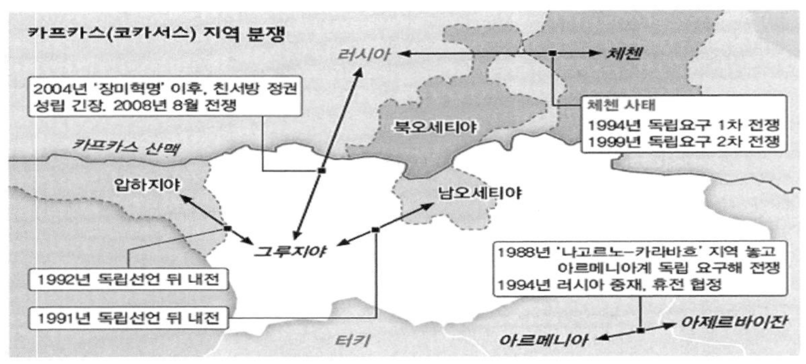

지도 5. 코카서스 분쟁지역: 국제화약고

3. 아제르바이잔 정체성으로의 민족주의 태동과 러시아의 집약적 방해과정

1948년 아제르바이잔은 세계 최초로 바쿠에서 유전 개발 성공을 거두게 되었다. 러시아 정부의 적극적 독려를 통해 주변국의 석유산업 종사자들 중에 비무슬림 이주민들이 바쿠로 몰려들었고, 시민 과반수가 비(非)아제르인 민족으로 구성되었다. 이들은 점차 사회주의 세력의 영향을 받도록 만들었으나 결과적으로는 파업과 혁명을 일삼았고 자본주의 세력으로 변화해나갔다. 이곳에서 발생된 이익은 제정러시아가, 일부는 아제르바이잔에 진출한 외국기업 투자자들이 독식하게 되었고 민족자본은 고갈되며 경제에 대한 불만이 중산층 이하 시민과 농민으로 전락한 아제르인[19]들로부터 고조되기 시작했다.

1) 19세기 중반 석유 외의 개발에 관심을 두지 않던 러시아의 정책으로 인해 국민의 주요산업 대부분이 농업인 아제르바이잔 국가에서 바쿠를 제외한 모든 도시가 러시아제국의 통치 아래 놓여 있으면서도 러시아 시장진출을 하지 못하며 심각한 경제위기에 빠지게 되었다. 19세기 후반 농업발전이 감지되자 러시아 정부는 무슬림 지역에 흩어져 있던 러시아 정부의 해외 거주 아르메니아인과 조지아인들의 국내유도 정책을 펼치게 되었고, 이로 인해 카프카스 지역 아제르바이잔의 민족별 인구구성에 커다란 변화가 초래되었다.[20] 결국 러시아는 기독교 민족들을 유입하는 정책으로 터키와 페르시아와의 관계를 단절시키고 아제르바이잔의 무슬림 전통의 약화를 가져오고자 하였다. 자연스럽게 아제르바이잔은 러시아, 조지아, 아르메니아 사이에서 관계악화의 형태가 드러났다. 1870년대 이후 민족 내지 국가 단위가 급격하게 증가하기 시작하며 러시아의 민족적 분리운동은 배제된 노동자 대중들로부터 반(反)노선적 기류를 형성하는 계기가 되었다. 이러한 일들로 아제르바이잔에서는 아르메니아인들과의 민족충돌이 발생하고 민족주의적 감정이 점차 고양되어 종교적으로 훈련된 기존의 엘리트를 배격하는 특징을 나타내게 되었다. 이유는 1906년 페르시아와 1908년 터키의 국가혁명 과정에서 러시아와의 단절이 가져올 부정적 사태를 우려하던 아제르바이잔의 인텔리젠시아(intelligentsia)[21]들이 아제르

19) 아제르바이잔 민족을 지칭하는 말이다. 아제르바이잔 = 아제르인.

20) 정재원, “주변부 이슬람 사회의 진보적 민족주의: 아제르바이잔의 역사적 경험과 현재적 의의,” 「중동연구」 (39, 2015/2016), 331-332.

21) 19세기 중엽 제정러시아에서 가장 적대적인 사회계층으로서 ‘카자크집단’ 이 존재하고 있었는데 이들은 하층계급에게 국가에 반기를 들도록 선동하는 반란파들이다. 이들을 대신할 새로운 사회세력이 1860년대 등장하게 되는데 이들은

바이잔 민족국가를 건설해야 할지, 러시아 내 무슬림들과 연대하여 혁명세력에 합류해야 할지, 연방에 그대로 남아야 할지에 관한 갈등으로 완전한 분리 독립을 주저하였기 때문이다.[22] 1911년 민족주의와 독립을 외치며 범이슬람주의 경향을 갖춘 무사바트(Musavat: 평등)당이 비밀리 창당되며 1917년 가장 강력한 정당으로 등장하게 된다.

2) 1917년 10월 볼셰비키 혁명[23]이 발생 한 후, 바쿠에서 소수의 러시아인과 다수의 아르메니아인들로 구성된 주민자치제인 코뮌(commune)[24]이 선포된다. 그러자 1918년 3월 바쿠 코뮌을 부정하며 아제르바이잔의 반란이 시작되었다. 이로 인해 아르메니아 민족주의 조직이 바쿠로 침공하여 수천 명의 아제르인을 살해하게 되고 터키 입성을 앞두고 9월에 아제르바이잔들에 의한 아르메니아인 대학살이

지적 노동에 종사하는 사회계층(몰락한 귀족, 밀려난 사제, 교사. 가난한 대학생 등)으로 사회변혁을 꿈꾸는 지식인층 계급을 일컫는 용어이다.

22)정재원, "주변부 이슬람 사회의 진보적 민족주의: 아제르바이잔의 역사적 경험과 현재적 의의," 「중동연구」(39, 2015/2016), 341.

23) 1905년 자유주의자들의 입헌운동 활동과 노동자들의 궐기로 시작된 제1차 러시아 혁명에서, 1917년 2월부터 10월에 걸쳐 프로레타리아 계급을 중심으로 사회주의 사상에 입각해 벌어진 제2차 혁명을 '10월 혁명', '러시아 혁명', '볼세비키 혁명'이라고도 부른다.

24) 12세기에 북프랑스를 중심으로 급속하게 성립되었다. 본래 서로 평화를 서약한 주민의 공동체로서, 사회의 혼란이나 영주권(領主權)의 남용에 대해서 사회질서의 안정을 도모하기 위해, 주민이 상호부조를 맹세하고 단결하며 왕 또는 영주로부터 특별히 사회단체로 인정을 받은 것이다. 서약을 깨뜨린 사람은 집을 파괴당하거나 추방되었다. 농민의 자치체도 있었으나 일반적으로는 시민의 자치체, 즉 자치도시가 많았는데 보통 시장(市長), 기타의 임원을 선출하여 자치행정을 행하고 재판권도 가지고 있었다. 중세 말기에 왕권의 간섭이 강화되자 도시는 과두정치화하여 백년전쟁의 혼란 속에 쇠퇴해갔으나 자치체의 개념만은 1871년의 파리 코뮌에서 볼 수 있는 것처럼 그 후에도 존속하였다.
https://terms.naver.com/entry.nhn?docId=1150111&cid=40942&categoryId=31628 (2019년 04월 16일 접속).

이루어지며 양 민족 간 2만여 명이 참상을 당하는 사건이 발생하였다. 1918년 5월 민족국가를 의미하는 '아제르바이잔 인민 민주공화국'이라는 무슬림 공화국이 세워지게 된다. 공화국이 선포되자 자신의 영토로 귀속될 것이라는 기대하에 터키는 아제르바이잔에 대한 영향력을 강화하기 시작했다. 아제르바이잔의 독자성을 부정하고 터키 변방으로 두고자 하는 오스만 정부의 개입이 드러나며 지식인들의 반감은 범투르크족을 벗어난 다른 길을 모색할 기회를 찾게 된다.[25] 이것이 아제르바이잔의 정체성으로 자리 잡게 되었고 탈이슬람으로까지 번져나갔다.

오스만 투르크의 지배 아래 바쿠 코뮌의 꿈은 무너지고 10월에 터키가 철수하면서 11월에 영국군이 러시아와 수니파 터키의 완충역할을 하고자 바쿠를 점령하게 된다. 영국의 주둔으로 러시아의 아제르바이잔 재지배가 불가능해지게 되었다. 민중봉기로 인하여 수백 명의 사상자가 카라바흐에서 발생하였고, 소련군에 의해 1920년 4월 바쿠가 점령당하며 그것을 시발로 아제르바이잔의 공산화가 다시 시작되었다. 1920년 카프카스 지역이 소비에트연방에 복속되며 아제르바이잔도 구소련을 구성하는 공화국 가운데 하나로 귀속되었고, 1922년 12월 아제르바이잔에 볼셰비키 정부의 소비에트연방공화국이 형성되었다. 이들은 러시아 조지아 아르메니아인들로 구성된 공산당조직으로 아제르바이잔의 독립국가에 대한 꿈을 좌절시키고 민족 전통의식을 약화하는 정책을 펼쳐나갔다. 이후 10년 동안 간헐적인 게릴라전이 아제르바이잔에서 멈추질 않았다. 이러한 혼합 아제르바이잔 공산당 구성은 아제르바이잔이 이슬람국가로 가는 길목을 차단하는 요인이 되었다. 그들의 민족주의 열망은 아르메니아와 조지아를 앞세운 러시아의 지배로 결실을 보지 못하게 되었다

25) 정재원, "주변부 이슬람 사회의 진보적 민족주의: 아제르바이잔의 역사적 경험과 현재적 의의," 「중동연구」(39, 2015/2016), 334.

4. 아제르바이잔의 민족주의와 러시아의 영토정복의 목표

소비에트 정부는 통제하에 있었던 아제르바이잔 공화국의 민족주의 열망을 활용하였다. 아제리(Azeri)[26] 민족주의와 아제르인들이 꿈꾸는 역사적 통합의 열망을 이용한 정책을 펴나갔다. 아제르인들의 주체적 역사의식과 민족의식을 확립함으로써 터키와 이란의 영토를 되돌리려는 전략이 숨어 있었다. 그로 인해 러시아는 과거 영토를 지금의 카프카스 국가들에게 돌려주라는 영토분쟁을 일으키며 마치 소비에트 정부가 소수민족의 주권을 대변하는 듯이 보였다. 아르메니아를 부추겨 터키 북부의 아나톨리아반도에 포함된 과거 아르메니아 영유권에 대한 주장을 지지하며 터키 동부지역으로의 소연방 편입을 시도하였다. 아르메니아의 성지로 일컬어지는 터키의 카르소(Kars)와 아르다한(Ardahan)은 아르메니아의 소유지라 일명 '서아르메니아'로 부르며 서아르메니아를 소비에트 아르메니아공화국으로 편입되어야 한다고 주장하였다. 또한 이러한 내용을 아르메니아 디아스포라들에게 알리고 소비에트 내 아르메니아 민족주의를 부추기고 아르메니아의 통일운동을 일으켰다. 그루지야(現 조지아)의 지식인들을 동원하여서는 터키 동부지역인 아르트빈(Artvin), 올투(Oltu), 토르툼(Tortum), 이스기라(Isgira), 바이부르트(Bayburt), 귀뮈쉬하네(Guemueshane), 기레순(Giresum), 트라브존(Tranzon) 등을 그루지야 영토로 하여 소비에트 그루지야 공화국 편입을 시도하였다.

한편으로 아제르바이잔 민족주의를 이용하여 터키와 이란을 압박하기도 하였다. 이란 북부지역의 남아제르바이잔 지역에 수백만의 아제르

26) 아제르바이잔 민족을 지칭하는 말이다. 아제르바이잔/아제르인. cf. 대한민국. 한민족.

인이 살고 있었다. 이들을 아제르바이잔 북부지역과 연계하여 이란에 아제르바이잔의 영향력과 영유권을 주장하여, 소비에트 아제르바이잔 공화국과 통일시키고자 하였다. 이 통일운동을 소비에트가 지원했다. 이와 같은 역사적 정황으로 시작된 아제르바이잔 민족주의 태동과 동시에 남북 아제르바이잔의 갈등과 대립을 넘어 소비에트 안에 범아제르바이잔 민족운동인 '하나의 아제르바이잔'이라는 통합운동이 일어나도록 유도하였다.

III. 아제르바이잔의 정체성과 영토분쟁으로 분열[27]

아제르바이잔 공화국은 800만 명의 인구 가운데 90%가 투르크족[28]이다. 이들은 세속화된 시아파 이슬람교도로서의 정체성을 지니고 있으며 또한 러시아의 복합적 문화유산을 담지하고 있다. 즉, 아제르바이잔 자체의 고유한 문화유산과 러시아의 지배 아래 형성된 수백년의 문화결정체를 가지고 있다. 1991년 독립과 동시에 대부분의 주민이 아르메니아인으로 구성된 지역 나고르노카라바흐에서 독립운동이 일어나 수많은 기간에 고통과 좌절을 경험했다.

아제르바이잔의 정체성은 다음 몇 가지 요소를 고려해야 한다.[29]

---

27) 김영진, "아제르바이잔 정체성의 복합적 성격과 대외정책의 함의,"「국제지역연구」, 13권 2호, 2009, 795-801.

28) 투르크족은 투르크어 족에 속한 자들로 유라시아지역에 사는 대부분의 사람들이 투르크족이다. 카자흐스탄, 우즈베키스탄, 키르기스스탄, 타타르스스탄, 위구르, 투르크메니스탄 등이다. 여기에 터키와 이란이 첨가된다.

29) 김영진, "아제르바이잔 정체성의 복합적 성격과 대외정책의 함의,"「국제지역연구」, 13권 2호, 2009, 791.

① 종교는 페르시아의 유산으로 시아파 이슬람 ② 터키의 영향으로 언어가 투르크어이다. ③ 유럽관연계한 러시아식 교육제도. ④ 전통의 아제르바이잔 민족이다.

1. 아제르바이잔의 내적 정체성으로 본 페르시아적 요소

기원전 6세기 페르시아제국의 지배를 받으면서 조로아스터교를 신봉하였다. 아랍의 침략으로 이슬람화를 거부한 바박 반란(Babak Revolt: 816-817)이 매우 중요한 점이다. 이슬람화가 된 것은 1501년 사파이 왕조가 등장하면서 1722년까지 이루어졌다. 사파이 왕조는 모든 사람들을 시아파 이슬람을 받아들이도록 강요하였다. 페르시아와 시아파 이슬람 문화는 아제르바이잔의 정체성이 되었다. 1501년 사파이 왕조의 수도는 아제르바이잔의 전통적인 수도 '타브리즈'이다. 이 시점에 튀르크족과 페르시아인은 종족 문제없이 아라즈강 주변에 살았다. 아제르바이잔 민족은 시아파 이슬람의 영향으로 받으면서도 투르크어를 사용했다.

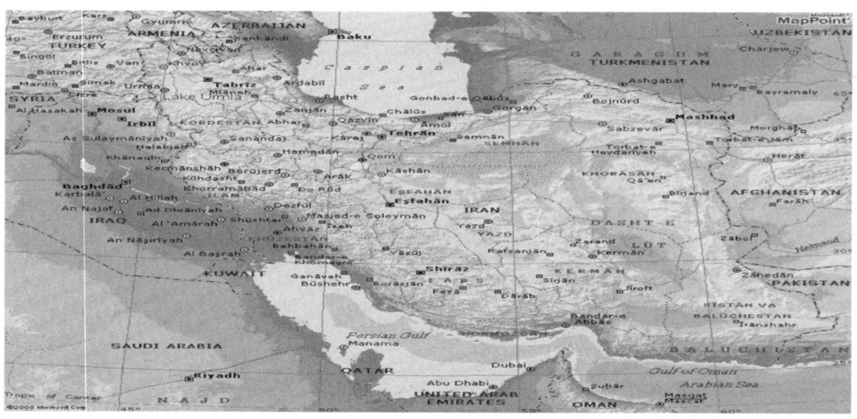

지도 6. 이란의 티브리즈와 아라즈강 유역

아제르바이잔은 16-18세기 동안 아나톨리아 반도로부터 오스만의 공격을 받아, 페르시아어 사용을 중지하고 오스만어 사용을 강요받았다. 아제르바이잔 사람들은 오스만 언어가 적국 언어라 사용을 거부하였다. 이때 아제르바이잔 사회는 페르시아인, 아르메니아인, 쿠르트인 및 아제르바이잔인들로 구성되었다. 이들은 자신들이 페르시아 제국에 속한 것을 자랑스럽게 생각했고, 페르시아 제국은 여러 곳에서 온 다양한 인종들을 차별화하지 않고 평화롭게 살 수 있도록 한 아제르바이잔을 귀하게 생각했다. 이러한 페르시아 정신은 이란에 답습되어 지금도 이란의 이슬람 공화국과 아르메니아 기독교공화국 간의 관계는 매우 우호적이다.

2. 아제르바이잔의 외형적 정체성을 본 투르크적 요소

투르크의 뿌리는 10세기와 11세기 아나톨리아[30]에서 건너온 대이주에서 볼 수 있다. 아제르바이잔에 도착한 페르시아인들은 아제르바이잔인들과 공존하며 살 수 있었고 투르크어와 페르시아어가 공용어였다. 몽골이 끝나갈 무렵 14-15세기에 카라 코윤루(Qara Qoyunlu)와 아크 코윤루(Aq Qoyunlu)가 티브리즈에 수도를 정하고 번창하게 된다. 19세기 아제르바이잔이 등장하기 전에 이곳은 아제르바이잔의 성지(聖地)이며 고향이었다.

30) 고대그리스에서 아시아라고 불렀던 지역으로서 오늘날 터키영토에 속하는 반도이다. 현대에 와서아시아의 의미가 점점 넓어져 유라시아에서 유럽만 뺀 나머지 지역을 다 지칭하는 말로 바뀌었다.

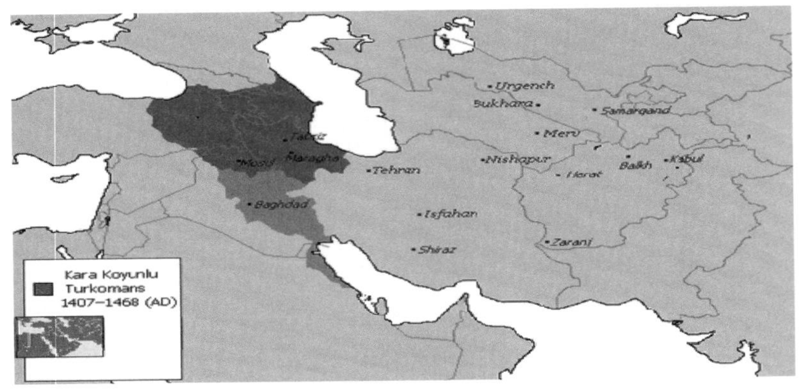

지도 7. 카라 코윤루를 중심으로 한 흑양왕조

사파이 왕조 대신 카자르 왕조(1781-1925)가 투르크 문화를 강력하게 심어놓게 된다. 투르크어는 사교적인 언어로 사용되었고, 페르시아어는 문학적인 용어로만 사용되었다.[31] 이때부터 아제르바이잔 사람들은 투르크 문화에 친숙해지게 되었다. 이러한 문화적 배경 아래 아제르바이잔의 정체성으로 확립되었다. 가장 강력한 아제르바이잔의 정체성은 투르크적 요소로 범투르크주의이다. 이것은 국가와 이슬람의 균형적인 관계와 성장을 도모한다. 1911년 무사바트(평등)라는 정당이 투르크의 세속적인 민족주의에 헌신한다는 특징을 가지고 아제르바이잔 건국과 독립에 핵심적 세력으로 등장하게 되었고, 이슬람국가 중에 최초로 여성 투표 참정권을 부여하기도 하였다. 또한 이들은 이란의 이슬람의 근본주의 모델을 바탕으로 하지만 이슬람의 강요를 거부하며, 세속적인 반-이슬람의 모델을 옹호하기도 한다.

31) 김영진, "아제르바이잔 정체성의 복합적 성격과 대외정책의 함의," 「국제지역연구」, 13권 2호, 2009, 798.

3. 아제르바이잔의 국가와 사회적 틀은 러시아다.

러시아는 19세기 카프카스 지역을 점령하면서 영향을 미치기 시작했다. 러시아와 이란의 격전지가 아제르바이잔이다. 지금도 양국은 아제르바이잔에 특별한 관계를 가지고 있다. 이 배경에는 두 가지 중요한 사건이 있다.

1) 1813년 아란과 러시아의 전쟁 후 굴리스텐조약이 체결되었고, 1825년 이란이 다시 러시아에 패하게 된 후 맺은 조약이 투르크멘 조약이다. 이 조약으로 아제르바이잔은 아라즈강 북쪽으로는 러시아가 강 아래 남쪽으로는 이란이 주둔하게 되었다. 이때 북쪽 아제르바이잔 지역은 수도를 바쿠로 정하였고 러시아 영향력 범위 안에서 철저히 러시아교육과 경제로 준비되었다.

2) 1905년 러시아제국 안에서 일어난 겨울 혁명은 아제르바이잔에서 좌익운동의 발판을 만들어주었다. 이들은 후에 붉은 군대가 공산주의 정권을 세우는 데 기반이 된다. 이들이 아제르바이잔 공산당의 전신으로, 헤이다르 알리예프(Heydar Aliyev, 1923-2003)[32]의 주도로 발전해 갔다. 알리예프는 아들까지 3선 대통령이 되어 2019년 아제르바이잔을 이끌고 있다. 스탈린 시대에는 북부 아제르바이잔과 남부 아제르바이잔이 단절된 정책이 있었다.

---

32) 아제르바이잔공화국 바쿠에서 출생했다. 아제르바이잔국립대학을 졸업하고, 1945년부터 아제르바이잔내무국가보위성에 근무하다가 1965~1967년 아제르바이잔 국가보위위원회 부의장, 1967~1969년 의장을 역임하고, 1969년부터 아제르바이잔 공산당 중앙위 제1서기가 되었다. 1970~1974년 소련공산당 최고회의 간부의원 후보를 지냈고, 1982~1987년 정치국원 · 제1부총리를 역임하였다. 1993년 대통령에 선출되었다.
https://terms.naver.com/entry.nhn?docId=1122901&cid=40942&categoryId=34312(2019년 4월 12일 접속).

4. 아제르바이잔의 고유한 정신과 특징적 요소[33]

아제르바이잔의 정체성은 저항정신으로부터 시작된다. 수년간에 걸친 아랍 제국의 지배에서 아랍을 거부하는 저항운동으로 바박 반란이 나타났기 때문이다. 바박은 지금도 아제르바이잔의 민족 영웅으로 받아들여지고 있다. 이 점은 이슬람 종교에 대한 자유로움에서 찾아볼 수 있다. 아제르바이잔 민주공화국(1918-1921)은 러시아, 터키, 이란에서 건너온 사람들의 공존하였던 관용적 사례로 채워져 있다. 그러나 이러한 흐름은 소비에트 혁명과 붉은 군대에 의해 무너져 내렸다. 그러한 러시아적 힘이 아제르바이잔이 최초로 여성 투표권을 인정한 이슬람국가로 탈바꿈하게 만드는 동인이 되었다.

아제르바이잔 정체성 부활은 나고르노카라바흐 전쟁에서 아르메니아에 패배함으로써 민족 통합주의가 저항의 불을 일으켰고, 아제르바이잔 정체성을 통일시키는 주요 요소가 되었다.

나고르노카라바흐 분쟁은 아제르바이잔의 정치의 어두운 부문을 감추는 데 사용되기도 하였고, 민주주의 정권을 쟁취하는 도구가 되기도 하였다. 아제르바이잔의 민족주의는 정의하기 어렵다. 다양한 인종과 아제르인의 인식의 다변화는 하나의 정체성을 추구하기에 어려움을 주고 있다. 그 중심에는 러시아의 정치적 입김이 작용되고 있다.

5. 소비에트 정부는 영토획득을 위하여 다민족으로 이루어진 제국을 통치하려는 목적으로, 민족 정책을 통해 행정, 교육, 문화정책으로 하나의 러시아를 세우려고 하였다. 그러나 시간이 지날수록 그 교육을 받은 젊은 세대들로부터 점차적으로 소비에트체제를 거부하며, 소비에트

---

33) 김영진, "아제르바이잔 정체성의 복합적 성격과 대외정책의 함의," 「국제지역연구」, 13권 2호, 2009, 800-801.

이전으로 돌아가고자 하는 운동이 나타났다. 아제르바이잔에서도 동일하게 나타났다. 그들은 러시아-소비에트문화유산과 이란적인 요소로부터 벗어나려는 몸부림 가운데 아제르바이잔 민족 문화유산을 찾고 있다. 특히 아제르바이잔의 신화, 유물, 상징, 전통에 의지하여 아제르바이잔의 새로운 민족, 문화적 공간을 만들려고 하였다. 1980-1990년대는 가장 터키적인 문화를 칭송하고, 배우려고 하였으나, 의외로 국내외로부터 지탄받고 엄청난 정치적 반발을 샀다. 이들은 아제르바이잔 내 튀르크 소수민족의 반발과 역대 강국들의 분노를 샀으며, 아제르바이잔 국내정치를 급진적으로 만든 계기가 되기도 하였다.

IV. 주변 국가의 관계성으로 본 민족 정서구성34)

다양한 문화와 역사 배경의 다양성은 아제르바이잔 독립 이후 민족주의와 민족의 정체성을 재건하는 데 딜레마적 요소가 되고 있다. 주변 국가들과 복잡다양한 역사를 정리하는 것은 그리 쉽지 않은 일이다. 지금도 남아있는 러시아의 영향력을 탈 소비에트로 가져가느냐 하는 문제는 여전히 불가능한 난제이기도 하다. 탈소비에트가 될 수 없기 때문이다.

독립과 함께 가장 중요한 변수로 떠오르는 것이 지엽적 국가들과의 관계성에서 바라보는 영토보존과 협력에 관한 문제다. 이 바탕 위에 아제르바이잔의 민족 존재성의 유지 및 확립이 대두된다. 이에 관한 두 가지 배경요인은 ① 역사, 종교, 문화유산과 아제르바이잔의 고유민족성의 통합 문제② 지정학적으로 소비에트, 터키와 이란 그리고 아르

34) 참고: 김영진, “아제르바이잔 정체성의 복합적 성격과 대외정책의 함의,” 「국제지역연구」, 13권 2호, 2009, 789-812.

메니아의 관계에서 발생할 수 있는 요소이다. 여기서 가장 중요한 요인은 탈소비에트에 있다.

아제르바이잔의 문제는 친터키적 성향으로 인해 이란과 러시아를 적으로 몰았던 부분이다. 친터키정책에 불만을 가진 러시아와 이란은 아제르바이잔을 흔들기 시작했다. 아제르바이잔 내의 소수민족의 들이 목소리를 냈고, 여기에 주변 국가들의 입김을 불어 넣었다. 아제르바이잔 국내정세는 즉시 불안해지기 시작했다. 그 대표적인 사례가 나고르노-카라바흐 전쟁(1988.2.20.- 1995.5.16.)이다.[35]

1. 아제르바이잔 영토 내에는 아르메니아인들로 구성된 나고르노-카라바흐(인구 145,000, 면적은 제주도 2.3배) 지역이 존재한다. 경상도 크기의 아르메니아 영토 내에도 아제르바이잔의 자치주인 나히체반 공화국이 고립된 채 적대국에 둘러싸여 있다.

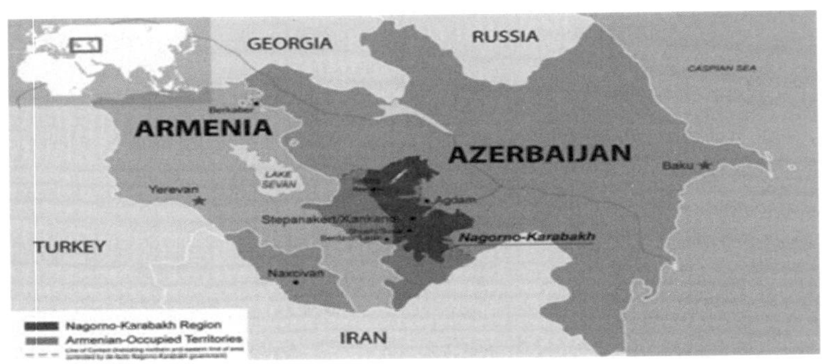

지도 8. 아제르바이잔 영토

35) 나고르노-카라바흐 자치주는 아제르바이잔 소비에트사회주의공화국 영토내에 있는 아르메니아인들로 구성된 자치주이다. 아제르바이잔은 전략적으로 이곳으로 아제르인들을 이동, 정착거주하도록 하였다. 그러던 중에 소련해체과정을 거치면서 아르메니아 주민들은 독립과 아르메니아로의 통일을 주장하게 된다. 1991년 나고르노-카라바흐공화국으로 독립선언하였고, 여기에 과거 아르메니아 지역을 포함하여 "아르차흐 주"를 편입시켜 2017년 아르차흐 공화국으로 공식 명칭을 결정하게 되었다. 이 지역은 아제르바이잔 영토의 1/10에 해당된다.

아제르바이잔과 아르메니아 간의 영토분쟁이 끊이지 않는 이유는 나고르노카라바흐 지역의 자치권 독립 문제로 인해서이다. 아제르바이잔 영토의 약 14%를 차지하는 산악지대인 나고르노는 주민 80%가 아르메니아 기독교인들로 구성되어 있고 나머지는 이슬람교를 믿는 아제르인들로, 이들 간의 민족성으로 인한 분쟁은 1923년까지 끊이지 않고 있다. 아제르바이잔은 1936년 소비에트사회주의공화국(CIS)으로 분류되며 나고르노카라바흐 지역이 아르메니아공화국의 영토로 귀속되었다. 그러나 이후 바쿠에서 잔뼈가 굵은 그루지야 출신의 스탈린이 등장하며 나고르노카라바흐는 아제르바이잔 영토로 환원되었고 지역주민 대다수가 아르메니아인임을 감안하여 자치공화국 지위를 부여해주는 것으로 정리되었다.36)

1936년 이후 아제르바이잔은 독립헌법을 가진 공화국으로 소비에트연방에 소속되었다. 스탈린은 소비에트 정부를 중심으로 정권을 재배치하는 과정에 아르메니아인을 앞세워 아제르바이잔인 수만 명을 숙청하는 대대적 억압정책을 시행했다. 동시에 범이슬람주의, 터키로부터 자유주의와 연합한 범투르크주의, 부르조아 민족주의라는 혐의로 지식층, 새로운 공산주의자들, 이슬람 저항운동 세력과 연루된 조직을 타깃으로 삼고 숙청과 학살, 강제이주 등을 자행하였다. 그 결과 소비에트연방공화국의 중앙집권화정책 시행과정에서 가장 큰 피해를 입은 곳이 아제르바이잔이다. 비록 러시아의 지배 아래 있었지만, 아제르바이잔 민족의 지식층은 러시아의 다양한 급진적 사상은 받아들였고 민족주의와의 결합을 모색함으로 자유주의, 사회주의, 무정부주의 등의 근대화 사상에 근거하여 자국의 근대화를 추진하고자 하였다. 그들의 목표는 1953년 3월 5일 스탈린 사망 후 소비에트연방에 자유가

36) https://ko.wikipedia.org/wiki/%EC%95%84%EC%A0%9C%EB%A5%B4%EB%B0%94%EC%9D%B4%EC%9E%94 (2019년 4월 11일 접속).

허용되자, 새로운 반이슬람 캠페인으로 일어나 국민들을 러시아인으로 동화시키기 위한 운동으로 전개해 나가기 시작했다.

2. 아제르바이잔의 민족 정체성을 눈뜨게 한 것은 나고르노-카라바흐에서 영토분쟁이었다. 분쟁의 원인은 주민 20%(5만)의 아제르인 무슬림(muslim)들이 80%(14만)의 아르메니아 기독교인을 지배하는 구조가 형성되면서 시작되었다. 그러나 그 영토는 아제르바이잔 것이었다. 그 바탕에는 아르메니아인들의 기독교영성과 종교적 정체성 문제가 부각되었으며 이슬람에 대한 저항운동과 터키 이슬람권의 아르메니아인 학살사건에 대한 역사적 반목이 합세하여 발생한 사건이다. 이 일을 지켜보는 아제르바이잔은 처음에는 관심을 두지 않았다. 안일한 대처방안도 후에 문제가 되었지만, 당시 아제르바이잔은 국가보안위원회(KGB) 의장을 역임한 헤이다르 알리예프(Heydar Aliyev)가 1969년부터 공산당 제1서기로서 국가를 이끌고 있었다.

1960년대 시베리아 유전이 개발되면서 한때 바쿠연안의 원유층이 고갈되는 문제에 집중되어 있었다. 아제르바이잔의 경제 위기론이 대두되었다. 동시에 '나고르노-카르바흐'가 이슬람화될 수도 있다는 소문이 퍼지며 아제르바이잔과 아르메니아 양국 간의 민족 갈등이 폭발하기 시작했다. 이것이 아제르바이잔의 민족주의 운동으로 확산되었다. 지금까지 다양한 사회주의적 요소들과 결합해 극우적 민족주의나 종교적 근본주의로 나아가는 길을 스스로 자제해 온 아제르바이잔의 정치적 전통은 자주적 민족국가를 수립하는 것에 집중하였다.

3. 1977년 발생된 나고르 카라바흐 사태는 아르메니아의 수도인 예레반에서 공산당 지도부까지 합세하며 대규모 군중시위로 확산되었다. 합병 움직임에 대한 아제르바이잔의 강한 반발이 소련의 중재로

무마되었다. 하지만 시간이 흐를수록 점차 분위기가 고조되며 1987년 미하일 고르바초프(Mikhail Gorbachev)는 알리예프를 아제르바이잔 지도자에서 퇴진시키고 개방정책을 단행하게 된다. 이로 인해 1988년 2월 나고르노-카라바흐의 아르메니아 주민들은 자기의 나라 아르메니아로의 나고르노 귀속을 주장하며 나고르노-카라바흐 지역의 민족 갈등에 불을 지폈다. 여기에 아제르인들은 바쿠에서 반 아르메니아 폭동을 일으켰다.

분쟁의 불똥은 바쿠 주변 도시인 숨가이트로 튀었다. 이 지역 방송국을 통해 아르메니아인이 두 명의 아제르바이잔 청년을 살해했다는 방송내용이 전파를 타고 나가자, 두 지역에서의 갈등은 한 치의 양보도 없이 서로의 주장만 되풀이되며 인종폭동으로까지 번져나갔다. 나고르노카르바흐를 아르메니아에 귀속시키거나 독립국가로서의 주권을 인정해달라는 아르메니아 주민들의 주장은 유혈사태로 격화되었고 소련 최고회의 결과 1989년 1월 모스크바 당국 직할 통치지역으로 결정되었다. 소련의 영향력 아래 아제르바이잔이 할 수 있는 일은 없었다.

4. 아제르바이잔이 1991년 8월 30일 공화국 독립국가로서 출범하게 되는 과정에 '나고르노-카라바흐' 지역도 1991년 9월 3일 공화국으로 독립을 결의하며 12월 10일 75,000명(99.8%)의 주민들이 투표를 통해 청원서에 서명한 후 일방적으로 아르메니아 편입을 결의하게 되었다. 이에 아제르바이잔은 자국 내에 또 하나의 국가가 형성되는 것을 결사적으로 거부하며 그 지역의 자치권 무효를 주장하자 갈등은 격화되었고, 그 결과 '검은 1월'의 사태인 나고르노-카라바흐 영토전쟁이 양국 간에 발발되었다. 소련 당국은 아제르바이잔에 비상사태를 선포하고 아르메니아인들을 강경 진압하게 되었으며, 이어 12월 소련은 끝내 해체되며 1992년 1월 6일 아르메니아 주민들에 의해 "나고르노-카라바

흐 공화국"(NKR) 독립이 선언된다.

지도 9. 나고르노-카라바흐 공화국

5. 1992년 아르메니아가 우세를 보이는 가운데 아제르바이잔의 자치 구역인 나고르노-카르바흐 주변을 점령하게 되었고 여세를 몰아 남쪽의 나히체반으로까지 거센 공격을 퍼부었다. 그러자 같은 이슬람 국가인 터키가 국경 안전을 위해 분쟁 개입을 시사했고, 아제르인에게 민족정서와 더불어 종교 차이를 부추겨 아르메니아인들에 대한 무차별적 테러가 조장되며 100만 명에 이르는 난민이 속출했다. 국제전을 우려한 러시아 및 독립국가연합 6개국이 터키 개입을 즉각 반대했고 미국 등 국제사회가 아르메니아의 나히체반 공격을 비난하였다. 1992년 5월 19일 슈샤와 라친이 아르메니아군에 의해 점령당한 이후 1993년 4월 3일 캘배재르, 7월 24일 아그담, 8월 23일 피줄리 서부, 8월 26일 제브라일, 8월 31일 구바틀리, 10월 31일 쟁길란을 연속 점령당하게 된다.

6. 아제르바이잔의 분쟁지역은 그들 스스로 지킬 수 없었다. 아제르바이잔의 경제를 운용하는 주체들의 다양한 인종과 비 무슬림들, 러시

아인 그리고 그 사이에 숨어 들어오는 서구의 경제력 등이 혼합되어 더욱 분열이 조장되었다. 소련 붕괴와 함께 터져 나온 두 나라의 분쟁에 러시아가 개입하지 않을 수가 없었으며, 평화유지군을 파견하는 것과 동시에 국제사회의 평화유지군 파견도 요청되었다. 1992년 3월 유럽안보협력회의가 중재와 1994년 5월 12일 러시아의 중재 하에 아르메니아, 아제르바이잔, 나고르노-카라바흐 3자 사이에 나고르노-카르바흐를 둘러싼 영토전쟁은 휴전협정이 이루어지게 되었다. 결국 전쟁이 아르메니아의 승리로 끝나게 되며 이 협정에 의하여 아제르바이잔은 영토의 약 20%를 상실하게 되었다. 이후 나고르노-카르바흐 지역은 2017년 아르메니아인들이 나고르노(고원)-카라바흐의 이름을 '아르차흐'라고 일컬은 데서 비롯되어 국명을 공식적인 자치주에서 '아르차흐공화국'이라고 바꾼 상태다.

아제르바이잔의 인종의 다양성과 문화의 다변화는 결국 민족의 정체성을 결정하는 데 실패하게 하였고, 주변 국가들로부터 자국의 이익을 지켜내지 못하는 분열된 사회 모습만 드러내고 말았다. 이슬람 국가이면서 이슬람이 아니고, 투르크족이면서 투르크주의도 아니고, 러시아적인 사회구조는 아제르바이잔이 풀어야 할 구조로 남게 된다.

V. 아제르바이잔의 체제전환 과정과 과거사청산

1. 소련체제로부터의 전환 이전의 아제르바이잔의 준비운동37)

아제르바이잔의 반-정부세력은 아르메니아, 조지아와 달리 소련

37) 정제원, "주변부 이슬람 사회의 진보적 민족주의: 아제르바이잔의 역사적 경험과 현재적의의," 「중소연구」, 39권 4호, 2015/16, 겨울, 321-368.

말기 뒤늦게 구성되었다. 그 대표 격이 ‘아제르바이잔 인민 전선(Azerbaikan Popular Front)이다. 이들은 나고르노카라바흐 분쟁 이후 민족주의자로 고양되었다. 당시 세계는 1978년 반러시아 운동과 반정부운동 그리고 인권운동이 일어났다. 1975년 헬싱키 협약으로 이 운동은 탄력을 받고 있었다.

1980년 아제르바이잔 지식인들은 자신들의 민족 기원, 인근 타민족과의 연계성 등에 다양한 연구 논문들을 쏟아내기 시작하였다. 이때 남아제르바이잔과 통일 문제 등도 다루었다.

1987년이 되어서야 아제르바이잔은 민족 문화 유산을 찾아내고, 보존하기 시작했다. 아르메니아와 조지아보다 10년이 늦은 시기이다. 1990년대가 되어서야 아제르바이잔은 해외에 흩어진 투르크족 연대를 만들고 아제르바이잔의 역사 학습 등을 목표로 민간 문화단체들이 일어나게 되었다. 이러한 민족주의운동의 대중적 확산 동기는 나고르노카라바흐 분쟁이었다.

지도 10. 남아제르바이잔과 북아제르바이잔

1988년 수만 명이 레닌광장에 모여 반소비에트 운동으로 아제르바이잔 인민전선이 구축된다.[38] 이들은 친 아르메니아계 공산당 지배의 부패와 무능함을 공격하고 소련의 입장을 주장만 하는 아제르바이잔 공산당 당사를 포위하는 반정부운동을 전개하였다. 소련 정부가 나고르노카라바흐 지역을 직접 통치하겠다고 하자, 아제르바이잔은 아르메니아에 넘겨주려는 소련 정부에 반감을 갖고 거부 운동을 벌이게 된다.

러시아에서는 페레스트로이카와 글라스노스트 정책으로 아제르바이잔의 인민전선은 대중으로부터 강력한 지지를 받게 되었다. 1989년 6월에 인민전선은 창립 총회를 갖고, 아제르바이잔 법 아래 정부를 세우고, 민주주의국가로 변화시켜나가기를 결의하였다. 이들은 1918년에 시작된 무사바트당의 이념을 계승하고 인민전선은 "아제르바이잔 인민민주공화국"을 계승할 것을 선언하며 5월28일을 독립기념일로 지정할 것을 요구했다. 소련은 아제르바이잔의 이러한 정치적 혼란을 해결하기 위하여 1990년 1월 20일 바쿠를 점령하게 되었다. 131명이 죽고, 774명이 부상을 당하였으며 인민전선 지도자 400여 명이 체포되었다. '검은 1월 사건'은 소련 국방부장관인 드미트리 야조프에 의해서 이루어졌지만, 결과적으로 아제르바이잔이 소련으로 이탈하고 독립을 추구하게 된 결정적 사건이 되었다.

아제르바이잔에서는 반-소련운동이 시민들 사이에서 일어났다. 러시아 성(姓)인 'ov'를 터키식 'beyli'나 이란식으로는 'zade로 개명하려는 것에 대한 저항운동이 일어났다. 주변 국가들은 1990년 소련공산당

---

38) 점차 지식인들이 아닌 일반 노동자 출신의 활동가들이 증가하는 현상도 일어났다. 가령, 1988년 말 지식인들을 중심으로 만들어진 인민전선의 주요 지도자로 부상한 파나호프(Fanakhov)는 금속 노동자 출신으로 아제르바이잔의 완전한 독립을 주장하면서 대중적인 인기를 누리고 있었다. 소련당국은 이를 우려하여 그를 체포, 구금하고 어떤 인민전선 지도자들보다 훨씬 긴 시간을 감옥에서 보내야만 했다.

참패 선거로 소련으로부터 완전히 분리되어 독립 국가를 세웠던 것과는 달리, 아제르바이잔만은 끝까지 소련공산당 노선과 함께 움직였다. 마지못해 1991년 12월 29일 국민투표 95%를 통해 아제르바이잔 공화국이 탄생되었다.[39]

2. 아제르바이잔의 반공산주의-민족주의 집권의 실패와 민주주의의 후퇴

1992년, 온건파 정부를 이끌던 엘치베이 대통령은 아제르바이잔 범투르크주의 원칙에서 반러시아, 친터키정책을 펼쳤지만, 나고르노-카라바흐 분쟁의 미해결, 체제전환에 따른 경제위기, 후세이노프의 내전 등으로 심각한 정치·경제 불안을 안고 있었다. 이들은 아제르바이잔의 자디드(Jadid) 운동인 마아리프질릭(maarificilik) 운동의 정신과 아제르바이잔 인민공화국과 무사바트 운동(평등)을 계승하였다. 동시에 급속한 터키관계 운동, 범투르크주의 정책, 이란 내 아제르바이잔 세력과 연대 등 민족주의 연계를 목표로 하였다. 그러자 인민전선 내부에 이에 반대하는 급진적 보수와 자유주의 진영의 대립구조가 형성되었다. 특히 표면적으로 이슬람의 부활은 바쿠대학의 시아파 이슬람학과, 대통령 취임식에서 코란에 손은 얹고 선서를 하기도 하였지만, 종교의 자유를 보장하는 세속주의가 보장되었다. 나중에 이것이 반-이슬람으로 가는 조건이 된다.

1993년 헤이다르 엘리예프가 이슬람 중심의 국가체제를 고집하고 종교 활동의 자유를 거부하며 선교단체의 활동을 제약하게 된다. 구소련체제의 종교정책을 실시하였다. 즉, 실용주의적 민족주의는 범투르

39) 정제원, "주변부 이슬람 사회의 진보적 민족주의: 아제르바이잔의 역사적 경험과 현재적의의," 「중러연구」, 39권 4호, 2015/16, 겨울, 352.

크주의를 벗어나 아제르바이잔 민족주의로 선회하였고, 옛 소련 시기의 공식 이슬람과 유산한 국가의 이슬람 통제 모델이 주어졌다.

아제르바이잔은 2003년 알리예프의 아들 일함 알리예프가 75%의 지지를 받아 대통령으로 당선되었다. 결과적으로 아제르바이잔 사람들은 민주주의에 부정적인 입장이었다. 경제의 독점, 부의 착취 그리고 부패와 사회 양극화에 거부반응을 일으켰다. 이것이 아제르바이잔의 이슬람 정체성을 뛰어넘은 세속주의가 되고 말았다.

3. 아제르바이잔의 이슬람 화와 종교적 정체성으로 본 미래[40]

2005년 불공정 총선결과 민주주의 정치과정에 아제르바이잔 사람들의 불신은 "아제르바이잔 이슬람당(Islamic Party of Azerbaikan)"을 비롯하여 이슬람 공동체와 정당들이 등장하게 되었다.[41] 2005년 아제르바이잔 민주주의 노선을 걸었던 아제르바이잔 민주당, 아제르바이잔 인민전선, 그리고 무사바트 등 주요 야당들은 자유라는 공동선언 구호 아래서 연합전선을 폈으나, 야당의 분열은 회복되지 않고 완전 패배의 길로 갔다. 아제르바이잔 사람들은 주변 조지아, 우크라이나, 키르키스탄 등에서 색깔 혁명의 위험성을 보고 공포감을 느낀 나머지 야당을 지지하는 일을 하지 않았다. 당시 선거 시기에 선거 전 언론사 탄압,

---

40) Ibid., 354-362. 말 지식인들을 중심으로 만들어진 인민전선의 주요 지도자로 부상한 파나호프(Fanakhov)는 금속 노동자 출신으로 아제르바이잔의 완전한 독립을 주장하면서 대중적인 인기를 누리고 있었다. 소련당국은 이를 우려하여 그를 체포, 구금하고 어떤 인민전선 지도자들보다 훨씬 긴 시간을 감옥에서 보내야만 했다.

41) Tawbah(Repentence), Gardashlyk(Brotherhood) 이슬람 공동체와 Fazilyat (Virtue)당, Hizbollah당 등의 다양한 시아파 이슬람 정당, 사회조직들이 성장하였다.

기자 살해 신문사 폐쇄 등은 반정부 언론인들을 공격 체포하는 일들이 일상적으로 일어났다.

결국 구소련 국가 중에서 언론이 정부에 통제가 된 국가가 되고 말았다. 이러한 아제르바이잔 선거운동 움직임은 야당 청년 모임들의 지도자들을 미국, 아르메니아 등의 적대국 앞잡이로 매도하는 가짜뉴스를 퍼뜨려 신뢰도에 타격을 주었을 뿐만 아니라 체포하기도 하였다. 특히 청년집단의 분열은 더욱 심각했다. 아제르바이잔의 이슬람화는 서구의 비판을 받지도 않았다.

대표적으로 미국은 우크라이나에 철수한 미군을 아제르바이잔에 주둔하고 싶어 했다. 아제르바이잔은 내부적 위기를 확산함으로써 야당을 탄압하였고, 시민사회를 억압하는 등 영토문제 또한 아제르바이잔의 민주화를 가로막고 있었다.

4. 과거사청산과 그 대안은?

아제르바이잔의 모든 정권은 나고르노카라바흐 분쟁을 최대한 이용하여 정권을 유지하는 데 활용하였다. 국내 불만은 민족주의 관점에서 감정으로 전환시켜 정권의 의도대로 목적을 성취하고자 하였다. 영토문제를 부각시켜 국방비를 증액하며 무기구입의 정당성을 설명하며 사회의 군사화를 이루었다. 즉, 위기를 확산시켜 야당을 탄압하고, 시민사회를 억압했다. 그러나 고유가로 국민경제 생활에 도움을 주는 것으로 국민들의 지지를 끌어내고, 고유가로 소수의 부유층에만 부의 축적을 유지하였다. 그러나 사회경제적 불평등에도 불구하고 석유자원 힘입은 성장은 사회계층의 불평등에도 불구하고 알리예프 정권을 지지받게 하는 동인이 되고 말았다.

알리예프 정권은 색깔혁명의 확산차단에 주력하고 있다. 결국, 불공정 선거와 투표조작 등에도 힘을 입어 2005년 11월 6일 이루어진 총선에서 집권 여당인 '신아제르바이잔당(New Azerbaijan Party)'이 전체의석의 과반수가 넘는 63석을 차지하게 되었다. 민주화운동의 확산차단이 일차적으로 성공한 것이다. 2008년 10월 15일 알리예프가 88.7%로 대통령이 되었고, 2009년 3월 대통령 3선 금지법안을 폐지하였다. 2013년 10월 다시 알리예프 대통령이 당선되었고 수많은 야당들의 저항과 도전은 정치탄압과 압박으로 진압되었다. 이들의 중심은 여전히 '인민전선'과 '무사바트당'이다. 옛 공산당 개혁파 후신 정당이라고 할 수 있는 아제르바이잔 사회민주당을 비롯한 소위 좌파 정당의 영향력은 매우 미미하다. 또한 '아제르바이잔 이슬람당'으로 대표되는 이슬람주의 정당 혹은 이슬람주의 단체들 역시 그 영향력은 크지 않은 상황이다. 아제르바이잔은 이슬람주의, 세속주의, 자유주의와 민족주의 등이 국가의 성격을 구성하나, 결과적으로 사회 내부는 권위와 세속주의가 중심이 되고, 외형적으로 이슬람국가의 모습을 가지고 있으나, 주변 이슬람국가와 같은 강력한 종교적 색채를 띄고 있지는 않다. 이슬람 국가들의 전반적인 경향에 반하는 아제르바이잔 사례는 상당히 흥미롭다.

VI. 나가는 글

아제르바이잔은 19세기까지 한반도처럼 남과 북으로 분단되어 내려오다 러시아제국에 편입되었고 아제르바이잔이라는 무슬림 사회의 근대화와 사회개혁을 모색하게 되었다. 궁극적으로 민족의식을 고양함으로써 민족 정체성을 확립하여 러시아제국의 식민지로부터 해방되고자 하였고, 나아가 범투르크주의에 입각한 투르크 민족공동의 단일 국가건설을 목표로 하였다. 이러한 움직임이 자유주의적 근대화 개혁운동이며 민족주의적 운동의 지식인들을 중심으로 본격화 되었다.

아제르바이잔의 상황은 러시아제국의 식민지에서 이슬람의 가치와 전통을 지키는 가운데, 자신들만의 독특한 근대화의 과제들을 관철해 나가야만 하는 고통스러운 상황에 처해 있었다. 따라서 이들은 제국 내 이슬람 민족들이 식민지적 상황에 처한 근본적인 원인을 무지와 봉건성에서 찾으려 하였고, 이러한 문제들의 극복을 위한 노력을 이슬람의 정체성을 다양하게 해석하면서 아제르바이잔 고유의 이슬람교를 전개하였다.

그것은 권위와 세속주의 입장에서 이슬람교의 개종을 강요하지도 않았고, 근본적 이슬람교도들의 개종을 강요하거나 국가가 압력을 넣지 않았다. 결과적으로 근본적 원리주의와 같은 무슬림들의 활동을 제한한다거나 폐쇄하는 조치를 취했다. 이러한 노선은 서방을 향한 아제르바이잔의 저항이라기보다 러시아를 모델로 삼은 정책이다. 오히려 보수적, 봉건적 후진 이슬람 국가들의 지배적인 이념보다는 자유주의 등 각종 진보적 사상과 선진적 서구문화의 통로로서의 러시아의 역할과 존재를 더 긍정적으로 평가하였기 때문이다.

반면에 러시아 자체의 근대화가 궁극적으로 무슬림 사회에도 긍정적으로 영향을 미칠 것이라는 기대를 갖는 이중적인 모습을 보이기도 했다. 주변 국가들의 민주화 과정을 통해 겪었던 아픔을 미리 분석하며 변화에 대한 두려움과 아울러 어렵지만 안정적으로 안주하려는 경향성을 보였다. 아제르바이잔은 아르메니아의 관계악화 문제로 민족주의 정체성을 세워보려고 했지만, 바쿠 유전지역에서 생산된 원유의 풍부함이 국민들의 삶을 더 이상 정체성 투쟁으로 몰고 가지는 못하였다. 터키와의 관계를 통해서도 아르메니아 문제를 해결하려고도 하였으나 터키도 적극적으로 대안이 되어주질 못하였기에 엉거주춤한 자세에 머무르고 말았다.

현재 아제르바이잔은 내부 문제 수습에 치중할 정도로 국내정치적 역량이 매우 취약하다. 야당 세력의 분열은 과거사청산 "나고르노-카라바흐 분쟁"을 중심주제로 삼고 있지만 별 효과적인 진전을 보질 못하고 있다. 오히려 민족의 지도자가 절실하게 필요한 시기로 제각각 자기 살길에 바쁜 시기에 놓여있다고 보아야 할 것이다. 이제 아제르바이잔의 과거사청산은 외교적 관계에 직결되고 있다. 터키와 러시아 그리고 서방국가들 사이에 형성된 문제들이기 때문이다. 또한 무엇보다도 아제르바이잔 자체가 정체성을 확립하기 위한 과거사청산 문제에 관심을 두지 않는다는 것도 간과해서는 안된다. 이 점은 아르메니아와 대조적인 부분이다. 아르메니아는 끝까지 균형외교 등을 통하여서라도 민족의 정체성을 찾는 일에 집중하고 있다. 그러기에 이러한 양국의 차이점은 아제르바이잔이 '나고르노-카라바흐 분쟁' 해결에 관한 것보다 아제르바이잔의 정권을 누가 잡느냐에 집중된 것처럼 보인다.

내부적으로 부패사회의 척결이 미래의 풀어야 할 핵심과제로 당면해 있다. 민족의 정체성으로 아제르바이잔을 세워가는 의식은 아르메니아 관계에서 볼 때 상당히 부정적이지만, 석유와 에너지 관계로 서방국가들의 접근과 이해는 긍정적 방향이 나올 수도 있다. 하지만 아제르바이잔 자체가 풀어내고자 하는 의지가 없는 것으로 비춰진다. 야권의 고질적인 내부분열과 집권 정부의 부패와 무감각한 미래에 관한 준비와 도전은 향후 세계사적인 관점에서 바라볼 때 주변국들의 들러리가 될 가능성이 많다. 아쉽지만 이 또한 아제르바이잔 민족성으로 부여되는 한계적 상황일 것이라 가늠해 본다.

한반도 평화통일의 과제와 전망

이명권

(서울신학대학교 교수, 비교종교학)

I. 들어가는 말

한반도의 평화통일 문제는 한국과 세계의 열강이 힘을 모아도 71년이 지난 오늘날까지 풀리지 않는 숙제였다. 오히려 북한의 핵무기 개발로 평화통일의 길은 더욱 멀어져 가고 있다. 그렇다고 우리는 여기서 좌절할 수는 없다. 독일의 통일이 우리에게 좋은 사례가 되는 것도 우리가 좌절할 수 없는 하나의 이유가 된다. 한반도 통일 문제는 이제 남한이나 북한만의 문제가 아니다. 한반도를 둘러싼 중국과 일본 그리고 한국에 주둔하고 있는 미국을 비롯하여 러시아까지 직접 간접으로 자국의 이해관계가 얽혀있는 문제이기 때문이다. 따라서 문재인 정부는 대북정책에서 과거보다 다소 유연한 입장을 펴면서, 한·미 정상회담을 통해 '제재와 대화'의 양면을 분명히 할 것으로 기대된다. 현시점에서 한반도 평화통일의 가장 큰 장애물로는 북핵 문제다. 북한의 핵 도발에 대한 군사적 조치로서의 사드 배치 문제가 미국과 중국 그리고 한국과 일본의 큰 변수가 되고 있는 것도 사실이다.

문제는 이러한 장애물을 어떻게 잘 극복할 것인가 하는 점이다.

그 방편으로서 북 · 미간의 대화 가능성과 남북 대화 그리고 다자간 외교의 노력으로 국제적 외교문제를 풀어가야 한다. 이러한 산적한 국제문제 외에도 한반도 내부 사정으로서의 남북 대화는 물론 인도적 차원의 남북교류 문제를 비롯해서 개성공단 재개의 문제까지 폭넓은 대화와 구체적 실천 방안이 평화적으로 추진되어야 한다. 이러한 일련의 문제점을 염두에 두고, 한반도 통일 문제에 대한 다양한 접근 방식이 있겠지만, 최근에 문제가 되고 있는 북핵 문제와 사드 그리고 문재인 정부가 추진하는 남북 대화의 방향에 초점을 맞추면서, 한반도 평화통일의 주된 담론들을 분석하고 향후 전망을 제시해 보고자 한다.

II. 평화통일의 장애물들

1. 북핵문제

북한 핵문제는 한반도의 문제만이 아니라 미 · 중 · 일 · 러가 개입된 복잡한 국제적인 문제다. 중국의 도전과 미국의 패권주의가 남중국해에서 충돌을 일으키고 있고, 일본도 북핵의 위협에 맞서 군비 확장의 기회로 삼고 있다. 이러한 지정학적 이유로 미국과 중국의 패권 다툼 사이에 북핵문제는 더욱 해결의 답안을 찾기 어렵다. 심지어 백악관 수석 전략가인 스티브 배넌은 "향후 5-10년 내에 남중국해에서 미 · 중 사이의 전쟁이 일어날 것이라고 예고하고 있다. 물론 이러한 경우가 발생하지 않기를 바랄 뿐이다. 이러한 미 · 중 사이의 충돌은 한반도에 직접적인 영향을 미치기 때문이다. 북핵문제에 대하여 미국과 중국은 이제 하나의 외교적인 거래를 하고 있다. 지난 4월 플로리다에서 양국간 정상회담에서 보여주었듯이, 시진핑은 트럼프에게 북한이 미사일

발사 실험을 중단하는 대신, 한반도에서 미국의 군사행동을 중지해 달라고 요청한 바 있다. 사실 중국이 핵군축과 통제에 대한 입장을 지니기 시작한 것은 1964년 최초의 핵실험을 통해 핵보유국이 됨으로써, 1970년대까지만 해도 핵 비확산에 대해 유보적인 입장을 보이다가 1980년대에 들어와서 점차 핵통제 쪽으로 방향을 선회하게 된다. 이러한 중국의 정책 변화의 첫 번째 원인은 자국의 핵무기 능력으로 기본적인 핵 억제력을 확보했다고 보았기 때문이다. 두 번째 이유는 개혁개방의 정책으로 국가의 전략목표가 경제 개발 쪽으로 선회했기 때문이다. 세 번째 이유는 다른 나라의 핵확산을 방지함으로써 핵능력의 상대적 불균형을 방지하려고 한 것이다. 네 번째는 1990년대에 들어서면서 국제사회가 중국의 핵 역량에 대한 우려와 군축 요구가 높아졌기 때문이다. 이에 중국은 책임 있는 대국으로서의 국제적 의무를 감당해야 한다는 필요성을 인식했기 때문이다.[1)]

현재 북한은 대륙간탄도미사일(ICBM) 개발 완성을 눈앞에 두고 있다. 이에 대해 미국이 혹시라도 선제공격을 가할 경우, 북한은 추가 응징에 나서서 한반도는 전쟁에 휩싸이게 된다. 중요한 것은 현시점에서 북한의 핵개발을 중단하거나 포기할 수 있는 전략이 필요한데 현실적으로는 적절한 대안을 찾지 못하고 있는 실정이다. 그럼에도 핵 폐기의 노력은 멈출 수 없는 것이어서 일차적인 대안은 핵 동결에서부터 시작되어야 한다. 한반도 비핵화를 위한 최소한의 첫걸음이기 때문이다. 현재 미국이 북핵 대응 방식은 제재[2)]와 압박을 가하여

1) 이기현 외, 『중국의 주변외교 전략과 대북정책: 사례와 적용』(서울: 통일연구원, 2015), pp.11-13.

2) 제재에 대하여 인도적 차원과 발전의 측면에서 비판적인 시각을 가진 학자와 전문가 그룹이 있다. 다음의 논의를 참고하라. Hazel Smith, "Sanctions and North Korea: The Absence of a Humanitarian Emergency and the Crisis of Development," Pathways to Peaceful Korean Penisula: Denuclearization,

북한이 스스로 대화의 길로 나오기를 바라는 것이다. 이러한 상황에서 문재인 대통령은 6월 15일 6 · 15 기념식에서 북한이 핵 도발을 중단하면 조건 없이 대화에 나서겠다고 선언했다. 새 정부에 들어서 북한에 대한 공식적인 제의를 한 것이다. 이에 대해 북한의 반응이 주목되지만, 핵무기 개발을 멈출 가능성은 여전히 희박하다. 핵무기 중단과 더불어 북한은 미국과 평화협정을 동시에 진행하려 하기 때문이다. 하지만 미국은 여전히 북한을 불신하면서 압박의 수준을 높이고 평화협정 단계로 진입하기를 거부하고 있다. 이에 현 한국정부의 주도면밀한 주체적이고 적극적인 협상전략이 필요한 것이다.

2. 사드 문제

북한의 핵무기 개발에 대한 대응책으로 시작된 고고도미사일 방어체계(THAAD · 사드)의 한국 배치문제는 현재 중국의 강력한 반대를 둘러싸고 국내외의 첨예한 논란과 갈등이 지속되고 있다. 사드 배치를 놓고 중국이 강력하게 반대하는 여러 가지 이유 가운데 하나는 한반도와 접경한 지정학적 위치 때문이기도 하겠지만, 북한 핵무기의 위협으로 인한 제재와 압력의 방식으로 사드 레이더를 설치함으로써 자국이 감시를 당하게 된다는 점이다. 더 나아가서 미국의 막강한 군사력을 이용하여 동북아에 새로운 긴장으로 추가로 가져온다는 점도 있다. 실지로 중국은 한반도의 전쟁 위기를 증가시키는 갈등이나 냉전보다는 한반도의 평화를 유지시키는 것이 자국의 이익에도 도움이 된다고 보기 때문이다. 뿐만 아니라, 중국은 북 · 미 간의 교착상태를 깨뜨리는 실제적인 협력을 함으로써 북한 경제의 연착륙과 한반도의 평화통일을 앞당기는 노력을 하고 있는 것도 사실이다. 이것은 비단 중국의 이익만

Reconciliation and Cooperation, (KINU, 2016), pp.119-142.

이 아니라, 관계되는 모든 당사자들의 이익도 된다는 사실을 고려하고 있다는 주장도 있다.[3] 이러한 배경과 입장에서 중국은 자국의 자존심과도 결부된 사드 문제를 결사코 반대한다고 볼 수 있을 것이다. 이 부분은 향후 한국 정부가 외교적으로 차분히 풀어가야 할 문제다.

이런 점에서 박근혜 정부가 주도적으로 국민적 합의가 없는 상황에서 절차를 무시하고 사드를 조속히 설치함으로써 외교문제에서도 큰 과오를 범하지 않았는가 하는 비판도 있다. 하지만 현 정부는 한・미 동맹의 약속을 유지하면서도 환경영향평가를 면밀히 시도할 것을 주장함으로써 추가적인 4기의 사드 배치 시기는 지연되고 있다. 이에 대해 중국은 사드 배치 철회를 계속 주장하고 있고, 미국은 배치 지연에 대해 불편한 속내를 보이고 있다. 문재인 정부가 사드 배치를 지연하고 있는 또 다른 이유는 사드 문제를 놓고 중국의 대북제재에 대한 조건을 강화시키기 위한 전략이라는 측면도 있다. 이것은 대북제재를 위한 중국의 역할을 기대하는 것이다. 사드 배치를 완성하면 중국은 강하게 반대하면서 대북제재 문제에서도 소극적일 수 있을 것이기 때문이다.

하지만 이러한 문재인 정부의 사드 배치 지연과 관련하여 평화통일 전문 경제학자 김병연 교수는 "득보다 실이 많다."라고 판단하고 있다.[4] 그 이유는 지연에 따른 기회비용이 상황에 따라 매우 커질 것이라는 점이다. 예컨대, 한・미 동맹의 갈등을 증폭시켜서 미국이 한국에 주둔하는 각종 군사적 비용을 청구한다면 득보다 실이 커진다는 뜻이다. 또한 중국도 배치 철회를 기대하다가 설치되고 나면 실망이 더 커질 것이고, 북한 제재에서도 물러날 것이라는 점이다. 하지만 이 점에 대해서도 중국이 물러나도 북한의 4차 핵실험 이후 보여주었던

---

3) Kim Donggil, "The 'Tipping Point' of China's Patience with North Korea," The Harmony of Civilizations and Prosperity for All – Different Paths with Common Responsibilities, Beijing Forum 2007, pp.2-5.

4) 「중앙일보」, 6, 15.

유엔 안보리의 제재 효과 같은 성과를 기대한다면 조속한 사드 배치가 문제 될 것이 없다. 다만 이러한 미·중 간의 갈등을 풀기 위해서는 사드 레이더 반경을 중국 국경이 포함되지 않도록 함으로써 미국이나 중국 어느 나라도 손해를 보지 않게 하는 전략을 제시하고 있다. 하지만 이 또한 과연 얼마나 실용적인가 하는 것은 상황의 변화에 따라 달라질 수 있기에 확실한 전략적 대안이라고 보기는 어렵다.

엄밀히 따져보면 중국이 사드를 반대하는 문제는 아시아를 포함한 '일대일로'라는 '중국의 꿈'의 구상과 전략적 이익에 방해가 된다고 보기 때문이다. 이것은 미국의 동아시아로의 재진출이라는 전략과 중국의 안보 환경이 충돌한다고 보는 것이다. 한·중 수교 25주년이 되는 올해 상호 간의 이익을 위해서 대립을 줄이고 이해와 양보를 통한 협상이 필요하다. 그 협상의 내용으로 우선 6자 회담이나 최소한 한·미·중의 협의 기구를 설치하고 협상을 시도해야 한다. 사드 문제에 대한 중국의 입장을 고려하면서도 한국의 주권문제에 대해서는 러시아를 포함한 외교적 협상을 통해 분명히 밝혀야 한다. 이제 중국과의 '윈-윈' 대화협상도 과감하게 시도해야 할 때이다.

III. 극복을 위한 시도들

1. 북미대화 가능성

지난 6월 14일 북한은 체제 전복혐의로 15년 노동교화형을 선고했던 미국인 오토 웜비어(22)를 석방하여 미국으로 돌려보냈다. 이를 통해 그동안 단절되었던 북·미간의 대화가 다시 시작되어 대북정책 특별대표인 조셉 윤이 방북도 성사됐다. 하지만 웜비어가 건강상 '혼수상태'에 빠지게 됨으로써 경우에 따라서는 북·미관계가 더욱 악화될 가능성도 있다. 반면에 건강이 회복되면 오히려 그동안 단절된 북·미

대화의 가능성은 더욱 높아질 것이라는 전망이다. 이 대목에서 우리는 미국의 리더십을 예견해 보게 된다. 트럼프 대통령이 35개 개발도상국에 지원했던 국제적인 원조를 30%나 감축하는 현재의 정책으로는 미국 자체의 안보를 위협하는 것일 뿐만 아니라, 끊임없이 발생하는 테러라든가 북핵의 위기를 해소하는 데 부작용을 초래할 것이라는 점이다. 이 점은 미 국무장관을 역임했던 콜린 파월의 걱정이기도 하다. 반면에 중국은 오히려 아시아와 아프리카에 국제적인 원조를 늘림으로써 다양한 국가에서 영향력을 확대하고 있다. 미국이 북한을 압박하고 중국과 협상을 벌이는 일도 중요하지만, 그것보다 더 우선해야 할 일은 외교적 리더십을 회복하는 일이다. 전쟁을 예방할 수 있는 능력도 외교에서 나온다. 최악의 평화라도 전쟁보다는 낫다는 말이 있다. 한반도 평화 정착의 중요성은 그 어느 때보다 시급한 이때, 북미외교의 대화 가능성에 깊은 관심을 가질 수밖에 없고 한국도 평화적 분위기를 위해 다자간 대화에 주도적으로 참여해야 할 것이다.

트럼프 행정부는 지난 6월 1일 사실상 대북 독자 제재안을 내 놓고 북한 정부와 군을 대상을 압박하고 있다. 제재 대상이 그동안 북한 지도부의 돈줄을 감당했던 노동당 39호실이나 군수공업부와 같은 '부서'에서 핵과 미사일을 개발하는 군부 전체의 '기관'으로 확대되고 있다. 그러나 그러한 제재의 효율성에 의문을 제기하는 전문가도 많다. 인제대 통일학부 진희관 교수는 "북한이 경제 부분에서도 대외 의존도가 높지 않기 때문에 아프긴 하겠지만 체제를 흔들 수준까지는 못되고 오히려 북한의 반발 가능성을 높이게 된다."라고 분석한다.

2. 남북대화 가능성과 전망

문재인 대통령은 올해 6 · 15 17주기 기념사에서 북한이 핵 도발을 중단한다면 조건 없이 남북 간의 대화를 재개하겠다고 선언했다. “북한 핵의 완전한 폐기와 한반도 평화체제의 구축, 북 · 미 관계의 정상화까지 포괄적으로 논의할 수 있을 것”이라고 밝혔다. 이것은 북핵 도발 중단이라는 전제가 있지만, 남북 대화의 가능성을 취임 후 공개적으로 처음 밝혔다는 데 의의가 있고, 북한에 대한 사실상의 공식 제안이다. 이것은 또한 6월 말에 예정된 한 · 미 정상회담을 앞두고 한반도 이슈를 문 정부가 주도하면서 대화의 물꼬를 틀겠다는 의지로 풀이할 수 있다. 그리고 ‘평화협정과 북 · 미 관계의 정상화’를 위한 외교적 시동이기도 하다. 이제 북한이 어떻게 호응해 올지가 현재로서는 최대의 관건이다. 물론 북한은 6 · 15 17주년을 맞아 여전히 핵실험 중단 요구 이전에 한 · 미 군사 합동 훈련부터 중단하라는 주장을 조국평화통일위원회 성명에서 밝히고 있다. 이에 대해 문재인 정부는 핵실험을 중단하면 큰 틀에서 조건 없는 대화를 하여 남북 간의 모든 발전을 도모할 수 있다는 주장을 하고 있다. 서로 시소게임을 하는 분위기다. 이에 고유환 동국대 교수는 “새 정부가 남북관계의 복원에 대한 의지가 강하므로 북한이 대화를 위한 조건을 만들라”는 뜻이라고 풀이했다. 이러한 상황에서 북한이 문 정부의 제안을 뿌리친다면 북한의 고립은 더욱 심화될 전망이다. 하지만 북한은 한 · 미 정상회담의 결과를 보고 구체적인 대남 태도를 밝힐 것으로 예상된다.

지난 6월 14일 경남대 극동문제연구소에서 개최한 “북한과의 비즈니스: 현대화와 신소비문화”라는 주제의 국제대회를 통해, 천해성 통일부 차관도 국제적 제재의 범위 내에서 북한과의 능동적이고 주도적인 대화를 지속하겠다고 밝힌 바 있다.[5] 이것은 문재인 정부의 대화 의지를 증명해 주는 것이다. 하지만 북한은 아직도 이렇다 할 만한

---

5) 천해성, 『북한과의 비즈니스: 현대화와 신 소비문화』(경남대 극동문제 연구소, 2017, 7월).

반응을 보이지 않고 있는 시점에서 정부는 목표를 분명히 세우고 시종일관 흔들림 없이 유연하게 정책을 추진해야 한다. 그 지상 목표는 전쟁의 예방과 비핵 평화다. 문제는 그러한 목표를 향해 어떠한 전략을 세우고 추진해야 하는가이다. 분단 71주년을 맞이하면서 남북한은 수없는 위기를 넘겨왔다. 그럼에도 박정희 시대의 7·4 공동성명 이후 지금까지 단절과 대화를 수없이 반복해 왔던 것도 사실이다. 하지만 이제 새 정부는 남북관계를 더 이상 악화시키려는 의도가 없다. 박명림 연세대 교수의 지적대로 "평화가 민생이고, 외교가 일자리이며, 안보가 경제"라는 사실이 분명해졌기 때문이다. 남북관계가 악화될수록 국방비 지출은 증대하고 불안감 조성으로 경제가 위축되는 것이 사실인 만큼 남북 대화를 통한 남북교류의 확대와 국제관계의 선순환적 구조가 조속히 실현되어야 한다. 그러기 위해서는 한·미 동맹을 필수로 하면서도 주도적인 외교의 노력으로 영구 비핵화의 길을 모색해야 한다.

3. 다자간 외교 노력 강화

외교 노력은 6자 회담의 재개도 중요하겠지만, 다자주의의[6] 원칙에 입각한 동북아와 한반도 평화통일을 모색하는 전략도 중요하다. 다자주의는 원칙적으로 3개국 이상의 협력을 위한 구축이라는 측면이 있다. 그러나 현실에서는 제도가 국제정치에 영향을 거꾸로 행사함으로써 현실주의자들은 양차 대전 이후에 설립된 국제연맹의 유약성을 비판한다. 결국 국가라는 것은 상대보다는 자국의 이익을 중시하는 방향으로 가면서 제도의 힘은 약해진다는 논리다.[7] 이러한 입장을 고려하면서

---

6) 다자주의라는 용어에는 광의와 협의가 있다. 여기에서는 광의의 의미를 뜻한다. 다자주의의 개념 비교분석에는 다음의 논문을 참고하라. 최종건, "패권국 지위 변화와 동북아 질서재편: 동북아 다자협력 질서의 특징을 중심으로," 『한국과 국제정치』, 제25권, 4호 겨울호 (2009), p.41.

우리는 여러 국가 가운데서도 우선 한·미 외교에서 큰 성과를 얻어야 한다. 트럼프 정부의 외교 스타일이 예측을 불허한다는 측면도 미래의 한반도 정세를 가늠하기 어렵게 한다. 하지만 그러한 트럼프의 특성을 잘 활용하면 오히려 의외의 성과도 기대할 수 있다는 것이 전문가들의 분석이다.

'트럼프적' 특성을 사례로 든다면, 이탈리아에서 지난 5월 26-27일에 개최된 주요 7개국 정상회담에서 파리 기후 변화 협정을 거부한 사례다. 이는 195개국이 2015년에 온실가스 배출을 감축하기로 한 약속을 파기한 셈이다. 같은 달 북대서양 조약기구(나토) 정상회의에서도 동맹국의 지도자들 앞에서 국방비 지출을 아낀다고 불만을 털어놓았다. 사우디를 방문해서는 사우디의 적대 국가라는 이유 하나로 핵 프로그램을 중지한 이란을 비난했다. 사우디가 1,100억 달러나 되는 미국 무기를 구입했기 때문이다. 페르시아만 한복판에 자리한 카타르에 미군 기지가 있으면서도 트럼프는 사우디의 카타르 봉쇄를 일방적으로 편들었다. 오직 돈만 되면 무엇이든 할 수 있다는 '비즈니스 대통령'의 행보를 보여주는 것이다. 트럼프에게서 균형 외교를 찾아보기 힘든 대목이다.

이러한 상황에서 문재인 정부는 트럼프를 어떻게 대해야 할지 지혜가 필요하다. 그럼에도 지난달 미 국무장관 틸러슨이 문재인 대통령이 보낸 홍석현 특사에게 "북한 정권 교체도, 정권 붕괴 지원도, 침략도 하지 않고 체제를 보장할 테니 (북한이) 믿어 보라."고 한 대북 메시지를 전했다고 했는데, 이것은 북한이 핵무기를 개발하지 않아도 체제 보장을 해 주겠다는 확신을 던져 주고자 한 말이었다. 김정은의 체제 보장과 비핵화를 논한 것이다. 그러나 이러한 틸러슨 국무장관의 발언에도 불구하고 북한은 5월 21일 신형 중거리 탄도 미사일 북극성-2형을

7) 현승수 외, 『동북아평화협력 구상과 유라시아 협력 추진을 위한 다자주의적 접근』(서울: 통일연구원, 2015), pp.12-13.

발사에 성공시키면서 대량생산하여 인민 전략군에 실전 배치할 것을 주장했다. 이것은 틸러슨 국무장관의 체제 보장 발언에 대한 북한식 반응이라는 분석도 있다.

한편 미국은 지금 '트럼프 탄핵'이라는 의원의 주장이 나올 정도로 현재 커다란 정치적 위기를 맞고 있는 것이 현실이다. 이럴 때 도리어 한국은 대북 관계와 관련하여 주도적인 입장에서 강력한 비전을 제시할 수 있어야 한다. 소위 '문재인 대북정책 카드'를 들고 가야 한다는 것이다. 역사적으로 위기는 언제나 기회였다. '비즈니스 대통령'을 자임하는 트럼프에게 한·미 과학 기술 협력을 대폭 증진하는 계획을 가지고 가야 한다는 목소리도 있다. 임마누엘 경희대 국제대학 교수는 문 대통령이 과학발전과 국제 협력을 통해 기후변화 대응에 한국이 헌신하겠다는 '서울 협약' 같은 것을 밝힐 것을 주장한다. 한 걸음 더 나아가서 미태평양 사령부가 있는 하와이를 들러 중국을 파트너로 삼아 동북아에서의 평화적 질서를 수립하는 동북아 통합의 새로운 비전을 제시할 것도 주문했다. 이것은 단순한 선언으로서 그치는 것이 아니라 철저한 실행 계획까지 수반된 것이어야 한다.

사드 배치의 지연 문제에 대한 구체적인 해결 방안도 하나의 사례가 된다. 그러기 위해서는 한국의 비전 있는 정책이 '미국 우선주의' 정책을 고수하는 트럼프의 단기적 목표와 부합되는 것임을 설득할 수 있어야 한다. 문 대통령은 한·미 간의 대화의 폭을 넓혀 트럼프와의 정상회담에만 집착하지 말고 민간과 기업 학교 등 다양한 방식으로 연설의 기회를 얻어 미국 시민의 폭넓은 지지를 얻어내는 효과를 달성하는 것도 중요한 업적의 하나가 될 수 있다.

전략국제문제연구소 선임 부소장인 마이클 그린은 최근 미국과 유럽의 관계가 한국의 안보에도 영향을 미치고 있음을 지적하고 있다. 우선 한국 전쟁 이후 한국의 생존은 미국을 포함한 북대서양 연합기구의 역할도 컸다는 점이다. 그런 와중에 러시아는 유럽에서 우크라이나의 국경을 붕괴시키면서 영향력을 증대해 왔다. 그리고 다른 나라들에 군사나 사이버의 위협을 감행하고 있다. 러시아가 유럽에서 세력을 키우면 미국은 북핵문제에 집중하기가 어려워진다. 또한 미국 정부 내의 반 유럽주의 정서도 중요한 변수다. '미국 우선주의자'들인 그들은 심지어 세계무역기구와 유엔의 탈퇴를 주장하기도 한다. 이들은 트럼프 시대에 아시아에서도 큰 문제를 일으킬 수 있는 소지가 있다. 이에 대한 전략적 대응을 위해서라도 한국은 아시아의 대표적인 민주국가의 역량과 리더십을 보여줄 수 있어야 한다는 것이다.

한국의 평화통일을 위한 다자간 외교 전략은 종교적 분야에서도 중요한 역할을 할 수 있다. 문재인 대통령이 교황청의 특사로 김희중 천주교 주교회의 의장을 파견하여 "경색된 남북관계를 위해 기도해 달라"고 부탁하고 "환영"의 뜻으로 묵주를 선물 받은 것도 시의적절한 외교적 행보라고 할 수 있다. 물론 김 대주교는 북핵 위기와 한반도 평화통일 전반에 대한 이야기를 나누었고, 교황청 2인자인 파롤린 추기경은 "모든 갈등에 있어서 대화가 유일한 해결책"이라고 말함으로써 제재보다는 대화에 무게를 두었다.

영국의 '브렉시트 현상'과 미국 트럼프의 '미국 우선주의'와 같은 새로운 자국 이익 중심주의는 러시아나 중국도 예외는 아니라고 할 수 있다. 중국의 이익에 벗어나는 일에 대해서는 '사드'라는 민감한 현상에서 보는 바와 같다. 문재인 대통령의 특사로 중국에 파견된 이해찬 전 총리는 지난 5월 19일 베이징 특파원들과의 브리핑에서 "깊이 있고 진정성 있는 대화가 계속 필요하다."라고 술회했다. 시진핑은 이 특사에게 "중국도 한국만큼 한·중 관계를 중시한다면서 빠른 시일 안에 정상적인 관계로 회복되기를 바란다."라는 메시지를 전했다고 한다. 왕이 외교부장과의 대화에서는 사드 문제가 심도 있게 논의되었고, '결자해지'의 차원에서 한국이 이 문제를 먼저 풀어야 한다고 주문했다는 것이다. 그리고 상호 실무 협상단을 통해 점차 구체적으로 문제를 해결하자는 원론적인 동의를 한 것으로 밝혀졌다. 이것이 잘 해결되어 향후 한 · 중 관계뿐만 아니라 북핵문제도 해결하는 좋은 실마리가 되길 기대해 본다. 사실 중국은 자국의 핵무기 전략이 "제한적인 전쟁 억제력(limited deterrence)"을 행사하는 데 주목적이 있다. 특히 냉전 시대 와 달리 최근 들어서는 '핵무기를 먼저 사용하지 않는다는 신념', 최소한의 억제력의 확보, 그리고 남중국해의 방위에서 겉으로는 미국을 몰아내고자 표명하지 않는 모호성의 전략을 내세우고 있다.[8] 이러한 중국의 모호성의 전략이 한반도와 미국 그리고 일본에 또 다른 국제적 변동의 주요한 원인이 될 수도 있다. 이러한 점들을 고려한다면 한국 정부의 다자간 외교적 능력의 발휘는 이 점보다 더욱 절실한 시점이다.

위안부 문제를 둘러싼 한 · 일간의 외교문제도 마찬가지다. 위안부 문제의 해결이 작은 것 같지만 ,외교에 있어서 생각 이상으로 크게 작용하는 것은 민족의 자존심 문제가 걸려있기 때문이다. 일본에서 태어나 와세다 대학에서 역사학을 가르치는 재일동포 이성시 교수는 위안부 문제의 해결책에 대해서, "역사적 화해의 문제가 어려운 이유는 가해자가 피해자의 요구를 받아들이지 않고, 종결(화해)만을 하려하기 때문"이라고 말한다. 이것은 남북한의 화해에도 적용될 수 있는 말이다. 한 · 중 · 일 · 미의 진지하고 성의 있는 대화를 통해서 역사적으로 왜곡된 부분을 바로잡고 평화통일을 위한 일에 현 정부가 최선을 다해야 할 과제가 주어져 있다.

---

8) Zafar Khan, "China's Evolving Nuclear Strategy and its Consistency with the Chinese Leadership's Perception of Minium Deterrence," International Journal of Korean Unification Studies Vol. 25, No. 1, 2016, pp.122-123.

4. 남북교류의 확대

통일부가 6월 2일 대북 인도 지원과 남북 종교 교류를 위한 민간단체의 대북한 접촉 8건을 승인했다. 이명박과 박근혜 정부 이후 거의 10년간 막혔던 남북교류의 문제를 핵무기의 위협에도 불구하고 문재인 정부는 인도적 지원과 교류를 적극 지지하는 방향으로 가닥을 잡고 있는 것이다. 이제 북한의 입장 변화에 따라 "순수한 인도 지원과 종교 교류"가 활발해지기를 기대할 수 있는 대목이다. 남북한 민간교류는 스포츠와 예술 분야 등 다방면에서 가능하다. 문재인 대통령이 6 · 15 기념식에서 남북 대화의 가능성을 밝히자 이러한 의지를 읽은 탓인지 북한에서는 2017년 전북 무주에서 열리는 세계 태권도 선수권대회에 시범단 32명을 파견하겠다고 한국 방문을 신청해 온 것이다. 이에 따라 통일부도 긍정적으로 검토함으로써 문재인 정부 이후 첫 남북 체육 교류가 이루어질 가능성이 크다. 이는 북한 태권도 시범단이 2007년 이후 10년 만의 방한이며, 성사될 경우 대북 민간 교류는 더욱 활성화 될 것이다.

남북교류의 확대를 위해서 중앙일보 · JTBC가 주최한 국가개혁 프로젝트의 통일분과 위원들의 정책 제안을 보면, 기존의 대북 협력방식으로는 김정은 시대에 불가능하다고 보고, 북한의 변화를 먼저 인식하고 그에 따른 구체적인 전략이 필요하다는 것이다.[9] 그 전략이

---

9) 중앙일보 · JTBC 주최 국가개혁 프로젝트 '리셋 코리아' 통일 분과 위원들의 정책 제안에서 발표(2017. 6. 16). 김병연 서울대 교수는 "정부 주도가 아닌 민간의 창의성을 인정하는 유연성을 가져야 한다."고 주장했다. 김근식 경남대 교수는 "북한에 수익이 되는 구체적 사업이나 아이템을 제시하는 경제적 접근이 필요하다"고 했다. 김혜영 민주평통 사회복지부 간사는 "의료 보건 분야 남북교류는 인도적 명분을 가지며 경협으로도 발전 가능하다."고 했다. 박영호 강원대 교수는 "인도적 사업의 모자를 쓴 시장화를 통해 북한 주민들의 인식변화를 유도해야 한다."고 주장했다. 양문수 북한 대학원대학교 교수는 "개성 공단 문제와

인도적 지원과 개성공단의 재개에 모아지기도 하지만 모든 분야에서 북한의 안전 보장이 우선되어야 한다는 주장도 만만치 않다. 여러 대안 중에서 특기할만한 사항은 '지방에 중소병원 지어주기' 등을 추진하자는 개발협력 사업은 북한도 쉽게 거절하지 못할 것이라는 분석이 있다. 이것은 단순한 지원이 아니라 협력 사업으로 승격시키면 북한도 상황의 변화에 따라 대응해 올 것이라는 분석이다. 이 모든 과정이 서둘지 않고 인내심을 가지고 진행되어야만 할 부분이다.

5. 개성공단의 재개

남북 대화나 교류에 있어서 개성공단은 이제 빠질 수 없는 대목이다. 1998년 정주영 현대 명예회장이 소 1001마리를 끌고 가서 제안한 2000년 남북 정상회담을 거치면서 2004년에 16개의 남한 기업과 북한 근로자 6013명으로 시작된 개성공단은 한때 통일을 위한 첫걸음으로 생각되기도 했다. 십 년이 지난 후의 개성공단의 기업은 124개 업체로 늘면서 북한 노동자는 5만6320명으로 10배 가까이 늘었다. 초코파이와 따뜻한 샤워실은 북한 주민과 근로자들에게 전혀 새로운 '신세계'였다. 북한 당국의 단속에도 불구하고 북한 주민의 동요와 한국에 대한 인식의 변화는 멈추게 할 수 없었다. 그러나 매년 지급된 1억 달러 규모의 근로자 임금이 증거는 없지만 핵개발에 이용된다는 곱지 않은 인식이 있어 왔다. 급기야 2006년 북한의 1차 핵실험과 2010년 천안함 사건을 거치면서, 2016년 1월 김정은의 4차 핵실험으로 박근혜 정부는 개성공단을 한 달 후에 폐쇄하기에 이르렀다.

하지만 문재인 정부는 개성공단 재개에 대한 새로운 전략과 기대감을

관련해서는 대북 제재의 법적 문제와 정치 문제를 분리해야 한다."고 했다.

보여주고 있다. 문재인 대통령은 6월 1일 제주 평화포럼 축하 메시지에서 "전쟁의 위협이 사라진 한반도에 경제가 꽃피게 하겠다. 한강의 기적을 대동강의 기적으로 일구겠다."라는 의지를 천명했다. 여기에는 개성공단 확대를 포함한 경제 공동체 구상계획도 들어 있다. 물론 대화를 통해 핵문제를 풀겠다는 의지가 전제되어 있다. 그런데 지금 북한의 태도는 문재인 정부 이후에 벌써 세 차례의 탄도 미사일 도발을 감행했다. 이것은 핵개발의 의지를 멈출 수 없다는 것을 보여주는 사례다. 이러한 와중에도 한국 정부는 남북관계의 폐쇄적 관계를 원하지 않기 때문에 제재에 동참하면서도 대화의 입장을 고수하고 있다. 그러나 북한의 태도는 좀처럼 변하지 않고 있는 상황에서 개성공단의 문제를 풀기는 쉽지 않다. 더욱이 개성공단이 재개된다 해도 성공 가능성에 대한 여부도 불확실하다. 이에 대해 조건식 전 통일부 차관(현 통일연구원 석좌 연구위원)은 "김정은 위원장의 대남라인을 보면 과거에 비해 이해되지 않는 부분이 많다."라고 진단했다. 하지만 개성공단은 "남북관계의 성과를 집대성한" 결과물이므로 의지를 가지고 재개하도록 노력해야 한다는 것이 전문가들의 분석이다. 이낙연 총리가 "북핵 동결 때에는 개성공단을 재개"하겠다고 의지를 밝힌 것도 같은 맥락이다. 이것은 국제 제재에는 동참하면서도 남북관계는 개선해 보겠다는 현 정부의 '투 트랙' 전략이라고 볼 수 있다.

IV. 결론 및 전망

한반도 평화통일의 문제는 더 이상 구호의 문제가 아니라 민족의 위기와 현실적 위협으로부터 벗어나는 실존적 문제이기도 하다. 실존적인 문제라 함은 한민족의 생명과 안전이 담보된 문제라는 것이며,

생명과 평화를 위협하는 일체의 국내외적 요소로부터 자주적이고 독립적인 방식으로 한반도의 위기 상황을 타개해 나가야 한다는 위기의식이 깔려 있다는 말이다. 한반도의 평화통일 문제는 한국 전쟁으로 인한 깊은 상처를 치유하는 것임과 동시에 동북아시아의 평화를 도모하는 길이기도 하다. 한반도를 둘러싼 중국과 일본이라는 초강대국이 북한의 핵 위협에 맞서 각기 다른 방식으로 해결책을 모색하고 있고, 한국은 한·미 동맹을 중심으로 국제관계의 복잡한 문제를 해결하기 위한 시도를 지속하고 있다.

문제는 현시점에서 한반도 평화통일을 위협하는 가장 큰 요소로 북한의 핵개발과 그에 따른 도전임은 주지의 사실이다. 이에 대한 비핵화의 방식을 놓고 각국의 해법이 다르지만 정작 북한을 설득하기란 만만치 않은 실정이다. 북한은 여전히 핵무장을 인정해 주고 비핵화를 위해서는 북·미 평화협정을 동시에 이행할 것이며, 선(先) 비핵화를 주장하기 전에 먼저 남한에서 한·미 군사 합동 훈련을 중단할 것을 요구하고 있다. 오히려 그들의 핵무기 개발은 동북아시아의 평화 유지를 위해서 필요하다는 논리를 내세우고 있다. 하지만 북한의 핵동결 내지 비핵화는 중국도 동의하고 유엔이 주장하는 바이며, 따라서 북한에 대한 제재와 압박에도 유엔이 동참하고 있는 실정이다. 이러한 상황에서 북핵 위기를 극복하고 남북한 대화를 통해 새로운 해법을 찾아야 하는 것이 문재인 정부의 당면과제다.

앞선 정권에 비해 문재인 대통령은 6·15 남북 공동성명 17주기 기념식에서 밝히듯이, 북한이 핵 도발을 중단한다면 조건 없는 대화에 임하겠다고 밝혔다. 그 조건 없는 대화의 내용 속에는 인도적인 남북교류 협력을 포함하여 다각적인 분야에서 민간 교류를 할 것이며, 심지어 한강의 기적을 대동강의 기적으로 만들겠다는 의지도 표명했다. 또한 개성공단의 재개를 통해 민족 교류의 폭을 넓히고 삶의 질도 끌어

올리겠다는 의지를 보였다. 이 모든 일들이 순차적으로 풀리기 위해서는 남북 간의 직접적인 진정성 있는 대화는 물론, 북·미와 한·미 그리고 러시아와 일본을 포함한 다자간 평화 외교와 협력도 절실하다. 이를 위해서 한국 정부는 물론 남북한 당국과 국민이 적극적인 정책적 지지와 협력이 필요한 시점이다.

종교 분야 또한 교황청은 물론 남북한 종교단체의 진지하고도 성실한 대화를 통해 상호 유익한 교류를 지속적으로 더욱 폭넓게 확대해야 할 것이며, 스포츠와 예술을 포함한 문화적인 교류도 활발히 시행되어야 할 것이다. 그러나 여전히 북한은 핵무기의 완성도를 높여야 한다는 김정은 정권의 확신이 사라지지 않는 한 실질적 교류의 폭은 한계가 있을 수밖에 없다. 평화통일은 어느 누구 혼자의 힘으로 이룩될 수 있는 것은 아니다. 어느 한 특정의 이데올로기로도 불가능하다. 민족적 호응과 지지가 있어야 한다. 더구나 남북한 민족 상호 간의 뜨거운 열망과 감정이 함께 녹아져야 한다. 그 민족적 호응을 이끌어내기 위해서는 민간교류의 물꼬가 더욱 우선적이다. 교류와 협력을 위해 민간단체는 다양한 아이디어와 실행 전략을 쏟아 놓아야 하고 정부는 그것을 잘 규합하여 체계적이고 조직적으로 남북교류 협력을 지원해야 한다. 통일로 가는 작은 노력이 지속적으로 이루어질 때 감동적인 큰 과업을 성취할 수 있기 때문이다. 독일 통일의 현장에서 우리는 그것을 교훈 삼을 수 있다. 남북 간의 철도 노선의 회복으로 중국 동북지역을 거쳐 몽골을 지나 러시아와 유라시아를 건너 독일의 분단 장벽의 현장이었던 베를린까지 기차로 달려가는 꿈이 과연 허망한 것만은 아닐 것이다. 이러한 비전을 위해 민족의 통일을 염원하는 임동확 시인의 시 한 편을 감상해 보자.

〈사이〉 통일호 2

“객차와 객차 사이에
분명 길이 있다
하나로 묶여 달려가면서
결국 하나가 아니다.
제각기 요동치는 틈 속에
하나의 변기,
하나의 수도꼭지를
공유하면서도
서로 다르고
또 같은 전체 속에
끊긴 희망의 기적이 울고 있다.
그러나 살아 있는 그 나라로 가려면
저렇듯 격렬하게
서로의 상처를 핥아주며
제 목적지에 닿아야 한다
비록 조금 연착하더라도
누군가 원한다면
아무리 작은 역이라도
그냥 스쳐 지나지 않으면서
혹은 단 한 사람을 위해서라도
저 거대한 胴體를 멈추면서.”

루마니아 과거청산에 관한 연구

강병오

(서울신학대학교 교수, 기독교윤리학)

I. 들어가는 말

소련의 마지막 실권자 고르바초프가 노쇠한 소비에트 공산체제를 페레스트로이카(개혁)와 글라스노스트(개방)로 재건하려 하였다. 하지만 그의 개혁 노력은 실패로 끝나고, 모스크바와 모스크바가 지배하는 동유럽 공산 식민제국은 분열로 치달았다. 1989년 소련은 스탈린식 전체주의와 계획경제를 스스로 포기했다. 결국 소비에트 공산체제는 붕괴했다. 소비에트의 위성 지배에 놓였던 동유럽 공산국가인 폴란드, 헝가리, 동독, 체코슬로바키아도 소련에 이어 민주적 국민운동에 굴복하고 붕괴하였다. 다른 동유럽 국가와 달리 예기치 않는 민중 봉기에 봉착하고 상대적으로 소련 의존도가 약하며 자주적 통치에 익숙했던 차우셰스쿠 공산 독재체제마저 몰락과 동시에 민주체제로 전환되었다. 결국 공산체제 루마니아도 1989년 말 일어난 민중혁명으로 붕괴하였다.

그러나 루마니아의 혁명적 탈식민화 내지 탈공산화는 순수하게 민중에 의한 것이기보다 일부 공산당 세력의 갑작스런 선택의 결과였다는 다른 해석이 나오고 있다. 루마니아 공산체제는 외견상 1989년 말까지만 해도 전혀 금이 가지 않는 철옹성처럼 견고했다. 하지만 체제 붕괴는 순식간에 이루어졌다. 민중혁명은 1989년 12월 초 루마니아 서부 티미시와라 지역 헝가리계 민족의 소요에서부터 촉발되었다. 민중 시위대와 경찰의 과잉진압 사이에서 일어난 충돌사태는 점점 악화하였다. 민중저항이 격렬할 그 와중에 그들을 저지할 루마니아 군대의 태도가 12월 22일 돌변했다. 군부는 정부와 이반하고 민중과 함께 혁명의 길로 들어섰다. 군부가 보안군을 무력으로 진압하는 것을 보자, 이에 실각 위기를 느낀 차우셰스쿠는 도피하고자 했다. 공산당 본부 옥상에서 헬기를 타고 피신하였지만, 곧장 무장군인들에게 긴급 체포, 모처로 호송되었다. 차우셰스쿠 부부는 12월 25일 급조된 군사재판에 회부되고 사형언도를 받는 즉시 곧바로 총살되었다. 차우셰스쿠 사회주의 독재정권은 순식간에 무너졌다. 개혁 공산주의자 일리에스쿠가 주도한 구국전선은 루마니아 인민에게 민주화를 약속하고 정권을 잡았다. 이렇게 루마니아는 1989년 혁명을 통해 공산체제에서 민주체제로 급격하게 전환한 정치적 격변을 거쳤다.[1)] 그러나 1989년 루마니아 혁명은 순수한 민중혁명보다는 사실상 쿠데타 성격이 더 강하다고 할 수 있다.[2)]

그러기 때문에 루마니아의 새 정치세력은 구체제에 대해 청산할 수 없는, 하지 못한 한계를 근본적으로 안고 있다. 루마니아 과거청산은 전체적으로 민중혁명과 그 직후 차우셰스쿠 부부와 그의 일가, 그의 측근세력의 처벌 외에는(그것도 가벼운 처벌) 특별히 주목할 만한

---

1) 데이비드 파커 외, 『혁명의 탄생』(서울: 교양인, 2014), 444-445.

2) 황우연, 『독재자 최후의 날』(서울: 산하, 1990), 172-173. 참조. 황우연은 여러 근거 자료를 바탕으로 루마니아 12월 혁명을 “소련의 원격조정 아래 수년 전부터 차우셰스쿠 정권을 전복시킬 기회를 엿보아 오던 일단의 당과 비주류가 티미시와라 사태를 계기로 이를 증폭시켜 민중과 함께 차우셰스쿠와 주류를 몰아내고 잃었던 권력을 다시 장악한 과정”이라 평가했다.

것이 별로 없다. 루마니아가 다른 동유럽 공산국가처럼 형식적이나마 사회주의 체제를 버리고 다당제와 민주주의 체제를 도입하고 언론 자유 및 민간 기업 활동을 보장했음에도 불구하고 과거청산은 혁명 직후 지지부진할 수밖에 없었다.

이 논문의 목적은 루마니아 공산정권 하 국가폭력으로 자행된 과거사 문제를 정치 윤리적 관점에서 검토하고 루마니아의 과거청산이 비록 미미하게 이루어졌지만, 차후 어떤 과정으로 진행됐는지 고찰하고 루마니아의 과거청산이 분단된 한반도의 통일에 어떠한 역사적 교훈을 줄 것인지 찾는 데 있다.[3)]

이 논문은 다음과 같은 단계로 전개된다. 우선, 과거청산 개념과 대상이 무엇인지 그리고 과거청산 대상의 실상이 무엇인지 살핀다. 과거청산의 개념과 그 대상을 루마니아 상황에서 구체적으로 다룬다. 과거청산의 일차적 대상은 루마니아가 공산화되고 공산체제하에서 행해졌던 국가폭력인 각종 테러와 악행을 저지른 가해자들과 그로부터 피해를 입은 당사자들이다. 12월 혁명 직후 행해졌던 루마니아의 과거청산 내용이 무엇인지 다룬다. 반법치적 가해자에 대한 처벌, 독재정권 하 피해자의 명예회복 및 보상 조치, 1990년 이후 산발적으로 행해진 과거청산을 고찰하는 것이다. 결론 부분에서는 루마니아의 과거청산 노력을 전체적으로 평가하고 루마니아가 체제전환 이후에 과거청산 노력이 왜 지지부진했는지 그리고 나중에 간헐적인 과거청산 노력이 한반도에 어떤 교훈을 주는지 모색한다.

---

3) 이 논문은 사회윤리 관점에서 과거청산 문제를 연구하고 있다. 특별히 정치윤리 측면에서 국가폭력의 문제를 다루고 사회정의를 형벌적 정의로 이해한다. 이 논문은 존 롤즈의 『사회정의론』(1977)에 기반 한 정의 개념을 기초로 작성되었다. 안병직도 과거청산 작업을 역사적 진실 규명, 사회정의 확립 등 도덕적이고 규범적 차원에서 이해하고 있다. 안병직 외 10인, 『세계의 과거사청산』(서울: 푸른역사, 2005), 37. 참조.

II. 루마니아의 과거청산의 개념 및 대상 실체

1. 과거청산 개념, 대상과 과제

1989년에 공산주의 정권 동유럽 국가들이 민주주의 국가로 급격한 체제전환을 이루었다. 동유럽 국가들이 체제전환의 시점에 과거청산을 여러 형태로 진행했다. 당시에 과거사청산은 두 가지 측면에서 행해졌다. 즉 과거규명과 과거성찰이다. 안병직은 세계의 과거청산을 다룬 책 서두 "과거청산, 어떻게 할 것인가?"의 글에서 과거청산을 위에서 언급한 두 가지 점에서 실행해야 할 것을 주장했다. 두 가지가 이뤄진다면, 필요충분조건의 과거청산이 되는 것이다. 어느 한쪽만으로는 진정한 과거청산이 될 수 없다. 안병직은 그런 의미에서 "과거사의 진상과 책임 규명을 소홀히 한 채 과거청산 과제를 제대로 해결할 수 없다. 그러나 과거 규명은 과거청산의 전제일 뿐 그것만으로 충분하지 않다. 과거사의 진상을 밝혀내고 가해자와 피해자를 가려 처벌하거나 배상하는 것은 과거청산의 시발점일 뿐이다."[4]고 말했다. 더 구체적으로 말하면, 과거 규명이란 "사법적 · 정치적 측면의 과거청산으로 사건의 진상 · 책임의 규명, 가해자의 처벌, 피해자의 보상과 복권, 명예회복"[5] 등을 뜻하고, 과거성찰은 "과거사에 대한 비판과 반성, 애도, 치유의 노력"[6]을 의미하는 것이다.

그런데 차제에 드는 한 가지 질문이 있다. 왜 공산국가였던 동유럽 국가들이 하나 같이 과거 청산되어야 하고 또 청산 대상이 될 수밖에 없는가 하는 것이다. 과거청산 해야 하는 당위적 핵심 쟁점은 공산국가

---

4) 안병직 외 10인, 『세계의 과거사청산』, 34.

5) 정흥모, 『동유럽국가 연구』(서울: 성균관대학교출판부, 2011), 287.

6) 위의 책, 287-288.

를 불법국가로 규정할 수 있느냐는 것이다. 이 질문에 대해 한마디로 분명하게 답한다면, 공산국가는 불법국가라는 점이다.[7] 과거 공산국가들은 한결같이 가공할 만한 국가폭력을 저질렀다. 공산국가의 폭력은 그 자체가 불법성 내지 부도덕성의 속성을 가지고 있다. 공산체제가 붕괴하여 새로운 체제가 되고, 새로운 정치체제 속 변화된 국가체계에 의하여 과거 체제의 정당성은 부인된다. 새로운 정통성 확보를 위해서도 과거의 불법성은 마땅히 규명되고 청산돼야 한다. 그렇지만 한 국가를 불법으로 규정하는 일은 그렇게 간단하지 않다. 국가의 불법성 여부는 사실 정치적 의미보다 도덕적 의미로 따지는 문제다.[8] 예컨대 국가 공권력이 합법 아니면 불법으로 사용되었는지 따지는 것은 도덕적 범주에 속한 것이다. 만일 국가 공권력 사용으로 막대한 인명이 살상되고 피해를 입혔거나 구성원의 자유가 부당하게 제한되거나 재산권이 박탈되고, 국민의 생명권, 자유권이 극도로 침해되었다면 그것은 국가의 불법성으로 인정된다. 이렇게 공산국가 대부분은 각양각색의 불법을 자행했기에 새 체제로 바뀌게 되면, 과거 체제의 정당성은 당연히 부정되고 과거의 잘잘못을 따져 시시비비를 가리는 것이다.[9] 또한 과거청산 요청은 새 체제의 지배자 요구만이 아니라 과거 체제 시 피해자들의 절실한 요구이기도 하다. 정흥모는 새 체제하에 과거청산이 제대로 이행되지 않을 경우, 다수의 의견에 따라 이렇게 전망하였다. "구공산정권의 불법행위를 잊거나 (무조건) 용서하기만 한다면 (새 체제하에서의) 진정한 사회통합은 기대하기 힘들다는 사실이다. 어떠한 형태로든 아픔을 동반하는 청산작업이 이뤄지지 않을 경우에는

---

7) 위의 책, 289. 참조. 정흥모는 동독을 불법국가로 규정했다. 마찬가지로 동유럽 공산국가들도 불법국가로 규정할 수 있다.

8) 위의 책, 291.

9) 위의 책.

새로운 질서에 대해 희망을 가진 대다수의 사람들을 낙담시키는 일이 벌어질 것"[10]이라고.

동유럽 국가 중 하나인 루마니아는 위에서 언급한 과거청산으로부터 자유로울 수 없고 또한 청산할 내용을 마땅히 수용하고 또 처리했어야만 했다. 즉 '과거 규명' 차원에서 피해자와 가해자를 엄격히 구분하고 강탈된 재산권을 반환 조치하는 방식을 광범위하게 취해야만 했다. 여기서 과거를 실질적으로 극복한다는 의미로서 과거청산은 "주관성과 개입"[11]의 차원으로 아픈 과거를 법적으로 강력하게 정리하는 일이다. 그것은 가해자에게는 처벌하고 피해자에게는 적절한 보상을 하는 등 청산 내용을 구체화하는 의지를 보이는 것이다. 반면에 '과거성찰'은 구 공산정권 과거와 마주해서 "객관성과 중립"[12] 측면에서 그릇된 과거를 철저하게 비판하고 반성하는 일이다. 이렇게 과거의 성찰은 그릇된 과거사를 진정으로 극복하게 하고 미래를 향해 나가게 하는 동력으로 작동된다.

이로써 루마니아에서 진행될 과거청산 과제가 무엇인지 보다 명확해졌다. 새로운 정치체제가 도입되고 새 제도로 확립된 민주화가 좌초되지 않기 위해서 공산화 시절부터 파생된 5개 사항의 문제들은 즉각적으로 해결되어야만 했다.[13] 우선, 인권 혹은 정치적 자유를 탄압했던 기구를 일체 금지하고, 그다음 가해자를 처벌할 뿐 아니라 가해자에게 공직 임용권의 자격을 제한한다. 그다음 피해자에 대해 보상과 더불어 명예를 회복시킨다. 마지막으로 아픈 과거를 공론화하고 이를 깨닫고 치유해 가는 일이다.

---

10) 위의 책, 290.

11) 위의 책.

12) 위의 책.

13) 정흥모, 『체제전환기의 동유럽 국가연구』(서울: 도서출판 오름, 2001), 234.

이렇게 과거청산의 대상은 구체적으로 행할 과제로서 8가지로 추려질 수 있다.[14] 1) 정치적 박해를 당한 피해자의 명예복권과 보상, 2) 공산주의 시절에 박탈당한 재산권 되찾기, 3) 권력기관 종사자에 대한 공직 임용 때 차별대우, 4) 공산주의 시절 자행된 불법행위에 대한 법적 책임 추궁, 5) 공직(정무직 포함)을 담당할 자에 대한 신원조회, 6) 피해자와 역사연구를 위해서 국가안전기획부의 문서와 그밖의 비밀문서의 공개, 7) 공산주의 독재의 기능방식, 공산주의 독재와 관련된 연관성 그리고 공산주의 독재 사실에 대한 공적 해명(의회의 조사위원회의 활동을 포함), 8) 지배 공산당과 그 위성기구의 재산처리 등이다.

2. 과거청산 대상의 핵심 실체

역사상 과거청산이 무엇이고 어찌 행해졌는지 대표적으로 보여준 국가는 독일이다.[15] 독일은 역사적으로 두 번이나 과거청산을 경험한 나라다. 나치와 동독에 대한 과거청산이었다.[16] 베를린 자유대학 역사학 교수 유르겐 코카(Juergen Kocka)는 독일에서 두 번 행해진 역사청산에 대해 언급했다. 그는 나치와 동독 체제 시 저질러진 국가폭력을 말했고, 독일이 이를 극복한 역사적 전례를 보여준다고 주장했다.[17] 왜냐하면 나치와 동독 모두 독재체제였기 때문이다. 두 체제는 불법적 조직을 통해 국민을 억압하고 공공연하게 불법과 탈법을 자행하였다. 두 체제하에서의 불법적 조직은 나치에선 히틀러 친위대인

14) 위의 책, 235.; 정흥모, 『동유럽국가 연구』, 295.

15) 강병오, "통일독일의 과거청산 사례 분석과 그것이 한반도에 주는 교훈," 「신학과선교」 53집, (부천: 서울신학대학교 기독교신학연구소, 2018), 9-40. 참조.

16) 정흥모, 『동유럽국가 연구』, 289. 참조.

17) 위의 책, 289. 참조.

SS(Schutzstaffel),[18] 동독에선 국가보안위원회 슈타지(Stasi, Staatsicherheit)[19]였다. 나치와 동독은 서로 다른 체제였지만, 유사한 불법조직에 의하여 인권 및 시민권을 조직적으로 침해했고, 국가권력을 무제한적으로 편만하게 확대, 오용하였다. 또한 사법권의 독립을 불허했고 매우 제한적으로만 국민의 집회 및 의사 자유를 허용하였다. 두 체제하 SS나 슈타지 같은 국가기관은 다른 합법적 국가조직을 유린하고 소수자에 대한 억압을 자행했다.

과거 독일 역사와 비교할 때, 루마니아 공산정권도 불법국가로 규정되기에 충분하다. 루마니아 공산정권하에서 조직된 비밀경찰 '세큐리타테(Securitate, 국가안전부)'[20]는 불법조직으로서 불법과 탈법을 자행하였고, 그로 인해 수많은 피해자가 발생하고 자국민의 인권을 마구 유린하였다. 세계 역사상 가장 사악한 집단 중 하나로 불리는 세큐리타테는 은밀하게 국민의 뒤를 캐고 고문, 테러, 살인을 일삼고, 극도의 정보, 공작정치를 자행했다.[21] 루마니아 현대 정치사에서 공산당의

---

18) SS는 경호대(Schutzstaffel)의 약자로 1925년 4월 아돌프 히틀러가 만든 소규모의 개인경호대를 일컫는다. 나치 세력이 점차 커지면서 막강한 경찰력을 군사력을 가진 국가 안의 국가로 자리잡았다. 1939년 말엔 무려 25만 명을 갖춘 거대한 관료조직으로 커졌다. 2차 세계대전이 끝난 후, SS는 1946년 뉘른베르크 연합국재판소에서 범죄단체로 규정되었다.(다음백과 SS 참조.)

19) 슈타지는 1950년부터 2년에 걸쳐 조직된 동독의 국가보안위원회(Ministerium fuer Staatssicherheit)를 지칭한다. 소련의 KGB와 유사한 성격의 조직이다. 명목상 국가 공식조직이었지만 비인간적이고 반민족적 행위들을 일삼는 불법조직에 가까웠다. 1989년 해체되기까지 슈타지 활동은 주로 대외첩보활동과 국내 주재 외국인과 내국인에 대한 감시 · 통제활동이 주를 이루었다. 서울대학교 국제문제연구소 편, 『동유럽의 정치와 경제를 아는 사전』(서울: 한길사, 1994), 177. 참조.

20) 정흥모, 『동유럽국가 연구』, 17. 참조. 루마니아 세큐리타테는 전체주의의 특징을 가진 폭력적 비밀 경찰기관이다. 동독에선 슈타지, 알바니아에선 시구리미(Sigurimi)가 이에 해당된다. 이들 기관은 한 결 같이 독재자와 공산당의 주구노릇을 했다.

21) 황우연, 『독재자 최후의 날』, 246. 참조.

세큐리타테의 실체가 무엇인지 간단하게 살펴보도록 한다.

12세기부터 오스만 투르크족의 침입으로 지배받던 라틴계 루마니아는 1877년 러시아가 오스만 투르크 제국과의 전쟁에서 승리하자 그 덕택으로 독립하고 전제 봉건 지배체제로 전환되었다.[22] 하지만 루마니아는 지배계급의 착취로 극빈 상태에서 벗어나지 못했고, 1921년 공산당이 창당되는 빌미까지 주었다. 1940년 9월 4일 캐롤 2세 국왕으로부터 총리로 지명된 철권독재자 안토네스쿠는 히틀러 독일과 무솔리니 이탈리아와 동맹을 맺고 친독(親獨) 노선을 취하고 독일의 소련침공에 병력 58만여 명을 파병하기도 했다.[23] 국내에 반 안토네스쿠 민족 · 민주 블록이 형성되고, 공산당도 블록에 가담했다. 소련군이 보복 차원에서 2차 세계대전 말기 1944년 8월 20일 루마니아로 진주했다. 8월 23일 민족 · 민주 블록이 공산당과 합세해 쿠데타를 일으켜 안토네스쿠 정권을 무너뜨렸다.[24] 쿠데타 과정 속 국내파 공산주의자들의 역할은 미미했지만, 그들은 안토네스쿠를 체포, 구금하였다.[25] 루마니아에서 공산당 세력은 점차 증대되고 루마니아는 공산화로 갔다. 소련군의 후원을 받던 루마니아 공산당은 1945년 3월 연립정부 수립을 주도하다 1947년 12월 31일 국왕을 퇴위시키고 독자적으로 사회주의 공화국을 세웠다.[26] 1948년 2월 23일에 공산당은 사회민주당과 통합, 노동자당을 새로 결성했다.[27] 국내파 토종 공산주의자 게오르기-데즈

---

22) 위의 책, 268. 참조.

23) 로버트 D. 카플란, 『유럽의 그림자』, 신윤진 역 (서울: 글누림, 2018), 120. 참조.

24) 스티븐 로퍼. 『루마니아: 미완의 혁명』, 허창배 · 최진우 역 (서울: 한양대출판부, 2018), 43. 참조.

25) 로버트 D. 카플란, 『유럽의 그림자』, 120, 325. 참조. 독재자 안토네스쿠는 반유대인 인종주의자로 히틀러와 함께 유대인 30만 명을 학살했다. 쿠데타로 실각 후 1946년 부쿠레슈티 근처 질리바 교도소에서 총살형 당했다.

26) 황병덕 외 8인, 『사회주의 체제전환 이후 발전상과 한반도 통일』(서울: 늘품플러스, 2011), 271. 참조.

(Gheorghiu-Dej)를 당 서기장으로 선출하고 정권을 장악하였다. 루마니아 노동자당은 게오르기-데즈 지배하에서 마르크스-레닌주의 이념에 따라 강압적 전제 통치를 강행하고 계획경제를 추진했다. 모든 산업시설도 국유화하고 농업협동화를 강행했다.[28]

게오르기-데즈는 집권 시부터 반대파의 숙청과 사상통제를 강화했다. 1950년대 중반까지 1차 숙청운동을 벌였고, 1952년의 당 숙청 작업은 극에 달하였다.[29] 1958-64년까지 2차 피의 숙청은 계속됐다. 이 숙청으로 인해 귀족, 지주, 자본가 등 정권 비판자들은 지위 여하를 막론하고 무차별 테러, 체포, 유배, 암살되었다.[30] 게오르기-데즈는 심지어 당내 반대파까지 제거했다. 당의 결속과 권력 장악을 위해서 국내파건 소련파건 가리지 않고 공산주의자 진영을 자신의 권력하에 두었다. 1953년 스탈린 사후 후계자 흐루시초프가 탈스탈린 노선을 취하자, 게오르기-데즈는 권력을 자신 쪽으로 보다 강화하였다. 1958년 루마니아에서 소련군이 철수하자, 독자적으로 루마니아식 사회주의 건설에 총력을 기울였다.[31]

게오르기-데즈 서기장 사망 이틀 뒤 1965년 3월 당중앙위원회는 차우셰스쿠를 당 제1서기로 선출했다. 차우셰스쿠는 소련 종속에서 벗어나 독자적 행보를 했던 게오르기-데즈의 자주적 외교를 계승하여 서방과의 외교관계를 더욱 공고히 하였다. 반면에 국내정치에선 공산당(노동자당)에 의한 강력한 권위주의적 통치를 고수하였다. 그는 권위적

---

27) 루마니아 노동자당은 비밀경찰을 통해 대중의 통제력을 강력하게 유지했다. 스티븐 로퍼. 『루마니아: 미완의 혁명』, 68. 참조.

28) 서울대학교 국제문제연구소 편, 『동유럽의 정치와 경제를 아는 사전』(서울: 한길사, 1994), 88. 참조.

29) 스티븐 로퍼. 『루마니아: 미완의 혁명』, 56-61. 참조.

30) 황우연, 『독재자 최후의 날』, 270. 참조.

31) 위의 책, 271. 참조.

통치를 원활하게 하기 위해 비밀경찰 세큐리타테를 조직, 국민의 표현 자유와 언론 매체를 엄격하게 통제했다. 세큐리타테는 그 어떤 불만세력이나 반대세력도 일체 허용하지 않았다. 차우셰스쿠는 자신의 개인숭배 체제를 확고하게 하려고 세큐리타테의 강제력을 전 방위로 동원하였다.[32]

차우셰스쿠 부부는 중국 문화대혁명이 최고조에 달했을 때, 중국·북한·베트남을 방문하기도 했다. 이들은 북한 방문 시 큰 감동을 받았다. 김일성 정권의 주체사상과 개인 우상화 정책, 평양 대규모 건축 사업을 보고 나서 이를 루마니아에 도입하고자 했다. 귀국 후 북한체제를 모방하여 루마니아에서 대대적인 우상화 작업을 벌였고 일가친척을 정부 요직에 앉히는 등 사회주의 족벌 왕조체제를 구축하였다.[33] 이로써 루마니아 공산체제는 차우셰스쿠 치하에서 새로운 독재체제로 변모했다. 차우셰스쿠 체제는 이를테면 "전체주의적 사회통제의 기반 위에 술탄적 경향이 강화되는 체제(sultanist-cum-totalitarianist regime)"[34]였고, 이 체제를 지탱해 주는 핵심 조직은 다름 아닌 세큐리타테였다.

루마니아 공산정권은 공산당 정치국과 세큐리타테를 통해 국가를 불법적으로 운영했다. 불법 정권의 앞잡이로 공포정치의 선봉에 섰던 조직이 비밀경찰 세큐리타테였다. 세큐리타테는 동독의 슈타지 못지않게 무자비한 폭력을 행사했다. 루마니아가 불법 국가로 명백하게 규정된 것은 공포의 불법행위를 한 세큐리타테의 실체와 그 조직에

32) 위의 책, 106. 참조.

33) 황병덕 외 8인, 『사회주의 체제전환 이후 발전상과 한반도 통일』, 272-273. 참조.

34) 위의 책, 273. 차우셰스쿠 부인인 엘레나는 각료회의 제1부수상이 되어 두 번째 실권자가 됐고, 차우셰스쿠 형은 국방부 차관, 그의 동생은 육군 장관이 되었다. 엘레나 오빠는 부수상까지 승진했고 그의 아들은 시비우 지역 당제1서기로 차후 그의 후계자가 될 것으로 예정됐다.

의한 활동이 기록된 비밀문서가 실재했기 때문이기도 하다.

세큐리타테는 루마니아 인민 보호를 최우선으로 삼아야 했다. 그런데 전혀 그렇지 못했다. 국가와 인민을 일치시키기보다는 국가와 공산당을 일치시켜 차우셰스쿠 독재를 가능하게 했다. 결과적으로 국가 정부기관 및 입법기관을 법치국가로서 가져야 할 원칙으로부터 벗어나게 했고, 오히려 국가권력을 법적 절차에 따라 제대로 작동되지 않도록 방해하였다. 루마니아는 독재정권 유지 차원에서 세큐리타테에 91,000여 명의 정규직원과 174,200명의 협조자를 고용했다. 약 400만 명의 주민과 200만 명의 서독인, 총 600만 명을 감시하는 자료 파일을 만들어 인권유린을 서슴지 않았다. 세큐리타테는 루마니아를 거대한 "감시공화국"[35]으로 만들었다. 세큐리타테는 루마니아 인민의 삶 구석구석 개입하였다. 루마니아인이 외국인과 접촉하고 대화한 내용은 모두 보고하도록 조치했고, 심지어 정부 비난 문서의 유통을 막기 위해서 타자기까지 등록하도록 했다. 공적 영역 인사로서 당 각료, 지방 당 서기들까지 철저히 감시하였다. 세큐리타테의 이런 무차별적 감시 활동으로 루마니아 사회는 상호불신과 감시의 사회가 되었다.[36] 세큐리타테는 공산정권 막바지인 1989년 12월 혁명에서 반혁명세력으로 6만 명 이상을 학살하는 만행을 저질렀다.[37]

차우셰스쿠와 세큐리타테의 폭압정치는 종교 집단에게도 예외가 되지 않았다.[38] 공산화 이후 종교탄압은 극심했다. 공산당은 루마니아

---

35) 손선홍, 『분단과 통일의 독일현대사』(서울: 소나무, 2005), 374.

36) 황병덕 외 8인, 『사회주의 체제전환 이후 발전상과 한반도 통일』, 274-275. 참조.

37) 황우연, 『독재자 최후의 날』, 318-319. 참조. 희생자 6만 명은 당시 혁명세력인 구국전선이 내놓은 수치로 차우셰스쿠 부부의 특별군사재판과 조기 총살을 정당화하는데 크게 기여했다. 실제로는 희생자가 1천30명으로 공식 집계된다.

38) 위의 책, 298. 참조. 종교분포는 루마니아 정교회 80%, 나머지가 가톨릭, 칼빈 개혁파, 기타 개신교, 회교, 유대교 순이었다.

인민의 종교자유를 말살하였던 것이다. 1948년 8월 종파법(Law of Cults)이 통과되면서 모든 종파의 교회는 정부의 통제하에 들어갔다.[39] 교회 성직자나 신자든 누구나 체제 비판할 수 없었고 온갖 인권유린과 부도덕에 대해 저항하지 못하고 눈을 감아야만 했다. 교회의 재산은 아무 배상 없이 몰수됐다.[40] 25년간 차우셰스쿠 독재정권은 종교가 전혀 기능하지 못하게 했다. 그의 치하 말기 6년만 보더라도 22개 루마니아 정교 성당이 도로나 관광지 건설 명목하에 철거되었다.[41]

III. 루마니아의 과거청산 내용들

구정치체제가 붕괴하고 새 체제로 전환되면, 새 체제는 당연히 과거 체제를 부정하고 그것의 정통성을 확립하기 위해 과거의 불법성을 청산해야 한다. 루마니아가 했던 과거청산 작업은 이런 관점에서 이해된다. 이른바 루마니아 과거청산 유형은 민중혁명을 통한 "형 집행 모델"[42]로 잡을 수 있다. 그러나 루마니아 과거청산은 다만 한두 차례 형 집행하는 것으로 그쳤다. 이 점이 바로 루마니아 과거청산의 한계점

---

39) 위의 책, 298. 참조. 종파법 제정으로 60여 종파는 14개로 정리되고 교회재산은 당에 몰수되었다.

40) 위의 책.

41) 위의 책, 299.

42) 정흥모, 『동유럽국가 연구』, 296. 이 모델이 가진 핵심적 특징은 자유 법치국가가 불법국가를 기소하여 처벌을 통해 과거를 청산하는 것에 있다. 곧 재판을 통한 과거청산을 하는 것이다. 이와 다른 두 모델은 두 가지로 종결 모델과 화해 모델(남아프리카, 과테말라)이다. 종결모델은 다시 절대적 종결모델(러시아, 스페인, 브라질, 그루지야, 우루과이, 가나)과 상대적 종결모델(폴란드, 체코, 칠레, 불가리아, 헝가리, 한국)로 나뉜다. 전자는 아무런 조치 없이 끝내버린 과거청산을, 후자는 절반의 과거청산을 말한다.

이 되고, 과거사 비판적 작업으로 과거사 성찰은 더 이상 기대할 수 없었다.

루마니아가 지난 1947-1989년까지 42년 간 공산정권 하에 자행된 과거사청산할 내역들은 다음과 같은 것들이 있다. 물론 루마니아 과거청산은 주로 25년간 차우셰스쿠 철권독재에 집중되어 있다. 이 장에서는 반법치적 가해자에 대한 처벌, 독재정권하 피해자의 명예회복 및 보상 조치, 1990년 이후 행해진 과거청산에 대한 내용을 다룬다.

1. 국가폭력 가해자 처벌

루마니아에서 일어난 민중혁명은 1989년 12월 17일 유고 국경 근처 티미시와라에서 반정부시위대와 군경이 충돌한 데에서 촉발되었다. 이를 계기로 시위는 전국적으로 급격하게 확산되었고, 12월 20일에 군은 총 비상사태에 들어갔고 대다수 도시는 비상계엄령이 선포되었다. 12월 22일에 철권통치자 니콜라이 차우셰스쿠와 그의 부인 엘레나는 도피 중 군부에 의해 전격 체포되었다. 12월 23일에 반정부시위를 주도한 "구국전선"[43](National Salvation Party)이 중심 세력이 되어 임시정부를 구성하였다. 구국전선은 일리에스쿠를 중심으로 한 개혁 공산주의 세력과 군부, 지식인 그룹으로 루마니아 혁명의 주축을 이루었다.

과거사청산은 일차적으로 '과거 규명' 차원에서 인간의 존엄성을 유린하고 정치적 폭력이나 불법행위를 행한 자들에 대한 처벌함을

---

43) 서울대학교 국제문제연구소 편, 『동유럽의 정치와 경제를 아는 사전』, 23. 참조. 구국전선은 1989년 12월 민중혁명의 주체세력으로 루마니아 개혁 공산주의 그룹이다. 차우셰스쿠 사후 루마니아 정국을 주도했다.

의미한다. 그런데 루마니아의 반법치국가적 가해자 처벌은 체제전환 이후가 아니라, 혁명 기간과 그 직후 전격적으로 이루어졌다. 임시정부로서 역할을 한 '구국전선' 평의회에 의해 급조되고 신속히 열린 군사재판에서 가해자에 대한 재판은 진행되었고 그에 따른 처벌 역시 급속히 행해졌다.

1989년 12월 25일 차우셰스쿠와 엘레나는 특별 군사재판에서 다음과 같은 혐의로 즉결재판을 받았다.[44] 차우셰스쿠는 그의 집권 기간 중 1) 특히 1989년 12월 민중혁명 시 세큐리타테에 명령해 6만 명 이상 희생시킨 대학살을 자행했다. 2) 인민과 권력에 반한 조직적인 무력행위로 국가권력을 위태롭게 했다. 3) 여러 도시에서 건물파손과 수많은 폭발로 인해 공공재산에 큰 손실을 입혔다. 4) 국가 경제를 파탄에 빠뜨렸다. 5) 외국은행에 10억 달러 이상의 재산을 도피시키고 국외 탈출을 기도했다. 이런 혐의 내용으로 군사재판부는 차우셰스쿠와 그의 부인 엘레나가 국가와 인민에 반하는 중범죄를 저질렀다고 인정하고 그들에게 사형을 언도, 그들 재산 전체를 몰수하는 선고를 내렸다. 선고는 확정되자마자 사형이 즉시 집행됐다. 영내 처형장으로 질질 끌려나가다시피 한 두 사람은 수백 발의 총탄을 맞고 비참한 최후를 맞이했다. 투박한 목관에 구겨 넣어진 부부 사체는 루마니아 전통장례에 따라 처형 5일 만인 12월 30일 눈 덮인 부쿠레슈티 묘지에 은밀히 매장됐다.[45]

루마니아 혁명을 촉발시킨 티미시와라의 유혈진압과 관련한 세큐리타테 핵심책임자, 고위경찰관, 부쿠레슈티 장제장관리 등 21명에 대한 군사재판도 뒤를 이었다.[46] 구국전선에 의해 임명된 3인의 법무관이

---

44) 황우연, 『독재자 최후의 날』, 142 참조.

45) 위의 책, 140. 참조.

46) 위의 책, 330-331 참조.

진행한 재판은 3월 2일부터 티미시와라 청소년센터에 마련된 임시법정에서 열렸다. 재판은 1월 이후 두 번이나 연기된 끝에 겨우 개시되었다. 21명 중 최고위급 세큐리타테 간부는 차우셰스쿠가 티미시와라 시위를 진압하기 위해 파견했던 세큐리타테 역정보부장 마크리 소장이었다. 피고들의 나이는 33-63세까지 편차가 매우 컸다. 피고들은 대학살 공범죄가 적용되었다. 재판 결과로 차우셰스쿠 고위 측근 4명은 대학살과 관련하여 2월 무기징역을 선고받았다. 차우셰스쿠 부부의 공산당 중앙위 청사 탈출을 도운 4명의 경호장교들은 명령만 따랐을 뿐이라는 진술을 한 후 3월 1일 무죄로 석방되었다. 경호장교들의 무죄 방면은 당연히 유죄라고 생각한 17만 세큐리타테 요원들이 처벌에서 빠져나갈 것이란 우려를 낳기에 충분했다. 그 우려는 사실이 되었다. 민중혁명 시 헝가리계 목사 토케스의 강제 전속에 항의하는 티미시와라 시위대에 발포한 주체는 세큐리타테와 군부였다.

루마니아는 구공산정권에 의한 인권탄압이나 불법행위를 저지른 가해자들을 처벌하는 데 있어서 오로지 1989년 12월 혁명을 통한 독재자 부부와 그의 일가, 측근을 처단한 것으로 아픈 과거를 단숨에 지우려고 했다. 차우셰스쿠 독재자와 함께했던 그들 자신의 죄과는 새 체제하에서 철저하게 은폐되거나 무시되었다. 그러나 혁명세력으로서 등장한 구국전선은 명백히 과거에 불법을 자행했던 공산주의자들이었기에 급진적 개혁을 하는 데 명백한 한계를 노출할 수밖에 없었다. 그 때문에 구국전선 세력은 급진 개혁세력과 학생들의 반발을 크게 샀다. 그들은 자행한 과거 불법행위에 대해 줄곧 침묵하고 은폐하는 태도를 보임으로써 피해자들에게 크나큰 불신과 깊은 상처를 남겼다. 새 체제하에서 사회통합과 사회정의의 실현을 저해하게 만들었다. 더욱이 민주 시민사회의 건강한 확립을 지연시켰을 뿐 아니라 민주주의 제도의 절차적 정착을 더디게 하고 약화시켰다.

2. 구체제 하 피해자 명예회복 및 보상 조치

루마니아 공산정권이 자행한 불법행위를 청산하는 일 중 가장 중요하고도 시급한 과제는 정치적 피해자를 법적으로 구제하는 일일 것이다. 공산정권 시 극심한 피해를 입은 사람들을 가려내서 법적으로 구제하고 또한 이들에게 적절한 보상을 하는 것이 가해자의 처벌보다 더 막중한 일이 될 것이다. 구체적이고 실제적인 피해의 증거가 있어야 하기 때문이다.

공산정권 하 입은 피해자는 다음과 같은 유형으로 나눌 수 있다.[47] 첫째, 헌법상 정치적 기본권과 인권에 반해 처벌되었거나 형사상 유죄 판결을 받은 자이다(형법적 복권 대상). 둘째, 법률의 중대한 위반 이유로 유죄판결을 받은 자이다(파기 대상). 셋째, 관청의 행정행위로 인해 불이익을 받은 자이다(행정법적 복권 대상). 넷째, 기업의 잘못된 결정으로 직업에서 불이익을 받은 자이다(직업적 복권 대상). 이렇게 다양하게 피해 입은 자들은 형법적, 행정법적, 직업적 복권 대상으로 구분되어 적절하게 실질적인 복권과 보상을 받아야 한다.

루마니아는 피해자의 보상을 위해서 생활보장법을 제정하여 그들에게 구체적인 보상을 받도록 조치하였다. 예컨대 피해자들에게 의사 진찰권을 주는 것뿐만 아니라 주택을 우선적으로 구입하도록 하는 등 여러 수혜를 받도록 했다. 그리고 적지만 월 6마르크에 해당되는 보상금을 지급하도록 했다. 루마니아 정부는 피해자의 복권에 관해서도 여러 조치들을 취했다. 비록 이러한 조치는 제한적으로 이뤄졌을지라도 피해자를 사면하고 그 권리를 회복하는 데에 도움을 주었다.[48] 또한 재판파기 제도 제정과 헌법에 근거한 복권법 마련은 입법 조치할

---

47) 손선홍, 『분단과 통일의 독일현대사』, 370-371 참조.

48) 정흥모, 『동유럽국가 연구』, 294. 도표 참조.

시간적 제약으로 인해 많은 미비점이 발생해 피해자 구제하는 데 큰 어려움을 겪게 했다. 이러한 미비점은 1992년 9월 25일 '루마니아 공산당 불법 청산을 위한 제1차 법률'이 제정되어 보완되도록 했다. 하지만 구체적인 복권 조치가 실제로 어떻게 이루어졌는지는 확실하지 않다.49)

차우셰스쿠 정권 몰락 후 루마니아에서의 종교의 자유가 다시 허락되었다.50) 혁명 두 달 만에 루마니아 정교회, 가톨릭, 개신교 등 모든 종파의 교회마다 주일날 신도들로 꽉 들어찼다. 정교회는 성상들을 금박으로 치장하며 향을 피우고 많은 교인이 예배를 드렸다. 성 요셉 성당엔 남녀노소 신도들로 가득 찼고, 헝가리계, 독일계 개신교회에도 찬송 소리가 우렁찼다. 혁명 후엔 특이한 점으로 교회 예배가 TV나 라디오에 방송되고 신문들은 주일마다 4면씩 종교 면을 할애했다.51) 루마니아 임시 부는 공산정권 42년 이후 처음으로 부활절 다음 월요일을 공휴일로 지정해 선포했고, 단절된 교황청과의 외교 관계를 재개했다. 루마니아 정교회에 강제 이양된 가톨릭의 재산을 가톨릭에 전부 반환하기로 했다.52)

3. 1990년 이후 과거청산

공산정권 붕괴를 경험한 대부분 동유럽 국가들은 1990년대 초반부터 과거 정권들의 잘못을 들추고 과거사 규명과 성찰하는 작업들을 대대적으로 펴나갔다. 이를테면, 체코는 체코슬로바키아와 분리된 이듬해인

---

49) 위의 책, 294. 참조.

50) 황우연, 『독재자 최후의 날』, 299. 참조.

51) 위의 책, 300. 참조.

52) 위의 책, 301. 참조.

1993년부터 곧바로 소비에트 시절의 폐해를 규명하는 법을 통과시켰다. 불가리아는 2001년에 의회 결의안을 채택, 과거사청산 작업에 돌입했다. 우크라이나는 스탈린 시절 소련의 정책 오류로 천만 명 이상 숨진 대기근을 대량학살로 규정하는 등, '역사바로잡기'를 추진했다.

다른 동유럽 국가와는 달리 루마니아는 과거사 문제에 입을 굳게 닫았다. 1989년 민중혁명을 통하여 독재자 차우셰스쿠가 처형당하는 등 일련의 형 집행 청산과정을 신속히 치렀다. 하지만, 옛 공산당 지도부 중심으로 구성된 정치세력이 엄연하게 살아 있었기에 잔존 구세력들은 청산 대상이 될 수 없고 청산 자체도 원치 않았다. 물론 세큐리타테 같은 비밀경찰 조직을 해산하는 등 조직을 새롭게 재편했다.

과거청산 노력이 거의 없다시피 하다 트라이안 바세스쿠 대통령은 2006년 12월 18일 의회에서 옛 공산당 독재정권 하 양민 학살과 인권탄압 등을 밝힌 660쪽의 정부 조사보고서를 공개하였다. 그는 "(공산)정권은 수백-수천 명의 국민을 내쫓고 암살과 처형을 자행했다."[53]고 강력하게 비판하였다. 그러나 구정치세력들은 정부 조사보고서를 "모든 좌파를 악마로 둔갑시키려는 시도"[54]라고 반발하고, 오히려 그런 시도를 루마니아판 매카시즘으로 규정하면서 맹비난을 퍼부었다. 반면에 개혁파 세력들은 정부 보고서가 매우 모호하고 미흡하다며 더 강도 높은 진상규명과 책임자 처벌을 요구하였다.[55]

루마니아 정부가 뒤늦게 정치 불안의 우려를 무릅쓰고 과거성찰에 힘쓰는 것은 과거청산에 대한 관심이 아닌 EU(유럽의회)의 압력 때문이다. EU는 2004년 동유럽 10개국을 가입시킨 이른바 '동유럽 빅뱅'에 이어 루마니아와 불가리아를 회원국으로 가입시켰다. 2006년 초 유럽

---

53) "동유럽의 '마지막 과거청산'," (2006.12.19. 경향신문 기사).

54) "동유럽의 '마지막 과거청산'," (2006.12.19. 경향신문 기사).

55) "동유럽의 '마지막 과거청산'," (2006.12.19. 경향신문 기사).

의회는 동유럽 공산정권을 비난하는 결의안을 채택하고 동유럽 국가들의 과거청산에 대한 압력을 가했다. 2007년부터 EU에 편입되는 인구 2700만 명의 루마니아는 EU 7번째 인구 규모를 자랑하는 동유럽권 대국에 속했다. 루마니아는 정치적으론 형식상 민주화 체제로 이행하고 발전해 가고 있지만, 경제적으론 사회주의 잔재 해체와 개발이 늦어져 후진국 신세를 면치 못하고 있었다.

공산당 독재정권 하에 무자비하게 행해진 인권탄압의 민낯이 수면 위로 떠올랐다. 수십 년 동안 뜬소문으로 치부되었던 루마니아 공산정권 시절 강제 노동수용소(굴락)에 갇힌 정치 양심수들의 피해 상황, 즉 당시 간수들이 행했던 소름 끼친 만행들이 2013년 속속들이 드러났다. 루마니아 정부는 늦었지만, 가해자는 책임을 지고 처벌받는다는 명분 아래 공산정권 시 범죄를 조사, 기소하는 기구를 설치하고, 조사결과를 공표했다. 그해 7월 11일 다음 주에 35명 간수 이름이 당국에 넘겨졌다. 대부분은 80대, 90대 노인이 되었다. 이렇게 공산정권 시절 범죄 가해자들은 탈공산화 후 기득권 세력에 의해 무탈하게 보호받고 있었다. 당시 기득권 세력은 탈공산화 이전 보안 비밀경찰 요원들이 대부분이고 탈공산화 후 고위직을 독차지했다. 사회 도처에서 굴락 간수들을 폭로, 처벌해야 한다는 여론이 거세게 일었다. 자유당이 집권 연정에 합류하면서 과거청산의 움직임은 급물살을 탔다.

루마니아의 정치범 수 61만7000명 중 12만 명은 굴락에서 목숨을 잃었다. 수감자들 중 정치인, 신부, 농부, 작가, 외교관 및 심지어 11살 어린이들도 포함되었다. 겨우 목숨을 부지한 대부분은 가해자를 법의 심판에 세울 기회마저 박탈당한 채 이미 사망하였다. 아직 생존해 있는 약 2,800명은 공산주의자에 대한 범죄조사 및 망명자 기억 위원회의 활동에 한 가닥 기대를 걸고 있다.[56]

---

56) "루마니아, 공산 정권 때 악행 일삼은 강제노동수용소 간수 조사 착수," (2013.7.11.

더욱이 공산정권 시절 '람니쿠 서라트' 교도소는 정치범에 대한 고문과 가혹행위로 악명이 매우 높았다. 독재자 차우셰스쿠에 반대하다 잡혀 와 그곳에 갇힌 반체제 인사들은 줄줄이 죽어 나갔다. 정권 비판서를 출간했다가 수감된 한 장군은 몸무게가 30㎏으로 줄고 뼈만 남은 상태로 풀려나기도 했다.[57)]

1956-1963년 사이 교도소 소장을 지낸 알렉산드루 비시네스쿠(88세) 재판이 24일 수도 부쿠레슈티에서 열렸다. 루마니아 검찰은 각종 고문과 정치범 12명의 옥사에 개입한 혐의로 그를 기소하였다. 차우셰스쿠의 공포통치를 떠받쳤던 공산 관료 중 한 명이었던 그가 처음으로 법의 심판대에 섰다. 차우셰스쿠가 민중혁명으로 축출, 처형된 지 25년이나 지나서야 비로소 정권 비호자들의 악행에 대한 심판이 시작됐다.

1989년 민중혁명으로 차우셰스쿠 부부는 처형되고 몇몇 핵심 참모들은 무기형을 받았다. 하지만 그들 부하였던 많은 관료들은 단 한 명도 처벌받지 않은 채 무사히 퇴직했다. 꼬박꼬박 연금까지 받았고, 심지어 과거 연줄을 밑천으로 삼아 부자 된 이들도 있었다. 부쿠레슈티대학 역사학 아드리안 치오로이안누 교수는 "1990년대에 우리는 (과거사 심판보다) 더 우선해 처리해야 할 일들이 있었다."[58)]고 하면서 과거청산 어려움을 설명하였다.

하지만 루마니아는 2014년에 들어와서도. 늦었지만 과거사청산에 대한 인식을 포기하지 않고 있다. 루마니아 정부는 이미 2006년에 '공산주의 범죄조사 기구'를 설치했다. 2012년엔 반인도주의 범죄에 대한 공소시효를 철폐하는 법까지 통과시켰다. 공산주의 범죄조사

뉴시스 기사), 참조

57) "루마니아, 공산 정권 때 악행 일삼은 강제노동수용소 간수 조사 착수," (2013.7.11. 뉴시스 기사), 참조.

58) "루마니아, 공산 정권 때 악행 일삼은 강제노동수용소 간수 조사 착수," (2013.7.11. 뉴시스 기사)

결과로 210명의 청산 대상 명단이 나왔다. 그러나 검찰 기소를 이끌지 못하는 한계를 보였다. 2013년엔 35명을 다시 추려 제시했다. 이렇게 조사기구의 노력으로 비시네스쿠에 이어 노동수용소 소장을 지낸 이온 피치오르가 두 번째 재판정에 섰다. 치오로이안누 교수는 "이번 재판이(야말로) 우리 사회에 '역사적 범죄를 망각하지 않고 정의를 실현한다'는 신호를 던지고 있다."라고 평가했다.[59]

루마니아 혁명의 주동자 중 한 명인 욘 일리에스쿠 전 대통령은 권력을 장악한 뒤 혁명 마지막 며칠 동안 수행한 역할 때문에 2019년 말 재판을 받았다. 혁명이 일어난 12월 22일까지 군과 경찰에게 시위자에 대해 발포 명령한 책임자는 명백히 차우셰스쿠였다. 그러나 일리에스쿠가 차우셰스쿠를 무너뜨리고 권력을 장악한 뒤, 800명의 희생자가 나왔다. 이에 대한 진상규명이 다시 제기된 것이었다. 당시 일리에스쿠와 다른 2명은 1989년 12월 22일부터 25일까지 혼란과 테러의 분위기를 조장한 중대한 범죄 혐의를 받았다.[60]

IV. 나가는 말

1989년 12월 루마니아 혁명이 미완의 혁명이었듯이, 루마니아 과거청산도 여전히 미완의 상태다. 루마니아 과거청산은 혁명을 통한 '형 집행 모델'로 평가된다. 차우셰스쿠 부부와 일가, 그의 측근은 군사재판에 의거해 형사적 처벌을 받았다. 차우셰스쿠와 그의 아내는 군사재판

59) "루마니아, 혁명 25년 만에 과거사청산 시작," (2014.9.26. 한겨레 기사). 피치오르 전 페리프라바 노동수용소장은 2018년9월27일(부쿠레슈티 현지시간) 질라바 구치소 병원에서 90세로 숨졌다.

60) "루마니아 반공혁명 30주년…주동자는 반인류범죄 재판," (2019.12.23. 연합뉴스 기사)

직후 처참하게 처형됐고, 그의 일부 측근은 무기징역형을 받았다. 하지만 유죄로 추정된 17만 세큐리타테 요원들은 아무런 처벌을 받지 않고 무죄로 종결됐다. 루마니아 정부는 제한적이었지만 피해자 명예회복 및 보상에 대해 나름 조치를 했다. 피해자 구제는 매우 미흡하였다. 다른 한편으로 루마니아의 과거사에 대한 성찰 작업은 혁명 직후 거의 없었다. 혁명의 주체세력인 구국전선이 구 공산당 세력이었기에 스스로 과거를 성찰하기 힘들었다.[61] 16년이 지난 2006년에 와서 루마니아 정부는 공산주의 범죄조사 기구를 설치하는 등 노력했지만, 실질적 성찰적 과거청산은 힘들었다. 루마니아는 과거청산을 제대로 하지 않았기에 치러야 할 대가는 컸다. 루마니아의 견고한 민주화, 시장경제의 확고한 정착과 안정적 사회통합은 순조롭지 않았다. 구공산 세력이 득세한 정치 상황 속에서 민주주의 제도는 제대로 작동되지 않았을 뿐 아니라 시장경제 역시 정경유착 등 정치가와 기업인의 부정, 부패로 인해서 불안정했다. 실직자는 증가했고 사회적 불안은 가중되었다.[62] 공산정권 붕괴 이후 급격한 근로자 해외 유출로 인해 인구가 감소했고 인종 대립으로 인한 폭력사태도 번번이 발생하였다. 언론의 기업종속과 부패 그리고 민주 시민의식의 결여로 인해 민주사회는 제대로 정착되지 못 했다.[63] 2010년 전후 루마니아의 정치 · 경제 · 사회상황은 크게 개선되지 않았다.

루마니아 과거청산은 아직 끝나지 않았다. 공산 시절 범죄 가해자들의 만행이 자주 수면 위로 떠오르면서 과거청산에 대한 당위적 인식이 루마니아 사회에 여전히 상존해 있다. 루마니아는 과거청산 노력을 계속하고 있는 중이다. 그런 의미에서 루마니아의 과거청산은 현재진행

---

61) 스티븐 로퍼. 『루마니아: 미완의 혁명』, 127. 참조.

62) 황병덕 외 8인, 『사회주의 체제전환 이후 발전상과 한반도 통일』, 303. 참조.

63) 위의 책, 314-319. 참조.

중이다. 과거청산이란 빠를수록 좋고, 안 하거나 더뎌지게 되면 그만큼 사회적 손해를 본다. 루마니아의 과거청산에서 얻는 교훈이란 한 나라에서 과거사 바로잡기가 그만큼 어렵고 힘들지만, 제때 역사를 바로잡지 않으면 아무리 새로운 정치체제가 되어도 바람직한 사회발전을 기대하기 어렵다는 점이다.

루마니아의 과거청산이 한반도 통일에 주는 교훈이 적지 않다. 먼저 루마니아의 과거청산이 북한에게 주는 교훈은 여섯 가지 측면이다. 첫째, 북한 공산체제의 붕괴도 얼마든지 가능한 일이다. 루마니아는 어느 나라보다 북한체제를 본뜬 나라다. 독재자 차우세스쿠 공산체제는 북한의 지배체제를 모방했다. 차우셰스쿠는 김일성을 본 따 자신을 우상화하였고 일가친척을 국가 요직에 앉혀 독재체제를 구축했다. 그런 공산왕조 체제 루마니아가 붕괴했다. 둘째, 북한체제도 과거청산할 가능성이 있다. 북한도 권력 교체가 가능하고, 그로 인한 과거청산은 북한 지배층이나 북한 주민에게 즉각적으로 요청된다. 루마니아처럼 구체제 세력의 혁명을 통한 체제전환이 이뤄지면서 과거청산 역시 가능하다. 셋째, 북한에 과거청산이 있으면, 특권계층이 주도한 위로부터의 과거청산일 가능성이 농후하다. 특권계층이 새 체제 이후 기득권을 유지한다는 전제가 되면 과거청산이 있을 수 있다.[64] 이럴 경우, 북한은 루마니아처럼 독재자 일인이나 그 일가에게 제한된 미완의 과거청산이 될 것이다. 넷째, 과거 성찰 측면의 과거청산은 북한 내에서도 얼마든지 가능하다. 국가폭력을 비밀리에 하든, 공개적으로 하든 북한에게도 있을 수 있다. 다섯째, 구세력 주도로 과거청산을 할 경우, 가해자 처벌만이 아니라 피해자의 보상도 뒤따를 것이다. 피해입은 북한 주민들에게 보상과 복권 있을 수 있다. 그러나 피해자 보상은

64) 박정오 외, 『동유럽 공산주의의 해체, 청산 그리고 새로운 사회로의 통합에 대한 연구』, (고양: 좋은 땅, 2016), 183. 참조.

북한경제 상황으로 볼 때, 매우 제한적이 될 것이다. 여섯째, 북한의 체제전환은 루마니아처럼 자유민주체제가 될 가능성이 높다. 그러나 이런 추정은 한반도 중심적 사고에 기인한다. 현재로서 사회주의 국가 중국이 가진 북한에 대한 영향력을 무시하기 어렵다.[65] 북한이 자유민주체제로 가더라도 북한의 민주화는 루마니아처럼 더딜 것이다. 북한의 권위주의적 유산이 짙기 때문이다. 북한이 자유 민주체제를 선택하면, 통일한국으로 가게 될 것이다.

다음으로 남한에게 주는 교훈은 네 가지 측면이 있다. 첫째, 남한은 남한 중심으로 진행되는 북한 과거청산을 앞세우지 말아야 한다. 루마니아 과거청산은 북한의 과거청산에 대한 반면교사가 된다. 북한 내 체제변혁을 통한 과거청산을 먼저 상정할 필요가 있다. 둘째, 남한은 북한이 공산체제를 우선 자유 민주체제로 전환하도록 유도할 필요가 있다. 북한 주민 스스로 자유민주주의와 시장경제로의 개혁만이 미래 북한의 살길임을 깨닫도록 남한은 적대적 관계가 아닌 평화적 남북관계 개선 방안을 계속 강구해야 할 것이다. 북한이 체제변화하면, 스스로 과거청산을 하게 된다. 셋째, 남북 간 평화적 통일이 이뤄질 경우, 과거청산 작업은 남한 중심이 될 것이다. 그때 남한은 자유민주체제의 관점에서 북한 과거청산 과제를 다뤄야 하므로 예상하고 준비해야 한다. 루마니아나 독일 사례를 보고 이에 대한 대비책을 세워야 할 것이다. 넷째, 남한은 북한과 통일한국의 과거청산이 단숨에 종결되지 않고 오랜 시간을 요한다는 것을 알아야 한다. 우리가 루마니아 과거청산 사례를 보았듯이, 루마니아가 자유민주체제가 되어도 공산국가 독재의 부정적 유산이 강하기에 남한은 북한 혹은 통일한국의 과거청산

65) 일각에서는 북한 붕괴 시 중국의 북한 개입을 공공연하게 거론하고 있다. 아른바 북한의 4개국 분할 통치론이다. 한국, 미국, 중국, 러시아 4개국이 북한 지역을 서로 분할, 통치한다는 것을 말한다. 이럴 경우 과거청산은 더 어려운 상황으로 간다.

과 민주화가 매우 힘들고 더디다는 것을 직시해야 한다.[66] 북한의 과거청산이나 민주화는 쉽게 이루어지지 않는다. 남한은 인내심을 갖고 북한의 체제전환과 과거청산이 이루어지도록 갖은 평화적 외교 노력을 해야 할 것이다.

66) 황병덕 외 8인, 『사회주의 체제전환 이후 발전상과 한반도 통일』, 323. 참조.

참고문헌

강병오. “통일독일의 과거청산 사례 분석과 그것이 한반도에 주는 교훈.” 「신학과 선교」 53집. 부천: 서울신학대학교 기독교신학연구소, 2018, 9-40.

———. “러시아의 국가폭력과 과거사청산 노력.” 「신학과 선교」 56집. 부천: 서울신학대학교 기독교신학연구소, 2019, 9-38.

강혜련. 『러시아 국가와 시민사회』. 서울: 도서출판 오름, 2003.

강철환. “북한의 장마당과 지하경제 실상.” 「북한」 504 (2013): 123-127.

곽동훈. “루마니아의 발전적 사회통합에 있어 사회적 불평등과 경제적 소외문제: 체제전환 이후, 현재 루마니아인들이 겪고 있는 사회적 부작용 실례를 중심으로.” 「동유럽 발칸연구」 제38권 5호 (2014): 230-260.

김정애. “루마니아의 기독교역사.” 고신대학교 석사학위논문, 2014.

김연철. “저발전 사회주의 국가의 추격발전과 전통적 정치체제: 북한, 루마니아, 알바니아 비교연구.”

로퍼, 스티븐. 『루마니아—미완의 혁명』. 허창배 · 최진우 역. 서울: 한양대학교 출판부, 2018.

롤즈 존. 『사회정의론』. 황경식 역. 서울: 서광사, 1977.

박영수. “중동부유럽에서의 두 가지 체제전환.” 「유라시아연구」 제7권 3호 (2010): 187-209.

박정오. “루마니아의 스탈린 체제 설립과정.” 「동유럽 발칸연구」 제38권 5호 (2014): 231-257.

———. “1989년 루마니아 혁명과 차우셰스쿠 독재체제의 붕괴.” 「동유럽 발칸연구」 제39권 2호 (2014): 191-219.

———. “루마니아와 북한의 독재체제 비교 연구.” 「동유럽 발칸연구」 제40권 6호 (2015).

박정오 외. 『동유럽 공산주의의 ‘해체’ · ‘청산’ 그리고 새로운 사회로의 ‘통합’에 박정원. “1989년 동유럽 혁명의 유형화 시론.”

박형중. “루마니아와 북한: 사회주의 주변부의 스탈린 체제에 대한 비판적 연구.” 「통일문제연구」 제7권 1호(1995).대한 연구』. 고양: 좋은땅, 2016.

베르, 에드워드. 『차우셰스쿠 악마의 손에 키스를』. 유경찬 역. 서울: 연암서가, 2010, 340-341; 339-359.

양운철 · 정한구. 『러시아 · 동유럽의 정치발전과 경제성장과의 상관관계』. 성남: 세종연구소, 1999.

엄태현. "1989년 루마니아 혁명의 성격 규명과 이를 통한 북한 체제전환에 대한 시사점 도출." 「동유럽 발칸연구」 제39권, 1호 (2014): 2018-231.

정흥모. 『동유럽 국가연구』. 서울: 성균관대학교 출판부, 2012.

최호근. 『제노사이드』. 서울: 책세상, 2005.

카, E. H. 『러시아 혁명』. 신계륜 역. 서울: 나남출판, 1997.

카플란, D. 로버트. 『유럽의 그림자: 두 번의 냉전, 30년간 루마니아와 그 너머 지역의 여행—미완의 혁명』. 신윤진 역. 서울: 글누림, 2018.

트위스, 미란다. 『세상을 움직인 악』. 한정석 역. 서울: 이가서, 2003.

파커, 데이비드 외. 『혁명의 탄생』. 박윤덕 역. 서울: 이가서, 2003.

황병덕 외 8인. 『사회주의 체제전환 이후 발전상과 한반도 통일』. 서울: 늘품플러스, 2011.

황우연. 『독재자 최후의 날』. 서울: 산하, 1990.

경향신문, 한겨레, 뉴시스 기사 등

국문 초록

이 논문은 루마니아 공산정권 하 국가폭력으로 자행된 과거사 문제를 정치 윤리적 관점에서 검토하고 그것의 과거청산의 내용이 무엇이고 민주체제 이후 어떻게 진행됐는지를 고찰하는 것에 목적을 둔다. 즉 루마니아가 공산체제 붕괴 전후로 과거청산을 위한 어떤 노력이 무엇이었는지 주로 검토하고, 그리고 과거청산의 의미가 한반도 통일에 어떠한 교훈을 줄 것인지 모색하는 것이다.

이 논문은 다음 단계로 전개된다. 우선, 루마니아가 공산화되고 나서 공산체제 하에서 저질러졌던 국가폭력이 무엇인지 검토한다. 국가폭력의 조직과 그것과 관여한 가해자들과 각종 테러와 악행을 저지른 가해자들에 의해 당한 피해자들이 과거청산의 대상이 된다. 그런 내용들을 기술하고 어떤 형태로 불법행위가 이루어졌는지 구체적으로 규명한다. 그다음 과거청산 개념과 루마니아에서 이루어질 구체적 과거청산 대상을 내용적으로 살핀다. 마지막으로 루마니아의 과거청산 노력이 민중혁명 직후에 어떤 모습으로 행해졌는지를 검토한다. 결론에 가서 루마니아의 과거청산 노력이 체제전환 직후를 빼고는 왜 제대로 이루어지지 않았는지 그리고 제대로 되지 않았기에 이후 정치발전에 어떤 영향을 미쳤는지 살핀다. 더 나아가 북한체제의 붕괴 시 과거사청산 할 가능성 여부를 타진한다.

■ *Abstract*

An Study on the Clearing up the Legacy of Communism in Romania

Kang, Byung Oh
(Seoul Theological University, Christian Ethics)

The purpose of this paper is to examine from a political and ethical standpoint the issue of past history committed by state violence under the Romanian communist regime, examine how Romania's past liquidation was carried out in the future, even though it was insignificant, and find out what historical lessons Romania's past liquidation would give to the unification of the divided peninsula.

This paper develops into the following steps. First of all, let's look at what the concept and the object of the liquidation of the past is and what the reality of the object is. The concept of past liquidation and its object are specifically dealt with in Romanian situations. The primary targets of the liquidation of the past are the perpetrators of various terrorist attacks and misdeeds, the state violence that Romania was communized and carried out under the communist regime, and the parties that suffered from them. It deals with the contents of Romania's liquidation of the past, which was carried out shortly after the

December Revolution. It is to consider punishment for anti-legislative perpetrators, measures to restore and compensate victims' honor under dictatorship, and the liquidation of the past that has been sporadically carried out since 1990. In the concluding part, we assess Romania's past liquidation efforts as a whole and explore why Romania's past liquidation efforts have been slow since the regime transition and what lessons later intermittent past liquidation efforts give to the Korean Peninsula.

Just as the Romanian Revolution of December 1989 was an unfinished revolution, Romanian clearing of the past is still incomplete. Romania's liquidation of the past is seen as a "typical execution model" through revolution. The Ceausescu couple and their family members and their close associates were criminally punished under a military trial. Ceausescu and his wife were brutally executed shortly after the military trial, and some of his aides were sentenced to life imprisonment. However, the estimated 170,000 Sekuritate agents were acquitted without any punishment. Although the Romanian government was limited, it did its part to restore the honor of the victims and compensate them. Victim relief was very poor. On the other hand, there was little work to reflect on Romania's past history right after the revolution. It was difficult to reflect on the past by oneself because the old Communist Party was the main force of the revolution.

아랍에미리트(United Arab Emirates) 연방국을 통해 바라본 한반도 통일의 이해와 접근*

홍석희**

(서울기독대학교 겸임교수)

Ⅰ. 들어가는 말

아랍에미리트(United Arab Emirates: UAE. 이후 약어 사용)는 7개의 토후국(Emirates)[1]들이 연합하여 하나의 통치 집단인 국가로 세워졌다. 토후국이란 이슬람 국가의 원수 혹은 사령관이란 뜻이 담긴 에미리(Emir)가 다스리는 영토를 가리킨다.

7개 토후국이 연합하여 하나의 통일체가 되기까지 UAE의 정책 수립 과정은, 통일에 전력을 기울이는 한반도 통일전략에도 몇 가지

* 이 논문은 2020년도 한국기독교통일연구소의 지원에 의한 연구 제출 자료임.

** 서울신학대학교 한국기독교통일연구소 연구원,

1) 1971년 12월 2일에 영국으로부터 독립하고 공식 국기를 제정하게 되었다. 7개 토후국 가운데 푸자이라만 연합의 국기를 그대로 사용하고, 나머지는 공식기 외에 각자 고유한 국기를 사용하고 있다.
토후(土侯: Emir)란 '영국의 보호 아래 토후국을 지배하던 세습제의 전제군주'의 의미로, 토후국(Emirate)이란 '부족의 수장 등 토후가 지배하는 작은 왕국'이다. 실제로는 바레인 · 카타르 등도 여기에 해당된다.

시사점을 제시해준다. 한반도 통일은 두 개의 체제가 하나가 되는 연합체를 구성하는 일이다. 하나의 통일체를 만든다는 것은 체제전환으로 과거사청산을 해야만 하는 사회적 과제가 그 핵심이라 할 수 있다.

통일 이전에 동독지역이 자유선거를 통하여 통합을 이루게 된 독일연방공화국에서도 이러한 과제를 아직도 풀어가는 중이다. 동독과 서독이 통일을 이룬 후 서로 O 씨와 W 씨라는 비하된 호칭을 사용하면서 서독은 1등 국민, 동독은 2등 국민이라는 팽배해진 의식으로 인하여 상당 기간 마찰을 경험하기도 하였다.

이것으로 미루어볼 때 7개로 분열된 부족을 하나의 조직체계로 협치를 이룬 UAE 연방정부가 내세운 통일체로의 전반적인 정책은 한반도 통일에 중요한 정책과 전략을 제공해 줄 것이라 기대된다. 남과 북의 통일은 한반도의 숙원사업이며 통일 이후 사회적으로 당면하게 될 중요과제이다. 바로 하나의 사회 공동체를 만들어가는 것이기 때문이다.

2005년부터 2020년 현재까지 네 번째 연임하는 독일의 총리는 동독 출신 앙겔라 마르켈 (Angela Merkel)이다. 그녀는 1990년 통일 전 동독 정부의 대변인이었다. 어떻게 구동독 출신 정치인이 10년 만에 통일독일의 핵심적 정치 주체인 기민당 대표로 부상될 수 있었으며, 5년 뒤 2005년에는 독일의 총리에까지 오를 수 있었을까?[2)]

앙겔라 마르켈은 서독 함부르크에서 1954년에 태어나 이듬해에 동베를린으로 이주하였다.[3)] 베를린 장벽 설치 이전이라 남한 정부

---

2) 기독교민주당(CDU)은 가장 강력한 독일 내 정당이다. 1969년부터 1982년 그리고 2000년에서 2005년만 정권을 사민당에게 넘겨주고 지금까지 총리를 맡아왔다. 통일독일의 총리가 된 헬무트 콜이 1980년부터 1998년까지 집권하였다. 2000년부터 당 대표가 된 앙겔라 메르켈은 2005년부터 2020년 현재까지 독일 총리이다.

3) 아버지가 개신교 목회자여서 이동 명령을 받고 동베를린 지역으로 거주지를 옮겼다. 장벽은 1961년에 설치되었다.

입장에서 본다면 월북한 셈이다. 그런데도 두 정부는 그러한 그녀를 통일독일의 리더로 세우기에 부적격하다는 배타적 입장으로 보질 않고 사회통합정책을 취하는 태도를 보였다.

동유럽의 체제전환과정에서 해당 국가들의 가장 시급한 공통된 과제는 사회통합 문제였다. 역사 속에서 거대한 제국을 형성한 그리스, 로마 나아가 페르시아도 극복해야 할 최우선 문제가 제국 내의 사회통합이었다. 이로써 여러 개의 부족이 하나가 된 UAE의 사회통합전략은 한반도 통일에 중요한 사회통합의 순기능적 역할로서 지침이 될 것이라 기대된다.

본 논문은 한국기독교통일연구소 연구 주제인 '동유럽 체제전환의 현장을 찾아서'를 전략적 관점에서 살펴보는 8차 과제이다. 한반도 통일과 UAE 정책의 직접 연관성은 찾아보기 어려우나, 연방제를 통한 UAE 연합체 구성을 이룬 역사는 한반도 통일에 중요한 자료가 될 것이라 가늠해본다.

이러한 관점에서 UAE의 연방제를 한반도 통일의 사회통합정책과 전략지침의 관점으로 살펴보는 것에 의의를 두고 본 논문은 다음 3단계로 전개한다.

1. UAE의 통합으로 본 한반도 통일원리와 정책
2. UAE의 연합으로 본 한반도 통일 방향과 체제
3. UAE의 도시 형태로 본 한반도 통일 구성체

II. UAE의 통합으로 본 한반도 통일원리와 정책

UAE의 기본적 개관은 한반도 통일에 두 가지 시사점을 제공해

준다. 첫째가 중앙집권적이면서도 독립된 연방제 조직에 관한 것이고, 둘째가 이슬람 수니파 종교를 통해 사회적 안정을 추구하였다는 점이다.

1. UAE의 통합 원리

1) 구조적 통일체로 본 UAE

(1) 독립된 연방제를 통한 중앙집권적 형태를 갖춘 국가 형태.

1853년부터 영국의 보호령 아래 아부다비(AbuDhabi), 두바이(Dubai), 샤르자(Sharjah), 아즈만(Ajman), 움-알쿠와인(Ummal-Qaiwain), 푸자이라(Fujairah), 라스알카이마(Ras Al-Khaimah) 등 7개의 부족 집단은 아부다비 토후국 통치자인 쉐이크 자이드 빈 술탄(Sheikh Zayed bin Sultan Al Nahyan)을 초대 대통령으로 선출하여 UAE 연방국가를 세웠다.

정식명칭은 아랍어로 دولة الإمارات العربية المتحدة(다울라트 알이마라트 아라비야 알무타히다, 문화어로 아랍추장국 연방)이고, 이는 'UAE 연방' 또는 '아랍 토후국 연합'이라 부른다.

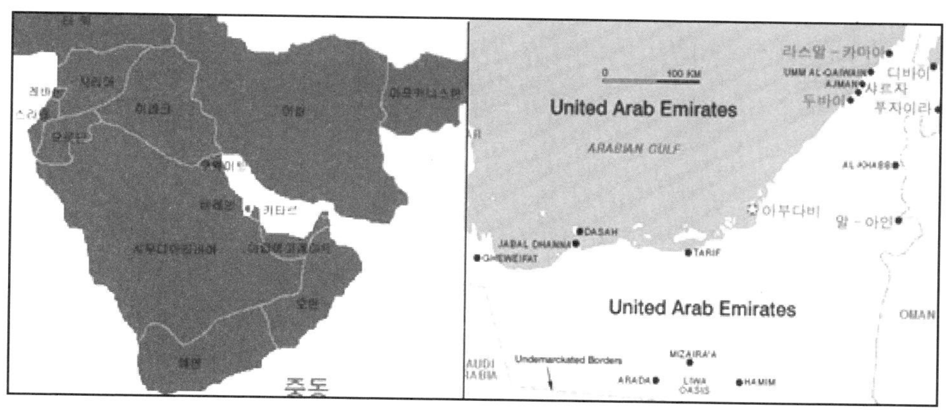

UAE의 위치와 7개 부족(토후국)의 구성4)

UAE의 출범은 1971년 7월 영국으로부터 정권 이양이 이루어져 그해 12월 2일 7개 토후국이 연합하여 세운 독립국가다. 연방국가로 세워지기 이전의 이곳은 이슬람의 정착 이전부터 아랍 부족들이 느슨한 네트워크를 형성하며 부족 집단을 이루어 살고 있었다. UAE는 부족들이 연합하여 세운 중앙집권체제의 국가이기에 강한 연대의식에 의해 획득된 지배능력을 소유한 가문이 건국 이후 현재에 이르기까지 정권 이양 없이 권력을 유지하는 왕정 체제로 존립하게 된다. 부족 집단이던 토후국의 대표인 에미르는 군사통치자 또는 원수, 국왕 또는 수장인 쉐이크(Sheikh)로도 통용된다.

(2) 권력 배분과 경제지원으로의 연합구조.

부족 가운데 가장 큰 집단은 아부다비 영지(領地) 알아인을 통치하던 바니야스(Bani Yas) 부족 알나흐얀(Al-Nahyan) 가문이다. 1966년 알나흐얀 가문의 쉐이크 자이드 빈 술탄이 정권 쿠데타를 통해 친형의 국가 통치권을 강탈하여 에미르로 등극하였다. 그는 가문에 대한 권력 배분에 대한 약속과 하위부족(가문)들에게 경제적 지원을 약속하며 강력한 지지를 통해 UAE 건국과 동시에 초대 대통령으로 취임하였다. 또한 자신의 아들인 두바이 왕 셰이크 할리파 빈 자예드 알나흐얀(Sheikh Khalifa bin Zayed Al Nahyan)[5)]을 부통령직에 임명한다.

UAE에서 국토면적이 가장 큰 아부다비 바니야스 부족은 20여 개의 하위부족이 군집한 최대의 연합부족이며, 전통적인 정치체제를 갖춘 최고의 영향력을 지닌 통치 부족이었다. 그들이 지배계급으로서 유지할 수 있는 기준은 부족 내 동일한 태생, 권력, 부의 분배를 통한 정당성이었다.

---

4) https://www.shoestring.kr/travel/md/md_14.html (2020년 8월 12일 접속).

5) 멘체스터 시티의 구단주인 셰히크 만수르 빈 자이드 빈 술탄 알 나흐얀(Sheikh Mansour bin Zayed bin Sultan Al-Nahyan)의 이복형제 중 맏형이다.

이러한 규정을 통해 UAE의 연합부족 가운데 특정 통치가문으로서 알나흐얀 가(家)는 국가와 사회를 통제하는 권력을 획득하였고, 지속적인 지배력을 확보하며 현재까지 정부 각처의 요직을 맡고 있다. 결국 소수의 구성원이 권력분배를 통해 기구를 장악하고 지위를 성공적으로 유지하였던 것이다.

최고의 실권을 가진 연방최고위원회 위원도 연합부족 내에서 7명[6]에게 배분하여 정치적 과도기에도 권력을 조직적으로 장악할 수 있었으며, 권력 세습과 반대세력에 대한 효율적 통제로 군주제(君主制) 형태의 지배능력을 지속적으로 유지해올 수 있었다.[7]

임기 5년의 대통령(의장 겸직)은 아부다비 수장이 자동 임명되고, 부통령(총리 겸직)은 두바이 국왕으로 자동 수락되어 1971년 UAE가 독립 주권국이 된 이래 종신에 가까운 세습이 이루어졌다. 2004년 부총리인 할리파 빈 자예드가 아버지 자예드 빈 술탄이 사망하자 대통령직을 세습하게 되었다. 그러나 2014년에 뇌졸중으로 쓰러져서 이복동생 무함마드 빈 자예드 알 나흐얀(Mohammed bin Zayed bin Sultan Al-Nahyan)[8]에게 직무를 위탁한 상태이다. 현재 대통령 직무를

---

6) 장세원, "UAE의 부족주의 연구," 한국중동학회논총, 제27권 1호, 2006, 121p. 7명의 위원은 토후국 수장들로, 법률제정과 집행의 모든 권한을 갖고 있다, 또한 연방정부의 대통령과 부통령 선출 권한을 갖고 정책입안의 실체로서 확정을 위해서는 반드시 7명 중 5명 이상의 찬성이 필요하다. 그 숫자 안에 아부다비와 두바이 국왕의 찬성이 들어 있어야만 한다. 위원들 부족은 대통령: 바니야스 부족, 부통령(총리): 바니야스 부족과 5명의 위원: 카와심 3인, 바니야스 부족 1인, 나임 부족 1인 등 크게 3개의 연합부족으로 구성되어 권력 세습을 통해 유지하고 있다.

7) 장세원, "UAE의 부족주의 연구," 한국중동학회논총 2006, 제27권 1호, 124-126pp.

8) 세이크 만수르의 친형이며 세히크 자예드의 셋째 아들로 현재 대통령 권한대행을 위임받은 상태이다.왕국의 호칭인 에미리트(emirate)는 '아미르(Emir)가 다스리는 나라'라는 뜻이다. 이슬람 국가에서 왕에 해당하는 호칭은 칼리프(아랍어 칼리파), 아미르, 술탄, 샤가 있다. 이 중 아미르는 총사령관을 뜻하는데 이슬람

수행하는 왕세제 권한은 외교와 군사로 제한되며 세부적 권한은 토후국 에미르들에게 있다.

UAE 부통령인 두바이 국왕 셰이크 모하메드(Sheikh Mohammed bin Rashid Al-Maktum)는 아버지 셰이크 라시드 빈 세이드 알 막툼(Sheikh Rashid bin Saeed Al-Maktum)이 1990년 사망하며 직위를 성공적으로 계승하여 현재까지 연임 중이다.

이처럼 UAE의 조직체계는 연방제 형태를 갖추고 분배된 역할 즉, 권력 배분을 상호 공유하며 독립된 이익과 경제지원을 서로 인정해 주는 집단 지도체제의 양태를 갖추고 있다. 물론 각 부족 간의 권력은 세습되는 구조로서 지도체제 형태가 보장된다.

이러한 조직체계를 살펴봄으로써 한반도 통일 후 북한지역에서 북한 권력가들의 권력 배분과 경제이익을 보장하는 부분에 있어 지역 간의 역할과 분배의 원칙에 따른 연구가 필요함을 느끼게 된다.

점차 UAE의 정치는 공공의 권리가 축소되면서 개인의 권리가 신장되는 것을 제도적으로 규정하여 국가적 권위주의가 약화되는 서구식 정치발전으로 전환되고 있다. UAE의 이러한 정치원리를 북한 내부적 반발을 잠재우는 사회통합의 쟁점안건 내용으로 삼게 되길 바란다.

2) 내부적 통일로 본 통합체

UAE는 이슬람을 기초로 한 부족국가 연합이 왕정체제로 발족되어 세계화 영향을 받으면서 서구적 정치발전을 이루어가는 국가이다. 그들은 독자적 왕정국가로서의 행정조직을 갖추고 토후국 수장 가운데

최초 왕조인 우마이야 왕조(661-750) 때부터 '믿는 자들의 총사령관'이란 뜻의 '아미르 알 무미닌'을 칼리프 대신 쓰기 시작해 왕을 뜻하게 됐다. 칼리프는 무함마드의 대리자란 뜻이다. 권위라는 뜻에서 파생한 술탄은 후대 이슬람 제국의 세속군주를 뜻한다. 샤는 이란어로 왕을 뜻한다.

선출된 대통령이 전체를 다스리는 군주국가이며 연방공화국이다.

하지만 의회와 정당은 존재하지 않으며 토후국 수장들이 지명한 40명 의원[9]들로 구성된 연방평의회(Fedral National Council)가 명목상 의회와 유사한 기능을 담당하고 있다. 단, 입법부 및 행정부에 대한 견제기능은 없고 단순한 자문기구로서 내각에서 제출한 법안을 심의하는 일을 담당하게 된다.[10] 이 같은 이해와 접근이 UAE의 사회적 안정을 이루는 계기가 되었다.

또한 헌법을 초월하는 무소불위의 권력을 통해 특정 부족이 대통령과 부통령직을 맡아 사회 전반에 걸쳐 막대한 영향력을 행사하는 지배권력 구조이지만 군사와 외교를 제외한 대부분의 자치권이 개별적으로 보장되며 독자적 관할구역 또한 보유가 가능한 특징을 지니게 된다.

부족주의를 탈피하면서 불문법을 성문법[11]으로 고쳐 영구적인 헌법을 마련하였고, 중앙권력에 집중하면서도 관리화를 견지하며 서구 시민사회로 발돋움하고 있다. 이슬람의 원리를 따라 공공소유를 포함한 공공권리와 권위주의를 말살시키지 않고 축소시키고, 개인의 소유와 권리확장을 인정해 주면서 민주주의 발전을 위한 경제 민영화를 추구한다.[12]

---

9) 2년 임기의 연방평의회를 구성하는 각 군주제 국가의 의원수는 아부다비 8명, 두바이 8명, 샤르자 6명, 아즈만 4명, 움 알쿠와인 4명, 라스알카이마 6명, 푸자이라 4명이 활동하고 있다. 주간동아 1122호, 2018-01-16 confetti@ donga.com 검색. https://weekly.donga.com/List/3/ all/11/1191304/1.

10) 금상문, "UAE(United Arab Emirates)의 정치발전과 이슬람," 중동연구, 제23권 1호, 2004-07, 11p.

11) 불문법(不文法)이란 일정한 제정절차를 거치지 않고 존재하는 법으로 문서의 형식을 취하지 않는다. 즉, 관습법이나 판례를 따르는 것이다. 이와 달리 성문법(成文法)은 관습법의 모체로서 문자 그대로 문서의 형식을 갖춘 법을 뜻한다. 입법기관에 의해 일정한 형식과 절차를 거쳐서 제정 공포된다.

12) 금상문, "UAE(United Arab Emirates)의 정치발전과 이슬람," 중동연구, 제23권

이 같은 정치구조는 먼저 제국주의와 세계화를 동시에 실현하며 더불어 UAE 내 관리주의의 발달과 경제 개방화를 통한 정치발전을 이루고자 하는 것이었다. 이것을 이루어가는 집단이 종교적 단일체제인 수니파(Sunni)[13]여서 UAE를 사회적 안정체로 만들어주는 동인이 되었다.

수니파는 시아파와 달리 종교적 성향이 온화하며 과격하지 않은 점이 특징이다. 또한 누구든지 칼리프(caliph)가 될 수 있는 제도적 주장과 교리적 체계관리의 이맘(랍비, 지도자)들을 조직적으로 선출하는 관리정책을 추종한다. 그러한 점에서 특히 주변 국가들이 수니파들이었던 UAE는 안정적으로 권력체제를 지킬 수 있었다.

UAE는 사우디아라비아와도 접경을 같이하여 자연스럽게 수니파 이슬람교를 받아들이게 되었던 나라이다. 또한 외국계 이주민 대다수가 이슬람권에서 몰려든 수니파(수니파 80%, 시아파 20%)였기에 국교는 이슬람교로 지정되었고, 국민의 80% 이상이 무슬림이다. 이주민 중 10%가 힌두교 · 가톨릭 · 개신교이고, 불교 비중은 전체에서 10%밖에 되지 않지만 모든 종교가 존중받으며 공존한다.

특히 아라비아반도 가운데 카타르, 오만과 함께 기독교회 설립이 허용된 국가가 UAE이며, 정부의 허가만 받으면 포교는 금지되지만 종교시설을 세울 수 있는 정책을 펼치고 있다. 또한 주변 국가들의 종교도 동질집단인 수니파 이슬람교로 이루어져 있다.

한편 시리아는 종파전쟁의 배경을 가지고 혼란과 갈등을 지금도 겪고 있다. 특히 레바논은 기독교 마론파에서 대통령, 이슬람 수니파에서 국무총리, 시아파가 국회의장을 차지함으로써 갈등 구조가 거의

1호, 2004-07, 10p.

13) 수니파는 이슬람의 가장 큰 종파로서 코란과 함께 무함마드의 언행과 관행을 의미하는 수나(Sunnah)를 따르는 무슬림들을 가리킨다. 이를 줄여 수니파라고 부른다. (네이버 두산백과 검색).

폭발 직전의 상황이다. 그럼에도 UAE는 종교의 기능에 사회통합의 가치가 담겨있다는 점을 잘 간파하여 정치에 적용함으로써 사회적 통합을 이루는 기치로 활용하였다.

3) 국제적 다양성을 통한 외교로 안정 보장

21세기 들어 수니파의 이념적 극단주의인 IS(Islamic State)[14] 무장세력이 등장하게 되고, 중동 걸프 지역의 정치적 · 사회적 상황과 아랍의 국가별 협력 공조가 분열되었다. 사회적 세속주의자들과 정치적 이슬람주의자 간의 논쟁으로 UAE는 내부적으로 긴장과 갈등이 고조되었다. 사회적 안정을 유지하지 못한 채 중동의 불안한 국제정서 속에서 가장 민감해진 곳은 UAE 지역으로, 아랍과 걸프 지역에서 중요한 전략적 요충지이고 같은 수니파 이슬람인 IS의 영향권의 가장 근거리에 위치하여 공격 대상이 되었기 때문이었다.

이것과 상관없이 UAE는 대외적으로 미국과 사우디의 공조를 축으로 하여 외형적으로 국가안정을 유지하면서, 내부적으로 각 부족의 정치적 · 사회적 · 이념적 변화에 합법적이면서도 종교적 대응을 통해 여러 정치적 이념의 유입을 차단하는 정책을 실현해 나감으로써 사회적

---

14) 2003년 국제 테러조직 알카에다의 이라크 하부조직으로 출발한 급진 수니파 무장단체를 말한다. 2011년 시리아에 내전이 일어나자 이라크와 레반트에 이슬람 국가를 건설하자는 뜻에서 ISIL 조직이 시리아로 근거지를 옮겨 이라크-일샴 이슬람 국가(ISIS)로 불리다 조직명을 이슬람 국가(IS)로 개명하고 시리아 반군으로 활동하였다. 2014년부터는 다른 반군과도 충돌을 일으키며 유전지대를 점령하기 시작하였다. 수니파 부호들의 막대한 지원을 받아 자금력과 조직 동원력이 매우 뛰어나 전 세계를 공포에 빠지게 만들었다. 2017년까지 세력을 확장해 나가다 2019년 시리아의 민주 군에 의해 마지막 근거지였던 바구즈가 탈환되며 영토상실로 와해된 조직이다.
김정필, "이슬람 국가(IS)의 형성과 변형역사," 한국군사학논집 72(1), 2016-2, 85-89pp.

안정과 통합을 이루어냈다.15) UAE 통합의 독특함은 이슬람교적 공동의식이 저변에 깔려 있다.

라인홀드 니부어(Reinhold Niebuhr: 1892-1971)는 도덕적인 사람들도 집단이 되면 이기적으로 변모한다고 말하면서 개인과 집단의 행동 양태를 분석하여 사회적 정의를 수립하기 위한 방안을 제시하였다. 집단은 집단이기주의(collective egoism) 때문에 개인보다 비도덕적이고 정치적 정책들(political policies)을 정당화시키게 되며, 또한 권력자들의 이기주의와 자만심 내지는 위선은 개인의 호소와 설득으로는 극복될 수 없는 부분이라고 지적하였다.

그로 인해 인간의 사회적 행동은 자기 이해관계에 먼저 근거하게 되는 것이며, 집단적으로는 비윤리적인 집단적 이기심 형태로 나타나게 된다는 것이다. 결국 집단의 이기적인 사회적 행동을 해결할 방법은 권력이나 강제성의 작용이 불가피하게 되는 것이라고 언급한다.16)

결국 인간이란 개인적으로 도덕적인 사람일지라도 사회구조 내 집단에 속하게 되면 집단적 이기주의자로 변모하게 된다는 것이다. 개인적으로는 타인을 배려하고자 자신의 이익을 희생할 수 있지만, 사회로의 전환에서는 불가피하게도 욕망에 의한 충동과 이기심을 보이게 된다는 것이다.

UAE 주변의 아프가니스탄, 시리아 그리고 예멘과 같은 국가는 불평등적 구조에서의 강압과 지속적인 내전으로 지금도 고통의 땅으로 존재하고 있다. 그러나 UAE는 이슬람교라는 종교적 기본 입장을 토대로 하여 삶의 질을 향상시키기 위한 포용정책을 추진하며 집단과 개인의 문제들을 풀어내어 종교의 사회 통합적 기능을 세부적으로

15) 황병하, “아랍의 봄 이후 UAE의 현황과 반테러 정책에 대한 연구,” 중동연구 2017년, 제36권 1호, 31-33pp.

16) 라인홀드 니버, 『도덕적 인간과 비도덕적 사회』, 이병섭 역(서울: 현대사상사), 1972, 7p.

잘 적용시킨 국가로 발전해 나가고 있는 사례로 분류할 수 있다.

4) UAE의 통합과 한반도 통일의 연관성

앞서 언급하였듯이 UAE는 전통적 부족주의의 특색을 지닌 여러 개의 토후국 수장들이 모여 형성한 연방국가다. 이러한 왕정체제의 지배계급 지도자들이 전제군주제 성격을 띤 정부의 바탕에는 이슬람교-수니파의 사회통합이 내재되어 있다. 대외적으로는 주변의 사우디아라비아와 서구적인 미국을 연계한 외교정책으로 국가적 안정을 유지해 나가고 있다.

한편 UAE는 내부적으로 갈등과 어려움이 있었지만, 이슬람교 교리와 전통인 '형제애'를 바탕으로 하나의 연방제를 유지할 수 있었다. 더구나 현실적 문제가 일어날 때마다 지도자들의 정당한 이익분배와 이권 유지를 위해 자기의 이익을 포기하는 협력적 자세는 UAE를 더욱 통합된 국가체제로 도약할 수 있도록 하는 동인이 되었다.

그러므로 한반도의 통일을 위한 정책에 있어서 반드시 고려해야 할 부분이 있다. 북한지역의 특성화와 재원의 다양한 분배정책, 지역의 특수한 경제 활성화 정책 내지 사회 간접 자본은 먼저 북한지역을 위해 사용된다는 점을 분명하게 입증해주어야만 지역감정이 생길 가능성을 사전에 예방할 수 있게 될 것이다.

2. UAE의 통합정책

UAE는 원래 아랍인들이 부족을 구성하며 살고 있던 지역으로, 이곳에 최초로 인류가 등장한 시점은 B.C. 5500년경으로 추정된다. 최초의 원시 정착촌은 알 함라(Al Hamra) 섬 근처의 해안을 중심으로 형성되었다. B.C. 3000년경 이라크를 중심으로 내려온 고온건조한 사막성 기후로 인하여 오아시스 지역인 움 알나르(Umm Al-Nar)를 중심으로 한 고대문명이 B.C. 2600-2000년경 태동되었다. 이렇게 형성된 촌락들이 B.C. 300여 년에 남부 페르시아와 메소포타미아를 잇는 교역항로로 성장하게 된다.[17)]

1) 통합해야만 생존할 수 있는 UAE의 구조

UAE 지역에서 모든 아랍인들의 기원은 거친 사막에서 시작되었다. 그들이 처한 황폐한 자연환경으로부터의 충격은 문화 대부분에 영향을 끼치게 되었다. 거칠면서도 자립적으로 살아갈 수 있는 성격을 갖게 해주었고, 아라비아 해안에서 대서양 동쪽 해안에 이르기까지 정복할 수 있는 힘을 국민성 안에 내재화시켰다.

이로써 아랍인들은 사방으로 신속한 영토 확장뿐 아니라 여러 분야에서도 엄청난 에너지를 발산하였다. 초기 아랍 사회에서 모든 아랍인이 사막에 살거나 사막에서 출발한 것은 아니었다. 생계의 우선적 터전이 바다였기에 진주 채취나 해상무역에 종사하며 삶의 터전을 삼았던 바니야스(Bani Yas) 부족[18)]도 있다.

이들은 아라비아 반도 남서부 일대에서 가장 강력한 집단이었다. UAE에서 현존하는 부족 가운데 12,000명으로 추산되는 최다 구성원을 이룬 단일부족으로, 식수원을 거점으로 하여 아부다비와 두바이 주변에

---

17) 아랍사람들은 메디아(B.C. 728-550)에서 아케메네스(550-330)와 페르시아(558-331)로 이동하여 박트리아(B.C. 209-139)에 멸망하고 파트리아(B.C. 247-AD 224)는 사산조 페르시아(224-651)로 계속되다가 이슬람 제국으로 자리를 잡았다. 이슬람교는 사산조 페르시아 기간에 탄생되었다. 마호메트가 570년 메카에서 출생하였다.

18) 바니야스 부족은 아부다비와 두바이에 정착한 대단위의 부족 또는 연합부족이다. 바니야스의 Yas는 '최초로 우물을 판 사람'을 의미하고, Bani Yas는 '다른 부족에 앞서 물을 발견한 사람의 자손들'이란 뜻을 담고 있다.
장세원, "UAE의 부족주의 연구," 한국중동학회논총 2006, 제27권 1호, 119p.

자리매김하면서 최고의 영향력을 발휘한 세력이 되었다.[19] 이러한 환경이 훗날 쉐이크 자이드에게 대통령의 재능과 성격을 갖추게 해준 문화적 기반이 되었다.

아랍 부족 집단의 내부적인 결합과 연대고리는 실체가 없는 무형의 것이다. 그러기에 서로를 지배한다는 생각은 이들에게 납득이 되지 않는 부분이었다. 자신들의 문화에서 모든 분야를 지탱하고 있는 것은 오로지 '명예'이기에 그 가치를 중심으로 무리를 지어 단결을 이루었던 것이고 자유로운 정착생활을 이어갈 수 있었다.

특히 사막 유목민이었던 베두인(아랍어: البدو 또는 بدوي) 부족이 처한 환경은 자원 부분에서 몹시 척박한 상황이었지만 주어진 환경에 스스로 적응시켜 나갔고, 또한 생존의 필요 때문에 자유와 독립을 중시하면서도 상호 협력함으로 발전을 이루어 나갔다. 이득이 되는 부문에서는 함께 집단을 형성했고, 특정 리더를 존경하게 되면 그의 리더십을 수용하는 태도를 보였다.

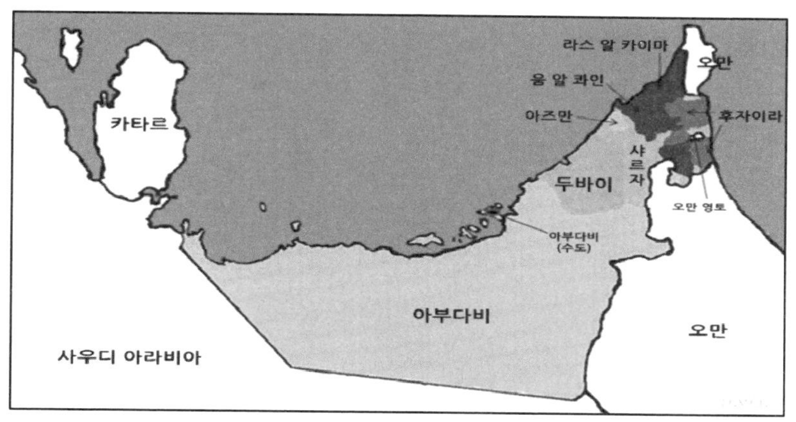

아랍에미리트 7개 토후국

19) "UAE연방 건국과 통합의 리더십," 에미리트전략연구소(ECSSR) 저, 대외경제정책연구원(KIEP) 역, 35, 42p.

2) 통합의 연대를 만들어가며 연합체 형성

바니야스 부족과 함께 활약이 컸던 부족은 북동 해안 쪽 카와심(Qawasim) 부족이었다. 카와심이라는 명칭은 샤르자, 라스알카이마, 푸자이라 등 많은 부족들을 통치하였던 인도 봄베이에 거점을 둔 동인도회사가 걸프 연안에 거주하던 모든 부족을 지칭할 때 사용하던 용어였다. 봄베이는 오늘날 뭄바이(Mumbai)의 옛 이름이다.

16-17세기 아라비아반도 동남쪽 해안에서 영국, 포르투갈, 네덜란드의 영토 쟁탈전이 고조되었다. 이란 사파비 왕조[20]가 아프칸족에 의해 멸망되었고, 오만의 야리바 왕조가 무너진 후 걸프 지역에 공백 상태가 발생되었다.

천혜의 항만인 오만과 라스알카이마가 점령되면서 포르투갈이 UAE에 첫발을 내딛었다. 이어 동인도 주식회사를 앞세운 영국이 1650년경부터 아라비아반도를 점령하고 포르투갈을 몰아내 걸프 지역 패권국으로 등장하게 된다.

당시 카와심 부족은 라스알카이마 알아인 지역을 중심으로 진주 채취사업을 활성화시키며 인도양을 통해 비단과 향신료, 지중해와 시리아로부터 각종 물품을 수입하며 해상 중개무역의 통로 역할을 하였다. 하지만 인도양과 걸프 연안을 둘러싼 서구 제국주의 세력들의 재해권 다툼으로 생업의 어려움에 처하는 위기를 맞게 된다.

영국에 친화적이던 바니야스 부족과 달리, 우호적이지 않았던 카와심 부족은 페르시아만에서 유럽 국가들의 선박을 습격하는 해적 활동에 가담하며 영국에 저항을 일삼았다. 1820년 1월 8일 영국은 카와심을 격파한 후 UAE 토후국들과 협정을 맺고 '영구 해상평화조약'을 확정하여, 걸프 지역은 '협정국가'화 되었다. 6개월 기한의 해상 휴전협정

---

20) 1502-1722년에 이란을 지배하던 이슬람교 시아파 계통의 왕조이다. 이스마일 1세가 부흥을 실현하였으나 아프간족에게 멸망당하게 된다.

기한의 갱신을 반복하며 자연스럽게 영국은 UAE를 통치하는 결과를 얻게 되었다. 이 같은 영국의 식민지 정책은 2세기에 걸쳐 토후국 수장들과 협정을 맺으며 점진적으로 자국의 보호령이 되도록 접근하였다.

1835년 걸프 지역은 상황 변화를 따라 '해적 해안'에서 '휴전 해안(Trucial Coast)'으로 명칭이 바뀌게 되었으나 영국이 토후국 간의 육상교전에 간섭하지 않았기에 5개 토후국은 흥망과 이합집산(離合集散)을 되풀이하며 1853년까지 휴전조약을 지키지 않게 되었고 이에 따라 영국과 항구적인 해상 휴전조약이 체결되었다.

지속적으로 영국의 통제에 항거해오던 카와심 부족이 영국에 패망하게 되면서 카와심의 지배를 받아왔던 부족들은 독립을 주장하게 되었다. 결국 카와심은 샤르자, 라스알카이마, 푸자이라 토후국으로 분화되며[21] 부족들은 흩어지게 되었다. 포르투갈의 지배 아래 토후국 부족들은 국내 지배를 자유로이 할 수 있었던 반면에, 영국의 지배 아래에서는 통제를 받는 처지가 되었다. 1892년 영국은 자국령 인도 외에 다른 나라와 해상무역이나 경제적 밀접관계로 자유로운 교섭을 금지한다는 규정을 내세웠고, UAE는 주변국과의 국제무역 관계가 악화되었다.

UAE는 자주적 독립 부족국가였지만 포르투갈, 영국과 관계협정을 맺으며 서구세력의 결정 방향대로 존재할 수밖에 없었다. 하지만 부족 내부의 단결력과 독립적 관계 형성은 외부 지배세력에 대응하고자 동맹 이상의 협력을 유지해서 연방독립 체제를 만들 수 있었던 것으로 보인다. 부족들 가운데도 집단력과 경제력 그리고 지배권을 앞세운 부족들이 지도자 그룹으로 부상되면서 지역 연합의 중심체로 자리잡게 되었다. 이러한 지배구조가 수백 년을 이어온 UAE의 전통이었다.

21) 장세원, "UAE의 부족주의 연구," 한국중동학회논총 2006, 제27권 1호, 119p.

3) UAE 형성 배경과 한반도 통일 연관성

UAE가 형성된 배경은 한반도 통일과정에 중요한 원리를 제공한다. 그것은 북한체제의 기득권 인정과 북한 지배계층에 대한 연합적 이해를 통일의 초기과정에서 절대적으로 필요한 사회통합의 기본요인으로 보아야 한다는 점이다. 혹여라도 북한체제를 거부하면서 통일을 이루어 간다는 것은 불가능한 부분이라는 점에서 더욱 그러하다.

염두에 둘 것은 북한 기득권과 지배계층을 사실상 UAE의 부족국가 성격과 동일시하고 자격을 인정하는 부분에 있어 동일한 대우가 이루어져야 한다는 점을 유념해야 한다. 통일이 되었다고 북한체제에서 종사한 사람들의 권리가 편파적으로 배제될 수는 없다. 즉, 사회통합 과정에서 북한 핵심집단인 조선노동당과 조선인민군을 배척할 수 없다는 뜻이다. 왜냐하면 이들은 북한 전체인구의 10%가 넘고, 또 남한과 갈등을 유발시킬 수 있는 세력들로서 여차하면 통일에 반대하는 테러단체나 반국가조직으로 발전해 나갈 수 있기 때문이다.

한반도 통일의 연착륙 과정은 실상 북한체제에서 가능한 혼란과 갈등을 완화하며 사회통합의 안정성을 잠정적으로 만들어가는 계기가 되어줄 것이다. 아울러 UAE 형성과정의 배경처럼 사회통합과 안정적 정책이 통일 공동체를 만들어가는 중요한 원리로 부각될 것이다.

Ⅲ. UAE의 연합으로 본 한반도 통일 방향과 정책

19세기 말 프랑스, 독일, 러시아 등 열강들의 걸프 지역 진출이 가시화되자, 1892년 토후국인 부족 국가들은 영국과 배타협정(Exclusive Agreement)을 체결하고 영국의 보호령으로 귀속되었다. 1947년까지 인도정부 '라즈(Raj)'의 시각에서 분석한 페르시아만은 아라비아 해안을 따라 존재하는 '오만 외곽(Outer Oman: UAE의 옛 명칭)' 지역이었다.

1. UAE의 연합 과정

1) 첫 연합과정의 배경—원유 발견으로 경제협력

영국이 토후국들과 맺은 해상휴전 관련 조약들은 위협적인 영국군의 중재 아래 체결되었듯이, 페르시아만의 영국 관리 조직은 영국의 다른 대외식민지 관련 체계 중에서 가장 독특하였다. 그들은 동양의 경제적 이익을 수호하고자 인도에 세운 정부조직을 통해 페르시아만으로 진출했기 때문이다.

아라비아 주변의 오만22)

---

22) http://blog.naver.com/PostView.nhn?blogId=apectria&logNo=101487216&categoryNo=153&viewDate=¤tPage=1&listtype=0&from=postList (2020년 8월 13일 접속).

당시 UAE 토후국들은 영국에 의해 트루샬 오만(Trucial Oman) 또는 '휴전해안 토후국(Trucial States)'이라 불렸다. 토후국 내부적으로 완전한 자치권은 유지되었지만, 대외관계나 토후국들 간의 분쟁에 있어서는 영국의 통제에 놓여있었다. 휴전 해안 국가들의 입지가 점점 커지게 되자 영국 행정관들과 주재관들은 사르자와 두바이를 우호집단이었던 아부다비 토후국으로 임명하였다. 더불어 페르시아만 지역의 영국 고위관리들은 이란 쪽에 기반을 둔 정무공사들이었기에 영국의 활동 중심지는 점차 바레인(시아파)으로 옮겨졌다.

페르시아만 현지에는 인도 정부 출신의 베테랑들이 계속해서 조직을 지배하였고, 바레인 정무공사와 페르시아만의 정무공사가 각각 다른 업무기능을 수행하며 공존하게 되었다.[23] 그들의 핵심 업무는 자국의 이익을 위한 일과 부족 지역 통치자들을 지원하는 것이었다.

인도와 파키스탄의 독립이 결정되던 1948년에 처음으로 UAE 지역에서 유전(油田)이 발견된다. 이로써 페르시아만은 정치적으로 더욱 민감한 지역이 되었고, 인도 정부 관점에서 UAE는 중요지역이 되었다. UAE는 사우디아라비아만큼 많은 석유를 보유하여 전체 석유 매장량의 11%를 차지하였으며, 천연가스 자원 또한 전 세계 매장량의 5%를 차지하리만큼 풍부하였다.

UAE에서 원전이 발견되자 UAE 지역의 통치자들은 1951년 '트루셜 국가회의(Trucial States Development Council)'를 창설하여 UAE 설립의 모태를 형성하게 된다.[24]

23) "UAE연방 건국과 통합의 리더십," 에미리트전략연구소(ECSSR) 저, 대외경제정책연구원(KIEP) 역, 199-222pp.

24) 금상문, "UAE(United Arab Emirates)의 정치발전과 이슬람," 중동연구, 제23권 1호, 2004-07, 09p.

2) 지역 통치자들의 독립과 연합의 결과—UAE 탄생

UAE는 1952년 영국의 주도하에 자국(自國)의 장교가 지휘하는 군대가 창설되었고, 7개 부족의 통치자로 구성된 '걸프 지역 영국보호령 연합위원회'를 설립하여 '연합국가' 건국을 시도하기에 이른다. 그러나 토후국 수장들은 석유 산출로 부유해지는 것 외에 정치적 통합을 이루는 문제에는 관심이 없었기에 무산되었다. 1953년 영국은 최소한의 재원투입과 지역 문제에 대한 최소한의 개입과 비용을 지출하며 페르시아만에서 가능한 최대한의 통제를 하고자 하였다.

이 같은 움직임은 식민지 관리자가 아니라는 사실을 망각한 것이었고, 책임 한계를 뛰어넘어 지역 문제에 개입하려는 행위였다. 또한 자신들이 고용한 영국 관리들 또한 그런 행동을 하도록 부추기기도 하였다. 그 결과 지역 통치자들과 대립하게 되었고 다양한 조약들에 정통한 지역 통치자들은 자신들의 주권 침해에 대하여 맞서기 시작하였다. 결국 페르시아만에 파견된 다수의 영국 관리들은 선입견을 갖고 현지에 부임하여 영국과 문화가 너무도 다른 아랍인들을 과거 어느 특정 단계에 고착된 미개인으로 치부하는 우를 범하였으리라 관측되고 있다.[25]

1958년 무렵부터 아부다비에서 석유 개발이 시작되었다. 1962년 알제리 독립과 더불어 유럽 제국들의 시대는 종식되었다. 하지만 영국의 잔존세력들은 정부 형태로 구체화되고 샤르자에 군사기지까지 설치하였다. 이어 1965년 아랍연맹에 UAE 문제 상임위원회 설치와 바레인과 카타르를 포함시킨 연합국을 구상하며 1966년 '연합국 헌법 제정위원회'를 발족시키게 된다.

---

25) "UAE연방 건국과 통합의 리더십," 에미리트전략연구소(ECSSR) 저, 대외경제정책연구원(KIEP) 역, 29-30pp.

1968년 영국은 자국의 보호 아래 있던 조약관계를 종식한 후 자신들이 지배하던 페르시아만 전략적 요충지인 아부무사 관할권을 샤르자에 넘겨주었고, 자국의 군대를 1971년 말까지 철수한다는 성명을 발표하였다. 이러한 시점에 아부다비 통치자 쉐이크 자이드 빈 술탄은 긴박하게 토후국 간의 유대관계를 형성하고자 2월 28일 9개 토후국의 '연합최고회의(Supreme Council of Rulers)' 결성에 대한 합의를 이끌어내는 역할을 하였다.

그 후 그들이 참석한 첫 최고 회의가 개최되었지만 상호 불신적 대립으로 원활한 교섭이 진전되지 않았다. 1970년 6월 바레인과 카타르는 연합결성 안건에 반대함으로써 독자노선을 선언하며 분리되었고, 1971년 12월 2일 영국이 정권을 이양할 즈음에서야 UAE 연방체로 알려진 토후국 연합체가 공식적으로 건국될 수 있었다.

1971년 11월 영국의 완전 철수가 이루어지면서 시기를 같이하여 이란이 페르시아만 대 · 소 툰부 섬에 전력을 배치한 후 샤르자와 라스알카이마에 호르무즈 해협 부근 아부무사 섬에 대한 영유권을 주장하며 협상을 요구해왔다.

이란이 전쟁을 불사하자 샤르자는 UAE 연합국으로 귀속되겠다는 의사를 밝히게 되고, 라스알카이마는 거부하면서 6개 부족만으로 구성된 연방국이 설립되었다. 그러나 뒤이어 1972년 2월에 라스알카이마가 연합국에 가담할 의사를 밝히며 7개국으로 규합된 연방정부가 건국된 것이다.[26]

3) 정치—제도를 통합하고 연방제 구축

UAE는 부족국가로 분류되며 동시에 정치체제와 권력구조에 있어 부족 혹은 부족주의에 기반을 두고 있는 연방 국가라는 것이 그 정체성

26) [네이버 지식백과] UAE의 역사 (두산백과, 위키미디어).

이다. 부족이란 개념은 동일한 조상을 가진 사람들의 집단을 뜻하는 것으로, 아랍의 사막에서 부족이 어려움에 처했을 때 강한 결속력의 연대의식을 지닌 집단을 가리킨다.

이 같은 부족주의의 동질성을 한반도 통일에 적용하자면 북한 내부조직과 집단의 경우 남한정부가 통일을 인정하지만 북한의 차별화나 적대시하는 문화 혹은 북한체제의 다양한 경력에 관한 몰인정하게 되는 정황이 전개된다면 다른 정치체제에서 살아온 북한 정권은 거대한 반발세력들로 탈바꿈될 수 있다는 점을 명심해야 한다. 시간이 지날수록 집단 반발과 차별화로 몰고 가는 시위대열은 더욱 과격해지는 과정을 거치게 될 것이라 예측된다.

UAE는 주변 강국들에 의한 압박과 그에 대한 도전정신으로 연합국가 체제를 갈망하던 중에 7개 부족으로 구성되었다. 이러한 부족주의 연합정신은 북한민족 내 반발집단의 구성체가 세력화될 수 있음을 암시해주는 것이기도 하다.

통일독일 정부의 사회적 통합이 100년을 간다면 반발세력의 갈등은 더 많은 시간을 필요로 할 수도 있다. 통일 후 가장 빠른 시간 내에 사회적 통합과 안정을 원한다면 정치에 대한 이념이 다른 북한체제의 안정을 속히 만들기 위한 연구가 시급한 과제라고 볼 수 있다.

2. UAE의 건국으로 본 한반도 통일체제

거의 전 세계의 해상권을 독점하였던 영국의 협력과 제국주의 세력의 압력에 의한 저항과 도전정신은 UAE를 하나의 국가체제로 만들어야 하는 동인이 되었다. UAE는 이와 같은 역사를 자국 발전에 큰 동력으로 삼았다.

1) 건국 초기의 배경과 연합

1971년 12월 2일 라스알카이마(1972년 2월 UAE에 가입)를 제외한 6개 토후국으로 구성된 UAE 연방국이 출범되며 영국으로부터 국방·외교권을 되찾을 수 있었다. 독립과 동시에 잠정 헌법을 제정하였고, 이 헌법은 연방최고회의의 의결로 1996년 5월 20일 공식 발효되었다.

초대 대통령은 아부다비의 에미르가 취임하였으나 그는 자신이 속한 지역만을 위한 번영에 국한되지 않고 전체 부족을 고려한 포용정책을 실현해 나갔다.[27] 원유 수출을 통해 얻은 막대한 물질은 국가의 현대화와 국민의 복지를 위해 사용하였고, UAE 연합이라는 이름으로 7개의 토후국을 하나로 묶어 경제적·정치적인 통일을 이끌어냈다.

이 같은 포용적 관점을 염두에 두고 한반도 통일을 바라보자면 남한과 북한의 지역 격차를 없애고 하나로 묶어내는 정치·경제 체제를 만들어가는 정책 마련이 매우 중요한 과제가 될 것이라 제시된다. 독일도 통일 후 동독의 경제 활성화 정책에 있어 서독사회와는 차별화된 정책으로서 구 동독 우대정책을 실시함으로써 통합된 정치체제를 만들어갔다.

덧붙여 UAE 연방국의 목적을 실현하기 위한 방책을 설명하자면 과거시대와 달리, 부족장이라는 명칭을 사용하질 않았고 토후국의 통치자(에미르), 즉 국왕이라는 호칭을 부르면서 현대판 연합 부족주의(tribalism)[28] 시스템을 효과적으로 유지해 나가는 사회구조를 실현했다. 이것은 부족의 독립성을 독자적으로 보존해 주는 연합정책이었다.

---

27) 엄익란, "UAE 경제 패러다임 변화에 따른 자국민과 이주민 간 관계변화 연구," 한국이슬람학회논총, 제26-3집, 한국이슬람학회, 2016, 1-24pp.

28) 일반적으로 동질적인 조상과 공통의 언어, 문화 그리고 종교를 지닌 사람들의 집단을 추구하는 이념을 가리킨다. 계급유지의 비결을 동일한 태생(birth)과 혈통(biood)을 중심으로 부의 분배가 일어난다. 정치적 통합 정도가 낮아 중앙집권화된 정치권력이 존재하지 않는 부족제를 대부분 목표로 한다.

이러한 정치적 사조는 1971년 독립 당시의 UAE 헌법(Constitution of the United Arab Emirates)에 기반을 두고 있으며 여러 정치 조직이 복잡하게 얽혀있다. UAE는 7개의 전제군주제 토후국이 연합하여 하나의 국가를 형성한 체제였기에 토후국 통치자인 셰이크(셰흐)들로 구성된 연방최고회의에서 선출된 대통령을 중심으로 최고 회의 산하에 내각을 두고 일반정책을 집행하게 된다. 그 결과 1971년 독립 당시 아부다비 군주국의 국왕을 대통령으로 선출한 이래, 지속적으로 부족 간 통치자 사이에 화합을 통한 타협이 이루어져 대통령 임기가 현재에 이르기까지 안정적으로 연장되고 있다.

연방최고회의가 국가의 최고 의사 결정기관이며 안정적인 연방을 구축하여 대통령이 의장을 겸하는 체제다. 대통령 선출 결정은 아부다비와 두바이를 포함한 5인의 토후국 수장들의 동의를 필요로 하는 구조를 구축하였다. 거부권 행사는 오직 아부다비와 두바이만이 그 권한을 나눠 가진다. 사법부는 독립적이지만 그 결정은 정치지도부에 의해 통제받고, 토후국 자체의 경찰은 있으나 아부다비 토후국과 두바이 토후국만 독립적인 내부 안보기관을 갖게 된다.

2) 독립체로 본 국방 · 외교 체제

군사 및 안보 분야에 있어 주요 비중은 아부다비 지배가문과 두바이 지배가문이 양분하는 체제를 구성하였다. 육군 47,500명을 포함한 7만 명의 병력을 보유(2017년 기준)한 UAE는 GCC(Gulf Cooperation Counci: 걸프협력기구)[29]국가 가운데 사우디에 이어 두 번째로 많은

29) 정식명칭은 걸프 아랍국 협력회의로 1981년 페르시아만의 걸프 산유국들 협력강화를 위해 설립되었다. 바레인, 쿠웨이트, 오만, 카타르, UAE연합(UAE), 사우디아라비아 반도 6개국 정상들이 아부다비에 모여 결성한 조직이다. 현재 예멘, 요르단, 모르코 세 나라가 가입을 위해 협상 중이다.

병력을 유지하게 된다.[30] 대다수의 유전지대가 이란과 인접한 걸프만에 위치하였기에 전략적 측면을 고려하여 국방력 증강과 군 현대화 작업에 치중하고 있다.

군사력 배치에 있어서도 아부다비의 '알부팔라흐' 가문과 두바이 '알부팔라사' 특정 통치가문이 우위를 차지하고 있는 구조다. 과거 부족장이던 셰이크들은 강력한 연방정부의 역할에 동의하였지만, 한편으로 부족장이 지녀왔던 부(富)의 독립권인 운용권리만은 확보하고자 노력하였다. 몇몇 부족들은 군대를 유지하는 재정에 상당한 부담을 느끼며 연방정부군 편입을 망설였다. 두바이는 20여 년이 넘도록 군에 관한 통합을 반대하며 버티기를 지속해왔다.

이처럼 외교안보와 경제기획 분야에 있어서 아부다비와 두바이의 두 개 유력부족과 통치가문이 장악하였지만, 그러면서도 각 토후국의 자원 및 지방 자치군의 운영에 있어서 자율성을 보장해 주는 정책을 펼치고 있다. 이러한 특정 가문의 지배력과 계승문화가 쉽게 사라지기를 기대하기는 좀 더 시간이 필요하다고 점철된다. UAE의 군사 통합은 실제적으로는 양대 군주제 국가인 아부다비와 두바이가 권력의 핵심을 구성하고 있는 셈이다.

UAE 연합정부는 이복형제간의 권력 및 재산 분배를 통한 안정적 왕실 운영을 통해 종신에 가까운 권력승계가 지속되는 정치체제에 머물러 있다. 그러나 각 토후국은 연방정부의 장관을 추천할 수 있으며, 치안문제와 과세에 관한 정책은 독자적인 행정을 통해 운영할 수 있다. UAE 연방정부는 단지 명목상 UAE를 대표하는 형태이며, 군주제국인 토후국 에미리들은 독자적 왕정국가로서의 행정조직을 갖추고 외교 · 군사 · 통화 · 우편 등의 연방정부 소관 이외의 업무만 관장하는 특이한 정치권력 구조를 형성하고 있다.

---

30) "2018년 UAE 개황," 외교부 발간.

3) 부족 집단의 자기세력화와 분배정책

중동의 물류 허브로 자리 잡은 UAE의 수도는 정치, 산업, 문화의 중심지 아부다비다. 그리고 간척사업을 통해 모래 위에 세운 도시 두바이는 최대 관광산업 및 상업도시로 위용을 드러내고 있다. 이 두 개의 토후국은 걸프만의 OPEC(Organization of Petroleum Exporting Countries) 산유국으로서 원유매장량을 통해 벌어들인 오일머니(oil money)는 UAE 전체 재원의 반을 차지하게 된다. 하지만 무엇보다도 UAE는 부족국가로 분류되며 정치 체계와 권력구조 또한 부족주의에 기반하고 있다. 따라서 풍부한 오일머니를 바탕으로 나머지 비산유 토후국인 5개국의 경제를 지원하는 중앙집권적인 국가 모습을 유지해오고 있다.

걸프협력회의 GCC(Gulf Cooperation Council) 지역에서 이주민 숫자가 가장 많은 나라가 UAE이다. 자국민인 에미리트인의 인구 비중은 대략 11%에 해당되고, 전체 인구의 89% 정도가 이주민들로 구성되어 있다. 인구수는 5,779,760(CIA, World Fact Book, 2015년 7월)명이며, 인종분포는 에미리트 아랍인이 19%, 그 외 아랍인과 이란인 23%, 남아시아인 50%, 유럽 이주민과 동아시아인 8%로 구성되어 있다.[31)]

소규모 원주민 비중 가운데 과다한 이주민 정책을 펼친 결과는 이주민이 자국민 수를 압도적으로 추월하게 되며 '자국민의 비주류화'를 초래하여 오히려 소수민족화되어 버린 정체성 때문에 사회적 고립감과 이질감을 맛보게 만들었다.[32)] 불합리하다고 말하지만, 이러한 배경은 석유 개발과 관련된 값싼 인력 동원을 위한 이민정책을 집권체제에서

31) 황병하, "아랍의 봄 이후 UAE의 현황과 반테러 정책에 대한 연구," 중동연구 2017년, 제36권 1호, 45p.

32) 엄익란, "UAE 경제 패러다임 변화에 따른 자국민과 이주민 간 관계변화 연구", 한국이슬람학회논총 2016, 제26-3집, 7p.

의 권력 행사로 가능해질 수 있었다고 보아야 할 것이다.

4) 자치군대와 연방군대로 구성된 통합체제

UAE 연방정부의 중앙집권이 점차 강력해지며 외부 위협에 보다 효과적으로 대처하기 위해 토후국의 병력을 통합해야 한다는 군사정책 필요성이 강하게 제기되어졌다. 연방정부 산하에 통합사령부를 두어 연방군을 운영하지만, 실제 군사 권력은 아부다비와 두바이가 양분하는 처지였고, 군사지휘권의 역할 또한 두 나라가 분담하는 실정이었다.

그럼에도 군사적 통합을 이루어가는 데 있어 토후국마다 처한 입장에 따라 긴 시간의 적응과정이 소요되었다. 두바이는 1996년까지 20여 년이 넘도록 통합사령부에 자국의 군대를 공식적으로 100% 합병시키지 않았다. 그로 인해 아부다비와 두바이 통치자들은 군사력을 반분하는 투톱(two-top) 체제로 존립되었다.

1996년 연방최고위원회를 통해 5개의 기관[33]을 만들어 정치 권력을 분할하기로 영구헌법을 승인하게 된다. 이러한 결정에 1997년 12월 두바이 통치자는 만약 연방정부에 대한 어떠한 도발이 발생할 경우, 자치국 군대는 연방 정부군과 함께 도발에 맞서 UAE를 수호한다는 헌법규정을 받아들이게 된다.

두바이 토후국은 합리적인 판단 아래 자신들의 자치군대를 통합사령부에 편입하겠다는 결정을 내렸고, 비로소 UAE의 군 통합이 이루어졌다. 비록 건국 당시부터 토후국 7명의 지도자들이 아부다비 중심의 대통령제에는 합의하였지만, 군사력만은 이상적인 구성으로 묵인해왔다고 볼 수 있다.

결국 두바이와 아부다비 두 나라의 군사 권력은 특정 세력이나

---

33) 연방최고위원회, 대통령과 부통령, 내각과 국무회의, 국회 및 연방국가위원회, 연방법원이 기관이다.

국가에 편향되지 않고 철저히 실용적 외교전략을 발휘하며 자국의 안보를 지켜나가는 실정이다.[34] 통합에 있어 이러한 사례는 개별적 지방정부군의 존재를 인정하는 규정과도 같은 것이며, 토후국의 개별적인 군사적 권한을 암묵적으로 존중해주는 정책을 펼쳐나가고 있음을 간파하게 될 것이다.

5) 경제이익을 위한 부족 간 통합정책

경제 측면에서 UAE는 강성 지지자가 많아도 독재하지 않는 대책을 마련해 나갔다. 석유와 연결되어 30년 넘게 글로벌 경제정책을 이끌어온 UAE는 2008-2009년 유가 하락과 동시에 부동산 경기 붕괴로 국제적 금융위기를 맞게 되었다. 그 결과 자국 내 정치 활동가들과 지식인들의 통치참여를 원하는 청원서명이 인터넷상에서 널리 확산되었다.

이에 연방정부는 예견되는 미래의 소요를 차단하기 위해 즉시 소외지역에 대한 투자계획과 정치개혁의 적극적 추진계획을 발표하게 된다. 연이어 자국민을 위한 투자와 관리를 비교적 안정적으로 진행하면서, 국가의 정치적 · 사회적 안정화 정책을 체계적으로 유지함으로써 자본시장의 불안요소를 불식시켜 나갔다. 그 결과 시장은 정치적 안정과 경제적 성장으로 이어지게 되었다. 결국 UAE는 자국의 이권을 위해서 일련의 정치적 헤게모니(hegemony)[35] 상황을 펼쳐나가면서 부족

---

34) 장세원, "UAE의 군사엘리트와 부족주의 관계 연구," 중동연구 2009, 제28권 2호, 74-79p.

35) 이탈리아 공산당의 창설자인 안토니오 그람시에 의해 이론적 개념이 정리된 용어로서 하나의 집단, 국가, 문화가 다른 집단, 문화를 지배하는 것으로 정치적 지배라는 함축된 의미를 갖고 있다. 다양한 사회계층의 자발적 동의를 어떻게 얻어내는지에 대한 정책을 한 계급이 힘의 위력으로서만이 아니라 제도, 관계, 조직망 속에서 자명한 것으로 받아들이게 만들어 동의를 이끌어냄으로써 자신의 지배를 유지하는 수단이다. 새로운 헤게모니를 형성하는 것만이 기존의 헤게모니를 타도할 수 있다. 그것은 더 많은 집단의 기대와 이해에 부응해야 하며, 이것은

간의 연합과 와해를 이끌어내는 지배정책을 끊임없이 이행해 나가게 된다.

6) UAE의 건국과 한반도 통일의 연관성

UAE가 이루어온 정책 효과를 한반도 통일에 접목해보자면 북한의 외교와 안보는 남한체제로 통일해야겠지만 경제체제는 북한지역의 이익과 분배에 집중한 지방 분권화가 최우선적으로 이루어져야 한다고 생각된다. 혹여 남한 경제체제 중심을 고집하게 될 경우 혼란과 격동의 장으로 만들게 될 위험성이 크다. UAE의 정책은 경제이익의 재분배와 부족의 지원체제의 반발 등을 고려하여 강력한 중앙집권적 강성정책만을 고집하며 나가지는 않았다.

사회적 안정과 통합을 목표로 했던 UAE 전반적인 정책을 거울삼아 대한민국은 우리에게 통일이라는 거대 담론에 있어 북한의 특수성과 보편성을 통일체제 안에서 북한 중심적 사고로 이해하고 수용해야 하는 부담을 인식해야 한다. 군사체제에 있어서도 한강 이북 쪽은 북한군이 관리하고 이남 지역은 한국군이 어느 시기까지는 분할 관리하지만, 서서히 통합되는 과정을 만들어가도록 해야 한다. 외교 차원에서도 일시적 정리가 아니라 두 체제의 연합적 성격을 띠고 단계적인 과정을 통하여 하나로의 체제를 만들어가야 할 것이다.

자본주의가 발달한 민주사회에서 사회혁명이 일어나는 조건과 같이 대립관계에서만 만들어질 수 있는 프롤레타리아의 지도성의 논리를 말한다.

네이버 지식백과 두산백과 (2020. 5. 25 검색).

Ⅳ. UAE의 도시 형태로 본 한반도 통일 구성체

1. 중앙집권적 모델로 본 아부다비 토후국

아부다비 토후국(아랍어: إمارة أبو ظبي)은 UAE의 수도이며, UAE에서 페르시아만을 접한 바다에서 세계 석유매장량의 1/10을 차지하는 유전이 1958년 처음 발견된 후 정치적 · 경제적 지위가 급부상하게 된 도시국가이다. UAE의 토후국 가운데 최대의 면적, 인구, 경제력을 지니고 있는 국가로 이곳의 면적은 6.7만km²로 연방 전체 8.3만km²의 대부분(약 80%)에 이르는 광활한 영토[36]가운데 걸프만과 내륙을 따라 5억 톤으로 추정되는 풍부한 석유자원이 매장되어 있으므로 연방정부의 정치와 경제를 떠받치는 주체적 국가로 인정되고 있다.

아부다비는 18세기 이후에 바니야스 부족의 한 갈래인 알부팔라 가문의 영토였다. 처음 그들은 오아시스 지역에 정착하였으나, 1761년쯤 여러 개의 우물을 발견한 후 이곳으로 이동하여 본거지로 삼고 정착을 하게 되었다. 리더 국가로서 연합국 가운데 가장 강력한 국가로 부상하였으나 20세기에 들어서며 영국의 영향권 아래 권력이 분산되며 두바이와 사르자에 그 자리를 내주게 된다. 경제는 1962년부터 석유 수출을 시작한 이래, 거의 원유와 천연가스 생산에만 의지하는 오일 경제력을 힘입고 있었다.

21세기 들어서며 아부다비 투자청을 통해 국제적인 친환경 비즈니스 허브로 만들겠다는 구상 아래 다양한 정책을 펼치고 있다. 막대한 자금을 들여 미래의 문화도시를 선점하기 위해 특색 있는 건축양식의

---

36) 아부다비 67,340㎢, 두바이 3,885㎢, 샤르자 2,590㎢, 라스 알 카이마 1,684㎢, 푸자이라 1,165㎢, 움 알 쿠와인 777㎢, 아지만 259㎢, 6개 토후국을 다 합쳐도 아부다비 면적의 20%가 안 된다.

건물들이 자리 잡고 있으며 역사적 유적지를 개발하여 문화와 예술의 도시국가로 관광사업을 유치하고 있다. 아부다비 증권거래소나 UAE 중앙은행, 아부다비 투자청, 거대 통신회사인 에티 살라트, 국영석유회사 ADNOC, 해상조업회사(ADMA-OPCO) 등 막대한 기업체들도 이곳에 자리 잡고 있다.

2. 독립적 체제로 본 두바이 토후국

두바이 토후국(아랍어: إمارة دبيّ)의 수도는 두바이이다. 토후국 가운데 아부다비에 이어 두 번째로 중요한 위치를 차지하고 있다. 두바이의 역사는 남아 있지 않고, 다만 문화사와 구전으로 전해지고 있다. 초기 주민들에 의해 석기시대 유물이 발견되었고, 이 지역의 고대 도시들은 동방과 서방세계를 잇는 중계 무역지로 알려져 있다.

5천 년 전부터 사막화되어 해안지대가 점차 내륙으로 넓어지며 현재의 해안선이 형성되었다. 옛 이슬람 도자기는 3, 4세기부터 발견되었으며 이슬람이 들어오기 전, 이 지역 사람들은 바지르(Bajir) 또는 바자(Bajar)라는 숭배사상을 지닌 부족이었다. 비잔틴과 사산(페르시안) 제국이 전성기를 이루는 시대에 대부분의 두바이 지역은 사산제국의 통치를 받았다. 이슬람이 이 지역에 전파되게 된 것도 이슬람 세계의 우마이야 왕조 칼리파가 아라비아를 침공하여 사산제국을 몰아낸 후 이루어지게 되었다.

두바이는 지리학상 이란에 가까워 중요한 무역거점 도시였다. 주로 이란에서 온 외국 상인들이 잠시 쉬기 위한 항구도시로, 상인들 대부분이 두바이에 정착하였다. 두바이에 대한 최초의 기록은 'Book of Geography'에 의해서이다. 1580년 베네치아 진주 상인 가스페오 발비가 이 지역을 다녀간 뒤, 두바이(당시 표기는 Dibei)의 진주 산업이 외부에 알려지게 되었다.

두바이가 최초로 도시로 언급된 것은 1799년이며, 이후 19세기 초 바니야스 아부팔라사 씨족집단에 의해 현재의 두바이로 세워졌다. 1820년 8월 1일 영국 정부와 "해상무역조약"을 체결했으며, 1833년 부족 불화에 의해 바니야스 부족의 알 막툼 가문이 오아시스를 거점으로 아부다비와 합의하여 먼저 정착한 아부 팔라사 씨족을 몰아내고 정착을 하게 되었다.

1892년 두바이는 도시의 지리적 위치를 이용해 각국의 상인들을 유치하기 위해 거래 과세등급을 낮추며 지속적인 노력을 해왔다. 페르시아 상인들에게 두바이가 알려지면서 이들은 페르시아만을 건너 이곳에 정착하였고, 20세기 초 중요한 항구도시로 성장하였다.

1930년대까지만 해도 천연진주를 수출하는 도시로 유명했으나 1차 세계대전을 거치면서 진주 산업은 회복할 수 없을 정도로 피해를 입었다. 또다시 1930년 대공황으로 인해 진주 산업이 무너지며 두바이는 깊은 불황에 빠졌고, 주민들은 굶어 죽거나 페르시아만 주변 지역으로 이주하게 되었다.

1) 도시 중심 공동체로 형성된 두바이

두바이의 인구는 2,106,177명으로 UAE 중 최대이며 면적은 아부다비에 이어 두 번째이다. 두바이는 대규모 도시이기에 독립된 국가로 오인되며, 경우에 따라서는 UAE 전체 대표로 "두바이"가 표기되기도 한다. 지형이 페르시아만 연안의 해수면 16m에 위치해 아라비아 사막 바로 위로 펼쳐져 있어 간척사업을 통해 매립하여 형성된 도시가 두바이다.

도시 동쪽에 소금으로 이루어진 연안 평지가 모래언덕의 남북을 이어주며 모래에서 조개껍데기와 산호를 찾아볼 수 있을 정도로 깨끗한

하얀색으로 뒤덮여 있다. 동쪽 끝으로는 산화철이 더해져 빨간색을 띠는 모래언덕이 많고, 모래사막을 지나 서쪽 하자르 산맥에는 협곡과 물웅덩이가 많다. 두바이의 지형적 특징은 자연적인 강이나 오아시스가 없다. 하지만 자연적인 작은 하천을 대형 선박이 다닐 수 있도록 깊게 준설하여, 크리크(creek)라고 불리는 운하가 도시의 북동쪽과 남서쪽을 길게 관통하도록 건설한 관광지이다.

두바이의 기후는 더운 사막기후로 여름에 매우 덥고 바람이 거세며 습하다. 평균적인 온도는 47-49°C이며, 밤의 최저기온은 15-23°C까지 내려간다. 겨울의 평균 최고온도는 31-37°C이고, 밤사이 최저기온은 6-7°C인 악조건을 지니고 있다. 날씨는 일 년 내내 맑은 편이지만 강수량은 수십 년간 매년 250mm씩 증가하기도 한다. 도시를 둘러싸고 있는 주변의 모래사막은 야생풀과 대추야자의 서식지가 되어준다. 특이하게도 석유를 좋아하는 유칼립투스 같은 수입종이 두바이의 자연공원에 자라고 있다.

2) 사회통합으로 세계적인 도시로 떠오른 두바이

인구 2백여만 명의 두바이는 2005년을 기준으로 인구 17%를 제외하고는 값싼 노동력을 제공해 주는 이주민 공동체들로 구성되었다. 인구 4분의 1은 자신의 조상을 추적해나가다 보면 이란인이 나온다고 한다. 집단 노동자 숙소에 살고 있는 16%(30여만 명)는 민족이나 국적이 확인되지 않으며, 10만 명이 넘는 영국 출신자들이 거대한 집단을 이루고 있는 거주지도 있다.

UAE의 원유매장량은 세계 5위권으로 산유 부국이다. 석유매장량의 95%는 아부다비에 집중되어 있고 나머지가 두바이에 있다. 따라서 1966년 이곳에서 유전이 발견되었을 당시부터 두바이는 석유의 부족량이 바닥을 드러낼 머지않은 미래를 대비하는 정책을 펼쳐야 했다.

그 일환으로 석유 수출에서 발생하는 오일달러를 기반으로 물류와 관광 허브로 발돋움하기 시작했다. 특히 금융위기를 경험한 후 부동산 개발 위주의 성장 정책을 아직도 펼쳐나가는 중이라 곳곳이 다양한 건축양식을 통해 질서를 이루며 빌딩을 건설하고 있다.

두바이의 유명한 대표적 명소가 830m 높이의 '부르즈 할리파(버즈 칼리파)'이다. 이 명칭은 UAE 할리파 빈 자예드 대통령의 이름을 넣어 부른 것으로 두바이 공식 건설회사는 에마르이고 건설 시공사로 삼성물산이 참여하였다. 두바이의 건설 중인 빌딩 대부분은 그 측면에 에마르라는 명칭이 담긴 대형 간판을 부착하고 있다.

두바이는 아이러니하게도 국가 설립 초기부터 아부다비와 끊임없는 다툼 관계를 벗어나지 못하며 지낸다. 1947년 두바이와 아부다비 사이에 북쪽 영토를 놓고 국경 분쟁은 내전으로 이어졌으나 영국 중재로 임시 휴전하기도 하였다. 1950년대 영국의 지역 관리사무국이 샤르자에서 두바이로 옮겨지면서 전기 공급과 전화 서비스가 시작되었고 공항도 들어왔다.

아부다비는 오랜 기간 탐사 끝에 엄청난 석유매장지를 발견했지만, 두바이는 UAE 총매장량의 5%에 해당하는 적은 양의 석유가 뒤 늦게 발견된 후 개발을 통해 1970년대에 무역으로 지속적 성장을 이루었다. 국제적인 석유회사에게 양도하여 인도, 파키스탄 등지에서 외국인 근로자가 대규모로 유입되었고, 1968년부터 1975년에는 레바논 내전으로 인한 피난민들이 대규모로 유입되며 두바이 인구가 300% 이상 급속도로 증가하게 되었다.

연방국가 UAE를 창설한 이후에도 영토분쟁이 토후국 간에 끊임없이 일어났지만 1979년 협의를 통해 분쟁을 끝내게 되었다. 1979년 제벨알리(Jebel Ali)[37] 항구가 개항되었고, 1985년 외국 기업들로부터 아무런

---

37) 제벨 알리는 페르시아만에 접한다. 두바이 시내 중심에서 남서쪽으로 35km

제한 없는 노동력 수입과 자본 수출을 원활히 하고자 JAFZA(두바이 경제자유구역청) 경제구역을 개발한다.

1990년 걸프 전쟁이 발발하게 되자 투자자들이 돈을 회수하고 거래자들의 무역 중단으로 도시 금융에 먹구름이 끼었다. 그러나 많은 거래업체들이 걸프 전쟁으로 시아파에 대한 불안에 의해 쿠웨이트와 바레인으로부터 자금을 두바이로 옮기는 상황이 일어났다. JAFZA는 걸프전의 연합국 연료를 급유하는 곳으로 이용되었으며, 2003년 이라크 침공 때도 마찬가지 역할을 하였다. 걸프 전 이후 유가가 크게 오르면서 두바이는 자유무역과 관광에 주력하여 오늘날 중동과 페르시아만 지역의 문화 중심지로 꾸준히 성장하고 세계적인 대도시로 떠오르고 있다.

3) 연방체제의 UAE와 한반도 통일 연관성

외교와 군사, 정치와 경제, 연합과 분권 등의 연방체제의 UAE는 한반도 통일에 있어 정치 · 경제정책 모티프로서 구성 체계를 삼아 볼 수 있다. 특히 북한지역의 도시 특성화 정책에 있어 지역산업화 정책과 맞물려 북한 경제의 연합을 만들어가는 초안으로 활용되길 바란다.

UAE의 현존 모습들은 한반도 통일의 배경, 동력, 조직, 운영 등의 목표와 전략을 세우는 데 있어서 중요한 자료라 볼 수 있다. 도시 중심적으로 통일화된 전략을 세운 UAE는 중앙중심의 체제인 통일과 더불어 지역 중심의 통일론을 생각하게 만드는 통합적 구조를 성공적으로 이끈 연합체이기 때문이다.

거리에 있으며, 아부다비와의 경계에 가깝다. 다음 위키백과 (2020. 8. 26 검색).

V. 나가는 말

현재 급변하는 국제정세 속에서 각 나라마다 시급한 정책은 무엇보다도 사회통합에 관한 부분이다. 체제전환 국가들의 핵심적 과제가 사회적 안정을 이루어내는 기초를 사회통합으로 보고 과거사청산을 시도하였었다. 그러나 90% 이상이 실패했고 더 이상 진전이 없는 상황이 펼쳐지고 있다. 이로써 많은 국가들이 이전의 체제로 회귀하고 있다. 이러한 배경에는 기득권을 지키려는 자와 가해자를 심판하려는 양 진영 간의 대립이 있었다. 사실상 정보와 자료를 가진 쪽에서 내어놓지 않으면 통합정책의 실패는 자명한 일이 된다.

UAE 사례는 체제전환이나 과거사청산 문제와는 별개의 주제이지만 한반도 통일에 있어 사회통합을 통한 연방제 통일에 많은 유의미한 단서를 제공해 줄 것이라 기대한다.

첫째, 지역의 독립보장과 연방제를 형성한 구조이다.

UAE 연방정부는 각 부족의 독특한 입장과 권력을 배분하였고, 경제이익 부분에서는 예외 없이 부족별로 정당한 배분을 받을 수 있도록 하였다. 아부다비 · 두바이 토후국에 치중된 대부분의 권력과 재력을 나머지 토후국들이 인정해 주었으며, 그들의 군사권과 외교권에 대한 주도적 역할도 받아들였다. 만약 두 부족이 월권을 앞세우는 형태로 부족 연합의 자체 독립권을 저해한다면 7개국 연방 최고 회의를 통해 수정과 보완할 수 있도록 보조 장치를 마련해 놓았다.

둘째, 도시 중심의 연합체로 사회통합을 이루었다.

UAE는 지리적인 부분에서 매우 열악한 지형에서 형성된 국가이다.

그럼에도 기본적 거점을 상업도시 중심의 상호 네트워크를 통해 생존하며 발전해왔다. 특히 지역의 원유자원 수익을 분배하였고 재력 있는 부족들은 UAE에서 부담해야 될 군사와 정보 영역에 더 많은 지원을 담당하였다. 또한 언제든 부족 간의 차별화가 드러나면 재력 있는 부족국가의 이해와 포기로 붕괴되지 않는 사회통합체제를 이루어냈다.

UAE가 경제 · 사회 · 문화 측면에서 부족 간의 격차를 줄이고 권위를 축소하는 정책으로 연합체를 만들어 온 점은 한반도 통일에서 유의해 보아야 할 부분이다. 한반도에 통일이 이루어지면 북한지역의 경제와 정치세력에 있어 차별화가 없어야만 사회통합이 이루어질 것이기 때문이다. 북한지역의 전문화와 특성화 정책을 통하여 남한 사회와 동등한 경제적 가치 내지는 형평성이 만들어져야만 할 것이다.

셋째, 권위주의에 익숙한 부족주의가 바탕이 되었다.

UAE의 국가 시발점은 국가와 시민사회의 분리가 이루어지지 않으면서 동시에 권위주의에 익숙한 권력구조를 통한 부족주의가 바탕이 되었다.

권위주의에 익숙한 부족주의 형태에서는 권위를 이양받은 관리주의가 우선시되는 구조였다. 만약 UAE가 민주화 방향으로 나간다고 가정해볼 때 각 국가는 부족주의를 조금씩 탈피하며 관리주의로 전환하여 시민사회와 대치되지 않고자 권위주의를 축소해 나갔다. 이러한 사회통합을 이루는 과정을 숙고한 후 미래의 한반도 통일의 근간으로 삼게 되길 기대한다.

넷째, 양보와 보완, 협력의 정책으로 사회통합을 만들어갔다.

한반도 통일에 있어 남과 북의 갈등과 대립은 UAE의 양보와 보완 그리고 협력의 정책을 모델링함으로써 사회통합의 장을 마련해 나갈 수 있다.

UAE는 부족 간의 갈등과 대립을 역할분담과 세력조정 그리고 경제이익 분배를 통하여 협력한 공동체이다. 교류와 이해, 협력의 바탕에는 끊임없이 기득권자가 양보하는 원리이다. 결핍을 호소하는 부족의 아픔을 채워 주고자 하는 풍요한 부족의 양보 실천과 사회통합의 배려정신이 밑바탕에 깔려 있었다. 이는 한반도 통일정책에 가장 중요한 기초가 되어야 할 것이다. UAE는 대다수가 이주민으로 구성된 부족들의 연합체였지만 양보하는 협력정신을 통해 화합을 이루었다. 한편으로 지금도 끊임없이 당론으로 대립하는 한국의 정치현장을 바라보며 통일을 대비하는 과제를 준비해 나가는 실상은 점점 깊어져서 고민이 될 수밖에 없다.

끝으로, 본 연구는 UAE에 대한 안내로 시작하여 한반도 통일을 연계시킨 사회통합 과정을 살펴보았다. 글의 흐름은 UAE에 대한 개략적인 소개에 해당된다. 다만 한반도 통일과 연계시켜 본 연방제적 접근과 이해 부분을 간략하게 첨가하였다.

연구의 의미는 UAE의 사회적 통합이 체제전환과 과거사청산의 핵심적 주제임을 인식하고 접근한 점이다. 아쉽지만 차후 연구과제로 UAE의 자치부족과 연방정치 사이의 세밀한 관계적 부분의 원리와 접근에 관한 부분을 남겨놓는다.

참고문헌

강병오. “독일통일이 한반도에 주는 교훈.” 동유럽 국제학술대회 기독통일 심포지엄 자료집, 2017.

금상문. “UAE(United Arab Emirates)의 정치발전과 이슬람.” 중동연구, 제23권 1호, 2004.

김정필. “이슬람 국가(IS)의 형성과 변형역사.” 한국군사학논집 72(1), 2016.

라인홀드 니버. 『도덕적 인간과 비도덕적 사회』, 이병섭 역, 서울: 현대사상사, 1972.

박영환. “폴란드 체제전환에서 본 북한선교의 방향과 과제.” 동유럽 학술대회자료집, 2017.

서동찬. “수니파와 시아파의 분쟁에 대한 정치적 이해.” Muslim-Christian Encounter 12(1), 2019.

엄익란. “UAE 경제 패러다임 변화에 따른 자국민과 이주민 간 관계변화 연구.” 한국이슬람학회논총, 제26-3집, 2016.

에미리트전략연구소(ECSSR). “UAE 연방 건국과 통합의 리더십.” 대외경제정책연구원(KIEP) 역, 2013.

외교통상부. 『2018년 UAE 개황』, 2018.

———. 『세계각국편람』, 2008.

———. 『해외동포현황』, 2007.

이성수. “이슬람의 ‘정치관’이 아랍사회에 미치는 영향.” 한국중동학회논총, 제32권 제3호, 2012.

장세원. “UAE의 군사엘리트와 부족주의 관계 연구.” 중동연구, 제28권 2호, 2009.

———. “UAE의 부족주의 연구.” 한국중동학회논총, 제27권 1호, 2006.

최락인. “이슬람 국가와의 교류 및 관광정책에 관한 연구.” *Asia-pacific Journal of Multimedia Services Convergent with Art, Humanities and Sociology*, Vol. 8, No. 4, April, 2018.

한국무역협회. 『세계무역통계』, 2007.

황병하. “아랍의 봄 이후 UAE의 현황과 반테러 정책에 대한 연구.” 「중동연구」 제36권 1호. 2017.

[네이버 지식백과] UAE [Arab Emirates, United Arab Emirates], 한국민족문화대백과, 한국학중앙연구원 (2020.6.2. 접속).

[네이버 지식백과] UAE의 역사, 두산백과, 위키미디어 (2020.6.10. 접속).

http://blog.naver.com/PostView.nhn?blogId=apectria&logNo=101487216&categoryNo=153&viewDate=¤t Page=1&listtype=0&from=postList (2020.8.13 접속: 아라비아 주변 오만 지도).

https://www.shoestring.kr/travel/md/md_14.html (2020. 8. 12. 접속: UAE 지도).

불가리아의 기독교역사와 과거사청산으로 본 북한선교*

박영환
(서울신학대학교 교수, 선교학)

I. 들어가는 글

1989년부터 1990년 사이에 동유럽의 국가들은 공산주의에서 민주주의 체제로 전환하였다. 이들은 하나같이 소련을 벗어난 자유로운 개혁과 개방정책을 표방하였다.

동독, 폴란드, 헝가리, 체코슬로바키아에 민주정부가 들어서고, 소련군은 단계적으로 그 지역에서 일부 철수하기 시작하였다.[1] 특히 15개국

* 본 연구는 한국기독교통일연구소의 연구비 지원을 받아 연구되었음.

1) 고르바초프의 민주화 개혁조치(1988)-개혁과 개방 내용은 다음과 같다.
   ① 개혁(페레스트로이카): 소련 헌법의 테두리 안에서 사회주의가 허락할 수 있는 범위의 개혁을 하려는 것(당내의 무기력, 부조리와 부패 추방, 당내의 인선과정에서 경선 실시 등).
   ② 개방(글라스노스트): 대내적으로 정부와 당의 의사결정 과정을 공개하여 국민의 심판을 받는 민주적인 공개행정, 정치범 석방, 정치 사찰의 완화 등을 하겠다는 것이다. 대외적으로는 국제적 관계에서 소련이 서방세계와 보다 더 많은 것을 개방적으로 교류하여 소련 사회주의의 전제주의적 성격을 변조시키겠다는 것이

연방[2]으로 구성된 소련은 아제르바이젠, 그루지야(현, 조지아), 아르메니아 등이 민주주의로 체제전환을 이루었고, 리투아니아는 반소 소요사태로 분리 독립을 이루었으나 여전히 소련연방 당시의 명칭을 사용하고 있다.[3]

불가리아는 EU에 가입한 다른 동유럽 국가들에 비해서 경제가 어려워 체제전환은 꿈만 꾸게 되었다.[4] 마찬가지로 주변의 루마니아와 알바니아도 과거사청산은 시도하려는 의지가 있었으나, 주변 국가에 비해 거의 이루어지지 못하였다.

본 논문은 불가리아의 기독교역사와 북한과의 관계를 통해 북한선교와 한반도 통일을 다루려고 한다.[5] 불가리아 과거사청산은 체제전환도

다. (…이러한 개방정책의 일환으로 아프가니스탄에서 소련군을 철수시켰다. https://kin.naver.com/qna/detail.nhn?d1id=11&dirId=111002&docId=59181031&qb=6rOg66W067CUIOy0iO2UhOydmCDqsJztmIHqs7wg6rCc67Cp&enc=utf8§ion=kin&rank=1&search_sort=0&spq=0 (2020년 7월 20일 접속).

2) 러시아, 우크라이나, 벨로루시, 우즈베크스탄, 투르크멘, 타지크, 아르메니아, 아제르바이잔, 카자흐, 키르기스, 그루지야, 에스토니아, 라트비아, 리투아니아, 몰도바 등(15개 공화국, 23개 자치공화국). https://kin.naver.com/qna/detail.nhn?d1id=11&dirId=111002&docId=279236726&qb=7IaM66CoIOyXsOuwqQ=&enc=utf8§io =kin&rank=1&search_sort=0&spq=0 (2020년 7월 20일 접속).

3) 소련연방에서 벗어난 국가들과 소련연방에 남아있는 국가들로 구성되나, 모든 국가들이 다 민주주의 체제전환을 만들어 냈다.

4) 동유럽이란 상징적 의미로 서유럽, 즉 자유민주주의 국가라는 의미와 대치되는 표현이다. 동유럽이란 공산진영을 전체를 가리킨다. 그러나 유럽은 남부유럽 · 북부유럽 · 중부유럽으로, 폴란드를 중심으로 북해 · 발트해 등으로 구분되기도 한다. 때에 따라서는 자국의 입장도 다르게 나타난다.

5) 김소영, "바실카 니키포로바의 회고록으로 본 6.25 전쟁 발발 직후 북한과 불가리아의 협력관계," 2012, 62-79. 원종숙, 최권진, "1950년대 북한과 불가리아 문화교류의 단면," 「교육문화연구」 제24-2호(2018): 339-358. Daniel Rupanov, "냉전 초기 사회주의 국가 간의 인민연대와 북한 원조—한국전쟁 시기 불가리아와

아직 이루지 못한 상황이라 의미를 두기는 어렵다. 이 논문을 통해 북한선교와 통일을 선이해로 생각해 볼 것이다.

그런데 불가리아의 원자료에 직접 접근할 수 없어서 한국외대 김원희 교수의 논문을 주 자료로 참고함을 밝혀 둔다.[6] 그리고 불가리아 정교회 홈페이지를 참고하였고, 모든 지도는 구글 이미지에서 가져왔다.[7]

II. 불가리아 역사와 종교적 배경[8]

기원전 15세기 고대의 캅카스(Кавка́з)[9]와 소아시아에서 건너

북한의 관계를 중심으로(Socialist Solidarity and Aid for North Korea during the Early Stages of the Cold War)," 2017, 박사 논문, 성균관대학교.

6) 김원희, "불가리아인들의 민속학적 기호와 타부,"「동유럽 발칸학」제5권 특집(2002): 499-532. "불가리아의 전통 축제와 이민족 축제에 대한 연구,"「동유럽 발칸학」제7권, 특집 기획호(2002), 387-418. "불가리아 의례문화에 나타난 정교와 민간신앙적 요소연구,"「동유럽 발칸학」제6권 특집 기획호(2002): 401-439. "불가리아어 정서법 개혁의 역사와 주요 사안에 대한 연구,"「동유럽 연구」제17권(2006): 28-49. "불가리아어의 발칸 언어적 요소에 대한 언어문화사적 특질연구,"「슬라브 연구」(2007), 1-14. "슬라브 문화 간 의사소통에 대한 일고,"「슬라브 연구」24권 2호(2008): 277-297. "불가리아 내 소수민족 문제와 정당정책,"「동유럽 발칸학」제12권 2호(2010), 177-199.

7) https://www.google.com/imghp?hl=ko (2020년 7월 20일 접속).

8) 참고: 김차규, "9세기 비잔티움의 불가리아 선교의미,"「한국서양중세사학회 연구발표회」, 62회, 2010, 27-37.

9) 캅카스 산맥: 영어로는 코카서스(Caucasus), 코카시아라고도 한다. 동쪽으로 카스피해(海), 서쪽으로 흑해와 아조프해(海)를 경계로 한 지협상(地峽狀)의 지방이다. 캅카스 산계는 카스피해 남서해안의 아프셰론 반도에서 흑해 북동해안인 쿠반강(江) 어귀까지 약 1,200㎞ 정도 뻗어 있다. 유럽에서 가장 높은 산인 엘브루스산(5,633m)를 비롯해 디흐타우산(5,204m), 슈하라산(5,068m), 코슈탄타우산(5,144m), 카스벡산(5,037m) 등이 캅카스 산계에 속해 있다. 이 산맥의 북부지방은

온 인도 유럽어족을 쓰는 종족들과 현지인들이 섞여 트라키아인(Thrāikes)으로 살고 있었다.[10] 이들은 초기에 흑해 북쪽인 마케도니아 북쪽에 자리를 잡고 그리스 문명과 교류를 하였다.

그러다 그리스와 로마의 지배를 받았지만, 동로마 초기인 457-474년에는 레오 1세 트라키안(401-474)이 황제가 되어 다스리기도 하였다. 6-7세기에 슬라브인들이 남하하여 트라키아인들과 섞여져 언어가 그리스어에서 불가리아의 원형인 고대 슬라브어로 대체되었다.

불가리아인은 서아시아 캅카스산맥 지역에서 살고 있던 튀르크계 유목민족이었다. 그 이후 볼가강 가로 이주하였고, 이 때문에 불가르족이라는 이름을 얻게 되었다. 6세기 초, 불가르 부족 중 하나였던 우티구르족의 쿠브라트가 불가르 부족을 통일한 후 현재의 우크라이나와 러시아 남부에 대불가리아를 건국하였다.[11]

프레트카프카지에, 남부지방은 자카프카지에라고 하는데, 화강암과 수정 암석으로 형성되어 있으며, 2,000여 개의 빙하가 있다. 남북의 경계는 뚜렷하지 않으나, 대개 북쪽은 러시아 연방의 마니치강(江)·쿠마강 지구대(地溝帶)를, 남쪽은 터키·이란과의 국경을 경계로 삼고 있다.
https://terms.naver.com/entry.nhn?docId=1149172&cid=40942&categoryId=34079(2020년7월25일 접속).

10) 트라키아인들은 튀르크족으로부터 유래한다. 튀르크족은 돌궐에서 출발되어 중앙아시아를 거쳐 동유럽까지 차지하는 거대한 제국이었다. 9세기 아바스 왕조의 친위대에서 10세기 초반 카라한 왕조를 구성하고, 셀주크 제국(1040-1157)은 아바스 왕조의 수도 바그다드를 점령 후, 부와이 왕조(이란계 시아파)를 점령 후, 술탄의 칭호를 받고 제국을 건설한다. 이때 십자군 전쟁이 계속된다. 1299년 몽골의 공격으로 아바스 왕조는 무너지고, 티무르 제국(징기스칸)은 1508년 우즈베크인들에게 멸망당함. 이때 이란에서는 페르시아를 전승한 사파비 왕조(1501-1736)가 등장한다. 오스만은 셀주크 튀르크를 무너뜨리고 오스만 제국을 건설한다(1299-1922). 오스만은 터키로 남았다.
https://blog.naver.com/snsd4859/221974295733(2020. 7. 25. 접속).

11) https://namu.wiki/w/%EB%B6%88%EA%B0%80%EB%A6%AC%EC%95%84/%EC%97%AD%EC% 82%AC(2020년 5월 28일 접속).

그러나 대불가리아는 오래가지 못하였다. 쿠브라트의 아들 바트바얀이 하자르인에게 패배하여 멸망되었다. 쿠브라트의 잔당들 중 코트라그의 무리는 볼가강과 카마강이 합류하는 지점으로 도망쳤는데, 이들은 볼가 불가르인에 동화되었다. 그리고 아스파루흐(А с п а р у х)는 현재 불가리아 지방으로 도망쳐 와서 토착민으로 살고 있던 트라키아 슬라브인들에게 동화되었다. 나머지 잔당들은 바이에른, 이탈리아 등지로 패주하였으나 독립적인 국가를 건국하지 못하였다. 이들 불가르인들은 점차 주변 민족에 동화되어 사라진 것으로 보인다.

1. 불가리아의 역사

1) 불가리아의 건국과 역사

불가르 칸국(汗國)은 681년 건국되어 1018년에 멸망하기까지 헝가리와 루마니아 일대를 차지한 대제국이었다. 그들은 동로마제국을 위협하였고 조공도 받아냈다. 도나우강 가에 건설된 불가르 칸국은 초기에는 탱그리(Kahn Tengri: 해발 7,010m) 신앙을 가지고 있었는데, 탱그리즘은 맹금류가 심볼이었다. 그 외에 애니미즘, 토테이즘, 샤머니즘도 혼재해 있었다.[12)]

---

12) 탱그리즘은 중앙아시아와 동북아시아의 유목민족들에게 존재하던 천신(天神) 신앙이다. 주로 훈족, 몽골, 튀르크 등 중앙아시아계 유목민족이 믿었다고 추정된다. 주신인 하늘의 탱그리, 땅의 에제가 존재하는 등 기본적으로는 다신교 신앙이다. 텝 탱그리라는 종교적 지도자가 있으며, 칭기즈 칸 대에 몽골제국의 형성에 프로파간다적 역할을 톡톡히 해냈다고 한다. 몽골제국의 부흥과 함께 급속도로 세력이 커지는 몽골의 영향을 받아 세계적인 제국의 교황이 될 뻔했으나, 텝 탱그리가 칭기즈 칸을 우습게 본 끝에 처형당하면서 탱그리즘은 사실상 몰락하게 된다. 그나마 남아있던 탱그리즘도 이슬람의 확장과 티베트 불교의 전파로 인해 서서히 자취를 감추게 된다.

지역에 따라서는 탱그리가 유일신이 아닌 여러 위상을 지닌 다신교적인 특징을

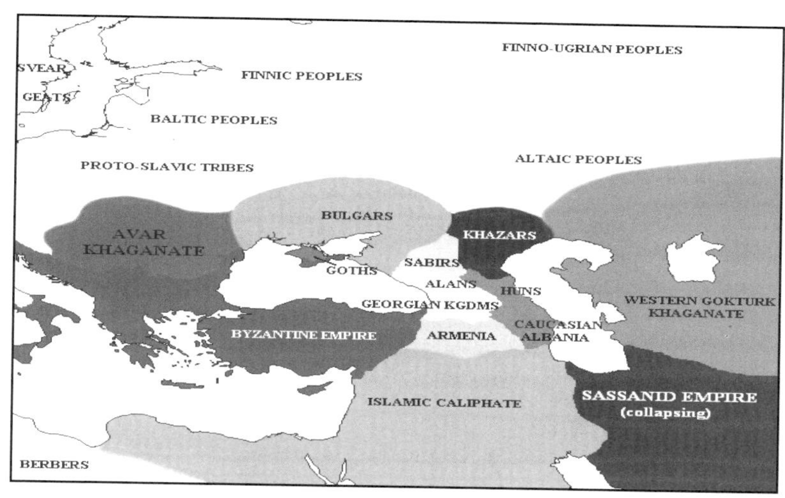

불가리아 주변의 인종 분포도13)

다양한 인종과 다양한 신앙공동체로 발전한 불가르족은 중앙아시아에서 기원한 반유목민족으로, 2세기경 캅카스 북쪽의 스텝 지방과 볼가강 연안에서 유럽으로 이주한 민족을 말한다. 이들은 비잔티움 제국과 경쟁하며 현재의 불가리아에 정착하였고, 불가리아인의 원형으로 여겨진다.

가지고 있다. 예를 들어 중앙아시아에서는 최고 천신인 호르무스타 탱그리가 아흔아홉 탱그리의 수장으로 일컬어진다. 이 호르무스타 탱그리는 페르시아의 영향을 받아 16세기에 새로 생겨난 개념의 탱그리로, 이전에는 탱그리 자체가 단수로 유일신과 비슷한 위상이었을지도 모른다. 탱그리 신앙이라는 게 국가적으로 왕이 제사를 지낸 신앙이었는지 백성들이 믿은 민간신앙인지는 불분명하고 아직 존재나 이름을 알 수 없는 다신교이므로 기독교, 불교와 같은 종교로 봐야 할지는 이견이 많다.

https://external/tengrism.wikispaces.com/logo.gif (2020년 5월 28일).

13) https://upload.wikimedia.org/wikipedia/commons/d/d5/Pontic_steppe_region_aroun_650AD. png (2020년 7월 25일 접속).

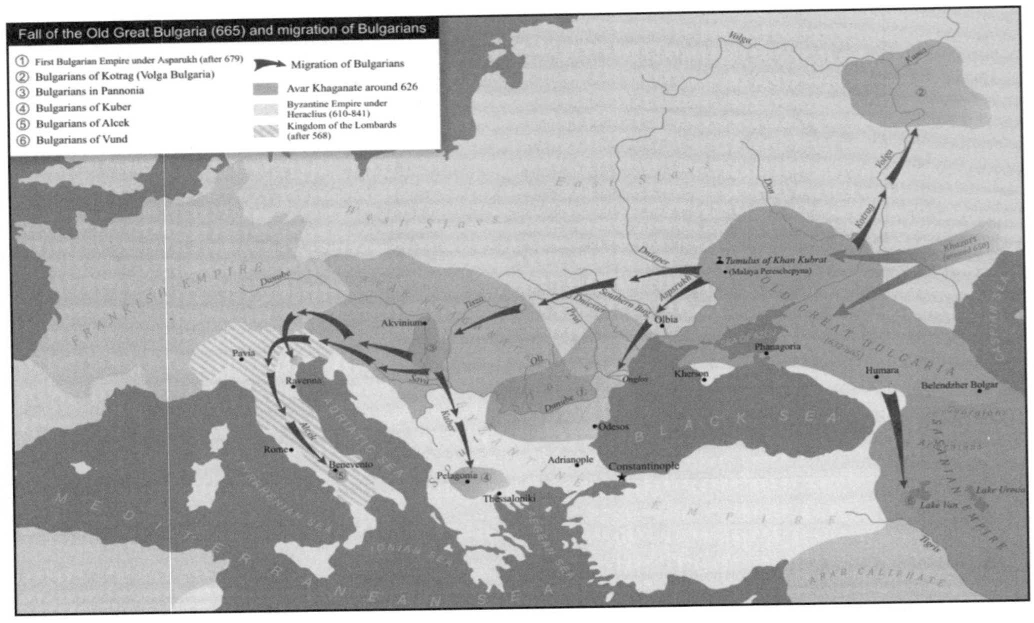

불가리아인들의 이동 경로와 정착

2) 불가리아 제1제국

서로마제국인 프랑크 왕국과 가깝게 지내는 불가리아의 칸인 보리스 1세(852-889년 재위)에 대항하기 위하여 모라비아 왕국에서 동로마제국에 정교회 선교사 파송을 요청하였다. 양 진영에 끼여 고민하던 보리스 1세는 동로마제국 콘스탄티노플로 불려가서 863년에 정교회를 수용하고, 871년에 개종하였다.

이때 키릴로스(827-869)와 메토디우스가 모라비아 왕국(체코 모라바 지역)으로 건너왔다. 선교사며 언어학자였던 키릴로스는 그리스 데살로니카 해군 제독의 차남으로, 형인 메토디우스와 함께 모라비아 왕국의 슬라브족에게 선교하였고, 글라골 문자를 만들어주었다. 이후 글라골 문자는 메토디오스의 제자들에 의해 불가리아 제1 제국의 키릴문자로 변형되었다.[14] 불가리아 제1 제국은 강력한 제국으로 성장하였다.

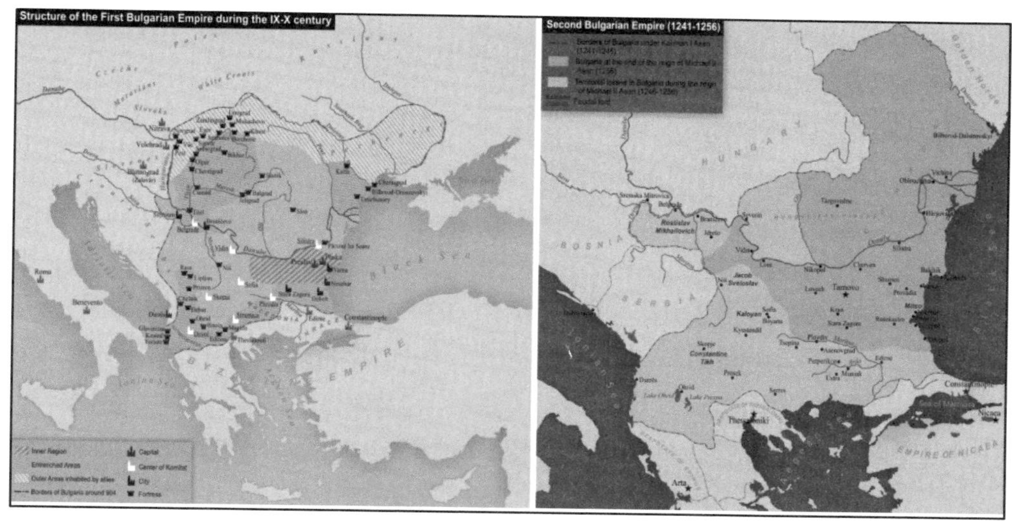

불가리아 제1, 제2 제국 시대의 지도

3) 불가리아 제2 제국

1185년 불가리아는 제2 제국(1185-1396)을 건설하여 알바니아까지 점령하였다. 이 시기에 로마제국으로부터 교회의 독립과 총대주교 자리를 받아내기도 하였다. 하지만 제3 제국은 이반 알렉산드로의 뒤를 이은 이반 시슈만이 형 이반 슈랏시마와의 갈등으로 터르노보 왕국, 비딘 왕국, 도브루자 공국으로 삼분열되어 오스만 제국에 점령당하였다.

그 후 500여 년 뒤인 1877년 오스만 제국이 러시아-튀르크 전쟁에서

14) https://namu.wiki/w/%ED%82%A4%EB%A6%B4%EB%A1%9C%EC%8A%A4 (2020년 5월 28일).

패하자, 이듬해 3월 3일에 불가리아 자치공화국이 성립되었다. 작센 공가의 페르디난트가 최고지도자가 되었을 때 가톨릭에서 다시 정교회로 개종하였다(1896).

불가리아는 오스만 제국의 자치령 때인 1908년에 불가리아 왕국으로 독립하였지만, 1918년 1차 세계대전에 동맹군으로 가담하여 패배하였다. 1941년 히틀러의 강요로 2차 세계대전에 참여하였고, 1944년 소련의 침공으로 공산국가가 되었다.

4) 소련의 지배와 위성국가

불가리아 왕국은 1946년 9월에 왕정이 폐지되었고, 소련의 위성국가(불가리아인민공화국)로 전락되었다. 초기 공산주의자 게오르기 디미트로프(1882-1949)는 소련에서 치료 도중에 사망하였고, 1954년부터 1989년까지 지프코프가 장기집권을 하였다.

소련은 사회주의 국제 분업의 일환으로 국가마다 사업영역을 결정해주었고, 그것에 집중하는 정책을 폈다. 헝가리와 체코 · 폴란드 · 동독은 중화학공업을, 헝가리는 경공업을, 불가리아는 농업 중심의 경제구조를 이어갔다. 그로 인해 불가리아는 지금도 먹는 것은 풍족한 편이다. 1989년 지프코프가 몰락하고 페타르 물라 데노프가 집권하면서 다당제가 도입되었다. 불가리아 공산당은 사회당으로 당명을 변경하였다.

5) 독립과 체제전환 및 민주화

불가리아는 1980년대에 외채문제로 경기침체가 계속 진행되면서 불가리아 내의 공산당에 대한 비판여론이 거세져서 1989년에 주변국들과 함께 민주화되었다. 민주전선연합(SDS)이 여당이 되었으나 2014년 현재는 분열로 '강한 불가리아를 위한 민주주의당(DBS, 2009년 당시 청색연합의 일원)'과 함께 의석 0석 상태가 되었다.

민주화 이후 1946년에 공산주의 혁명으로 왕위에서 쫓겨나 스페인에서 망명생활을 했던 시메온 2세가 귀국하여 2001년에 정치를 시작하면서 '시메온 2세 국민운동연합'이라는 정당을 조직하였다. 그는 선거에서 승리해 권좌에 복귀하였다. 이후 그는 4년간 총리를 지내고 '시메온 2세 국민운동연합(키릴 약자로 НДСВ, 영어식 표기는 NDSI; New Democracy Simeon II)'의 당수를 맡고 있다가 최근 물러났다.

이 당은 2007년에는 이름이 '안정과 진보를 위한 국민운동연합(National Movement for Stability and Progress)'으로 변경되었고, 이후에도 몇 번 더 바뀌었다. 2001년 선거에서 큰 승리를 거두었으나 신자유주의 도입과 유럽연합 가입(2007년)을 통한 경제 성과에도 불구하고, 2005년 선거에서 지지율이 절반으로 떨어져서 여당 자리를 내주었고, 2009년 선거에서는 참패(3%)하여 지금은 의석이 하나도 없는 상황이다. 2013년엔 1.9%의 지지율을 받았다.

2014년에 제1당은 2009년에 승리를 거둔 보리코 보리소프 전 총리의 우파인 '불가리아 유럽발전시민당(GERB)'이다. 시메온 국민운동연합에 참여했던 보리소프 전 소피아 시장과 시민 사회인사들이 2007년에 창당한 신생당이었다. 그러나 민영화와 자금세탁, 범죄조직 연루의 불명예로 의석을 많이 잃어 결국 과반 달성에 실패하였다. 현재 신임 총리는 좌파가 옹립한 무소속 인물이다. 그럼에도 불가리아 민주화 이후 1당은 여전히 유럽발전시민당이다.

불가리아의 다른 주요 정당은 '불가리아 사회당(Bulgarian Socialist Party)'으로 1990년 기존 공산당(구"조국전선"의 일부)이 마르크스-레닌주의를 포기하면서 후신으로 창당된 당이다. 1990-1991년과 1994-1997년, 2005-2009년에 집권하였다. 2013년 5월 총선으로 지지도는 많이 올랐으나 아직도 제2당(44 → 84명)이다.

구여당의 조각 거부로 연정을 주도하기도 하였다. 그 외 연정에 참여한 터키계 소수민족 정당인 사민주의-자유화 계열의 '정의와 자유 운동', 극단적 정교회 민족주의 정당인 공격당(ATAKA)이 원내 정당이다. 극우정당 불가리아구국국민전선도 문턱 4%에 근접한 3.7%의 득표를 올렸다.

2013년 2월, 불가리아에서는 공기업 민영화로 인한 전기요금 인상 등으로 대규모 시위와 유혈사태가 발생하였다. 이후 정부는 총리와 내각이 총사퇴하며 국민에게 사죄하였고, 선거에서도 의석(117 → 97명)이 크게 줄어들었다. 그러나 불가리아의 새 사회당-민주당 연정 정권 역시 정확히 과반인 120석의 의석(84+36)이었지만 조기 총선 요구와 반대시위에 부딪혔다. 2019년에는 불가리아의 반부패 위원장이 아파트 스캔들에 휘말려 사퇴하는 일이 발생하였다.

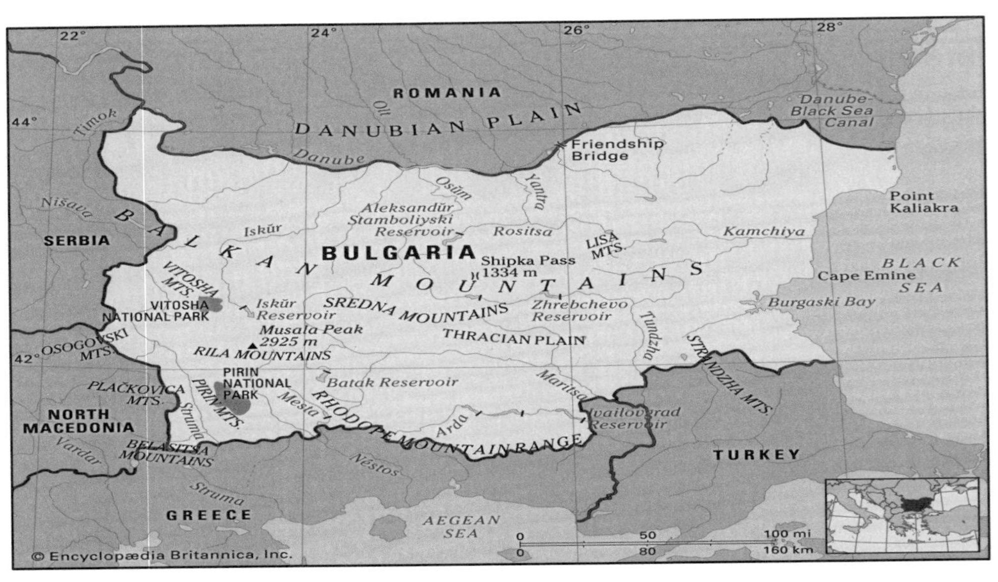

불가리아 현재 지도

2. 정교회의 바탕이 된 민족신앙[15)]

불가리아는 발칸 반도의 중요한 위치에 있어서 다민족, 다국가와의 교류를 통해 고대 트라키아 문화, 고대 슬라브 문화, 발칸지역 이슬람 문화를 포함하고 있다. 그러므로 불가리아에서는 다양한 전통신앙과 축제가 종교적 특성과 함께 두 종류의 축제로 형성되었다. 그것은 바로 전통 축제와 이민족 축제이다.

불가리아의 전통신앙과 축제는 불가리아 문화 형성의 "구심력"으로, 전통 축제는 "원심력"으로 작용하였다.[16)] 특히 터키계 이슬람교도들의 문화와 집시문화는 이민족 축제로 독특한 문화적 특성이 있다.[17)] 그럼에도 다양한 문화들이 하나의 불가리아 연대 신앙에 통합되어 있다. 민속신앙으로 형성된 축제는 의례에 따라 정교회 의식을 드러내기도 하였다.

1) 민족의 연대감이 바탕이 된 민간신앙

현대 불가리아 축제는 고대 또는 전통사회의 민족신앙적 종교를

---

15) 김원희, "불가리아의 전통 축제와 이민족 축제에 대한 연구,"「동유럽 발칸학」 제7권 특집(2005): 387-418.

16) Ibid., 388.

17) 최초의 집시 출신지는 보통 인도라고 하고, 인도 카스트의 신분이 낮은 계층에서 집시가 생겼다고 하나, 이것도 정설(定說)은 아니다. 그러나 적어도 각지를 떠돌기 이전의 직접적 고향은 히말라야산맥에 이어지는 산록이나 평야일 것으로 보고 있다. 집시의 역사는 9세기경으로 거슬러 올라가 찾아볼 수 있는데, 페르시아어나 아르메니아어와 집시어를 비교하면 집시어가 소아시아에서 발칸 여러 나라를 거쳐 도나우강을 넘어 서쪽으로 이동한 과정을 알 수 있다. 14~15세기에 걸쳐 이미 유럽 각지에 집시가 나타났는데, 이때부터 급속히 유럽 각지에 흘러들어간 것으로 보인다. 집시문화는 14세기 전후에 불가리아로 이주하였다. https://terms.naver.com/entry.nhn?docId=1145182&cid=40942&categoryId=31642 (2020년 6월 12일).

중요한 토대로 형성되었다. 축제란 'Festival'로 '거룩한 날'이란 'Festivalis'라는 라틴어에서 유래되었다. 즉, 대부분의 종교의식에서 축제가 시작되었음을 의미한다.

종교란 'Religion'으로 라틴어 'Relegare'이다. 신과 인간을 연결시키는, 다시 말해 신과 인간이 소통한다는 뜻이다. 이때 인간은 신으로부터 절대적 능력과 모든 세상의 정의와 명분을 넘어서는 거룩한 존재로 거듭난다.

불가리아는 로마제국의 영향으로 전통적인 종교 성격을 바탕으로 형성된 로마가톨릭과 정교회를 가지고 있다. 물론 863년 이전에 로마가톨릭으로, 그 후에는 정교회가 삶의 바탕이 되었다. 민간신앙 축제는 17개나 된다. 정교회 축제 5개, 사회변혁으로 나타난 축제 8개, 그리고 민속 축제가 4개이다.[18] 이 축제들은 민족의 연대감으로 인하여 민족신앙으로 형성되었다.

① 1월 8일 민속 축제

이날은 무병장수를 선포하는 축제이고, 할머니의 날이기도 하다. 예수 탄생과 연계된 산파 격인 할머니들이 무병장수를 하얗고 붉은 실과 비단실로 남자아이와 여자아이에게 무병장수를 선포해 준다. 또한 신생아가 있는 어머니들이 주로 할머니를 방문하고, 선물로 수건,

---

18) ① 정교회 축제: 4월 14-15일: 부활절, 2월 1일: 포도의 날 축제, 5월 6일: 게오르기요프의 날, 12월 6일: 니쿨의 날, 12월 24-26일: 크리스마스 축제일, ② 사회변화의 축제: 3월 3일: 독립기념일, 3월 8일: 세계여성의 날, 5월 1일: 세계노동자 연대의 날, 5월 24일: 불가리아 교육, 문화와 문자의 날, 6월 1일: 세계아동의 날, 6월 2일: 독립투사 보테프와 순국선열의 날, 11월 1일: 불가리아 독립 유공자의 날, 12월 8일: 불가리아 학생의 날, ③ 민속 축제: 1월 1일: 새해, 1월 8일: 할머니의 날, 3월 1일: 마테니짜와 바바 마르타, 6월 초순: 장미 축제.
김원희, "불가리아의 전통 축제와 이민족 축제에 대한 연구,"「동유럽 발칸학」 제7권 특집(2005): 393-394.

비누, 빵, 치즈, 포도, 와인, 라끼야[19] 등을 전한다. 이때 할머니는 여인들의 치마 밑으로 여러 종류의 약초를 뿌리고 무병장수의 축복을 한다. 이날은 순수한 여인들의 축제일이라, 남자들은 집에서 나오지 않는다. 만일 여인들의 눈에 보이면 옷 벗김을 당하는데, 벌칙을 면하려면 여인들에게 커피와 빵 그리고 음식 대접 등으로 벗어날 수 있다.

② 2월 1일 농업의 풍년을 기리는 정교회 축제

이날은 포도의 날(일명 트리포노프의 날)이다. 포도와 포도밭의 수호자이며 치유자인 트리폰(Trifon)을 기념하는 축제이다. 포도는 불가리아 농업의 주 생산물로, 풍년을 기약하며 치르는 의식이다. 동쪽을 보고 서서 기도한 후에 포도나무 줄기 3개를 골라 세 가지를 자르고 그 위에 포도주를 붓는다. 이때 "포도주 방울이 흐르는 만큼 많은 포도가 열리게 하소서"라고 말한다. 그리고 정화수를 밭에 뿌림으로써 우박을 막아달라는 의식을 치른다. 공동식사 후에는 포도왕을 뽑고, 포도왕은 손님들을 집으로 초대하여 잔치를 연다. 집단 연대의식과 풍년을 신에게 기원하는 축제이다.

③ 3월 1일 민속 축제

흰색과 붉은색으로 만든 매듭인 마테니짜를 손목, 가슴 그리고 머리에 다는 전통 축제이다. 액운을 막고 행복을 기대하는 봄의 축제이다. 또 아름다운 수녀인 바바 마르타의 죽음을 기리는 축제이고, 일명 수난자의 기념일이라고 한다. 마테니짜를 나무에 걸어두어 액운을 막기도 하고, 돌 밑에 두고 그 밑에 생긴 벌레를 보면서 점을 보기도 한다.

---

19) 라끼야는 불가리아 독한 전통 술. 러시아의 보드카처럼 40-60% 도수를 가지고 있다. 과일(포도, 자두 등)을 발효하여 만든 것으로 식전에 마신다. https://blog.naver.com/eckedu/221658144524 (2020년 7월 30일).

④ 3월 3일 사회변혁의 축제

1878년 3월 3일은 이스탄불 근교의 산스테파노에서 평화조약이 체결되어 오스만 제국으로부터 독립한 날이다. 동시에 1878-1879년에 있었던 러시아와 터키 사이의 전쟁이 끝난 날이 3월 3일이다. 1944년 9월 9일을 사회주의 혁명 이후 독립기념일로 하다가 1990년 소련연방으로부터 독립된 후에 3월 3일을 다시 독립기념일로 변경하였다.

⑤ 3월 8일 사회변혁의 축제

이날은 여성을 위한 날이요 어머니의 날이다. 세계 여성의 날은 1944년 사회주의 혁명 이후 본격적으로 기념하다가, 1960년에 보다 광범위하게 여성들로부터 사랑받기 시작하였다.

⑥ 5월 1일 사회변혁의 축제

순교자 예레미야의 축일과 세계 노동자의 날인 5월 1일은 1889년부터 가장 큰 축제로 자리 잡았다. 이날은 노동자와 시민 연대의 축제일이다.

⑦ 5월 6일 정교회 축제, 목축의 다산 축제

이날은 게오르기요프의 날이기도 하다. 게오르기요프는 양치기와 목축의 수호신이다. 그 해에 첫 태어난 숫양을 집 앞이나 마을 광장에서 혹은 포도밭에서 잡는 것으로 시작된다. 음식을 만들어 나누어 먹으며 마을 공동연대를 모색한다.

⑧ 5월 11일 사회변혁의 축제

이날은 불가리아 계몽과 문화 및 슬라브 문자의 날이다. 슬라브 국가들에서 기념하는 성 끼릴과 메토디 형제의 기념일이기도 하다. 끼릴은 869년 2월 14일, 메토디는 885년 4월 6일에 승천하였다고 전해진다. 5월 1일은 부활절 축제기간을 고려하여 결정된 날이다. 정교회에서도 이들의 모라비아 선교 100주년(1863년)을 맞아 지금까지 성명서를 발표하고 있다.

또한 이날은 성이 끼릴(Cyril), 끼릴까(Cyrilka), 메토디(Metodij) 혹은 메토드카(Metodka) 등인 불가리아 사람들이 자신을 위한 축제일로 여기기도 한다.

⑨ 5월 24일 사회변혁의 축제

이날은 스승의 날처럼 불가리아 교사, 교수, 학생 그리고 연구 분야 및 예술계에 종사하는 모든 사람을 위한 불가리아 계몽과 문화 슬라브 문자의 날이다. 이날 불가리아 국립도서관 앞에 있는 끼릴과 메토디의 두 사람의 동상에는 하루 종일 헌화가 이어지고, 두 사람을 향한 노래가 울려 퍼진다. 특히 시인 스토얀 미하일롭스키(Stojan Mihailovski)가 1892년에 작사하고, 1901년 로브찬코(Lovchanko) 초등학교 학생인 삐프코프(Pipkov)에 의해 작곡된 후 모든 불가리아 초등학교에서 교가로 사용되고 있다.

⑩ 6월 1일 사회변혁의 축제

이날은 어린이의 날로, 1925년에 소피아의 소아과 의사 스토얀 바테프와 디미티르키로프에 의해 최초로 제안되었다. 부활절 두 번째 주일에 시작된 평화의 축일과 연계되어 매년 기념일이 변동되는 것에서 벗어나 세계 아동의 날인 6월 1일로 고정하였다.

⑪ 6월 2일 사회변혁의 축제

이날은 독립운동가 보테프와 순국선열의 날이다. 불가리아 최고 독립운동가이며 시인인 흐리스토 보테프가 발칸의 최고봉인 카마라타에서 처형을 당한 날이다.

⑫ 6월 초 민속 축제

불가리아 중부지역인 카잔락과 카롤로보시에서 행해지는 장미축제는 5월의 마지막 일요일부터 6월 첫째 일요일까지 8일간 지속된다. 장미꽃의 수확 시기에 따라 축제일이 정해진다. 장미 따기, 장미 아가씨 선발대회, 장미유 추출 시연, 전통민요 및 '그게리(Kukeri)' 춤[20] 공연 등이 있다.

⑬ 12월 6일 정교회 축제

바다, 선원, 배 그리고 어부의 수호자인 성 니콜라이를 기념하는 날이다. 불가리아는 한 면만 내륙해인 흑해와 접해 있다. 신화와 종교가 혼재된 이 전통민속의 날을 신성시 여겨 세례 시 물속에 들어가야 하고, 1년에 한 번이라도 생선을 꼭 먹게 하였다. 이날은 잉어를 주로 먹는데 문화적으로는 행운, 은근과 끈기 등을 상징하였다. 생선을 다룰 때도 비늘이 땅에 떨어지면 안 된다고 여겼다. 이것은 물을 어부로, 어부는 사람을 낚는 목자의 개념을 도입하여 신성하게 여겼기 때문이다. 그래서 특히 여성과 관련하여 잉태나 임신을 의미하는 잉어를 겨울 초입에 먹는 것은 사회학적 의미가 담겨있다.

정리하면, 불가리아 민속 축제는 길흉화복을 추구하는 사람들의 공통된 마음을 민속신앙으로 드러냈고, 그것을 바탕으로 민족을 지키려는 연대의식 속에서 시작되었다. 정교회의 전통이 비교적 완벽하게 나타나고 있지는 않으나, 오히려 민간전승이나 관습이 러시아 · 체코 · 폴란드 등 다른 슬라브 국가들보다 민중의 생활양식과 문화가 더

20) 악마를 물리치는 불가리아 전통춤이다.

포함되어 있다.

그 이유는 초기 기독교 수용에서 나오는 민족교회와 동로마제국의 영향에서 벗어나려는 불가리아 고유의 정교회 전통과 문화를 이루려는 노력에서 유래되었다고 볼 수 있다. 또한 대부분의 불가리아 민속신앙이 정교회와 첫머리 혹은 끝머리에 연계되어 있음은 모든 민속신앙을 정교회 신앙으로 귀결하려는 신앙적 특징이기도 하다.

2) 민속신앙과 정교회[21]

불가리아의 민속신앙은 3종류로 나뉜다. 장례를 하는 분리의례, 결혼식에서의 통합의례, 임신 · · 약혼식 · 입사식에서의 전이의례이다. 이러한 3가지 의례들을 통해 불가리아의 민속신앙과 문화를 찾아보고자 한다(슬라브 민족과 문화, 원시 불가리아 민족과 문화, 트라키아 민족과 문화).

민속신앙은 민간신앙에서 유래하고 종교적인데 특히 자연종교적이라 할 수 있다. 그런 점에서 출생, 결혼 그리고 장례 과정을 통해 정교회와의 관계성을 찾을 것이다. 출산은 보호와 미래의 축복, 결혼은 다산과 풍성함의 행복, 장례는 정교회 신앙과 아주 밀접해 있기 때문이다.

① 출산: 성모로부터 은혜와 은총으로 출생

출산은 성모가 아이를 받아낸다고 믿으며, 신생아는 10일이 지나면 세례를 받는다. 세례를 받음으로 신이 아이를 책임져 주는 의식이라고 인식하는 것이다. 출산 후 40일이 되는 날 사제로부터 정화 기도를 받은 후에 외출과 외부방문을 자유롭게 한다. 40일 동안은 민속적 행동으로 아이와 산모의 건강과 안정에 집중한다. 이때 세상에서 나쁘

---

21) 참조: 김원희, "불가리아 의례 문화에 나타난 정교와 민간신앙적 요소 연구," 「동유럽 발칸학」 제6권, 특집 기획호(2002): 401-439.

고 좋지 않다는 것들은 보지도 만지지도 가까이하지도 않고 오직 신성한 것들에 집중하도록 한다.

특히 출산 3-7일이 지나면 악귀 추방 혹은 접근을 막는 예식을 진행한다. 이때 빗자루(쓸어버림), 낫과 파(눈을 아프게 함) 혹은 마늘, 부지깽이, 솜뭉치(악을 통과하지 못하게 함), 그물, 빨랫방망이, 도끼, 칼 등을 둔다. 불에 소나 염소의 뿔, 타르 등을 태우거나 성수를 뿌리기도 한다.

결과적으로 아이와 산모의 건강을 민간신앙으로 의례를 행하면서 800년 이후 형성된 정교회 의식의 신앙의례로 정리해 나갔다.

② 결혼: 다산과 풍성함의 행복, 건강을 기원

동성동본과 손위 연령의 형제와 자매가 먼저 결혼하려는 의식이 있다. 함 팔기와 유사한 일들이 일어난다. 신부가 집을 떠나면 친정어머니는 길에 물을 뿌리고 "모든 일이 순조롭기를…"이라고 외침으로써 새 가정의 형통함을 기원한다. 결혼식에서 빵에 꿀과 소금을 각각 찍어서 시어머니와 며느리 그리고 아들에게 준다. 꿀은 달콤함, 소금은 정화의 기능 혹은 짠 것으로 결혼 생활을 설명하려고 하였다.

결혼식은 집과 교회에서 치른다. 결혼은 괴로움에서 출발하여 희열과 기쁨, 미래에 대한 기대로 이어지는 예식이다. 정교회 결혼은 사제의 기도와 축복이 있어야 성립된다. 특별한 민간신앙과 정교회의 연관성이 자연스럽게 이어져 있는 것이다.

③ 장례: 원시공동체의 전통이 바탕

일반적으로 불가리아 사람들은 집안의 사물을 통해 죽음을 인지하고,[22] 임종 때 고통스러워하면 세상에서 지은 죄가 많았다고 본다.

---

22) 시계가 멈춤, 램프가 꺼짐, 문이 스스로 열림, 갑자기 무언가가 깨짐, 잘라지는

임종 때는 촛불을 켜고 문을 열어 놓는다. 혹 부정한 일로 죽은 자가 흡혈귀나 귀신이 되어 달아나지 못하도록 그물로 묶어 두기도 한다.

시신은 하얀 천으로 싸고 정교회 사제가 그 위에 망자의 이름을 적고, 다리에는 두 개의 뼈 모양을 그려놓는다. 영혼이 존재한다는 정교회의 믿음을 근거로 임종 중에는 정숙하기, 시신 목욕시키기, 옷 갈아입히기, 무덤에 좋아하던 물건 넣기, 망자를 위한 음식을 준비한다.

또한 "죽었다," "숨이 끊어졌다"라는 표현은 하지 않는다. 영혼이 쉽게 빠져나가기 위한 도움을 주고, 영혼이 돌아오는 것을 막는 행위 및 기구 그리고 향, 십자가, 마늘, 가시, 그릇 깨기 등으로 소음을 낸다. 찐 밀을 음식으로 사용하거나, 망자를 씌울 천을 불이나 돌로 자르고, 칼로 빵 자르기 금지, 여자 무덤에는 십자가를 세우지 않는다.

정리하면, 고대 불가리아, 트라키아, 슬라브의 전통에 유래한 민간신앙적 전통은 '3'이라는 정교회 삼위일체 전통과 일치된다. 또한 세 명의 여인, 세 번째 여인이 중요하고, 생후 3일이 중요하다.

출산은 성모의 역할이 중요하다. 아이를 받아내는 산파 역할을 한다고 여기기 때문이다. 결혼 장소는 교회를 떠나서 결혼식장으로 변해가고 있지만, 여전히 정교회의 기도 부문은 빠지지 않고 있다. 즉, 함놀이, 피로연에서 시어머니와 며느리가 서로 빵 나누기, 증인들의 역할과 기원은 전통적인 요소로 여전히 존재한다. 장례는 정교회 이념을 따라 이루어지고 있다. 전통의 현대적 변화에도 불구하고 불가리아 원시공동체의 전통도 잘 유지되고 있다.

소리나 금가는 현상 등.

김원희, "불가리아 의례 문화에 나타난 정교와 민간신앙적 요소 연구," 「동유럽발칸학」 제6권, 특집 기획호(2002): 424-425.

이처럼 모든 민간신앙의 근본적 이념과 추구하는 방향은 공동체의 연대와 유지를 보여주고 있으며, 각 개인의 행복과 번영 그리고 건강과 안정의 기초 위에 정교회 신앙을 근거로 발전해왔다.

3) 정교회와 이민족 축제[23)]

불가리아에서 타민족 축제는 민속신앙으로 자리 잡았고, 민족의식을 통해 정교회 형태로 발전해왔다. 축제 유형은 터키계의 이슬람 축제와 집시 축제가 있다.

(1) 이슬람 축제

5세기(1393-1870)에 걸친 이슬람교의 문화적 지배는 불가리아 전통 축제와 섞여 범불가리아 민족적 축제로 승화되었다.

① 라마잔 바이람 축제

이 기간 중에는 바클라바((baklava; 아주 단 도넛 과자)를 불가리아 가정에도 선물하고, 불가리아 정교회 부활절 축제 때 모슬렘들은 부활절 붉은 계란과 인형들을 같은 모슬렘 가정과 교환하기도 한다. 이들 모슬렘은 전체 인구의 4% 정도이다.

② 쿠르반 바이람 축제

이 축제는 유월절 축제와 같다. 한 해 동안 알게 모르게 지은 죄를 사함받기 위하여 양을 제물로 바치는 의식이다. 양은 흰색을 고르고 집에서 기른 것으로 하나, 한 달 전에 미리 사두어야 하고 가격은 흥정하지 못한다. 알라 신이 값을 흥정한 양의 번제는 받지 않는다고

---

23) 김원희, "불가리아의 전통 축제와 이민족 축제에 대한 연구," 「동유럽 발칸학」 제7권 특집(2005): 404-415.

여기기 때문이다.

양을 잡으면 집의 안주인이 첫 번째 흐르는 피를 모아 아이들 이마에 바르고, 문지방 위에도 바른다. 온 집의 건강과 행운을 비는 행위이다. 이날에는 술을 금하지만 엄격히 따르지는 않는다. 불가리아 전통악기인 '가이다'로 춤과 노래 그리고 축구를 즐긴다.

불가리아에서 이슬람교와 정교회의 축제가 불가리아 전통 축제와 섞여지기도 하고 독자적으로 발전해 가기도 하나, 서로를 존중해주는 공존의 문화를 만들어가고 있다. 이 점이 불가리아의 고유한 전통 축제로, 민족연대로 자리를 잡아가고 있다.

(2) 집시 축제

불가리아 집시문화 축제는 불가리아 역사에 남아 있는 축제이다.[24] 이들은 고대 인도 펀자브(Punjab) 지방에서 카스트 제도로 고통받아 유럽으로 이주한 자들로 평가한다. 첫 출현은 오스만 터키의 지배시대로 본다. 불가리아 정교회를 믿는 집시를 '다시카네 로마'라고 한다. 이슬람교를 믿는 '호르하네 로마', 루마니아어를 구사하며 루마니아로 이주한 '블라시키 로마', 세르비아 지역에서 넘어온 '스럽스키 로마' 등이 있다.

집시 축제 중 가장 성대한 것은 1월 14일 반고 바실(일명 다리를 저는 바실), 바실리짜, 즉 새해 축제이다. 이날만은 이동을 멈추고 가족과 형제 그리고 이웃의 복을 기원하며, 새해맞이 식탁으로 함께 한다. 두 번째 큰 축제는 1월 31일 아타나 소프텐 축제이다. 봄을 맞이하는 뜻에서 검은 닭을 잡고, 대장장이로부터 새 불씨를 받아 집으로 옮기면서 건강을 기원한다.

---

24) https://terms.naver.com/entry.nhn?docId=1145182&cid=40942&categoryId=31642 (2020년 6월 12일 접속).

이처럼 이슬람 민족과 집시 민족은 불가리아 정교회를 신봉한다. 불가리아의 집시들은 불가리아어와 집시들의 공용어인 "로마네스-찌간스키"를 사용하다. 또한 이슬람교를 믿는 '호르하네 로마' 집시들은 터키어를 사용하기도 한다. 이들은 불가리아 전체 인구의 2.6%로, 1958년 집시들의 생활터 지정으로 중부지역인 '디미티르 페트코프'와 '파쿨 타티보' 지역에 집단으로 거주한다.[25] 이들은 고유한 종교가 없이 거주 국가의 종교를 따른다. 불가리아에서는 대부분이 정교회이고, 일부만이 이슬람교를 따른다. 지금은 많은 개신교 선교사들이 집시들을 대상으로 선교하고 있다.

정리하면, 불가리아 전통 축제는 정교회로 보는 축제가 부활절과 성탄절이며, 그 외의 크고 다양한 정교회 축제는 민속종교와 혼재되어 있다. 동시에 사회주의 축제 형태도 여전히 남아있는데, 이 점은 국민연대의식으로 단합된 것이지 사회주의와는 별개로 보아야 한다.

집시족의 축제도 정교회에 속해진 관례를 따르나 이슬람교와 집시문화는 각각 민속신앙을 간직하고 있다. 그러나 정교회의 바탕 위에 민족의 통합된 삶과 문화를 서로 나누는 구조를 가지고 있다.

2. 불가리아 기독교 선교와 정교회

보리스 1세(852-889 재위)는 탱그리 신앙을 믿는 불가르족들과 슬라브 토속신앙을 믿는 슬라브인들 모두에게 기독교 개종을 명하였다. 기독교 개종 이전의 불가리아 왕들의 주요 임무 중 하나는 하늘에 있는 최고신에게 제사를 올리는 것이었다.

많은 불가르족들은 샤머니즘을 믿었고 부적 등을 소지하는 경우가

---

25) 김원희, "불가리아의 전통 축제와 이민족 축제에 대한 연구," 「동유럽 발칸학」 제7권 특집(2005): 408.

많았다. 슬라브족들은 슬라브 신화에 나오는 여러 신들을 숭배하였다. 이들이 주로 숭배하는 신은 천둥 번개의 신 '페룬(Perun)'이었다. 불가리아의 기독교 선교 과정에서 정교회 선교사들은 '페룬' 신앙을 엘리야 성인 숭배로 대체시키기도 하였다.

동로마제국의 역사가 프로코피우스((Procopius)는 슬라브족들은 '페룬' 외에도 '강'을 숭배했으며 '강' 속에 요정들이 산다고 믿었다. 불가르족들이 슬라브족들과 공생하는 과정에서 슬라브 토속신앙 상당수가 불가르족에게도 받아들여진 것으로 보이고, 심지어 오늘날의 불가리아인들의 설화뿐만 아니라 민간 풍속에도 슬라브 토속신앙의 잔재가 그대로 남아있다.

동로마제국은 4-6세기 동안 정교회를 넓혀갔다. 보리스 왕은 처음에 서로마제국의 로마가톨릭을 지지하려고 했으나, 동로마제국의 압력에 정교회를 택하게 되었다. 왕의 가족과 귀족들은 정교회 주교와 사제로부터 비밀리에 세례를 받았다.

불가리아 교회의 지속적인 종속을 요구하는 동로마제국에서 벗어나고자 신성로마제국과 관계개선을 원했지만 여의치 않았다. 보리스는 8차 콘스탄티노플 회의에서 최종적으로 결정을 내려 적극적으로 불가리아 국민들에게 정교회 신앙을 전파하고, 불가리아 교회를 독립된 기구로 조직하는 일에 집중하였다. 특히 슬라브인들에게 전도하고, 슬라브어가 그리스어 대신 교회 예배와 문학에 사용되게 하였으며, 불가리아의 공식 언어가 되게 하였다.26)

1) 정복과 함께 계속된 선교

유럽지역의 선교는 정복과 학살 그리고 순종을 요구하였다. 9세기

---

26) https://ko.wikipedia.org/wiki/%EB%B3%B4%EB%A6%AC%EC%8A%A4_1% EC% 84%B (2020년 5월 28일 접속).

신성로마제국의 주변 국가들은 정복을 당하지 않으려면 조공을 바치거나, 전쟁 시 군대를 동원해 주거나 아니면 기독교를 국교로 받아들여야만 하였다. 주변 국가인 헝가리, 체코, 불가리아, 폴란드 등에게 가장 중요한 변수로 동로마제국과 슬라브족이 등장하였다. 모라비아[27] 왕 라스티슬라프는 동로마제국의 황제에게 불가리아를 공격하기 전에 동로마제국의 기독교, 즉 정교회를 받아들일 수 있도록 선교사 파송을 요청하였다.[28]

"신들의 왕과 백성들이 모두 그리스도교를 받아들이고자 하는데 그들이 알고 있는 모든 그리스도교 스승들은 모순된 교리만을 가르친다. 그래서 그들은 황제에게 진리를 올바로 가르쳐 줄 수 있는 믿을 만한 선교단을 보내 주기를 부탁한다."

선교사 파송보다는 불가리아를 공격하기 위한 배후세력으로 외교·군사적 협력을 동로마제국에게 구한 것이다.[29] 이렇듯 동로마제국과 신성로마제국 그리고 프랑크 왕국의 모든 선교는 정복으로 이루어졌다.

---

27) 모라비아 왕국은 6세기 슬라브족이 살고 있는 지역에 아바르족이 쳐들어오자 격퇴하고 사모 왕국(623-658)을 건설하였다. 9세기 초 모이미르 1세(Mojmir 1)가 모라비아 왕국을 건설하여 보헤미아, 슬로바키아, 폴란드 남부, 헝가리 서부까지 통치하였다. 이후 모라비아 왕국은 체코슬로바키아를 건설하고, 907년 헝가리 마자르족(Magyars)에게 멸망당한다. 이곳이 슬로바키아 영역이다. 이후 1000년 동안 슬로바키아 지역은 헝가리 지배를 받게 된다. 그 결과가 체코와 슬로바키아로 분리할 수밖에 없는 요인이 된다. 체코인들은 보헤미아 지역을 중심으로 활동하게 되었다.
https://terms.naver.com/entry.nhn?docId=1002591&cid=43914&categoryId=43915 (2020년 6월 4일 접속).

28) 김차규, "9세기 비잔티움의 불가리아 선교 의미," 「한국서양중세사학회 연구발표회」, 62, 2010, 27-37.

29) 김차규, "9세기 비잔티움의 불가리아 선교의미," 27.

헝가리도 정복당하기 전에는 신성로마제국에 굴복하였고, 선교사를 파송받아 왕이 개종하기도 하였다.

동로마제국은 페르시아와 계속된 전쟁으로 북쪽의 불가리아와 평화적인 관계 유지를 원하였다. 하지만 불가리아 귀족들과 마찰을 일으키고 자국 내의 슬라브인들[30]이 동로마제국으로 피신함에 따라 불가리아와 100여 년의 전쟁을 치러야 했다. 또한 동로마제국은 비기독교 국가들을 정복하였고, 슬라브인들이 점령했던 펠로폰네소스 반도도 공격하여 포로와 노획물을 얻어냈다.[31]

이렇게 정교회 선교는 정복과 함께 계속되었다. 정복 없는 선교는 불가능하였기 때문이다. 모든 국가들은 자신들의 민족종교를 갖고 전쟁을 하기에 패배하면 승자의 종교를 받아들여야 했다. 지혜로운 국왕은 전쟁 전에 승패를 미리 예상하여 적들의 종교를 받아들임으로써 순복하는 것을 배웠다. 이것이 중세의 전형적인 선교 모습이다.

동로마제국은 지속적인 불가리아의 침공으로 고통을 받았으며, 심지어 불가리아에 조공을 바칠 정도로 처참하였다. 그러나 늘어나는 슬라브인(러시아, 모라비아, 남슬라브)들로부터 교역을 통한 정치 · 외교문제를 선교로 풀어가려는 동로마제국의 인식이 급격히 확산되었다. 9세기 후반부터 동로마제국은 불가리아와 정교회를 통해 평화관계가 유지되었다.

---

30) 슬라브족은 유럽 전체 인구의 1/3을 차지한다. 지리적 위치에 따라 동슬라브(러시아인, 우크라이나인, 백러시아인)는 슬라브족의 50%을 차지한다. 그리고 슬라브(폴란드, 체코, 슬로바키아)와 남슬라브(불가리아, 세르비아, 슬로베니아, 몬테네그로, 마케도니아) 등으로 구성된다.
https://terms.naver.com/entry.nhn?docId=69690&cid=43667&categoryId=43667 (2020년 6월 4일 접속).

31) 김차규, "비잔틴 여제 이레네의 정책,"「서양중세사 연구」 8집(2001): 51.

2) 교역과 안정을 위한 선교

862-863년 불가리아 북서부(엘베강과 오데르강 상류)에 있는 슬라브족 국가인 모라비아의 왕 라스티 슬라프는 다음 3가지 이유로 콘스탄티노플에 선교사 파송을 요청하였다.[32] ① 독일과 동로마제국 간의 외교적 완충지대를 택하기 위해, ② 강요된 라틴어 예배를 슬라브 예배로 드리고 모라비아인들의 단결력을 모으기 위해, ③ 서로마제국 선교사들의 영향력에서 벗어나기 위해서였다.

여기에 동로마제국은 다음 6가지 이유로 선교사 파송을 환영하였다. ① 로마 교회와 수위권 경쟁에서 우위를 확보하고, ② 불가리아에 정치적으로 압박을 가할 수 있으며, ③ 중·동부 유럽에서 독일의 영향력을 저지하고 동로마제국의 영향력을 넓힐 수 있고, ④ 러시아 선교를 할 수 있으며, ⑤ 발칸반도의 새로운 교역지를 확대할 수 있고, ⑥ 불가리아와 좋은 관계를 맺는다면 흑해를 통한 동북부 슬라브족과 교역을 기대할 수 있기 때문이었다.[33]

3. 불가리아 정교회[34]

불가리아 정교회(BOC)[35]는 개별 지역 정교회의 공동체 단위로 인식하면서도, 동시에 전체를 대표하는 불가리아 정교회 대표로도 인식된다. 정교회는 "하나님, 거룩하고 공의회와 사도교회(BOC 법령 제1조)"로 지역과 대표교회가 서로 불가분의 구성원이다.

---

32) 김차규, 34.

33) 김차규, 34.

34) https://bg-patriarshia.bg/index.php?file=history.xml (2020년 5월 28일 접속). 참조: 불가리아 정교회 홈페이지 자료를 참고문헌으로 제시한다. 자세한 것은 불가리아 정교회를 보면 된다. 본 연구는 이 자료를 요약정리한 것임을 밝힌다.

35) BOC는 Bulgaria Orthodox Church의 약자이다.

즉 교회는 서로 독립적이지만 하나의 교리를 가지고 있으며, 대부분 사도시대로 거슬러 올라간다. 정교회의 관할권은 불가리아 공화국의 영토 및 유럽, 미국 및 호주의 개별 지방자치단체로 확대되었다. 해외에 2개의 교구가 있다.

1) 불가리아 정교회 초기의 역사

지역 확대로 나타난 기독교 인구 유입으로 불가리아 정교회는 많은 역사적 자료에 따르면 발칸 반도의 기독교 공동체와 새로운 정착민들 사이에서 그 뿌리를 찾아야 한다.

기독교의 출발점은 예수 그리스도의 공생애 시작인 A.D. 33년 이후로, 로마제국에서의 기독교인은 계속 증가해 왔다. 로마제국의 기독교 박해로 기독교는 아르메니아와 페르시아 지역을 넘어 635년에는 중국에까지 이르렀다. 325년 니케아 종교회의에는 인도의 기독교 대표가 참석하기도 하였다. 380년 서로마제국 내에서 기독교의 국교화는 681년이고, 이후 불가리아 국가의 국경 근처에서 선교 활동을 강화하고 상당한 성공을 거두었으며, 교회 조직은 점차 강화되었다. 성당, 성직자, 사원 및 수도원의 수도 증가하였다.

그러나 슬라브 부족과 불가리아인의 침략(6-7세기)으로 발칸 반도와 동로마제국은 새로 형성된 불가리아 국가(681)의 전쟁으로 기독교 인구가 감소하고 교구 조직의 장애가 발생하였다. 이 모든 것이 기독교화 전략에 악영향을 미쳤다. 그러나 슬라브인과 불가리아인이 동로마제국과 발칸 반도의 지역주민과의 오랜 접촉, 전통적인 관계를 통하여 상호 평화로운 관계가 자연스럽게 만들어졌다.

9세기에 발칸 반도의 새로운 정착민인 동로마제국의 포로들 중에 성직자들이 불가리아인들을 교육시켰다. 그 결과 교육을 통한 선교가 불가리아에 활발히 이루어졌다. 이러한 영향은 왕의 가족에게도 미쳤다. 동시에 많은 동로마 국가 지역이 불가리아 영역으로 편입되어 기독교 지역이 훨씬 넓어졌다. 슬라브 지역이 불가리아 영역으로 편입됨으로써 정교회인들이 더욱 불가리아 영역 안에서 많아졌다. 자연적인 선교의 확충이었다.

이 무렵 저명한 동로마제국의 성직자들은 불가리아인들에게 기독교를 전파하였다. 동로마제국과의 전쟁으로 정교회는 불가리아에서 박해를 받았으나, 이미 왕자들과 왕의 가족들이 정교회의 신앙을 소유하였다. 아드리아노플의 수도사 마누엘, 니케아의 레오 주교, 요한과 레온티우스 장로 그리고 이름을 모르는 337명의 순교자가 있다.

2) 사회통합의 목적으로 본 정교회

9세기 전반에 영토가 확장되면서 불가리아는 남부뿐만 아니라 북서쪽의 기독교 세계와도 밀접한 관계를 맺게 되었다. 보리스 1세는 이 상황을 인식하고 정교회를 공식화하였다. 그는 민족 집단(슬라브인과 불가리아인)에 대해 동일한 종교를 통해서만 국가의 영적·민족적 통일성을 만든다고 보았다.

보리스 1세는 864년 가을 동로마제국에서 침례를 받았다. 이후 불가리아 사람들의 대량 개종은 865년 봄에 시작되었으며, 일부 불가리아 귀족 52명의 개종에 반대하여 반란을 일으켰으나 진압되었다. 보리스 1세는 이것을 빌미로 이교도를 조직적으로 제거하기 시작하였다. 이교도 사원이 파괴되거나 교회로 바뀌었다. 보리스 1세는 동로마제국으로부터 벗어나 로마교황의 도움과 신성로마 제국의 지원으로 불가리아에 독립교단을 만들려고 하였다. 그러나 외교가 실패하여 로마교황으로부터 불가리아 독립교회를 허락받지 못하였고, 동로마제국도 허락하지 않았다.

3) 독립교회 보장과 독립교회 조직—정교회의 출발

870년 3월 4일 동로마제국에서 특별 회의가 소집되었다. 교황 아드리안 2세와 동부 총대주교 대표와 불가리아 대표단이 참석하여 교황청의 반대에도 불구하고 불가리아는 콘스탄티노플의 지도 아래 대주교를 받는다는 결정을 즉시 내렸다. 그리하여 정교회와 밀접하게 연결된 지역에서부터 불가리아 교회의 기초가 마련되었다.

9세기에서 10세기까지 불가리아는 교구의 구성뿐만 아니라 교회 교구를 정확하게 결정할 수는 없었다. 콘스탄티노플의 총대주교의 허락이 있어야만 했기 때문이다. 플레스카(Pliska), 프레슬라프(Preslav), 모라바(Morava), 오흐리드(Ohrid)의 교구 중심 브레갈니카(Bregalnica), 프로바트(Provat), 데벨트(Debelt) 및 베오그라드(Belgrade) 지역들이다. 이전에 설립된 Sredetska, Filipopolska, Drusterska, Bdinska, Skopska, Nishka 등은 존재하지 않았다.

정교회의 가부장적 존엄성에 대한 공식적이고 정식적인 인정은 1235년에 이루어졌다. 니케아 헤르만 2세(Nicaea Herman II) 총대주교와 다른 4개의 동부 총대주교의 동의하에 소아시아 다르다넬스(Dardanelles)에 있는 Lampsack 시의 교회협의회에서 이반 아센 2세(Ivan Assen II)의 통치기간 동안 불가리아 성직자 요아킴 1세는 타르노보의 첫 가부장으로 선포되었으며, 타르노보 가부장의 교구는 제2 불가리아 국가(1186-1396)의 경계에 따라 바뀌었다.

그것은 14개의 교구와 터르노보(Tarnovo) 교구 및 오흐리드(Ohrid) 대주교 교구를 포함했을 때, 차르 이반 아센 2세(Tsar Ivan Asen II, 1218-1241)의 통치기간 동안 가장 확장되었다. 이들은 즉, 10개의 교구(Preslav, Cherven, Lovech, Sredets, Ovech, Drustar, Vidin, Serres, Philippi, Mesemvria)와 4개의 교구(Branichevo, Belgrade, Nis 및 Velbazhd)였다. 14세기에 터르노보(Tarnovo) 교구의 범위는

급격히 감소하였다.

4) 정교회의 독자적 독립 보존과 발전

콘스탄티노플 총대주교의 관할에서 불가리아 성직자들에게 주도권이 넘어왔다. 터키의 통치(1393년 7월 17일)에 따라 불가리아는 독립을 상실하여 콘스탄티노플 총대주교의 지배하에서 어려움을 겪었다.

하지만 18-19세기 동안 국가의 인식이 높아지자 불가리아 성직자들은 자의식, 생활 방식 및 국민의 도덕을 보존하고, 의지를 강화시키며, 압제자와 맞서 싸울 도덕적 힘을 강화시켜 나갔다. 전환점은 1860년 4월 3일의 부활절 행동이었다.

대중적인 압력을 받고 있는 불가리아 주교인 일라리온 마카리오폴스키(Ilarion Makariopolski)가 콘스탄티노플 총대주교에 대한 의존을 거부하고 독립적인 불가리아 교회 조직을 선포하였다. 즉시 수백 개의 교회공동체가 콘스탄티노플 불가리아 사람들의 부활절 행동을 지지했으며, 또한 가부장제의 영적 권위를 거부하였다.

콘스탄티노플에는 불가리아 도시들에서 온 주교와 교구 대표들로 구성된 공동인민협의회가 설립되어 독립교회의 사업을 지원하였다. 1870년 2월 27일 술탄 압둘 아지즈(Sultan Abdul Aziz)는 콘스탄티노플의 에큐메니컬 총대주교와 반독립적, 즉 독립된 불가리아 교회 구조의 설립을 위한 법령에 서명하였다.

5) 불가리아 정교회 조직과 구성

불가리아는 지속적으로 독립된 교회 조직과 불가리아인들에 의한 가부장적 운영을 기대하고 분발해 나갔다. 발칸전쟁, 1차 · 2차 세계대전을 거치면서 잃어버린 영토를 회복하고, 그 지역의 교구를 되살리는 일에 집중하였다. 이 일을 위해 러시아와 콘스탄티노플의 허락을 요하기도 하였다.

1944년 공산주의자들은 불가리아에서 정교회를 축소하고, 일반 생활영역에서도 제거하려고 시도하였다. 1949년 9월 9일까지 정교회를 국가조직에 종속시키려는 운동이 일어났다. 동시에 불가리아 총대주교를 자치적으로 선출하고, 주변 국가들로부터 인정을 받고자 하였다.

1953년 5월 10일 정교회는 공식적으로 가부장이 선포되었고, 수도사 키릴이 가부장으로 선출되었다. 1962년 봄, 키릴 불가리아 총대주교는 예루살렘 총대주교와 그리스 교회의 수장들에 의해 공식적으로 인정받았다. 콘스탄티노플의 에큐메니컬 총대주교도 마침내 공식적으로 부활한 불가리아 총대주교를 인정하였다.

6) 정교회의 과거사청산과 독립적 주체성 확립

1989년 11월 10일, 불가리아의 전반적인 삶에서 민주적인 변화가 시작되었다. 불가리아 공산당은 교회의 직무에 간섭을 중단하였다. 특히 국가의 종교위원회와 종교국은 공산주의 체제하에서의 문제점들을 지적하면서, 현 정교회 체제를 거부하며 국가조직 위원들의 반정교회 결정에 동조한 자들을 색출하였다. 정교회 총회는 재산을 지키는 데 총력을 기울였고, 새로운 제도와 질서는 새로이 임명된 주교와 사제들이 주도하여 내부조직 안에서도 갈등이 일어났다.

공산주의 체제하의 정교회와 체제전환 이후의 정교회 조직의 갈등과 대립은 불가리아 정교회가 독립된 기관으로 자리 잡아 가는 진통의 과정이었다.

총회는 1997년 7월 2-4일까지 정교회 법령에 따라 소집되어 만장일치로 공산주의 정권의 억압적인 행동을 정죄하고 그 희생자들을 찾아내기 시작하였다. 1998년 6월 22일 소피아에서 "국립 정교회 사제 평의회 회의"가 개최되어 정식 성직자가 참석하였다.

총회는 과거 공산 치하에서 사역하였던 대주교들, 정교회의 수장들, 주교들과 성직자들이 모든 직위를 내려놓고 자기들의 죄를 공개적으로 고백하며 현재의 정교회 지도자들에게 순종할 것을 고백하였다.

그들이 직분을 포기한 결과, 총회는 그들의 죄를 용서해 주고 정교회 전통을 받아들이는 조건으로 다시 정교회 일원으로 받아들였다. 하지만 그들의 회개는 위선과 가식이었고, 1999년 지도자였던 피멘(Pimen)이 죽은 후가 되어서야 새로운 정교회 조직체를 결정할 수 있었다.

체제전환 이전의 지도자들과 이후의 지도자들의 갈등은 제도 밖의 조직체 간에서 나타났다. 극복하는 데 10년의 시간이 걸렸다. 갈등과 대립의 제도적 기간은 정교회 성도들의 삶을 고통스럽게 만들었고, 그 결과 회의에 빠진 성도들은 정교회 밖의 에큐메니컬 진영의 사람들과 새로운 관계를 만들기도 하였다. 이것은 또 다른 갈등과 분열을 만들어 냈다.

2002년 12월 20일 불가리아 의회는 종교는 국가 헌법에 따라 불가리아 전통 종교인 정교회의 역사적 중요성을 인정하였다. 공식적으로 불가리아 정교회는 독립된 제도 아래 교단으로 자리를 잡았다.

III. 불가리아와 한반도 관계로 본 북한선교[36)]

불가리아는 6.25전쟁을 미국의 침략으로부터 북한을 지원하는 것으

---

36) 참조: 원종숙 · 최권진, "1950년대 북한과 불가리아 문화교류의 단면," 「교육문화연구」 제24-2호(2018): 339-358; 야니짜 이바노바, 최권진, "불가리아 작가가 본 한국전쟁 당시의 북한사회-게오르기 카라슬라보프의 회고록을 중심으로," 「교육문화연구」 제22-6호(2016): 587-613; 김소영, "바실카 니키포로바의 회고록으로 본 6.25전쟁 발발 직후 북한과 불가리아의 협력관계," 중동유럽한국학회 학술대회 발표논문집, 2014, 61-79; 탁용달, "불가리아 사유화 정책과 시사점 연구," 「북한연구학회보」 제21권 제1호(2017): 53-80.

로 이해하여 한반도 전쟁을 통하여 북한과 급속도로 가까워졌다. 불가리아 바실키 니키포로바는 북한 지원사업을 적극적으로 실천함으로써 전쟁 후 김일성으로부터 훈장을 받았고, 그의 활동은 자서전 『김일성의 코리아와 함께 한 60년』에 들어있다. 그는 북한의 고아 돕기 운동, 북한군 물자지원사업-군화보내기운동, 북한 사람들을 돕기 위한 물자지원 정책 홍보, 지원물자를 북한으로 보내는 사역을 하였다.[37)]

불가리아와 북한은 1948년 11월 29일 수교하였다.[38)] 1988년부터 1993년까지 김정일의 동생 김평일이 대사로 근무하였고, 남한과의 수교는 1990년 이후부터였다. 2010년 EU와 한국의 자유무역협정(FTA)으로 관세가 98%까지 면제되고, 2019년 3억 3,450만 달러로 교역 규모가 늘어났다. 지금 불가리아로부터 와인, 전기기술 장비 및 기계류가 수입되고 있다.[39)]

1. 6.25전쟁 지원으로 시작된 북한관계

1) 불가리아가 북한을 지원하게 된 이유

불가리아는 1396년부터 500년 동안 터키의 지배를 받다가, 1923년에는 파시스트의 지배를 받았다. 1944년 6월 9일 반파시스트 독재를 무너뜨린 게오르기 디미트로프를 중심으로 독립을 취했으나, 결과적으로 불가리아는 소련의 영향 아래에 있을 수밖에 없었다.[40)]

불가리아는 6.25전쟁이 미국의 침략으로 시작했다는 소련과 공산정

---

37) 김소영, "바실카 니키포로바의 회고록으로 본 6.25 전쟁 발발 직후 북한과 불가리아의 협력관계," 중동유럽한국학회 학술대회 발표논문집, 2014, 61-79.

38) 원종숙 · 최권진은 11월 19일(339), 김소영은 11월 29일(61).

39) https://www.etnews.com/20200226000230 (2020년 6월 27일 접속).

40) 김소영, "바실카 니키포로바의 회고록으로 본 6.25 전쟁 발발 직후 북한과 불가리아의 협력관계," 중동유럽한국학회 학술대회 발표논문집, 2014, 73.

권의 거짓 정보로 북한을 결사적으로 도와주었다. 북한으로 음식, 옷, 신발 등을 보냈고, 의료진과 전쟁물자 지원 등이 있었다. 1952년 26명의 군의관으로 구성된 의료봉사단(단장: 콘스탄티 미체프)을 북한에 파견하였다. 1956년까지 의사 55명, 간호사 50명, 400석의 병원에 필요한 의료기구, 의약품을 보냈다. 전쟁 중에 북한 고아 500명을 수용하였으며, 1958-1960년 사이에 북한으로 돌려보냈다. 일부는 돌아가지 않았고, 또한 돌아갔다가 다시 불가리아로 가기도 하였다.[41)]

이렇게 북한의 전쟁고아와 유학생을 받아 교육과 협력을 아끼지 않았던 이유는 불가리아 경제도 어려웠지만, 독일 파시스트와 싸운 경험에서 헌신적인 지원을 한 것이다.[42)] 불가리아는 1956년 6월 25일부터 29일까지 김일성의 방문으로 더욱 가까워졌고, 북한 유학생을 미래 일꾼들의 교육 양성의 목적으로 받아들여 교육과 기술 전수에 집중하였다.

당시 불가리아 언론 매체는 국가기관으로 공산당에 완전히 종속되어 있었기 때문에 6.25 전쟁이 중국과 소련의 승인하의 남침 전쟁임을 모르고 있었다. 불가리아 언론은 철저한 검열과 사찰로 공산당의 선전 매체에 불과하였다. 그들은 1988년 서울 올림픽을 보고서야 한반도에 대한민국이 있음을 알게 되었다. 그전에는 한반도는 조선민주주의인민공화국과 세계에는 미국이 있다는 정도만 알고 있었다.

---

41) https://www.gocj.net/news/articleView.html?idxno=58700 (2020년 7월 21일 접속).

42) 김소영, "바실카 니키포로바의 회고록으로 본 6.25 전쟁 발발 직후 북한과 불가리아의 협력관계," 중동유럽한국학회 학술대회 발표논문집, 2014, 72.

2) 문화교류 및 교역[43]

북한과 불가리아는 "사회주의 선전과 상호 이해와 교류를 위한 외교활동"[44]을 주요 수단으로 보았다. 이것을 1957년 김일성(김일성 저작집 II ; 1957.1.-12.)은 다음과 같이 설명하였다.[45]

> "조선민주주의인민공화국은 각이한 사회제도를 가진 나라들의 평화적 공존에 대한 레닌적 원칙을 견지하여 우리와 좋은 관계를 유지하려는 모든 나라들과 우호적 련계를 맺기 위하여 노력할 것입니다…."

불가리아는 양국의 문화교류 활동의 경비를 지원하였다. 북한은 전후 복구사업에 매진하고 있었기 때문이었다. 단지 인력지원과 예술가들을 보내는 일이었으나, 모든 경비는 불가리아가 맡았다.

두 나라 사이의 교역은 2016년 1.7천 달러였고, 2020년 현재는 거의 없는 수준이다. 북한의 불가리아 수출품은 담배, 비누, 화장품 등의 소비재로 1위가 담배였다.

2. 불가리아와 우리나라와의 관계

1) 전분야 교역

불가리아와 우리나라는 1990년 수교 후 30년이 되었다. 경제 · 과학 · 기술 협정을 시작으로, 항공 · 무역 · 투자보장 · 범죄인 인도 · 형사

---

43) http://www.mofa.go.kr/www/nation/m_3458/view.do?seq=98 (2020년 7월 21일 접속).

44) 원종숙 · 최권진, "1950년대 북한과 불가리아 문화교류의 단면," 「교육문화연구」 제24-2호(2018): 348.

45) 전영성, "북한의 대외문화 교류와 문화외교 연구-해방 이후 북한 민주건설 시기의 북-소 문화교류를 중심으로," 「중소연구」 35(1), 2011, 143-163, 145 재인용.

사법 공조 · 교육 · 문화 · 운전면허 등이 교역 대상이다. 교역량은 2016년 2.4억 달러, 수출은 1.3억 달러였다. 수출 물량은 합성수지, 자동차, 전기응용기기 등의 공산품이었다. 현재는 전자응용기기가 147%, 기호식품이 217%, 플라스틱 제품이 47%, 건전지와 축전지가 32.9% 증가하였다.

불가리아에서 주요 수입품은 사료용 물질, 수산가공품 등의 농산물, 의류, 가방 등 노동 집약적 제품들이다. 다국적기업을 통한 밀의 수출이 대단하다.

2) 문화 협력

두 나라의 문화 협력은 무용단, 회화, 청소년 분야 등의 다양한 장르에서 이루어지고 있다. 특히 한국학과 한국어 강좌가 1995년 소피아 대학, 2011년 외국어 전문종합학교에서 문을 열었다. 또 2012년 베리코 터르노브 대학 한국어 강좌(교양학부), 2013년 소피아 세종학당 개원, 2014년 프로브디프 대학 한국어 강좌, 2016년 바르나 제1외국어 학교 한국어 수업이 개설되었다.

2020년 불가리아는 우리나라와의 관계는 지속적으로 증가하고 있으나, 북한과의 관계는 미비한 것으로 보인다.

3. 불가리아를 통해 본 북한선교

불가리아 국교는 정교회이다. 전 국민의 85%가 정교회이고, 이슬람교는 13%, 가톨릭은 1% 그리고 기타가 1%이다.[46] 개신교 선교가

46) ttps://terms.naver.com/entry.nhn?docId=5748142&cid=48535&categoryId=48578&anchorTarget=TABLE_OF_CONTENT8#TABLE_OF_CONTENT8 (2020년 8월 3일 접속).

집시문화 속으로 자리 잡아가고 있으나, 불가리아인을 대상으로 한 개신교 선교는 사실상 희박하다. 그럼에도 불가리아가 새로운 개신교 선교지로 각광받고 있는 이유는 선교의 자유가 보장되고 정부의 간섭과 편견이 없기 때문이다.

불가리아를 통한 북한선교의 협력과 방향을 북한의 6.25 전쟁 지원과 협력에서 찾고자 한다. 불가리아는 역사적으로 민족연대가 강한 국가이다. 1·2차 세계대전 때 패전국가였고, 2차대전 후에 소련연방에 편입되기도 하였다. 1990년 민주주의 시장경제를 받아들이고 2004년 NATO, 2007년에는 EU에 가입하였다. 불가리아는 이러한 단계적 과정을 거칠 때에도 전혀 마찰 없이 속전속결로 진행되었다.

체제전환 이후 1990년 6월 총선에서 불가리아 공산당의 후신인 불가리아 사회당이 400석 중에 211석을 차지하였고, 1991년 신헌법 하의 총선에서 32.5%를 차지하였다. 불가리아는 체제전환 이후에도 구공산당에서 거의 모든 실권을 차지하였다. 민주야당연합이 최다로 34.5%를 차지했으나, 여전히 불가리아는 체제전환을 경제·사회적으로 불안요인으로 보고 안정을 원하였다.[47]

또한 관습법은 불가리아의 다양한 체제전환의 과정에서도 실용적 효력을 발휘함으로써 불가리아인들의 전통적 민족연대가 구공산당을 지지하는 것으로 나타났다. 그러므로 북한선교는 불가리아에서 민족연대를 목표로 삼고 풀어가야 한다.

그러나 북한의 "우리 민족끼리"라는 용어와 의미는 미국을 배제한 것이므로 남한에서 받아들이기 어려운 주장이다. 한반도의 통일은 미국의 동맹과 함께하는 통일정책을 벗어나서는 존재할 수 없기 때문이다.

---

47) 최승호, "다원주의로 홀로서기 모색," 「통일한국」(평화문제연구소, 1992), 83-88.

1) 불가리아와 북한의 공통점 이용

불가리아와 북한은 과거에 제국주의와 독재국가에서 받은 고통과 아픔 그리고 침략자들로부터 받아야 했던 상처와 교훈의 경험들이 있다. 이것을 북한선교에 활용할 수 있다. 동변상련 정책을 펴는 것이다. 북한은 한반도 전쟁 중에 보여준 불가리아인들의 지원과 협력을 기억하고 있을 것이다. 이 사역을 한 이들과 간접적으로 우회하는 북한선교가 가능한 것이다.

또 남한에서 직접 할 수 없는 대북지원사업을 불가리아를 교두보로 활용할 수 있다. 여전히 불가리아는 북한의 우호국이며, 동유럽 발칸의 전진기지이다. 따라서 불가리아 생산물을 기차로 보낼 수도 있다. 대북지원사업을 남측사업으로만 고집하지 말고 다국적, 다양한 방법으로 넓혀 갈 필요가 있다.

2) 불가리아와 북한의 인맥 활용

6.25 전쟁 때 북한 고아와 유학생을 지원한 불가리아인들을 찾아내 지속적인 협력과 사업의 영역을 넓혀 갈 수도 있다. 관계성을 통한 선교가 효율성을 높이고 있다는 점은 현대선교의 중요한 전략이기 때문이다. 동시에 북한을 지원한 불가리아 사람들을 네트워크화하여, 북한선교의 간접지원 인력으로 협력하고 섬기며 돕는 사역을 하게 할 수 있다. 한국 정부가 6.25 참전용사를 지원하는 것처럼, 북한을 도와준 이들에게 협력 사역을 하게 하는 것이다.

비록 불가리아가 잘못된 정보에 의해 6.25 전쟁 때 한국의 적대적 입장에 있던 북한을 지원했지만, 전쟁의 아픔을 감싸주고 우리 민족인 북한 고아들을 돌보아 준 고마움을 기억해 넓은 마음으로 받아들여야 한다. 이들이 불가리아 개신교 선교의 전위대가 될 수 있기 때문이다.

3) 불가리아 정교회를 통한 지원사업 확장

불가리아 정교회와 선교협정 혹은 교류협정을 통하여 북한선교 사역을 돕는 불가리아 종교인들을 만들어 내는 것이다. 6.25 전쟁 중에 북한을 도운 불가리아를 북한 내에서도 무시할 수 없으므로 불가리아 종교인들을 간접 협력자로 만들어가는 것은 좋은 북한선교 미래전략이 될 수 있다.

또한 불가리아 정교회로 하여금 북한이 힘들어하는 복지사업을 도와주게 하는 방법이 있다. 예로, 장애인 재활사업, 의료지원사업, 여성 · 노인 복지지원사업 그리고 어린이병원 건설 등이 있다.

4) 불가리아에서 북한 흔적 찾기

불가리아에서 북한 사람들을 도왔던 이들과 지역을 한국의 북한선교 현장으로 개발하여 지속적인 북한 관련성을 만들어 내는 것이다. 문서, 자료집, 문화 행사들을 만들 수 있다.

민족연대는 북한선교의 정점으로, 불가리아에서 볼 수 있는 특이한 장점이다. 자신들의 문제들을 민족이라는 연대감에 결속시켜 함께 서로의 상처 없이 잘 정리해 갈 것으로 기대된다.

4. 불가리아의 과거사청산[48)]

불가리아에서 과거사청산은 시급한 일이 아니다. 스스로 자립하는 경제, 자유민주주의의 활동을 만들어가는 것을 급선무로 여기고 있기 때문이다. 과거사청산의 목적은 사회통합이다. 이전 체제에서 고통받은 자가 당시 자신들을 가해했던 자들을 처벌하여 사회적 회복을

---

48) 참고: 탁용달, "불가리아 사유화 정책과 시사점 연구," 「북한연구학회보」 제21권 제1호(2017): 53-80.

만들어 내는 작업이다.

조직적인 독일의 체제전환, 경제적 갈등으로 얼룩진 체코의 체제전환, 완장만 바꿔 찬 헝가리 체제전환, 치유와 회복 그리고 미래를 바라보는 폴란드의 체제전환 등이 있다. 루마니아는 미 경험의 체제와 정책, 알바니아는 다단계 경제정책, 체코도 유사한 정책으로 체제전환의 도전은 실패했지만 포기하지 않고 계속하고 있다. 이들의 공통점은 자유민주주의 체제의 경험 없는 지도자와 국민 간의 불일치로 공산주의식 정책이 반복되어 체제전환을 무디게 만들었다. 불가리아도 정책의 무일관성과 정책 부재 그리고 추진체계의 미흡으로 실패한 사례로 평가받고 있다.

1) 자유민주주의 체제의 무경험의 결과

자유민주주의 체제의 무경험은 정부와 국가, 국민들과의 갈등과 저항을 만들어냈다. 개인자산의 활성화를 위한 법률을 제정하고, 사유화청(체제전환의 과정을 책임진 관청)을 만들어 재원 조달정책을 강화하였다. 그러나 부처별로 정치적 이해관계가 달라 실적이 미비하였고, 국영기업 노동자들이 공산주의 체제를 완강히 거부하였으며, 여기에 개입하려는 정부 또한 무경험 리더십으로 실패하고 말았다.

하지만 2010년에 사유화 및 사유화 사후 관리기구가 출범하여 공정하고 효과적인 방식으로 국영기업들을 사유화하였다. 사유화 전담기구는 정책의 일원화와 정책의 중요성을 인식하고 방향과 속도를 조절하였다.

2) 체제전환 과정에서 나타난 경제정책

일반적으로 체제전환은 정치적 민주주의와 시장경제 질서를 잡는 것이다. 불가리아는 러시아와 동유럽 국가들이 정치적 민주화와 시장경제화가 추진되던 시기에 민중 봉기가 일어나 체제전환의 시기가 늦어졌다. 체코, 헝가리, 폴란드, 슬로베니아보다 체제전환이 늦은 이유는 일관성의 부재-리더십의 부재, 사유화 정책의 혼선-이익집단의 혼재, 추진체계 미흡-과도한 정치개입 등이었다.49)

불가리아는 1990년 4월 국민투표를 거쳐 헌법을 개정하고 대통령제를 채택함으로써 체제전환의 토대를 만들었다.

① 경제정책으로 사유화법을 제정하여 국영기업과 부동산 사유화, 외국인 투자제한 조항 철폐, 불가리아 전역에 6개 자유무역 지대를 설치함으로써 개방화를 시도하였다. 그러나 내각 수반의 빈번한 교체와 정권 유지를 위한 정책의 일관성으로 경제적 혼란이 야기되었다. 1989년-1990년 루카치노 내각, 1990-1991년 포포포 내각, 1991-1992년 디미트로프 내각, 1992-1994년 베로프 내각으로 이어지는 잦은 리더 교체는 경제의 안정성을 상실하고 물가 폭동과 성장률 하락을 가져왔다.50)

② 체제전환의 중요지표는 '가격자유화'이다. 경제개혁 조치는 가격자유화로 나타나고, 이것은 노동자 임금의 증가와 소비 세율의 폭등으로 연계된다. 여기에 국가가 어느 정도 개입할 것인가가 정책과제이다. 이 점에서 불가리아는 5년 동안 내각이 네 번이나 교체되는 과정을 통해 일관성 없는 정책이 계속되었다. 체제전환을 한 이웃 국가들은 단시간에 정책과제를 안정적으로 정착시킨 반면 불가리아는 실패하였다.

1990년 GDP 20,726백만 달러는 1991년 10,944백만 달러로 반토막이 났고, 물가상승률은 26.2%에서 226.5%로 뛰었다. 1994년, 1996년, 1997년에는 9,705, 13.069, 8,890, 10,053백만 달러의 하락

49) 탁용달, "불가리아 사유화 정책과 시사점 연구," 「북한연구학회보」 제21권 제1호 (2017): 54.

50) *Ibid.*, 56.

변화가 일어났고, 1998년 이후 성장세가 지속적으로 나타났다.

③ 잦은 정권교체와 체제전환 이전의 독재세력들이 여전히 정치 · 경제적 영역에 영향력을 행사했다.[51] 그 결과 국영기업 노동자들과의 갈등, 정부의 리더십 부재, 노동자들의 기업경영 참여의 기득권 주장으로, 구불가리아 공산당인 사회당의 초기집권은 1991년 민주세력연합으로 정권을 이양하였다.

3) 주변 국가들보다 불가리아가 체제전환이 부족했던 점은 구체제의 엘리트들의 지속적인 정권 쟁취와 정권 나눔 때문이었다. 그 결과 정책의 혼선, 일관성 없는 정책으로 체제전환이 지연되었다. 여기에 지친 국민들은 과거사청산보다 지금 생존해야 되는 경제현실에 더 집중하게 만들었다.

그러므로 불가리아의 체제전환에서 보듯이 북한도 체제변화 과정에서 국유재산 관리 문제, 토지 소유자와의 관계, 구엘리트를 어떻게 활용하느냐가 가장 중요한 관점이 될 것이다. 독일의 신탁청(Treuhandanstalt)이나, 체코, 폴란드, 헝가리, 불가리아 등은 사유화청을 중심으로 체제전환을 만들어갔다. 북한은 유럽 국가들과 다른 점도 있지만, 더 좋은 점도 많을 수 있다. 그러므로 좀 더 심도 있는 연구가 세부적으로 있어야 할 것이다.

---

51) *Ibid.*, 63.

IV. 나가는 글

유럽 각국은 소련 지배하에 있었던 공산주의를 이어받아 민주주의 체제로 전환해야 하는 일에 거의 크게 성공하지 못하였다. 그 이유는 민주주의의 경험들이 없고, 여전히 이전의 공산주의 지도자들에게 국가운영과 관리를 맡겨야 되기 때문이었다.

한국도 해방 후 국가 경험이 있는 일제식민지 협력 세력들을 다시 세워야만 하였다. 그 결과 독립군을 잡으러 다니던 일제 경찰이 한국의 초기 경찰제도를 만드는 주체가 되기도 하였다. 일본군 장교들이 국군의 근간이 되었고, 일제의 관공서 종사자들이 한국의 건국역사를 만들기도 하였다. 최근 광복회는 백선엽 장군의 현충원 안장을 일제 부역을 근거로 거부하기도 하였다.

동유럽도 스스로 개혁정책을 실시하였으나, 한국이 건국 시 겪었던 동일한 과제를 해결해야만 했다. 동유럽은 다음과 같은 많은 혼란과 고통에 직면하였다.

첫째, 신속한 가격 유화 : 계획경제를 시장경제 체제로의 이행에서 핵심 조건인 자유가격제를 신속하게 도입함으로써 시장경제의 정착에 대혼란을 야기시켰다.

둘째, 적극적 대외 개방화 : 개혁 초기에 부족한 국내자본을 위해 대외원조 및 외국인 직접 투자유치 등 각종 개방정책으로 자본의 식민지화를 만들어 냈다. 이러한 결과는 재정 악화와 국가 경제위기를 통해 다시 사회주의 체제로 복귀하려는 경향성이 드러났고, 결국에는 겉만 민주주의 체제이고 속은 과거 공산주의자들이 재집권하게 만들었다. 그로 인해 국가적 혼란에 빠져서 여전히 경제위기에 허덕이거나 분열과 혼란이 조장되었다. 2019년 조지아와 아르메니아를 다녀올 때도 조지아 수도 중앙 건물 앞에서 반정부운동이 거세게 일어나고 있었다.

체제전환의 가장 중요한 변수는 민주주의의 경험이 있는 지도자들이 있는가, 과거 체제의 실권자인 정보국, 경찰, 군대 조직의 조직적인 비협조와 정보 미제공 및 폐쇄 등이다. 동시에 체제전환 이후 무경험 지도자들의 비윤리적인 태도는 과거사청산을 무의미하게 만들기도 한다. 반면에 과거사청산을 분열로 정의하고 새로운 미래를 향한 통합의 세상을 만들자는 폴란드 대통령의 선거구호도 있다. 과거사청산은 체제전환의 과제를 안고 있는 국민들에게 공산주의 체제하의 교육과 의식에서 벗어나지 못하므로 그림의 떡으로 비쳐진다.

불가리아는 체제전환 초기에 공산당이 당명만 사회당으로 바꿔 재집권하였다. 그래서 국민들이 무경험으로 인한 새로운 체제에 불안하여 안정유지에 집중하여 정권의 일관성을 잃어버리게 만들었다. 그리고 구체제 엘리트들의 혼란과 당혹감이 많았다는 것은 다른 체제전환 국가들보다 구소련의 영향력을 많이 받았다는 의미이기도 하다.

역사적으로 민족연대감이 강한 불가리아는 정교회를 중심으로 한 사회통합이 체제전환을 만들어가는 데 상당한 영향력을 미쳤을 것이다. 즉, 정교회 관련자들이 정부위원회에 참여하고 결정에 영향을 주었을 것이다.

불가리아와 북한은 상당히 밀접한 관계를 가졌던 것으로 본다. 이 점을 북한선교의 활용 방안을 만들어내는 자료로 보아야 한다. 직접적인 북한선교는 어렵더라도 우회적으로, 때로는 직접적으로 북한 관련자들을 만나 동역하는 일들을 만들어야 한다.

불가리아에서 북한선교를 볼 때 공통분모는 민족의 이해와 정의이다. 남한에서는 '민족'을 좌파용어라고 보기도 하지만, 결과적으로 남과 북이 하나되는 길은 민족의 테두리에서 가능하다. 한민족이 하나되는 한반도의 통일을 북한선교-민족의 복음화로 만들어야 할 것이다.

참고문헌

김소영. "바실카 니키포로바의 회고록으로 본 6.25 전쟁 발발 직후 북한과 불가리아의 협력관계." 중동유럽한국학회 학술대회 발표논문집, 2014, 61-79.

김원희. "불가리아 내 소수민족 문제와 정당정책." 「동유럽 발칸학」, 제12권 2호, 2010, 177-199,

——. "불가리아어의 발칸 언어적 요소에 대한 언어문화사적 특질연구." 「슬라브 연구」, 2007, 1-14.

——. "불가리아 의례문화에 나타난 정교와 민간신앙적 요소연구." 「동유럽 발칸학」 제6권 특집 기획호, 2002, 401-439.

——. "불가리아의 전통 축제와 이민족 축제에 대한 연구." 「동유럽 발칸학」 제7권, 특집 기획호, 2002, 387-418.

——. "불가리아어 정서법 개혁의 역사와 주요 사안에 대한 연구." 「동유럽 연구」, 제17권, 2006, 28-49.

——. "불가리아인들의 민속학적 기호와 타부." 「동유럽 발칸학」, 제5권 특집, 2002, 499-532.

——. "슬라브 문화 간 의사소통에 대한 일고." 「슬라브 연구」, 24권 2호, 2008, 277-297.

김차규. "9세기 비잔티움의 불가리아 선교의미." 「한국서양중세사학회 연구발표회」, 62회, 2010, 27-37.

——. "비잔틴 여제 이레네의 정책," 「서양중세사 연구」, 8집(2001), 51.

야니짜 이바노바, 최권진. "불가리아 작가가 본 한국전쟁 당시의 북한사회-게오르기 카라슬라보프의 회고록을 중심으로. 교육문화연구, 22(6), 2016, 587-613.

원종숙, 최권진. "1950년대 북한과 불가리아 문화교류의 단면." 교육문화연구 제24-2호(2018), 339-358.

전영성. "북한의 대외문화 교류와 문화외교 연구-해방 이후 북한 민주건설 시기의 북-소 문화교류를 중심으로," 중소연구, 35(1), 2011, 143-163, 145 재인용.

최승호. "다원주의로 홀로서기 모색." 통일한국, 평화문제연구소, 1992, 83-88.

탁용달. "불가리아 사유화 정책과 시사점 연구." 북한연구학회보 제21권 제1호, 2017, 53-80.

Daniel Rupanov. 김소영 역. "냉전 초기 사회주의 국가 간의 인민연대와 북한 원조-한국전쟁 시기 불가리아와 북한의 관계를 중심으로 (Socialist Solidarity and Aid for North Korea during the Early Stages of the Cold War)." 박사논문, 성균관대학교, 2017.

https://bg-patriarshia.bg/index.php?file=history.xml (2020년 5월 28일 접속).

https://external/tengrism.wikispaces.com/logo.gif (2020년 5월 28일 접속).

https://ko.wikipedia.org/wiki/%EB%B3%B4%EB%A6%AC%EC%8A%A4_1%EC%84%B (2020년 5월 28일 접속).

https://namu.wiki/w/%ED%82%A4%EB%A6%B4%EB%A1%9C%EC%8A%A4 (2020년 5월 28일)

https://namu.wiki/w/%EB%B6%88%EA%B0%80%EB%A6%AC%EC%95%84/%EC%97%AD%EC%82%AC (2020년 5월 28일 접속).

https://terms.naver.com/entry.nhn?docId=1145182&cid=40942&categoryId=31642 (2020년 6월 12일 접속).

https://terms.naver.com/entry.nhn?docId=69690&cid=43667&categoryId=43667 (2020년 6월 4일 접속).

https://terms.naver.com/entry.nhn?docId=1002591&cid=43914&categoryId=43915 (2020년 6월 4일 접속).

https://www.etnews.com/20200226000230 (2020년 6월 27일 접속).

알바니아의 체제변화와 과거사청산 문제

유재덕
(서울신학대학교 교수, 기독교교육학)

Ⅰ. 서론

유럽 동남부 아드리아해에 인접한 알바니아공화국(Republic of Albania)은 정치사적으로 줄곧 적대적 관계를 유지해온 유고슬라비아나 그리스와 국경을 마주한다. 알바니아어와 그리스어를 사용하는 알바니아의 전체 인구는 1990년 기준으로 대략 330만 명으로, 이는 기타 동유럽 국가들과는 비교가 되지 않을 뿐더러 산업 인프라 역시 취약하다.[1] 경제개발의 실패로 공산당이 줄곧 집권했던 1990년 이전과 거의 동일하게 국민들의 생활은 호전되지 않았고 심각한 빈부격차 역시 여전하다. 알바니아 정부가 발표한 공식 실업률은 12.7%이지만, 실제는 그것을 크게 상회하는 것으로 추정된다. 한국의 1/4 정도의 국토에도 불구하고 경제적 이유로 대략 1,500만 명이 해외에 거주하는

1) 알바니아 인구는 1990년 대략 328만 명을 정점으로 하락 추세이다. 2020년 현재 전체 국민은 2,877,797명이다(worldometers.info/world-popula-tion/albania-population). 알바니아 인구구성은 2011년 기준으로 알바니아인 82.6%, 그리스인 0.9%, 그리고 마케도니아인 0.2% 등이다. 종교 비율은 이슬람교 70%, 동방교회 20%, 로마가톨릭 10%이다.

것으로 알려져 있다.[2] 세계은행(WB)과 국제통화기금(IMF)이 장기적으로 알바니아의 발전 가능성을 긍정적으로 평가하고 있지만, 1인당 GDP는 약 5,200달러에 불과해서 유럽 국가들 가운데 최대 빈국 수준이다. 비교적 최근 들어서 각종 도로와 고속도로 확장 및 건설, 항만시설의 보수와 신축, 상하수도 보수 및 전력수급의 안정화를 시도하고 있다.[3]

역사적으로 알바니아인들은 B.C. 10세기 무렵부터 발칸반도 서부에 거주했으나, 단독으로는 독립 국가를 형성하지 못했다. 알바니아는 14세기 후반까지 주변의 강력한 제국들, 즉 로마제국, 비잔틴제국, 슬라브제국의 지배를 차례로 받았다. 이후로 발칸전쟁이 끝난 1912년까지 오스만제국의 통치하에서 정치적 의도로 이슬람화가 진행된 알바니아는 마침내 독립을 선언했으나, 1차 세계대전 종전 후 국제적으로 독립을 인정받을 수 있었다. 한동안 공화체제를 유지하던 알바니아는 1920년대와 30년대에 왕정체제로 전환했다가 1939년부터 1944년까지 이탈리아와 독일에게 차례로 점령되었다. 2차 세계대전 중 결성된 '알바니아 민족해방전선'(National Liberation Front)을 주도한 공산주의자 엔베르 호자(Enver Hoxha)가 종전 뒤 알바니아 노동당 총서기직에 올라서 40년간 일인 독재체제를 줄곧 유지했다. 1985년 호자의 사망 이후에도 노동당의 독재는 1991년 다당제 총선까지 6년, 그리고 1992년 선거까지 모두 47년간 지속되었다.[4]

다당제 총선으로 대통령제를 가미한 내각제를 도입한 알바니아의 선거제도는 선거를 치를 때마다 매번 바뀌다 보니 체제의 불안정에

2) 박용국, "알바니아 경제발전과 서민 삶의 변화"(pridegb.ngelnet.com/Pride_global_webzine/201904/con_11.php).

3) Islam Jusufi, "Albania's Transformation since 1997: Successes and Failures," *CIRR* *XXIII*(77)(2017): 82-86.

4) "Albania country profile," BBC NEWS, 1 March 2018.

적잖게 기여했다. 가령, 1991년 총선에서는 140석 전부를 단순 다수제로 선출했고, 그 이듬해 치른 선거에서는 지역구와 비례대표를 혼합한 형식을 선택했다. 이 같은 선거방식의 잦은 변화는 이후로도 계속해서 반복되었다. 혼란의 절정은 1997년 실시한 국민투표였다. 당시까지 성문헌법을 갖추지 못한 알바니아 정부는 국가체제를 규정하는 문제, 즉 공화국을 유지할지 입헌군주제로 복귀할지의 여부를 결정하는 중대한 선거를 치렀다. 결과는, 예상 밖으로 1920년대 봉건국가 알바니아 국왕을 지낸 조구(Zog Ⅰ)의 아들이 국왕이 되는 데 필요한 지지를 확보했다. 이런 혼란스런 정치 상황은 성문헌법의 부재에 따른 당연한 결과였다. 선거제도를 규정하는 성문헌법은 사회당이 집권한 1998년에서야 도입되었다.

본 논문은 고대부터 근대까지 여러 제국과 국가들의 지배를 받으면서도 나름의 민족성과 문화를 유지해왔을 뿐 아니라, 풍부한 천연자원을 바탕으로 향후 유럽의 관문으로까지 발전할 것으로 기대되는 알바니아의 체제변화 과정을 역사적으로 검토하고 평가하는 것을 목적으로 삼고 있다. 이를 위해 알바니아의 고대 역사는 물론, 2차 세계대전 이후 소련 중심으로 형성된 동유럽 공산국가의 해체 과정에서 다른 국가들과 달리, 과거사청산이 제대로 진행될 수 없었던 정치 · 경제적 요인들까지 함께 살펴본다. 역사에 기반한 정치체제의 변화와 과거사청산 문제를 집중적으로 천착함으로써 알바니아 공산체제의 특징과 한계를 규명하는 한편, 국민 통합과 국가 발전을 저해한 체제변화의 한계와 그 원인을 일부 확인할 수 있을 것으로 기대한다. 이런 작업을 통해 알바니아 지역 선교를 위한 역사적 전이해와 더불어서 장기간 일인 독재를 계속하는 북한의 향후 체제변화와 그에 따른 통일과정까지 부분적으로 예상해볼 수 있다.

Ⅱ. 고대 알바니아의 정치 지형

발칸반도의 다른 국가들과 마찬가지로 알바니아의 인종 구성은 역사적 배경과 밀접하게 얽혀서 상당히 복잡하다.[5] 학문적으로 고대 일리리인(Illirians)의 후예로 간주되는 알바니아인들은 그리스와 로마 식민지 시대를 거치면서 인종적 영향을 받았으나, 실질적으로는 6세기 슬라브족이 유럽 남동부 지역으로 팽창하는 시기에 아주 중대한 변화를 겪었다.[6] 알바니아 지역이 본격적으로 발전하게 된 시기는 달마티아-알바니아 해안가에 주둔한 로마군단의 지배를 받았던 2세기부터 4세기까지라고 할 수 있다. 당시 북부지역주민들(Chegs)은 로마제국의 강력한 문명화의 압력을 받아서 고유한 언어와 인종적 특성을 상실한 반면, 남부 일리리족(Tosks)은 나름대로 고유한 정체성을 유지하는 동시에 문화적으로 상당한 발전을 이룩해냈다. 로마제국 병력에 포함된 일리리 시민들의 세력과 영향력이 커지면서 그 지역 출신 7명이 잇달아서 로마 황제의 자리에 올랐는데, 디오클레티아누스(Diocletianus, B.C. 244-311) 황제가 대표적이었다.[7]

7세기 아바르족(Avars)과 슬라브족(Slavs)이 발칸반도를 장악한 이후로는 로마 황제 테오도시우스(Theodosius, B.C. 347-395)가 395

5) 알렉산드리아의 프톨레미(Ptolemy of Alexandra)는 알바노폴리스를 언급하면서 그곳에 거주하는 자유민들, 즉 '알바노이'(Albanoi) 부족 가운데 산악지대 주민들을 'Debar'(Alb. Dibra)라는 이름으로 불렀다. 라틴어 'albus'의 파생어에 해당하는 '알바노이'는 '흰옷을 입은 사람들'에서 유래한 것으로 알려져 있다. Antonina zhelyazkova(ed.), Albania and the Albanian Identities(Sofia: IMIR, 2000), 1. (omda.bg/public/imir/studies/alban _id1.html)

6) Antonina Zhelyazkova(ed.), Albanian Identities, 2.

7) Dragos Kostich, *The Land and People of the Balkans: Albania, Bulgaria, Yugoslavia*(New York: J. B Lippincott Co., 1973), 159.

년 서로마와 동로마를 각각 분리하고 나서 동방제국의 수도로 삼은 바 있는 콘스탄티노플과의 관계가 전면적으로 단절되었다. 이후로 거의 2세기에 걸쳐 알바니아를 비롯한 남동부 유럽은 비잔티움제국과의 직접적인 교류를 지속하는 게 불가능해졌다. 800년에는 비잔틴제국이 반격을 시작했으나 이미 진행된 인종상의 변화는 본래 상태로 되돌릴 수 없었다. 9-10세기까지 남서쪽으로 확장을 시도하던 불가리아 왕국은 알바니아 지역을 차지할 목적으로 비잔티움제국과의 경쟁에 본격적으로 뛰어들었다. 마침내 비잔티움을 군사적으로 압도하게 된 불가리아는 851년부터 1018년까지 현재 알바니아 영토의 대부분을 지배할 수 있었다.[8)]

11세기 중반 동방교회와 서방교회가 공식적으로 분열하면서 알바니아를 가로질러서 경계가 확정되었다. 북부지역은 로마가톨릭의 영향권에 속했으나 전반적으로는 동방교회의 세력이 여전히 압도적이었다. 비잔티움과 불가리아의 오랜 지배 때문이었다.

12세기 말, 오늘날의 알바니아 중앙 지역에서 독립 공국 아르바니아(Arbania, 알바니아)가 크루야(Kruja)를 수도로 삼고 건국했다. 역사 기록에 따르면, 알바니아인들이라고 부르는 군주들이 소규모 인구를 통치했다. 공국이 점차 세력을 확대하면서 비잔틴과 슬라브족의 봉건 영주들과 충돌을 피할 수 없었다. 알바니아 신흥 귀족들은 영지의 확장과 독립의 쟁취, 그리고 거기서 더 나아가 외세의 지배에서 자유로운 국가를 형성하려고 했다. 결국, 1204년 무렵 아르바니아공국은 비잔틴제국 지배에서 해방되었다. 그런데 이번에는 남쪽으로는 에피루스(Epirus)전제공국, 북쪽으로는 세르비아공국 제타(Zeta), 서쪽으로

---

8) Akademia e Shkencave e RPS te Shqiperise, *The Albanians and Their Territories*(Tirana: “8 Nentori” Publishing House, 1985), 121.

는 베네치아공화국이 세운 두레스(Durres)를 견제하지 않을 수 없었다. 산마르코공화국이 아르바니아를 두레스와 합병하려고 하자, 아르바니아의 군주 드미트리(Dimiter, 1206-1216)는 로마 교황에게 가톨릭 신앙을 수용하기로 약속하는 한편, 세르비아계 군주의 딸과 혼인해서 정치적 영향력을 유지했다.[9)]

드미트리 사후 아르바니아공국을 지배한 에피루스의 테오도르 안겔로스 콤네노스(Epirus Theodore Angelos Comnenos, 1216-1230)가 비잔티움제국의 세력 회복을 위해 원정에 나섰다가 1230년 불가리아와의 전투에서 패배하는 바람에 오히려 마케도니아와 알바니아가 불가리아에 편입되고 말았다. 이후로 시칠리아 왕국의 국왕 샤를(Charles of Anjou, 1226/1227-1285)의 지배를 받은 알바니아 군주들은 여전히 영지와 가문을 유지했으나, 이탈리아와 프랑스에서 이주한 귀족들이 알바니아 왕국의 요직을 독차지하자 불만을 가졌다. 앙주 왕조가 나중에 비잔티움을 상대로 전쟁을 벌이자 알바니아 군주들과 지역민들이 오히려 비잔티움을 지지한 것도 바로 그 때문이었다. 나중에 아르바니아를 되찾은 앙주의 필립(Philip of Anjou)은 한동안 공을 들이고 나서야 다시 동맹을 맺고 비잔티움과 세르비아에 대항할 수 있었다.[10)] 앙주-아르바니아 동맹에도 불구하고 세르비아 왕국이 1343년부터 1347년까지 알바니아 지역 대부분을 지배했다. 1355년에 세르비아왕국이 해체되자 알바니아 지역 군주들은 다수의 공국을 독자적으로 건설했다.

오스만제국이 병력을 동원해서 침공하기 전까지 알바니아는 전반적으로 봉건의 분할 수준이 높다 보니 정치적으로 상황이 복잡했다.

---

9) Antonina Zhelyazkova(ed.), *Albanian Identities*, 2.

10) Kenneth Meyer Setton, *The Papacy and the Levant*, 1204-1571; *The thirteenth and fourteenth centuries*(Philadelphia: The American Philosophy Society, 1976), 135-136.

그렇지만 알바니아의 대표적인 봉건 영주들은 강력한 정치세력이 부재하다 보니 별다른 간섭 없이 독자적으로 통치할 수 있었다. 중앙 알바니아의 두레스는 카를로 토피아(Carlo Thopia), 에피루스는 폭군 스파트(Spat), 북부 알바니아는 발샤(Balsha) 가문, 그리고 베라트와 주변 지역은 테오도레 무자카(Theodore Muzaka)가 다스렸다.

1430년대 안드로니쿠스 3세(Andronicus III)와 칸타쿠제누스(Johannes Cantacuzenus)가 주도한 콘스탄티노플 지배계층은 투르크 부족들에게 소아시아를 넘겨주고 화친을 맺었다. 그렇게 해서 소아시아 반도 전체가 투르크화, 또는 이슬람화의 과정을 거치게 되었다. 낡은 정치문화체제가 붕괴한 곳에 무슬림, 초원지대 민족, 그리고 부족 연합이 과거에는 전혀 존재하지 않았던 정치와 사회경제 체제를 수립했다. 비잔티움의 지배자들은 발칸반도에서 영향력 강화를 모색했으나 소아시아의 무슬림 귀족들은 실질적인 세력화를 추구했다. 안드로니쿠스 3세와 칸타쿠제누스는 용병의 도움으로 에피루스, 테살리, 남부 알바니아를 정복했다. 비잔티움 관점에서 발칸반도 지역에서 정치를 활성화하는 것은 1330년대에 제국이 선택할 수 있는 유일한 방향이었다. 하지만 발칸지역 내에서는 그런 시도가 오히려 지역 기반 세력들 간의 관계를 악화시킬 수 있었는데, 이것은 소아시아의 강력한 적을 마주한 상태에서는 아주 위험했다.

발칸지역 내 소규모 지배자들은 결국 오스만제국의 보호를 자청하기 시작했다. 야니나의 영주 에사우 부온델몬티(the Florentine Esau Buondelmonti)는 1386년 초 오스만제국의 지시를 따르겠다고 선언했고, 이웃한 경쟁자였던 알바니아 출신 독재자 진 부아 스파타(Gjin Bua Spata) 역시 같은 태도를 취하지 않을 수 없었다. 진 부아 스파타는 1400년 세상을 뜰 때까지 로도스의 기사단과 전투를 벌이면서 오스만제국에 여러 차례 신세를 졌다. 알바니아계 무자카 부족 역시 오스만의

수하에 들어갔다.[11]

스칸데르베우(Skanderbeu)라는 이름으로 더 널리 알려진 알바니아의 군주 제르지 카스트리오티(Gjergj Kastrioti, 1405-1468)가 1443년 11월 28일, 300여 명의 알바니아인들을 이끌고 오스만제국을 상대로 반란을 일으켰다. 스칸데르베우는 일찍이 술탄에게 인질로 보내졌다가 거기서 능력을 인정받았다. 아버지의 도움으로 오스만에 반기를 든 그는 크루자(Kruja)를 무력으로 차지하고 공국을 건설했다. 기독교로 개종한 스칸데르베우는 알바니아의 다른 군주들의 도움을 받으면서 베네치아공화국과 나폴리왕국, 교황령과 동맹을 맺고 25년간 오스만제국에 대항하면서 알바니아 북부지역을 통일했다. 하지만 1468년 스칸데르베우의 죽음을 계기로 상당수의 봉건 영주들과 농민들이 이탈리아로 이주하여 시칠리아와 남부 이탈리아에 대규모 식민지를 형성했다.[12] 스칸데르베우를 중심으로 1443년부터 1468년까지 25년간 자치권을 유지하던 알바니아는 결국 1479년에 오스만제국에 합병되었다. 알바니아는 이후로 거의 4세기 동안 오스만제국의 지배를 받았다.[13]

Ⅲ. 알바니아의 이슬람화

군사적으로는 오스만제국의 지배를 받았음에도 불구하고 16세기

---

11) Antonina Zhelyazkova(ed.), *Albanian Identities*, 7.

12) 전해지는 바에 따르면, 스칸데르베우의 서거를 접한 술탄 메흐메드 2세는 이렇게 말했다고 한다. "마침내 유럽과 아시아는 나의 것이다! 불쌍한 기독교왕국이여, 검과 방패를 모두 잃었구나!" Lord Kinross, *Ottoman Centuries*(New York: William Morrow Paperbacks, 1979), 147.

13) "Constitutional history of Albania,"(constitutionnet.org/country/constitutional-history-albania).

전반기까지 알바니아는 기독교(동방교회와 로마가톨릭)의 전통을 계속 유지했다. 무슬림 인구는 외부 유입보다는 대부분 원주민의 이슬람화를 통해 증가하다 보니 그 속도가 아주 미미했다. 알바니아의 일부 마을이나 지역에서는 제국이 파견한 무슬림들이 노동자 역할을 담당하기도 했는데, 그들 역시 장기적으로 터를 잡고 살기보다는 단기간 거주하고 떠나는 유목민들의 생활 행태를 거듭해서 반복했다. 그런 이유로 해서 바르칸(Barkan)에서는 1520년부터 1535년 사이에 기독교 인구가 오히려 94.5%까지 급증했다. 슈코드라(Shkodra)에서는 동일한 기간에 기독교인들이 전체 인구의 95.5%를 차지했다. 알바니아 북부의 일부 지역들과 함께 몬테네그로, 코소보, 메토히자를 포함하는 두카진(Dukagjin)의 경우에는 이슬람을 따르는 추종자들이 전혀 존재하지 않을 정도로 부진했다.[14)]

1593년부터 1606년까지 로마가톨릭 교황과 기독교 국왕들이 긴밀하게 결성한 신성동맹(Holy League)이 오스만제국을 상대로 전쟁을 벌였다. 1594년 교황은 알바니아 고지대의 가톨릭신자들(Gegs) 전체에게 무기를 들고 봉기하도록 강력하게 촉구했다. 마침내 같은 해 6월, 알바니아 여러 지방과 마을 지도자들이 무장봉기에 필요한 계획을 수립하기 위해 마트(Mat) 수도원에 소집되면서 무장봉기는 시작되었다. 교황과 스페인의 지원에 의지해서 1만여 명이 알바니아 지역의 투르크 병사들을 공격했다. 하지만 알바니아 병력은 기대했던 것과 달리 교황과 스페인으로부터 어떤 지원도 받지 못했다. 충분히 무장한 오스만의 공격을 감당하지 못한 북부 알바니아인들은 1596년 모두 진압되고 말았다. 자연스럽게 알바니아 북부지역에 탄압이 이어졌고, 그것을 계기로 지역주민들 사이에서는 이슬람이 확산했다.[15)]

---

14) Antonina Zhelyazkova(ed.), *Albanian Identities*, 17.

15) Antonina Zhelyazkova(ed.), *Albanian Identities*, 17.

16세기 말과 17세기 초반에 걸쳐서 알바니아의 봉건제도는 더 이상 오스만제국의 팽창 전략을 수행하거나 지속적으로 강화 추세에 있는 유럽 국가들을 감당하는 조건을 제공하는 데 결정적 한계를 드러냈다. 다른 한편으로, 제국의 강력한 봉건 영주들은 전통적인 중앙집중식 토지의 독점을 벗어나서 점차 무조건적 형태의 사유지를 추구하게 되었다. 이 모든 상황 변화는 군사를 기반으로 하는 봉건제도를 전반적으로 붕괴시키는 한편, 오스만의 농경정책에 실질적인 변화를 초래했다.

사실 17세기와 18세기 알바니아 지역을 오스만의 식민지라는 용어로 규정하기는 어렵다. 엄격한 의미에서 식민화는 존재하지 않았다. 아나톨리아(Anatolia)에서 알바니아로 이주한 오스만인들의 행렬은 이미 오래전에 중단되었거나 별개의 가족들이 경제적인 이유로 이주해서 정착했다. 그럼에도 17세기에는 이슬람이 확산되면서 알바니아 전체 인구 가운데 무슬림이 30%를 차지했다.[16] 오스만 중앙정부는 정복이 한창 진행될 때 대개 그렇듯이 군부대와 행정력을 책임진 대표자들과 종교집단을 정착시키는 전통적 방식을 추구했으나, 알바니아에 관한 의도적인 식민화는 별다른 성공을 거두지 못했다. 미미한 수준의 식민화 덕분에 알바니아 지역주민들은 17세기까지 투르크의 생활방식이나 동화정책에 별다른 영향을 받지 않은 채 오스만제국 이전의 모습을 보존할 수 있었다. 하지만 이후 수세기에 걸쳐서 오스만 세력의 강력한 정치적 열망이 이슬람화를 부추겼다.

발칸지역에 자리 잡은 이슬람 종파들은 의식이나 복장은 물론, 내부 조직과 행동 규정까지 서로 어느 정도 차이를 보이면서도 공통적인 토대는 거의 다르지 않았다. 그들 대부분은 이슬람이 유입되기 이전의 종교와 신앙, 즉 가령 샤머니즘이나 기독교, 그리고 유대교의 독특한

---

16) *Ibid.*

특징들을 채택했다. 반면에 또 다른 일부는 소아시아에 확산된 이단들이나 마니교 같은 종교로부터 전수된 교리와 의식을 흡수했다. 바탕에는 신비주의가 깔려 있었고, 알바니아와 마케도니아, 그리고 불가리아 일부 지방에서는 수피(Sufi) 종단이 압도적이었다. 무슬림 신비주의는 이슬람 신앙에 기반을 두고 있으면서도 실제로는 조로아스터교와 일부 인도 신앙, 유대교 등으로부터 다양하게 영향을 받았다.

알바니아의 수피교는 헬레니즘의 핵심 교리들, 특히 범신론과 신플라톤주의 덕분에 전반적인 체계를 갖출 수 있었다. 이렇게 다양한 요소들이 서로 결합해서 만들어진 이슬람 신비주의(Sufism)는 나중에 알바니아 지역에서 아주 다양하고 혼합적인 이념들, 즉 민주주의나 관료들이 주도한 이념들이 대중 사이에서 별다른 갈등 없이 등장해서 공존할 수 있는 독특한 토대를 마련했다. 게다가 수피교는 사회 정의와 인간의 존엄성, 그리고 영적인 완성을 위해서 부단히 노력하는 모습을 보여주었기 때문에 알바니아 원주민들과의 관계를 성공적으로 구축할 수 있었다. 물론 이런 종단들이 인기를 끌게 된 결정적 요인들은 발칸반도를 거미줄처럼 덮고 있는 조직들 간의 끈끈한 유대감, 그것을 중간에서 매개하는 중앙조직, 그리고 친밀감에 덕분에 지방에 자연스럽게 등장한 연결망이었다. 농촌에서 발전한 이른바 2차 연결망은 전혀 기록되지 않았으면서도 오늘날까지 국제적인 국경이나 지정학의 관습과 무관하게 기능한다.[17)]

알바니아인들은 오스만 군사체제에서 군인으로서 가치를 높게 인정받았을 뿐 아니라, 오스만의 일부 정예 군단에 병력을 제공했다. 해병은 대개 투르크 젊은이들 가운데 선발해서 특별한 훈련을 거쳤다. 오스만 기록에 따르면 알바니아인들은 해군(Levends)에 정기적으로 입대할

---

17) H. T. Norris, *Popular Sufism in Eastern Europe: Sufi Brotherhoods and the Dialogue with Christianity and 'Heterodoxy'*(London: Loutledge, 2007), 88-89.

수 있었다. 술탄의 호위병 역시 알바니아인 가운데서 주로 모집했다. 그런 경우에 알바니아 병사들은 더 이상 같은 민족과 생활이 불가능했지만, 민족이나 부족으로서의 정체성을 결코 잃지 않았다. 오스만 군주들에게 충성하더라도 결코 광적인 무슬림이 되지 않았는데, 알바니아 북부와 남부, 또는 가족에 대한 소속감이나 군인으로서의 의무가 종교적 신념보다 우위에 있었기 때문이다.

16세기 후반에 들어서서 이슬람 세력이 확산되자 공식적으로 무슬림을 자처한 자산가들이 도시에서 우월한 지위를 획득했다. 따라서 기독교인들의 역할이 상대적으로 위축되기 시작했고, 주요 경제 활동에서 무슬림 시민들에게 자신들의 자리를 양보할 수밖에 없었다. 도시에 거주하는 기독교인들은 이익을 좇아 이슬람화를 추구함으로써 이슬람 지배층과 친분을 구축하려고 노력했다. 17세기 중후반, 특히 산악지대 농촌 지역에 거주하는 알바니아인들의 종교적 정체성이 상당한 규모로 비교적 빠르게 변화가 진행되었다. 18세기 중후반 역시 추세는 다양해도 그 기조는 달라지지 않았다. 어떤 의미에서 알바니아인들이 로마가톨릭과 정교회의 오랜 신앙을 포기한 것은 형식적이었을 뿐 아니라 오스만 지방정부의 위계질서에 편입을 기대한 의식적인 전략이라고 할 수 있다. 오스만군의 간섭을 피하기 위해 상당수 알바니아 가문들은 공식적으로 이슬람을 채택한 채 이중적 신자로 생활했다.

Ⅳ. 알바니아 민족주의의 형성과정

알바니아에서 민족 기반의 애국사상이 등장하기까지는 다른 국가에 비해서 상당한 시간이 소요되었다. 19세기 후반까지 알바니아인들은 대부분 단일민족 국가라는 이념과는 거리가 멀었다. 그렇다고 해서 알바니아 주민들이 19세기 유럽의 민족주의 운동이나 사상을 접하지 않은 것은 아니었다. 알바니아인들이 민족이라는 개념을 확보하기 전까지 오스만제국의 강력한 영향은 물론, 역사와 지리적 배경 등이 결정적 한계로 작용했다. 특히 알바니아 북부 고지대 주민들(Gegs)과 남부 지역주민들(Tosks)의 이질적 관계는 민족이라는 통합정신의 성장에 장애가 되었다. 실제로 남부는 오스만제국의 일부로 편입되어서 직접 통치를 받은 반면, 북부는 술탄의 식민지로서 줄곧 알바니아 봉건 군주들의 지배를 받았다.[18)]

러시아와 오스만 전쟁(1877-1878)의 결과가 알바니아 민족주의자들을 일정 부분 자극했다.[19)] 러시아가 오스만제국에 강제로 부과한 평화조약에 따라서 유럽 속주들의 영토가 재편되었다. 조약을 수용할 경우에 오스만은 발칸지역에서 실질적인 지배력을 행사할 수 없었다. 불가리아공국의 수립과 세르비아, 몬테네그로, 루마니아의 독립까지 인정해야 했다. 슬라브 민족주의의 성장에 불안을 느낀 오스트리아-헝가리제국과 영국의 반대로 조약이 수정되기는 했지만, 알바니아인들 역시 국제정치의 판도 변화에 영향을 받지 않을 수 없었다.

알바니아인들은 민족으로서의 알바니아를 인정하지 않으려고 하는 주변 기독교 국가들과 협력해서 오스만제국과 싸워야 할지, 아니면 술탄의 보호를 받으면서 민족자결권을 확보할지 딜레마에 직면했다. 평화조약으로 불가리아에게 알바니아의 일부를 양도하기로 결정되고, 또다시 베를린회의(1878년)에서 알바니아의 국경지역 일부를 몬테네그로와 그리스에 양도하기로 결의가 이루어지자 무장조직(Albanian League of Prizren, 1878년)이 결성되었다.[20)] 정치적 노선을 달리하는

---

18) S. Skendi, *The Albanian National Awakening*(1878-1912)(Princeton: Princeton University Press, 1967), 37ff.

19) Quintin Barry, *War in the East: A Military History of the Russo-Turkish War 1877-78*(West Midlands: Helion and Company, 2012).

두 개의 파벌이 결성한 조직은 외세에 대항한다는 점에서는 뜻을 같이했으나, 내부로 조금 더 들어가 보면 오스만제국과 결속해서 통합할 것인지, 아니면 오스만으로부터 자치권을 확보할 것인지를 두고서 의견이 서로 갈렸다. 오스만은 무장조직을 후원하면서도 자치권은 용납하지 않았다. 알바니아 민족주의자들이 독립을 주장하지 않은 것은 발칸반도의 슬라브족 국가들이 알바니아 영토를 분할해서 흡수할 것을 염려했기 때문이었다.

알바니아의 무장투쟁은 별반 성과를 거두지 못한 채 실패로 끝나고 말았다. 민족주의의 성장과 문화적 자율권에 대한 요구가 강해지는 것에 부담을 느낀 오스만제국이 오히려 무장조직을 해체해버렸다. 이후로 군사 활동은 더 이상 불가능했으나 콘스탄티노플과 아테네, 이탈리아와 미국에서까지 알바니아의 문화를 강조하는 문화운동이 끊이지 않고 계속되었다.

1차 발칸전쟁(1912년)은 알바니아 민족주의자들에게는 예상하지 못한 최악의 사건이었다. 오스만제국으로부터 정치적으로는 통일과 자치권을 확보하는 한편, 알바니아어를 공식 언어로 사용할 수 있는 체제를 기대했으나 모두 발칸전쟁의 소용돌이에 휩쓸렸다.[21] 오스만제국의 패배로 알바니아는 세르비아, 그리스, 몬테네그로 사이에서 분단될 처지였다. 민족주의자들은 기존 주장을 포기하고 국가로서의 독립으로 선회했다. 오스트리아-헝가리, 이탈리아는 알바니아의 독자적인 국가 수립을 지지했다. 런던뿐 아니라 비엔나와 로마는 알바니아 독립선언에 부정적이지 않다는 메시지를 전달했다. 알바니아에서는 의회 소집을 위한 준비가 진행되었다. 1912년 11월 28일, 대표자들이

---

20) Paulin Kola, *The Search for Greater Albania*(London: C. Hurst & Co. Publishers, 2003), 8-10.

21) Richard C. Hall, *The Balkan Wars 1912-1913: Prelude to the First World War*(London: Loutledge, 2000), 85-86.

브롤라(Vlora)에서 알바니아 독립을 공식 선언했다. 알바니아는 민족을 구분하는 경계는 인정받지 못해 코소보와 메토히자가 국경에서 제외되었다. 북부 알바니아에 대한 세르비아의 요구와 슈코드라에 대한 몬테네그로의 주장은 거부되었고, 코르사와 지로카스터르는 알바니아, 차메리아 지역은 그리스에 병합되었다. 1913년 7월, 열강은 런던에서 알바니아 유기적 법령에 서명해서 알바니아의 독립을 인정했으나 유명무실한 수준이었다. 알바니아는 열강의 후원을 받아서 독립 중립국 지위를 획득하였고, 알바니아인이 포함된 열강의 대표위원회가 민관 및 금융 행정을 장악했다.

이후로 알바니아의 내부에서는 고질적이면서도, 일부는 전에 찾아볼 수 없었던 새로운 모순들이 다시 출현했다. 한편에서는 친오스만 성향 봉건 영주들이 정부에 가담해서 사실상 온 나라를 손에 넣었다. 동시에, 이슬람을 수호하고 알바니아의 소규모 지주들의 사회적 이익의 확보라는 의도를 은폐한 채, 알바니아에서 일종의 원시 볼셰비키 사상이 번성해서 봉건 영주들을 상대로 '성전(Holy War)'을 선포했다. 이런 과격하고 급진적인 운동이 일반 대중을 손쉽게 매료시키는 바람에 얼마 지나지 않아서 알바니아 전역을 장악할 수 있었다. 수개월에 걸쳐 지속된 이 정권은 지도자인 하시 카밀(Haxhi Qamil, 1876-1915)의 이름을 그대로 따서 지었고, 세르비아인들과 계약을 맺도록 강요했으나 실제로는 알바니아 국익과 정반대였다.

1914년 1차 세계대전이 발발하자 알바니아인들의 이익과 통일에 대한 전망보다는 다양한 외부 요인들에 대한 공감과 지지에 따라서 형성된 내부의 사소한 이익 사이에서 대립과 갈등이 조성되었다. 알바니아의 각 지방마다 지역과 연루된 문제들에 시달렸다.[22] 남부에서는

---

22) Spencer Tucke(ed.), *European Powers in the First World War: An Encyclopedia*(London: Loutledge, 1999).

그리스의 영토 요구에 시달렸고, 북부에서는 가톨릭계 알바니아인들이 슬라브인들에게 둘러싸이는 바람에 오스트리아에 구원을 요청해야 했다. 중부지역은 무슬림이 압도적으로 다수이다 보니 오스만제국의 지배를 또다시 요구하고 나섰다. 1916년 초 알바니아는 오스트리아-헝가리, 이탈리아, 프랑스군에 점령당했고, 이것은 전쟁이 끝날 때까지 계속되었다. 제1차 세계대전 직후 승전국들은 패전국들과 일련의 평화협정 체결해서 시급한 문제의 해결에 나섰다. 이들 협정 대부분은 발칸반도와 관련이 있어서 새로운 지정학적 지도가 작성되었다. 이 지형은 발칸지역에 새로운 긴장을 조성하면서도 복수를 모색하거나 잠재적인 적개심은 억압했다.

독립국가 알바니아 정부는 동방정교회 주교 출신 놀리(Fan Noli)가 이끄는 인민당을 중심으로 1921년 출범했다. 인민당 정부는 소련의 지원을 받으면서 농지개혁을 시도하려고 했으나 대지주 출신 조구(Ahmed Zogu, 1895-1961)가 주도하는 진보당의 반대로 실패하고 말았다. 유고슬라비아의 도움으로 세력을 유지하면서 농지개혁을 반대하던 조구는 전국적으로 봉기가 일어나자 국외로 도피했다. 그 틈에 놀리가 세력을 다시 규합해서 새로운 정부를 수립하고 민주적인 개혁정책을 실시했으나, 1924년 말 유고슬라비아의 지원을 등에 업은 조구에 의해 실권하고 말았다. 이후로 조구는 수상을 거쳐서 1928년부터 국왕으로서 알바니아를 통치했다.[23)]

조구의 정권은 이탈리아로부터 경제 및 군사적 지원을 받았으나 무솔리니의 식민지화 정책은 수용하려고 하지 않았다. 덕분에 무솔리니의 군대가 알바니아를 침략해서 조구는 실권하고 국외로 도피해야 했다. 1939년 봄 이탈리아 군대가 알바니아를 점령한 직후 알바니아는

23) Robert Austin, "Fan Noli, Albania and the Soviet Union," *East European* Quarterly(Summer 1996), 160.

이탈리아의 영토로 병합되었고, 비토리오 에마누엘레 3세(Victor Emmanuel Ⅲ, 1869-1947)가 알바니아 국왕이 되었다.[24] 알바니아의 모든 국제 외교는 무솔리니 정부가 주도했고 알바니아 행정부는 로마로 이전했다. 특이하게, 알바니아인들은 이탈리아 점령에 대한 나쁜 기억이 없는 것으로 알려져 있다. 경제적으로 낙후된 나라에 약 4년간 350개 이상의 이탈리아 기업이 설립되었고, 도로와 행정건물이 건축되었기 때문이다.

V. 알바니아 공산체제와 몰락

알바니아인들은 이탈리아의 군사적 점령에 저항할 목적으로 1941년 11월 공산당을 창당했다. 알바니아 공산당(ACP)은 독자적으로 활동하는 다양한 조직들을 통합할 목적으로 민족해방전선(National Liberation Front)을 창설했다. 국가를 대표하는 위원들 가운데는 나중에 40년간 권력을 독점한 엔베르 호자(Enver Hoxha, 1941-1985)가 포함되어 있었다. 사실, 공산당의 창당 주역들이 대부분 알바니아 남부 출신(Tosk)이라는 것과 호자 역시 남부 지로카스테르(Gjirokaster)에서 태어났다는 사실을 감안하면 알바니아의 과거 전통이 ACP 사이에서 그리 중시되지 않은 이유를 충분히 짐작할 수 있다. 호자는 회의에서 당중앙위원회 의장으로 선출되었다. 한편, 1942년 말에는 ACP를 신뢰하지 않고 '민족주의자'를 자처하는 알바니아인들이 민족전선(National Front, 또는 Balli Kombetar)이라는 이름으로 또 다른 저항조직을 창설했다. 선두에는 알바니아 정부에서 최초로 장관을 역임한

---

24) Bernd J. Fischer, *Albania at War, 1939-1945*(London: C. Hurst & Co. Publishers, 1999), 37-44.

미드핫 프라쉐리(Midhad Frasheri, 1880-1949)가 있었다.[25]

ACP와 민족전선 세력 간의 결정적인 차이를 꼽으라면 '알바니아 민족'을 바라보는 관점에 있었다. 민족전선은 자유롭고 민주적이면서 현대적인 알바니아 민족의 건설을 목표로 삼았다. 이것은 당시 전개되던 복잡한 상황이나 발칸반도 전체를 고려해보면 상당히 과격한 주장이었다. 반면에 알바니아 공산당은 유고슬라비아의 저항세력과 긴밀하게 협조했을 뿐 아니라, 현실적으로도 유고슬라비아 공산당(YCP)의 영향력 아래 놓이다 보니 전후에 이런 문제들이 본격적으로 논의되기를 바랐다. 결국에는 권력을 독자적으로 장악하려는 ACP의 열망이 더 강하다 보니 저항세력들이 공동으로 함께 움직일 수 있는 적절한 시기를 놓치고 말았다.

코소보 지역의 반파시스트 저항운동은 YCP와 찌토(Josip Broz Tito, 1953-1980)을 중심으로 진행되었다. 당시에 알바니아인들 역시 찌토의 병력에 상당수 동참했는데, 이것은 단기간에는 도움이 되었을지 몰라도 장기적으로는 외교적으로나 군사적으로 해결이 쉽지 않은 분쟁의 원인으로 작용했다.[26] 1943년 후반에는 알바니아인들이 거주하는 모든 영토의 통일을 위해 전력투구하겠다는 명분을 앞세워서 또다시 알바니아 연맹(Albanian League)이 출범했다. 알바니아 연맹 지도자들은 행정상 유고슬라비아의 기타 지방들과 동일한 수준의 권리를 코소보에도 부여하도록 요구했다. 이런 알바니아 연맹의 주장은 유고슬라비아 공산당뿐 아니라 알바니아 공산주의자들로부터도 일체 인정을 받지 못했는데, 이로써 2차 세계대전 이후 유고슬라비아 국경 내에

---

25) 민족전선(National Front)의 형성과정을 극적인 방식으로 접근한 사례는 Art Saguinsin, *The Sons Of Skanderbeg*(Bloomington: A. T. Saguinsin), 100-105 참조.

26) Blendi Fevziu, *Enver Hoxha: The Iron Fist of Albania*(London: Bloomsbury Publishing), chap. 14.

거주하는 수십만 알바니아인들의 비관적인 미래가 결정되고 말았다.27)

1943년 8월 민족주의 성향의 민족전선과 공산주의 단체인 민족해방운동이 무체(Mukje) 합의를 체결했다. 두 세력은 알바니아를 무력으로 점령하고 있는 이탈리아 군대를 상대로 공동전선을 전개하기로 전격적으로 합의했다. 하지만 코소보 문제가 합의의 이행에 결정적 장애로 작용했다. 코소보의 지위를 놓고 의견이 서로 엇갈리는 바람에 화학적 결합은 난항이 계속되었다. 민족전선은 코소보를 알바니아에 통합하도록 요구했고, 민족해방운동은 그런 주장을 비난하면서 격렬하게 반대했다. 그러자 민족전선은 민족해방주의자들을 알바니아의 배신자로 규정했고, 심지어 '찌토의 개'라고 조롱했다. 역으로 민족해방운동은 민족전선이 겉으로 알려진 것과 다르게 추축국과 은밀한 협력관계를 지속하고 있다고 비난했다.

독일의 겨울 공세 이후 재집결한 공산주의자들은 본격적으로 독일군을 상대로 총공세를 펼쳤다. 이들은 격렬한 전투를 치르고 나서 마침내 1944년 4월, 남부 알바니아에 대한 통치권을 회복했다. 엔베르 호자가 위원회 의장과 민족해방군 사령관을 겸했다. 1944년 여름 민족해방운동은 남부 알바니아에 남아있던 민족전선과 독일의 병력을 완전히 궤멸했다. 1944년 11월 29일 민족해방군이 슈코더르(Shkodra)를 탈환했는데, 이날이 알바니아의 공식적인 독립일이 되었다. 엔베르 호자는 1944년 11월 공산당 정부 수반의 자격으로 티라나에 발을 들여놓았고, 1945년 12월 2일 호자의 알바니아 민주국민전선(Democratic People's Front of Albania)은 공화정 형태의 국가권력을 도입할 수 있는 권리를 행사했다. 소련의 정치 및 경제모델을 그대로 본뜬 공화국이 1946년 1월 11일에 수립되었다. 이로써 알바니아 노동당으로 개명한 호자의

27) United Nations Interim Administration Mission in Kosovo. (unmik.unmissions.org/).

독재정권을 위한 토대가 마련되었다.

알바니아 공산당이 처음부터 숨기려고 하지 않은 정치적 의도를 성취할 수 있었던 요인을 정리해보면, 무엇보다 전쟁 이전 알바니아를 지배했던 엘리트 집단의 무능력과 정치력 부재를 꼽을 수 있다. 이것은 앞에서 이미 거론한 바처럼 알바니아의 통합을 가로막은 북부와 남부, 중부 특유의 지역감정과 상이한 종교 배경이 서로 깊은 관계가 있었다. 여기에 찌토가 전쟁 중 알바니아에 파견한 유고슬라비아 고문단의 탁월한 조직력과 철저한 사상적 준비가 더해지면서 공산당이 세력을 확산하는 계기가 되었다. 아울러서 여러 계파로 분열했다가 단일 조직으로 통합한 알바니아 공산당의 능력과 투쟁정신 역시 도움이 되었다. 그리고 이외에도 소련의 적절한 지원과 전후에 알바니아에 대한 확고한 정책을 미처 수립하지 못했던 영국과 미국의 실책이 한꺼번에 작용했다.

1950년대 중반 공산국가들 사이에 분열이 진행되면서 동유럽 정치지형 역시 새로운 틀을 갖추기 시작했다. 알바니아 역시 전에 없었던 외부 환경변화에 적응하지 않을 수 없었다. 유고슬라비아가 군사 및 경제적 통합을 요구하자 호자는 찌토를 비난하고 소련의 영향력을 수용했다. 소련과 중국의 분쟁이 발생하자 알바니아 공산당은 또다시 소련과 결별하고서 중국의 노선을 추종했다. 1950년대 말부터 마오쩌둥을 비롯한 중국 지도자들이 스탈린 사후 흐루시초프의 정책을 수정주의 노선이라고 비판했다. 호자는 북한의 김일성이 그랬던 것처럼 소련의 강력한 압박을 회피하고 자리를 보존할 수 있는 수단으로 중국을 끌어들였다.[28]

1950년대 말부터 알바니아의 제1비서 호자는 중국보다 한층 더

28) 한덕인, "알바니 아이야기(3)," 자유아시아방송(rfa.org/korean/weekly_program/communism/).

강력하게 흐루시초프를 비판했다. 1961년 호자는 흐루시초프를 반마르크스주의자, 수정주의자, 그리고 패배주의자라고 선언했다. 즉시 동유럽의 공산국가들이 알바니아와 국교를 단절했다. 그때까지 지속된 소련의 원조 역시 중단되었다. 호자는 소련과 기타 공산국가들의 압박보다 정권을 유지하는 게 더 중요했다. 스탈린 격하운동에 동참을 시키려는 소련의 요구를 따를 경우, 1940년대 말부터 1950년대 초반까지 무장독립투쟁을 주도한 주요 지도자들을 숙청한 자신 역시 비판의 대상이 될 뿐 아니라, 결국에는 권력투쟁에서 밀려날 것을 예상한 행동이었다. 소련 대신 중국과 친밀한 관계를 유지함으로써 상당한 지원과 원조까지 확보할 수 있었다.[29] 하지만 1971년 닉슨이 중국을 방문한 것을 계기로 양국의 관계에 분열의 조짐이 나타났고, 알바니아 공산당은 1978년 중국과의 국교를 단절했다.

호자의 정부는 내부적으로 독재체제를 한층 더 강화했다. 1967년 신을 부정하는 법령(Decree on the Atheist State)을 제정해서 전통적인 세 종교(정교회, 로마가톨릭, 이슬람) 의식을 금지했고, 사원은 창고나 쇼핑 장소, 스포츠 경기장 등 다른 용도로 개조되거나 철거되었다. 이슬람교와 기독교를 가리지 않고 종교 지도자들과 신자들을 처형했다.[30] 신자들은 박해를 피해 예배하거나 미사를 봉헌했는데, 서로

---

29) Blendi Fevziu, *Enver Hoxha: The Iron Fist of Albania*, 160-161.

30) United States. Congress. House. Committee on International Relations. Subcommittee on International Operations and Human Rights, Human rights and democracy in Albania : hearing before the Subcommittee on International Operations and Human Rights of the Committee on International Relations, House of Representa
-tives, One Hundred Fourth Congress, second session, July 25, 1996(Washington: U.S. G.P.O., 1997).

사원과 성당을 빌려주고 피신하는 이들을 숨겨주면서 지냈다. 하지만 신앙생활에 대한 박해의 두려움 때문에 알바니아인들 사이에서는 2, 3대가 지나자 과거 오래전부터 유지해온 종교전통은 물론 폐쇄된 종교시설, 그리고 신앙이 갖는 의미와 철학에 대한 기억을 모두 잃어버리고 말았다. 1976년에 한층 더 강화된 종교금지 조치는 알바니아 헌법 가운데 필수적인 부분이 되었다. 이후로 종교적인 관습이나 도덕성, 그리고 종교의식을 은밀하게 고수하려는 어떠한 노력도 법 앞에서 불가능해졌다. 남부인 알바니아인들 사이에서 특별하게 대접받으면서 '알바니아 4대 종교'로 간주된 바 있는 이슬람 계통의 한 종파(Bektashism)에 대한 기억은 흔적도 없이 사라지고 말았다.

알바니아는 호자가 사망할 때까지 수십 년간 국제적 고립을 자처했다. 유고슬라비아는 물론 나중에는 소련과 중국을 비롯한 사회주의 진영의 다른 나라들과도 결별했다. 알바니아인들은 일체 여행을 할 수 없어서 국내는 물론 외국에 대한 정보를 거의 접할 수 없었다. 심지어 외국 라디오 방송의 청취나 공식적으로 허가받은 장소 이외에서 외국어를 학습하거나 해외의 정보를 입수하려는 모든 시도를 스파이 행위로 고발되었다. 1960년대와 1980년대 사이에 알바니아인과 결혼한 외국인의 경우에는 이혼을 하고 배우자와 자녀를 포기하고 국외로 떠나거나, 아니면 머무르되 모국과의 어떠한 접촉도 허용되지 않았다. 학교를 통해 공산주의 사상을 주입해서 주민들에게 완벽한 복종을 요구했고, 개인적인 사고나 의사 표시는 일체 용납하지 않았다. 이러한 상황에서 알바니아인들은 국가적, 민족적, 종교적 정체성을 되살리기 위해 노력했으나 상당한 위험을 감수하지 않을 수 없었다.

알바니아는 공산화 초기에는 유고슬라비아로부터 강력한 영향을 받았다. 하지만 국내정치를 장악한 엔베르 호자는 세계에서 가장 강력한 공산주의를 실현하기 위해 1946년에는 서구, 1948년에는 유고슬라비아, 1961년에는 소련, 그리고 1976년에는 중국으로부터 완전히 탈피했다. 호자가 이렇게 과거 밀접한 관계를 유지하던 사회주의 국가들과 의절하게 된 결정적 이유 가운데 하나는 유고슬라비아와 소련 간의 갈등이었다. 이탈리아를 상대로 유격 활동을 수행할 때 유고로부터 강력한 후원을 받았지만, 호자는 유고의 찌토가 소련에 대항하자 등을 돌렸다. 또 다른 이유는 스탈린 사후 격하 운동과 소련과 중국의 갈등이었다. 1950년 이후 절대 권력자의 자리에 오른 호자는 1953년 스탈린이 사망 이후 진행된 격하 운동에 위기감을 느끼고서 동구권 국가들과 일정한 거리를 유지했다. 수정주의 논쟁을 벌이던 소련과 중국 사이에서 호자는 소련 흐루시초프 서기장을 비난하면서 중국 편에 섰지만, 얼마 지나지 않아서 중국과의 관계 역시 단절했다.

1976년 12월 28일, 국가를 한층 더 중앙집권화하고 집단주의를 강화하기 위한 새로운 헌법이 채택되었지만, 40년간 알바니아 노동당 총서기로 독재체제를 유지하던 엔베르 호자가 1985년 사망하면서 공산당은 동력을 모두 상실했다. 동유럽 사회주의 국가들의 연속적인 붕괴 역시 1990년 알바니아에까지 영향을 미쳐 사회주의 체제는 결국 파국에 직면했다. 데모와 기근, 대대적인 국외 탈출 등 계속되는 사건과 사고들이 공산당 정부에 상당한 충격을 안겼다. 자유를 주장하는 대학생들이 독재자 호자의 동상을 파괴한 것은 당시 대중들의 정서가 그대로 표출된 상징적 사건이었다. 1990년과 1991년 사이에 알바니아 노동당은 이전의 헌법체계로는 더 이상 국가로서 존립할 수 없다는 것을 인식하고 기본적인 민주제도와 인권보호를 도입하는 법률 초안이 마련되었다. 주요 헌법조항으로 알려진 이 법안들은 국가질서를 확보하는 토대가 되었다. 당시 대통령이었던 라미즈 알리아(Ramiz Alia)는 무력으로 데모를 진압하지 않고 1992년 봄에 선거를 실시했다. 선거에서 살리 베리샤(Sali Berisha)가 이끄는 민주당이 승리하면서 공산주의

정권은 몰락했다.[31)]

Ⅵ. 결론

극단적으로 폐쇄적인 독재를 40년간 지속한 엔베르 호자의 죽음 이후, 알바니아는 고립에서 탈피해서 동유럽 국가들의 개혁 행렬에 동참했다. 동시에 유럽안보협력회의(CSCE)의 참가의사를 공식 표명했다. 계속해서 알바니아 정부는 종교 활동과 해외여행 자유를 허용하는 획기적인 개혁조치를 발표했다.[32)] 이외에도 해외자본 도입과 투자유치, 기업들의 재정 운영권 허용 등 친기업적 환경을 조성하려는 태도를 표명했다. 하지만 1996년, 일부 다단계 회사들이 주도하던 금융 사업 때문에 국가 경제가 타격을 입었다. 이듬해 1월 8일 다단계 회사들이 연쇄적으로 도산하면서 사태의 심각성이 드러났다. 국민 대다수가 재산을 모두 잃었을 뿐 아니라 호텔, 공장, 연료회사 등 기업까지 손실을 입어서 경제가 거의 마비되었다. 1997년 1월 남부와 수도 티라나에서 대규모 반정부시위가 발생했다. 결국, 피라미드에 관여한 정부가 붕괴하자 나토와 유럽안보협력기구(CSCE)가 개입했다. 질서가 회복된 후 실시한 선거에서 사회당이 50% 이상 득표했지만, 여전히 정치적으로 안정을 되찾지 못했다.

과거 사회주의 국가들의 과거사청산이라는 일반적 관점에서 접근하면 현재까지 알바니아는 상당히 부진한 수준을 벗어나지 못하고 있다. 알바니아가 과거사, 특히 공산주의 이데올로기를 사유화한 과거 일인

---

31) Fred C. Abrahams, *Modern Albania: From Dictatorship to Democracy in Europe*(New York: NYU Press, 2015), 149ff.

32) 외무부(편), 「알바니아의 개항」(서울: 외무부, 1990), 124.

독재 체제의 청산에 소극적일 수밖에 없는 이유로는 일차적으로 역사 및 정치적 배경을 꼽지 않을 수 없다. 실제로 알바니아의 국민들은 독재자 엔베르 호자가 주도한 알바니아 공산당을 제외하고 독자적으로 국가를 건설하고 운영하거나, 서유럽 국가들이 향유한 민주주의를 제대로 경험한 적이 없었다. 로마제국, 비잔틴제국, 오스만제국 등의 지배를 연속적으로 받았을 뿐 아니라 이탈리아와 독일까지 군사력으로 알바니아를 통치했다. 2차 세계대전 이후에는 공산당이 국가를 운영했으나 역시 소련과 중국의 영향으로부터 자유롭지 못했다. 정치적인 격변 과정에서 해외에 정착한 상당수의 알바니아인들에게는 서유럽 국가들의 민주주의를 오래전부터 경험했지만, 외부와 차단된 고향에는 별다른 영향을 미칠 수 없었다. 이런 역사적 배경을 고려하면 혁명 수준의 과거사청산은 불가능하다고 볼 수 있다.

둘째, 사회적 환경이 과거사를 청산하는 데 있어서 장애가 되고 있다. 40년간의 장기 일인 독재체제를 유지하는 데 활용된 비밀경찰 조직이 대표적이라고 할 수 있다. 알바니아 공산당은 국민들의 요구와 무관한 정권의 유지를 위해서 철권통치를 행사했다. 정치나 종교적인 이유로 많은 사람들을 처형한 것도 국민들의 저항의식을 해체하기 위한 고도의 공포정치의 일환이었다. 엔베르 호자는 비밀경찰을 조직해서 국민들을 철저히 감시함으로써 정치적 활동이나 의사 표현까지 가로막았다. 이런 억압적 환경에 오랫동안 노출되고 학습된 알바니아인들이 자신들의 의견을 조직하고 발언하기까지는 여전히 적지 않은 시간이 소요될 수밖에 없다.

셋째, 알바니아 국민의 의견을 전체적으로 통합하는 게 용이하지 않은 것 역시 과거의 부정적 측면을 해소하는 데 부정적 요인으로 작용하고 있다. 앞에서 살펴본 것처럼 알바니아 북부와 남부, 그리고 중부 지역주민들은 역사와 종교 문화적으로 상당한 차이가 있다. 호자의 무종교 정책의 강력한 추진 때문에 종교의 영향력이 예전 같지 않다고 하지만, 오래전부터 로마가톨릭의 영향을 받은 북부지역, 정교를 추종하는 남부지역, 그리고 이슬람 성향이 강한 중부지역으로 종교적 배경이 서로 갈리고 있다. 뿐만 아니라 종교에 따라서 이탈리아와 슬라브족 국가들, 터키 같은 주변 국가들에 대한 친화적 감정 역시 달라질 수밖에 없다. 이런 종교적 측면 이외에도 사회당과 민주당, 즉 제1당과 2당의 뿌리 깊은 반목 역시 국가통합에 부정적으로 작용하고 있다. 1992년 선거에서 정권을 잡았던 보수적 민주당은 피라미드 사건을 계기로 실권했으나, 사회당과의 공조에는 부정적이다.

알바니아의 역사 및 정치적 배경과 모호한 사회 종교적 환경이 과거사청산에 부정적 역할을 하는 것으로 파악할 수도 있지만, 새로운 가능성을 제시하는 제3의 방법이 없지는 않다. 알바니아 수도 티라나의 시장을 역임한 에디 라마(Edi Rama) 총리가 주도하는 도시정비 정책이 대표적 사례로 거론된다. 에디 라마는 과거 공산당의 지배를 알리는 상징물들을 철거하기보다 정비하는 쪽을 택했다. 기존 건물들을 밝게 칠하고 호자가 건축한 '피라미드' 박물관을 알바니아 주민들이 자유롭게 방문하도록 개방했다. 아울러서 국립중앙박물관에는 신석기부터 호자의 억압 통치 당시 해외로 탈출하려다 목숨을 잃은 수백 명의 알바니아인들을 기리는 전시실까지 연대순으로 배치했다. 피로 얼룩진 옷과 일기장, 개인 소지품까지 박물관의 방문객들이 언제든지 있는 그대로의 알바니아 역사를 직접 볼 수 있게 전시하고 있다. 이와 같은 에디 라마의 온건하면서도 점진적인 과거사청산 방식이 성공을 거둘지의 여부는 지금껏 분명하지 않지만, 단기간에 과거사를 모두 청산하려는 급진적인 모델과는 또 다른 방향을 제시하고 있는 것만큼은 분명하다.

참고문헌

Abrahams, Fred C. *Modern Albania: From Dictatorship to Democracy in Europe*. New York: NYU Press, 2015.

Akademia e Shkencave e RPS te Shqiperise. *The Albanians and Their Territories*. Tirana: "8 Nentori" Publishing House, 1985.

"Albania country profile." *BBC NEWS*. 1 March 2018.

Austin, Robert. "Fan Noli, Albania and the Soviet Union." *East European Quarterly*. Summer 1996.

Barry, Quintin. *War in the East: A Military History of the Russo-Turkish War 1877-78*. West Midlands: Helion and Company, 2012.

"Constitutional history of Albania."
(constitutionnet.org/country/constitutional-history-albania)

Fevziu, Blendi. *Enver Hoxha: The Iron Fist of Albania*. London: Bloomsbury Publishing.

Fischer, Bernd J. *Albania at War, 1939-1945*. London: C. Hurst & Co. Publishers, 1999.

Hall, Richard C. *The Balkan Wars 1912-1913: Prelude to the First World War*. London: Loutledge, 2000.

Jusufi, Islam. "Albania's Transformation since 1997: Successes and Failures." *CIRR* XXIII(77), 2017.

Kinross, Lord. *Ottoman Centuries*. New York: William Morrow Paperbacks, 1979.

Kola, Paulin. *The Search for Greater Albania*. London: C. Hurst & Co. Publishers, 2003.

Kostich, Dragos. *The Land and People of the Balkans: Albania, Bulgaria, Yugoslavia*. New York: J. B Lippincott Co., 1973.

Norris, H. T. *Popular Sufism in Eastern Europe: Sufi Brotherhoods and the Dialogue with Christianity and 'Heterodoxy'*. London: Loutledge, 2007.

Saguinsin, Art. *The Sons Of Skanderbeg*. Bloomington: A. T. Saguinsin.

Setton, Kenneth Meyer. *The Papacy and the Levant, 1204-1571: The thirteenth and fourteenth centuries*. Philadelphia: The American Philosophy

Society, 1976.

Skendi, S. *The Albanian National Awakening(1878-1912).* Princeton: Princeton University Press, 1967.

Tucke, Spencer. (ed.). *European Powers in the First World War: An Encyclopedia.* London: Loutledge, 1999.

"United Nations Interim Administration Mission in Kosovo." (unmik.unmissions.org)

United States. Congress. House. Committee on International Relations. *Subcommittee on International Operations and Human Rights, Human rights and democracy in Albania : hearing before the Subcommittee on International Operations and Human Rights of the Committee on International Relations,* House of Representatives. One Hundred Fourth Congress, second session, July 25, 1996. Washington: U.S. G.P.O., 1997.

zhelyazkova, Antonina. (ed.). *Albania and the Albanian Identities.* Sofia: IMIR, 2000. (omda.bg/public/imir/studies/alban_ id1.html)

박용국. "알바니아 경제발전과 서민 삶의 변화." (pridegb.ngelnet.com/ Pride_global_webzine/201904/con_11.php)

외무부(편). 『알바니아의 개항』. 서울: 외무부, 1990.

한덕인. "알바니 아이야기(3)." 자유아시아방송 (rfa.org/korean/weekly_ program/communism/)